W. KROLL / H. P. REIFFERT / J. VAUPEL

Analytische Geometrie / Lineare Algebra

Grund- und Leistungskurs

Mit 183 Abbildungen
und 547 Aufgaben.
Dümmlerbuch 4285

DÜMMLER · BONN

WOLFGANG KROLL unterrichtet an einem Gymnasium in Marburg; er ist Fachleiter für Mathematik am Studienseminar und Honorarprofessor der Marburger Universität.

HANS PETER REIFFERT hat in Mathematik promoviert und das Staatsexamen in Mathematik und Physik abgelegt. Er ist Studiendirektor i. P. an einem Gymnasium in Darmstadt.

JÜRGEN VAUPEL hat in Mathematik promoviert und das Staatsexamen in Mathematik, Physik und Erziehungswissenschaften abgelegt. Er ist Studiendirektor an einem Gymnasium in Kassel.

ISBN 3-427-**42851**-6

Printed in Germany by K. Triltsch GmbH, 97070 Würzburg

Inhalt

Vorwort

Es ist ein vernünftiger Schluß, daß eine mathematische Kultur, welche die räumlichen, visuellen, kinästhetischen und nichtverbalen Aspekte unseres Denkens ausdrücklich herunterspielt, sich damit den Weg verbaut, die Möglichkeiten des Gehirns voll auszuschöpfen.

Ph. J. Davis und R. Hersh in: Erfahrung Mathematik, *Birkhäuser Basel 1985, S. 331*

Dieses Buch ist der dritte Band der Reihe, in der bereits zwei Analysisbücher[1] erschienen sind. Ein dritter Autor ist hinzugekommen, und jeder von uns hat, der alphabetischen Reihenfolge der Namen zufällig entsprechend, eines der drei Kapitel geschrieben. Dabei konnten wir uns auf unsere eigenen Unterrichtserfahrungen stützen, möchten aber auch dankbar hervorheben, daß viele Kolleginnen und Kollegen nicht nur mit Kritik und Verbesserungsvorschlägen, sondern auch mit konkreten Materialien zum Gelingen unserer Arbeit beigetragen haben.

Bei der Konzeption unseres Buches haben wir uns von denselben didaktischen Prinzipien leiten lassen, die auch für die beiden Analysisbücher maßgebend waren. Auf eine kurze Formel gebracht, lauten sie: Entwicklung einer erkennbar relevanten Mathematik anhand von Fragestellungen, die im Sinnhorizont des Schülers liegen. Hierbei haben intuitiv einleuchtende Methoden den Vorrang, und Begriffe werden nur soweit präzisiert, als dies von der bisherigen (Lern-) Erfahrung nahegelegt wird. Ein solches Vorgehen steht im Einklang mit modernen Auffassungen von Mathematik, wie sie zum Beispiel von Ph. J. Davis und R. Hersh (s. o.) vertreten werden. Danach ist Mathematik nicht isoliert vom Menschen zu verstehen, sondern eng mit ihm und seiner Kultur verbunden. Sie entwickelt sich wie ein lebendiger Organismus in ständigem Austausch mit der Erfahrungswelt weiter und nähert sich heute auch in ihrer Methodik den Erfahrungswissenschaften an.

Es sind zunächst zwei sehr unterschiedliche Erfahrungsbereiche, mit denen die Schüler in diesem Buch konfrontiert werden: der dreidimensionale Raum einerseits und Probleme der Alltagswelt, die auf lineare Gleichungssysteme führen, andererseits. Von ihnen handelt das erste beziehungsweise das zweite Kapitel. Doch auch im dritten Kapitel, das partiell auf den anderen beiden aufbaut, geht es um die Beschreibung und Analyse von geometrischen, wirtschaftlichen und stochastischen Zusammenhängen, die im unmittelbaren Erfahrungsbereich der Schüler liegen.

Wie es beim Gegenstand gerade dieses Buches naheliegt, war es nicht unsere Absicht, einen „eindimensionalen“ Lehrgang vorzugeben. Der Lehrer oder die Lehrerin sollte zwischen den verschiedenen Zugängen wählen und auch innerhalb der Kapitel eigene Schwerpunkte setzen können. Die unten auf der folgenden Seite stehende Übersicht kann dabei die Orientierung erleichtern. Sie zeigt, welche Zusammenhänge und Abhängigkeiten bestehen, und die Verzweigungen weisen auf den Ausbau in verschiedene Richtungen hin.

---

1) Vgl. Dümmlerbücher 4281 und 4282.

Grundsätzlich sind zwei *von einander unabhängige Einstiege* möglich, ein geometrisch und ein algebraisch akzentuierter. Das folgende Schema gibt den Ablaufplan wieder, nach dem ein entsprechender Kurs durchgeführt werden kann.

Analytische Geometrie 1.1.1 → 1.1.3 → 1.2.1 bis 1.2.4 → 1.3.1 → 1.3.2
Lineare Algebra 2.1 → 2.2 (Auswahl) → 1.2.1 bis 1.2.3 → 2.3 → 1.3.1 → 1.3.2

Der für die Lineare Algebra fundamentale GAUSS-Algorithmus lässt sich dabei auch im Rahmen der Analytischen Geometrie im Zusammenhang mit den Schnittproblemen (1.2.4) einführen. Bei der geringen Zahl der Variablen erscheint seine Behandlung dort aber noch nicht erforderlich, während man umgekehrt auf die Geometrie zur Deutung der Lösungsmengen linearer Gleichungssysteme unseres Erachtens nicht verzichten kann.

Bei der Abfassung des Buches haben wir großen Wert darauf gelegt, dass neben zahlreichen Übungsaufgaben auch eine Vielfalt von Aufgaben vorhanden ist, die interessante Anwendungsmöglichkeiten erschließen. Aufgaben, die für das Verständnis eines Paragraphen wichtig sind und der Einübung der neu eingeführten Methoden dienen, haben wir daher mit einem Quadrat (□) umrahmt. Sie sollten nicht übergangen werden, während man unter den übrigen eine Auswahl treffen kann. Aufgaben und Abschnitte, die mit einem Stern (*) gekennzeichnet sind, stellen höhere Anforderungen; sie ermöglichen zusammen mit den Zusatzstoffen eine vertiefte Grundbildung, wie sie für Leistungskurse gefordert wird.

Zahlreiche Abbildungen, vor allem im ersten Kapitel, illustrieren über das Inhaltliche hinaus, dass Mathematik nicht die „Monokultur" darstellt, als die sie oftmals erscheint. So hoffen wir, dass unser Buch eine von Vielen empfundene Lücke füllen kann, und würden uns freuen, wenn seine Benutzer mit Kritik und Anregungen dabei mithelfen würden, das Konzept weiterzuentwickeln und, falls erforderlich, zu verbessern.

Frühjahr 1997

Wolfgang Kroll,	Hans P. Reiffert,	Jürgen Vaupel,
Sarnau	Ober-Ramstadt	Ahnatal

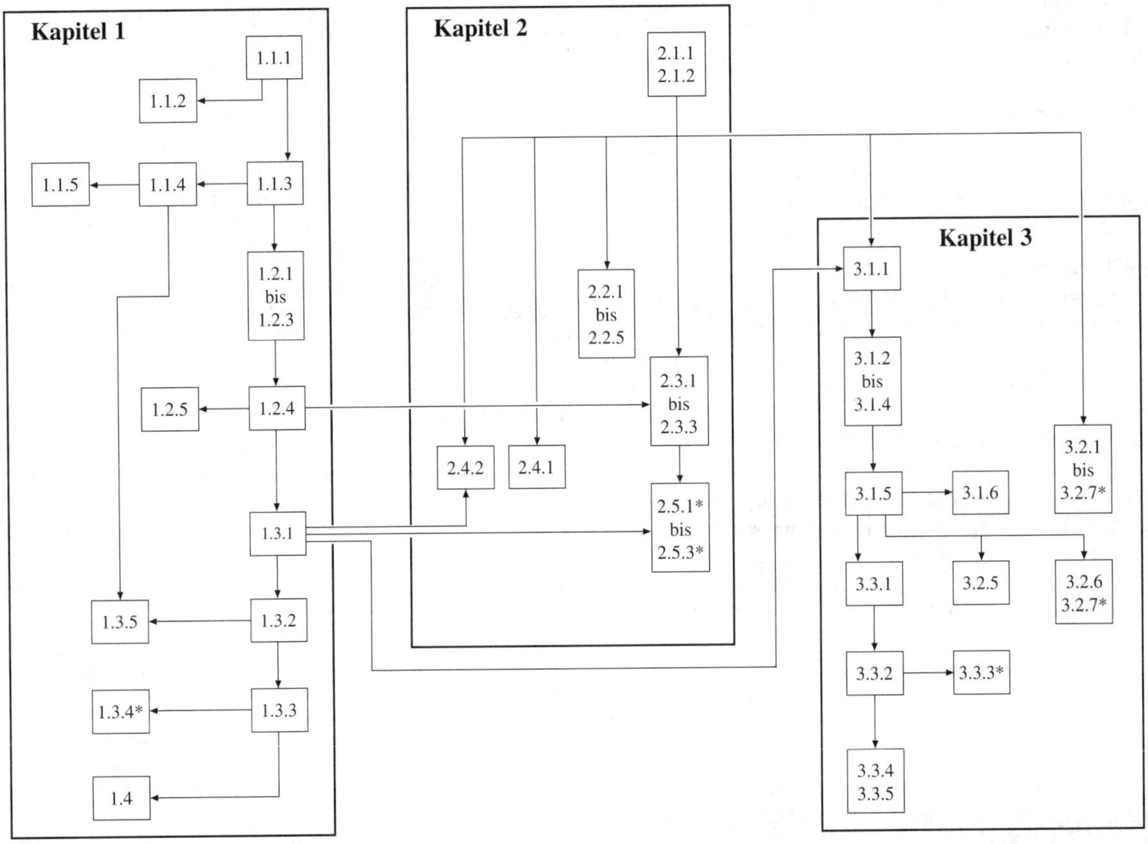

1

Analytische Geometrie des Anschauungsraumes

In diesem Kapitel geht es in erster Linie um die Erfassung des (dreidimensionalen) Raumes und die Förderung des räumlichen Vorstellungsvermögens. Obwohl wir in ihm leben und er uns durch die tägliche Anschauung vertraut ist, macht schon die Beantwortung einfacher Fragen Schwierigkeiten. Im Folgenden sind einige aufgeführt. Man versuche eine vorläufige Antwort. Alle Fragen werden im Laufe des Kurses beantwortet werden.

Fragen zur Raumgeometrie

- Wie sieht ein Würfel aus, wenn man ihn längs einer Raumdiagonale betrachtet?
- Gibt es einen Korken, mit dem man sowohl ein kreisförmiges, ein dreieckiges und ein quadratisches Loch zustopfen kann?
- Was ist die kürzeste Verbindung zweier Geraden im Raum, die wie die Flächendiagonale AB und die Raumdiagonale CD im nebenstehenden Würfel sich weder schneiden noch parallel sind?

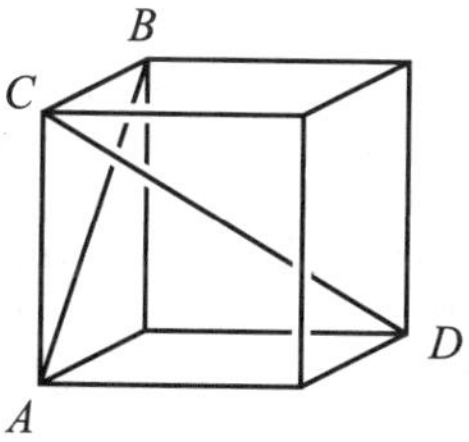

- Jedes Dreieck besitzt einen Um- und einen Inkreis. Gibt es etwas Analoges bei jeder dreiseitigen Pyramide?
- Wo liegen alle Punkte, die von zwei festen Punkten (zwei Geraden, zwei Ebenen) gleichen Abstand haben?
- Wie funktioniert ein „Katzenauge" (Rückstrahler)?
- In der Ebene gibt es regelmäßige Vielecke mit beliebig großer Eckenzahl. Gilt Entsprechendes auch für die regelmäßigen Vielflächner im Raum?
- Lässt sich der Winkelsummensatz auf den Raum ausdehnen?

Zur Bearbeitung solcher und vieler weiterer Fragen stellt die auf RENÉ DESCARTES (1596–1650) und PIERRE FERMAT (1601–1665) zurückgehende *analytische Methode* ein wichtiges Hilfsmittel dar. Sie besteht, kurz gesagt, darin Punkte mit Hilfe eines Koordinatensystems zu erfassen und Punkt*mengen*, z. B. Geraden und Flächen im Raum, mit Hilfe von Gleichungen zwischen den Koordinaten zu beschreiben. Auf diese Weise lassen sich geometrische Probleme lösen, indem man sie auf rechnerische Probleme zurückführt. Aber auch das Umgekehrte ist möglich: Durch Übersetzung ins Geometrische wird ein rechnerisches Problem erst richtig durchschaubar und dadurch einer Lösung zugänglich gemacht.

DESCARTES ist Philosoph, der nach ausgedehnten Reisen zwanzig Jahre in selbst gewählter Einsamkeit in den Niederlanden zubringt um dort sein epochemachendes Werk, den „*Discours de la Méthode*", zu verfassen. Schon seit seiner Jugend sehnt er sich nach einer festen und sicheren Einsicht im Meinungsstreit der scholastischen Philosophie und fasziniert von der Klarheit und Sicherheit der Beweisführung in der Mathematik, wie er sie vor allem im Werk EUKLIDS kennen gelernt hat, sucht er auch der Philosophie ein Fundament zu schaffen, das gleich den mathematischen Axiomen unmittelbar gewiss und einleuchtend ist. Darum müssen zunächst alle scheinbaren Gewissheiten zerstört und alles, was bisher gegolten hat, in Zweifel gezogen werden. Im Bewusstsein, dass er zweifelt, aber wird der Mensch schließlich seiner eigenen Existenz gewiss: *„Ich denke (zweifle), also bin ich – cogito, ergo sum."*

Mit diesem berühmten und oft zitierten Satz wird DESCARTES zum Begründer des modernen Rationalismus und der neuzeitlichen Philosophie überhaupt. DESCARTES macht das Individuum, das die Renaissance neu für sich entdeckt hat, autonom und die Vernunft (ratio) zur ausschließlichen Quelle der Erkenntnis. Demgemäß handelt sein Werk von der *Methode des richtigen Vernunftgebrauchs* und die in ihm als Anhang enthaltene *„Géométrie"* dient eigentlich nur als ein Anwendungsbeispiel von mehreren. Hier beschreibt er seine Koordinatenmethode als Instrument um *systematisch neue* *und sichere Erkenntnisse zu gewinnen* und mit Recht stellt er fest, dass niemand vor ihm einen solchen Zauberschlüssel besessen habe.

DESCARTES' Verdienste lagen vor allem in der konsequenten Anwendung der im 17. Jahrhundert schon weit entwickelten Algebra auf die Geometrie. Aber sie war noch weit von der modernen analytischen Geometrie entfernt, die letztlich erst das Werk des 19. Jahrhunderts ist. Etwas näher an diese analytische Geometrie kam FERMAT heran, der noch vor Erscheinen des Buches von DESCARTES (1637) eine kurze Abhandlung über die Geometrie schrieb. Wie das meiste von ihm wurde sie jedoch erst nach seinem Tode veröffentlicht; er begnügte sich damit seine Gedanken brieflich an seine Freunde weiterzugeben. FERMAT verbrachte sein ganzes Leben in Toulouse als hoch angesehener Jurist am dortigen Gerichtshof; aber als vielseitig gebildeter und interessierter Mensch unterhielt er eine umfangreiche Korrespondenz mit den Gelehrten seiner Zeit, die seine Ideen aufnahmen und ihrerseits weitergaben. So sicherten ihm seine Leistungen schon zu seinen Lebzeiten einen bedeutenden Ruf. FERMAT hat so viele Gebiete der Mathematik – die damals die Physik miteinschloss – um grundlegende Erkenntnisse bereichert, dass er der größte französische Mathematiker des 17. Jahrhunderts genannt werden kann. Noch heute erinnern die Namen von mathematischen Sätzen und physikalischen Prinzipien an seine bahnbrechenden Ideen.

1.1 Einführung in die Raumgeometrie

Das einfachste geometrische Objekt ist der Punkt. Er besitzt keine Ausdehnung und hat daher die *Dimension null.* Bewegt sich ein Punkt im Raum, so beschreibt er eine *Linie*, die begrenzt oder unbegrenzt sein kann. Jeden Punkt dieser Linie kann man daher umkehrbar eindeutig mittels einer *einzigen Koordinate* festlegen, indem man seinen auf der Linie gemessenen Weg von einem willkürlich ausgezeichneten Nullpunkt angibt und die beiden möglichen Richtungen mit Hilfe des Vorzeichens unterscheidet. Linien, die auf diese Weise erzeugt werden können, sind daher *eindimensionale Gebilde.* Insbesondere ist jede *Gerade* (= gerade Linie) eindimensional und dasselbe gilt auch für jede Strecke als begrenztes Teilstück einer Geraden.

Bewegt man eine Linie so, dass sie nicht ständig mit sich selbst zur Deckung kommt, so beschreibt jeder ihrer Punkte – wenn er nicht zufällig fest bleibt wie bei einer Drehung um ihn – wieder eine neue Linie und das dadurch erzeugte „Gewebe" unendlich dicht beieinander liegender Linien bildet eine *Fläche.* Offenbar braucht man zur Beschreibung eines Punktes auf einer Fläche zwei Koordinaten, Flächen sind *zweidimensional.*

Eine besonders einfache Fläche erhält man, wenn die erzeugende Linie eine Gerade ist, die parallel zu sich selbst längs einer anderen Geraden bewegt wird. Da sie weder Wölbungen noch Vertiefungen hat, nennt man sie *ebene Fläche* oder kurz *Ebene.* Im Gegensatz zum umgangssprachlichen Gebrauch des Wortes muss eine Ebene jedoch nicht horizontal sein, sondern kann durchaus auch wie ein Brett schräg gestellt – in der Physik nennt man das *„schiefe Ebene"* – oder wie eine Hauswand sogar vertikal sein. In beiden Fällen handelt es sich allerdings nur um Ausschnitte aus einer Ebene; denn *jede Ebene denkt man sich nach allen Seiten unendlich ausgedehnt.*

Nach der oben geschilderten Methode kann man sich auch den dreidimensionalen Raum erzeugt denken, indem man eine Ebene parallel zu sich selbst längs einer Geraden, die sie durchdringt, in beiden Richtungen „bis ins Unendliche" bewegt. Er gehört damit wie schon die Ebene und die Gerade zu den sogenannten *„linearen Gebilden"*, da zu ihrer Erzeugung lediglich *geradlinige* Bewegungen auszuführen sind. Dem entspricht, dass sie rechnerisch durch *lineare Gleichungen* erfasst werden, die auch in der Algebra den einfachsten Typus darstellen.

Die folgenden vier Paragraphen geben eine erste Orientierung über Elemente der Raumgeometrie und der fünfte Paragraph zeigt, wie durch Analogiebildung die von der Anschauung gezogene Grenze zu höheren Dimensionen überschritten werden kann.

1.1.1 Vom Zeichnen räumlicher Objekte

Um räumliche Objekte durch *ebene* Bilder möglichst anschaulich darzustellen verwendet man die Methode der *Projektion.* Dabei entsteht der beste räumliche Eindruck, wenn die projizierenden (Licht-)Strahlen von einem Punkt ausgehen, weil dies dem Sehvorgang am nächsten kommt. In der Malerei hat sich hierfür der Name *Perspektive* eingebürgert, in der Mathematik spricht man von *Zentralprojektion.* Man vergleiche hierzu den Holzschnitt von A. DÜRER (Abbildung 1.1.–1), in dem er zeigt, wie die Zentralprojektion einer Laute im Prinzip ausgeführt werden kann.

Abb. 1.1.–1

Zeichnerisch leichter zu realisieren ist die *Parallelprojektion,* die für unsere Zwecke völlig ausreicht. Sie entspricht dem Schattenwurf durch Sonnenlicht, da die Lichtstrahlen auf Grund der weiten Entfernung der Sonne praktisch parallel sind. Abbildung 1.1.–2 zeigt beide Projektionsarten im Vergleich anhand eines einfachen Objekts. Bei der Parallelprojektion gehen parallele Strecken stets in parallele Bildstrecken über und auch das Teilverhältnis, in dem ein Punkt eine Strecke teilt – hier C die Strecke AB – bleibt erhalten. Im folgenden Kasten stellen wir die wichtigsten Eigenschaften der Parallelprojektion systematisch zusammen.

Eigenschaften der Parallelprojektion

(1) Geraden (Strecken), die nicht in Projektionsrichtung liegen, werden auf Geraden (Strecken) abgebildet, sonst auf einen Punkt; Ebenen, die nicht parallel zu den Projektionsstrahlen verlaufen, auf die ganze Bildebene, sonst auf eine Gerade.

(2) Die Bilder von parallelen Geraden (Strecken) sind parallel.

(3) Eine Strecke, die *zur Bildebene parallel* ist, wird auf eine *gleich lange* Strecke abgebildet.

(4) Das *Längenverhältnis paralleler Strecken,* insbesondere solcher, die auf der *gleichen* Geraden liegen, bleibt unverändert (wenn sie nicht auf einen Punkt abgebildet werden).

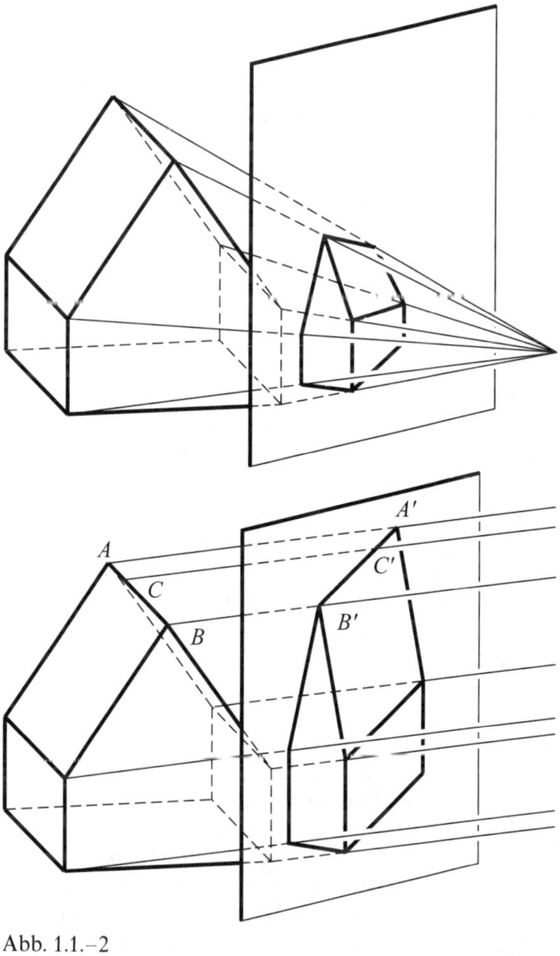

Abb. 1.1.–2

Je nachdem, ob die Projektionsstrahlen senkrecht oder schräg auf die Zeichenebene fallen, spricht man von *Normal- oder Schrägbildern.* Wir werden im Folgenden ausschließlich Schrägbilder verwenden, da sie

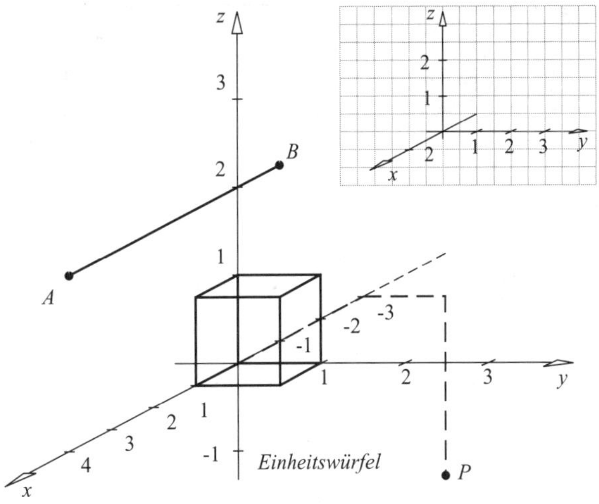

Abb. 1.1.–3

auf Kästchenpapier einfach zu zeichnen sind. Für die analytische Geometrie hat sich dabei die Methode bewährt, zunächst das Schrägbild des räumlichen Koordinatensystems festzulegen und in dieses dann die Punkte gemäß ihren Koordinaten einzutragen. Die Wahl der Achsen und die Wahl der Einheiten ist prinzipiell beliebig, doch sollte man darauf achten, dass der *Einheitswürfel* möglichst anschaulich wirkt. Dies ist bei der in Abb. 1.1.–3 dargestellten Projektion der Fall, die wir – auch um besser vergleichen zu können – als *Standardprojektion* auszeichnen. Wenn nichts anderes gesagt ist, soll bei der Lösung der Aufgaben – auch in den späteren Paragraphen – stets von einem Koordinatensystem ausgegangen werden, wie es das klein eingeblendete Bild zeigt.

In Abbildung 1.1.–3 ist auch ein Punkt P mit dcn Koordinaten $(-3|1|-2)$ eingezeichnet, wobei mit Hilfe des gestrichelt dargestellten „Koordinatenzuges" zugleich verdeutlicht wird, wie der Punkt im Raum liegt: hinten (nämlich hinter der y-z-Ebene), rechts (von der x-z-Ebene), unten (nämlich unter der x-y-Ebene). Natürlich kann man aber noch viele andere Punkte finden, die im Schrägbild mit P zusammenfallen, aber in Wirklichkeit von P verschieden sind, z. B. $Q=(5|5|0)$, $R=(0|2{,}5|-1{,}25)$, $S=(-1|2|-1{,}5)$. Dementsprechend lässt sich aus der Zeichnung allein auch nicht ablesen, ob die Strecke AB vor oder hinter oder durch die z-Achse verläuft und ob sie parallel zur x-Achse ist. Es bedarf dazu zusätzlicher Informationen, wie sie beispielsweise durch einen Koordinatenzug gegeben werden. (Man vgl. hierzu Aufgabe 1.)

Die folgenden beiden Abbildungen 1.1.–4 und 1.1.–5 zeigen typische Fehler, wie sie bei der Schrägbilddarstellung von Körpern auftreten können. Sie bestehen im Wechsel der Perspektive bzw. in der Identifizierung von Punkten, die in Wirklichkeit verschieden sind. (Vgl. hierzu Aufgabe 3.) Virtuos hat der holländische Graphiker M. C. ESCHER diese Möglichkeiten genutzt um täuschende Bilder unwirklicher Welten zu erzeugen, phantastisch und verwirrend zugleich. Die Lithographien „Wasserfall" und „Belvedere" (Abb. 1.1.–6 und 7) sind Beispiele hierfür und der sinnende Knabe im zweiten Bild (vgl. hierzu ESCHERS Entwurf Abb. 1.1.–8) enthüllt zugleich das Konstruktionsprinzip.

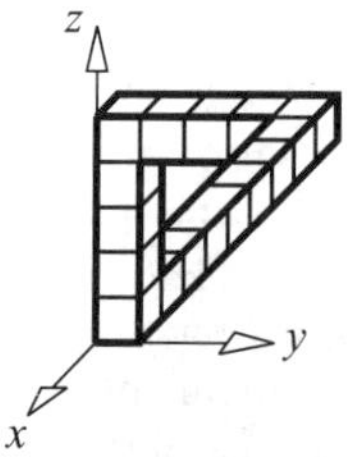

Abb. 1.1.–4

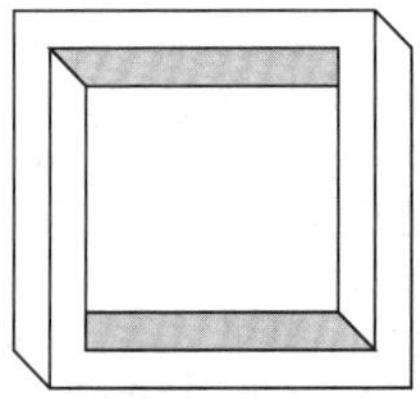

Abb. 1.1.–5

Abb. 1.1.–6

Abb. 1.1.–7

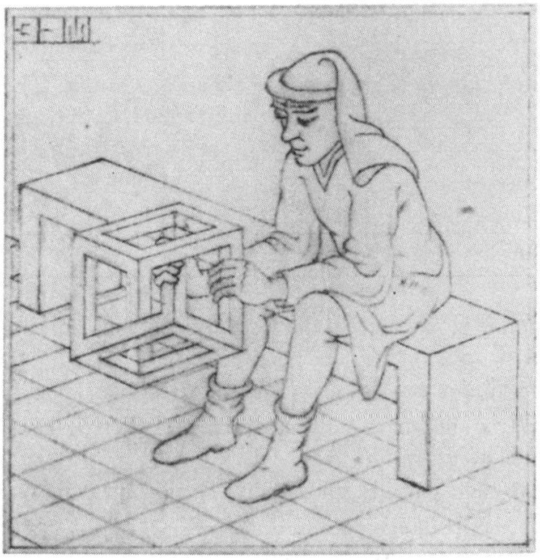

Abb. 1.1.–8

Um kompliziertere Körper zu zeichnen muss man entweder die Koordinaten der Ecken kennen oder man wird versuchen sie in einfachere Körper wie Würfel und Quader „einzubetten". Das sei beispielhaft im Falle der Kugel erklärt, wobei wir das Koordinatensystem fortlassen, da es unwichtig ist. Wir zeichnen zunächst den Würfel, dem sich die Kugel einbeschreiben lässt. Seine Mittelebenen schneiden die Kugel in drei Großkreisen, von denen nur derjenige, der parallel zur y-z-Ebene verläuft, unverändert als Kreis erscheint. Die anderen beiden sind Ellipsen und um sie genauer zu zeichnen konstruieren wir noch ihre Schnittpunkte mit den Diagonalen, indem wir vom Mittelpunkt aus die halbe Länge abmessen und 71% ($=\frac{1}{2}\sqrt{2}$) davon nehmen. Das lässt sich leicht mit den Eigenschaften der Parallelprojektion begründen (vgl. Aufgabe 7). Beachten wir nun noch, dass die Ellipsen die ihnen umbeschriebenen Parallelogramme in den Seitenmittelpunkten berühren, so erhält man ein relativ gutes Bild von ihnen (vgl. Abb. 1.1–9). Dem Betrachter erscheint die Kugel jedoch etwas ungewohnt, da das Auge nicht ein Schrägbild, sondern ein Normalbild erwartet. Insbesondere ist der *Umriss* eine – hier nicht gezeichnete – Ellipse und kein Kreis.

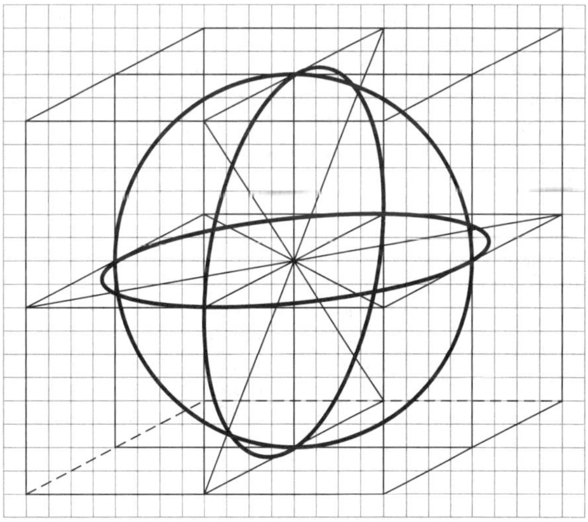

Abb. 1.1.–9

Exkurs: Räumliche Konstruktionen an Schrägbildern

Im Quader $ABCDEFGH$ schneidet die Raumdiagonale DF das Dreieck EBG, das von den drei Flächendiagonalen EB, BG und GE gebildet wird. Gesucht ist der Schnittpunkt S. Abbildung 1.1.–10 zeigt die Lösung. Man zieht eine Hilfsebene heran, in der die Raumdiagonale liegt und die zu den übrigen Punkten der Figur in möglichst einfacher Beziehung steht. Wir wählen die Ebene $DBFH$ (grau unterlegt), hätten aber auch ebenso gut $DAFG$ oder $DCFE$ nehmen können. Ihre *Schnittgerade* BI mit dem Dreieck lässt sich leicht bestimmen, da B bereits ein gemeinsamer Punkt beider Ebenen ist und HF die Diagonale EG in ihrem Mittelpunkt I schneidet. Da BI und DF in der gleichen Ebene liegen, haben sie einen Schnittpunkt S, der nach Konstruktion von BI zugleich der Dreiecksfläche BGE angehört. Somit ist S der gesuchte Schnittpunkt von Raumdiagonale DF und Diagonaldreieck BGE. Wie man sieht, liegt er auf der Seitenhalbierenden BI dieses Dreiecks und analog schließt man, dass er auch auf den beiden anderen Seitenhalbierenden liegen muss. Darüber hinaus kann man aus der Figur ablesen, dass S die Raumdiagonale DF im Verhältnis 2:1 teilt (man spiegele das Dreieck SFI an S und zeige so, dass IF zur *Mittelparallelen* des Dreiecks DBS wird!).

Überträgt man dieses Ergebnis auf den Würfel (vgl. Abb. 1.1.–11 a), so erkennt man, dass die Raumdiagonale FD das Dreieck EBG nicht nur in seinem Schwerpunkt schneidet, sondern – wie man der Anschauung entnimmt – dort sogar senkrecht auf der Dreiecksfläche steht. Dreht man daher den Würfel um FD, so bewegen sich die Ecken des Dreiecks in der Ebene ihrer Fläche und ist der Drehwinkel α speziell 60°, so fällt bei der vorgegebenen Drehrichtung der Punkt B auf die Verlängerung von GS und zwar muss S der Mittelpunkt der Strecke $B'G$ sein, da die Strecken BS, GS (und ES) gleich lang sind. Folglich kann man die neue Lage der Punkte B, E und G *auch im Schrägbild* konstruieren. Analog findet man A', C' und H' mit Hilfe des *parallelen* Diagonaldreiecks ACH oder durch Parallelverschiebung der Strecken FB', FE', FG'. Abbildung 1.1.–11 b zeigt das Ergebnis. Es ist nicht schwer zu begründen (vgl. die folgende Aufgabe 11), dass bei einer solchen Drehung die Mittelpunkte des Kantensechsecks $AEHGCB$ ineinander übergehen. Im Gegensatz zu den übrigen sechs Kanten handelt es sich hier gerade um diejenigen, *die zur Drehachse windschief* sind, d. h. sie nicht schneiden und nicht parallel zu ihr liegen.

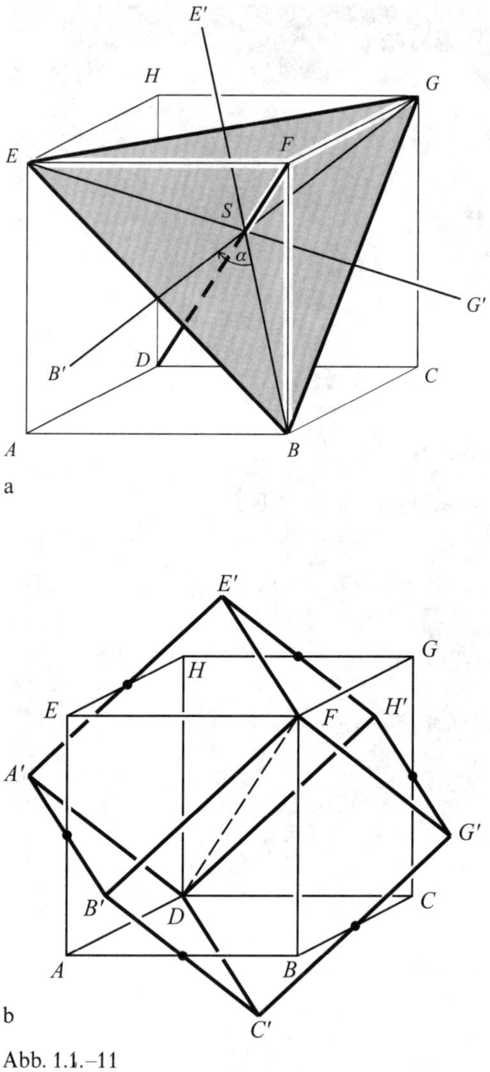

Abb. 1.1.–11

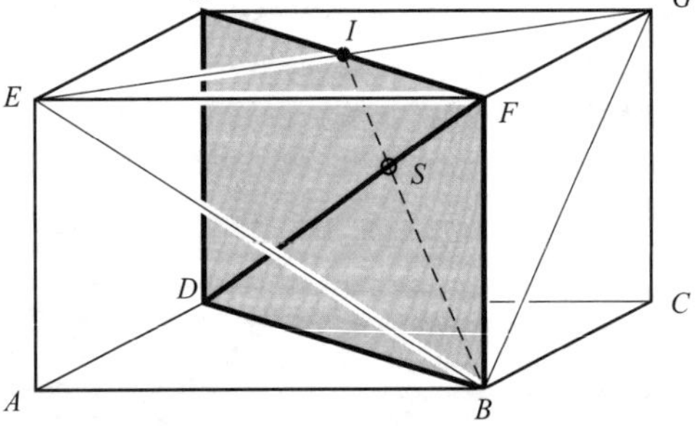

Abb. 1.1.–10

Aufgaben

1. Bestimme in Abb. 1.1.–3 die Koordinaten von A und B so, dass
   a) AB in der x-y-Ebene (y-z-Ebene, x-z-Ebene) liegt;
   b) AB parallel zur x-Achse ist und nicht in der x-z-Ebene liegt;
   c) AB nicht parallel zur x-Achse ist und nicht in der y-z-Ebene liegt;
   d) AB vor der z-Achse verläuft;
   e) die z-Koordinate von A gleich 3 und die y-Koordinate von B gleich -1 ist.

2. Bestimme die Koordinaten
   a) einiger; b*) aller Punkte,
   die auf den Nullpunkt abgebildet werden. Warum liegen sie auf einer Geraden? Welche besondere Rolle spielt diese Gerade im Hinblick auf die Schrägbilddarstellung?
3. a) Analysiere die Fehler in Abb. 1.1.–4 und 5.
   b) Zeichne einen Würfel – genauer das *Skelett* eines Würfels – in der Schrägbildperspektive dieses Buches, aber mit dem Fehler der Abb. 1.1.–8.
   c) Welcher Zusammenhang besteht zwischen Abb. 1.1.–5 und Abb. 1.1.–7?

4. a) Zeichne einen Würfel mit der Kantenlänge 8, dessen Mittelpunkt mit dem Nullpunkt des Koordinatensystems zusammenfällt und dessen Seitenflächen zu den Koordinatenebenen parallel sind. Verdeutliche bei *allen* Überschneidungen (auch mit den Koordinatenachsen), was vorn und was hinten liegt.
   b) Verbinde vier Ecken des Würfels, beginnend mit $A = (-4|-4|-4)$, so, dass eine *dreiseitige Pyramide* mit gleich langen Kanten entsteht. Wie lang sind diese?
   c) Welches *Volumen* hat diese Pyramide? (Zur Beantwortung der Frage braucht man die Höhe der Pyramide nicht zu wissen.)

5. Zeichne die Punkte $A = (-2|4|4)$, $B = (4|-2|4)$, $C = (4|4|-2)$, $D = (2|-4|-4)$, $E = (-4|2|-4)$, $F = (-4|-4|2)$ in ein Koordinatensystem und verbinde sie so, dass eine Doppelpyramide entsteht. Verdeutliche bei scheinbaren Überschneidungen durch Unterbrechungen, welche Kanten vorn und welche hinten liegen.

6. Eine dreiseitige Pyramide hat gleich lange Seitenkanten und gleich lange Grundkanten. Die Grundfläche ABC liegt in der x-y-Ebene symmetrisch zur x-Achse, wobei ihr Mittelpunkt mit O zusammenfällt und A die Koordinaten $(3|0|0)$ hat. Bestimme die Koordinaten der noch fehlenden Punkte B, C, D durch Zeichnung oder Rechnung, falls
   a) die Länge der Höhe drei Einheiten beträgt,
   b*) alle sechs Kanten gleich sind
   und zeichne die Pyramide.
7. Zeichne ein Quadrat mit seinem Inkreis und den beiden Diagonalen. Beweise die im Text S. 5 gemachte Aussage über die Lage der Schnittpunkte von Kreis und Diagonalen.
8.* In Abb. 1.1.–9 schneidet die Diagonalebene durch die vordere, untere und die hintere, obere Kante aus der Kugel einen Großkreis heraus. Konstruiere dessen Schrägbild nach dem Verfahren des Textes.
9. a) Zeichne einen *Spat*, d.h. einen „schiefen Quader", bei dem die Kanten nicht mehr senkrecht aufeinander stehen und die Seitenflächen Parallelogramme sind. Löse für ihn dieselbe Aufgabe wie die erste im Exkurs des Textes.
   b*) Wie kann man mit Hilfe der Aufgabe a) beweisen, dass sich in *jedem* Dreieck die Seitenhalbierenden in *einem* Punkt schneiden?

10. Man schaue sich die vier Würfel in Abb. 1.1.–12 sorgfältig an. Schneiden sich die Geraden durch 1 und 2 bzw. durch 3 und 4 wirklich im Punkt S?

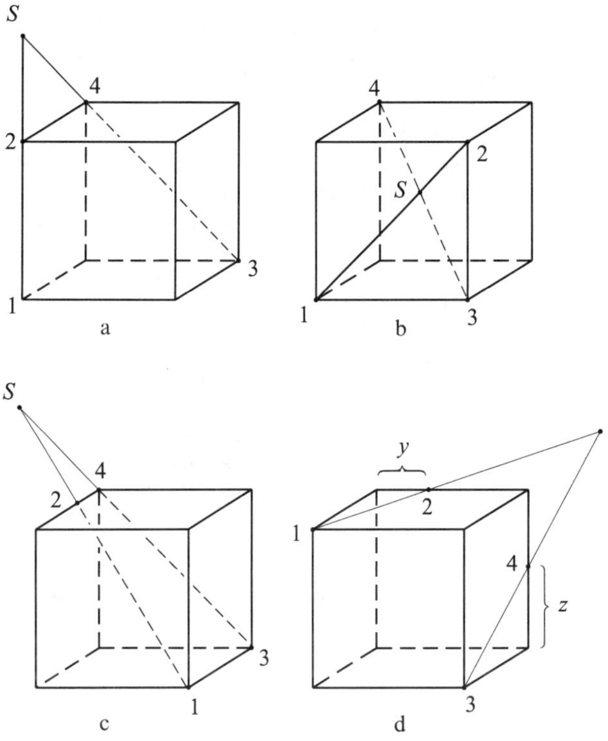

Abb. 1.1.–12

11. Abb. 1.1.–13 zeigt einen Würfel, dessen Raumdiagonale BH auf der (nicht eingezeichneten) z-Achse liegt. Man zeige: Verbindet man aufeinander folgende Mittelpunkte der Seiten des „Zickzacksechsecks" $AEFGCD(A)$, so ist jede Verbindungsstrecke zu den Diagonaldreiecken AFC bzw. EGD parallel, das *Mittelpunktsechseck* also *eben*. Man begründe ferner, dass dieses Sechseck zur *Überschneidungsfigur* beider Dreiecke ähnlich ist, wenn man diese *ohne sie zu verdrehen* in die Würfelmitte ver-

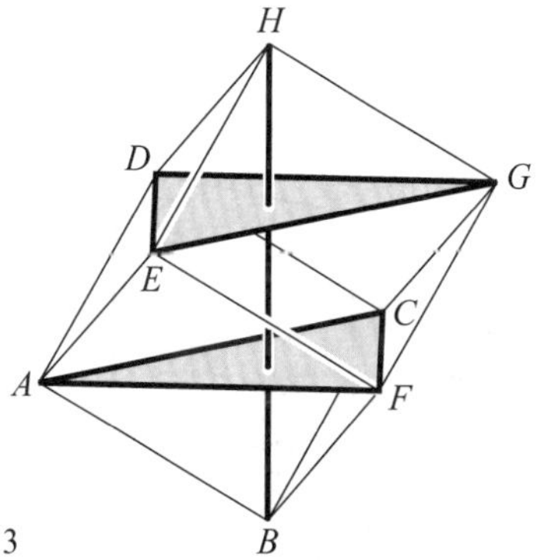

Abb. 1.1.–13

schiebt. Inwiefern folgt nun hieraus, dass bei einer Drehung des Würfels um die Raumdiagonale BH um 60° diese Mittelpunkte ineinander übergehen, wie auf Seite 6 behauptet?

12. Klappt man in Abb. 1.1.–13 die Pyramide $EGDH$ um DE um 180° nach links, so fällt H auf A und G geht in einen Punkt G' über, so dass $G'EGD$ ein (ebenes) Parallelogramm ist.
   a) Begründe diese Aussagen.
   b) Zeige mit Hilfe von a), dass die Dreiecke AFC und EDG die Raumdiagonale dritteln.
   c*) Aus a) und b) folgt eine andere Konstruktion des um 60° um eine Raumdiagonale gedrehten Würfels, bei der man nur ein Drittel dieser Raumdiagonale parallel zu sich selbst geeignet verschieben muß. Wie?

13.* Wie sieht ein Würfel aus, wenn man ihn längs der Raumdiagonale betrachtet? (Beachte Abb. 1.1.–13.)

14* a) Verbindet man den Mittelpunkt des Würfels $ABCDEFGH$ in Abb. 1.1.–11 a mit der Kantenmitte N von AE, so steht diese Verbindungsstrecke auf der Raumdiagonalen FD senkrecht. Begründe diesen Sachverhalt anschaulich durch Betrachtung der Pyramide $BFHDN$.
   b) Zeige mittels a): Der Schnitt durch den Würfelmittelpunkt senkrecht zur Raumdiagonalen FD halbiert sechs der Würfelkanten. Welche sind das?

1.1.2 Polyeder

Polyeder sind das dreidimensionale Gegenstück zu den zweidimensionalen Polygonen oder Vielecken. Dementsprechend werden sie von *ebenen* Flächenstücken begrenzt und das besagt auch ihr Name: *Vielflächner*. Im Gegensatz zu den Vielecken lässt sich die Vielfalt der Polyeder nur schwer überschauen, selbst wenn man voraussetzt, dass sie *konvex* sind, das heißt anschaulich gesprochen keine „nach innen einspringenden Ecken“ haben. Die wichtigsten von ihnen sind die *regulären Polyeder*, die von *regelmäßigen Vielecken des gleichen Typs* begrenzt werden, wobei *alle Ecken gleich gebaut* sein müssen. Im Gegensatz zu den regulären Polygonen, von denen es unendlich viele gibt, existieren nur fünf, das reguläre *Tetraeder* (Vierflach), das reguläre *Hexaeder* oder der Würfel (Sechsflach), das reguläre *Oktaeder* (Achtflach), das reguläre *Dodekaeder* (Zwölfflach) und das *Ikosaeder* (Zwanzigflach). (Vgl. Abb. 1.1.–14 und Aufgabe 1.)

Die fünf regulären Polyeder waren schon in der Antike bekannt. Der griechische Philosoph PLATON (~ 427–347 v. Chr.) hat sie in seiner Naturphilosophie den vier „Elementen“ Erde, Wasser, Feuer, Luft zugeordnet und das Dodekaeder dem gesamten Universum. Sie heißen daher auch *platonische Körper* und haben bei der Entstehung des modernen naturwissenschaftlichen Weltbildes sowie bei der Entwicklung der modernen Mathematik eine bedeutende Rolle gespielt.

Im Alltag trifft man die reinen Formen der platonischen Körper – vom Würfel einmal abgesehen – seltener an. Stattdessen dominieren Formen, die man aus ihnen durch Abstumpfen der Ecken oder Abschleifen der Kanten erhält. Abbildung 1.1.–15 zeigt die dreizehn auf diese Weise erzeugbaren *halbregulären* oder *archimedischen Körper*. Sie werden ebenfalls von regulären Vielecken begrenzt, jedoch nicht mehr des gleichen Typs. Unschwer erkennt man im Ikosaederstumpf den *Fußball* wieder und im Würfelstumpf die „Normaluhr“ (Abb. 1.1.–16, man vgl. hierzu auch Aufgabe 4).

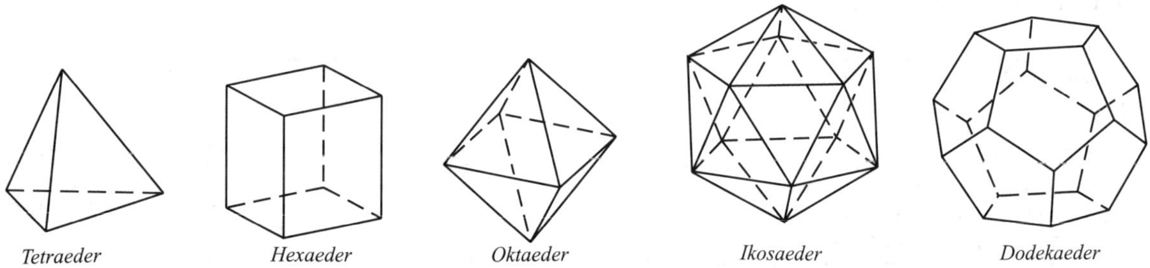

Abb. 1.1.–14

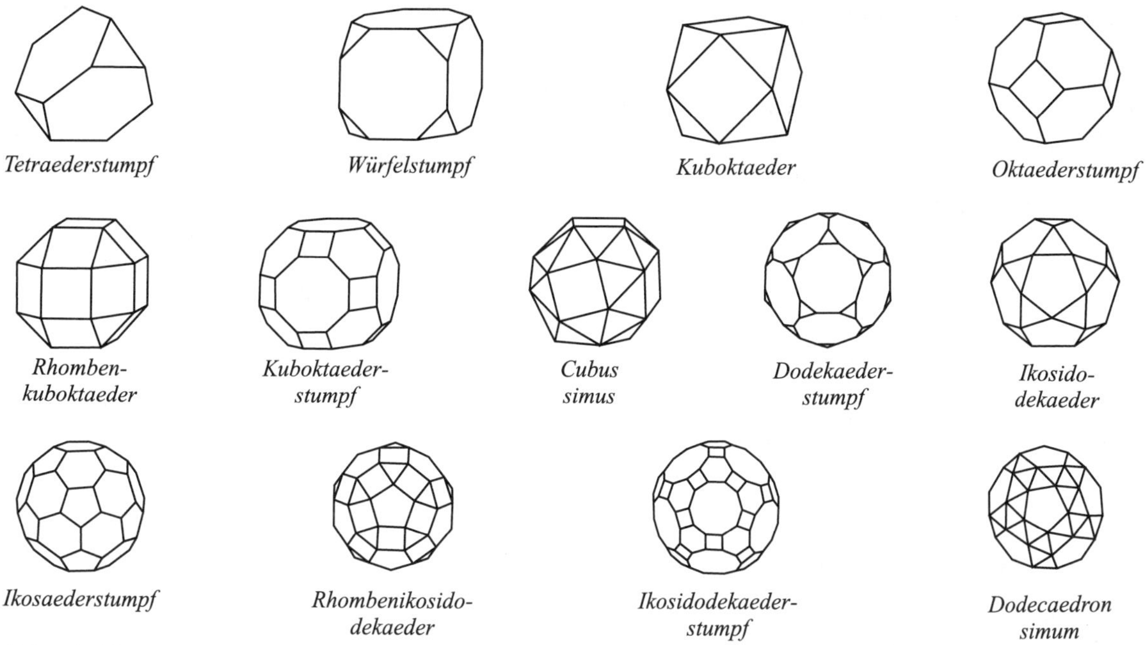

Abb. 1.1.–15

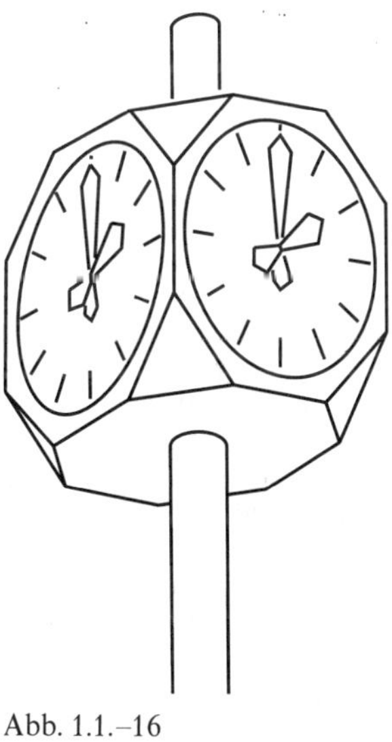

Abb. 1.1.–16

Noch häufiger im Alltag sind die *Prismen*, die man sich dadurch entstanden denken kann, dass ein beliebiges Vieleck parallel zu sich selbst und senkrecht zu seiner Fläche verschoben wird, und die *Pyramiden*, bei denen eine Spitze mit den Ecken des Vielecks verbunden wird. Je nach der Eckenzahl des Vielecks spricht man von einem drei-, vier-, allgemein *n-seitigen* Prisma bzw. einer ebensolchen Pyramide. Abbildung 1.1.–17 zeigt die zugehörigen *regulären* Formen, bei denen die Grundfläche ein *regelmäßiges* Vieleck ist, nämlich ein achtseitiges Prisma und eine achtseitige Pyramide *mit gleich langen Seitenkanten* sowie ein achtseitiges *Antiprisma*, bei dem das regelmäßige Achteck der Deckfläche um den Winkel $\frac{180^\circ}{8} = 22{,}5^\circ$ gegenüber der Grundfläche verdreht ist. Es erinnert an eine Trommel.

Mit einem Kreis anstelle des Vielecks erhält man die entsprechenden *krummflächig* begrenzten Körper: *Zylinder* und *Kegel* (Abb. 1.1.–18).

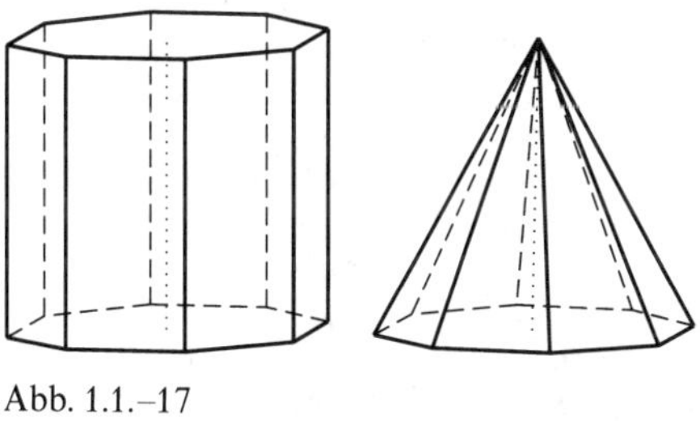

Abb. 1.1.–17

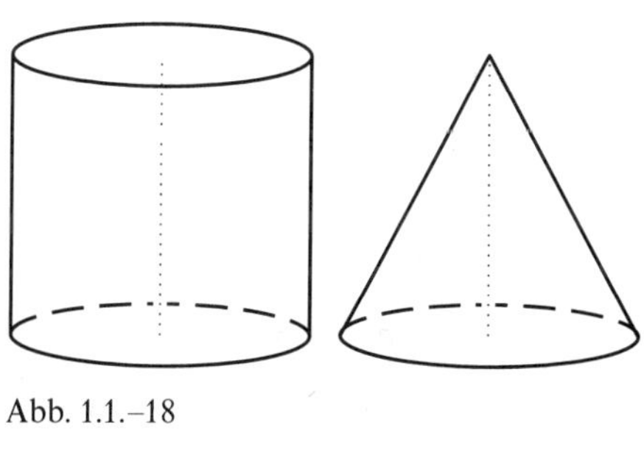

Abb. 1.1.–18

Exkurs: Die eulersche Polyederformel

In einem Vieleck mit der Eckenzahl n beträgt die Winkelsumme $(n-2)\cdot 180°$. Um diesen Satz auf den Raum zu übertragen stellen wir uns ein Polyeder zunächst „plattgedrückt“ vor, so dass eine Art „Netz“ entsteht. Abb. 1.1.–19 zeigt die „Vorderseite“ eines solchen Netzes. Seine „Maschen“ $A, B, C, D, E \ldots$ sind ebene Vielecke. Wir bezeichnen die Anzahl der Ecken bzw. Kanten jedes dieser Vielecke mit den gleichen kleinen Buchstaben und erhalten als „Gesamtwinkelsumme“

$$\begin{aligned} w &= (a-2)\cdot 180° + (b-2)\cdot 180° + \cdots + (f-2)\cdot 180° \\ &= (a+b+\cdots+f)\cdot 180° - \varphi\cdot 360°. \end{aligned}$$

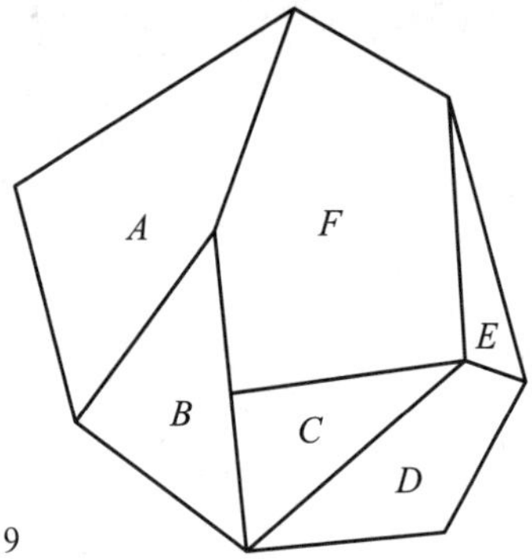

Abb. 1.1.–19

Hierin bezeichnet φ die Anzahl der Flächen (Maschen), die vorhanden sind. Die Summe $a+b+\cdots+f$ zählt nun alle inneren Kanten doppelt, während die Kanten am Rand nur einfach gezählt werden. Somit gilt mit den Abkürzungen k_i bzw. k_r für diese Anzahlen

$$a+b+\cdots+f = k_r + 2k_i,$$

also

$$w = (k_r + 2k_i)\cdot 180° - \varphi\cdot 360°$$

für die Gesamtwinkelsumme. Diese lässt sich aber auch mittels der Eckenzahl e_i der im Innern liegenden Ecken und der Ecken am Rand ausdrücken, die mit k_r übereinstimmt. Es ist nämlich

$$w = (k_r - 2)\cdot 180° + e_i\cdot 360°,$$

da die Winkelsumme um jeden inneren Punkt 360° beträgt und auf das Randvieleck der Satz von der Winkelsumme angewendet werden kann. Insgesamt folgt so die Beziehung

$$(k_r + 2k_i)\cdot 180° - \varphi\cdot 360 = (k_r - 2)\cdot 180° + e_i\cdot 360°.$$

Für die „Rückseite“ gilt die entsprechende Formel mit einem Strich für die „hinteren“ Ecken-, Kanten- und Flächenanzahlen

$$(k_r + 2k_i')\cdot 180° - \varphi'\cdot 360° = (k_r - 2)\cdot 180° + e_i'\cdot 360°$$

und Addition ergibt nach Wegheben von 360°:

$$k_r + k_i + k_i' - (\varphi + \varphi') = k_r - 2 + e_i + e_i'.$$

Beachten wir nun, dass $k_r + e_i + e_i'$ die Gesamtzahl der Ecken des *ursprünglichen Polyeders* ist, $k_r + k_i + k_i'$ die Gesamtzahl der Kanten und $\varphi + \varphi'$ die Gesamtzahl der Seitenflächen, so folgt nach einfacher Umstellung die berühmte

> *Eulersche Polyederformel*
>
> $$E - K + F = 2$$
>
> E = Anzahl der Ecken, K = Anzahl der Kanten, F = Anzahl der Flächen

Bemerkung: Die eulersche Polyederformel ist nach dem Baseler Mathematiker Leonhard EULER (1707–1783) benannt, war aber vermutlich schon ARCHIMEDES bekannt und wurde in der obigen Form zum ersten Mal von DESCARTES formuliert. Sie gilt nicht nur für konvexe Körper, die wir hier vorausgesetzt haben, und hat wichtige Verallgemeinerungen.

Aufgaben

1. *(Begründung, dass es nur fünf reguläre Körper geben kann.)*
Jede Ecke eines regulären Körpers wird von mindestens drei kongruenten regelmäßigen Vielecken gebildet, so dass die Summe aneinander grenzender Winkel kleiner als 360° ist (warum?). Man zeige, dass dies nur mit Dreiecken, Quadraten und Fünfecken möglich ist, und identifiziere jeweils den zugehörigen platonischen Körper.
2. Zeichne einen Würfel und verbinde vier seiner Ecken durch Flächendiagonalen so, dass eine dreiseitige Pyramide entsteht. Warum ist sie ein reguläres Tetraeder? Zeige, dass auch die übrigen vier Ecken ein reguläres Tetraeder bilden und beschreibe den „Schnittkörper“ beider Tetraeder.
3. Verbinde auf einer hinreichend vergrößerten Kopie von Abb.1.1.–14 die Mittelpunkte der Seitenflächen so, dass ein regulärer Körper entsteht. Wie viele Ecken, Kanten und Seitenflächen hat jeder? Was fällt dabei auf?
4. Gewisse Prismen und Antiprismen gehören ebenfalls zu den archimedischen Körpern, sofern *alle* ihre Begrenzungsflächen regulär sind. Beschreibe sie genauer. Wie viele gibt es?
5. Welche der platonischen Körper sind Prismen, Pyramiden oder Antiprismen? Welche lassen sich in solche Körper zerlegen, *ohne dass neue Kanten hinzukommen?*
6. Zeichne einen hinreichend großen Würfel und schneide zwei gegenüberliegende Ecken so ab, dass die Schnittgeraden Flächendiagonalen des Würfels werden. Beschreibe den *Restkörper* möglichst genau. Welches Volumen hat er, verglichen mit dem Ausgangswürfel?

7.* Ein *Kuboktaeder* (vgl. Abb. 1.1.–15) entsteht, indem man die Ecken eines Würfels bis zur Kantenmitte abschneidet. Zeichne einen hinreichend großen Würfel und konstruiere den Restkörper, wenn die Schnitttiefe
a) etwas größer als beim Kuboktaeder,
b) *maximal*
ist. Kann man die Schnitttiefe in a) so wählen, dass ein archimedischer Körper herauskommt?

8. Bestätige die *eulersche Formel* für
   a) alle halbregulären Körper;
   b) alle Prismen und Pyramiden.
9. Wie ändert sich die Zahl der Ecken, Kanten und Flächen, wenn in einen Würfel eine quaderförmige Vertiefung eingelassen wird? Gilt die eulersche Formel? Gilt sie, wenn die Vertiefung durch den ganzen Würfel hindurchgeht?
10. Wie kann man sich ein *Rhombenkuboktaeder* (*Rhombus* steht hier immer für *Quadrat*, nicht für *Raute*) bzw. einen *Kuboktaederstumpf* (vgl. Abb. 1.1.–15) entstanden denken? Beschreibe die Körper durch Zählung der Ecken, Kanten und Seitenflächen und gib die Art der Seitenflächen an. Prüfe Eulers Polyederformel an ihnen nach.
11. In einem hölzernen Block (Abb. 1.1.–20) befinden sich drei Löcher: Eines hat die Form eines Kreises, das zweite die eines gleichschenkligen Dreiecks, dessen Höhe gleich der Grundseite ist, das dritte die eines Quadrats. Die Grundseiten des Quadrats und des Dreiecks sind jeweils gleich lang wie der Durchmesser des Kreises. Man beschreibe (Zeichnung oder Modell) einen Körper, der als Korken benutzt werden könnte um jedes dieser Löcher exakt zu stopfen.

Abb. 1.1.–20

1.1.3 Die Abstandsformel

Ein Körper ist erst durch seine *Abmessungen* endgültig bestimmt. Grundlegend für die analytische Geometrie ist es daher, dass man den *Abstand* zweier Punkte berechnen kann, wenn man ihre Koordinaten kennt. Dies ist, wie Abbildung 1.1.–21 zeigt, leicht möglich. Wir berechnen mit dem Satz von PYTHAGORAS die Länge der Raumdiagonale $|PQ|$ im Quader, dessen Seitenlängen offenbar durch die *Beträge* der Koordinaten*differenzen* gegeben sind:

$$|PQ|^2 = |PR|^2 + |RQ|^2 = |PS|^2 + |SR|^2 + |RQ|^2$$
$$= (x_2 - x_1)^2 + (y_2 - y_1)^2 + (z_2 - z_1)^2.$$

Dabei dürfen wir wegen des Quadrats die Betragsstriche weglassen. Die Formel ist somit für alle möglichen Lagen von P und Q im Raum richtig.

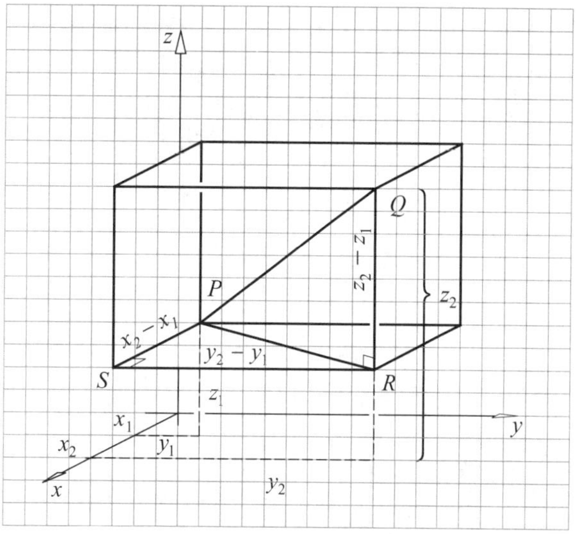

Abb. 1.1.–21

> *Abstandsformel*
>
> Der Abstand zweier Punkte $P = (x_1 | y_1 | z_1)$, $Q = (x_2 | y_2 | z_2)$ beträgt
>
> $$|PQ| = \sqrt{(x_2 - x_1)^2 + (y_2 - y_1)^2 + (z_2 - z_1)^2}.$$

Mit der Abstandsformel lassen sich viele Probleme lösen. Wir geben einige Beispiele.

Umkugel

Nicht nur die platonischen Körper lassen sich, wie die Zusammenstellung von Holzschnitten von W. JAMNITZER aus dem 16. Jahrhundert zeigt (vgl. Abb. 1.1.–22), in eine Kugel so einbetten, dass jede Ecke auf der Kugeloberfläche liegt. Vielmehr besitzt *jede* dreiseitige Pyramide $ABCD$ eine solche Umkugel. Dies erkennt man leicht aufgrund der folgenden anschaulichen Überlegung. Errichtet man nämlich im Umkreismittelpunkt U der Grundfläche ABC die Senkrechte auf dieser Fläche, so hat jeder ihrer Punkte P von den drei Ecken den gleichen Abstand, weil die Dreiecke AUP, BUP, CUP kongruent sind (warum?). Jeder dieser Punkte P kann also zum Mittelpunkt einer Kugel gemacht werden, die durch A, B und C geht. Man braucht also P nur noch so zu wählen, dass die Kugel auch durch D geht. Das folgende Zahlenbeispiel zeigt, dass dies stets möglich ist.

Es sei $A = (5|0|0)$, $B = (3|4|0)$, $C = (-4|3|0)$ und $D = (-6|3|10)$. Dann ist der Nullpunkt O wegen $|OA| = |OB| = |OC| = 5$ der Umkreismittelpunkt von ABC und die oben erwähnte Senkrechte die z-Achse.

Abb. 1.1.–22

Gesucht ist daher ein Punkt $P=(0|0|z)$ mit $|AP|=|DP|$. Nun ist gemäß der Abstandsformel

$$|AP|^2 = 25 + z^2 \quad \text{und} \quad |DP|^2 = 36+9+(10-z)^2$$

und durch Gleichsetzen erhält man eine *lineare* Gleichung für z, die stets lösbar ist und im vorliegenden Fall $z=6$ ergibt. Die Umkugel von $ABCD$ hat daher den Mittelpunkt $P=(0|0|6)$ und den Radius $|AP|=r=\sqrt{61}$. (Man vgl. hierzu die folgenden Aufgaben 1 bis 5.)

Bemerkung: Gemäß der Abstandsformel gilt für jeden Punkt $P=(x|y|z)$ der Kugel(fläche) mit dem Mittelpunkt $M=(x_0|y_0|z_0)$ und dem Radius r die Beziehung

$$(x-x_0)^2+(y-y_0)^2+(z-z_0)^2=r^2.$$

Diese Gleichung heißt *Kugelgleichung*. Man kann sie in der gleichen Weise verwenden wie die Gleichung des Kreises in der Ebene.

Rechtwinklige Raumecke

Die Punkte $A=(4|6|2)$, $B=(-4|4|4)$, $C=(2|-2|4)$ bilden die Grundfläche einer dreiseitigen Pyramide mit der Spitze $S=(0|2|0)$. Es ist zu zeigen, dass AS, BS und CS rechte Winkel miteinander bilden und darüber hinaus gleich lang sind. $ABCS$ kann infolgedessen als „abgeschnittene Ecke“ eines Würfels aufgefasst werden. Dieser Würfel ist zeichnerisch zu rekonstruieren.

Zum Beweis der ersten Behauptung zeigt man, dass die Dreiecke ABS, BCS und CAS rechtwinklig sind, weil sie den Satz von Pythagoras erfüllen. Es ist nämlich

$$|AB|^2=|BC|^2=|CA|^2=72$$

und

$$|AS|^2=|BS|^2=|CS|^2=36,$$

also

$$|AB|^2=|AS|^2+|BS|^2,\ |BC|^2=|BS|^2+|CS|^2,$$
$$|CA|^2=|CS|^2+|AS|^2.$$

Zugleich sieht man, dass $|AS|=|BS|=|CS|=6$ ist.

Zur Rekonstruktion des Würfels benutzen wir die Parallelität gegenüberliegender Kanten. Dabei geht aus den Koordinaten von A, B, C und S hervor, welche hinten liegt. Dies wird in Abbildung 1.1.–23 durch Unterbrechungen der Linien sichtbar gemacht.

Exkurs: Konstruktion des Dodekaeders

Ein Dodekaeder kann so konstruiert werden, dass man sich auf einen Würfel der Kantenlänge *a kongruente „Walmdächer“* aufgesetzt denkt, so wie es in Abbildung 1.1.–24 für drei Seitenflächen dargestellt ist. Dabei müssen die Höhe h und die Firstlänge s der Dächer so gewählt werden, dass das Fünfeck $APQBR$ regelmäßig ist; denn dann sind auch die übrigen aneinander stoßenden Dachflächen der Walmdächer

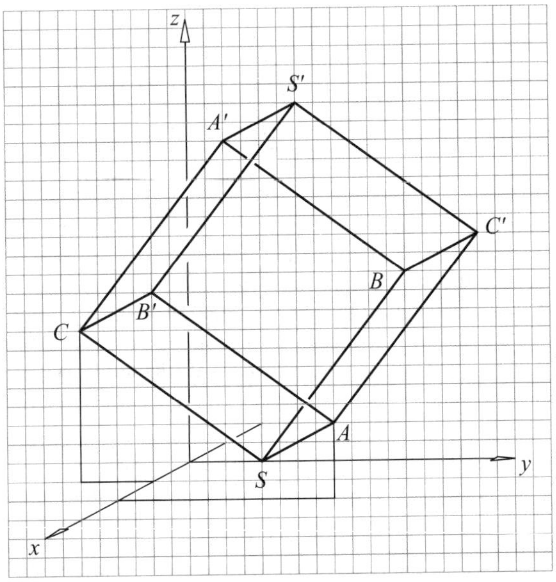

Abb. 1.1.–23

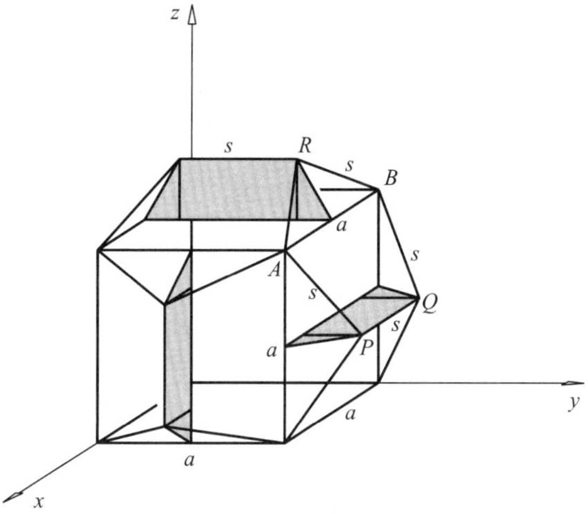

Abb. 1.1.–24

regelmäßige Fünfecke, da sie untereinander kongruent sind und bezüglich zweier aneinander angrenzender Würfelflächen stets die gleiche Situation vorliegt.

Zur Berechnung von s und h legen wir das Koordinatensystem wie angedeutet so, dass A die Koordinaten $(a|a|a)$ und B die Koordinaten $(0|a|a)$ hat. Dann gilt

$$P = (\tfrac{1}{2}(a+s)|a+h|\tfrac{1}{2}a), \quad Q = (\tfrac{1}{2}(a-s)|a+h|\tfrac{1}{2}a),$$

während wir R vorerst nicht benötigen. Zur Bestimmung der beiden Unbekannten s und h genügt es, die aus der Regularitätsbedingung folgenden Beziehungen

$$\text{(i)} \quad |AP| = s, \qquad \text{(ii)} \quad |AQ| = a$$

bzw. gemäß der Abstandsformel

$$\text{(i)} \quad (-\tfrac{1}{2}a + \tfrac{1}{2}s)^2 + h^2 + \tfrac{1}{4}a^2 = s^2,$$
$$\text{(ii)} \quad (-\tfrac{1}{2}a - \tfrac{1}{2}s)^2 + h^2 + \tfrac{1}{4}a^2 = a^2$$

zu verwenden. Aus ihnen folgt (am einfachsten durch Subtraktion)

$$a\,s = a^2 - s^2 \quad \text{oder} \quad s = -\tfrac{1}{2}a \overset{+}{\underset{(-)}{}} \tfrac{1}{2}a\sqrt{5}$$

und durch Einsetzen

$$h = \tfrac{1}{4}a(\sqrt{5} - 1) = \tfrac{1}{2}s.$$

Es bleibt jetzt noch zu zeigen, dass bei diesen Maßen für s und h wirklich ein regelmäßiges Fünfeck vorliegt. Dazu überprüfe man, ob *alle* Seiten gleich s und *alle* Diagonalen gleich a sind und berechne den Winkel $\alpha = \sphericalangle ABR$ mittels $\cos\alpha = \dfrac{a}{2s}$.

Aufgaben

1. Es sei P ein Punkt der im Umkugelbeispiel betrachteten Senkrechten, der „sehr weit weg" von der Grundfläche ABC und auf der zu D entgegengesetzten Seite liegt. Die Kugel um P durch ABC verläuft dann so „flach" über der Fläche des Dreiecks, dass D höher liegt. Man erläutere, warum man es nun durch Verschieben von P in Richtung der Grundfläche ABC stets erreichen kann, dass die Kugel auch durch D geht.

2. ABC sei ein gleichseitiges Dreieck, das in der x-y-Ebene liegt und dessen Umkreismittelpunkt mit O zusammenfällt. Bestimme den Mittelpunkt und den Radius der Umkugel der Pyramide $ABCD$, wenn $A = (6|2|0)$ und $D = (0|0|5)$ ist.

3. Welchen Radius hat die Umkugel eines Würfels der Kantenlänge a, welchen Radius seine *Inkugel*, welchen die *Kantenmittenkugel*, d. h. die Kugel, die durch die Kantenmittelpunkte geht?

4. Man begründe: Jedes reguläre Prisma, Antiprisma und jede reguläre Pyramide (Abb. 1.1.–17) besitzt stets eine Umkugel. Wie steht es in dieser Hinsicht mit der Inkugel und der Kantenmittenkugel?

5.* Ein Zylinder bzw. Kegel habe den Grundkreisradius r und die Höhe h. Berechne den Radius der zugehörigen Umkugel und das Verhältnis der Volumina von Zylinder bzw. Kegel und Umkugel.

6. Die Grundfläche einer quadratischen Pyramide liegt in der x-y-Ebene. Man berechne ihre Spitze $S = (0|0|s)$ und ihre Umkugel, wenn alle ihre Kanten die Länge 2 haben. Inwiefern hätte man das Ergebnis voraussagen können?

7. Die Ecken einer regulären quadratischen Pyramide mit der Grundkante $a = 6$ cm liegen auf der x- und y-Achse, die Spitze in der Höhe $h = 10$ cm auf der positiven z-Achse. Bestimme den Mittelpunkt der Umkugel der Pyramide. Welchen Bruchteil des Kugelvolumens füllt die Pyramide aus?

8. Gegeben $A = (-2|1|4)$, $B = (6|2|3)$, gesucht ein Punkt C der z-Achse, dessen Abstand von A halb so groß wie sein Abstand von B ist.

9.* Ein Quader ist 6 cm lang, 4 cm breit und 3 cm hoch. Eine Spinne sitzt in S, eine Fliege in F. Man berechne die kürzeste Krabbelstrecke für die Spinne zur Fliege und vergleiche sie mit dem Luftweg von der Fliege zur Spinne (Abb. 1.1.–25).

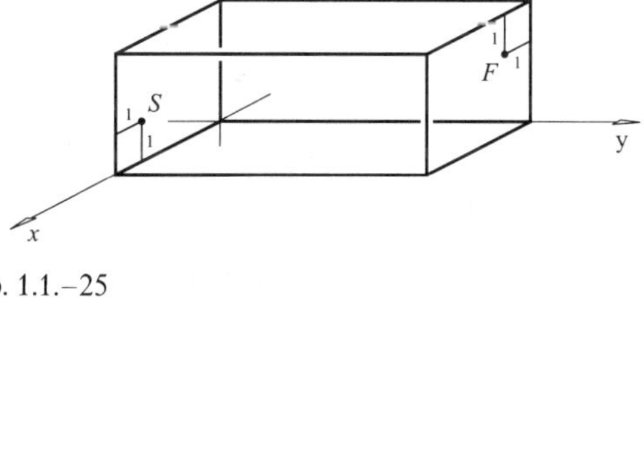

Abb. 1.1.–25

10. Man zeige, dass das Tetraeder mit den angegebenen Eckpunkten regulär ist.
    [a)] $A=(1|4|1)$, $B=(-2|1|1)$, $C=(1|1|-2)$, $D=(2|0|2)$.
    b*) $A=(a|b|c)$, $B=(b|c|a)$, $C=(c|a|b)$, $D=(d|d|d)$ für $a=t^2+3t+1$, $b=t^2-t-1$, $c=-t^2-t+1$, $d=-t^2-t-1$, und $t\in\mathbb{R}$.
11. Zeichne das reguläre Tetraeder aus Aufgabe 10a) in geeigneter Vergrößerung und *konstruiere* den zugehörigen „Umwürfel".
12. Zeige, dass die folgenden Vierecke $ABCD$ *gleichseitig* sind und zeichne sie. Stelle fest, ob es sich um *ebene* oder *räumliche* Vierecke handelt. (Hinweis: Welche Eigenschaft hat ein *gleichseitiges ebenes* Viereck?)
    a) $A=(-2|-2|-2)$, $B=(-4|4|2)$, $C=(2|6|6)$, $D=(4|0|2)$;
    b) $A=(2|0|-1)$, $B=(4|6|0)$, $C=(0|2|3)$, $D=(6|0|4)$.

[13.] Man zeige für die im Folgenden gegebenen Punkte, dass die Strecken OA, OB, OC paarweise rechte Winkel bilden und damit drei Kanten eines Quaders sein können. Man konstruiere diesen Quader und berechne sein Volumen.
    a) $A=(4|-2|4)$, $B=(-1|2|2)$, $C=(-6|-6|3)$.
    b) $A=(2|4|-6)$, $B=(4|4|4)$, $C=(-5|4|1)$.

14. Setzt man $a=t^2+3$, $b=\dfrac{t^2-5}{a}$, $c=\dfrac{t^2+4t-1}{a}$, $d=\dfrac{t^2-4t-1}{a}$, so sind

$$A=(-1|-1|1),\ B=(-d|b|c),\ C=(c|d|b),\ D=(b|-c|d)$$

die Ecken einer Seitenfläche des Würfels mit der Kantenlänge 2, der seinen Mittelpunkt im Nullpunkt hat.
    a) Bestätige diese Aussage für $t=3$.
    b*) Beweise sie für beliebige Werte von t.
15. Die beiden Punkte $A=(6|0|2)$, $B=(0|6|2)$ sind zwei Ecken eines *gleichseitigen* Dreiecks.
    a) Bestimme die dritte Ecke $C=(x|y|z)$, wenn C in der x-y-Ebene liegt und $x, y>0$ ist.
    b*) Zeige, dass für die x- und y-Koordinate von C allgemein die Formel

$$x=y=3\pm\sqrt{25+2z-0{,}5z^2}$$

gilt und berechne von $z=0$ an mit der Schrittweite 0,5 die zugehörigen x- und y-Werte. Zeichne die Dreiecke ABC, soweit $x\geq 0$ ist, und verbinde die Spitzen C miteinander. Um was für eine Kurve handelt es sich dabei in Wirklichkeit bzw. im Schrägbild?
16.* Berechne die Koordinaten der Ecken A, B, C und den Radius der Umkugel des *Ikosaeders* in Abb. 1.1.–26 mit Hilfe des Ansatzes $A=(0|-s|1)$, $B=(0|s|1)$, $C=(1|0|s)$.
17.* Legt man den Längenkreis von Frankfurt in die y-z-Ebene ($y>0$), so hat Frankfurt die Koordinaten $(0|r\cos\varphi_0|r\sin\varphi_0)$, wobei r den Erdradius

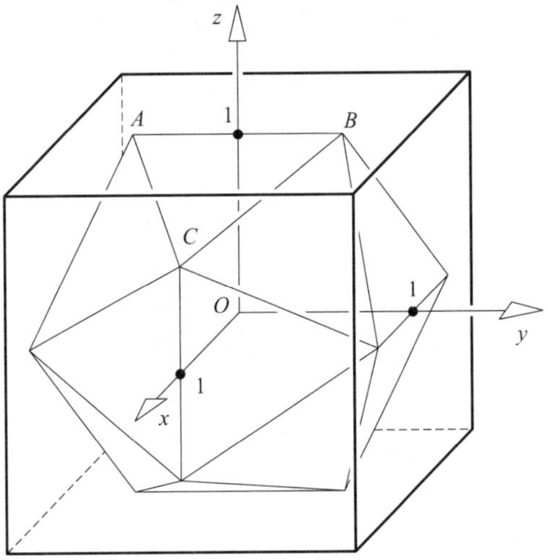

Abb. 1.1.–26

und φ_0 die geographische Breite von Frankfurt bedeutet. Die Koordinaten von New York sind dann $(r\cos\varphi\sin\alpha|r\cos\varphi\cos\alpha|r\sin\varphi)$, wenn φ die Breite von New York und α die *Differenz* der geographischen Längen von Frankfurt und New York ist. Begründe diese Formeln und berechne die kürzeste Entfernung von Frankfurt und New York
    a) durch die Erde hindurch;
    b) auf der Oberfläche als *Großkreisbogen*.

1.1.4 Flächen im Raum

Es ist nicht leicht die Gestalt und Lage von Flächen im Raum durch eine ebene Zeichnung sichtbar zu machen. Abbildung 1.1.–27 zeigt einige Hilfsmittel.

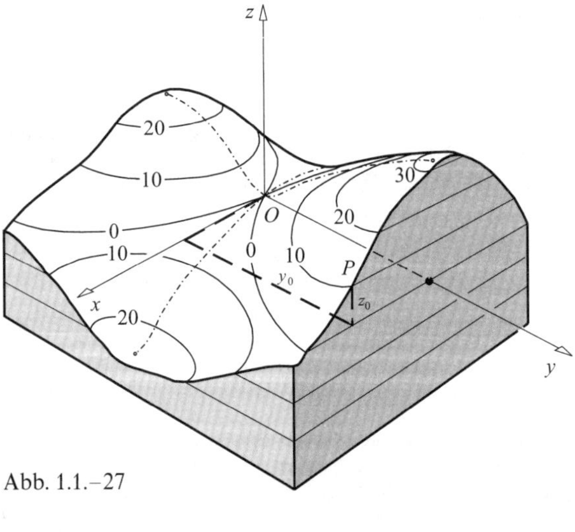

Abb. 1.1.–27

Man zeichnet einen *Ausschnitt*, dessen Berandung eine grobe Vorstellung von der Fläche gibt. Durch den Schnitt mit Ebenen, die parallel zu einer ausgezeichneten Ebene – hier der x-y-Ebene – verlaufen und den *gleichen Abstand* voneinander haben, werden „Schichtlinien" erzeugt, die Wölbungen und Vertiefungen meist recht gut erkennen lassen, insbesondere dann, wenn man Sichtbarkeitsverhältnisse mit berücksichtigt. Fügt man noch gewisse *Konturlinien* hinzu – in unserem Geländeausschnitt sind es die strichpunktierten „Falllinien" –, dann kann der plastische Eindruck noch verstärkt werden. Ein weiteres Hilfsmittel sind Licht und Schatten – sogenannte „Schummerungen" bei Landkarten –, die wir jedoch nicht verwenden werden, da wir es mit viel einfacheren (Ober-) Flächen zu tun haben.

In Abbildung 1.1.–27 ist bereits angedeutet, wie man eine Fläche *analytisch* erfassen kann. Prinzipiell muss bei einem *zweidimensionalen Gebilde* jeder Punkt durch die Angabe von *zwei Koordinaten* festgelegt sein. Im vorliegenden Fall sind es der x- und y-Wert, denen eindeutig der z-Wert als „Höhe" oder „Tiefe" bezüglich der x-y-Ebene zugeordnet ist. Die z-Koordinate ist also eine *Funktion der zwei Variablen* x *und* y.

Wir wenden nun diese Methode auf den Fall einer Ebene an, die, wie Abbildung 1.1.–28 zeigt, durch paralleles Entlanggleiten der Ursprungsgeraden h an der Ursprungsgeraden g erzeugt wird. Die Gleichung von g im x-z-System sei $z = a\,x$, die Gleichung von h im y-z-System $z = b\,y$. Gegeben sind x_0, y_0, gesucht z_0. Beim Entlanggleiten von h an der Geraden g wird das grau unterlegte Dreieck parallel zu sich selbst verschoben und zugleich um den Betrag angehoben, um den g bis zum Punkt A steigt. Folglich ist z_0 die Summe von $b\,y_0$, dem z-Wert von B, und $a\,x_0$, dem z-Wert von A: $z_0 = a\,x_0 + b\,y_0$. Diese Gleichung gilt für jede Wahl von x_0 und y_0. Wir können daher den unterscheidenden Index 0 fortlassen und erhalten als Gleichung der Ebene $z = a\,x + b\,y$. Dies ist eine *lineare* Gleichung und dementsprechend sagt man, z ist eine *lineare Funktion von* x *und* y.

Ebenen, die die z-Achse an einer beliebigen Stelle c schneiden, entstehen aus den dazu parallelen Ebenen durch den Nullpunkt, indem man sie um c verschiebt. Dadurch wird der z-Wert jedes Punktes – je nach Vorzeichen von c – um c vergrößert bzw. verkleinert, d.h., es gilt in jedem Falle $z = a\,x + b\,y + c$, wobei wir jetzt auch den Fall $c = 0$ mit einbeziehen können (vgl. Abb. 1.2.–29).

Schließlich betrachten wir noch den Fall, dass die Ebene zur z-Achse parallel ist (Abb. 1.1.–30). In diesem Fall genügt es offenbar anzugeben, wo sie die x-y-Ebene schneidet, z. B. $y = 3$ (Abb. 1.1.–30 a) oder $3\,x + 2\,y = 6$ (Abb. 1.1.–30 b). Im ersten Fall sind also x und z *frei wählbar*, im zweiten Fall außer z entweder

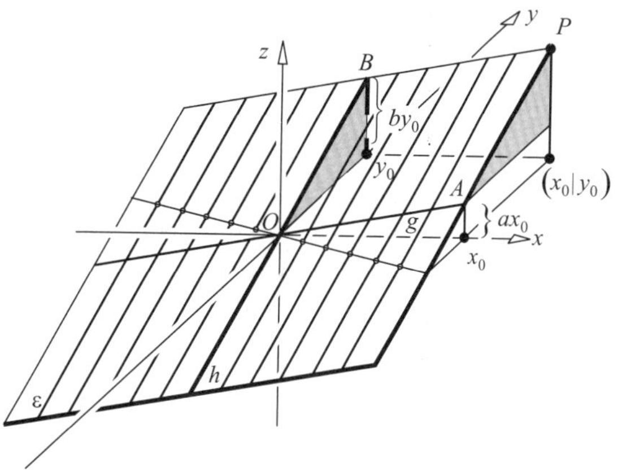

Abb. 1.1.–28

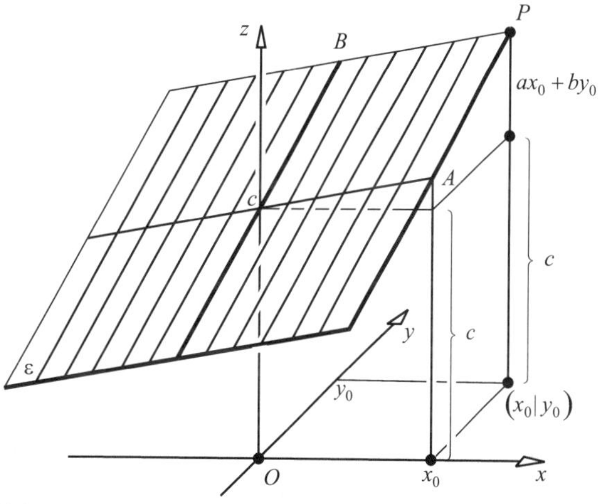

Abb. 1.1.–29

x oder y, wobei die fehlende Variable jeweils durch die Gleichung bestimmt wird.

Die beiden Gleichungen $z = a\,x + b\,y + c$ und $a\,x + b\,y = d$ sind Sonderfälle der *allgemeinen linearen Gleichung*

$$a\,x + b\,y + c\,z = d;$$

denn im Falle $c \neq 0$, kann man diese Gleichung nach z auflösen und erhält eine Gleichung vom ersten Typ und im Falle $c = 0$ handelt es sich um eine Gleichung vom zweiten Typ. In diesem Falle ist aber zu beachten, dass a und b nicht gleichzeitig 0 sein dürfen, weil sonst keine Geradengleichung der x-y-Ebene vorliegt.

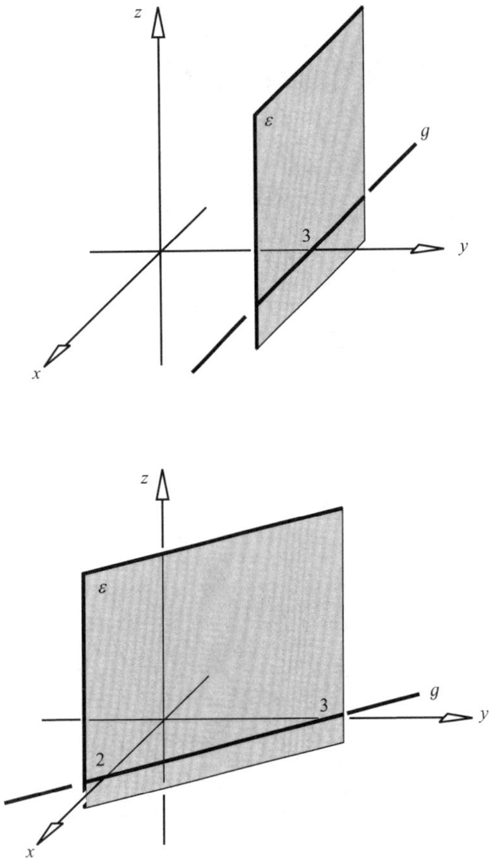

Abb. 1.1.–30

Wir fassen das Ergebnis dieser Überlegungen zusammen:

> *Koordinatengleichung der Ebene*
>
> Alle Punkte, die auf einer Ebene liegen, erfüllen mit ihren Koordinaten x, y, z eine *lineare Gleichung* der Form
>
> $$a\,x + b\,y + c\,z = d,$$
>
> wobei die Koeffizienten a, b, c nicht alle 0 sein dürfen und umgekehrt liegt jeder Punkt, dessen Koordinaten die Gleichung erfüllen, auf dieser Ebene.

Bemerkung: Ebenen bezeichnen wir im Folgenden mit den kleinen griechischen Buchstaben ε (Epsilon), η (Eta), ζ (Zeta), ϑ (Theta) und fügen nötigenfalls Indizes hinzu.

Exkurs: Schiebe- und Drehflächen

Die Ebene ist nur ein Beispiel für eine *Schiebefläche*, die dadurch entsteht, daß eine „Profilkurve" parallel zu sich

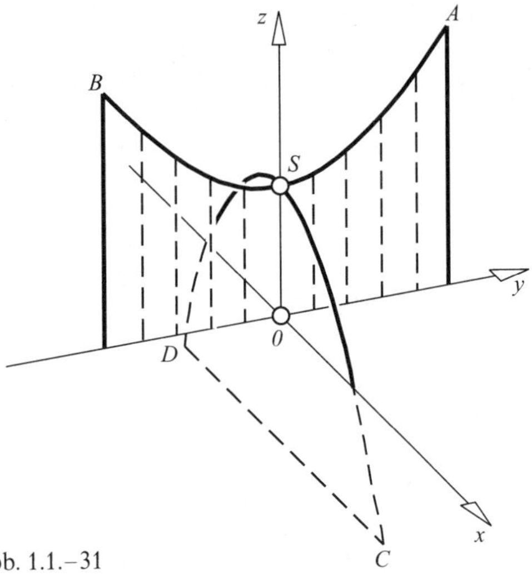

Abb. 1.1.–31

selbst längs einer „Leitkurve" verschoben wird. Auch jeder Zylinder ist eine solche Schiebefläche (inwiefern?). Interessantere Beispiele erhält man, wenn beide Kurven gekrümmt sind wie die Parabeln in Abbildung 1.1.–31. Die dabei entstehende Fläche heißt *Sattelfläche* oder *hyperbolisches Paraboloid.*

Abbildung 1.1.–32 zeigt das Foto eines Gipsmodells. Die Gleichung einer solchen Fläche ist nach demselben Prinzip wie bei der Ebene leicht aufzustellen. Im Falle $z = y^2 + 1$ für die Leitkurve und $z = -x^2 + 1$ für die Profilkurve lautet sie $z = -x^2 + y^2 + 1$, da das absolute Glied 1 nur *einmal* bei der Addition berücksichtigt werden muss (warum?). Aus dieser Gleichung liest man ab, dass beispielsweise die beiden Ebenen $y = \pm x$ die Fläche in *konstanter Höhe* schneiden, was im Foto sehr gut zu sehen ist.

Sattelflächen haben viele weitere interessante Eigenschaften. Wir werden noch öfter auf sie zurückkommen.

Der Kegel, genauer: der *Mantel des Kegels*, ist wohl das einfachste Beispiel einer *Drehfläche.* Sie wird dadurch erzeugt, dass eine Kurve – im Falle des Kegels eine Gerade – um eine feste Achse rotiert. Will man nun zu einem beliebigen Punkt $P' = (x_0 | y_0 | 0)$ als Fußpunkt (vgl. Abb. 1.1.–33) den zugehörigen Funktionswert $z_0 = |P'P|$ bestimmen, so braucht man wegen $|Q'Q| = |P'P|$ und $|OP'| = |OQ'| = \sqrt{x_0^2 + y_0^2}$ nur diesen Wert in die Gleichung der rotierenden Kurve einzusetzen, die man sich im x-z-System gegeben denkt. Im Falle des Kegels erhält man mit $z = m\,x$ $(m > 0)$

$$|PP'| = z_0 = m\sqrt{x_0^2 + y_0^2},$$

d. h., die Gleichung des oberhalb der x-y-Ebene befindlichen Kegels lautet $z = m\sqrt{x^2 + y^2}$.

Interessant ist noch das Beispiel der Kugel, die von einem Kreis mit der Gleichung $x^2 + z^2 = r^2$ erzeugt wird. Setzt man hier für x den Wurzelausdruck ein und lässt sofort die Indizes fort, so erhält man als *Kugelgleichung*

$$x^2 + y^2 + z^2 = r^2.$$

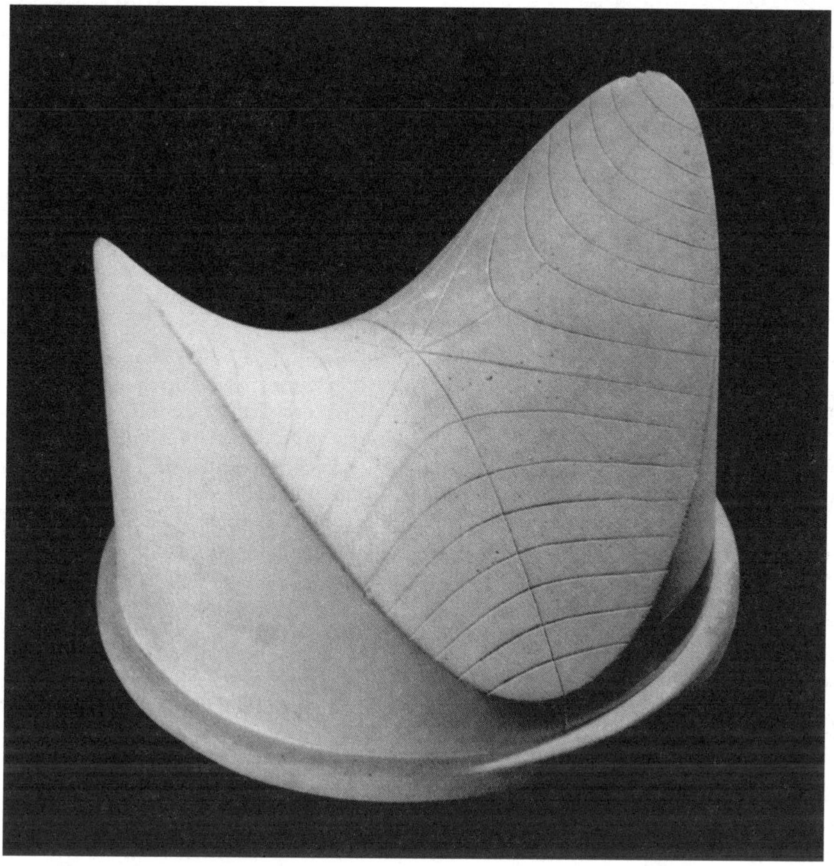

Abb. 1.1.–32

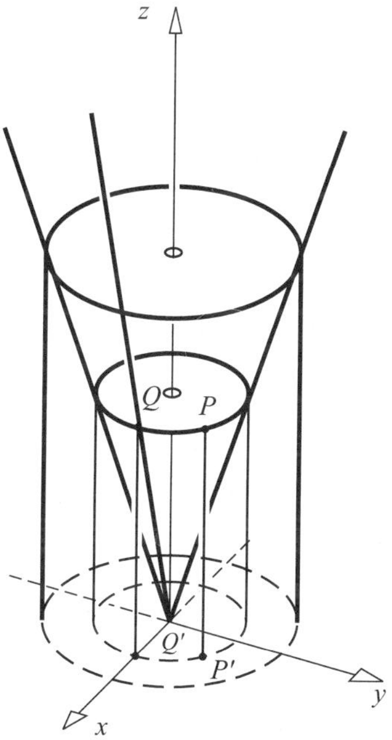

Abb. 1.1.–33

Da $\sqrt{x^2+y^2+z^2}$ den Abstand eines Punktes $(x|y|z)$ vom Nullpunkt angibt, besagt sie einfach, dass jeder Punkt der Kugeloberfläche den Abstand r vom Nullpunkt hat. (Vgl. die Bemerkung auf S. 12.)

Aufgaben

1. Beschreibe die Lage der Ebenen mit den folgenden Gleichungen:
   a) $z=5$; b) $z=3x-4$; c) $z=-2y+3$;
   d) $x-y=0$; e) $z=x+y$.
2. Untersuche in der allgemeinen Ebenengleichung die Fälle
   a) $a=b=0$; b) $b=c=0$; c) $c=a=0$; d) $d=0$
   und gib die Lage der zugehörigen Ebenen im Raum an.
3. Gegeben ist die Ebene ε mit der Gleichung $z=\frac{2}{3}x+\frac{3}{4}y-1$.
   a) Berechne die Schnittpunkte mit den Koordinatenachsen und die Schnittgeraden mit den Koordinatenebenen (sog. *Spurgeraden*). Zeichne die Ebene als „Dreieck" mit Hilfe der Spurgeraden.

b) Wo schneidet ε die Winkelhalbierende von positiver x- und y-Achse?

c) Löse die ganze Aufgabe analog für die Ebene η mit der Gleichung $z = -5x + 3y + 12$.

4. Man zeichne die folgenden Ebenen mit Hilfe ihrer Spurgeraden wie in Aufgabe 3a).

a) $z = -3x + 2y + 1$; b) $z = -\frac{2}{3}x + \frac{5}{3}y - 2$.

5. a) Wie lauten die Gleichungen der Koordinatenebenen?

b) Wie lautet die Gleichung der Ebene, die die x-z-Ebene in der Geraden $z = -x$ schneidet und durch den Punkt $(1|-1|1)$ geht?

c) Eine Ebene geht durch die Punkte $(6|0|0)$, $(0|4|0)$, $(0|0|8)$. Wie lautet ihre Gleichung? (Hinweis: Man kann genauso wie im Text vorgehen!)

6. Bestimme jeweils die Gleichung einer Ebene, die den angegebenen Bedingungen genügt. Die Ebene

a) ist parallel zur x-z-Ebene;

b) geht durch $(2|-1|4)$ und eine der Koordinatenachsen;

c) ist parallel zur z-Achse und geht durch $(4|0|0)$ und $(0|3|0)$;

d) ist parallel zur z-Achse, geht durch $(0|3|0)$ und ist außerdem parallel zur Geraden mit der Gleichung $y = x$;

e) ist senkrecht zur y-Achse und geht durch $(1|1|1)$;

f) ist senkrecht zur Geraden mit der Gleichung $y = 2x - 1$ und geht durch den Ursprung.

Aufgaben zu Schiebe- und Drehflächen

7. a) Bestimme die Gleichung der „Wellblechfläche" in Abbildung 1.1.–34.

b) Wie lautet die Gleichung des *Rotationsparaboloids*, das durch Drehung der Parabel $z = y^2 + 1$ um die z-Achse entsteht?

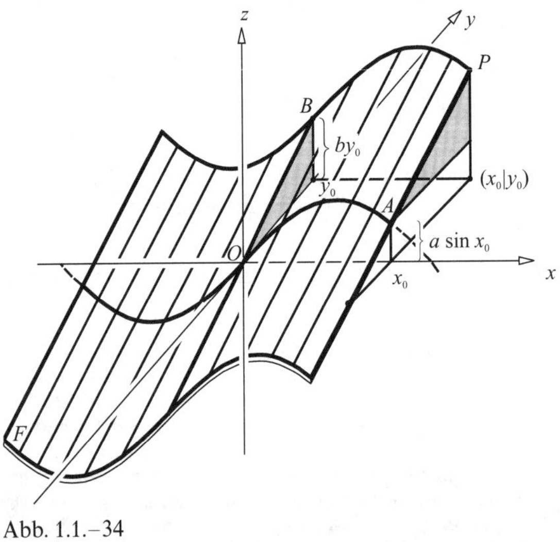

Abb. 1.1.–34

8. Fertige zwei vergrößerte Kopien der Abbildung 1.1.–31 auf weißem Papier an. Benutze eine Kopie als Schablone zum Unterlegen und zeichne mit ihrer Hilfe die verschiedenen Positionen der Parabel CSD, wenn OS auf die eingezeichneten Ordinaten der Parabel ASB fällt, jeweils stets bis zu ihrem Schnitt mit der x-y-Ebene. Begründe, warum die Bilder der verschobenen Parabel auch im Schrägbild zueinander kongruent sind. Beschreibe die Gestalt der Schiebefläche anschaulich.

Weiterführende Aufgaben

9. (*Ebene durch drei Punkte*) Gegeben $A = (7|-3|4)$, $B = (2|6|-4)$, $C = (-3|3|2)$. Man bestimme die Gleichung der Ebene ε, die durch diese drei Punkte geht. (Anleitung: Die Gleichung $z = ax + by + c$ wird von den drei Punkten erfüllt. Das ergibt drei Gleichungen für a, b, c. Ergebnis: $z = -\frac{1}{2}x - \frac{7}{6}y + 4$.)

10. Berechne die Gleichung der Ebene durch die angegebenen Punkte A, B, C wie in Aufgabe 9.

a) $A = (0|2|2)$, $B = (-4|0|1)$, $C = (4|2|0)$;

b) $A = (5|3|1)$, $B = (0|6|-6)$, $C = (-5|0|-4)$;

c) $A = (1|1|-6)$, $B = (-1|-1|0)$, $C = (1|-1|4)$;

d) $A = (2|1|-3)$, $B = (1|0|1)$, $C = (5|3|-5)$;

e*) $A = (15|-3|4)$, $B = (-6|6|-4)$, $C = (1|3|2)$.

11.* Ein quadratischer Tisch mit 1 m Kantenlänge habe Beine, die direkt unter den Ecken angebracht sind. Sie seien reihum 50 cm, 51 cm, 52 cm und 53 cm lang. Wackelt dieser Tisch? Wie ist ggf. das Bein mit 53 cm Länge zu verändern, damit der Tisch nicht wackelt?

12. In Abbildung 1.1.–35 ist ein Würfel dargestellt. Bestimme zeichnerisch und rechnerisch die Schnittfläche, die die Ebene durch P, Q, R aus dem Würfel herausschneidet.

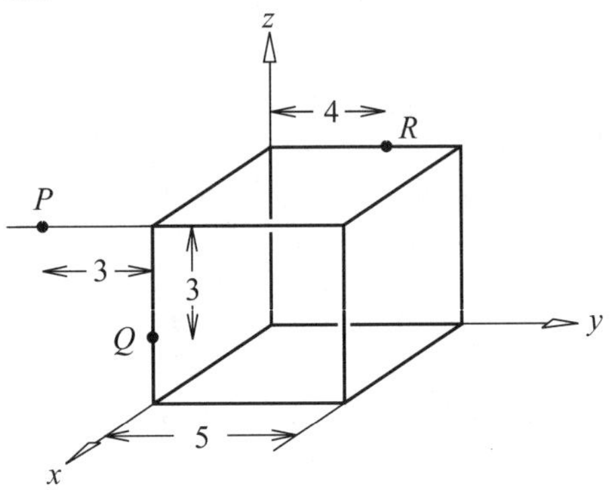

Abb. 1.1.–35

13.* (*Achsenabschnittsform*) Gegeben sind die drei Achsenschnittpunkte $U = (u|0|0)$, $V = (0|v|0)$, $W = (0|0|w)$ einer Ebene ε mit $u, v, w \neq 0$. Man berechne die Gleichung von ε und beweise so die

Achsenabschnittsform der Ebenengleichung

$$\frac{x}{u} + \frac{y}{v} + \frac{z}{w} = 1$$

14. Berechne die Achsenabschnitte der Ebenen
a) $\varepsilon: z = 3x - 4y + 2$; b) $\eta: z = \frac{2}{3}x - \frac{5}{3}y - 2$;
c) $\zeta: 2x - 5y - 6z = 9$
durch Umformen der Gleichung so, dass sie die Gestalt der Achsenabschnittsform bekommt.

15. (*Parallele Ebenen*) Zeige: Die Ebenen
$\varepsilon: 2x - 5y + 3z = 4$; $\varepsilon': 2x - 5y + 3z = -2$
sind parallel, aber nicht identisch,
a) durch Auflösen nach z;
b) durch den Nachweis, dass es keinen Punkt P gibt, der beiden Ebenen angehört.

16. Die Ebene $\varepsilon: 3x + 7y + 6z = 24$ schneidet den „Koordinatenwürfel" des Punktes $P = (3|3|3)$, d. h. den Würfel mit der Raumdiagonale OP, dessen Kanten zu den Koordinatenachsen parallel sind (oder auf ihnen liegen).
a) Bestimme zeichnerisch und rechnerisch die Schnittfläche und beschreibe ihre besonderen Eigenschaften.
b) Wie lauten die Gleichungen der Ebenen η und ζ, die durch O bzw. P gehen und zu ε parallel sind? Zeige, dass sie von ε den gleichen Abstand haben.

17. a) Man zeige, dass jede Ebene, die durch den Mittelpunkt M eines Würfels geht, diesen in einer *punktsymmetrischen* Figur schneidet. (Hinweis: Wenn P eine Ecke der Schnittfläche ist, was kann man dann über die Gerade PM sagen?)
b*) Man begründe geometrisch, dass genau die Ebenen, die durch den Mittelpunkt M eines Würfels gehen, dessen Volumen halbieren. (Hinweis: Wenn die Ebene nicht durch den Mittelpunkt geht, betrachte man die Parallelebene durch M.)

18. Stelle die Gleichung der Ebene ε durch die Punkte A, B, S in Abbildung 1.1.–23 auf sowie die Gleichung der dazu parallelen Ebene η durch den Punkt C. Wird η durch die z-Achse im *Innern* des Quadrates $A'CB'S'$ geschnitten?

19. (*Mittelsenkrechte einer Strecke*) Alle Punkte, die von zwei festen Punkten A, B den gleichen Abstand haben, liegen im Raum auf einer Ebene, die durch den Mittelpunkt von AB geht und senkrecht auf AB steht. Sie heißt Mittelsenkrechte von AB. Bestimme die Gleichung der Mittelsenkrechten mittels der Bedingung $|AP| = |BP|$ für
a) $A = (0|0|0)$, $B = (-4|6|8)$;
b) $A = (4|3|-2)$, $B = (0|9|6)$;
c) $A = (0|-5|0)$, $B = (0|3|0)$;
d*) $A = (0|0|0)$, $B = (2a|2b|2c)$.

20!* (*Ebene senkrecht zu einer Geraden*) In Abb. 1.1.–36 ist die Ebene ε senkrecht zu OP_0 und geht durch P_0. Begründe, warum dann für einen beliebigen Punkt $P = (x|y|z)$ dieser Ebene

$$|OP_0|^2 + |PP_0|^2 = |OP|^2,$$

gilt, und leite daraus die Gleichung von ε in der Gestalt

$$x_0 x + y_0 y + z_0 z = x_0^2 + y_0^2 + z_0^2$$

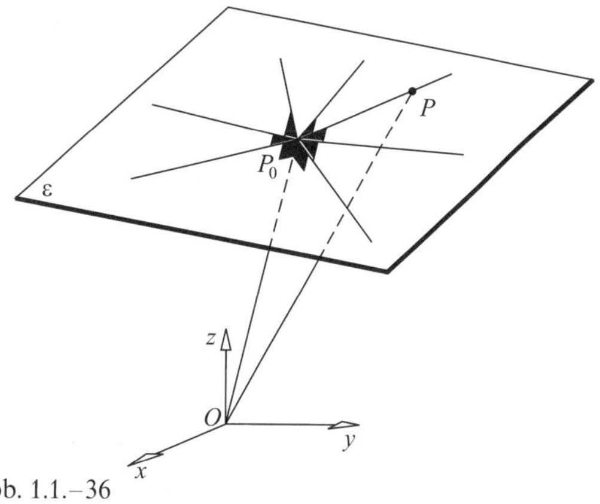

Abb. 1.1.–36

her. Vergleiche mit dem Ergebnis von Aufgabe 19d) und erkläre.

21.* Um den Abstand des Nullpunktes von der Ebene $2x + 3y - z = 7$ nach Aufgabe 20 zu bestimmen multipliziert man die Gleichung zunächst mit einem Faktor $k \neq 0$ und erhält $2kx + 3ky - kz = 7k$. Dann lautet für k die Bedingung $(2k)^2 + (3k)^2 + (-k)^2 = 7k$, aus der $k = \frac{1}{2}$ folgt.
a) Begründe dieses Vorgehen und führe die Rechnung aus.
b) Bestimme aus der Gleichung den Lotfußpunkt und den Abstand.

22.* Löse die Aufgabe 21 allgemein und leite so die folgende nach O. Hesse benannte Formel her.

Hesse'sche Normalform der Ebenengleichung

Man erhält die *Hesse'sche Normalform* aus der Koordinatengleichung $ax + by + cz = d$, indem man diese durch

$$\sqrt{a^2 + b^2 + c^2}$$

dividiert. Der Betrag auf der rechten Seite der Hesse'schen Normalform ist die Länge des Lotes vom Nullpunkt auf die Ebene und die Koordinaten des Fußpunktes dieses Lotes ergeben sich aus den Koeffizienten von x, y, z in der Hesse'schen Normalform, indem man diese jeweils mit der rechten Seite der Hesse'schen Normalform multipliziert.

23.* Die Ebene $\varepsilon: z = x - \frac{1}{2}y + 9$ bildet mit den Koordinatenebenen eine dreiseitige Pyramide. Bestimme ihr Volumen und mit dessen Hilfe die Größe der Seitenfläche, die dem Nullpunkt gegenüberliegt. (Anleitung: Verwende die Hesse'sche Normalform.)

24.* Gegeben sind die beiden parallelen Ebenen

$$\varepsilon: 8x - y + 4z = 162; \quad \eta: 8x - y + 4z = 27.$$

a) Bestimme wie in Aufgabe 21 den Lotfußpunkt und den Abstand beider Ebenen.
b) Wie kann man mit Hilfe der Ergebnisse von a) den Abstand der beiden Ebenen voneinander ermitteln? Führe die Rechnung durch.

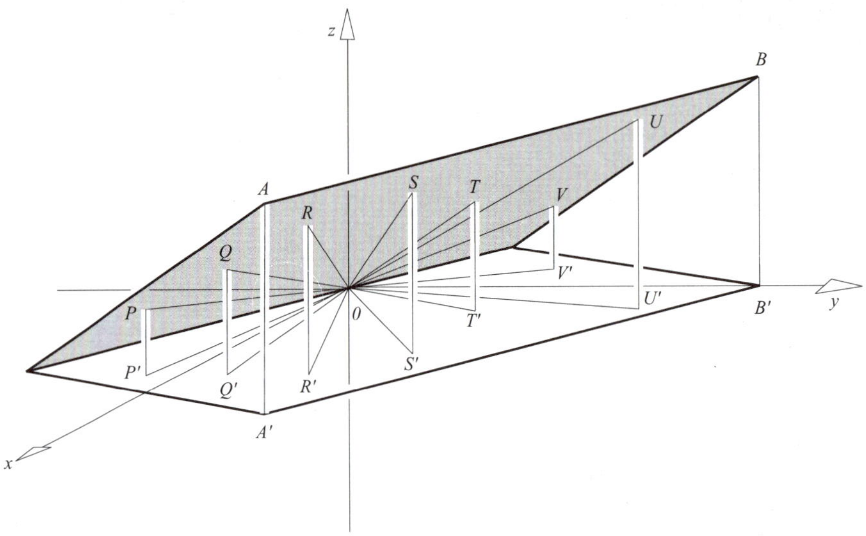

Abb. 1.1.–37

Steigungen bei einer Ebene

25. Gegeben sei die Ebene ε mit der Gleichung $z = \frac{1}{4}x + \frac{1}{2}y$.
   a) Bestimme die Steigungen der Geraden $OP, OQ, \ldots$ (Abb. 1.1.–37) zu $P' = (8\,|-1\,|\,0)$; $Q' = (8\,|\,1\,|\,0)$, $R' = (8\,|\,3\,|\,0)$, $S' = (6\,|\,\frac{9}{2}\,|\,0)$, $T' = (2\,|\,4\,|\,0)$, $U' = (2\,|\,8\,|\,0)$, $V' = (-2\,|\,4\,|\,0)$ gemäß der Formel $m = \dfrac{|PP'|}{|OP'|} = \dfrac{z}{\sqrt{x^2+y^2}}$.
   b) Begründe: Die Gerade OX mit der größten Steigung genügt der Bedingung, dass OX' senkrecht zur Schnittgeraden der Ebene mit der x-y-Ebene ist.
   c*) Leite aus b) die Formel $m_{\max} = \dfrac{a^2+b^2}{\sqrt{a^2+b^2}} = \sqrt{a^2+b^2}$ her, wenn die Gleichung der Ebene $z = a\,x + b\,y$ lautet.
26. Zeichne die Ebene, die die x-y-Ebene in der Geraden $y = -2x + 1$ schneidet und die maximale Steigung $m_{\max} = 3$ besitzt. Wie lautet die Gleichung dieser Ebene?
27.* Bestimme die Gleichungen der beiden Ebenen, die durch den Nullpunkt und den Punkt $(7\,|-1\,|-5)$ gehen und den stärksten Anstieg 1 haben.
28. Eine Kugel rollt vom Punkt U in Abb. 1.1.–37 auf der Ebene ε allein unter dem Einfluß der Schwerkraft herunter. Wo trifft sie auf die x-y-Ebene auf?
29.* Die Fläche mit der Gleichung $z = |x - y|$ bildet eine „Rinne" aus zwei Halbebenen. Begründe diese Aussage und berechne den Winkel zwischen beiden Halbebenen. Inwiefern ist das Ergebnis überraschend?
30.* Eine Ebene geht durch den Nullpunkt und hat in Richtung der Geraden $y = x$ die Steigung -1 und in Richtung der Geraden $y = 2x$ die Steigung -2. Wie lautet ihre Gleichung?

1.1.5 Ein Ausblick auf höhere Dimensionen

Vor rund hundert Jahren schrieb Edwin A. Abbott, Direktor der City of London School, ein kleines Büchlein mit dem Titel „Flatland – A Romance of Many Dimensions", das auch in einer deutschen Übersetzung erhältlich ist. (*Flächenland*, Klett-Verlag 1982). Flatland ist die Erzählung eines Bewohners einer zweidimensionalen Welt, die nur Länge und Breite kennt; einer Welt, die flach ist wie ein Bogen Papier und die – Bildern von modernen Malern nicht unähnlich (vgl. Abb. 1.1.–38) – von Dreiecken, Quadraten,

Abb. 1.1.–38

Kreisen usw. bevölkert wird. Diese können sich „in" der Fläche frei bewegen, doch sind sie wie Schatten unfähig aus ihr herauszutreten. Sie bleiben an die Fläche gebunden ohne sich dieser Beschränkung bewusst zu sein. Die Idee einer dritten Dimension ist ihnen unvorstellbar.

Eines Tages erhält der Erzähler, ein altes Quadrat, einen sonderbaren Besuch. Er nennt sich „Kugel" und kommt aus dem *Raumland*. Vergeblich versucht er dem Quadrat klarzumachen, dass an seiner Existenz überhaupt nichts Geheimnisvolles sei. So wie das Quadrat selbst als eine Strecke aufgefasst werden könne, die quer zu sich selbst um die gleiche Länge verschoben worden sei, so bestände er als Kugel gewissermaßen aus unendlich vielen Kreisen, deren Durchmesser von null an zunächst kontinuierlich zunimmt und, nachdem er seinen größten Wert erreicht hat, wieder in genau derselben Weise abnimmt. Eine Kugel, die sich durch die zweidimensionale Wirklichkeit von Flatland hindurchbewegt, ist daher für einen Bewohner zunächst unsichtbar, erscheint dann als Punkt, wenn sie die Fläche berührt, wird zu einem Kreis, der sich immer weiter ausdehnt, dann wieder zusammenzieht und schließlich ganz verschwindet. Dies erklärt auch die überraschende Tatsache, dass die Kugel das Haus des Quadrates betreten konnte, obwohl alle Türen verschlossen waren. Die Kugel kam einfach „von oben".

Wir sind in der gleichen Situation wie das alte Quadrat, wenn wir uns einen vierdimensionalen Körper, zum Beispiel den „Hyperwürfel", *anschaulich* vorzustellen suchen. Trotzdem kann man durch eine Fortschreibung der Erzeugungsweise, die aus dem nulldimensionalen Punkt die Strecke, aus der eindimensionalen Strecke das Quadrat, aus dem zweidimensionalen Quadrat den Würfel macht, den Hyperwürfel sogar bildlich darstellen, d. h. genauer eine *zweidimensionale Parallelprojektion* von ihm anfertigen (Abb. 1.1.–39). Dazu verschiebt man ganz analog das Schrägbild eines Würfels längs einer Strecke, die der Projektion der in die vierte Dimension ausgerichteten Kante – hier z. B. 11′ – entspricht. Diese kann man nach Länge und Richtung in der Zeichenebene weitgehend willkürlich annehmen, nur sollte sie von den Richtungen der drei anderen, vom gleichen Punkt ausgehenden Kanten verschieden sein. Die folgenden Eigenschaften des Hyperwürfels sind damit evident. Er hat zweimal 8, also 16 Ecken. Jede Ecke des Würfels beschreibt bei der Verschiebung eine *neue* Kante. Zusammen mit den je 12 Kanten der Ausgangs- und Endlage sind das 32 Kanten. Andererseits erzeugt jede Kante des Würfels bei der Verschiebung ein Quadrat als zweidimensionale Seitenfläche. Die Gesamtzahl dieser Quadrate beträgt daher 24. Schließlich wird der Hyperwürfel von 8 dreidimensionalen „Seitenwürfeln"

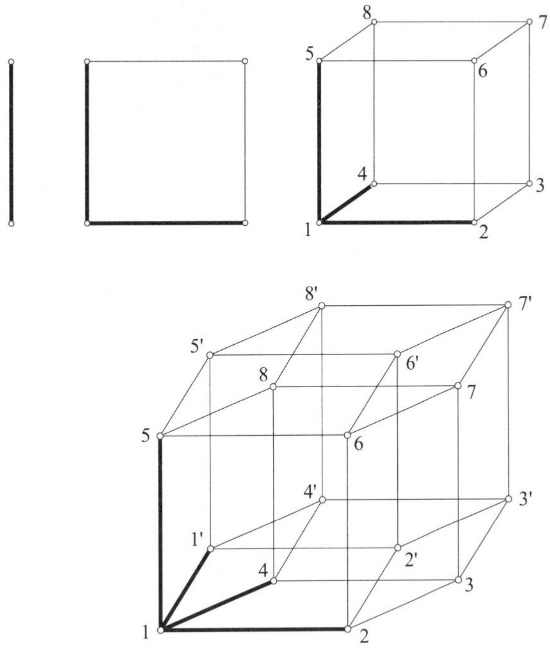

Abb. 1.1.–39

begrenzt, nämlich den 6, die als „Verschiebungsspuren" der 6 Seitenflächen des Ausgangswürfels entstehen, sowie den beiden Würfeln 12345678 und 1′2′3′4′5′6′7′8′. Sie sind in Abbildung 1.1.–40 noch einmal hervorgehoben und Abbildung 1.1.–41 zeigt ein *räumliches* Netz des Hyperwürfels, das von diesen 8 Würfeln gebildet wird.

Es ist nun klar, wie man den fünfdimensionalen Hyperwürfel erzeugen und dessen Ecken, Kanten, Seitenquadrate, Seitenwürfel und begrenzende vierdimensionale Hyperwürfel bestimmen kann. Selbst eine zweidimensionale Darstellung wäre nicht allzu schwierig, aber wenig durchsichtig. Wir betrachten stattdessen die mehrdimensionalen Verallgemeinerungen des ebenen Dreiecks und räumlichen Tetraeders, die man „Simplexe" nennt. Zu ihrer Erzeugung wendet man ein anderes Prinzip an. So entsteht ein Dreieck, indem man die Endpunkte einer Strecke mit einem Punkt, der außerhalb der Strecke oder ihrer Verlängerung liegt, verbindet. Analog entsteht ein Tetraeder, wenn man die Ecken eines Dreiecks mit einem Punkt, der nicht in seiner Ebene liegt, verbindet. Setzt man dieses Verfahren fort, so erhält man ein *vierdimensionales Simplex*. Dieses hat fünf Ecken und zehn Kanten, die jede Ecke mit jeder anderen verbinden. Je drei von ihnen bilden ein „Seitendreieck" und je vier ein „Seitentetraeder", das das eigentliche Begrenzungselement des Simplex darstellt. Somit wird das Simplex von fünf

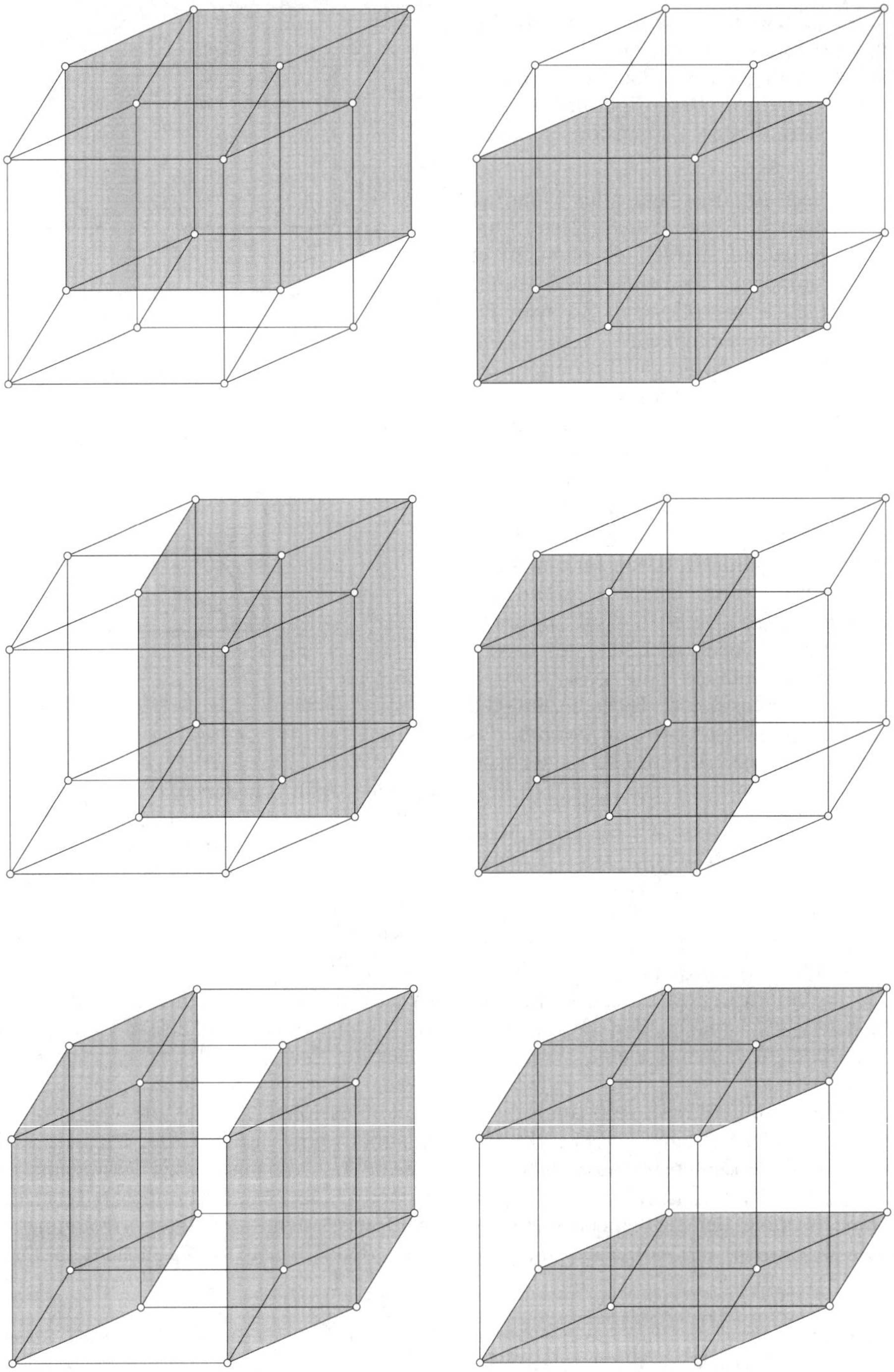

Abb. 1.1.–40

Abb. 1.1.–41

dreidimensionalen Tetraedern begrenzt und besitzt als weitere „Randelemente“ zehn (zweidimensionale) Dreiecke, zehn (eindimensionale) Kanten und fünf (nulldimensionale) Ecken. Entsprechendes gilt für die höher-dimensionalen Simplexe (vgl. Aufgabe 5). Nicht bei allen Körpern kann die Verallgemeinerung so einfach vollzogen werden. Der Übergang zu höheren Dimensionen ist im Allgemeinen viel komplexer und hält immer wieder Überraschungen bereit. Beispielsweise existieren im vierdimensionalen Raum sechs reguläre Hyperkörper, wie die folgende Tabelle zeigt, aber in allen höher-dimensionalen nur noch jeweils drei, nämlich die Verallgemeinerungen von Tetraeder, Würfel und Oktaeder.

Übersicht über die regulären (Hyper-)Körper

Dimension n	regulärer (Hyper-) Körper	Anzahl und Art der begrenzenden Randelemente	Anzahl der Ecken
3	Tetraeder	4 gleichseitige Dreiecke	4
	Würfel	6 Quadrate	8
	Oktaeder	8 gleichseitige Dreiecke	6
	Dodekaeder	12 reguläre Fünfecke	20
	Ikosaeder	20 gleichseitige Dreiecke	12
4	5-Zell	5 Tetraeder	5
	8-Zell	8 Würfel	16
	16-Zell	16 Tetraeder	8
	24-Zell	24 Oktaeder	24
	120-Zell	120 Dodekaeder	600
	600-Zell	600 Tetraeder	120
größer 4	$(n+1)$-Zell	$n+1$ n-Zelle	$n+1$
	$2n$-Zell	$2n$ $2(n-1)$-Zelle	$2n$
	2^n-Zell	2^n n-Zelle	2^n

Die analytische Geometrie höher-dimensionaler Räume beruht auf dem gleichen Prinzip, das schon Edwin A. Abbott verwendet hat. Danach muß in jedem Teilraum mit niedrigerer Dimension die dieser Dimension entsprechende Geometrie gelten, beispielsweise die uns vertraute ebene Geometrie auf den Ebenen des Raumes und entsprechend die räumliche Geometrie in den dreidimensionalen Teilräumen des vierdimensionalen Raumes, die man *Hyperebenen* nennt. So haben wir die räumliche Abstandsformel durch zweimalige Anwendung des Satzes von Pythagoras auf die (ebenen) Dreiecke PRQ und PSR hergeleitet (vgl. Abb. 1.1.–21). Entsprechend ist im Falle eines vierdimensionalen Quaders mit den Gegenecken $P=(x_1|y_1|z_1|w_1)$, $Q=(x_2|y_2|z_2|w_2)$ das Dreieck PRQ mit $R=(x_2|y_2|z_2|w_1)$ *rechtwinklig*, also $|PR|^2+|RQ|^2=|PQ|^2$. Ferner gilt

$$|PR|^2=(x_2-x_1)^2+(y_2-y_1)^2+(z_2-z_1)^2,$$

da P und R beide in einem (durch $w=\text{const.}$ definierten) dreidimensionalen Teilraum liegen. Mit $|RQ|=|w_2-w_1|$ folgt hieraus schließlich die

Vierdimensionale Abstandsformel

Der Abstand zweier Punkte $P=(x_1|y_1|z_1|w_1)$, $Q=(x_2|y_2|z_2|w_2)$ beträgt

$$|PQ|=\sqrt{(x_2-x_1)^2+(y_2-y_1)^2+(z_2-z_1)^2+(w_2-w_1)^2}.$$

Die Verallgemeinerung auf höhere Dimension ist offensichtlich.

Wir haben eben die Menge aller Punkte mit $w=\text{const.}$ als Hyperebene bezeichnet. Das ist dadurch gerechtfertigt, dass die übrigen drei Koordinaten beliebig wählbar sind und die zugehörige Punktmenge infolgedessen dieselbe Struktur aufweist wie der dreidimensionale Raum. Die Frage ist nun, wie sich *allgemein* eine Hyperebene *analytisch* beschreiben lässt. Offenbar sollte sich jede von ihnen durch eine Bewegung einer zweidimensionalen Ebene längs einer Geraden, die nicht in ihr liegt, erzeugen lassen. Analog zu unserem Vorgehen in 1.1.4 wählen wir zunächst als Gleichung dieser Ebene $w=ax+by$ und als Gleichung der Geraden $w=cz$. Dann gilt für jeden Punkt $P=(x|y|z|w)$ der so erzeugten Hyperebene und auch nur für diese $w=ax+by+cz$. Durch Parallelverschiebung folgt hieraus für eine beliebige Hyperebene, die die w-Achse an der Stelle d schneidet, $w=ax+by+cz+d$. Ferner kann man analog zu 1.1.4 begründen (vgl. Aufgabe 6), dass die Gleichung einer Hyperebene, die zur w-Achse parallel ist, $ax+by+cz=d$ lautet. Alle Fälle zusammenfassend erhalten wir die

Koordinatengleichung der Hyperebene im vierdimensionalen Raum

Die Punkte einer Hyperebene erfüllen eine *lineare Gleichung*

$$a x + b y + c z + d w = e,$$

worin die Koeffizienten nicht alle gleich null sein dürfen, und umgekehrt beschreibt jede solche Gleichung eine Hyperebene.

Exkurs: Volumen der vierdimensionalen Hyperkugel

Die Gleichung der *Hyperkugel*, deren Mittelpunkt der Nullpunkt und deren Radius r ist, lautet

$$x^2 + y^2 + z^2 + w^2 = r^2,$$

da jeder ihrer Punkte vom Nullpunkt den Abstand r hat. Schneiden wir sie mit der Hyperebene $x = \text{const.}$, so erhalten wir als Schnittgebilde wegen

$$y^2 + z^2 + w^2 = r^2 - x^2$$

offenbar eine „normale" dreidimensionale Kugel, sofern $|x| < r$ ist. Ihr Mittelpunkt ist ebenfalls der Nullpunkt, ihr Radius beträgt $\sqrt{r^2 - x^2}$ und ihr Volumen $V_x = \frac{4}{3}\pi \sqrt{r^2 - x^2}^3$. Nach dem Prinzip von Cavalieri (vgl. Dümmlerbuch 4282 Analysis, Band 2, Abschnitt 3.2.1) integrieren wir nun über diese *Inhalte*, so wie wir es schon im Dreidimensionalen gemacht haben, um das Volumen eines Körpers zu bestimmen. Der Inhalt der vierdimensionalen Hyperkugel ist daher

$$V = \int_{-r}^{r} V_x\, dx = \frac{8}{3}\pi \int_0^r \sqrt{r^2 - x^2}^3\, dz.$$

Dieses Integral läßt sich mit einem Trick auswerten. Zunächst versuchen wir, es auf das Kreisintegral $\int_0^r \sqrt{r^2 - x^2}\, dx = \frac{1}{4}\pi r^2$ zurückzuführen. Spaltet man den Faktor $r^2 - x^2$ ab, so folgt

$$V = \frac{8}{3}\pi r^2 \int_0^r \sqrt{r^2 - x^2}\, dz - \frac{8}{3}\pi \int_0^r x^2 \sqrt{r^2 - x^2}\, dz,$$

also, wenn wir den zweiten Term noch mit I abkürzen,

$$(*) \quad V = \tfrac{2}{3}\pi^2 r^4 - I.$$

Andererseits erhält man durch partielle Integration (Faktor 1)

$$V = \frac{8}{3}\pi \left([x \sqrt{r^2 - x^2}^3]_0^r + 3 \int_0^r x^2 \sqrt{r^2 - x^2}\, dx \right)$$

oder $V = 3I$. Somit ist $I = \frac{1}{3} V$ und mit $(*)$ folgt $V = \frac{1}{2}\pi^2 r^4$.

Aufgaben

1. Wie würde einem Bewohner von Flatland ein Würfel erscheinen, der mit einer Ecke zuerst Flatland durchdringt, wobei seine Raumdiagonale stets senkrecht zur Ebene von Flatland bleibt? Man beantworte dieselbe Frage auch für einen Zylinder, der schräg auftrifft und seine Richtung beibehält.

2. Man erkläre, warum sich die Bewohner von Flatland ihre Strümpfe ausziehen können ohne vorher die Schuhe ausziehen zu müssen.

3. Ein dreidimensionaler Würfel, dessen Kanten parallel zur x- bzw. y- bzw. zur z-Achse sind und dessen Mittelpunkt im Koordinatenursprung liegt, befinde sich im vierdimensionalen Raum. Seine Kantenlänge sei 2. Auf welchem Wege könnte man vom Punkt $(2|0|0|0)$ in ihn hineingelangen ohne seine Seitenflächen zu durchdringen?

4. a) Gib für den fünfdimensionalen Hyperwürfel die Anzahl der Ecken, Kanten und höher-dimensionalen Randelemente an.

   b*) Zeige: Für die Anzahl k_n der Kanten eines n-dimensionalen Hyperwürfels gilt

   $$k_n = n \cdot 2^{n-1}.$$

5. a) Bestimme die Anzahl der verschiedenen Randelemente des fünfdimensionalen Simplex.

   b) Gib eine Formel für die Anzahl der Kanten eines n-dimensionalen Simplex an.

6. Man erläutere, welche Hyperebenen man erhält, wenn man in der Gleichung $a x + b y + c z + d w = e$ genau

   a) zwei Koeffizienten; b) einen Koeffizienten

   null setzt. Was kann man über den „Verlauf" der Hyperebene sagen, wenn kein Koeffizient verschwindet?

7.* Man entwickle analog zum dreidimensionalen Fall (vgl. Aufgabe 22 von S. 19) eine Formel um den Abstand des Nullpunktes von einer Hyperebene zu berechnen.

8. a) Man zeige, dass die Punkte

   $$A = (0|1|1|1), \quad B = (1|0|1|1),$$
   $$C = (1|1|0|1), \quad D = (1|1|1|0)$$

   ein reguläres dreidimensionales Tetraeder bilden.

   b) Alle Punkte $P = (t|t|t|t)$ haben von A, B, C, D den gleichen Abstand. Wie groß ist dieser und für welchen Wert von t ist er am kleinsten?

   c) Bestimme denjenigen Punkt P, der von A, B, C, D den Abstand $\sqrt{2}$ hat. $ABCDP$ ist dann ein *reguläres 5-Zell* im vierdimensionalen Raum.

   d) Welchen Mittelpunkt und Radius hat die Hyperumkugel von $ABCDP$ aus c)?

   e*) Wie lautet die Gleichung der Hyperebene, die A, B, C, D enthält? Welchen Abstand hat sie vom Nullpunkt? (Vgl. Aufgabe 7.)

9.* Berechne das Volumen der fünfdimensionalen Kugel mit der Gleichung $x^2 + y^2 + z^2 + w^2 + t^2 = r^2$ wie im Text.

10.* Eine Hyperebene schneide die Koordinatenachsen an den Stellen $a, b, c, d \neq 0$.

a) Zeige, dass die Gleichung

$$\frac{x}{a} + \frac{y}{b} + \frac{z}{c} + \frac{w}{d} = 1$$

lautet.

b) Die obige Hyperebene bildet mit dem Nullpunkt als Spitze ein vierdimensionales Simplex. Aus diesem schneidet die Hyperebene $x = \text{const.}$ ein Tetraeder aus mit drei paarweise rechtwinkligen Kanten. Man zeige, dass diese Kanten die Längen

$$b\left(1 - \frac{x}{a}\right), \quad c\left(1 - \frac{x}{a}\right), \quad d\left(1 - \frac{x}{a}\right)$$

haben und das von ihnen aufgespannte Tetreader das Volumen

$$V_x = \frac{1}{6} b\,c\,d \left(1 - \frac{x}{a}\right)^3$$

besitzt.

c) Man benutze die Formel für V_x um für das Volumen des vierdimensionalen Simplex die Formel

$$V = \frac{1}{24} a\,b\,c\,d$$

herzuleiten.

11.* Man verallgemeinere, ausgehend vom gleichschenkligen Dreieck, den Begriff des Kegels zum (vierdimensionalen) Hyperkegel und leite so die Formel $V = \frac{1}{4} K \cdot h$ her, wobei K das Volumen seiner „Grundkugel" und h seine Höhe bedeuten.

1.2 Vektoren

Die Behandlung geometrischer Probleme mit Hilfe von Koordinaten ist nicht die einzige Methode, die wir der Entwicklung der Algebra zu Beginn der Neuzeit verdanken. Schon 1679 formuliert Gottfried Wilhelm Leibniz (1646–1716), Philosoph und Universalgelehrter, den Gedanken, dass, wie die Algebra mit Zahlengrößen umgehe, eine eigentliche geometrische Analyse – das heißt: analytische Geometrie – die Lage und Bewegungen ihrer Figuren der rechnerischen Formel zugänglich machen müsse. Doch erst im 19. Jahrhundert kommt es zu konkreten, aber durchaus unterschiedlichen Ausformungen dieser Idee, die im Hinblick auf den hier neu einzuführenden Begriff vor allem mit zwei Namen verknüpft sind: dem Gymnasiallehrer aus Stettin Hermann Günther Grassmann (1809–1877) und dem Professor für Astronomie in Dublin William Rowan Hamilton (1805–1865). Beide sind philosophisch und sprachlich hochgebildet. Grassmann hat die Lehrbefähigung für die Fächer Deutsch, Französisch, Geschichte, Religion (bis zum Abitur) und erwirbt sie für Mathematik und Physik, nachdem er schon im Schuldienst ist, durch eine Nachprüfung. Das Thema, das ihm gestellt wird, ist eine Abhandlung über Ebbe und Flut und Grassmann verfasst eine umfangreiche Arbeit – sie wäre im heutigen Druck 200 Seiten stark –, in der er ein völlig neues begrifflich-methodisches Konzept entwickelt: *die Vektorrechnung*.

Nach der „Theorie von Ebbe und Flut" (1840) publizierte Grassmann seine neuen Ideen noch in drei weiteren Schriften:

- Die lineale Ausdehnungslehre, ein neuer Zweig der Mathematik (1844)
- Geometrische Analyse (eine Preisschrift zum 200. Geburtstag von Leibniz 1846)
- Die Ausdehnungslehre. Vollständig und in strenger Form bearbeitet (1862)

Doch die mathematische Fachwelt verstand ihn nicht. Aus Enttäuschung wandte sich Grassmann seinen vielen anderen Interessen zu, verfasste unter anderem ein Wörterbuch zur *Rigveda* (altindischen Texten aus der Zeit um 1000 v. Chr.) und veröffentlichte Studien zur indogermanischen Sprachgeschichte. Diese Forschungen brachten ihm hohen Ruhm ein. Aber die Anerkennung für seine mathematischen Leistungen erlebte er nicht mehr.[1]

Hamilton galt als Wunderkind. Mit drei Jahren konnte er lesen und verfügte über beachtliche Rechenfertigkeiten. Mit fünf Jahren verstand und übersetzte er Latein, Griechisch und Hebräisch, mit sieben kamen Italienisch und Französisch hinzu. Er beschäftigte sich mit Sprachen wie Persisch, Arabisch, Hindi; mit dreizehn war die Anzahl seiner Sprachen so groß wie die seiner Lebensjahre. Mit 22 Jahren wurde er Professor für Astronomie in Dublin und „Royal Astronomer of Ireland" und mit 30 Jahren geadelt.

Hamilton versuchte die zweidimensionale geometrische Interpretation der sogenannten *komplexen Zahlen* – das sind die Zahlen, die sich in der Form $a + b\,\mathrm{i}$ darstellen lassen, wobei a und b reell sind und i die *imaginäre Einheit* $\sqrt{-1}$ ist – sinngemäß auf den Raum zu übertragen. Das gelang ihm

[1] Man vergleiche hierzu die sehr lesenswerte Darstellung von P. Mäder: Mathematik hat Geschichte. Hannover 1992: Metzler, der wir hier im Wesentlichen folgen.

zwar nicht (und konnte, wie wir heute wissen, nicht gelingen, da das nicht widerspruchsfrei möglich ist), aber er erfand dabei 1843 die „Quaternionen“, die gewissermaßen als *vierdimensionale* Zahlen (quattuor lat. vier) gelten können. Ihren *dreidimensionalen* Anteil nannte er *Vektor* – ein Wort, das sich bei GRASSMANN noch nicht findet – und seine Berühmtheit trug dazu bei, daß sich dieser Begriff rasch verbreitete, allerdings zunächst nur in der Physik, wo die *Parallelogrammregel* für die Zusammensetzung von Kräften und Bewegungen schon lange bekannt war.

Im ersten Drittel dieses Jahrhunderts entwickelte sich schließlich eine abstrakte *Vektorraumtheorie* als „Theorie linearer Strukturen“, wie sie mittlerweile in vielen verschiedenen Bereichen – nicht nur der Geometrie und Physik – identifiziert und als grundlegend erkannt worden war. Einige Beispiele dazu werden in den späteren Kapiteln dieses Buches gegeben. Im Rahmen der Raumgeometrie dient uns die Vektorrechnung jedoch vornehmlich als leicht zu handhabendes *Werkzeug*, das nicht nur sehr durchsichtige, sondern vor allem auch *allgemeingültige* Problemlösungen erlaubt, die allein mit Koordinatengeometrie nur schwer erreichbar wären.

1.2.1 Translation

Eine Kamera hat den Start eines Flugzeugs gefilmt und jede halbe Sekunde ein Bild geschossen. Die Fotomontage (Abb. 1.2.–1) verdeutlicht sehr schön die Flugbahn, die zunächst geradlinig und dann leicht nach oben gekrümmt ist. Offenbar braucht man viele Positionen des Flugzeugs, die nur wenig gegeneinander verschoben sind, um seine Bahn hinreichend genau zu erfassen.

Für den Start eines Flugzeugs ist wichtig, dass es die angewiesene *Richtung* einhält. Wie legt man diese fest? In der Ebene würde es genügen, die *Steigung* der Geraden anzugeben und die Durchlaufrichtung, zum Beispiel von links nach rechts (Abb. 1.2.–2). Wollte man im Raum analog verfahren, so müsste man allerdings zwei solche Steigungsdreiecke heranziehen (vgl. Abb. 1.2.–3), was umständlich wäre. Stattdessen nimmt man einfach den Koordinatenzug vom Nullpunkt bis zur Pfeilspitze, beschreibt also die Richtung durch ein *Zahlentripel*. Wie aus Abb. 1.2.–4 hervorgeht, bleibt die Richtung dieselbe, wenn man jede Zahl des Tripels mit derselben *positiven* Zahl multipliziert, und sie kehrt sich um, wenn diese Zahl negativ ist; denn eine solche Multiplikation bedeutet ja nichts anderes als eine *zentrische Streckung* des ursprünglichen „Koordinatenquaders“ vom Nullpunkt aus.

Eine Richtung kann also durch viele verschiedene Zahlentripel beschrieben werden. Trägt man andererseits einen bestimmten Richtungspfeil nicht vom Nullpunkt, sondern von einem beliebigen anderen Punkt ab, so bleibt die Richtung gleich, weil hierbei die Ko-

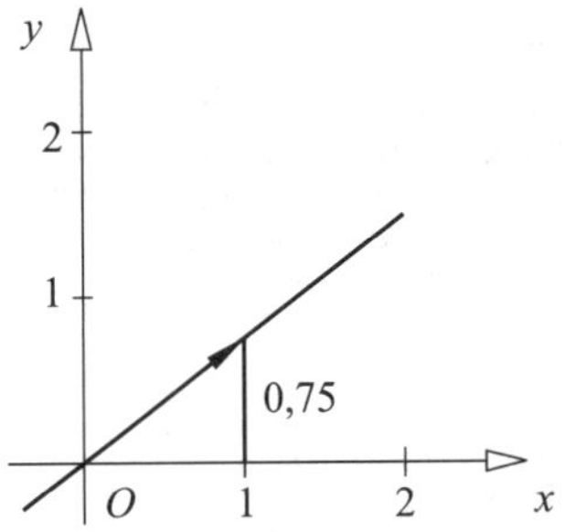

Abb. 1.2.–2

Abb. 1.2.–1

ordinatenquader lediglich parallel verschoben werden. Abbildung 1.2.–5 zeigt die Situation im Schrägbild, in dem der Richtungspfeil, der zum Tripel $(10|-2{,}5|5)$ gehört, am Punkt $A=(-4|1{,}5|-3)$ und am Punkt $C=(-12|-1{,}5|1)$ angetragen worden ist. Da parallele und gleich lange Strecken durch Parallelprojektion in parallele und gleich lange Bildstrecken übergehen, sind auch im Schrägbild die Pfeile $\overrightarrow{AB}$ und $\overrightarrow{CD}$ parallel und gleich lang. Das Antragen eines Richtungspfeiles an verschiedene Punkte hat also die gleiche Wirkung wie eine *Parallelverschiebung*.

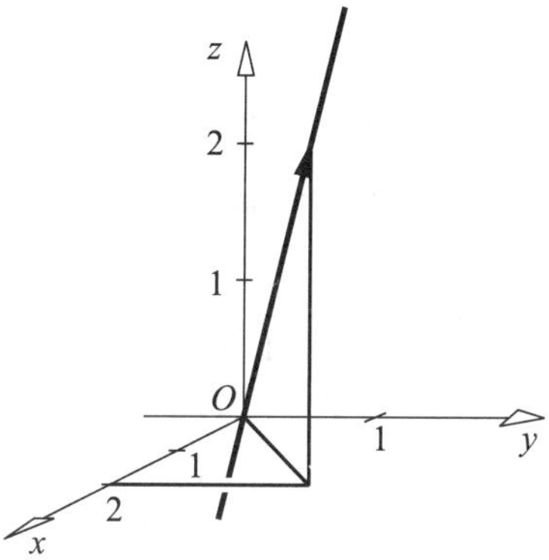

Abb. 1.2.–3

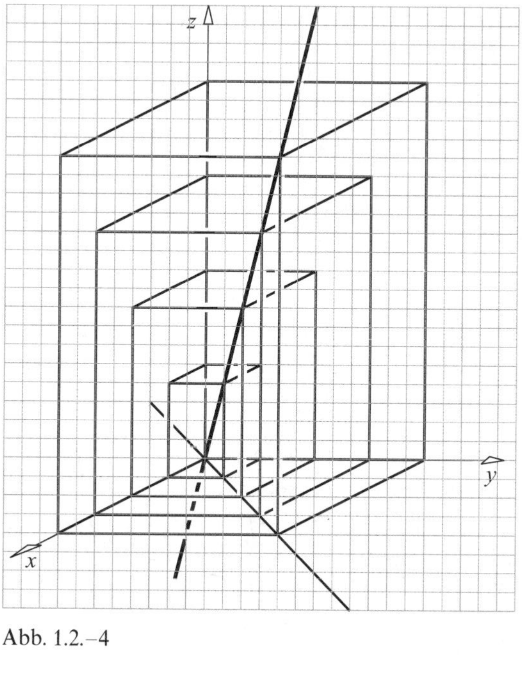

Abb. 1.2.–4

Das Fachwort für Parallelverschiebung heißt *Translation* und bedeutet im Lateinischen so viel wie „etwas von einem Ort zu einem anderen schaffen“, während der „Träger“ oder „Überbringer“ „vector“ genannt wird, abgeleitet von *vehere*: tragen, bringen, fahren. In diesem Sinne hat HAMILTON das Wort in die Mathematik eingeführt. Ein *Vektor* bewirkt also eine Translation (Parallelverschiebung) und wird geometrisch durch einen *Pfeil*, arithmetisch durch ein Zahlentripel dargestellt. Dieses gibt an, wie man *parallel zu den Koordinatenachsen* gehen muß um vom Anfangspunkt zum Endpunkt zu gelangen. Zur Unterscheidung von den Koordinaten nennt man die drei Zahlen eines Vektors *Komponenten* (Bestandteile) und schreibt sie als *Zahlenspalte*. Als Symbol für (geometrische) Vektoren benutzen wir kleine lateinische Buchstaben mit darüber gesetztem Pfeil.

Vektoren dürfen (als Pfeile) an jedem Raumpunkt angetragen werden. Ist dieser der *Nullpunkt*, so geben seine Komponenten den *Ort* der Pfeilspitze an. In diesem Falle ist es üblich von einem *Ortsvektor* zu sprechen. Das Wort bezeichnet also nur eine *bestimmte Verwendung des Vektors, nämlich daß er im Nullpunkt angetragen werden soll.* Dementsprechend bestimmt der Vektor $\vec{a}=\begin{pmatrix}-4\\1{,}5\\-3\end{pmatrix}$ *als Ortsvektor eindeutig* einen Punkt im Raum, nämlich $A=(-4|1{,}5|-3)$. Dabei ist es sinnvoll ihn mit dem *gleichen großen lateinischen Buchstaben* zu bezeichnen, so wie wir es eben getan haben.

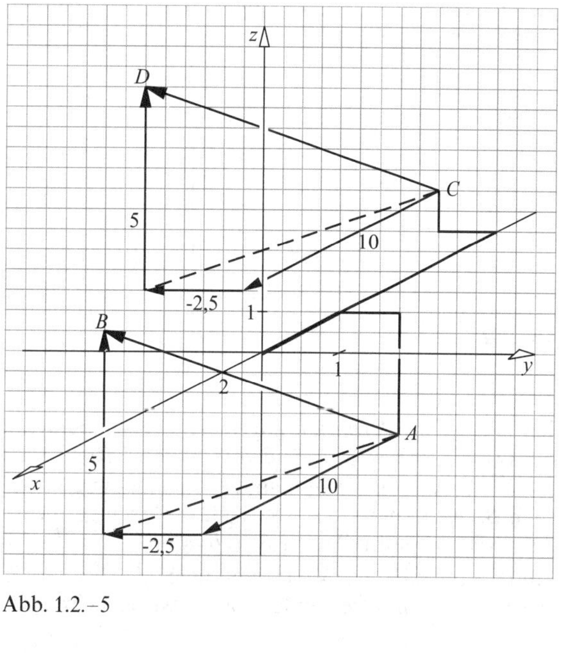

Abb. 1.2.–5

Wir betrachten nun noch einmal die Situation, wie sie in Abbildung 1.2.–5 dargestellt ist. Gegeben sind die Punkte A und C durch ihre Ortsvektoren $\vec{a}$, $\vec{c}$ und ein Vektor $\vec{v} = \overrightarrow{AB}$, der die Translation von A und C angibt. Dabei ist

$$\vec{a} = \begin{pmatrix} -4 \\ 1{,}5 \\ -3 \end{pmatrix}, \quad \vec{c} = \begin{pmatrix} -12 \\ -1{,}5 \\ 1 \end{pmatrix}, \quad \vec{v} = \begin{pmatrix} 10 \\ -2{,}5 \\ 5 \end{pmatrix}.$$

Offenbar erhält man die Koordinaten der Punkte B und D, d. h. die Ortsvektoren $\vec{b}$ und $\vec{d}$, einfach dadurch, dass man die entsprechenden Komponenten *addiert*:

$$\vec{b} = \begin{pmatrix} -4 + 10 \\ 1{,}5 - 2{,}5 \\ -3 + 5 \end{pmatrix} = \begin{pmatrix} 6 \\ -1 \\ 2 \end{pmatrix},$$

$$\vec{d} = \begin{pmatrix} -12 + 10 \\ -1{,}5 - 2{,}5 \\ 1 + 5 \end{pmatrix} = \begin{pmatrix} -2 \\ -4 \\ 6 \end{pmatrix}.$$

Denn wie der eingezeichnete Komponentenzug zeigt, wird der x-Wert jeweils um 10 vergrößert, der y-Wert um 2,5 verkleinert und der z-Wert um 5 vergrößert. Hierfür schreiben wir kurz

$$\vec{a} + \vec{v} = \vec{b}, \quad \vec{c} + \vec{v} = \vec{d}.$$

Umgekehrt erhält man aus den Koordinaten zweier beliebiger Punkte A und B, gegeben durch ihre Ortsvektoren $\vec{a}$ und $\vec{b}$, den Verschiebungsvektor, der A in B überführt, als *Differenz*:

$$\overrightarrow{AB} = \vec{b} - \vec{a}.$$

Beide Operationen lassen sich einprägsam in *einer* Zeichnung (Abb. 1.2.–6) darstellen. Die Verschiebung von O nach B (Vektor $\vec{b}$) ist das Resultat (die Summe)

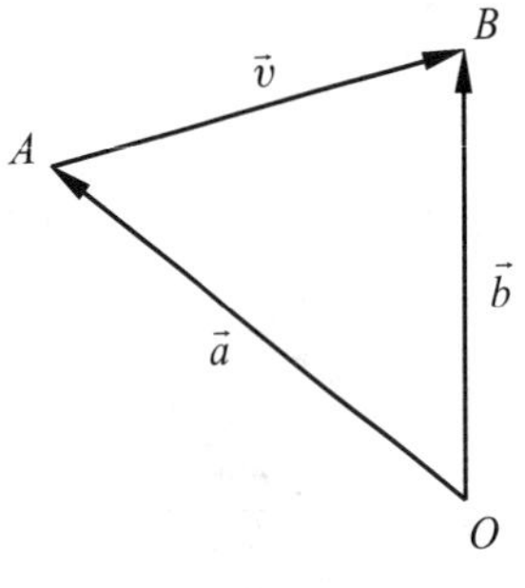

Abb. 1.2.–6

der *Hintereinanderausführungen* der Verschiebungen von O nach A (Vektor $\vec{a}$) und von A nach B (Vektor $\vec{v}$): $\vec{b} = \vec{a} + \vec{v}$. Analog erhält man die Verschiebung von A nach B, indem man A zuerst nach O verschiebt (Vektor $-\vec{a}$) und dann O nach B: $\overrightarrow{AB} = -\vec{a} + \vec{b} = \vec{b} - \vec{a}$.

Führt man mehrere Verschiebungen *gleicher Größe und Richtung* hintereinander aus, so wie es beim startenden Flugzeug der Fall ist, so liegt es nahe die Summe als *Vervielfachung* von $\vec{v}$ zu schreiben

$$\underbrace{\vec{v} + \vec{v} + \cdots + \vec{v}}_{n\text{-mal}} = n\vec{v}.$$

Geometrisch bedeutet dies, dass der Vektor $\vec{v}$ auf das n-fache *gestreckt* wird. Diese Erklärung können wir auch auf den Fall *beliebiger* Streckfaktoren s ausdehnen. Der Vektor $s\vec{v}$ entsteht aus dem Vektor $\vec{v}$ durch Streckung mit dem Faktor s. Das heißt, seine Länge wird mit s vervielfacht und seine Richtung beibehalten, falls s positiv ist, sonst umgekehrt. Wichtig ist dabei, dass auf Grund der Eigenschaften der Parallelprojektion der *Streckfaktor auch im Schrägbild derselbe bleibt*.

Wir fassen die Regeln für den Umgang mit Vektoren im Kasten Seite 29 noch einmal zusammen.

Ein etwas komplexeres Beispiel

Wir betrachten nun ein Beispiel um die Anwendung der Regeln zu demonstrieren. Gegeben seien drei Vektoren $\vec{a}, \vec{b}, \vec{c}$, die als Ortsvektoren drei Punkte A, B, C bestimmen. Ergänzt man je zwei von ihnen zu einem Parallelogramm und fügt den Punkt G mit dem Ortsvektor $\vec{g} = \vec{a} + \vec{b} + \vec{c}$ hinzu, so erhält man einen (i. Allg.) „schiefen" Quader, den man *Spat* nennt. Wir sagen: Die drei Vektoren $\vec{a}, \vec{b}, \vec{c}$ *spannen einen Spat* – hier $AEBOFGHC$ – *auf*.

Zunächst wollen wir zeigen, dass die Raumdiagonale OG des Spates das Dreieck ABC in seinem Schwerpunkt M schneidet. Dieser teilt bekanntlich die Seitenhalbierenden im Verhältnis 2 : 1. Es sei D der Mittelpunkt von AB. Dann gilt für den zugehörigen Ortsvektor

$$\vec{d} = \vec{a} + \tfrac{1}{2}\overrightarrow{AB} = \vec{a} + \tfrac{1}{2}(\vec{b} - \vec{a}) = \vec{a} + \tfrac{1}{2}\vec{b} - \tfrac{1}{2}\vec{a}$$
$$= \tfrac{1}{2}\vec{a} + \tfrac{1}{2}\vec{b} = \tfrac{1}{2}(\vec{a} + \vec{b}).$$

Die Formel ist bemerkenswert: Man erhält den Ortsvektor des Mittelpunktes als *halbe Summe der Ortsvektoren der Endpunkte*, gewissermaßen also als *vektoriellen Mittelwert*.

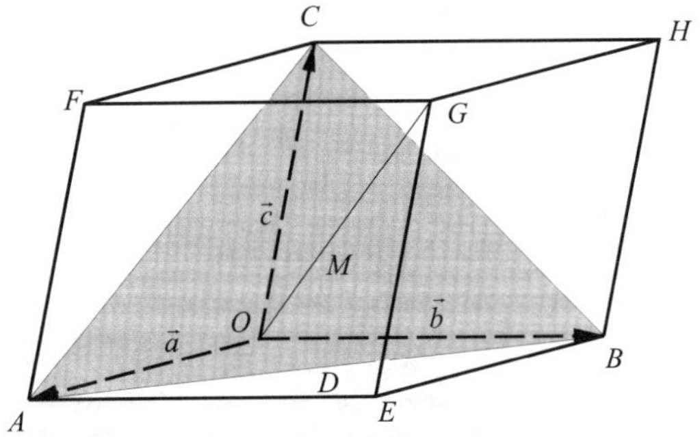

Abb. 1.2.–7

<table>
<tr><th colspan="2">Grundregeln für den Umgang mit Vektoren</th></tr>
<tr><th>arithmetisch</th><th>geometrisch</th></tr>
<tr><td>

Addition

$$\vec{a}+\vec{b}=\begin{pmatrix}a_1\\a_2\\a_3\end{pmatrix}+\begin{pmatrix}b_1\\b_2\\b_3\end{pmatrix}=\begin{pmatrix}a_1+b_1\\a_2+b_2\\a_3+b_3\end{pmatrix}$$

</td><td>

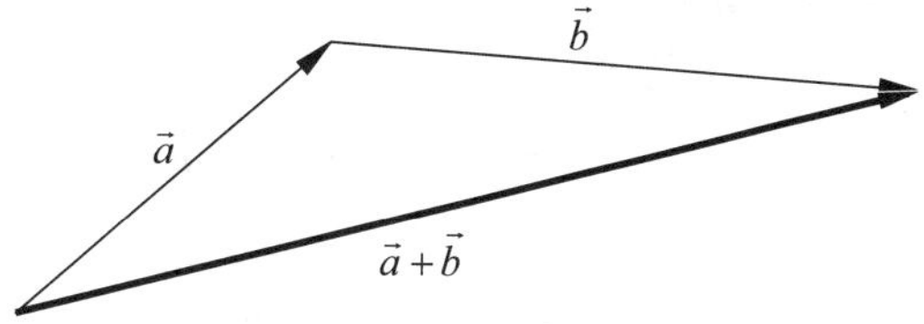

</td></tr>
<tr><td>

Subtraktion

$$\vec{a}-\vec{b}=\begin{pmatrix}a_1\\a_2\\a_3\end{pmatrix}-\begin{pmatrix}b_1\\b_2\\b_3\end{pmatrix}=\begin{pmatrix}a_1-b_1\\a_2-b_2\\a_3-b_3\end{pmatrix}$$

</td><td>

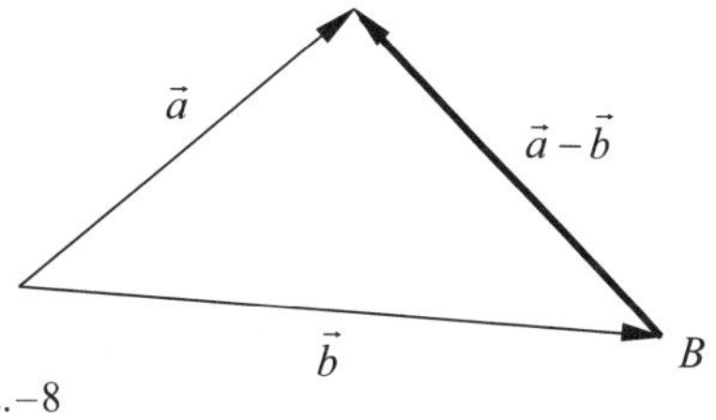

Abb. 1.2.–8

</td></tr>
<tr><td>

Vervielfachung (s-Multiplikation)

$$s\vec{a}=s\begin{pmatrix}a_1\\a_2\\a_3\end{pmatrix}=\begin{pmatrix}s\,a_1\\s\,a_2\\s\,a_3\end{pmatrix},$$

$$s\in\mathbb{R}$$

</td><td>

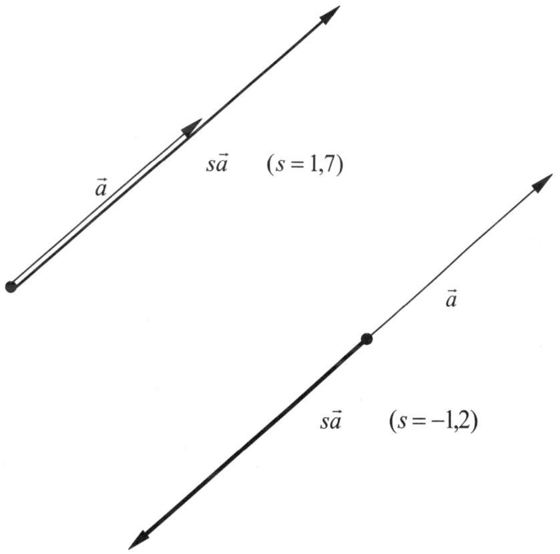

Abb. 1.2.–9

</td></tr>
<tr><td>

Bemerkungen: (i) Die folgende Aufgabe 9 enthält weitere Rechenregeln, die sich aus den oben stehenden Definitionen leicht herleiten lassen und fast von selbst verstehen.

</td><td>

(ii) Die Komponenten von Vektoren bezeichnen wir häufig wie oben mit dem gleichen Buchstaben und den Indizes 1, 2, 3.

</td></tr>
</table>

Entsprechend ergibt sich

$$\begin{aligned}\overrightarrow{OM}&=\vec{d}+\tfrac{1}{3}\overrightarrow{DC}=\vec{d}+\tfrac{1}{3}(\vec{c}-\vec{d})\\&=\tfrac{2}{3}\vec{d}+\tfrac{1}{3}\vec{c}=\tfrac{1}{3}(\vec{a}+\vec{b}+\vec{c})\end{aligned}$$

und um nachzuweisen, dass die Raumdiagonale OG durch M geht, vergleichen wir einfach die beiden Vektoren

$$\overrightarrow{OG}=\vec{a}+\vec{b}+\vec{c},\quad \overrightarrow{OM}=\tfrac{1}{3}(\vec{a}+\vec{b}+\vec{c}).$$

Sie haben die gleiche Richtung und den gleichen Anfangspunkt, also muss in der Tat M auf OG liegen und wegen $\overrightarrow{OG}=3\overrightarrow{OM}$ teilt M die Raumdiagonale stets im Verhältnis 1 : 2.

Wir erweitern dieses Beispiel, indem wir noch einen Punkt K auf FG hinzunehmen. Es sei etwa

$$\vec{k} = \vec{f} + \tfrac{3}{4}\overrightarrow{FG} = \vec{a} + \vec{c} + \tfrac{3}{4}\vec{b}$$

und N der Schwerpunkt des Dreiecks AKC, also

$$\vec{n} = \tfrac{1}{3}(\vec{a} + \vec{c} + \vec{k}) = \tfrac{2}{3}\vec{a} + \tfrac{2}{3}\vec{c} + \tfrac{1}{4}\vec{b}.$$

Zeichnet man die Gerade FN, so ergibt sich die Vermutung, dass sie die Raumdiagonale OG in einem Punkt P schneidet, und zwar im Verhältnis 3:4, wie man der Zeichnung entnehmen kann. Demnach müsste für den Ortsvektor von P

$$\vec{p} = \tfrac{3}{7}\overrightarrow{OG} = \tfrac{3}{7}\vec{a} + \tfrac{3}{7}\vec{b} + \tfrac{3}{7}\vec{c}$$

gelten. Um nun zu überprüfen, ob P auch auf FN liegt, vergleichen wir wie oben

$$\overrightarrow{FN} = \vec{n} - \vec{f} = -\tfrac{1}{3}\vec{a} + \tfrac{1}{4}\vec{b} - \tfrac{1}{3}\vec{c}$$

mit

$$\overrightarrow{FP} = \vec{p} - \vec{f} = -\tfrac{4}{7}\vec{a} + \tfrac{3}{7}\vec{b} - \tfrac{4}{7}\vec{c}.$$

Offensichtlich ist $\overrightarrow{FP} = \tfrac{12}{7}\overrightarrow{FN}$. Also liegt P auf FN.

Bemerkung: Bei der Lösung dieser Aufgabe haben wir wesentlich von der Zeichnung Gebrauch gemacht. Die Durchführung zeigt dabei, dass der Vergleich der beiden Vektoren die entscheidende Rolle spielt. Wir werden in 1.2.5 sehen, wie sich hieraus eine rein rechnerische Methode zur Feststellung von Schnittpunkten ergibt.

Aufgaben

1. Durch vier Ortsvektoren $\vec{a}, \vec{b}, \vec{c}, \vec{d}$ sei ein Viereck $ABCD$ gegeben und E, F, G, H seien die Mittelpunkte der Seiten AB, BC, CD, DA.
   - [a)] Bestimme die Ortsvektoren von E, F, G, H und die Vektoren $\overrightarrow{EF}$, $\overrightarrow{FG}$, $\overrightarrow{GH}$, $\overrightarrow{HE}$, ausgedrückt durch $\vec{a}, \vec{b}, \vec{c}, \vec{d}$. Zeige, dass das Viereck $EFGH$ stets *eben* ist. Welche weiteren geometrischen Eigenschaften hat es?
   - b*) Ein beliebiger Punkt P der Diagonale AC wird mit einem beliebigen Punkt Q der Diagonale BD durch eine Strecke verbunden. Man zeige: Die Menge der Mittelpunkte der Strecken PQ füllt das Parallelogramm $EFGH$ aus.
   - c*) Wo liegen die Mittelpunkte aller Strecken PQ, wenn P ein beliebiger Punkt der Seite AB und Q ein beliebiger Punkt der Seite CD des Vierecks ist?

[2.] *(Mittelpunktsformeln)* Als *Mittelpunkt* oder *Schwerpunkt* einer Menge von Punkten mit den Ortsvektoren $\vec{a}, \vec{b}, \vec{c}, \ldots, \vec{k}$ bezeichnet man den Punkt P mit dem Ortsvektor

$$\vec{p} = \frac{1}{n}(\vec{a} + \vec{b} + \vec{c} + \cdots + \vec{k}),$$

wobei n die Anzahl der Punkte bedeutet.

   - a) Zeige, dass der Schwerpunkt eines Dreiecks ABC mit dem Schnittpunkt der Seitenhalbierenden übereinstimmt.
   - b) Die Verbindungsstrecken der Mittelpunkte zweier *Gegenkanten*, d. h. zweier gegenüberliegender Kanten, eines Tetraeders nennen wir *Mittellinien* des Tetraeders. Zeige: Die Mittellinien schneiden sich im Schwerpunkt des Tetraeders.
   - c) Verbindet man eine Ecke eines Tetraeders mit dem Schwerpunkt der gegenüberliegenden Seitenfläche, so sprechen wir von einer *Schwerlinie.* Man zeige: Die vier Schwerlinien eines Tetraeders gehen ebenfalls durch den Schwerpunkt des Tetraeders.

[3.] Die Vektoren

$$\vec{a} = \begin{pmatrix} 3 \\ -2 \\ -2 \end{pmatrix}, \quad \vec{b} = \begin{pmatrix} 1 \\ -1 \\ -3 \end{pmatrix}, \quad \vec{c} = \begin{pmatrix} -1 \\ 3 \\ -1 \end{pmatrix},$$

$$\vec{d} = \begin{pmatrix} 2 \\ 6 \\ 5 \end{pmatrix}, \quad \vec{e} = \begin{pmatrix} 6 \\ 4 \\ 7 \end{pmatrix}, \quad \vec{f} = \begin{pmatrix} 7 \\ 2 \\ 6 \end{pmatrix}$$

legen als Ortsvektoren ein Sechseck $ABCDEF$ fest.

   - a) Zeichne dieses Sechseck.
   - b) Zeige, dass die Gegenseiten des Sechsecks parallel sind und bestimme jeweils ihr Längenverhältnis.

4. Durch die Ortsvektoren

$$\vec{a} = \begin{pmatrix} 4 \\ 4 \\ 2 \end{pmatrix}, \quad \vec{b} = \begin{pmatrix} 0 \\ 6 \\ 6 \end{pmatrix}, \quad \vec{c} = \begin{pmatrix} 2 \\ 2 \\ 10 \end{pmatrix},$$

sind drei Punkte A, B, C gegeben.

   - a) Konstruiere ein Sechseck $OABCDE$ so, dass die Gegenseiten gleich lang und parallel sind. Berechne die Koordinaten der Punkte D, E.
   - b*) Zeige: Je zwei Seiten des obigen Sechsecks bilden rechte Winkel miteinander. Welche Schlussfolgerungen lassen sich daraus über die Art des Sechsecks ziehen?

5. *(Punktspiegelung)* Verlängert man die Strecke PA über A hinaus um sich selbst bis zu einem Punkt Q, so sagt man, dass Q der „Spiegelpunkt von P bezüglich A" ist und bezeichnet die Konstruktion als „Punktspiegelung von P an A".
   - a) Zeige, dass $\vec{q} = 2\vec{a} - \vec{p}$ ist.
   - b) Ein Punkt P_0 werde zunächst an einem Punkt A (Spiegelpunkt P_1), dann P_1 an B (Spiegelpunkt P_2), dann P_2 an C (Spiegelpunkt P_3), dann P_3 an A (Spiegelpunkt P_4), P_4 an B (Spiegelpunkt P_5) und schließlich P_5 an C gespiegelt (Spiegelpunkt P_6). Drücke die Ortsvektoren der Punkte P_1 bis P_6 durch die allein gegebenen Ortsvektoren $\vec{p}_0, \vec{a}, \vec{b}, \vec{c}$ aus. Was fällt dabei auf?
   - c*) Welche Bedingung müssen die Ortsvektoren $\vec{a}$ bis $\vec{f}$ von sechs Punkten A bis F erfüllen, damit die *Nacheinanderausführung* der sechs Spiegelungen an A, B, C, D, E, F eines *beliebigen* Punktes P stets wieder zum Punkt P zurückführt?

6. Wir betrachten den Spat aus Abb. 1.2.–7. Zu diesem konstruieren wir einen neuen Spat auf die folgende Weise:
   (i) Die Strecke EC wird durch einen Punkt I im Verhältnis 1 : 3 geteilt und Punkt E' so bestimmt, dass I die Strecke $E'B$ halbiert.
   (ii) K sei der Mittelpunkt von OA. An K wird der Vektor $\frac{1}{2}\overrightarrow{EE'}$ angetragen. Dies ergibt den Punkt A'. Analog erhält man den Punkt O', indem man $\frac{1}{2}\overrightarrow{E'E}$ an K anträgt.
   (iii) Der Punkt C' ist bestimmt durch $\overrightarrow{CC'} = \overrightarrow{E'E}$.
   (iv) Die Punkte G' und H' erhält man, wenn man an den Mittelpunkt L von GH den Vektor $\frac{1}{2}\overrightarrow{EE'}$ bzw. $\frac{1}{2}\overrightarrow{E'E}$ anträgt.
   a) Zeichne mit $A = (6|0|0)$, $B = (0|6|0)$, $C = (0|0|6)$ den alten Spat $AEBOFGHC$ in dünnen Linien und den neuen Spat $A'E'EO'CG'H'C'$ gemäß der obigen Konstruktion in stark ausgezogenen Linien in das übliche Koordinatensystem.
   b) Drücke die Ortsvektoren der Eckpunkte des neuen Spates mit Hilfe von $\vec{a}, \vec{b}, \vec{c}$ aus und zeige, dass der Kantenzug $A'E'G'H'C'O'$ (A′) mit dem Kantenzug $AFGHBO$ (A) die Kanten-Mittelpunkte gemeinsam hat.
   c) Zeige: Die Strecke EF wird durch $E'M$ im Verhältnis 3 : 2 und durch $E'C$ im Verhältnis 3 : 1 geteilt (M Mittelpunkt des Spats).
   d*) Der in Teil a) gezeichnete neue Spat ist wie der alte ein Würfel mit der Kantenlänge 6. Man zeige dies und untersuche, in welchem Zusammenhang beide zueinander stehen könnten.

7. Verbindet man die *Flächenmittelpunkte* eines Spats miteinander, so erhält man ein i. Allg. nicht reguläres *Oktaeder*. Durch die Ortsvektoren

$$\vec{a} = \begin{pmatrix} 3 \\ 0 \\ 3 \end{pmatrix}, \quad \vec{b} = \begin{pmatrix} 0 \\ 3 \\ 3 \end{pmatrix}, \quad \vec{c} = \begin{pmatrix} -1 \\ 2 \\ 7 \end{pmatrix},$$
$$\vec{d} = \begin{pmatrix} 2 \\ -1 \\ 7 \end{pmatrix}, \quad \vec{e} = \begin{pmatrix} 3 \\ 3 \\ 6 \end{pmatrix}, \quad \vec{f} = \begin{pmatrix} -1 \\ -1 \\ 4 \end{pmatrix}$$

ist ein solches Oktaeder gegeben.
   a) Zeichne das Oktaeder. (Man kann $ABCD$ als „Grundfläche“ ansehen, auf der zwei Pyramiden mit den Spitzen E und F errichtet sind.) Mache bei Überschneidungen von Kanten deutlich, welche vorn bzw. hinten verläuft.
   b) Bestätige durch Berechnung der Kantenlängen des Oktaeders, dass es regulär ist.
   c) Konstruiere den „Umwürfel“ des Oktaeders, d. h. den Würfel, dessen Flächenmittelpunkte die Ecken des Oktaeders bilden, und berechne die Koordinaten der Ecken des Würfels.

   (Hinweis: Es gibt verschiedene Möglichkeiten. Man beachte aber, dass die Kanten des Würfels nicht parallel zu den Koordinatenachsen sein müssen.)

8. Ein Trapez $OABC$ hat die durch $A = (9|-6|15)$, $B = (4|1|-3)$ gegebenen Ecken A und B und die Seite BC ist parallel zu OA und hat $\frac{2}{3}$ der Länge von OA. Berechne C.

9. *(Rechenregeln für Vektoren)* Beweise durch „Komponentenrechnung“ für dreidimensionale Vektoren $\vec{a}, \vec{b}, \vec{c}$ und reelle Zahlen s, t:
   a) $\vec{a} + \vec{b} = \vec{b} + \vec{a}$ (Kommutativgesetz);
   b) $(\vec{a} + \vec{b}) + \vec{c} = \vec{a} + (\vec{b} + c)$ (Assoziativgesetz);
   c) $s\vec{a} + s\vec{b} = s(\vec{a} + \vec{b})$ (1. Distributivgesetz);
   d) $s\vec{a} + t\vec{a} = (s + t)\vec{a}$ (2. Distributivgesetz);
   e) $s(t\vec{a}) = (st)\vec{a}$ (gemischtes Assoziativgesetz);
   f) für den „Nullvektor“ $\vec{0} = \begin{pmatrix} 0 \\ 0 \\ 0 \end{pmatrix}$ gilt: $s\vec{0} = \vec{0} = 0\vec{a}$.

1.2.2 Die Gleichung der Geraden im Raum

Mit Hilfe von Vektoren lässt sich die Gleichung einer Geraden im Raum leicht aufstellen. Dazu betrachten wir noch einmal Abbildung 1.2.–1 und fragen nach den Positionen des Flugzeugs unter der Voraussetzung, dass es sich mit konstanter Geschwindigkeit vom Start aus geradlinig fortbewegt. Legen wir den Start in den Nullpunkt und befindet sich das Flugzeug nach 0,5 Sekunden – wenn das erste Bild gemacht wird – im Punkt mit dem Ortsvektor $\begin{pmatrix} 30 \\ 10 \\ 15 \end{pmatrix}$ (Komponenten in Metern), dann ist klar, dass es sich nach einer Sekunde im Punkt $\begin{pmatrix} 60 \\ 20 \\ 30 \end{pmatrix}$ und nach s Sekunden im Punkt $\vec{p} = s\begin{pmatrix} 60 \\ 20 \\ 30 \end{pmatrix}$ befinden wird. Hierin darf s sogar jede positive Zahl sein, da das Flugzeug mit konstanter Geschwindigkeit fliegt und in jedem Bruchteil der Zeit auch den gleichen Bruchteil der Strecke zurücklegt.

Es ist leicht, dies auf den Fall einer beliebigen Startposition A zu verallgemeinern (Abb. 1.2–10). Offenbar erhält man jeden beliebigen Punkt P der Bahn mittels der Formel

$$\vec{p} = \vec{a} + s\vec{v} = \vec{a} + s(\vec{b} - \vec{a}),$$

wenn s alle Zahlen durchläuft. Dabei dürfen wir s auch negativ annehmen um die Punkte „vor“ dem Start A mit zu erfassen. Jedem Punkt der Geraden ist somit umkehrbar eindeutig eine Zahl s zugeordnet. A gehört zu $s = 0$, B zu $s = 1$, der eingezeichnete Punkt P zu $s = 2$ und so weiter. Die Gerade wird gewissermaßen zu einer Zahlengeraden oder Zahlen*skala* (von lateinisch *scalae*: Leiter, Treppe). Man nennt deshalb die

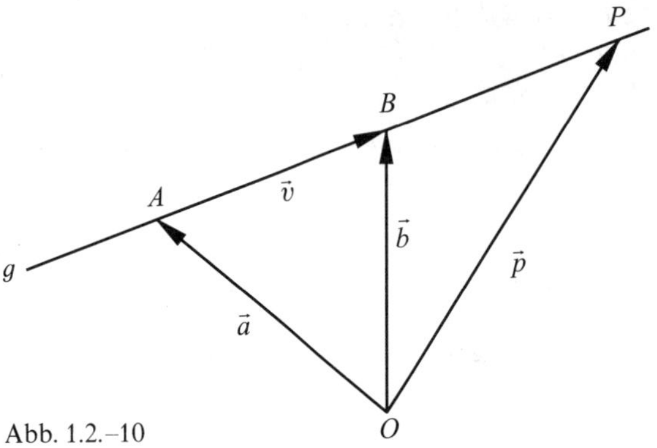

Abb. 1.2.-10

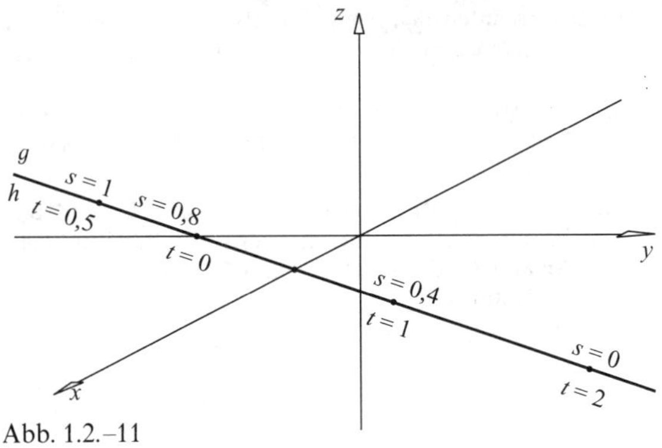

Abb. 1.2.-11

Variable s auch einen *Skalar*, also eigentlich „Skalengröße", und will damit hervorheben, dass es sich um den *eindimensionalen* Fall einer Geraden handelt, für deren Beschreibung auch nur *eine* reelle Zahl, nämlich der Skalar s, erforderlich ist. Sie dient als eine Art „Hilfsgröße" oder *Parameter* (griechisch eigentlich „Nebenmaß"). Deshalb nennt man die obige Gleichung der Geraden auch

> *Parameterdarstellung der Geraden*
>
> Alle Punkte P, deren Ortsvektoren einer Gleichung der Form
>
> $$\vec{p} = \vec{a} + s(\vec{b} - \vec{a}) = \vec{a} + s\vec{v}$$
>
> mit $s \in \mathbb{R}$ genügen, liegen auf der Geraden durch die Punkte A und B – gegeben durch ihre Ortsvektoren $\vec{a}$ und $\vec{b}$ – bzw. durch den Punkt A mit dem *Richtungsvektor* $\vec{v}$ und *jeder* Punkt einer solchen Geraden lässt sich in der obigen Weise darstellen.

Bemerkung: Den *variablen* Ortsvektor bezeichnen wir im Folgenden stets mit $\vec{p}$ und nennen seine Komponenten x, y und z, da sie mit den Koordinaten des zugehörigen Punktes P übereinstimmen.

Erstes Beispiel: Punkte auf Geraden

Gegeben: $\vec{a} = \begin{pmatrix} -14 \\ -3 \\ -2 \end{pmatrix}$, $\vec{b} = \begin{pmatrix} -4 \\ -5{,}5 \\ 3 \end{pmatrix}$. Liegen die Punkte mit den Ortsvektoren $\vec{c} = \begin{pmatrix} -6 \\ -5 \\ 2 \end{pmatrix}$, $\vec{d} = \begin{pmatrix} 0 \\ 2{,}5 \\ 2 \end{pmatrix}$ auf der Geraden AB?

Die Parameterdarstellung der Geraden lautet

$$AB\colon \vec{p} = \begin{pmatrix} -14 \\ -3 \\ -2 \end{pmatrix} + s \begin{pmatrix} 10 \\ -2{,}5 \\ 5 \end{pmatrix}.$$

Wenn C auf AB liegt, muss es ein $s \in \mathbb{R}$ geben mit

$$\begin{pmatrix} -6 \\ -5 \\ 2 \end{pmatrix} = \begin{pmatrix} -14 \\ -3 \\ -2 \end{pmatrix} + s \begin{pmatrix} 10 \\ -2{,}5 \\ 5 \end{pmatrix}.$$

Da diese Vektorgleichung für jede Komponente erfüllt sein muss, folgt

$$\begin{aligned} -6 &= -14 + 10s \\ -5 &= -3 - 2{,}5s \\ 2 &= -2 + 5s \end{aligned}$$

und aus der ersten Gleichung $s = 0{,}8$. Offenbar erfüllt s auch die beiden übrigen Gleichungen, das heißt, C liegt auf AB.

Entsprechend stellt man fest, dass D nicht auf AB liegt, da gemäß der ersten Komponente $s = 1{,}4$ sein müsste, aber dann die beiden anderen Gleichungen nicht erfüllt sind.

Zweites Beispiel: Identische Geraden

Sind die Geraden g, h mit den Parameterdarstellungen

$$g\colon \vec{p} = \begin{pmatrix} -4 \\ 1{,}5 \\ -3 \end{pmatrix} + s \begin{pmatrix} 10 \\ -2{,}5 \\ 5 \end{pmatrix}$$

$$h\colon \vec{p} = \begin{pmatrix} 4 \\ -0{,}5 \\ 1 \end{pmatrix} + t \begin{pmatrix} -4 \\ 1 \\ -2 \end{pmatrix}$$

dieselben und wenn ja, welche Beziehung besteht dann zwischen den beiden Parametern?

Übereinstimmung ist dann gegeben, wenn (z. B.) $\begin{pmatrix} 4 \\ -0{,}5 \\ 1 \end{pmatrix}$ zu g gehört und außerdem ein Richtungsvektor Vielfaches des anderen ist. Letzteres ist der Fall wegen $-0{,}4\begin{pmatrix}10\\-2{,}5\\5\end{pmatrix}=\begin{pmatrix}-4\\1\\-2\end{pmatrix}$. Damit sind g und h sicher parallel. Sie sind aber sogar identisch, weil man $\vec{p}=\begin{pmatrix}4\\-0{,}5\\1\end{pmatrix}$ für $s=0{,}8$ erhält. Infolgedessen besteht zwischen der s- und t-Skalierung ein Zusammenhang, den man durch Gleichsetzen, z. B. der ersten Komponenten beider Darstellungen, ermitteln kann:

$$-4+10s=4-4t \quad \text{oder} \quad t=2-2{,}5s\,.$$

Mit Hilfe dieser Beziehung kann man zu jedem s-Wert den t-Wert *desselben* Punktes feststellen (vgl. Abb. 1.2.–11).

Drittes Beispiel: Schnitt zweier Geraden

Wenn die beiden Geraden

$$g\colon \vec{p}=\begin{pmatrix}3\\-1\\-1\end{pmatrix}+s\begin{pmatrix}6\\-3\\9\end{pmatrix}$$

$$h\colon \vec{p}=\begin{pmatrix}3\\-1\\2\end{pmatrix}+t\begin{pmatrix}4\\-2\\5\end{pmatrix}$$

gemeinsame Punkte besitzen, muss es Werte für s und t geben, die den gleichen Punkt P mit Ortsvektor $\vec{p}$ erzeugen. Daher fragen wir nach den Lösungen des Gleichungssystems

(i) $3+6s=3+4t$

(ii) $-1-3s=-1-2t$

(iii) $-1+9s=2+5t\,.$

Durch Auflösen von (ii) nach t (einfachste Gleichung!) folgt $t=\frac{3}{2}s$ und eingesetzt in (i) $0=0$. Das heißt, die Gleichungen (i) und (ii) sind für *alle Werte* von s und t erfüllt, für die $t=\frac{3}{2}s$ gilt. Da aber auch (iii) erfüllt sein muss, setzen wir auch dort ein und erhalten

$$-1+9s=2+\frac{15}{2}s$$

oder $s=2$ und damit $t=3$. Es gibt also einen Schnittpunkt, der von $s=2$ bzw. $t=3$ erzeugt wird, nämlich

$$\vec{p}=\begin{pmatrix}15\\-7\\17\end{pmatrix}.$$

Wandeln wir dieses Beispiel noch etwas ab, indem wir die z-Komponente des Richtungsvektors von h gleich 6 setzen, so stellen wir fest, daß (iii) auf den Widerspruch $-1=2$ führt. In diesem Falle haben g und h keinen Punkt gemeinsam. Da Geraden, die weder parallel sind noch sich schneiden, *windschief* heißen, sind g und h in diesem Falle windschief.

Bemerkung: Die Tatsache, dass (i) und (ii) in dem ursprünglichen Gleichungssystem für *alle* s und t mit $t=\frac{3}{2}s$ erfüllt sind, hat eine einfache geometrische Bedeutung. Es gilt ja dann für den x- bzw. y-Wert beider Punkte $\vec{p}$

(i) $x=3+6s$, (ii) $y=-1-3s$

oder $x+2y=1$. Das heißt: Die *senkrechte Projektion* von g und h auf die x-y-Ebene ist dieselbe. Die beiden Geraden liegen also in einer Ebene, die *senkrecht* zur x-y-Ebene ist und diese in der Geraden mit der Gleichung $x+2y=1$ schneidet.

Viertes Beispiel: Der Eckenspiegel

Ein Eckenspiegel besteht aus drei ebenen Spiegeln, die paarweise senkrecht aufeinander stehen. Fällt ein Lichtstrahl von vorn in seine Öffnung (Abb. 1.2.–12), so wird er im Allgemeinen dreimal reflektiert. Nehmen wir an, die drei Spiegel wären Teile der x-y-, x-z- und y-z-Ebene, so lässt sich der Lichtweg leicht berechnen, wenn man die Richtung $\vec{v}=\overrightarrow{PA}$ des Einfallsstrahles und den Auftreffpunkt A kennt. Nach dem Reflexionsgesetz bleibt nämlich der reflektierte Strahl in der gleichen Ebene (in Abb. 1.2.–13 grau unterlegt) und da außerdem $\alpha=\beta$ sein muss, braucht man nur den Anfangspunkt P von $\vec{v}$ an der reflektierenden Ebene bis zum Punkt P' zu spiegeln um mit $\overrightarrow{P'A}=\vec{v}\,'$ die Richtung des reflektierten Strahles zu kennen. Nun ändert sich beim Übergang von einem Punkt zu seinem Spiegelpunkt bezüglich einer Koordinatenebene lediglich das Vorzeichen einer Koordinate, während die beiden anderen unverändert bleiben (warum?). Bei Spiegelung an der x-y-Ebene ist dies die z-Koordinate, bei Spiegelung an der x-z-Ebene die y-Koordinate und bei Spiegelung an der y-z-Ebene die x-Koordinate. Nach der dritten Spiegelung hat sich also die Richtung des Lichtstrahles von $\vec{v}$ in $-\vec{v}$ verwandelt, d. h., er verlässt parallel zur Einfallsrichtung, aber in entgegenge-

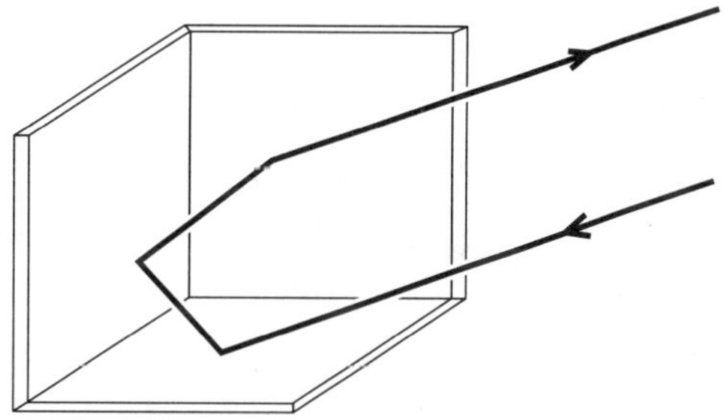

Abb. 1.2.–12

setzter Richtung den Eckenspiegel. Hierauf beruht seine Anwendung im Rückstrahler bei Fahrrad oder Auto; denn hier soll möglichst viel Licht, das von einer bewegten Lichtquelle ausgeht, von einem ebenfalls bewegten (Gefahren-)Objekt zurückstrahlen, damit dieses wahrgenommen wird. Das ist aber nur dann gewährleistet, wenn *in jedem Augenblick* der wie auch immer einfallende Lichtstrahl in genau der entgegengesetzten Richtung, also zum Beobachter hin, reflektiert wird.

Als Zahlenbeispiel wählen wir $\vec{v}=\begin{pmatrix}-4\\-4\\-3\end{pmatrix}$ und $\vec{a}=\begin{pmatrix}8\\6\\0\end{pmatrix}$. Dann ist $\vec{v}\,'=\overrightarrow{P'A}=\begin{pmatrix}-4\\-4\\3\end{pmatrix}$ und die Gleichung des reflektierten Strahles lautet

$$AB\colon \vec{p}=\begin{pmatrix}8\\6\\0\end{pmatrix}+s\begin{pmatrix}-4\\-4\\3\end{pmatrix}.$$

Sein Auftreffpunkt B auf der x-z-Ebene ist dadurch bestimmt, dass die y-Komponente von $\vec{p}$ null sein muss, d.h. $0=6+s(-4)$. Hieraus ergibt sich $s=1{,}5$

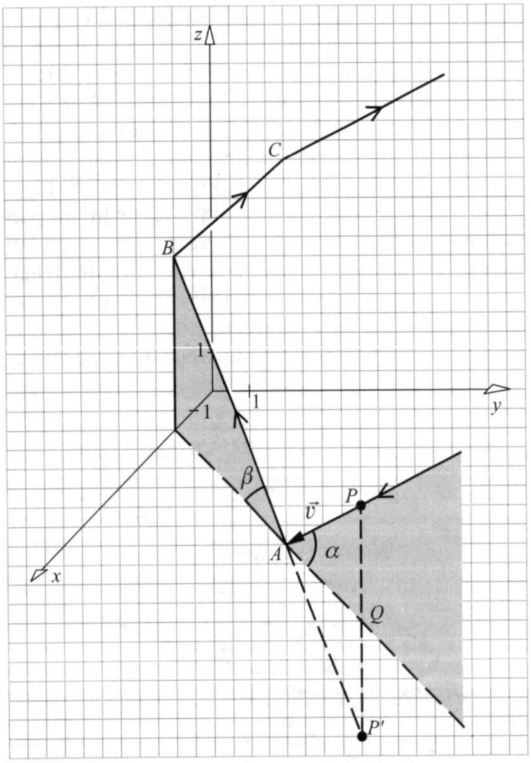

Abb. 1.2.–13

und damit

$$\vec{b}=\begin{pmatrix}8\\6\\0\end{pmatrix}+1{,}5\begin{pmatrix}-4\\-4\\3\end{pmatrix}=\begin{pmatrix}2\\0\\4{,}5\end{pmatrix}.$$

Durch Reflexion ändert sich nun das Vorzeichen der y-Komponente von $\vec{v}\,'$. So erhalten wir als Gleichung des Lichtstrahls nach der Reflexion

$$BC\colon \vec{p}=\begin{pmatrix}2\\0\\4{,}5\end{pmatrix}+s\begin{pmatrix}-4\\4\\3\end{pmatrix}.$$

Hieraus folgt wie oben zunächst $0=2-4s$, also $s=0{,}5$ und damit

$$\vec{c}=\begin{pmatrix}2\\0\\4{,}5\end{pmatrix}+0{,}5\begin{pmatrix}-4\\4\\3\end{pmatrix}=\begin{pmatrix}0\\2\\6\end{pmatrix}.$$

Fünftes Beispiel: Ein Begegnungsproblem

Zwei Schiffe A und B begegnen sich auf hoher See. Sie fahren auf geradlinigen Kursen mit konstanten Geschwindigkeiten aufeinander zu, A mit der Geschwindigkeit $\vec{v}$, B mit der Geschwindigkeit $\vec{u}$ (Abb. 1.2–14). Die Frage ist, wann kommen sie sich am nächsten?

Wenn A die durch $\vec{v}$ gegebene Strecke in einer Zeiteinheit zurücklegt, so befindet es sich nach s Zeiteinheiten am Ort P, gegeben durch $\vec{p}=\vec{a}+s\vec{v}$. Hierin bezeichnet $\vec{a}$ den Ortsvektor der Anfangsposition. Entsprechend befindet sich B *zum gleichen Zeitpunkt* am Ort Q mit dem Ortsvektor $\vec{q}=\vec{b}+s\vec{u}$ und wir müssen dasjenige s bestimmen, für das $|PQ|$ minimal ist.

Es sei $\vec{a}=\begin{pmatrix}0\\0\end{pmatrix}$, $\vec{v}=\begin{pmatrix}4\\1\end{pmatrix}$, $\vec{b}=\begin{pmatrix}2\\8\end{pmatrix}$, $\vec{u}=\begin{pmatrix}1\\-2\end{pmatrix}$. Dann ist $P=(4s|s)$ und $Q=(2+s|8-2s)$ und nach der Abstandsformel

$$\begin{aligned}|PQ|^2&=(4s-2-s)^2+(s-8+2s)^2\\&=18s^2-60s+68.\end{aligned}$$

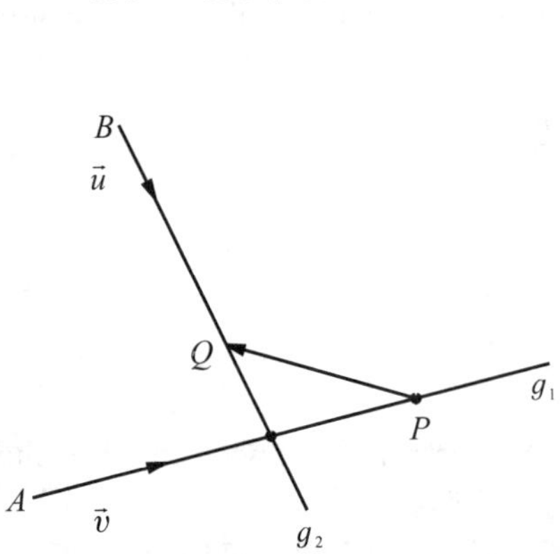

Abb. 1.2.–14

Als Funktion von s handelt es sich also bei $|PQ|^2$ um eine Funktion zweiten Grades („Parabel"), die ihr Minimum für $s = \frac{20}{3}$ annimmt. Das heißt, nach $6\frac{2}{3}$ Zeiteinheiten haben die beiden Schiffe den geringsten Abstand voneinander und ihre Positionen sind dann $P = (26\frac{2}{3} | 6\frac{2}{3})$, $Q = (8\frac{2}{3} | -5\frac{1}{3})$.

Interessanter als die rechnerische ist die geometrische Lösung des Problems. Dazu betrachten wir die Bewegung des Schiffes B von A aus. Infolgedessen muss der Abstandsvektor

$$\overrightarrow{PQ} = \vec{b} + s\vec{u} - (\vec{a} + s\vec{v}) = \vec{b} - a + s(\vec{u} - \vec{v})$$

in jedem Augenblick an die Anfangsposition von A angetragen werden, da diese als unveränderlich betrachtet wird. Vom *ruhenden Schiff A* aus befindet sich also B am Ort

$$\vec{a} + \overrightarrow{PQ} = \vec{b} + s(\vec{u} - \vec{v}),$$

d. h., es bewegt sich scheinbar auf einer Geraden g' durch B mit der *Differenzgeschwindigkeit* $\vec{u} - \vec{v}$. Abbildung 1.2.–15 zeigt, wie diese Gerade leicht mit Hilfe der beiden Geschwindigkeitsvektoren konstruiert werden kann. Auch die Lösung unseres Problems ist jetzt einfach.

Dazu fällt man das Lot von A auf g' und ermittelt die Lage von P auf g_1 und Q auf g_2 gemäß der Beziehung $\overrightarrow{AQ'} = \overrightarrow{PQ}$, die uns als Definition der Geraden g' gedient hat.

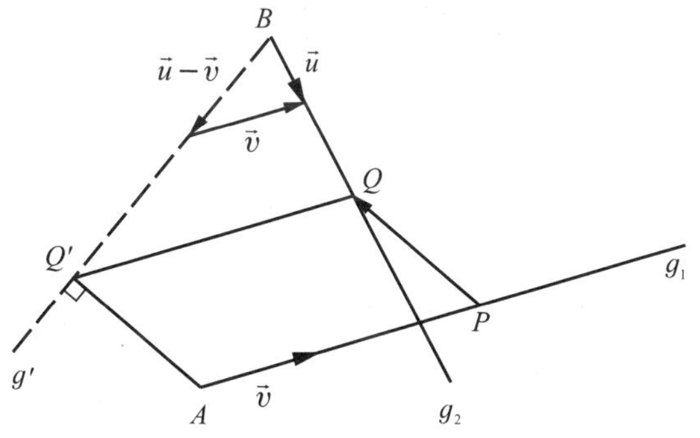

Abb. 1.2.–15

Aufgaben

Im Folgenden handeln einige Aufgaben vom *zweidimensionalen* Raum. Diese sollen ganz *analog zu den dreidimensionalen Methoden vektoriell* gelöst werden. Die Punkte werden dabei in der Regel durch ihre Ortsvektoren gegeben und mit dem *gleichen, aber großen Buchstaben bezeichnet.*

1. Von einer Geraden ist ein Punkt A und ein Richtungsvektor $\vec{v}$ gegeben. Man stelle die Gleichung der Geraden auf und prüfe, ob der ebenfalls gegebene Punkt P auf der Geraden liegt. Im Falle a) und b) ist auch eine Zeichnung anzufertigen.

a) $\vec{a} = \begin{pmatrix} -1 \\ 3 \end{pmatrix}$, $\vec{v} = \begin{pmatrix} 2 \\ -5 \end{pmatrix}$, $\vec{p} = \begin{pmatrix} 5 \\ -12 \end{pmatrix}$;

b) $\vec{a} = \begin{pmatrix} 2 \\ -1 \end{pmatrix}$, $\vec{v} = \begin{pmatrix} -4 \\ 6 \end{pmatrix}$, $\vec{p} = \begin{pmatrix} 8 \\ -10 \end{pmatrix}$;

c) $\vec{a} = \begin{pmatrix} -1 \\ 3 \\ 5 \end{pmatrix}$, $\vec{v} = \begin{pmatrix} 2 \\ -1 \\ 4 \end{pmatrix}$, $\vec{p} = \begin{pmatrix} -7 \\ 6 \\ -7 \end{pmatrix}$.

2. Prüfe, ob die Geraden durch A und B durch den Nullpunkt gehen.

a) $\vec{a} = \begin{pmatrix} -2 \\ 4 \end{pmatrix}$, $\vec{b} = \begin{pmatrix} 3 \\ 5 \end{pmatrix}$;

b) $a = \begin{pmatrix} -6 \\ 3 \\ -12 \end{pmatrix}$, $\vec{b} = \begin{pmatrix} 16 \\ -8 \\ 32 \end{pmatrix}$;

c) $\vec{a} = \begin{pmatrix} 2 \\ -2 \\ 5 \end{pmatrix}$, $\vec{b} = \begin{pmatrix} -3 \\ 6 \\ -1 \end{pmatrix}$.

3. Liegen die Punkte P, Q, R auf der Geraden AB?

a) $\vec{a} = \begin{pmatrix} 2 \\ -2 \\ 3 \end{pmatrix}$, $\vec{b} = \begin{pmatrix} 1 \\ 2 \\ 5 \end{pmatrix}$,

$\vec{p} = \begin{pmatrix} -1 \\ 10 \\ 9 \end{pmatrix}$, $\vec{q} = \begin{pmatrix} 3 \\ -6 \\ -1 \end{pmatrix}$, $\vec{r} = \begin{pmatrix} 2{,}5 \\ -4 \\ 2 \end{pmatrix}$;

b) $\vec{a} = \begin{pmatrix} 2 \\ 1 \\ 3 \end{pmatrix}$, $\vec{b} = \begin{pmatrix} 6 \\ 1 \\ -3 \end{pmatrix}$,

$\vec{p} = \begin{pmatrix} -2 \\ 1 \\ 8 \end{pmatrix}$, $\vec{q} = \begin{pmatrix} 8 \\ 1 \\ -6 \end{pmatrix}$, $\vec{r} = \begin{pmatrix} 0 \\ 2 \\ 6 \end{pmatrix}$.

4. Liegen die angegebenen Punkte A, B, C auf einer Geraden?

a) $\vec{a} = \begin{pmatrix} 2 \\ -1 \\ 4 \end{pmatrix}$, $\vec{b} = \begin{pmatrix} 5 \\ 1 \\ -2 \end{pmatrix}$, $\vec{c} = \begin{pmatrix} -4 \\ -5 \\ 16 \end{pmatrix}$;

b) $\vec{a} = \begin{pmatrix} 1 \\ 1 \\ 1 \end{pmatrix}$, $\vec{b} = \begin{pmatrix} 2 \\ 2 \\ 3 \end{pmatrix}$, $\vec{c} = \begin{pmatrix} -4 \\ -4 \\ 9 \end{pmatrix}$;

c) $\vec{a} = \begin{pmatrix} -3 \\ 1 \\ -4 \end{pmatrix}$, $\vec{b} = \begin{pmatrix} 3 \\ -3 \\ 4 \end{pmatrix}$, $\vec{c} = \begin{pmatrix} -12 \\ -5 \\ -16 \end{pmatrix}$.

Falls das der Fall ist, gebe man an, welcher Punkt zwischen den beiden übrigen liegt und in welchem Verhältnis er diese Strecke teilt.

5. Man stelle fest, ob die Geraden g und h identisch sind, und falls nicht, welche Beziehung zwischen ihnen besteht.

a) $g\colon \vec{p}=\begin{pmatrix}-4\\-3\\6\end{pmatrix}+s\begin{pmatrix}-9\\6\\12\end{pmatrix}$,

$h\colon \vec{p}=\begin{pmatrix}5\\-9\\-6\end{pmatrix}+t\begin{pmatrix}6\\-4\\-8\end{pmatrix}$;

b) $g\colon \vec{p}=\begin{pmatrix}3\\2\end{pmatrix}+s\begin{pmatrix}-3\\6\end{pmatrix}$, $h\colon \vec{p}=\begin{pmatrix}6\\-4\end{pmatrix}+t\begin{pmatrix}4\\-8\end{pmatrix}$.

6. Gib von jeder Geraden der Aufgabe 2 drei verschiedene Darstellungen mit jeweils verschiedenem Anfangspunkt und Richtungsvektor. Eine dieser Darstellungen soll möglichst „einfach" sein.

7. Gegeben ist die Gerade g mit der Gleichung

$$\vec{p}=\begin{pmatrix}6\\2\\5\end{pmatrix}+s\begin{pmatrix}4\\6\\-4\end{pmatrix}.$$

Projiziere g senkrecht auf die drei Koordinatenebenen und bestimme die Gleichungen der drei Projektionsgeraden. Warum müssen sie sich paarweise schneiden? Berechne die Schnittpunkte. Zeichne die vier Geraden in dasselbe Koordinatensystem.

[8.] Untersuche die gegenseitige Lage der angegebenen Geraden (windschief; parallel, aber verschieden; identisch; weder noch).

a) $g\colon \vec{p}=\begin{pmatrix}-1\\3\\2\end{pmatrix}+s\begin{pmatrix}-2\\3\\-4\end{pmatrix}$,

$h\colon \vec{p}=\begin{pmatrix}-4\\1\\1\end{pmatrix}+t\begin{pmatrix}-4\\-1\\1\end{pmatrix}$;

b) $g\colon \vec{p}=\begin{pmatrix}5\\3\\-11\end{pmatrix}+s\begin{pmatrix}-4\\0\\8\end{pmatrix}$,

$h\colon \vec{p}=\begin{pmatrix}2\\3\\-5\end{pmatrix}+t\begin{pmatrix}5\\0\\-10\end{pmatrix}$;

c) $g\colon \vec{p}=\begin{pmatrix}7\\-21\\12\end{pmatrix}+s\begin{pmatrix}1\\-1\\3\end{pmatrix}$,

$h\colon \vec{p}=\begin{pmatrix}2\\-1\\3\end{pmatrix}+t\begin{pmatrix}1\\-6\\1\end{pmatrix}$;

d) $g\colon \vec{p}=\begin{pmatrix}1\\2\\-2\end{pmatrix}+s\begin{pmatrix}3\\-4{,}5\\-1{,}5\end{pmatrix}$,

$h\colon \vec{p}=\begin{pmatrix}0\\3{,}5\\-1{,}6\end{pmatrix}+t\begin{pmatrix}-2\\3\\0{,}8\end{pmatrix}$;

e) $g\colon \vec{p}=\begin{pmatrix}1\\2\\5\end{pmatrix}+s\begin{pmatrix}-3\\1\\-6\end{pmatrix}$,

$h\colon \vec{p}=\begin{pmatrix}5\\6\\-1\end{pmatrix}+t\begin{pmatrix}7\\3\\0\end{pmatrix}$.

9. Bestimme die Schnittpunkte von

$$g\colon \vec{p}=\begin{pmatrix}4\\0\\1\end{pmatrix}+s\begin{pmatrix}-6\\3\\9\end{pmatrix},\quad h\colon \vec{p}=\begin{pmatrix}0\\2\\k\end{pmatrix}+t\begin{pmatrix}2\\-1\\-3\end{pmatrix},$$

wenn a) $k=6$, b) $k=7$ ist.

[10.] Gegeben $A=(-1|-1|-4)$, $C=(-7|8|-1)$, $F=(-1|4|1)$.

a) Zeichne die Punkte im Schrägbild. Verlängere AF über F hinaus um $\frac{1}{5}$ der Strecke AF bis zu einem Punkt E. Verlängere CF über F hinaus um die Hälfte der Strecke CF bis zu einem Punkt D. Verbinde A mit D und C mit E und bringe beide Geraden zum Schnitt. Der Schnittpunkt sei B.

b) Stelle die Geradengleichungen für AF und CF auf und bestimme mit ihrer Hilfe E und D. Stelle die Geradengleichungen für AD und CE auf und bestimme mit ihrer Hilfe den Schnittpunkt B. In welchem Verhältnis teilt D die Strecke AB und E die Strecke CB?

11. Berechne den Lichtweg gemäß dem vierten Beispiel, wenn der Auftreffpunkt durch $A=(6|8|0)$ gegeben ist und der Richtungsvektor $\vec{v}$ gleich bleibt.

12. *(Drehung um 180°)* Gegeben sei der Punkt $A=(3|-0{,}5|2{,}5)$.

a) Man zeichne ihn mit Koordinatenzug in ein Koordinatensystem und drehe ihn um 180° um die x-Achse. Wie lautet der Ortsvektor $\vec{a}\,'$ des gedrehten Punktes A'?

b) Wie a) mit der y-Achse anstelle der x-Achse. Formuliere eine allgemeine Regel bezüglich solcher 180°-Drehungen um die Koordinatenachsen.

c) Die Gerade $g\colon \vec{p}=\begin{pmatrix}1\\-2\\0\end{pmatrix}+s\begin{pmatrix}-2\\-1{,}5\\-2{,}5\end{pmatrix}$ werde um die x- bzw. y- bzw. z-Achse um 180° gedreht. Wie lautet die Gleichung der gedrehten Geraden g' bzw. g'' bzw. g'''?

13. Man spiegele die Gerade aus Aufgabe 12c) zunächst an der x-y- und dann die gespiegelte Gerade an der x-z-Ebene. Wie lauten die Gleichungen der gespiegelten Geraden? Welcher Zusammenhang besteht mit der Drehung aus Aufgabe 12c)?

14. Der Einfallsstrahl aus dem vierten Beispiel werde am Nullpunkt gespiegelt. (Vgl. hierzu die Aufgabe 5 aus 1.2.1.) Bestimme die Gleichung der gespiegelten Geraden und vergleiche.

15.* Von einer in $P = (-3|-7|10)$ liegenden (punktförmigen) Lichtquelle geht in Richtung $\begin{pmatrix} 2 \\ -5 \\ 14 \end{pmatrix}$ ein Lichtstrahl aus, der an einem ebenen Spiegel so reflektiert wird, dass der reflekierte Strahl auf der Geraden mit dem Richtungsvektor $\begin{pmatrix} 3 \\ 0 \\ -4 \end{pmatrix}$ bis zum Punkt $Q = (-16|3|-6)$ verläuft. Bestimme eine Gleichung für das *Einfallslot*, d. h. die Winkelhalbierende zwischen einfallendem und ausfallendem Strahl, die in der gleichen Ebene mit ihnen liegt. (Hinweis: Bei *gleich langen* Richtungsvektoren ist die Winkelhalbierende sehr leicht zu berechnen.)

Bewegungs- und Abstandsprobleme

16. Um den Kurs eines Flugobjekts zu bestimmen wird seine Position von zwei Bodenstationen A und B aus *gleichzeitig* gemessen. Da man die Entfernung des Flugobjektes nicht kennt, wiederholt man nach kurzer Zeit die Messung.

    Es sei A der Nullpunkt und $B = (10|-4|4)$. Bei der ersten Messung erscheint das Flugobjekt von A aus in der Richtung $\vec{v}_1$ und von B aus in der Richtung $\vec{u}_1$, bei der zweiten in der Richtung $\vec{v}_2$ bzw. $\vec{u}_2$. Dabei ist

    $$\vec{v}_1 = \begin{pmatrix} 4 \\ -2 \\ 1 \end{pmatrix}, \quad \vec{u}_1 = \begin{pmatrix} 2 \\ -2 \\ -1 \end{pmatrix},$$
    $$\vec{v}_2 = \begin{pmatrix} 3 \\ -2 \\ 0 \end{pmatrix}, \quad \vec{u}_2 = \begin{pmatrix} -1 \\ 0 \\ -1 \end{pmatrix}.$$

    Ermittle auf Grund dieser Daten den jeweiligen Ort P bzw. Q des Flugobjektes und seinen Abstand von A und B. Wie groß ist die Fluggeschwindigkeit, wenn der Zeitunterschied 20 s beträgt und eine Einheit auf jeder Koordinatenachse 1 km?

17. Von einem im Koordinatenursprung liegenden Flughafen startet ein Flugzeug mit einer Geschwindigkeit von 5 km/min in Richtung $\vec{a} = \begin{pmatrix} 2 \\ -2 \\ 1 \end{pmatrix}$. Im selben Augenblick ortet der Tower des Flughafens im Punkt $P = (-20|-15|10)$ eine weitere Maschine, die mit der Geschwindigkeit 15 km/min auf dem Kurs $\vec{b} = \begin{pmatrix} 8 \\ -4 \\ -1 \end{pmatrix}$ fliegt. (Die Fluggeschwindigkeiten seien für eine Weile konstant; Koordinatenangaben in km.) Wann und wo kommen sich die beiden Flugzeuge am nächsten? Wird ein Sicherheitsabstand von 20 km jederzeit eingehalten?

18. Zwei punktförmige Flugkörper A und B, von denen sich A zu einem Zeitpunkt t_1 im Punkt $P = (4|-7|3)$ und B in $Q = (-1|4|2)$ befindet, bewegen sich auf zwei parallelen Geraden so, dass sie von einem bestimmten Beobachtungspunkt S aus immer als genau zusammenfallende Punkte erscheinen. Es ist noch bekannt, dass A immer dreimal so schnell fliegt wie B und sich zu einem Zeitpunkt t_2 im Punkt $R = (7|2|9)$ befindet. Welche Koordinaten hat S? (Hinweis: Man zeige zunächst, dass sich diese Aufgabe *konstruktiv* lösen lässt.)

19. Zwei punktförmige Flugkörper bewegen sich auf den Geraden durch $A = (7|-12|5)$ und $B = (11|-14|8)$ bzw. $C = (2|1|5)$ und $D = (3|2|8)$. Zu einem Zeitpunkt t werden sie vom Beobachtungspunkt $S = (31|30|68)$ aus als zusammenfallende Punkte gesehen.

    a) Wo befinden sich die beiden Flugkörper zu diesem Zeitpunkt?

    b) Lässt sich die Aufgabe für einen beliebigen Punkt S des Raumes lösen?

20. In Abbildung 1.2.–16 sind die Flächendiagonalen BG und CH durch die eingezeichneten Teilpunkte in gleich lange Teilstrecken zerlegt.

    a) Gib die Gleichungen der Geraden $P_i Q_i$ an und die Ortsvektoren der Mittelpunkte M_i der Strecken $P_i Q_i$. Liegen die Punkte M_i auf einer Geraden?

    b) Bestimme auf der Strecke BC einen Punkt K und auf der Strecke GH einen Punkt L so, dass diese Strecken im *gleichen* Verhältnis 3:1 geteilt werden. Berechne die Gleichung von KL und zeige, dass diese Gerade alle Verbindungsstrecken $P_i Q_i$ $(i = 1, \ldots, 5)$ in gewissen Punkten R_i schneidet. Wie teilt R_i die Strecke $P_i Q_i$? Was fällt an dem Ergebnis auf?

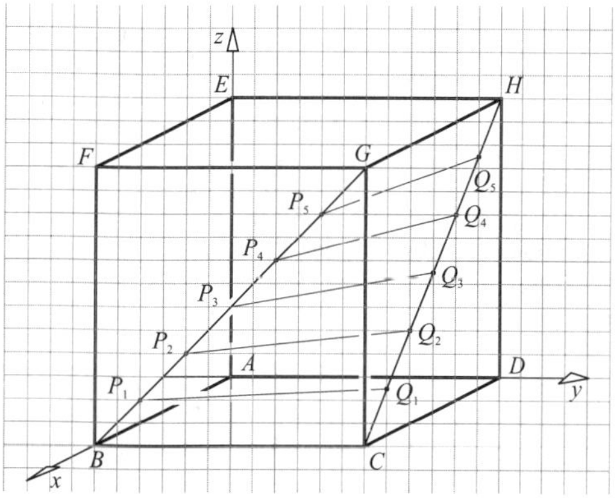

Abb. 1.2.–16

c*) Der Punkt P möge sich mit konstanter Geschwindigkeit von B nach G bewegen und der Punkt Q mit *derselben* Geschwindigkeit von C nach H, wobei beide *gleichzeitig* ihre Bewegung beginnen. Man zeige, dass sich dann die Positionen von P und Q zum *gleichen* Zeitpunkt mittels der Ortsvektoren

$$\vec{p} = \begin{pmatrix} 3 \\ 0 \\ 0 \end{pmatrix} + s \begin{pmatrix} 0 \\ 3 \\ 3 \end{pmatrix}, \quad \vec{q} = \begin{pmatrix} 3 \\ 3 \\ 0 \end{pmatrix} + s \begin{pmatrix} -3 \\ 0 \\ 3 \end{pmatrix}$$

beschreiben lassen, und bestimme ihr Abstandsquadrat als Funktion von s. Diskutiere diese Funktion. Welche besonderen Aussagen kann man über den Abstand machen?

d*) Wir betrachten nun auf der Strecke PQ aus c*) einen Punkt R, der PQ in einem *festen* Verhältnis teilt (z. B. $\frac{1}{3}$), während PQ sich wie beschrieben aus der Position BC nach oben in die Position GH bewegt. Zeige, dass sich dann der Ortsvektor von R in der Form

$$\vec{r} = \vec{p} + t(\vec{q} - p)$$

mit festem t darstellen lässt und alle diese Punkte R auf einer Geraden liegen.

e*) Bestimme mittels der in d*) angegebenen Gleichung denjenigen Punkt R, dessen x-Wert 2 und dessen y-Wert 2,5 ist.

21. a) Teile (Abb. 1.2.–16) die Strecke FH im Verhältnis $1:2$ (Punkt U) und die Strecke AG im Verhältnis $3:2$ (Punkt V). Prüfe, ob die Gerade UV die Gerade CD schneidet.

b) Kann man durch C (Abb. 1.2.–16) eine Gerade so legen, dass sie sowohl die Raumdiagonale AG wie die Flächendiagonale FH trifft? Eine geometrisch-anschauliche Begründung genügt. Könnte man statt C auch einen *beliebigen* anderen Punkt der Geraden CD nehmen?

22. Um den *Abstand* eines Punktes Q von einer Geraden $g: \vec{p} = \vec{a} + s\vec{v}$ zu berechnen bestimmt man das Quadrat von $|PQ|$, wobei P ein *beliebiger* Punkt von g ist, als Funktion von s und ermittelt dessen *Minimum*.

a) Für $\vec{q} = \begin{pmatrix} 3 \\ -1 \\ -1 \end{pmatrix}$ und $g: \vec{p} = \begin{pmatrix} 6 \\ 18 \\ -14 \end{pmatrix} + s \begin{pmatrix} 2 \\ -6 \\ 3 \end{pmatrix}$

erhält man so

$$|PQ|^2 = f(s) = (3 + 2s)^2 + (19 - 6s)^2 + (-13 + 3s)^2.$$

Man leite diese Formel her und bestimme mit ihrer Hilfe den Abstand des Punktes Q von g sowie den *Lotfußpunkt P*.

b) Wie Aufgabe a) für

$$\vec{q} = \begin{pmatrix} 0 \\ 0 \\ 0 \end{pmatrix}, \quad g: \vec{p} = \begin{pmatrix} -8 \\ 4 \\ 8 \end{pmatrix} + s \begin{pmatrix} 1 \\ -2 \\ 2 \end{pmatrix}.$$

c*) Entwickle eine *allgemeine* Formel für den Abstand des *Nullpunktes* von einer beliebigen Geraden g.

23. Übertrage die in Aufgabe 22 angegebene Methode auf die Berechnung des Abstands zweier *paralleler* Geraden an *selbst gewählten* Beispielen.

24. Bestimme unter Beachtung von Aufgabe 22 den Flächeninhalt des Dreiecks ABC für

$$\vec{a} = \begin{pmatrix} 0 \\ 36 \\ -23 \end{pmatrix}, \quad \vec{b} = \begin{pmatrix} 14 \\ -6 \\ -2 \end{pmatrix}, \quad \vec{c} = \begin{pmatrix} 3 \\ -1 \\ -1 \end{pmatrix}.$$

1.2.3 Die Ebene in Parameter- und Koordinatendarstellung

Analog zur Geraden können wir auch die Gleichung einer Ebene im Raum mittels Vektoren aufstellen. Dazu stellen wir uns vor, dass eine Gerade h parallel zu sich selbst längs einer zweiten Gerade g verschoben wird (Abb. 1.2.–17; man vergleiche auch 1.1.4). Die Parameter seien so gewählt, dass der Schnittpunkt A gemeinsamer Anfangspunkt ist, von dem die beiden Richtungsvektoren $\vec{v}$ und $\vec{u}$ ausgehen. Für einen beliebigen Punkt P der Ebene gilt daher

$$\overrightarrow{AP} = \overrightarrow{AB} + \overrightarrow{BP} = \overrightarrow{AB} + \overrightarrow{AC} = s\vec{v} + t\vec{u}$$

und wenn die Parameter s und t alle reellen Zahlen durchlaufen, erhält man auf diese Weise alle Punkte der von „$\vec{v}$ *und* $\vec{u}$ *aufgespannten Ebene*“. Offenbar spielen die Skalare s und t hierbei eine analoge Rolle wie die Koordinaten x und y im kartesischen Koordinatensystem. Der Unterschied besteht aber darin, dass g und h einen *beliebigen* Winkel $\neq 0°$ miteinander bilden dürfen und die Vektoren $\vec{v}$ und $\vec{u}$ nicht gleich lang sein müssen. (Man spricht dann von einem *affinen* oder *Parallelkoordinatensystem.*) Für den *Ortsvektor* von P, also $\vec{p} = \overrightarrow{OP}$, gilt dann $\overrightarrow{OP} = \overrightarrow{OA} + \overrightarrow{AP} = \vec{a} + s\vec{v} + t\vec{u}$ und wir erhalten die

Parameterdarstellung der Ebene

Eine Ebene ε, die von zwei (nicht gleich- und nicht entgegengesetzt gerichteten) Vektoren $\vec{v}$ und $\vec{u}$ aufgespannt wird und durch den Punkt A geht, hat die *Parameterdarstellung*

$$\varepsilon: \vec{p} = \vec{a} + s\vec{v} + t\vec{u}, \quad s, t \in \mathbb{R}.$$

Das heißt: Zu jedem Wert der Parameter s, t gehört genau ein Punkt P der Ebene mit diesem Ortsvektor und umgekehrt lässt sich jeder Ortsvektor in dieser Weise darstellen.

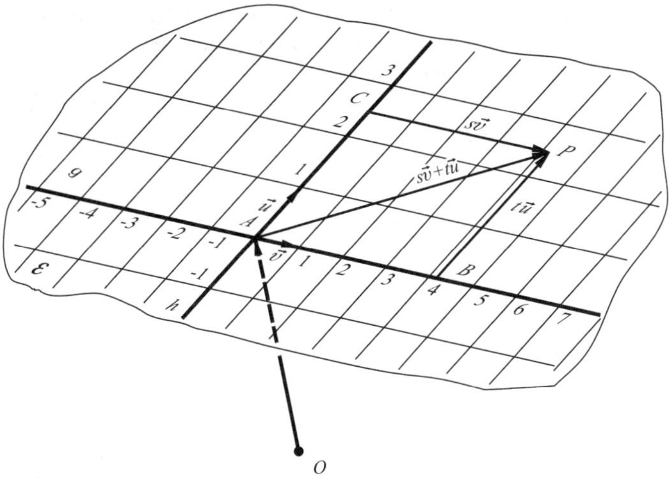

Abb. 1.2.–17

Bemerkung: (1) Ebenen bezeichnen wir im Allgemeinen mit griechischen Buchstaben wie $\varepsilon, \eta, \zeta, \vartheta$ oder auch mit Hilfe von Punkten, die ein Dreieck und damit eine Ebene bestimmen. In diesem Sinne sprechen wir auch von der „Ebene ABC" analog zur „Geraden AB".

(2) Wie die Parameterdarstellung einer Geraden ist auch die Parameterdarstellung einer Ebene *nicht eindeutig*. Insbesondere hat man bei der Wahl der Richtungsvektoren $\vec{v}$ und $\vec{u}$ mehr „Spielraum", da sie anders als bei der Geraden nicht ihre Richtung beibehalten müssen.

Dreipunkteform einer Ebene

Gegeben sind drei Punkte A, B, C einer Ebene, die nicht auf einer Geraden liegen; gesucht ist ihre Parameterdarstellung.

Man wählt einen Anfangspunkt, z. B. A, berechnet die Richtungsvektoren

$$\overrightarrow{AB} = \vec{b} - \vec{a} = \vec{v}, \quad \overrightarrow{AC} = \vec{c} - \vec{a} = \vec{u}$$

und erhält so die Gleichung

$$\varepsilon\colon \vec{p} = \vec{a} + s\vec{v} + t\vec{u} = \vec{a} + s(\vec{b} - \vec{a}) + t(\vec{c} - \vec{a}).$$

Analog zur „Zweipunkteform" der Geraden in der Ebene nennt man sie „Dreipunkteform" der Ebene im Raum.

Dazu betrachten wir ein Zahlenbeispiel. Die Punkte A, B, C seien gegeben durch

$$\vec{a} = \begin{pmatrix} 7 \\ -3 \\ 4 \end{pmatrix}, \quad \vec{b} = \begin{pmatrix} 2 \\ 6 \\ -4 \end{pmatrix}, \quad \vec{c} = \begin{pmatrix} -3 \\ 3 \\ 2 \end{pmatrix}.$$

Dann lautet die obige Parameterdarstellung der Ebene $ABC = \varepsilon$

$$\varepsilon\colon \vec{p} = \begin{pmatrix} 7 \\ -3 \\ 4 \end{pmatrix} + s\begin{pmatrix} -5 \\ 9 \\ -8 \end{pmatrix} + t\begin{pmatrix} -10 \\ 6 \\ -2 \end{pmatrix}.$$

Koordinatengleichung einer Ebene

Wir betrachten das obige Beispiel und gehen von der Frage aus, wann ein beliebiger Punkt P mit Ortsvektor $\vec{p} = \begin{pmatrix} x \\ y \\ z \end{pmatrix}$ auf der Ebene liegt. Das ist der Fall, wenn man s und t so finden kann, dass das lineare Gleichungssystem

$$\begin{aligned} \text{(i)}: \quad x &= 7 - 5s - 10t \\ \text{(ii)}: \quad y &= -3 + 9s + 6t \\ \text{(iii)}: \quad z &= 4 - 8s - 2t \end{aligned}$$

erfüllt ist. Für die beiden Unbekannten s und t (man beachte, dass x, y, z *gegeben* sind!) benötigen wir jedoch nur zwei Gleichungen. Durch zwei der drei Koordinaten x, y, z sind also s und t bereits bestimmt (wie es auch anschaulich klar ist), und die dritte ist durch diese beiden festgelegt. So folgt z. B. aus (ii) und (iii) nach einfacher Rechnung

$$s = \frac{3}{5} - \frac{1}{15}y - \frac{1}{5}z, \quad t = -\frac{2}{5} + \frac{4}{15}y + \frac{3}{10}z,$$

und hieraus gemäß (i), dass

$$\begin{aligned} x = 7 &- 5\left(\frac{3}{5} - \frac{1}{15}y - \frac{1}{5}z\right) \\ &- 10\left(-\frac{2}{5} + \frac{4}{15}y + \frac{3}{10}z\right) = 8 - \frac{7}{3}y - 2z \end{aligned}$$

sein muss. Da aber prinzipiell alle Koordinaten gleichberechtigt sind, ist es sinnvoller die Gleichung nicht in der nach x aufgelösten Form beizubehalten, sondern alle Terme mit x, y, z auf die linke Seite zu bringen. So folgt aus dem obigen Ergebnis die Gleichung: $3x + 7y + 6z = 24$. Sie heißt die *Koordinatengleichung* von ε, weil man durch unmittelbares Einsetzen der Koordinaten x, y und z feststellen kann, ob ein Punkt auf der Ebene liegt oder nicht, und ist außerordentlich nützlich. Deshalb leiten wir jetzt eine allgemeine Formel für sie her.

Wir gehen von der Parameterdarstellung

$$\varepsilon: \vec{p} = \vec{a} + s\vec{v} + t\vec{u}$$

aus und bezeichnen die Komponenten von $\vec{a}$ mit a_1, a_2, a_3. Entsprechend verfahren wir bei $\vec{v}$ und $\vec{u}$. Zunächst berechnen wir s und t aus den beiden letzten Gleichungen des zugehörigen Gleichungssystems:

$$\text{(i):} \quad x = a_1 + s v_1 + t u_1$$
$$\text{(ii):} \quad y = a_2 + s v_2 + t u_2$$
$$\text{(iii):} \quad z = a_3 + s v_3 + t u_3 .$$

Dazu multiplizieren wir (ii) mit u_3 bzw. v_3 und (iii) mit u_2 bzw. v_2 und erhalten nach Subtraktion

$$\text{(iv):} \quad u_3(y - a_2) - u_2(z - a_3) = s(v_2 u_3 - v_3 u_2)$$

beziehungsweise

$$\text{(v):} \quad v_3(y - a_2) - v_2(z - a_3) = t(v_3 u_2 - v_2 u_3).$$

Da die Faktoren von s und t sich nur im Vorzeichen unterscheiden, ist es zweckmäßig (iv) und (v) nicht nach s und t aufzulösen, sondern stattdessen (i) mit $(v_2 u_3 - v_3 u_2)$ zu multiplizieren, weil dann das Einsetzen leicht ist. Dementsprechend folgt

$$(v_2 u_3 - v_3 u_2)(x - a_1) = v_1 s(v_2 u_3 - v_3 u_2) + t u_1 (v_2 u_3 - v_3 u_2)$$

und mit (iv) und (v)

$$(v_2 u_3 - v_3 u_2)(x - a_1) = v_1 u_3(y - a_2) - v_1 u_2 (z - a_3) - v_3 u_1 (y - a_2) + v_2 u_1 (z - a_3).$$

Schließlich klammern wir noch $(y - a_2)$ und $(z - a_3)$ aus und bringen alle Glieder auf eine Seite. So erhalten wir die

Koordinatengleichung der Ebene mit der Parameterdarstellung $\vec{p} = \vec{a} + s\vec{v} + t\vec{u}$:

$$(v_2 u_3 - v_3 u_2)(x - a_1) + (v_3 u_1 - v_1 u_3)(y - a_2) + (v_1 u_2 - v_2 u_1)(z - a_3) = 0.$$

Bemerkung: In 1.1.4 haben wir die Koordinatengleichung der Ebene auf einem anderen Wege hergeleitet, wobei die Steigungen in Richtung zweier Achsen gegeben waren, während hier *beliebige* Richtungsvektoren möglich sind.

Wir demonstrieren die Anwendung dieser Formel an unserem alten Beispiel

$$\vec{p} = \begin{pmatrix} 7 \\ -3 \\ 4 \end{pmatrix} + s\begin{pmatrix} -5 \\ 9 \\ -8 \end{pmatrix} + t\begin{pmatrix} -10 \\ 6 \\ -2 \end{pmatrix}.$$

Dazu schreiben wir die Vektoren $\vec{v}$ und $\vec{u}$ nebeneinander und multiplizieren „über Kreuz", so wie das folgende Schema andeutet:

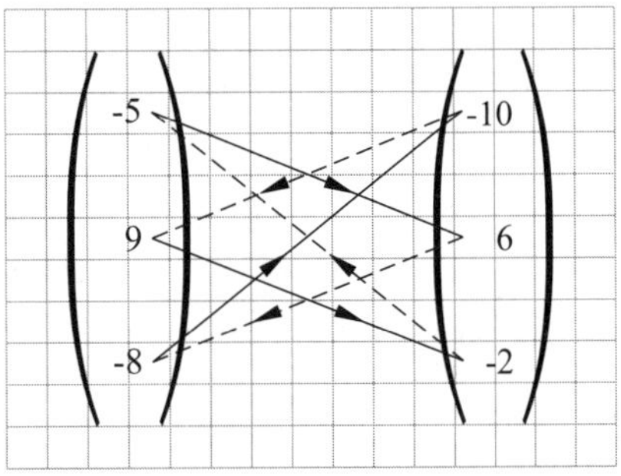

Im Falle der gestrichelten Pfeile müssen die Produkte subtrahiert werden. Als Faktor von $(x - a_1)$ erhält man so die Zahl $9(-2) - 6(-8) = 30$ und insgesamt folgt als Koordinatengleichung

$$30(x - 7) + 70(y + 3) + 60(z - 4) = 0$$

bzw. äquivalent dazu

$$3x + 7y + 6z = 24.$$

Bemerkung: Auch die umgekehrte Frage, wie man aus der Koordinatengleichung eine Parameterdarstellung der Ebene gewinnen kann, tritt zuweilen auf. Zu diesem Zweck könnte man natürlich drei ihrer Punkte ausrechnen und dann die Dreipunkteform aufstellen. Einfacher ist jedoch das folgende Verfahren. Man löst die gegebene Koordinatengleichung nach einer Variablen auf, im obigen Beispiel etwa nach x:

$$x = 8 - \tfrac{7}{3}y - 2z.$$

Diese Gleichung besagt: Alle Punkte, die man hieraus nach beliebiger Wahl von y und z und Bestimmung des zugehörigen x-Wertes ausrechnen kann, sind Punkte der Ebene ε. Für jeden Ortsvektor $\vec{p}$ von ε gilt daher

$$\vec{p} = \begin{pmatrix} x \\ y \\ z \end{pmatrix} = \begin{pmatrix} 8 - \frac{7}{8}y - 2z \\ y \\ z \end{pmatrix} = \begin{pmatrix} 8 \\ 0 \\ 0 \end{pmatrix} + \begin{pmatrix} -\frac{7}{3}y \\ y \\ 0 \end{pmatrix} + \begin{pmatrix} -2z \\ 0 \\ z \end{pmatrix} = \begin{pmatrix} 8 \\ 0 \\ 0 \end{pmatrix} + y\begin{pmatrix} -\frac{7}{3} \\ 1 \\ 0 \end{pmatrix} + z\begin{pmatrix} -2 \\ 0 \\ 1 \end{pmatrix}.$$

Dies ist bereits eine mögliche Parameterdarstellung der Ebene. Wie man sieht, haben hier die Variablen y und z die Rolle der Parameter s und t übernommen.

Aufgaben

1. Durch $\vec{a}, \vec{b}, \vec{c}$ sind drei Punkte A, B, C gegeben. Man gebe eine Parameterdarstellung der Ebene ABC an und bestimme die Schnittpunkte mit den Koordinatenachsen, falls vorhanden.

	a)	b)	c)	d)	e)
$\vec{a}$	$\begin{pmatrix} 2 \\ -3 \\ 1 \end{pmatrix}$	$\begin{pmatrix} 3 \\ -1 \\ 2 \end{pmatrix}$	$\begin{pmatrix} 3 \\ -4 \\ 0 \end{pmatrix}$	$\begin{pmatrix} 3 \\ 0 \\ 3 \end{pmatrix}$	$\begin{pmatrix} 1 \\ 2 \\ -3 \end{pmatrix}$
$\vec{b}$	$\begin{pmatrix} 4 \\ 5 \\ 2 \end{pmatrix}$	$\begin{pmatrix} 5 \\ 1 \\ 1 \end{pmatrix}$	$\begin{pmatrix} 0 \\ -4 \\ 2 \end{pmatrix}$	$\begin{pmatrix} -1 \\ 1 \\ -5 \end{pmatrix}$	$\begin{pmatrix} -1 \\ 5 \\ 0 \end{pmatrix}$
$\vec{c}$	$\begin{pmatrix} -1 \\ -2 \\ 4 \end{pmatrix}$	$\begin{pmatrix} 9 \\ 5 \\ -1 \end{pmatrix}$	$\begin{pmatrix} 3 \\ 0 \\ 2 \end{pmatrix}$	$\begin{pmatrix} 0 \\ -4 \\ -3 \end{pmatrix}$	$\begin{pmatrix} 3 \\ -1 \\ 2 \end{pmatrix}$

2. Prüfe, ob die Punkte A, B, C der Aufgabe 1 zusammen mit dem folgenden Punkt D ein ebenes Viereck bilden.

	a)	b)	c)	d)	e)
$\vec{d}$	$\begin{pmatrix} -6 \\ -35 \\ -3 \end{pmatrix}$	$\begin{pmatrix} -15 \\ -19 \\ 11 \end{pmatrix}$	$\begin{pmatrix} 6 \\ -1 \\ 0 \end{pmatrix}$	$\begin{pmatrix} 4 \\ 10 \\ 5 \end{pmatrix}$	$\begin{pmatrix} -5 \\ 11 \\ 12 \end{pmatrix}$

3. Gib die Gleichung einer Ebene in Parameterdarstellung an, die die Gerade g und den Punkt C enthält.

a) $g: \vec{p} = \begin{pmatrix} 4 \\ -1 \\ 4 \end{pmatrix} + s\begin{pmatrix} -1 \\ 2 \\ 0 \end{pmatrix}, \quad \vec{c} = \begin{pmatrix} 5 \\ 2 \\ -3 \end{pmatrix};$

b) $g: \vec{p} = \begin{pmatrix} 6 \\ 0 \\ 2 \end{pmatrix} + s\begin{pmatrix} -3 \\ 1 \\ 7 \end{pmatrix}, \quad \vec{c} = \begin{pmatrix} 0 \\ 2 \\ 16 \end{pmatrix}.$

4. Welche Punkte liegen auf welchen Ebenen?
$A = (1|2|3)$; $B = (2|-1|4)$; $C = (-1|2|-1)$; $D = (-4|3|2)$; $E = (7|0|3)$;

$$\varepsilon: \vec{p} = s\begin{pmatrix} 3 \\ 1 \\ 7 \end{pmatrix} + t\begin{pmatrix} 1 \\ -3 \\ 1 \end{pmatrix};$$

$$\eta: \vec{p} = \begin{pmatrix} 6 \\ 1 \\ 4 \end{pmatrix} + s\begin{pmatrix} -5 \\ 1 \\ -1 \end{pmatrix} + t\begin{pmatrix} 3 \\ 0 \\ -3 \end{pmatrix};$$

$$\zeta: \vec{p} = \begin{pmatrix} 2 \\ 4 \\ -1 \end{pmatrix} + s\begin{pmatrix} 0 \\ -5 \\ -8 \end{pmatrix} + t\begin{pmatrix} -2 \\ 4 \\ 5 \end{pmatrix};$$

$$\vartheta: \vec{p} = \begin{pmatrix} 1 \\ 4 \\ -7 \end{pmatrix} + s\begin{pmatrix} 2 \\ -4 \\ -8 \end{pmatrix} + t\begin{pmatrix} -2 \\ 4 \\ 8 \end{pmatrix}.$$

5. Bestimme die Koordinatengleichungen der Ebenen aus Aufgabe 4 und löse dann diese Aufgabe.

6. (*Parallele Ebenen*) Zwei Ebenen sind parallel, wenn sie von den gleichen Richtungsvektoren aufgespannt werden können. Dies schließt den Fall der Identität beider Ebenen ein.
Prüfe, ob die beiden folgenden Ebenen parallel und identisch oder parallel und nicht identisch oder nicht parallel sind.

a) $\varepsilon: \vec{p} = \begin{pmatrix} -2 \\ 0 \\ 3 \end{pmatrix} + s\begin{pmatrix} 3 \\ 1 \\ -3 \end{pmatrix} + t\begin{pmatrix} -1 \\ -1 \\ 2 \end{pmatrix},$

$\eta: \vec{p} = \begin{pmatrix} 1 \\ 3 \\ 3 \end{pmatrix} + s\begin{pmatrix} 2 \\ 0 \\ -1 \end{pmatrix} + t\begin{pmatrix} 5 \\ -1 \\ -1 \end{pmatrix};$

b) $\varepsilon: \vec{p} = \begin{pmatrix} 3 \\ -1 \\ 4 \end{pmatrix} + s\begin{pmatrix} 2 \\ 2 \\ -1 \end{pmatrix} + t\begin{pmatrix} -1 \\ 3 \\ 2 \end{pmatrix},$

$\eta: \vec{p} = \begin{pmatrix} 4 \\ 4 \\ 5 \end{pmatrix} + s\begin{pmatrix} 5 \\ 1 \\ -4 \end{pmatrix} + t\begin{pmatrix} -4 \\ 4 \\ 5 \end{pmatrix}.$

7. Bestimme die Gleichung einer Ebene, die die Gerade g enthält und parallel zur Geraden h ist und umgekehrt. Gib die Gleichung beider Ebenen auch in Koordinatendarstellung an.

$$g: \vec{p} = \begin{pmatrix} 4 \\ -1 \\ 4 \end{pmatrix} + s\begin{pmatrix} -1 \\ 2 \\ 0 \end{pmatrix}, \quad h: \vec{p} = \begin{pmatrix} 6 \\ 0 \\ 2 \end{pmatrix} + s\begin{pmatrix} -3 \\ 1 \\ 7 \end{pmatrix}.$$

8. Die Ebenen ε und η der Aufgabe 6a) sollen um die x-Achse (y-Achse; z-Achse) um 180° gedreht werden. Wie lauten die Gleichungen der neuen Ebenen ε' und η'? (Vgl. hierzu Aufgabe 12 von 1.2.2.) Sind ε und ε' bzw. η und η' parallel?

9. Wie Aufgabe 8, jedoch mit Spiegelung am Nullpunkt anstelle der Drehung. (Vgl. Aufgabe 5 von 1.2.1.)

10. Wie Aufgabe 8, jedoch mit Spiegelung an der x-y-Ebene (x-z-Ebene, y-z-Ebene). (Vgl. hierzu das vierte Beispiel von 1.2.2.)

1.2.4 Schnittprobleme

Erstes Beispiel: Gerade und Ebene

Das Foto (Abb. 1.2.-18) zeigt den Schatten, den die Chephrenpyramide auf die Cheopspyramide wirft. Um einen solchen Schatten zu berechnen machen wir uns zunächst einmal klar, wie er aussehen würde, wenn die zweite Pyramide nicht da wäre. Dazu haben wir in Abb. 2.1.–19 angenommen, dass die Richtung der Sonnenstrahlen durch den Vektor $\vec{v} = \begin{pmatrix} 5 \\ -5 \\ -3 \end{pmatrix}$ gegeben ist. Die Spitze des Schattens ist dann einfach der Schnittpunkt des durch E hindurchgehenden Sonnenstrahls mit der x-y-Ebene. Auf Grund der ebenfalls bekannten Höhe der Pyramide, die in der Abbildung 6 beträgt, lautet dann die Gleichung dieses Strahls

$$\vec{p} = \begin{pmatrix} 0 \\ 0 \\ 6 \end{pmatrix} + s \begin{pmatrix} 5 \\ -5 \\ -3 \end{pmatrix}$$

Abb. 1.2.–18

und da die z-Komponente von $\vec{p}$ gleich null werden muss, erhalten wir mit $s = 2$ sofort $E' = (10 \mid -10 \mid 0)$. Hieraus folgt noch nicht, dass das Dreieck ADE' den Schatten der gesamten Pyramide darstellt. Es könnte ja sein dass die Seitenfläche BEC einen noch größeren Schatten wirft, als er von der Seitenfläche AED erzeugt wird. Wie aber die gestrichelten Linien in der Zeichnung zeigen, fällt der Schatten der Kanten BE und CE tatsächlich in das Dreieck hinein. Somit ist das Gebiet, in das kein Sonnenstrahl eindringt, der Raum, der von den Dreiecken ADE', AEE', DEE' und der Pyramide selbst begrenzt wird.

In diesen „Schattenraum" stellen wir nun eine kongruente Pyramide $FGHIK$ so hinein, wie es Abb. 1.2.–20 zeigt. Die (in der Zeichnung allerdings schon entschiedene) Frage ist dann zunächst die, welche der Seitenflächen der Sonnenstrahl durch E schneidet und wo. Offenbar könnten es die Dreiecke FGK und GHK sein. Deshalb berechnen wir zunächst, in welchem Punkt die Gerade EE' die durch FGK bestimmte Ebene ε schneidet, und prüfen, ob dieser Punkt im Innern des Dreiecks liegt oder nicht.

Mittels $K = (4 \mid -6 \mid 6)$, $F = (8 \mid -6 \mid 0)$, $G = (4 \mid -2 \mid 0)$ erhalten wir als Parameterdarstellung von ε

$$\vec{p} = \begin{pmatrix} 4 \\ -6 \\ 6 \end{pmatrix} + s \begin{pmatrix} 4 \\ 0 \\ -6 \end{pmatrix} + t \begin{pmatrix} 0 \\ 4 \\ -6 \end{pmatrix}$$

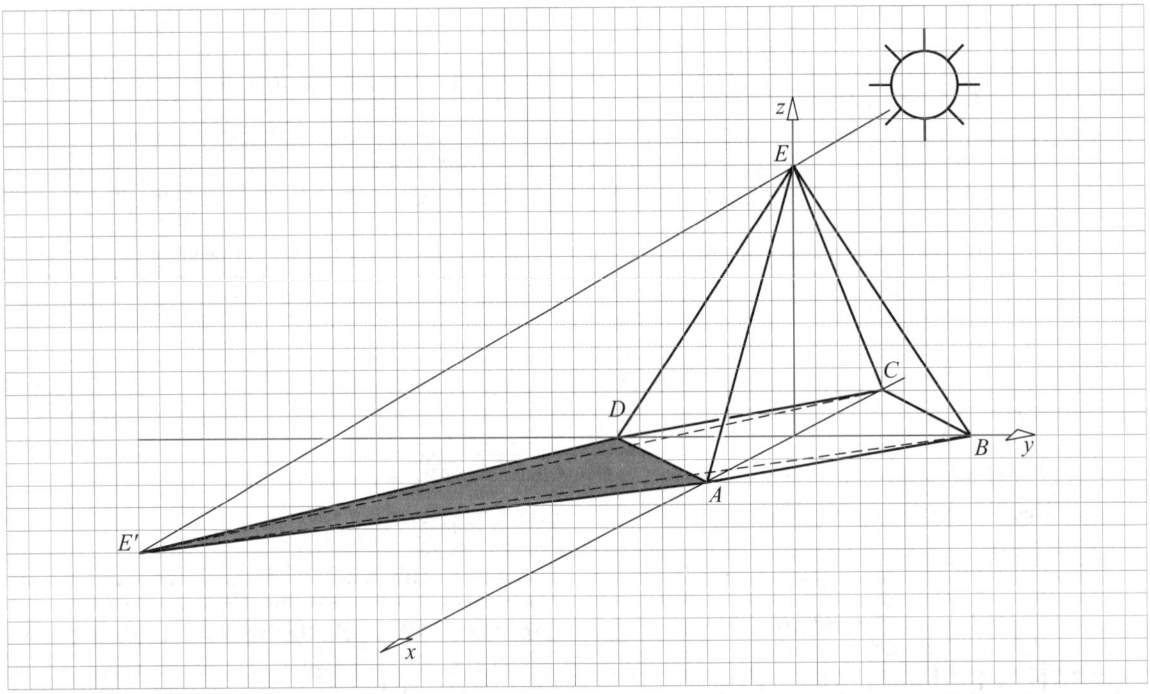

Abb. 1.2.–19

und hieraus nach 1.2.3 die Koordinatengleichung

$$24(x-4)+24(y+6)+16(z-6)=0,$$

die vereinfacht

$$3x+3y+2z=6$$

lautet. Analog stellen wir die Gleichung

$$\vec{p}=\begin{pmatrix}0\\0\\6\end{pmatrix}+s\begin{pmatrix}5\\-5\\-3\end{pmatrix}$$

der Geraden EE' auf und lesen aus ihr ab, dass die Koordinaten jedes Punktes durch $x=5s$, $y=-5s$, $z=6-3s$ dargestellt werden. Im Falle des Schnittpunktes müssen diese zugleich die Ebenengleichung erfüllen. Eingesetzt in die Koordinatengleichung von ε führt das auf die Bedingung

$$3\cdot 5s+3(-5s)+2(6-3s)=6$$

mit der Lösung $s=1$. Der Schnittpunkt L hat demnach die Koordinaten $x=5$, $y=-5$, $z=3$ und trägt man ihn in die Zeichnung ein, so sieht man, dass seine senkrechte Projektion $L'=(5|-5|0)$ auf der x-y-Ebene im Innern des Dreiecks $K'FG$ liegt, wobei wir mit $K'=(4|-6|0)$ die senkrechte Projektion von K auf die x-y-Ebene bezeichnen. Demnach ist L ein Punkt der Seitenfläche KFG und wir brauchen den Schnittpunkt von EE' mit der Ebene KGH nicht mehr auszurechnen.

Um den Schatten endgültig zu bestimmen bemerken wir, dass seine Begrenzung in der x-y-Ebene durch die Schnittpunkte M und V der Geraden AE' mit FG bzw. der Geraden DE' mit GH festgelegt ist. Es fehlt jetzt nur noch der Punkt U, in dem die Schattengrenze, nämlich das Dreieck EDE', die Kante GK schneidet. Somit haben wir es erneut mit einem Schnittproblem von Ebene und Gerade zu tun, das nach dem obigen Muster leicht gelöst werden kann. Die Gleichung von EDE' lautet

$$-9x-15y+10z=60,$$

die von GK

$$\vec{p}=\begin{pmatrix}4\\-2\\0\end{pmatrix}+s\begin{pmatrix}0\\-4\\6\end{pmatrix}$$

und durch Einsetzen folgt

$$-36+30+60s+60s=60,$$

also $s=0{,}55$ und $U=(4|-4{,}2|3{,}3)$. Damit ist die Aufgabe vollständig gelöst.

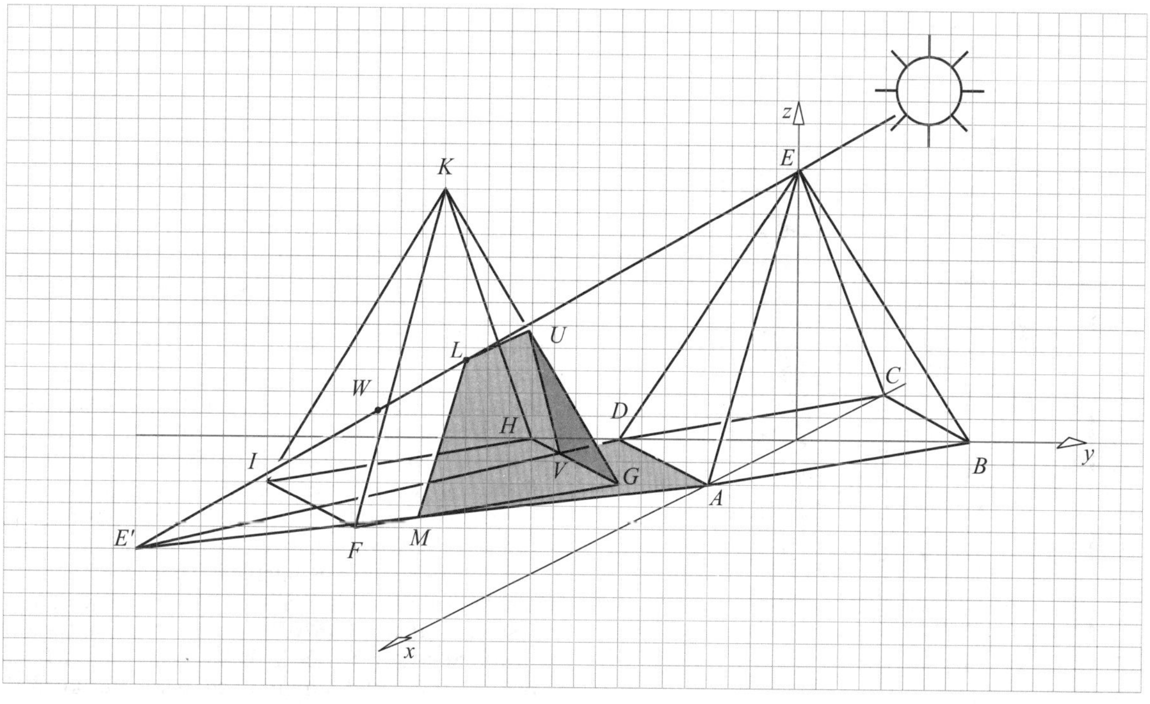

Abb. 1.2.–20

Zweites Beispiel: Ebene und Ebene

Zwei Ebenen, die nicht parallel sind, schneiden sich in einer Geraden. Typisch ist das folgende Problem. Ein Körper wie in Abb. 1.2.–21 wird durch einen ebenen Schnitt, der durch D verläuft und parallel zur Ebene

$$\varepsilon\colon x + 6\,y + 3\,z = 0$$

erfolgt, in zwei Teilkörper zerlegt. Wie sieht der Restkörper aus, zu dem die Ecke O gehört?

Die Gleichung der zu ε parallelen Ebene ε' durch D hat die gleichen Koeffizienten und die rechte Seite ergibt sich durch Einsetzen der Koordinaten von D zu 27. Mithin lautet sie

$$\varepsilon'\colon x + 6\,y + 3\,z = 27\,.$$

Um nun ε' nicht mit allen möglichen Kanten zum Schnitt zu bringen (welche wären das überhaupt?) berechnen wir sinnvollerweise zunächst die Schnittgerade mit der Ebene η des Dreiecks ABC. Auf Grund der aus der Abbildung ablesbaren Daten lautet die Gleichung

$$\eta\colon 3\,x - 3\,y + 2\,z = -3\,.$$

Die Schnittgerade von ε' und η ist die Menge aller Punkte, deren Koordinaten x, y und z sowohl die Gleichung von ε' als auch die von η erfüllen. Also liegt ein *lineares Gleichungssystem* von zwei Gleichungen mit drei Variablen vor. Da aber durch zwei Gleichungen höchstens zwei Variable eindeutig festgelegt sind, stellen wir uns vor, dass eine Variable einfach ein *Parameter* ist, mit dessen Hilfe wir dann die anderen beiden wie üblich „berechnen", d. h. durch den Parameter ausdrücken. Welche Variable wir wählen, ist prinzipiell gleichgültig und hängt nur von praktischen Erwägungen ab.

Im hier gegebenen Fall bietet es sich an, zunächst y durch Multiplikation und Addition aus

$$\left.\begin{array}{ll}\text{(i):} & x + 6\,y + 3\,z = 27 \\ \text{(ii):} & 3\,x - 3\,y + 2\,z = -3 \mid \cdot 2\end{array}\right]+$$

zu eliminieren. Auf diese Weise erhält man die Gleichung $7\,x + 7\,z = 21$ oder $x + z = 3$. Ob man nun x durch z oder z durch x ausdrückt, spielt keine große Rolle. Wir wählen die erste Möglichkeit, da das Einsetzen in (i) dann etwas weniger Rechnung erfordert. Mit $x = 3 - z$ erhalten wir dann

$$3 - z + 6\,y + 3\,z = 27$$

und diese Gleichung *müssen* wir nun nach y auflösen, da wir uns für den Parameter z entschieden haben. Es folgt $y = 4 - \frac{1}{3}z$. Alle Punkte, die sowohl zu ε' wie zu η gehören, lassen sich also in der Form

$$\vec{p} = \begin{pmatrix} x \\ y \\ z \end{pmatrix} = \begin{pmatrix} 3 - z \\ 4 - \frac{1}{3}z \\ z \end{pmatrix} = \begin{pmatrix} 3 \\ 4 \\ 0 \end{pmatrix} + z \begin{pmatrix} -1 \\ -\frac{1}{3} \\ 1 \end{pmatrix}$$

ausdrücken, in der z frei wählbar ist. Dabei handelt es sich in der Tat um eine Gerade.

Zeichnen wir nun diese Gerade mit Hilfe des Anfangspunktes $E = (3|4|0)$ und des Punktes $F = (0|3|3)$, den wir für $z = 3$ erhalten, ein (Abb. 1.2.–22), so stellen wir fest, dass es sich um die Schnittpunkte mit dem *Rand* von ABC handelt, soweit dieser in der x-y- bzw. y-z-Ebene liegt. Damit ist klar, dass wir auch noch die Schnittgeraden von ε' mit diesen Ebenen ermitteln müssen.

Die Gleichung der x-y-Ebene lautet $z = 0$. In diesem Falle ist also z nicht als Parameter wählbar. Durch Einsetzen in (i) erhalten wir $x + 6\,y = 27$ als Gleichung der Spurgeraden und lesen aus dieser unmittelbar ab, dass sie die zu $x = 6$ gehörige Kante an der Stelle $y = 3{,}5$ schneidet (Punkt G). Entsprechend erhalten wir als Spurgerade in der y-z-Ebene $6\,y + 3\,z = 27$ oder $2\,y + z = 9$. Sie liefert für $z = 8$ den Schnittpunkt H mit dem y-Wert 0,5. Schließlich berechnen wir noch mit Hilfe der Spurgeraden in der x-z-Ebene den letzten Schnittpunkt $I = (6|0|7)$, denn dann können wir in *jeder* Seitenfläche die Schnittgerade einzeichnen (Abb. 1.2.–23 a) und damit auch den „Restkörper" (Abb. 1.2.–23 b) bestimmen.

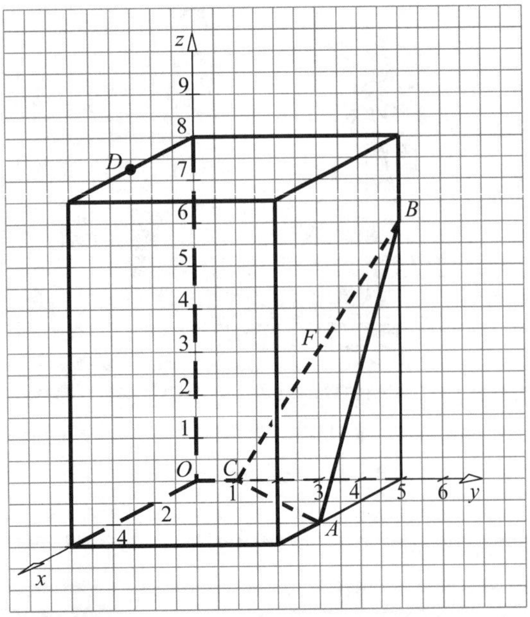

Abb. 1.2.–21

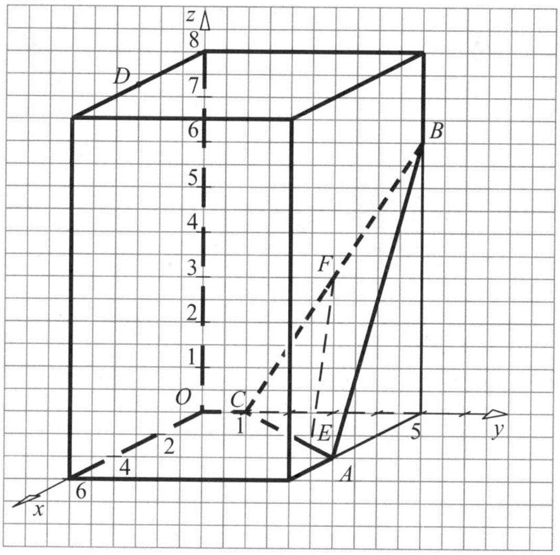

Abb. 1.2.–22

Drittes Beispiel: Drei Ebenen

Um ein konkretes Problem vor Augen zu haben, gehen wir von einem Tetraeder $ABCD$ aus, dessen Ecken durch die Ortsvektoren

$$\vec{a}=\begin{pmatrix}10\\3\\0\end{pmatrix},\quad \vec{b}=\begin{pmatrix}0\\5\\0\end{pmatrix},\quad \vec{c}=\begin{pmatrix}3\\-4\\0\end{pmatrix},\quad \vec{d}=\begin{pmatrix}5\\2\\8\end{pmatrix}$$

gegeben sind (Abb. 1.2.–24). Durch jede seiner Kanten soll eine Ebene gelegt werden, die parallel zur Gegenkante ist. Auf diese Weise entsteht über jeder Seitenfläche des Tetraeders ein neues Tetraeder $ADCE$, $ABDF$, $BCDG$, $ABCH$, deren Spitzen E, F, G, H jeweils Schnitt von drei dieser Ebenen sind.

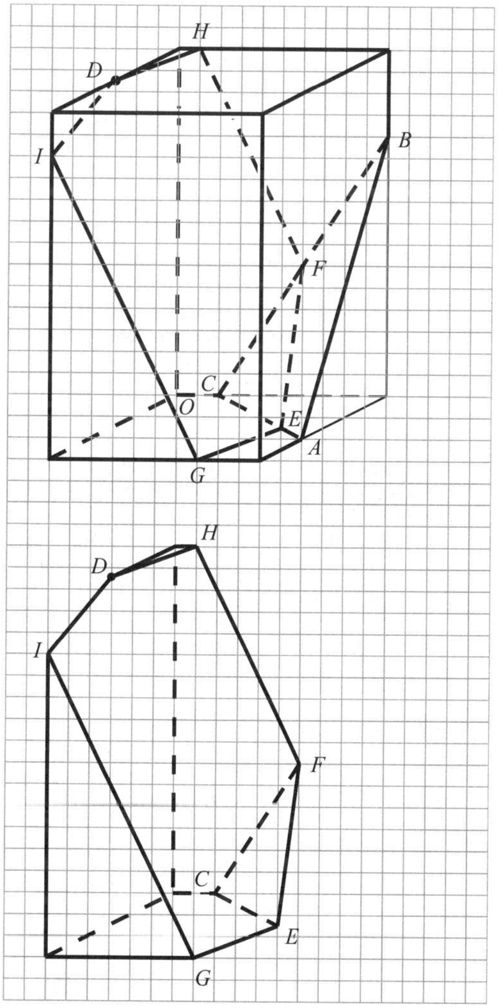

Abb. 1.2.–23

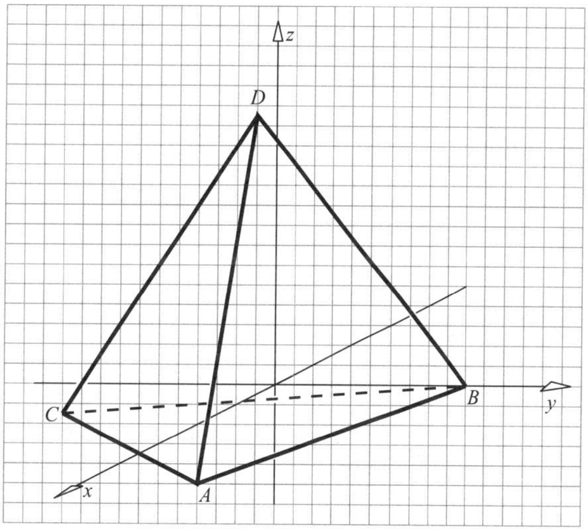

Abb. 1.2.–24

Die Gleichungen der Ebenen lassen sich leicht aufstellen, weil von jeder zwei aufspannende Vektoren bekannt sind und aus der Parameterdarstellung die Koordinatengleichung unmittelbar folgt. So erhält man zum Beispiel im Fall der Ebene $ADE=\varepsilon$ mit den aufspannenden Vektoren $\overrightarrow{AD}$ und $\overrightarrow{BC}$ zunächst

$$\varepsilon\colon \vec{p}=\vec{a}+s\overrightarrow{AD}+t\overrightarrow{BC}=\begin{pmatrix}10\\3\\0\end{pmatrix}+s\begin{pmatrix}-5\\-1\\8\end{pmatrix}+t\begin{pmatrix}3\\-9\\0\end{pmatrix}$$

und hieraus

$$\varepsilon\colon 72(x-10)+24(y-3)+48z=0$$

beziehungsweise

$$\varepsilon\colon 3x+y+2z=33.$$

Im Falle der gegenüberliegenden Ebene $BCH = \varepsilon'$ hat man es sogar noch einfacher. Da sie zu ε parallel ist (warum?), bleibt die linke Seite der Gleichung unverändert und die rechte Seite ergibt sich durch Einsetzen des Punktes B oder C. Sie lautet daher

$$\varepsilon': 3x + y + 2z = 5.$$

Entsprechend erhält man die Gleichungen für $DCE = \eta$, $ABF = \eta'$, $CAE = \zeta$, $BDG = \zeta'$. Wir notieren hier aber nur die von η und ζ, da wir uns im Folgenden auf die Berechnung von E beschränken wollen.

$$\eta: x + 5y - 4z = -17$$

$$\zeta: x - y - z = 7.$$

Die Koordinaten des Punktes E müssen das lineare Gleichungssystem

$$\begin{aligned} &\text{(i):} & 3x + y + 2z &= 33 \\ &\text{(ii):} & x + 5y - 4z &= -17 \\ &\text{(iii):} & x - y - z &= 7 \end{aligned}$$

erfüllen. Wir lösen es nach dem Additionsverfahren und erhalten

$$\begin{aligned} \text{(iv)} = 3\text{(ii)} - \text{(i)}: &\quad 14y - 14z = -84 \\ \text{(v)} = \text{(iii)} - \text{(ii)}: &\quad -6y + 3z = 24 \end{aligned}$$

oder nach Division durch 14 beziehungsweise 3

$$\begin{aligned} \text{(iv)}: &\quad y - z = -6 \\ \text{(v)}: &\quad -2y + z = 8. \end{aligned}$$

Mit (iv) + (v) folgt $y = -2$ und durch Rückeinsetzen nacheinander in (iv) und (iii) $z = 4$ und $x = 9$. Wie von der Konstruktion her zu erwarten, ist E also eindeutig bestimmt und hat den Ortsvektor $\vec{e} = \begin{pmatrix} 9 \\ -2 \\ 4 \end{pmatrix}$.

Analog werden die Ortsvektoren für F, G und H berechnet (Aufgabe!). Die Ergebnisse lauten

$$\vec{f} = \begin{pmatrix} 6 \\ 7 \\ 4 \end{pmatrix}, \quad \vec{g} = \begin{pmatrix} -1 \\ 0 \\ 4 \end{pmatrix}, \quad \vec{h} = \begin{pmatrix} 4 \\ 1 \\ -4 \end{pmatrix}.$$

Abb. 1.2.–25 zeigt das Tetraeder mit den vier aufgesetzten Pyramiden. Offenbar handelt es sich bei dem Gesamtkörper um einen Spat, der in diesem Falle sogar ein Quader ist. (Man vergleiche hierzu die folgende Aufgabe 18.)

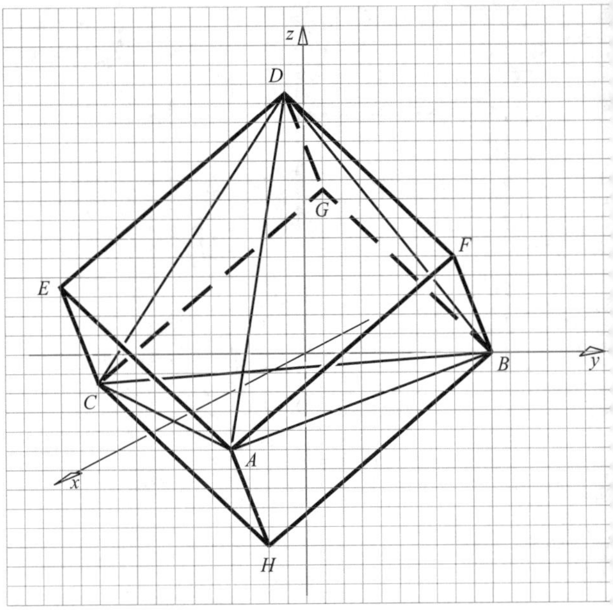

Abb. 1.2.–25

Exkurs: Kugelschnitte

Wenn es um Abstände geht, müssen oft die Schnitte von Kugeln bestimmt werden. Wir erklären dies an einem Beispiel aus der modernen Navigationstechnik. Nach W. Schmidt (Anwendungen aus der modernen Technik und Arbeitswelt, Klett Verlag) besteht das Satelliten-Navigationssystem GPS-NAVSTAR (Global Positioning System), wenn es endgültig ausgebaut sein wird, aus 24 Satelliten, die die Erde auf gleichmäßig verteilten Kreisbahnen von 26 600 km Radius in jeweils 12 Stunden umkreisen. Jeder Satellit ist mit einer extrem genau gehenden Atomuhr ausgestattet und sendet im Sekundentakt zur gleichen Zeit wie die anderen Satelliten ein 20-Watt-Mikrowellensignal aus, das so codiert ist, dass der Empfänger dessen Herkunft erkennt. Aus mindestens drei Signalen, die je nach Abstand zum Satelliten nach unterschiedlichen Laufzeiten ankommen, kann mit einem Computer der Empfängerstandort auf einige Meter genau, mit Sonderverfahren sogar auf einige Zentimeter genau berechnet werden (vgl. Abb. 1.2.–26). GPS-NAVSTAR wird in der See- und Luftfahrt sowie in der Kartographie und Vermessungstechnik eingesetzt. Mittlerweile gibt es Empfänger, die in Autos eingebaut sind und den jeweiligen Ort des Autos auf einige Meter genau ermitteln sowie anzeigen, wie man am besten sein Ziel erreichen kann.

Der Einfachheit halber legen wir im Folgenden viel ungenauere Maßangaben zu Grunde. Die Koordinaten der drei Satelliten seien in einem Koordinatensystem, dessen Nullpunkt im Erdmittelpunkt liegt, zu dem Zeitpunkt, in dem sie gerade ihre Signale absenden, gegeben durch

$$A = (16{,}1\,|\,8{,}3\,|\,19{,}5), \quad B = (12{,}4\,|\,18{,}3\,|\,-14{,}8)$$
$$C = (-11{,}3\,|\,13{,}7\,|\,19{,}8).$$

Dabei beträgt die Längeneinheit 1000 km. Ein Flugzeug empfängt die Signale nach einer Laufzeit von

$$t_1 = 0{,}07672\,\text{s}, \quad t_2 = 0{,}07612\,\text{s}, \quad t_3 = 0{,}08047\,\text{s}$$

und da diese mit der Lichtgeschwindigkeit $v \approx 300\,000$ km/s unterwegs sind, beträgt sein Abstand von A bzw. B bzw. C in diesem Augenblick

$$d_1 = 23\,016\text{ km}, \quad d_2 = 22\,836\text{ km}, \quad d_3 = 24\,141\text{ km}.$$

Nach der Abstandsformel müssen daher seine Koordinaten x, y, z die drei Gleichungen

$$\text{(i)}: (x-16{,}1)^2 + (y-8{,}3)^2 + (z-19{,}5)^2 = 529{,}7$$
$$\text{(ii)}: (x-12{,}4)^2 + (y-18{,}3)^2 + (z+14{,}8)^2 = 521{,}5$$
$$\text{(iii)}: (x+11{,}3)^2 + (y-13{,}7)^2 + (z-19{,}8)^2 = 582{,}8$$

erfüllen. Jede von ihnen stellt dabei die Gleichung einer Kugel dar, deren Mittelpunkt der jeweilige Satellit und deren Radius durch 23,016 bzw. 22,836 bzw. 24,141 Längeneinheiten gegeben ist. (Vgl. hierzu Seite 12). Um die Position des Flugzeugs zu bestimmen müssen also, geometrisch gesprochen, drei Kugeln miteinander zum Schnitt gebracht werden.

Das Gleichungssystem ist *quadratisch* und nicht linear. Solche Systeme zu lösen ist im Allgemeinen schwierig. Wenn aber wie hier jeweils Kugelgleichungen vorliegen, gibt es eine einfache Lösungsstrategie. Man befreit sich von den Quadraten, indem man die Gleichungen voneinander subtrahiert, also etwa (i) – (ii) und (ii) – (iii) rechnet. Dabei erhält man

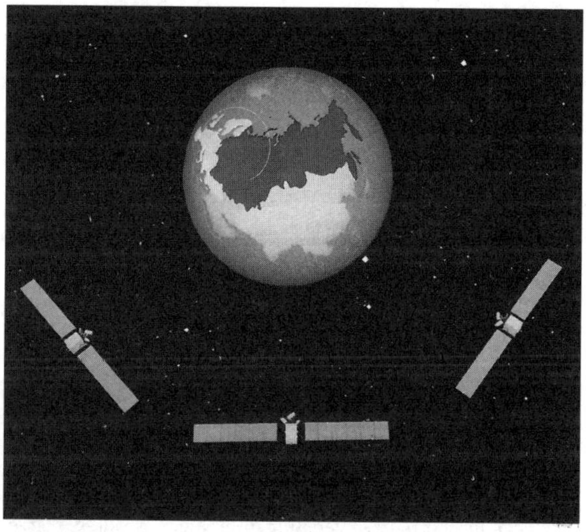

Abb. 1.2.–26

die *linearen* Gleichungen

$$\text{(iv)}: \quad -7{,}4\,x + 20\,y - 68{,}6\,z = 7{,}54$$
$$\text{(v)}: \quad -47{,}4\,x - 9{,}2\,y + 69{,}2\,z = -61{,}57.$$

Der gesuchte Punkt liegt also auf *zwei Ebenen*, deren Schnittgerade sich leicht bestimmen lässt. Sie lautet

$$\vec{p} = \begin{pmatrix} 0 \\ -4{,}917 \\ -1{,}543 \end{pmatrix} + x \begin{pmatrix} 1 \\ 4{,}999 \\ 1{,}350 \end{pmatrix}.$$

Durch Einsetzen in eine der Kugelgleichungen, z. B. (i), erhält man eine quadratische Gleichung

$$(x-16{,}1)^2 + (-13{,}217 + 4{,}999\,x)^2 + (-21{,}043 + 1{,}35\,x)^2 = 529{,}7$$

mit den Lösungen $x_1 = 5{,}80$, $x_2 = 2{,}15$. Die zugehörigen Werte von y und z sind dann

$$y_1 = 24{,}08, \; z_1 = 6{,}28 \quad \text{bzw.} \quad y_2 = 5{,}84, \; z_2 = 1{,}36.$$

Von diesen beiden Möglichkeiten kommt aber nur die zweite in Betracht, weil die erste wegen $\sqrt{x_1^2 + y_1^2 + z_1^2} = 25{,}6$ bedeuten würde, dass das Flugzeug rund 25 600 km vom Mittelpunkt der Erde entfernt wäre!

Aufgaben

1. Wie liegen die folgenden Geraden zur Ebene

$$\varepsilon: \vec{p} = \begin{pmatrix} -2 \\ 1 \\ -1 \end{pmatrix} + s \begin{pmatrix} 2 \\ 4 \\ 1 \end{pmatrix} + t \begin{pmatrix} 1 \\ -3 \\ 5 \end{pmatrix}$$

und zur Ebene $\eta: x + 7y - 4z = 35$?

$$g: \vec{p} = \begin{pmatrix} 0 \\ 5 \\ 0 \end{pmatrix} + r \begin{pmatrix} 1 \\ 7 \\ -4 \end{pmatrix}, \quad h: \vec{p} = \begin{pmatrix} 1 \\ 2 \\ 5 \end{pmatrix} + r \begin{pmatrix} 2 \\ 0 \\ 4 \end{pmatrix},$$

$$k: \vec{p} = \begin{pmatrix} 2 \\ 2 \\ 5 \end{pmatrix} + r \begin{pmatrix} 5 \\ 5 \\ 7 \end{pmatrix}.$$

2. Untersuche die gegenseitige Lage von ε und g mit Hilfe einer Schnittpunktberechnung.

a) $\varepsilon\colon -3x + y + 5z = 2;\quad g\colon \vec{p} = \begin{pmatrix} 3 \\ -2 \\ 1 \end{pmatrix} + s\begin{pmatrix} 1 \\ 0 \\ 1 \end{pmatrix};$

b) $\varepsilon\colon 2x - y - z = 0;\quad g\colon \vec{p} = \begin{pmatrix} 3 \\ -2 \\ 1 \end{pmatrix} + s\begin{pmatrix} -3 \\ 2 \\ -1 \end{pmatrix};$

c) $\varepsilon\colon 3x - 2y + z = 4;\quad g\colon \vec{p} = s\begin{pmatrix} -1 \\ 4 \\ -5 \end{pmatrix};$

d) $\varepsilon\colon x + 4y - z = 10;\quad g\colon \vec{p} = \begin{pmatrix} 15 \\ -4 \\ -11 \end{pmatrix} + s\begin{pmatrix} 5 \\ -3 \\ -7 \end{pmatrix};$

e) $\varepsilon\colon \vec{p} = \begin{pmatrix} -5 \\ -4 \\ 5 \end{pmatrix} + s\begin{pmatrix} 1 \\ -3 \\ 1 \end{pmatrix} + t\begin{pmatrix} 3 \\ -2 \\ 0 \end{pmatrix};$

$g\colon \vec{p} = \begin{pmatrix} 1 \\ -1 \\ 2 \end{pmatrix} + r\begin{pmatrix} 2 \\ 1 \\ -1 \end{pmatrix};$

f) $\varepsilon\colon \vec{p} = \begin{pmatrix} 2 \\ 11 \\ -9 \end{pmatrix} + s\begin{pmatrix} 1 \\ -3 \\ 1 \end{pmatrix} + t\begin{pmatrix} 1 \\ 2 \\ -3 \end{pmatrix};$

$g\colon \vec{p} = \begin{pmatrix} 6 \\ 6 \\ -13 \end{pmatrix} + r\begin{pmatrix} -1 \\ 1 \\ 3 \end{pmatrix}.$

3. Wie im ersten Beispiel soll der Schatten ermittelt werden, wenn bei sonst unveränderten Daten die Richtung der Sonnenstrahlen angegeben wird durch

a) $\vec{v} = \begin{pmatrix} 4 \\ -4 \\ -3 \end{pmatrix};\quad$ b) $\vec{v} = \begin{pmatrix} 8 \\ -2 \\ -3 \end{pmatrix}.$

4. Vor einem Haus mit symmetrischem Walmdach (Abb. 1.2.–27) stehen ein Telefonmast T und eine Straßenlaterne L. Bestimme den Schatten von T auf dem Haus unter der Annahme, dass die Lichtquelle *punktförmig* ist. Die Fußpunkte von T bzw. L haben die Koordinaten (16 | 7) bzw. (24 | 21). Die übrigen Maße entnehme man Abb. 1.2.–27.

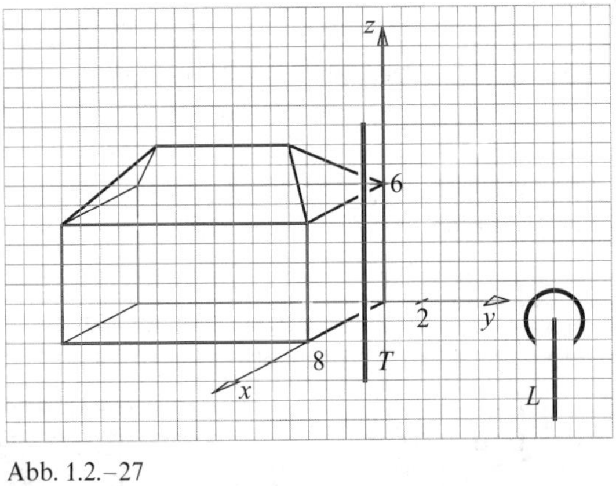

Abb. 1.2.–27

5. Abbildung 1.2.–28 zeigt das Bild eines Würfels $DEFGHIJK$ mit der Kantenlänge 2, dessen Kanten DG, HI, FJ nach beiden Seiten verlängert worden sind. Auf der Geraden DG wird ein Punkt $A = (a \,|\, -1 \,|\, -1)$ angenommen und durch ihn sowie durch die Gerade HI eine Ebene ε gelegt, die die Gerade FJ in einem Punkt C schneidet.

a) Berechne die Punkte C für $a = 7; 3; 2$ und zeige jedes Mal, dass die Gerade AC die Gerade HI in einem Punkt B schneidet, dessen Koordinaten ebenfalls zu berechnen sind. Wie lässt sich die Tatsache des Schneidens aus der Konstruktion geometrisch begründen? Für welche Punkte A versagt die Konstruktion?

b) Es sei jetzt der Punkt $B = (1 \,|\, b \,|\, 1)$ gegeben und eine Gerade durch B gesucht, die die Geraden DG bzw. FJ in einem Punkt A' bzw. C' treffen. Man gebe analog a) eine Konstruktion von A' und C' an und berechne diese Punkte für $b = -2$.

c*) Führe die in a) verlangten Rechnungen *allgemein* für beliebiges $a \neq 1$ aus und löse Aufgabe b) mit Hilfe des Ergebnisses.

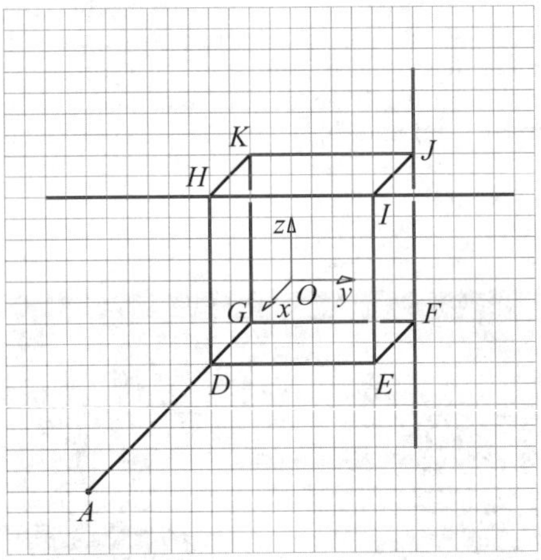

Abb. 1.2.–28

6. *(Bild eines Würfels, längs einer Raumdiagonale betrachtet)* Wenn man einen Würfel an zwei gegenüberliegenden Ecken fasst und ihn dabei so senkrecht hält, dass eine der übrigen Ecken genau in der Mitte liegt, erscheint sein Umriss angenähert als regelmäßiges Sechseck. Das soll jetzt genauer untersucht werden. Dabei beziehen wir uns auf die Abb. 1.2.–28.

a) Das Diagonalendreieck DFI steht auf der Raumdiagonalen EK senkrecht. Bestimme mit Hilfe dieser Tatsache die Gleichung der Ebene ε, die durch K geht und ebenfalls zu EK senkrecht ist. (Hinweis: Welche Vektoren spannen ε auf?)

b) Berechne die Bilder D', F', G', H', I', J' der entsprechenden Punkte des Würfels, die durch Projektion parallel zur Raumdiagonale auf die Ebene ε entstehen. Warum entspricht das Sechseck $D'\,F'\,G'\,H'\,I'\,J'$ dem anfangs geschilderten Betrachtungsvorgang? Man beweise, dass es regulär ist.

c) Zeichne den Würfel und das Würfelbild *einschließlich der Projektionen der Würfelkanten.* Verbinde die Mittelpunkte des Umriss-Sechsecks zu einem neuen regelmäßigen Sechseck und mache dasselbe beim gegebenen Würfel. Warum muss auch dieses *eben* sein im Gegensatz zum Sechseck $DHIJFG$?

d*) Zeichne das Umriss-Sechseck in *wahrer Größe* und zeige, dass ein Quadrat mit der Seitenlänge 2 in ihm Platz hat. (Wie groß ist der exakte Abstand zweier gegenüberliegender Seiten des Sechsecks?) Inwiefern folgt hieraus, dass man durch „einen Würfel einen *gleich großen* hindurchstecken“ kann?

7. Welche Lage haben je zwei der folgenden Ebenen zueinander?

$$\varepsilon\colon \vec{p} = \begin{pmatrix}4\\2\\0\end{pmatrix} + s\begin{pmatrix}1\\1\\1\end{pmatrix} + t\begin{pmatrix}-1\\0\\2\end{pmatrix},$$

$$\eta\colon \vec{p} = \begin{pmatrix}5\\3\\1\end{pmatrix} + s\begin{pmatrix}1\\1\\1\end{pmatrix} + t\begin{pmatrix}-1\\0\\2\end{pmatrix},$$

$$\zeta\colon \vec{p} = \begin{pmatrix}2\\2\\2\end{pmatrix} + s\begin{pmatrix}1\\1\\1\end{pmatrix} + t\begin{pmatrix}0\\1\\3\end{pmatrix},$$

$$\vartheta\colon \vec{p} = \begin{pmatrix}2\\2\\2\end{pmatrix} + s\begin{pmatrix}0\\1\\3\end{pmatrix} + t\begin{pmatrix}2\\4\\-1\end{pmatrix}.$$

8. Zeichne den Spat, der von den Vektoren

$$\vec{a} = \begin{pmatrix}5\\-1\\5\end{pmatrix},\quad \vec{b} = \begin{pmatrix}-2\\6\\4\end{pmatrix},\quad \vec{c} = \begin{pmatrix}-4\\-4\\4\end{pmatrix}$$

aufgespannt wird, und bestimme seine Schnittfläche mit den Ebenen

a) $\varepsilon\colon\ x + 2y + z = 4$; b) $\eta\colon x + 2y + z = 6$;
c) $\zeta\colon 2x + 2y + z = 6$; d) $\vartheta\colon x + \ \ y + z = 6$.

9. In welchen Punkten schneidet die z-Achse den Spat der Aufgabe 8?

10. Durch

$$\vec{a} = \begin{pmatrix}0\\-4\\0\end{pmatrix},\quad \vec{b} = \begin{pmatrix}10\\2\\0\end{pmatrix},\quad \vec{c} = \begin{pmatrix}0\\4\\0\end{pmatrix},\quad \vec{d} = \begin{pmatrix}4\\1\\8\end{pmatrix}$$

sind die Ecken A, B, C, D eines Tetraeders und durch

$\varepsilon\colon 3x + 4y + 6z = 24$

eine Ebene gegeben.

Zeichne das Tetraeder und die Ebene mit Hilfe des Dreiecks, in dem sie die Koordinatenachsen schneidet. Welche Kanten des Tetraeders können von der Ebene geschnitten werden? Ermittle diese Schnittpunkte und zeichne die Schnittfläche.

11. Der hier abgebildete Quader hat die Abmessungen $|OA| = 6$, $|OC| = 5$, $|OD| = 4$ Einheiten.

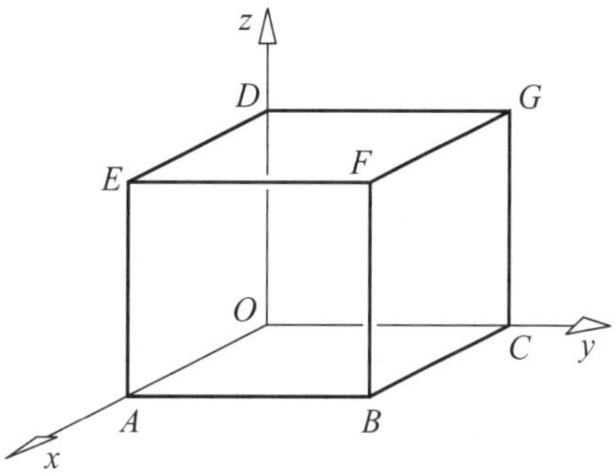

Abb. 1.2.–29

a) Berechne die Schnittgerade der beiden „Diagonaldreiecke“ AFD und EBG. Wie verläuft sie im Quader und wo schneidet sie ihn?

b) Die Ebene ε sei parallel zum Dreieck AFD und gehe durch den Mittelpunkt H der Strecke DG. Sie schneidet die Ebene IBK, wobei I der Mittelpunkt von AE ist und K die Strecke CG im Verhältnis $1:1$ $(1:3;\ 3:1)$ teilt. Berechne die jeweilige Schnittgerade.

12. Berechne die gemeinsamen Punkte der Ebenen ε, η, ζ und gib jeweils an, welche Lage die Ebenen zueinander haben.

a) $\varepsilon\colon 2x + y - 2z = -4$, $\eta\colon x + 3y - 3z = 1$,
$\zeta\colon 3x + 4y - 5z = 2$;

b) $\varepsilon\colon 2x + y - 2z = 1$, $\eta\colon x + 3y - 3z = 1$,
$\zeta\colon 3x + 4y - 5z = 2$;

c) $\varepsilon\colon 2x + y - 2z = -4$, $\eta\colon x + 3y - 3z = 1$,
$\zeta\colon 3x + 4y = 2$;

d) $\varepsilon\colon 2x + 7y - 8z = 1$, $\eta\colon x + 3y - 3z = 1$,
$\zeta\colon 3x + 4y - 5z = 0$.

13. Bestimme zeichnerisch mit *beliebigem* und rechnerisch mit den unten angegebenen Vektoren $\vec{a}, \vec{b}, \vec{c}$ die Ebene ε, die durch A geht und die Richtungsvektoren $\vec{b} - \vec{a}$ und $\vec{b} + \vec{c}$ hat; die Ebene η, die durch B geht und die Richtungsvektoren $\vec{c} - \vec{b}$ und $\vec{c} + \vec{a}$ hat; die Ebene ζ, die durch C geht und die Richtungsvektoren $\vec{a} - \vec{c}$ und $\vec{a} + \vec{b}$ hat. Wo schneiden sich die drei Ebenen? Analysiere die Situation geometrisch.

$$\vec{a}=\begin{pmatrix}0\\3\\0\end{pmatrix},\quad \vec{b}=\begin{pmatrix}-4\\-1\\0\end{pmatrix},\quad \vec{c}=\begin{pmatrix}0\\1\\2\end{pmatrix}.$$

14. Gegeben ist die Gerade $g:\vec{p}=\begin{pmatrix}3\\0\\-2\end{pmatrix}+s\begin{pmatrix}2\\3\\5\end{pmatrix}$.

a) Ermittle die Koordinatengleichungen der Ebenen ε, η und ζ, die alle die Gerade g enthalten, wobei ε außerdem durch den Punkt $(4|2|2)$, η durch den Punkt $(5|1|-1)$ und ζ durch den Punkt $(5|4|2)$ gehen soll.

b) Man berechne nun mittels der Koordinatengleichungen die gemeinsamen Punkte der drei Ebenen. Welche Besonderheit ergibt sich bei der Rechnung? Warum war sie zu erwarten?

15. Lege durch die Punkte $(3|-1|0)$, $(2|5|0)$ und $(-3|1|0)$ je eine Gerade mit dem Richtungsvektor $\vec{v}=\begin{pmatrix}2\\4\\1\end{pmatrix}$ und bestimme die Koordinatengleichungen der drei Ebenen, in denen je zwei dieser Geraden liegen. Was kann man über die gemeinsamen Punkte der drei Ebenen sagen und welche Konsequenz ergibt sich hieraus für die Lösung des zugehörigen Gleichungssystems? Führe die Rechnung aus.

16. Berechne die gemeinsamen Punkte der Ebenen ε, η und ζ, wobei ε durch die drei Punkte $(2|-2|5)$, $(6|2|1)$ und $(2|1|-4)$ gehen soll und die beiden anderen Ebenen durch $x+y-z=7$ bzw. $2x-3y-z=5$ gegeben sind. Analysiere die geometrische Situation.

17. Man gebe systematisch alle Fälle an, die als Lagebeziehungen dreier Ebenen im Hinblick auf ihre Schnittpunkte von Bedeutung sind. Gib für jeden Fall ein Beispiel in Form von Koordinatengleichungen der Ebenen an.

18. a) Begründe die im Text auf Seite 46 gemachte Aussage, dass der dort konstruierte Körper ein Spat sein muss, der das gegebene Tetraeder als „Diagonalentetraeder“ besitzt. Inwiefern sind dann von jeder Seitenfläche des Spats sogar *beide* Diagonalen nach Größe und Richtung schon durch das Tetraeder gegeben und wie könnte man diese Tatsache ausnutzen um die Ecken E, F, G, H des Spates viel einfacher zu berechnen und zu konstruieren als im Text? Führe beides durch und vergleiche.

b) Beweise durch Rechnung, dass der Spat, wie behauptet, ein Quader ist. Welche Eigenschaft müssen dann die Gegenkanten des Tetraeders haben? Formuliere das Ergebnis als „mathematischen Lehrsatz“ über Tetraeder, die das Diagonalentetraeder eines Quaders sind. Wie kann man bei solchen Tetraedern Länge und Richtung der Kanten des ihm umbeschriebenen Quaders *unmittelbar* bestimmen (d. h. ohne die fehlenden Quaderecken vorher auszurechnen)?

19. Schneidet man die Spitze einer Pyramide durch einen ebenen Schnitt ab, so nennt man den Restkörper einen *Pyramidenstumpf*.

Ein Körper $ABCDEFGH$ hat eine rechteckige Grundfläche $ABCD$ mit $|AB|=6$ und $|BC|=12$ Einheiten, die durch die Kanten AE, BF, CG und DH mit der Deckfläche $EFGH$ verbunden ist.

a) Zeichne den Körper in ein Koordinatensystem, wobei AB auf der positiven x-Achse und AD auf der positiven y-Achse liegen soll und

$$\vec{e}=\begin{pmatrix}1\\2\\6\end{pmatrix},\quad \vec{f}=\begin{pmatrix}5\\2\\6\end{pmatrix},\quad \vec{g}=\begin{pmatrix}5\\10\\6\end{pmatrix},\quad \vec{h}=\begin{pmatrix}1\\10\\6\end{pmatrix}$$

ist. Weise nach, dass es sich um einen Pyramidenstumpf handelt und berechne die Koordinaten der Spitze I der ursprünglichen Pyramide. Kann man I auch zeichnerisch bestimmen?

b) Berechne Volumen und Oberfläche des Pyramidenstumpfes.

c) Zeige, dass sich die Geraden CF und DE sowie die Geraden BG und AH jeweils schneiden und die beiden Schnittpunkte zusammen mit I auf einer Geraden liegen.

d) Bestimme die Gleichung der Schnittgeraden der Ebenen DBE und AFH.

20. Ein Erdaushub hat die Form einer „Wanne“, deren obere Öffnung $ABCD$ ein Rechteck mit den Seiten $|AB|=12$ und $|BC|=10$ Einheiten ist. Ihr Boden $EFGH$ ist ebenfalls rechteckig und hat die Seiten $|EF|=5$ und $|FG|=6$. Dabei ist $AB \parallel EF$ und $BC \parallel FG$ und die Verbindungsstrecke der Mittelpunkte der beiden Rechtecke steht senkrecht auf beiden und hat die Länge 5.

a) Zeichne die Wanne in ein Koordinatensystem so, dass $ABCD$ in der x-y-Ebene liegt und sein Mittelpunkt mit dem Nullpunkt zusammenfällt. Dabei soll AB parallel zur y-Achse sein und ebenso wie EF vorn liegen. Untersuche, ob der „Körper“ $ABCDEFGH$ ein Pyramidenstumpf (vgl. Aufgabe 19) ist.

b*) Berechne das Volumen des Erdaushubs.

21. $ABCD$ sei ein Quadrat mit $A=(0|0|0)$, $B=(8|0|0)$, $D=(0|8|0)$. Es wird durch die Kanten AE, BF, CG und DH mit der Deckfläche $EFGH$ verbunden, wobei

$$\vec{e}=\begin{pmatrix}1{,}5\\0{,}3\\3{,}6\end{pmatrix},\quad \vec{f}=\begin{pmatrix}7\\0{,}2\\2{,}4\end{pmatrix},\quad \vec{g}=\begin{pmatrix}7\\6{,}2\\2{,}4\end{pmatrix},\quad \vec{h}=\begin{pmatrix}1{,}5\\5{,}3\\3{,}6\end{pmatrix}$$

ist. Prüfe, ob es sich um einen Pyramidenstumpf (vgl. Aufgabe 19) handelt und bestimme gegebenenfalls die Spitze I der zugehörigen Pyramide.

22. Bei dem Körper $ABCDEF$ (Abb. 1.2.–30) soll es sich um den Pyramidenstumpf einer dreiseitigen Pyramide $ABCDG$ handeln. Was kann daran nicht stimmen?

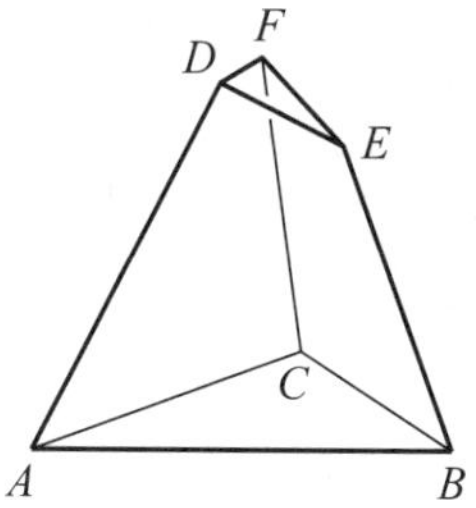

Abb. 1.2.–30

23. Gegeben sind die Ebenen ε und η.

$\varepsilon: 6x + y - z = 18; \quad \eta: 4x - 2y + z = 3.$

Gesucht ist die Gleichung einer Geraden g durch den Punkt $(1|-1|1)$, die weder ε noch η schneidet.

24. Die Grundfläche $ABCD$ einer quadratischen Pyramide ist gegeben durch

$$\vec{a} = \begin{pmatrix} 3 \\ 3 \\ 0 \end{pmatrix}, \quad \vec{b} = \begin{pmatrix} -3 \\ 3 \\ 0 \end{pmatrix}, \quad \vec{c} = \begin{pmatrix} -3 \\ -3 \\ 0 \end{pmatrix}, \quad \vec{d} = \begin{pmatrix} 3 \\ -3 \\ 0 \end{pmatrix}$$

und ihre Spitze E liegt senkrecht über dem Mittelpunkt in der Höhe 6.

a) Man zeige, dass die Punkte P und Q in der Seitenfläche ADE bzw. BCE liegen, wenn

$$\vec{p} = \begin{pmatrix} 2 \\ 0 \\ 2 \end{pmatrix} \quad \text{und} \quad \vec{q} = \begin{pmatrix} -2 \\ 0 \\ 2 \end{pmatrix}$$

ist.

b) Eine Spinne soll von P über die Oberfläche der Pyramide zum Punkt Q krabbeln. Bestimme zeichnerisch S auf der Kante AE und T auf der Kante BE, so dass der Weg der Spinne möglichst kurz wird. Vergleiche die Länge dieses Weges mit dem Luftweg von P nach Q und mit dem Weg über die Pyramidenoberfläche, der parallel zur Grundebene der Pyramide verläuft.

25. *(Durchdringung zweier Körper)* Ein Quader, der wie in Abb. 1.2.–29 im Koordinatensystem liegt, hat die Abmessungen $|OA| = 6, |OC| = 4, |OD| = 5$ Einheiten. Er wird von einem Tetraeder $HIKL$ „durchdrungen" mit

$$\vec{h} = \begin{pmatrix} 9 \\ 0 \\ 0 \end{pmatrix}, \quad \vec{i} = \begin{pmatrix} 0 \\ 6 \\ 0 \end{pmatrix}, \quad \vec{k} = \begin{pmatrix} 0 \\ 0 \\ 7{,}5 \end{pmatrix}, \quad \vec{l} = \begin{pmatrix} 4 \\ 5 \\ 3 \end{pmatrix}.$$

Man ermittle den „Schnittkörper" und zeichne ihn zusammen mit Quader und Tetraeder.

26. Wie Aufgabe 25 für $|OA| = 8, |OC| = 6, |OD| = 4$ und

$$\vec{h} = \begin{pmatrix} 12 \\ 0 \\ 0 \end{pmatrix}, \quad \vec{i} = \begin{pmatrix} 0 \\ 8 \\ 0 \end{pmatrix}, \quad \vec{k} = \begin{pmatrix} 0 \\ 0 \\ 6 \end{pmatrix}, \quad \vec{l} = \begin{pmatrix} 6 \\ 4 \\ 5 \end{pmatrix}.$$

27.* Von einem Tetraeder $ABCD$ ist die Seitenfläche ABC gegeben durch

$$\vec{a} = \begin{pmatrix} -2 \\ -6 \\ 0 \end{pmatrix}, \quad \vec{b} = \begin{pmatrix} -5 \\ 5 \\ 1 \end{pmatrix}, \quad \vec{c} = \begin{pmatrix} 5 \\ 1 \\ 0 \end{pmatrix}$$

und die Spitze D soll so bestimmt werden, dass die jeweiligen Gegenkanten, d. h. die Kanten, die sich gegenüberliegen, gleich lang sind.

28.* Nach dem Satz von THALES liegen die Scheitel aller rechten Winkel, deren Schenkel durch zwei feste Punkte gehen, auf dem Kreis über der Verbindungsstrecke der Punkte als Durchmesser. Man erläutere, dass *im Raum* der Ort aller dieser Punkte die *Kugel* ist, die die Verbindungsstrecke als Durchmesser hat, und berechne für die unten gegebenen Punkte A, B, C alle Punkte D, die verbunden mit A, B, C bei D jeweils einen rechten Winkel bilden.

$A = (-2|-6|0), \quad B = (-5|5|1), \quad C = (5|1|0)$

(Hinweis: Man beachte die Bemerkung auf S. 12).

29.* *(Berührkreise)* Wenn zwei Kreise sich *von außen* berühren, so ist die Summe ihrer Radien gleich dem Abstand ihrer Mittelpunkte. Gegeben seien nun drei Kreise der *Ebene* mit den Mittelpunkten $(-2{,}5|0)$, $(3{,}75|0)$, $(1{,}5|5{,}5)$ und den Radien 2,5 bzw. 3,75 bzw. 5. Berechne denjenigen Kreis, der alle drei Kreise von außen berührt, nach der gleichen Methode wie im Exkurs dieses Abschnittes. Inwiefern kann man dabei die *linearen* Gleichungen, die durch Subtraktion entstehen, als Ebenen *im Raum* interpretieren?

1.2.5 Komponentenfreie Vektorrechnung

Bei vielen Fragestellungen braucht man die Komponenten der Vektoren nicht zu kennen und kann dennoch eine Antwort finden. Wir erläutern an einem Beispiel, auf welchen Grundlagen das beruht, und knüpfen dabei an das Schnittpunktproblem von 1.2.1 an: In einem Spat, der durch drei von einer Ecke ausgehenden Vektoren $\vec{a}, \vec{b}, \vec{c}$ gegeben ist (Abb. 1.2.–31), wird die von dieser Ecke ausgehende Raumdiagonale

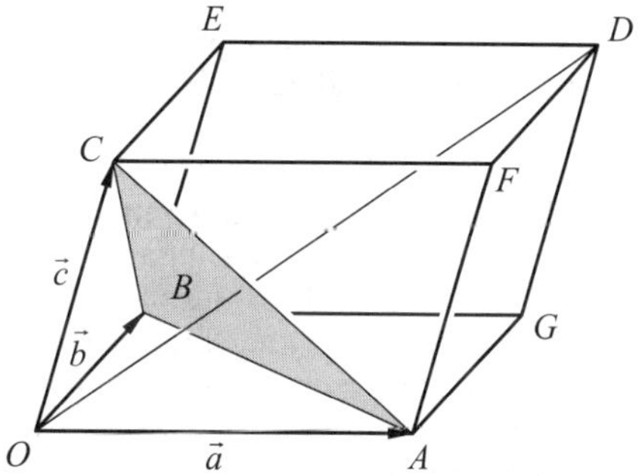

Abb. 1.2.–31

gezogen. Wo schneidet sie das zur Ecke gehörige Diagonalendreieck ABC?

Versucht man, die Aufgabe „wie immer" zu lösen, so muss man die Gleichung der Raumdiagonalen und der Dreiecksebene aufstellen. Weil aber kein Koordinatensystem vorgegeben ist, *stellen wir uns einfach vor*, dass der Punkt, von dem die Vektoren ausgehen, der Nullpunkt wäre. (Bei der Interpretation des Ergebnisses wird das dann zu berücksichtigen sein.) Dann lauten die Gleichungen

$$\vec{p} = s(\vec{a} + \vec{b} + \vec{c})$$

für die Raumdiagonale, da $\overrightarrow{OD}$ gleich $\vec{a} + \vec{b} + \vec{c}$ ist, und

$$\vec{p} = \vec{a} + s'(\vec{b} - \vec{a}) + t(\vec{c} - \vec{a})$$

für die Dreiecksebene. Gesucht sind die Parameter s, s' und t, so dass in beiden Fällen der gleiche Punkt, nämlich der Schnittpunkt, „erzeugt" wird:

$$s(\vec{a} + \vec{b} + \vec{c}) = \vec{a} + s'(\vec{b} - \vec{a}) + t(\vec{c} - \vec{a}).$$

Zunächst ist unklar, wie man eine solche Vektorgleichung überhaupt lösen kann. Die einzigen Rechenoperationen, die sich anbieten, sind *ausmultiplizieren* und *nach den Vektoren ordnen*:

$$s\vec{a} + s\vec{b} + s\vec{c} = (1 - s' - t)\vec{a} + s'\vec{b} + t\vec{c}.$$

Links und rechts steht jetzt eine Summe von gewissen Vielfachen von $\vec{a}, \vec{b}$ und $\vec{c}$ und beide Summen müssen gleich sein. Das ist sicher dann der Fall, wenn die jeweiligen Skalare übereinstimmen, also

$$\text{(i): } s = 1 - s' - t$$
$$\text{(ii): } s = s'$$
$$\text{(iii): } s = t$$

gilt. Ob dies aber die *einzige* Möglichkeit ist, können wir nicht ohne weiteres wissen. Von der geometrischen Situation her ist allerdings klar, dass es nur *eine* Lösung geben kann. Diese finden wir leicht, indem wir das obige lineare Gleichungssystem lösen, das wieder aus *drei* Gleichungen mit *drei* Variablen besteht. Nach (ii) und (iii) stimmen ihre Werte überein und (i) ergibt $s = s' = t = \frac{1}{3}$. Dies besagt, dass das Diagonalendreieck ein Drittel der Raumdiagonale abschneidet. Da der Schnittpunkt durch den Vektor $\frac{1}{3}(\vec{a} + \vec{b} + \vec{c})$ gegeben wird, handelt es sich um den *Schwerpunkt* des Dreiecks ABC, d.h. um den Schnittpunkt seiner Seitenhalbierenden. (Vgl. hierzu die Aufgabe 2 von 1.2.1.)

Von großer Bedeutung ist die Tatsache, dass das Ergebnis für *alle* Spate, speziell auch für *alle* Quader und Würfel gilt, da über die Länge und Richtung der Vektoren $\vec{a}, \vec{b}, \vec{c}$ nichts vorausgesetzt worden ist. Damit haben wir einen *allgemeinen geometrischen Satz* bewiesen. Allerdings erhält man auf diesem Wege nur Aussagen über *Teilverhältnisse*, nicht über *absolute Längen* und auch nicht über Winkel. Dazu bedarf es besonderer Methoden, die wir erst im nächsten Abschnitt 1.3 kennen lernen werden.

Wir kehren zum Problem der Vektorgleichung zurück und zeigen am Beispiel

$$\vec{a} = \begin{pmatrix} 4 \\ -1 \\ 5 \end{pmatrix}, \quad \vec{b} = \begin{pmatrix} -3 \\ 2 \\ -4 \end{pmatrix}, \quad \vec{c} = \begin{pmatrix} 6 \\ 1 \\ 7 \end{pmatrix},$$

dass der oben durchgeführte Schluss keineswegs unproblematisch ist. Wie man leicht nachrechnet, gilt nämlich die Vektorgleichung

$$\vec{a} + 7\vec{b} + 2\vec{c} = -5\vec{a} + 3\vec{b} + 4\vec{c},$$

aber die jeweiligen Skalare stimmen nicht überein! In einem solchen Fall ist es möglich, die Gleichung nach einem der Vektoren aufzulösen. Zum Beispiel ergibt sich hier $\vec{c} = 3\vec{a} + 2\vec{b}$. Man sagt: „$\vec{c}$ ist eine *Linearkombination* der Vektoren $\vec{a}$ und $\vec{b}$", oder auch: „$\vec{c}$ wird von $\vec{a}$ und $\vec{b}$ *linear erzeugt*." Mit diesen beiden Begriffen ist nichts anderes gemeint, als dass die beiden „linearen" Operationen des Vervielfachens und Addierens *mehrfach* angewendet worden sind. Das hier immer wieder auftretende Wort „linear" verweist dabei auf den geometrischen Hintergrund. Alle Linearkombinationen von $\vec{a}$ und $\vec{b}$ liegen nämlich in der von $\vec{a}$ und $\vec{b}$ aufgespannten *Ebene* (vgl. Abb. 1.2.–32), die ja geometrisch durch Parallelverschiebung einer Geraden (= geraden Linie) längs einer anderen Geraden erzeugt werden kann, also, wie man sagt, ein „linearer Raum" ist. Analog liegen alle Vektoren, die aus nur einem Vektor ($\neq \vec{0}$) linear erzeugt werden, auf einer Geraden, die damit den einfachsten linearen „Raum" darstellt.

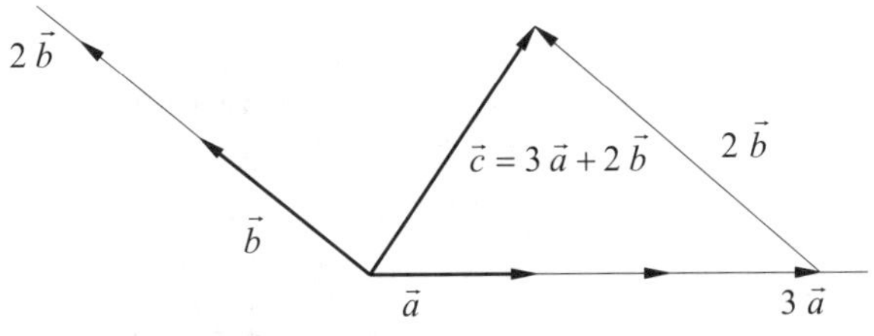

Abb. 1.2.–32

Wir fassen diese Überlegungen noch einmal systematisch zusammen.

(1) Es sei $\vec{a} \neq \vec{0}$. Dann bilden alle Vektoren $s\,\vec{a}$, die aus $\vec{a}$ linear erzeugt werden können, die von $\vec{a}$ „aufgespannte" Gerade. Dabei ist der Skalar s *durch den (erzeugten) Vektor eindeutig bestimmt*, denn zu verschiedenen Vektoren gehören auch verschiedene Skalare.

(2) Es sei wie oben $\vec{a} \neq \vec{0}$ und $\vec{b} \neq \vec{0}$ ein weiterer Vektor, der nicht aus $\vec{a}$ linear erzeugbar ist. Dann liegt $\vec{b}$ nicht auf der durch $\vec{a}$ gegebenen Geraden, sondern spannt zusammen mit $\vec{a}$ eine Ebene auf, die von den Linearkombinationen $s\vec{a} + t\vec{b}$ der Vektoren $\vec{a}$ und $\vec{b}$ gebildet wird. Dabei sind die Skalare s und t *wieder durch den Vektor eindeutig bestimmt*, wie unmittelbar aus der Konstruktion (Abb. 1.2.–32) abzulesen ist.

(3) Unter den Voraussetzungen, die in (2) über $\vec{a}$ und $\vec{b}$ getroffen sind, sei $\vec{c}$ ein Vektor, der nicht aus $\vec{a}$ und $\vec{b}$ linear erzeugbar ist. Dann liegt $\vec{c}$ nicht in der von $\vec{a}$ und $\vec{b}$ aufgespannten Ebene ε und alle Linearkombinationen $s\vec{a} + t\vec{b} + r\vec{c}$ bilden den gesamten dreidimensionalen Raum. Dass auch in diesem Falle die Skalare s, t und r durch den Vektor $\vec{d}$ *eindeutig bestimmt* sind, entnehmen wir der entsprechenden Konstruktion. (Vgl. hierzu Aufgabe 14 und Abb. 1.2.–33.)

Als grundlegend erweist sich hiernach ein Begriff, der die beiden möglichen Beziehungen zwischen Vektoren zum Ausdruck bringt: Vektoren heißen *linear unabhängig*, wenn keiner von ihnen durch die übrigen linear erzeugbar ist; andernfalls nennt man sie *linear abhängig*. Die geometrische Bedeutung dieser Beziehung halten wir im folgenden Kasten fest.

Lineare Unabhängigkeit von Vektoren

(i) Zwei Vektoren sind genau dann *linear unabhängig*, wenn sie nicht in einer Geraden liegen; drei Vektoren sind genau dann *linear unabhängig*, wenn sie nicht in einer Ebene liegen.

(ii) Zwei linear unabhängige Vektoren spannen eine Ebene auf, drei den gesamten Raum.

(iii) Die Darstellung eines Vektors als *Linearkombination linear unabhängiger Vektoren* ist stets nur auf genau eine Weise möglich. Zwei formal verschiedene Darstellungen des gleichen Vektors müssen daher identisch sein.

Da die Vektoren $\vec{a}, \vec{b}, \vec{c}$ in unserem Anfangsbeispiel einen Spat aufspannen, sind sie linear unabhängig. Also sind die Skalare in den beiden Darstellungen, die den gleichen Vektor ausdrücken, eindeutig bestimmt. Sie *müssen* daher bei jedem Vektor die Gleichen sein und unsere obige Vorgehensweise ist gerechtfertigt.

Bemerkung: Koeffizientenvergleich

Die zur Lösung des Schnittproblems angewendete Methode heißt die Methode des Koeffizientenvergleichs, weil die Koeffizienten derselben Vektoren gleichgesetzt werden. Sie ist, wie wir gesehen haben, immer dann anwendbar, wenn die Vektoren linear unabhängig sind.

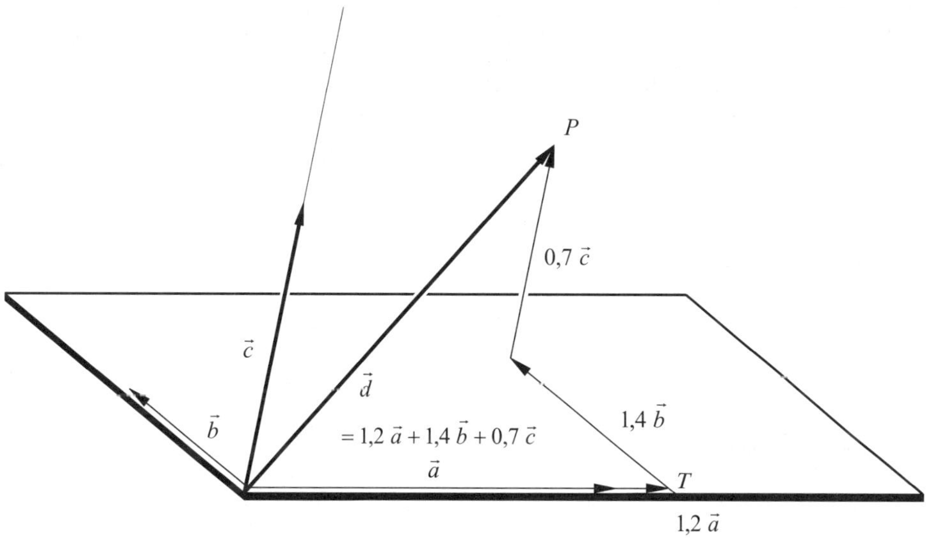

Abb. 1.2.–33

Aufgaben

1. Überprüfe die folgenden Vektoren mittels der Eigenschaft (i) auf lineare Unabhängigkeit.

a) $\begin{pmatrix}-84\\105\\63\end{pmatrix}, \begin{pmatrix}156\\-195\\-117\end{pmatrix}$; b) $\begin{pmatrix}2\\1\\0\end{pmatrix}, \begin{pmatrix}1\\0\\1\end{pmatrix}, \begin{pmatrix}0\\1\\-2\end{pmatrix}$;

c) $\begin{pmatrix}1\\-1\\0\end{pmatrix}, \begin{pmatrix}0\\1\\-1\end{pmatrix}, \begin{pmatrix}-1\\0\\1\end{pmatrix}$;

d) $\begin{pmatrix}1\\-1\\-1\end{pmatrix}, \begin{pmatrix}-1\\1\\-1\end{pmatrix}, \begin{pmatrix}-1\\-1\\1\end{pmatrix}$; e) $\begin{pmatrix}1\\2\\3\end{pmatrix}, \begin{pmatrix}3\\1\\2\end{pmatrix}, \begin{pmatrix}2\\3\\1\end{pmatrix}$;

f) $\begin{pmatrix}1\\-2\\3\end{pmatrix}, \begin{pmatrix}1\\3\\-2\end{pmatrix}, \begin{pmatrix}1\\-1\\2\end{pmatrix}$.

2. a) Zeige, dass die Vektoren $\vec{a}=\begin{pmatrix}-5\\-4\\1\end{pmatrix}$, $\vec{b}=\begin{pmatrix}-4\\4\\-4\end{pmatrix}$, $\vec{c}=\begin{pmatrix}-2\\4\\6\end{pmatrix}$ linear unabhängig sind und stelle $\vec{p}=\begin{pmatrix}-8\\-1\\1\end{pmatrix}$ als Linearkombination von $\vec{a}, \vec{b}, \vec{c}$ dar.

b) Die Vektoren $\vec{a}, \vec{b}, \vec{c}$ aus a) spannen einen Spat auf. Zeichne diesen Spat sowie den zu $\vec{p}$ gehörigen Punkt P mittels der in a) errechneten Linearkombination. Liegt P im Innern des Spates oder außerhalb?

c) Gib ein Verfahren an, wie man nach a) und b) bei einem *beliebigen* Spat überprüfen kann, ob ein gegebener Punkt P in seinem Innern liegt.

3.* Zeige mittels der auf Seite 40 hergeleiteten Koordinatengleichung, dass drei vom Nullvektor $\vec{o}$ verschiedene Vektoren $\vec{a}, \vec{b}, \vec{c}$ genau dann linear abhängig sind, wenn für ihre Komponenten die Beziehung

$$(a_2 b_3 - a_3 b_2) c_1 + (a_3 b_1 - a_1 b_3) c_2 + (a_1 b_2 - a_2 b_1) c_3 = 0$$

gilt. (Hinweis: Man muss *zwei Fälle* unterscheiden.)

4. Die Vektoren $\vec{a}, \vec{b}, \vec{c}$ seien linear unabhängig. Dann gilt:

a) $\vec{a}+\vec{b}, \vec{b}+\vec{c}, \vec{c}+\vec{a}$;

b) $\vec{a}+\vec{b}+\vec{c}, \vec{a}-\vec{b}+\vec{c}, \vec{a}+\vec{b}-\vec{c}$

sind linear unabhängig. Begründe diese Aussage anschaulich durch geometrische Deutung der Vektoren.

5. Die Vektoren $\vec{a}, \vec{b}$ mögen ein Dreieck aufspannen. Dann sind je zwei der Vektoren

$$\tfrac{1}{2}\vec{a}+\tfrac{1}{2}\vec{b}, \quad \vec{a}-\tfrac{1}{2}\vec{b}, \quad -\tfrac{1}{2}\vec{a}+\vec{b}$$

linear unabhängig und der jeweils dritte ist eine Linearkombination der beiden andern. Man begründe diese Aussage *rechnerisch*. Welche geometrische Bedeutung haben die Vektoren?

6. Durch den Mittelpunkt des Spates in Abb. 1.2.–31 wird eine Ebene ε parallel zur Fläche des Diagonaldreiecks ABC gelegt. Man zeige, dass diese die Kanten CF, FA, AG, GB, BE und EC in ihren Mittelpunkten schneidet und die Schnittfigur ein *punktsymmetrisches* Sechseck bildet. (Gegenüberliegende Ecken sind Spiegelbilder bezüglich des Sechseckmittelpunktes.)

7. Wie Aufgabe 6, wobei die Ebene ε nicht durch den Mittelpunkt, sondern durch den Punkt mit dem Ortsvektor $\frac{5}{12}\overrightarrow{OD}$ gehen soll. Welche besondere Lage haben jetzt die Schnittpunkte und was kann man über die Gestalt der Schnittfigur sagen?

8. Durch die Punkte E, F und G des Spates in Abb. 1.2.–31 wird die Parallele zur Raumdiagonale OD gezogen und in den Punkten H, K, L mit der Ebene des Dreiecks ABC zum Schnitt gebracht.

Berechne H, K und L und zeige, dass sich die Geraden AH, BK und CL in einem Punkt schneiden. Um welchen besonderen Punkt handelt es sich dabei?

9. Durch den Punkt P mit dem Ortsvektor $\vec{p}=3\vec{a}$ (Abb. 1.2.–31) und die Punkte B und E wird eine Ebene ε gelegt. Berechne ihren Schnittpunkt K mit der Kante FD und den Schnittpunkt L der Geraden PK und EB. Warum *müssen* sich diese beiden Geraden schneiden?

10.* Verallgemeinere Aufgabe 9 für den Fall, dass P eine beliebige Lage auf der Geraden OA annimmt. Welche Punkte müssen ausgeschlossen bleiben?

11. Ein Tetraeder $OABC$ wird von den Vektoren $\vec{a}, \vec{b}, \vec{c}$ aufgespannt. Punkt D teilt die Strecke OA im Verhältnis $3:4$, E die Strecke AB im Verhältnis $1:5$, F die Strecke BC im Verhältnis $4:3$ und G die Strecke CO im Verhältnis $5:1$. Zeige, dass sich die Strecken DF und GE schneiden und bestimme das jeweilige Verhältnis. Was fällt dabei auf?

12.* Verallgemeinere Aufgabe 11.

13. a) Berechne die Schnittpunkte der Seitenhalbierenden OE und OF mit der Diagonalen AB des Parallelogramms, das von den Vektoren $\vec{a}$ und $\vec{b}$ aufgespannt wird (Abb. 1.2.–34).

b*) Welcher Zusammenhang besteht zwischen der Aufgabe a) und den im Text hergeleiteten Spateigenschaften?

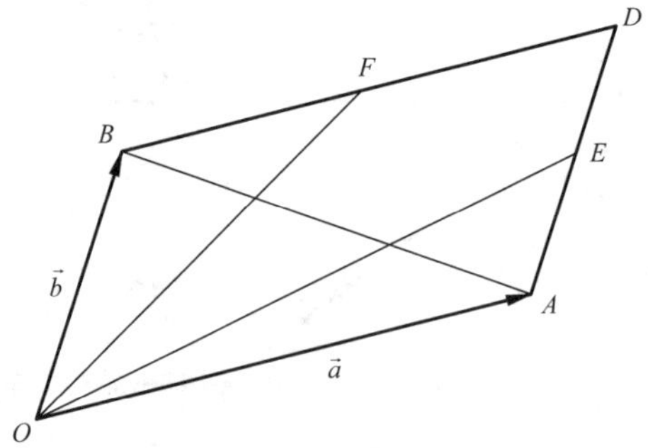

Abb. 1.2.–34

14. Man begründe anhand von Abb. 1.2.–33, warum die Parallele zum Vektor $\vec{c}$ durch den Punkt P die Ebene ε in genau einem Punkt S schneidet und der Vektor $\overrightarrow{SP}$ daher eindeutig festliegt. Entsprechend erkläre man die Konstruktion von T und damit schließlich die Gleichung $\vec{d} = 1{,}2\,\vec{a} + 1{,}4\,\vec{b} + 0{,}7\,\vec{c}$ als *eindeutige Zerlegung* von $\vec{d}$ in Richtung der drei Vektoren $\vec{a}, \vec{b}, \vec{c}$.
15. Zwei Punkte A und P im Raum seien durch die Vektoren $\overrightarrow{OA} = \vec{a}$ und $\overrightarrow{OP} = \vec{p}$ gegeben. Dann gibt der Vektor $\overrightarrow{OP'} = 2\,\vec{a} - \vec{p}$ den Punkt P', der durch Spiegelung von P an A entsteht, an.
   a) Begründe diese Aussage.
   b) B und C seien zwei weitere Punkte, gegeben durch $\overrightarrow{OB} = \vec{b}$, $\overrightarrow{OC} = \vec{c}$; P'' der Spiegelpunkt von P' an B, P''' der Spiegelpunkt von P'' an C, $P^{(4)}$ der Spiegelpunkt von P''' wieder an A und so weiter. Berechne die zugehörigen Vektoren und zeige, dass sich bei der zweiten Spiegelung an C wieder Punkt P ergibt. Ist dieses Ergebnis davon abhängig, ob $\vec{a}, \vec{b}, \vec{c}$ linear unabhängig sind oder nicht?
16. Abb. 1.2.–35 zeigt ein Dreieck, das von den Vektoren $\overrightarrow{AB} = \vec{a}$, $\overrightarrow{AC} = \vec{b}$ aufgespannt wird. Punkt P sei durch den Vektor $\overrightarrow{AP} = s\,\vec{a}$ mit $s \neq 0; 1$ festgelegt. Von P aus zieht man $PQ \parallel BC$, $QR \parallel AB$, $RP' \parallel AC$ und so weiter.
   a) Man zeige durch Berechnung von Q, R, P', Q', R', dass sich der Parallelenzug stets schließt. Welche Beziehung besteht jeweils zwischen P und P', Q und Q', R und R'?
   b) Wie muss man den Punkt P wählen, damit sich der Parallelenzug schon nach einem Umlauf schließt?
   c*) Bei welcher Lage von P fallen die drei *inneren* Schnittpunkte des Parallelenzuges zusammen?

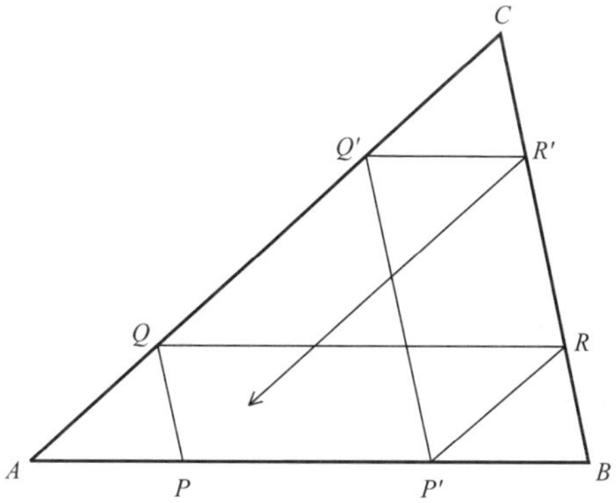

Abb. 1.2.–35

1.3 Ausbau der Vektorrechnung

Mittels der bis hierhin entwickelten Vektorrechnung lassen sich so wichtige geometrische Fragen wie die folgenden nicht untersuchen:

- Wann stehen zwei Vektoren *senkrecht* aufeinander?
- Wie bestimmt man *Winkel* zwischen Geraden und/oder Ebenen?
- Wie groß ist der *Flächeninhalt* eines Dreiecks, das von zwei Vektoren, wie groß das *Volumen* eines Tetraeders, das von drei Vektoren aufgespannt wird?

Erst wenn man die *Abstandsformel* hinzunimmt, die wir bereits in 1.1.3 eingeführt haben, kann man überhaupt die *Länge* eines Vektors berechnen. Man nennt sie den *Betrag des Vektors* und schreibt diesen wie den Abstand zweier Punkte mittels Betragsstrichen.

Betrag eines Vektors

Unter dem *Betrag eines Vektors* versteht man seine Länge:

$$|\vec{a}| = \sqrt{a_1^2 + a_2^2 + a_3^2}.$$

Die Bearbeitung der oben angeführten Fragen führt auf *zwei neue multiplikative Verknüpfungen* von Vektoren, die beide im Hinblick auf ihr Ergebnis „Produkt“ genannt werden, obwohl sie ganz unterschiedlich sind. Mit welchem Recht das trotzdem geschieht, werden die folgenden Paragraphen zeigen.

1.3.1 Das Skalarprodukt – Abstandsbestimmungen

Fragt man, wann zwei Vektoren $\vec{a}$ und $\vec{b}$ *orthogonal*, d. h. senkrecht zueinander, sind, dann liegt die Anwendung des Satzes von PYTHAGORAS nahe. Denn ein Dreieck ist genau dann rechtwinklig, wenn es diesem Satz genügt. Die Beziehung $\vec{a} \perp \vec{b}$ ist demnach gleichbedeutend mit $|\vec{a}|^2 + |\vec{b}|^2 = |\vec{a} - \vec{b}|^2$ (vgl. Abb. 1.3.–1), d. h. nach Definition des Betrages mit

$$a_1^2 + a_2^2 + a_3^2 + b_1^2 + b_2^2 + b_3^2 = (a_1 - b_1)^2 + (a_2 - b_2)^2 + (a_3 - b_3)^2.$$

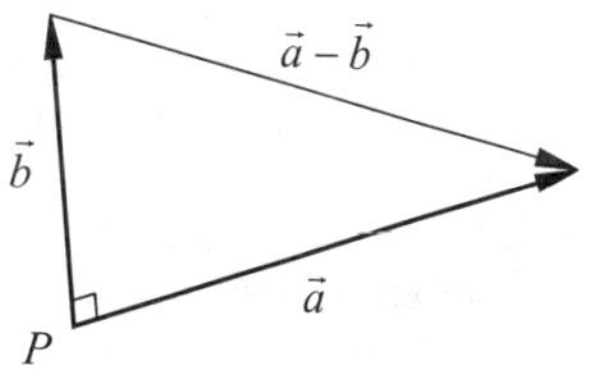

Abb. 1.3.–1

Durch Ausmultiplizieren und Vereinfachen folgt hieraus die Äquivalenz

$$\vec{a} \perp \vec{b} \Leftrightarrow a_1 b_1 + a_2 b_2 + a_3 b_3 = 0\,.$$

Dementsprechend können wir die am Schluss des dritten Beispiels auf Seite 46 gemachte Aussage, dass der dortige Spat sogar ein Quader sei, leicht beweisen. Wir berechnen die Vektoren $\overrightarrow{AE}, \overrightarrow{AF}, \overrightarrow{AH}$ (Abb. 1.2.–25) und setzen ihre Komponenten in die eben hergeleitete Orthogonalitätsbedingung ein. Mit

$$\overrightarrow{AE} = \begin{pmatrix} -1 \\ -5 \\ 4 \end{pmatrix}, \quad \overrightarrow{AF} = \begin{pmatrix} -4 \\ 4 \\ 4 \end{pmatrix}, \quad \overrightarrow{AH} = \begin{pmatrix} -6 \\ -2 \\ -4 \end{pmatrix},$$

gilt in der Tat

$$\begin{aligned} (-1)\cdot(-4) + (-5)\cdot 4 + 4\cdot 4 &= 0\,, \\ (-4)\cdot(-6) + 4\cdot(-2) + 4\cdot(-4) &= 0\,, \\ (-6)\cdot(-1) + (-2)\cdot(-5) + (-4)\cdot 4 &= 0\,. \end{aligned}$$

Die drei Vektoren sind also paarweise senkrecht zueinander.

Die in der Orthogonalitätsbedingung auftretende Produktsumme $a_1 b_1 + a_2 b_2 + a_3 b_3$ bezeichnet man als „Skalarprodukt" der beiden Vektoren $\vec{a}$ und $\vec{b}$ und schreibt dafür $\vec{a} \cdot \vec{b}$ oder kurz $\vec{a}\vec{b}$. Das Wort *Skalarprodukt* kann dabei, rein äußerlich betrachtet, so gedeutet werden, dass die Verknüpfung der Vektoren $\vec{a}$ und $\vec{b}$ als „Produkt" einen „Skalar", also *eine reelle Zahl und keinen Vektor*, hervorbringt. Damit allein ist die neue Bezeichnung aber nicht gerechtfertigt. Entscheidend ist, dass grundlegende Gesetzmäßigkeiten, die für die Multiplikation von Zahlen gelten, auch bei der skalaren Multiplikation von Vektoren erfüllt sind. Da sie leicht durch „Komponentenrechnung" zu beweisen sind (Aufgabe!), stellen wir sie hier nur zusammen.

Eigenschaften des Skalarprodukts

Definition: $\vec{a}\vec{b} = a_1 b_1 + a_2 b_2 + a_3 b_3$

Kommutativgesetz: $\vec{a}\vec{b} = \vec{b}\vec{a}$

Gemischtes Assoziativgesetz: $(s\vec{a})\vec{b} = s(\vec{a}\vec{b}) = \vec{a}(s\vec{b})$

Distributivgesetz: $\vec{a}(\vec{b} + \vec{c}) = \vec{a}\vec{b} + \vec{a}\vec{c}$

Quadratgesetz: $\vec{a}^2 = |\vec{a}|^2; \quad \sqrt{\vec{a}^2} = |\vec{a}|\,.$

Der Nutzen des Skalarproduktes ergibt sich aus seiner geometrischen Bedeutung. Zwei solche Bedeutungen kennen wir bereits: Das Skalarprodukt ist genau dann gleich null, wenn die Vektoren senkrecht aufeinander stehen, und das Quadrat eines Vektors stimmt mit dem Quadrat seiner Länge überein. Wenn nun ein Vektor $\vec{b}$ mit einem Vektor $\vec{a}$ einen beliebigen Winkel α bildet, dann können wir ihn, wie Abb. 1.3.–2 zeigt, in zwei Vektoren $\vec{b_1}$ und $\vec{b_2}$ zerlegen, von denen $\vec{b_1}$ ein Vielfaches $s\vec{a}$ von $\vec{a}$ und $\vec{b_2}$ senkrecht zu $\vec{a}$ ist. Mit den

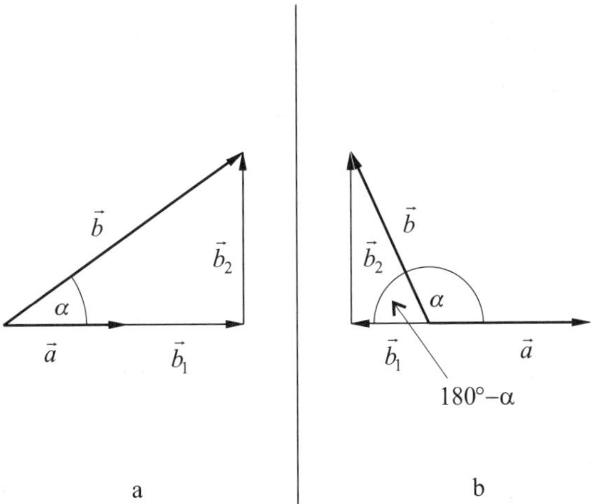

Abb. 1.3.–2

Rechenregeln für das Skalarprodukt folgt dann

$$\vec{a}\vec{b} = \vec{a}(\vec{b_1} + \vec{b_2}) = \vec{a}(s\vec{a} + \vec{b_2}) = s\vec{a}^2 + \vec{a}\vec{b_2} = s|\vec{a}|^2,$$

weil $\vec{a}\vec{b_2} = 0$ ist. Wir bestimmen nun noch den Skalar s. Gemäß Abb. 1.3.–2a bzw. b ist

$\cos\alpha = \dfrac{\lvert\vec{b_1}\rvert}{\lvert\vec{b}\rvert}$	$\cos\alpha = -\cos(180° - \alpha) = -\dfrac{\lvert\vec{b_1}\rvert}{\lvert\vec{b}\rvert},$
also	
$\lvert\vec{b_1}\rvert = \lvert\vec{b}\rvert\cos\alpha$	$\lvert\vec{b_1}\rvert = -\lvert\vec{b}\rvert\cos\alpha$
und schließlich	
$s = \dfrac{\lvert\vec{b_1}\rvert}{\lvert\vec{a}\rvert} = \dfrac{\lvert\vec{b}\rvert}{\lvert\vec{a}\rvert}\cos\alpha$	$s = -\dfrac{\lvert\vec{b_1}\rvert}{\lvert\vec{a}\rvert} = \dfrac{\lvert\vec{b}\rvert}{\lvert\vec{a}\rvert}\cos\alpha\,.$

In beiden Fällen erhalten wir denselben Ausdruck für s. Damit gilt allgemein:

$$\vec{a}\vec{b} = s|\vec{a}|^2 = \frac{|\vec{b}|}{|\vec{a}|}\cos\alpha \cdot |\vec{a}|^2 = |\vec{a}||\vec{b}|\cos\alpha\,.$$

Aus dieser Formel gewinnen wir noch eine zweite Kennzeichnung des Skalarprodukts. In der obigen Herleitung ist nämlich der Vektor $\vec{b_1}$ die *senkrechte Projektion* von $\vec{b}$ in die Richtung von $\vec{a}$ und s ist der Skalar, mit dem man $\vec{a}$ vervielfachen muss, um $\vec{b_1}$ zu erhalten. Für diesen Faktor gilt nun

$$s = \frac{|\vec{b}|}{|\vec{a}|}\cos\alpha = \frac{|\vec{b}|}{|\vec{a}|} \cdot \frac{\vec{a}\vec{b}}{|\vec{a}||\vec{b}|} = \frac{\vec{a}\vec{b}}{\vec{a}^2} = \vec{a}\vec{b},$$

Letzteres, falls $|\vec{a}| = 1$ ist. Das Skalarprodukt gibt also an, mit welchem Faktor man den *Einheitsvektor* in einer vorgegebenen Richtung ($\vec{a}$) multiplizieren muss, um die Projektion des anderen Vektors ($\vec{b}$) in dieser Richtung zu erhalten.

In der folgenden Übersicht fassen wir die eben hergeleiteten Beziehungen noch einmal kurz zusammen.

> *Anwendungen des Skalarprodukts*
>
> *Orthogonalität:* $\vec{a} \perp \vec{b} \Leftrightarrow \vec{a}\vec{b} = 0$
>
> *Längenberechnung:* $(\vec{a} - \vec{b})^2 = \vec{a}^2 - 2\vec{a}\vec{b} + \vec{b}^2 = \vec{a}^2 - 2|\vec{a}||\vec{b}|\cos\alpha + \vec{b}^2$
>
> *Winkelberechnung:* $\cos \sphericalangle(\vec{a}, \vec{b}) = \dfrac{\vec{a}\vec{b}}{|\vec{a}||\vec{b}|}$
>
> *Senkrechte Projektion* von $\vec{b}$ auf $\vec{a}$: $\vec{b_1} = \left(\dfrac{\vec{a}\vec{b}}{\vec{a}^2}\right)\vec{a}$

Als besonders wichtiges Beispiel für die Anwendungen des Skalarprodukts betrachten wir nun die Abstandsberechnungen und gehen auf die weiteren Anwendungen erst im nächsten Paragraphen ein.

Abstand eines Punktes von einer Geraden

Wir entnehmen Abb. 1.3.–3, dass für den Fußpunkt P des Lotes von B auf g gemäß der Orthogonalitätsbedingung die Gleichung

$$0 = (\vec{b} - \vec{p})\vec{v} = (\vec{b} - \vec{a} - s\vec{v})\vec{v} = (\vec{b} - \vec{a})\vec{v} - s\vec{v}^2$$

gelten muss. Aus dieser ergibt sich durch Auflösen nach s

$$s = \frac{(\vec{b} - \vec{a})\vec{v}}{\vec{v}^2}.$$

Damit ist $\vec{p} = \vec{a} + s\vec{v}$ und der Abstand $|\vec{b} - \vec{p}|$ leicht auszurechnen.

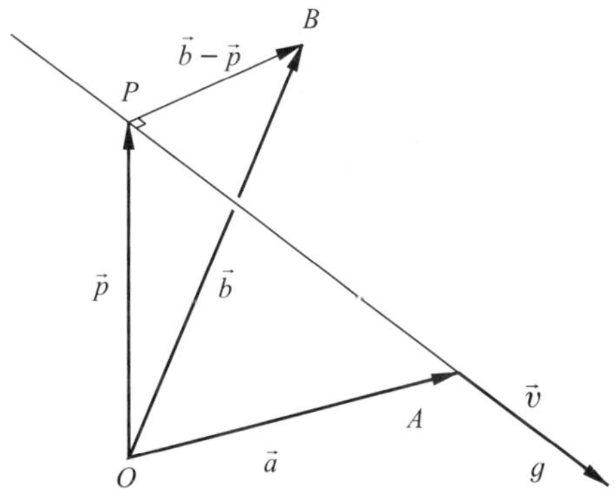

Abb. 1.3.–3

Abstand eines Punktes von einer Ebene und die Normale einer Ebene

Wird die Ebene durch zwei Vektoren $\vec{v}$ und $\vec{u}$ aufgespannt, so kann man zunächst einen Vektor $\vec{n}$ bestimmen, der sowohl zu $\vec{v}$ als auch zu $\vec{u}$ orthogonal ist. Ein solcher Vektor heißt eine *Normale* oder ein Normalenvektor der Ebene. Mit Blick auf die *Koordinatengleichung* von Seite 40 erweist sich die entsprechende Rechnung jedoch als überflüssig. Die Gleichung

$$(v_2 u_3 - v_3 u_2)(x - a_1) + (v_3 u_1 - v_1 u_3)(y - a_2) + (v_1 u_2 - v_2 u_1)(z - a_3) = 0$$

hat nämlich die Form der Orthogonalitätsbedingung, angewandt auf die beiden Vektoren

$$\begin{pmatrix} v_2 u_3 - v_3 u_2 \\ v_3 u_1 - v_1 u_3 \\ v_1 u_2 - v_2 u_1 \end{pmatrix}, \quad \begin{pmatrix} x - a_1 \\ y - a_2 \\ z - a_3 \end{pmatrix}.$$

Hierbei ist der zweite Vektor $\vec{p} - \vec{a}$, wobei $\vec{p}$ und $\vec{a}$ die Ortsvektoren zweier Punkte P und A sind, die in der betreffenden Ebene liegen. Der Vektor $\vec{p} - \vec{a} = \overrightarrow{AP}$ liegt somit *in* der Ebene und stellt, weil P *jeder* Punkt der Ebene sein kann, *alle von A ausgehenden und in der Ebene verlaufenden Vektoren dar*. Folglich ist der erste Vektor ein Vektor, der auf allen diesen Vektoren $\overrightarrow{AP}$ senkrecht steht, insbesondere also auch auf den beiden Richtungsvektoren $\vec{v}$ und $\vec{u}$. Man überprüft das leicht, indem man ihn mit $\vec{v}$ und $\vec{u}$ skalar multipliziert (Aufgabe!). Als Ergebnis halten wir fest:

> *Normale einer Ebene*
>
> Wird eine Ebene von zwei Vektoren $\vec{v}$ und $\vec{u}$ aufgespannt, so ist
>
> $$\vec{n} = \begin{pmatrix} v_2 u_3 - v_3 u_2 \\ v_3 u_1 - v_1 u_3 \\ v_1 u_2 - v_2 u_1 \end{pmatrix}$$
>
> ein *Normalenvektor* der Ebene. Der Vektor $\vec{n}$ steht auf $\vec{v}$ und $\vec{u}$ senkrecht.

Man kann die Koordinatengleichung einer Ebene ε unmittelbar hinschreiben, wenn man einen Normalenvektor $\vec{n}$ und den Ortsvektor $\vec{a}$ eines Punktes A von ε kennt. Wegen $\vec{p} - a \perp \vec{n}$ gilt nämlich für einen beliebigen Punkt P der Ebene mit Orsvektor $\vec{p}$

$$\vec{n}(\vec{p} - \vec{a}) = 0 \quad \text{oder} \quad \vec{n}\vec{p} = \vec{n}\vec{a} = k.$$

Umgekehrt liest man aus einer Ebenengleichung wie z. B. $2x - 3y + 6z = -16$ unmittelbar ab, dass der Vektor, gebildet aus den Koeffizienten von x, y und z, ein Normalenvektor $\vec{n}$ der Ebene ist, hier also $\vec{n} = \begin{pmatrix} 2 \\ -3 \\ 6 \end{pmatrix}$.

Wollen wir nun den Abstand eines Punktes B von der Ebene ε mit der Gleichung $\vec{n}\vec{p} = k$ bestimmen, so fällen wir von B das Lot auf ε. Seine Parameterdarstellung lautet infolgedessen $\vec{p} = \vec{b} + s\vec{n}$ (vgl. Abb. 1.3.–4). Das Lot bringen wir mit ε zum Schnitt, indem wir $\vec{b} + s\vec{n}$ für $\vec{p}$ in die Gleichung von ε einsetzen und nach s auflösen. Aus $\vec{n}(\vec{b} + s\vec{n}) = k$ folgt dann durch Ausmultiplizieren und Umstellen $s = \dfrac{k - \vec{n}\vec{b}}{\vec{n}^2}$ und für den Abstand gilt:

$$|BP| = |\vec{p} - \vec{b}| = |s\vec{n}| = |s|\,|\vec{n}| = \frac{|k - \vec{n}\vec{b}|}{\vec{n}^2} \cdot |\vec{n}|.$$

Berücksichtigt man noch, dass $\vec{n}^2 = |\vec{n}|^2$ ist, so kann man durch $|\vec{n}|$ kürzen und wegen $|k - \vec{n}\vec{b}| = |\vec{n}\vec{b} - k|$ erhält man schließlich die übliche Form der

Abstandsformel

Der Abstand eines Punktes B, gegeben durch seinen Ortsvektor $\vec{b}$, von der Ebene mit der Koordinatengleichung $\vec{n}\vec{p} = k$ beträgt

$$\frac{|\vec{n}\vec{b} - k|}{|\vec{n}|}.$$

Bemerkung: Normiert man den Normalenvektor $\vec{n}$ auf die Länge 1, so stimmt die Ebenengleichung

$$\vec{n} \cdot \vec{p} = k$$

mit der Hesse'schen Normalform von Seite 19, Aufgabe 22, überein. Schreibt man diese Gleichung in der Form

$$\vec{n} \cdot \vec{p} - k = 0,$$

so ergibt sich der Abstand eines (durch den Ortsvektor $\vec{b}$ gegebenen) Punktes B von der Ebene, indem man in der linken Seite dieser Gleichung $\vec{p}$ durch $\vec{b}$ ersetzt und den Betrag bildet. Das Ergebnis von Seite 19, Aufgabe 22, ist als Sonderfall in dieser Formel enthalten. Vgl. auch die folgende Aufgabe 14.

Abstand zweier windschiefer Geraden

Spannt man eine Schraubenfeder zwischen zwei windschiefe Stangen und lässt die Enden auf Rollen laufen, so werden diese, da sich die Feder möglichst stark zusammenziehen möchte, schließlich eine solche Position einnehmen, bei der die Feder zu beiden Stangen orthogonal ist (warum?). Damit ist anschaulich klar, dass der Abstand zweier windschiefer Geraden durch das *Gemeinlot* repräsentiert wird. Wir werden dies am Schluss beweisen.

Zunächst betrachten wir ein Beispiel. Es sei

$$g\colon \vec{p} = \begin{pmatrix} 4 \\ -7 \\ -2 \end{pmatrix} + s\begin{pmatrix} 3 \\ -4 \\ -2 \end{pmatrix}, \quad h\colon \vec{q} = \begin{pmatrix} -7 \\ 1 \\ -8 \end{pmatrix} + t\begin{pmatrix} 2 \\ -1 \\ -1 \end{pmatrix}.$$

Der Vektor $\overrightarrow{PQ} = \vec{q} - \vec{p}$ muss sowohl zu $\vec{v}$ als auch zu $\vec{u}$ senkrecht sein (vgl. Abb. 1.3.–5). Also muss das Skalarprodukt von

$$\vec{q} - \vec{p} = \begin{pmatrix} -11 \\ 8 \\ -6 \end{pmatrix} + t\begin{pmatrix} 2 \\ -1 \\ -1 \end{pmatrix} - s\begin{pmatrix} 3 \\ -4 \\ -2 \end{pmatrix}$$

mit $\vec{v} = \begin{pmatrix} 3 \\ -4 \\ -2 \end{pmatrix}$ und $\vec{u} = \begin{pmatrix} 2 \\ -1 \\ -1 \end{pmatrix}$ gleich null sein. Hieraus resultieren die beiden linearen Gleichungen

(i): $-53 + 12t - 29s = 0$

(ii): $-24 + 6t - 12s = 0$

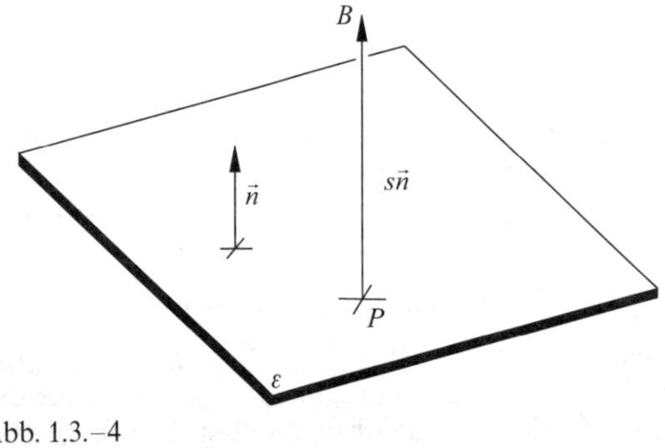

Abb. 1.3.–4

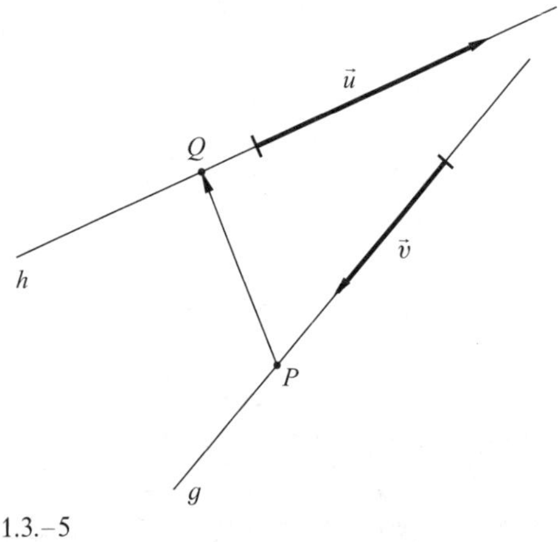

Abb. 1.3.–5

mit den Lösungen $s = -1$, $t = 2$. So erhalten wir

$$\overrightarrow{p_0} = \begin{pmatrix} 1 \\ -3 \\ 0 \end{pmatrix}, \quad \overrightarrow{q_0} = \begin{pmatrix} -3 \\ -1 \\ -10 \end{pmatrix}$$

für die Ortsvektoren der Lotfußpunkte sowie $|\overrightarrow{q_0} - \overrightarrow{p_0}| = \sqrt{120} = 2\sqrt{30}$ für den Abstand von g und h, nämlich die Länge des Gemeinlotes.

Beweis, dass das Gemeinlot die kürzeste aller möglichen Verbindungsstrecken PQ darstellt.

P_0 und Q_0 seien die Fußpunkte des Gemeinlotes. Dann gilt für beliebige Punkte P, Q der Geraden

$$\vec{p} = \vec{p}_0 + s\,\vec{v} \quad \text{bzw.} \quad \vec{q} = \vec{q}_0 + t\,\vec{u}.$$

Zum Beweis der Behauptung $|\vec{q} - \vec{p}| \geq |\vec{q}_0 - \vec{p}_0|$ berechnen wir $(\vec{q} - \vec{p})^2$ unter Beachtung von $\vec{v}(\vec{q}_0 - \vec{p}_0) = \vec{u}(\vec{q}_0 - \vec{p}_0) = 0$:

$$\begin{aligned}(\vec{q} - \vec{p})^2 &= (\vec{q}_0 - \vec{p}_0 + s\,\vec{v} - t\,\vec{u})^2 \\ &= (\vec{q}_0 - \vec{p}_0)^2 + 2s\,\vec{v}(\vec{q}_0 - \vec{p}_0) - 2t\,\vec{u}(\vec{q}_0 - \vec{p}_0) + (s\,\vec{v} - t\,\vec{u})^2 \\ &= (\vec{q}_0 - \vec{p}_0)^2 + (s\,\vec{v} - t\,\vec{u})^2 \geq (\vec{q}_0 - \vec{p}_0)^2.\end{aligned}$$

Damit ist alles gezeigt.

Exkurs: Kurvenanpassung

Seit einiger Zeit wird in der Öffentlichkeit der „Treibhauseffekt" diskutiert, als dessen Hauptursache das Ansteigen des CO_2-Gehaltes der Luft gilt. In Tabelle 1 sind die mittleren CO_2-Konzentrationen in Millionstel angegeben, die von 1982 bis 1988 in dem *Mauna-Loa-Klimaobservatorium* gemessen worden sind. Trägt man sie in ein Koordinatensystem ein (Abb. 1.3.–6), so lässt die Darstellung einen „linearen Trend" vermuten. Dahinter verbirgt sich die Vorstellung, dass die Abweichungen der Punkte von einer Geraden auf zufälligen Einflüssen beruhen. Ob dem so ist, kann die Mathematik nicht entscheiden. Aber es ist mit ihrer Hilfe möglich eine Gerade zu finden, die sich „am besten" an die Punktmenge anpasst.

Jahr	CO_2-Konzentration
1982	340
1983	342
1984	343
1985	345
1986	347
1987	348
1988	351

Tabelle 1

Die gesuchte Gerade wird durch eine Funktion der Form $g(x) = s\,x + t$ beschrieben. Hierin nehmen wir x als Zahl der Jahre von 1982 an und der Funktionswert soll den (idealen) *Zuwachs* der Konzentration – ebenfalls von 1982 an – beschreiben, der den durch die Messwerte gegebenen realen Zuwachs möglichst gut approximiert.

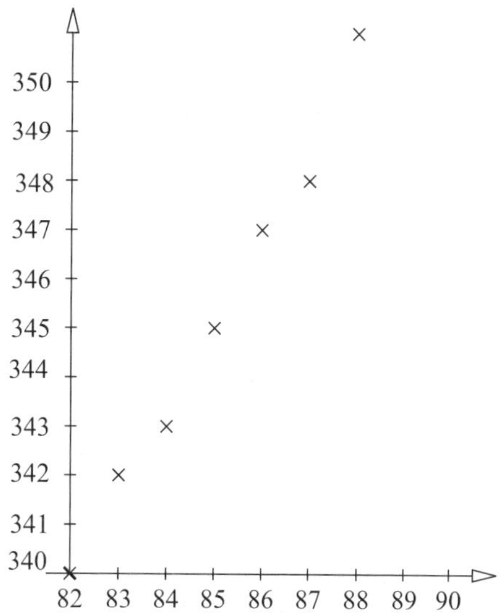

Abb. 1.3.–6

x	idealer Zuwachs $g(x)$	realer (gemessener) Zuwachs y
0	$s \cdot 0 + t$	0
1	$s \cdot 1 + t$	2
2	$s \cdot 2 + t$	3
3	$s \cdot 3 + t$	5
4	$s \cdot 4 + t$	7
5	$s \cdot 5 + t$	8
6	$s \cdot 6 + t$	11

Tabelle 2

Tabelle 2 legt nahe, die hier auftretenden Zahlenspalten als Vektoren aufzufassen. In diesem Sinne beschreiben wir den durch die Funktion zu berechnenden Zuwachsvektor durch $\vec{p} = s\,\vec{x} + t\,\vec{e}$, wobei $\vec{x}$ die x-Spalte und $\vec{e}$ die „Einerspalte" mit sieben Einsen ist. Nun lässt sich das Problem leicht formulieren: Wir suchen die Parameter s und t, so dass der von ihnen erzeugte Vektor $\vec{p} = s\,\vec{x} + t\,\vec{e}$ dem Vektor $\vec{y}$ der realen Zuwächse am nächsten kommt.

Im dreidimensionalen Fall stellt die Menge aller möglichen Vektoren $\vec{p}$ eine Ebene ε durch den Nullpunkt dar, die von $\vec{x}$ und $\vec{e}$ erzeugt wird, während $\vec{y}$ einen Punkt im Raum beschreibt. Offenbar kommt $\vec{p}$ dann $\vec{y}$ am nächsten, wenn der Abstand $|\vec{p} - \vec{y}|$ minimal wird. Die Parameter s und t müssen daher so bestimmt werden, dass $\vec{p}$ die senkrechte Projektion von $\vec{y}$ auf die Ebene ε ist (vgl. Abb. 1.3.–7).

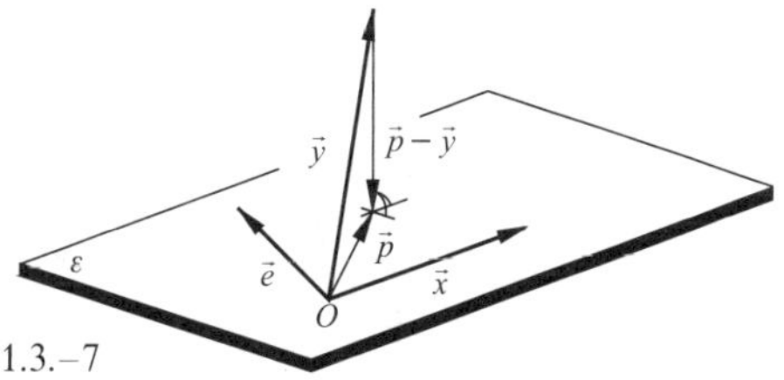

Abb. 1.3.–7

Entsprechend erfolgt die Lösung im siebendimensionalen Raum, in dem wir uns hier befinden. Danach muss $\vec{p} - \vec{y}$ zu $\vec{e}$ und zu $\vec{x}$ orthogonal sein. Aus der ersten Bedingung folgt

$$0 = (\vec{p} - \vec{y})\,\vec{e} = (s\,\vec{x} + t\,\vec{e} - \vec{y})\,\vec{e} = s\,\vec{x}\,\vec{e} + t\,\vec{e}^{\,2} - \vec{y}\,\vec{e}$$

oder

$$\text{(i):}\quad (\vec{e}\,\vec{x})\,s + \vec{e}^{\,2}\,t = \vec{e}\,\vec{y}.$$

Analog erhält man die zweite Gleichung

$$\text{(ii):}\quad \vec{x}^{\,2}\,s + (\vec{e}\,\vec{x})\,t = \vec{x}\,\vec{y}$$

und kann aus beiden s und t bestimmen. Mit $\vec{e}^{\,2} = 7$, $\vec{e}\,\vec{x} = 21$, $\vec{x}^{\,2} = 91$, $\vec{e}\,\vec{y} = 36$, $\vec{x}\,\vec{y} = 157$ erhalten wir in unserem Beispiel $s = 1{,}75$ und $t = -0{,}11$, d. h., die Gerade $g(x) = 1{,}75\,x - 0{,}11$ approximiert die Punktmenge am besten (vgl. Abb. 1.3.–8) und man kann sie benutzen *um einigermaßen zuverlässige Prognosen* für die kommenden Jahre aufzustellen (vgl. Aufgabe 20).

Im obigen Beispiel waren *zwei* Parameter zu bestimmen und das führte auf die Berechnung des Lotfußpunktvektors einer Ebene ε im siebendimensionalen Raum. Hätte dagegen die Lage der Punkte die Anpassung durch eine quadratische Parabel der Form $g(x) = a\,x^2 + b\,x + c$ nahe gelegt, so hätten wir der Ebene ε entsprechend einen *dreidimensionalen* Unterraum δ mit der Parameterdarstellung $\vec{p} = a\,\overrightarrow{x^2} + b\,\vec{x} + c\,\vec{e}$ betrachten müssen, wobei der Vektor $\overrightarrow{x^2}$ die Zahlenspalte der *Quadrate* von x bedeutet. Auch in diesem Fall bestimmt man den Vektor $\vec{p}$, der dem Messwertvektor $\vec{y}$ am nächsten kommt, als Lotfußpunktvektor mit Hilfe der *drei* Bedingungen $\vec{p} - \vec{y} \perp \vec{e}, \vec{x}, \overrightarrow{x^2}$, die auf ein lineares Gleichungssystem für die drei Parameter a, b und c führen. Entsprechend wäre die Anpassung mit Polynomen höheren Grades vorzunehmen, wobei der Rechenaufwand immer größer wird. Man sollte aber nicht glauben, dass Prognosen, die mit Hilfe solcher Funktionen gewonnen werden, schon deshalb vertrauenswürdiger wären.

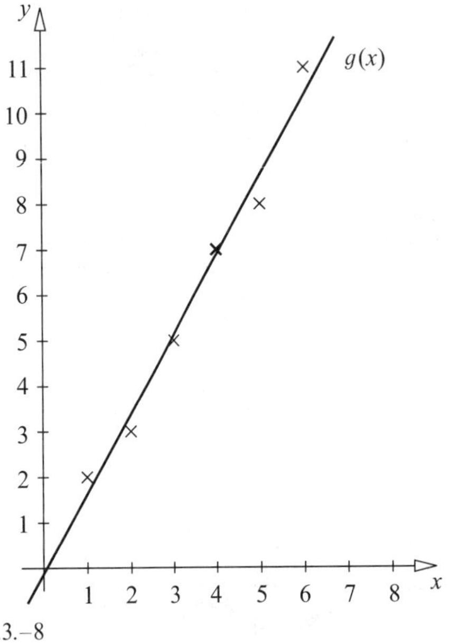

Abb. 1.3.–8

Aufgaben

1. Beweise die Eigenschaften des Skalarprodukts, die im Kasten auf Seite 56 aufgeführt sind.

2. Für reelle Zahlen gilt das *Assoziativgesetz* $(a\,b)\,c = a\,(b\,c)$. Warum gilt es nicht für das Skalarprodukt?

3. Untersuche, ob das Quadrieren im Sinne des Skalarproduktes *Umkehroperation* zum Wurzelziehen ist.

4. Bei reellen Zahlen ist die Division die Umkehroperation zum Multiplizieren. Kann man eine entsprechende „Division“ in Bezug auf das Skalarprodukt einführen?

5. Ein wichtiger Satz bei reellen Zahlen lautet: „Wenn ein Produkt null ist, muss (mindestens) ein Faktor null sein.“ Wie steht es damit beim Skalarprodukt?

6. a) Man begründe geometrisch und rechnerisch die Beziehung $|s\,\vec{a}| = |s| \cdot |\vec{a}|$, wobei s und $\vec{a}$ beliebig sind.
   b) Welche Vermutung ergibt sich für $|\vec{a} + \vec{b}|$? Prüfe sie an Zahlenbeispielen.

7. Gib die Rechenregeln der *Reihe nach* an, welche bei der Anwendung der binomischen Formel im Kasten auf Seite 57 benutzt worden sind.

8. Das Dreieck OAB sei gegeben durch $\vec{a} = \begin{pmatrix} 0 \\ 20 \\ -15 \end{pmatrix}$, $\vec{b} = \begin{pmatrix} 8 \\ -16 \\ 16 \end{pmatrix}$.
   a) Berechne die Seiten und Winkel des Dreiecks.
   b) Berechne die senkrechte Projektion jedes der drei Vektoren $\vec{a}, \vec{b}, \vec{b} - \vec{a}$ auf jeden anderen. Deute die Ergebnisse im Hinblick auf die Lage der Höhen des Dreiecks.

9. Zum Vektor $\vec{a} = \begin{pmatrix} 4 \\ 1 \\ 1 \end{pmatrix}$ soll ein Vektor $\vec{p} = \begin{pmatrix} x \\ y \\ z \end{pmatrix}$ mit $|\vec{p}| = |\vec{a}|$ so bestimmt werden, dass $\sphericalangle(\vec{a}, \vec{p}) = 60°$ ist.
   a) Zeige, dass dann $4\,x + y + z = 9$ gelten muss. Wie ist diese Beziehung im Zusammenhang mit der Aufgabenstellung geometrisch zu deuten?
   b*) Berechne $\vec{p}$ für den Fall, dass die x-Komponente gleich 3 ist. Beachte dabei die Bedingung $|\vec{p}| = |\vec{a}|$.

10. Die Vektoren $\vec{a} = \begin{pmatrix} 1 \\ 1 \\ 4 \end{pmatrix}$ und $\vec{b} = \begin{pmatrix} 1 \\ 4 \\ 1 \end{pmatrix}$ bestimmen ein gleichseitiges Dreieck OAB.
    a) Weise dies nach.
    b) Bestimme einen Vektor $\vec{c}$, der sowohl zu $\vec{a}$ als auch zu $\vec{b}$ orthogonal ist.
    c) Errichte im Schwerpunkt von OAB (vgl. Aufgabe 2 von S. 30) die Senkrechte und berechne einen Punkt P auf der Senkrechten mit $\overrightarrow{AP} \perp \overrightarrow{BP}$. (zwei Lösungen!) Warum gilt dann auch $\overrightarrow{OP} \perp \overrightarrow{AP}$ und $\overrightarrow{OP} \perp \overrightarrow{BP}$?

11. Berechne den Abstand des Punktes B von der Geraden g für

a) $g\colon \vec{p}=\begin{pmatrix}4\\-7\\-2\end{pmatrix}+s\begin{pmatrix}3\\-4\\-2\end{pmatrix},\ \vec{b}=\begin{pmatrix}-3\\5\\7\end{pmatrix};$

b) $g\colon \vec{p}=\begin{pmatrix}1\\0\\3\end{pmatrix}+s\begin{pmatrix}-1\\2\\-3\end{pmatrix},\quad \vec{b}=\begin{pmatrix}1\\2\\3\end{pmatrix}.$

12. Im Koordinatenquader des Punktes $D=(a\,|\,b\,|\,c)$ ist das Diagonalendreieck ABC und die Raumdiagonale OD gezeichnet. Zu berechnen sind:

(i) die Abstände der Ecken A, B, C von den gegenüberliegenden Seiten des Dreiecks (Höhen), der Höhenschnittpunkt H sowie der Inhalt von ABC;
(ii) die Abstände des Punktes D von den Seiten des Dreiecks ABC;
(iii) die Abstände der Ecken A, B, C von OD

für

a) $a=1,\ b=2,\ c=3$; b) $a=3,\ b=4,\ c=1$;
c) $a=b=c$; d*) a, b, c beliebig.

Dabei soll *exakt mit Wurzeln* und nicht mit Näherungswerten gerechnet werden. Man zeige, dass in jedem Fall der so genannte *räumliche Satz des Pythagoras* gilt: Die Summe der Quadrate der Inhalte der „Kathetenflächen“ OAB, OBC, OCA ist gleich dem Quadrat des Inhalts der „Hypotenusenfläche“ ABC.

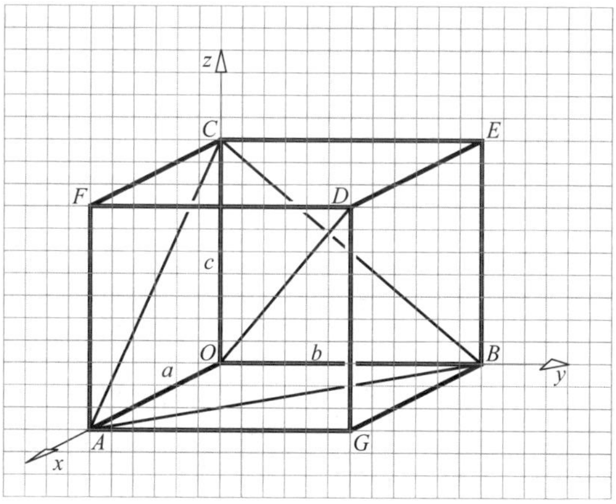

Abb. 1.3.-9

13. Bestimme einen Vektor $\vec{p}=\begin{pmatrix}x\\y\\z\end{pmatrix}$, der zu $\vec{a}$ und $\vec{b}$ orthogonal ist.

a) $\vec{a}=\begin{pmatrix}2\\-2\\1\end{pmatrix},\ \vec{b}=\begin{pmatrix}1\\2\\2\end{pmatrix};$ b) $\vec{a}=\begin{pmatrix}3\\3\\0\end{pmatrix},\ \vec{b}=\begin{pmatrix}0\\3\\3\end{pmatrix};$

c) $\vec{a}=\begin{pmatrix}a_1\\a_2\\a_3\end{pmatrix},\ \vec{b}=\begin{pmatrix}b_1\\b_2\\b_3\end{pmatrix}.$

14.* Es sei $\varepsilon\colon \vec{n}\vec{p}=k$ und $\vec{b}$ der Ortsvektor eines Punktes B.

a) Begründe anschaulich-geometrisch oder rechnerisch, dass durch $\vec{n}(\vec{p}+\vec{b})=k$ eine Ebene ε' gegeben wird, die gegenüber der Ebene ε um den Vektor $-\vec{b}$ parallel verschoben worden ist.

b) Aus a) folgt, dass der Abstand von B zu ε genauso groß ist wie der Abstand des Nullpunktes von ε'. Dies ist zu zeigen.

c) Man leite nun die Abstandsformel von Seite 58 mittels b) und der Hesse'schen Normalform von Seite 19 her.

15. Berechne in den Quadern der Aufgabe 12 den Abstand des Punktes O und des Punktes D von der Ebene des Dreiecks ABC. Welche Beziehung besteht zwischen den beiden Abständen?

16. Berechne in den Quadern der Aufgabe 12a) bis c) das Gemeinlot zwischen der Raumdiagonale OD und jeweils den Seiten des Dreiecks ABC.

17. Durch

$$\vec{a}=\begin{pmatrix}1\\8\\-5\end{pmatrix},\ \vec{b}=\begin{pmatrix}-6\\8\\2\end{pmatrix},\ \vec{c}=\begin{pmatrix}-4\\4\\-4\end{pmatrix},\ \vec{d}=\begin{pmatrix}-1\\12\\1\end{pmatrix}$$

ist ein Tetraeder $ABCD$ gegeben.

a) Berechne die Abstände der Gegenkanten.
b) Schneiden sich die Gemeinlote in einem Punkt?
c) Berechne die Gleichung der vier Raumhöhen und prüfe, ob sie sich in einem Punkt schneiden.

18. Berechne die Winkel der Seitenflächen des in Aufgabe 17 angegebenen Tetraeders.

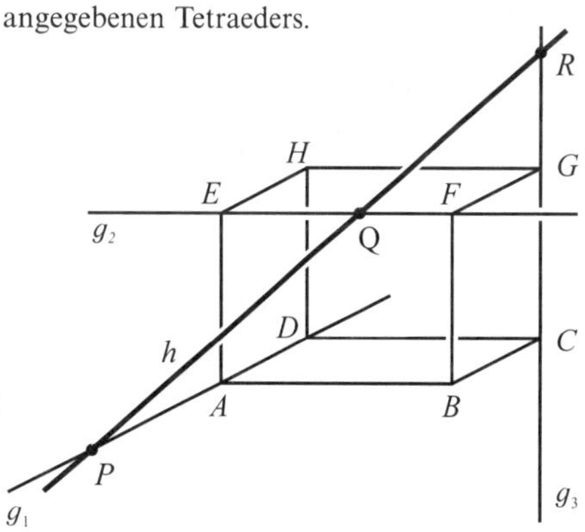

Abb. 1.3.-10

19.* In Abb. 1.3.-10 wird von einem beliebigen Punkt P der Würfelkantengerade $AD=g_1$ eine Gerade h so gezeichnet, dass sie die zu g_1 windschiefen Würfelkantengeraden $EF=g_2$ und $CG=g_3$ in den Punkten Q bzw. R trifft. Berechne für die unten angegebenen Lagen von P diese Gerade h. Wähle dazu DA als x, DC als y-, DH als z-Achse und 1 als Länge der Würfelkante. Zeige, dass alle diese Geraden von der Raumdiagonalen BH den gleichen Abstand haben, wobei die zugehörigen Gemeinlote in einer Ebene liegen. Was könnte man hiernach vermuten?

a) $x=2$; b) $x=3$; c) $x=4$; d) $x=\frac{1}{2}$.

(*Beweisaufgaben zum Skalarprodukt siehe* 1.3.4.)

Aufgaben zur Kurvenanpassung

20. a) Berechne mittels der Funktion $g(x) = 1{,}75x - 0{,}11$ die zu erwartenden CO_2-Konzentrationen in den Jahren 1989 bis 1994. Vergleiche sie mit den aktuellen Werten. (Über Umweltämter beschaffbar.)
    b) Forscher haben vermutet, dass die Polkappen abschmelzen, wenn sich die CO_2-Konzentration gegenüber der von 1985 verdoppelt haben wird. Man schätze diesen Zeitpunkt mit Hilfe der Funktion $g(x)$ ab. Wie realistisch ist diese Prognose?
21. Die Anfang 1984 bestehenden Weltrekorde der Männer in drei Sportarten sind den folgenden drei Tabellen zu entnehmen.

Gehen		*Eisschnellauf*		*Freistilschwimmen*	
3 km	11:29,6	0,5 km	36,57	100 m	49,36
5 km	19:26,0	1 km	1:12,58	400 m	3:48,32
20 km	1:20:7,0	3 km	4:4,06	800 m	7:52,33
50 km	3:41:39,0	10 km	14:18,00	1500 m	14:54,76
Tabelle 3		Tabelle 4		Tabelle 5	

a) Zeichne die Daten als Punkte in ein geeignetes Koordinatensystem und berechne in jedem Fall die zugehörige optimal angepasste Gerade. Diskutiere die Ergebnisse.

b) Welche Weltrekorde kann man gemäß der in a) errechneten Funktion für 30 km Gehen, 20 Meilen Gehen, 2 Stunden Gehen; 1,5 km Eisschnellauf, 5 km Eisschnellauf; 200 m Freistil voraussagen? Vergleiche mit den tatsächlichen Rekorden: 2:08:00,0; 2:27:38,0; 28,165 km; 1:53,22; 6:51,17; 1:47,87.

22. Die Tabelle 6 gibt die Bestzeiten der Olympischen Spiele 1976 in Montreal bzw. die Weltrekorde vom Stand 1. 1. 1975 wieder.

Strecke	Zeit	Strecke	Zeit
0,1 km	10,06 sec	1,5 km	219,2 sec
0,2 km	20,23 sec	3 km	455,2 sec
0,4 km	44,26 sec	10 km	1660,4 sec
5 km	804,6 sec	20 km	3451,8 sec
42,195 km	7795 sec	25 km	4456,8 sec

Tabelle 6

a) Berechne aus den ersten fünf Daten die quadratische Parabel $g(x) = ax^2 + bx + c$, die die Punkte optimal approximiert und vergleiche mit den übrigen fünf die theoretisch durch die Parabel errechenbaren Zeiten mit den tatsächlich erzielten. Wie groß (in %) ist jedes Mal die Abweichung?

b) Überprüfe mit *aktuellen* Daten, ob die in a) errechnete Funktion auch für diese brauchbar ist.

23. Tabelle 7 stellt die Bevölkerungsentwicklung der USA (Angabe in Millionen) dar. Transformiere die Daten ähnlich wie im Text und berechne die zugehörige optimale Näherungsfunktion 2. Grades. Welchen Wert kann man mit ihrer Hilfe für das Jahr 1950 (151,1 Millionen) bzw. für heute voraussagen? Vergleiche den Prognosewert für heute mit den tatsächlichen Werten.

Jahr	Einwohnerzahl
1850	23,2
1860	31,4
1870	39,8
1880	50,2
1890	62,9
1900	76,0
1910	92,0
1920	105,7
1930	122,8
1940	131,7

Tabelle 7

1.3.2 Flächen-, Volumen- und Winkelberechnung

Im Folgenden wird gezeigt, wie man mit Hilfe des Skalarprodukts wichtige geometrische Größen leicht berechnen kann.

Der Flächeninhalt eines Dreiecks im Raum

Ein Dreieck $\triangle$ werde von zwei Vektoren $\vec{a}, \vec{b}$ aufgespannt. Dann gilt nach Abb. 1.3.–2 für seinen Flächeninhalt

$$A_\triangle = \tfrac{1}{2}|\vec{a}| \cdot |\vec{b_2}| = \tfrac{1}{2}|\vec{a}| \cdot \sqrt{|\vec{b}|^2 - |\vec{b_1}|^2}$$
$$= \tfrac{1}{2}\sqrt{|\vec{a}|^2|\vec{b}|^2 - |\vec{a}|^2|\vec{b_1}|^2}.$$

Nun haben wir gesehen, dass $|\vec{b_1}| = |\vec{b}|\cos\alpha$ oder $= -|b|\cos\alpha$ ist. In jedem Falle gilt also $|\vec{b_1}|^2 = |\vec{b}|^2\cos^2\alpha$ und das ergibt eingesetzt

$$A_\triangle = \tfrac{1}{2}\sqrt{|\vec{a}|^2|\vec{b}|^2 - |\vec{a}|^2|\vec{b}|^2\cos^2\alpha}.$$

Hierin ist der zweite Term unter der Wurzel gleich $(\vec{a}\vec{b})^2$ und der erste lässt sich ebenfalls etwas kürzer durch $\vec{a}^2\vec{b}^2$ wiedergeben. Damit lautet die Formel für den

Flächeninhalt eines Dreiecks

$$A_\triangle = \tfrac{1}{2}\sqrt{\vec{a}^2\vec{b}^2 - (\vec{a}\vec{b})^2}$$

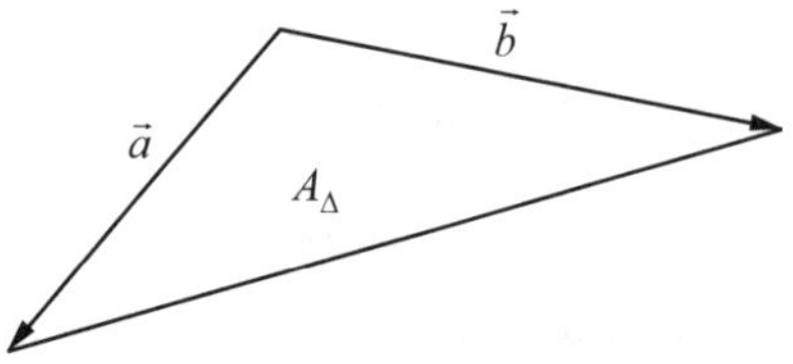

Abb. 1.3.–11

Wir wenden dieses Ergebnis auf den Fall eines *Dreikantstabes* mit dem Querschnitt ABC an, der, wie Abb. 1.3.–12 zeigt, oben schräg abgeschnitten worden ist (so genanntes *Prismatoid*), und wollen die Größe des Querschnitts ABC sowie der Schnittfläche DEF ermitteln. Die Maße entnehmen wir dabei der Zeichnung.

Das Dreieck ABC denken wir uns von den beiden Vektoren

$$\overrightarrow{AB} = \begin{pmatrix} -6 \\ 5 \\ 0 \end{pmatrix}, \quad \overrightarrow{AC} = \begin{pmatrix} -14 \\ -4 \\ 0 \end{pmatrix}$$

als $\vec{a}$ bzw. $\vec{b}$ aufgespannt, aber genauso gut könnte man auch irgend zwei andere Seitenvektoren, die von einer Ecke ausgehen, nehmen. Für diese beiden gilt

$$\vec{a}^2 = 61, \ \vec{b}^2 = 212, \quad \vec{a}\vec{b} = 84 - 20 = 64,$$

also

$$A_{ABC} = \tfrac{1}{2}\sqrt{61 \cdot 212 - 64^2} = \tfrac{1}{2}\sqrt{8836} = 47.$$

Entsprechend erhalten wir mit

$$\overrightarrow{DE} = \begin{pmatrix} -6 \\ 5 \\ 2 \end{pmatrix}, \quad \overrightarrow{DF} = \begin{pmatrix} -14 \\ -4 \\ 3 \end{pmatrix}$$

als $\vec{a}$ bzw. $\vec{b}$

$$\vec{a}^2 = 65, \quad \vec{b}^2 = 221, \quad \vec{a}\vec{b} = 70$$

und

$$A_{DEF} = \tfrac{1}{2}\sqrt{65 \cdot 221 - 70^2} = \tfrac{1}{2}\sqrt{9465} \approx 48{,}6.$$

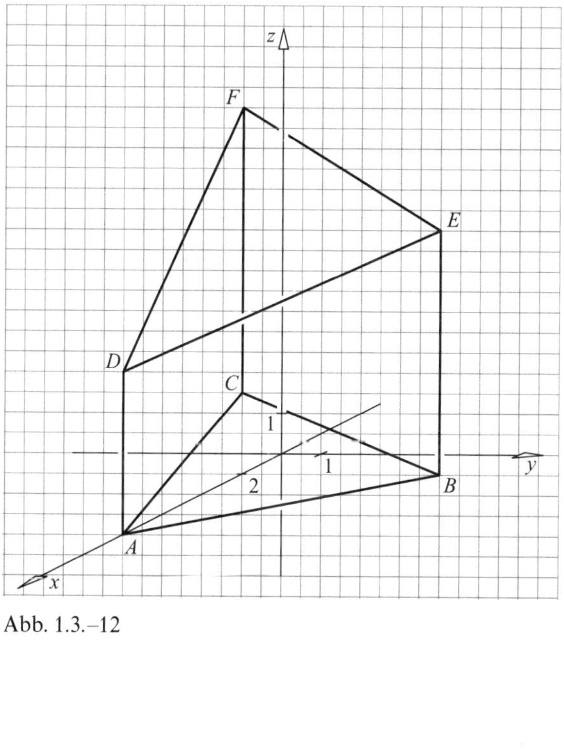

Abb. 1.3.–12

Volumenberechnung

Wir setzen gleich mit dem vorigen Beispiel fort und wollen das Volumen des Prismatoids bestimmen. Dazu zerlegen wir es durch einen waagerechten Schnitt in Höhe des Punktes D, der die Kante BE in einem Punkt B' und die Kante CF in einem Punkt C' schneiden möge. Der Teilkörper $ABCDB'C'$ ist dann ein Prisma mit der Grundfläche ABC und der Höhe $|AD|$ und besitzt infolgedessen das Volumen

$$V_1 = A_{ABC} \cdot |AD| = 47 \cdot 4 = 188 \quad \text{(Volumeneinheiten)}.$$

Der verbleibende Körper $DB'C'EF$ kann als (schiefe!) vierseitige Pyramide mit der Grundfläche $B'EFC'$ und der Spitze D angesehen werden. Um ihr Volumen zu bestimmen, berechnen wir zunächst den Inhalt der Grundfläche, die ein Trapez mit den beiden parallelen Seiten $B'E$ und $C'F$ ist und dessen Höhe offenbar mit $|BC|$ übereinstimmt. Mit $B = (2|5|0)$, $C = (-6|-4|0)$ folgt hieraus zunächst $|BC| = \sqrt{145}$ und mit $|B'E| = 2$, $|C'F| = 3$ weiter

$$A_{B'EFC'} = \tfrac{1}{2} \cdot 5\sqrt{145} = 2{,}5\sqrt{145}.$$

Nun benötigen wir noch die Höhe der Pyramide. Wir ermitteln sie mit Hilfe der in 1.3.1 hergeleiteten Formel für den Abstand eines Punktes (hier D) von einer Ebene (hier $B'EFC'$). Die Gleichung dieser Ebene lautet $9x - 8y = -22$; also ist $\vec{n} = \begin{pmatrix} 9 \\ -8 \\ 0 \end{pmatrix}$ und $k = -22$. Mit $\vec{d} = \begin{pmatrix} 8 \\ 0 \\ 4 \end{pmatrix}$ liefert dies die Höhe

$$h = \frac{|\vec{n}\vec{d} - k|}{|\vec{n}|} = \frac{94}{\sqrt{145}}$$

und damit erhalten wir als Volumen des Restkörpers

$$V_2 = \tfrac{1}{3} \cdot 2{,}5\sqrt{145} \cdot \frac{94}{\sqrt{145}} = \frac{235}{3} = 78\tfrac{1}{3} \quad \text{(Volumeneinheiten)}.$$

Das Volumen des Prismatoids beträgt somit

$$V = V_1 + V_2 = 266\tfrac{1}{3}.$$

Schnittwinkel zweier Ebenen

Beim Prismatoid der Abb. 1.3.–12 liegt die Frage nahe um welchen Winkel die Ebene des Dreiecks DEF gegenüber der Grundebene geneigt ist. Als Winkel zwischen zwei Ebenen, die sich schneiden, definiert man dabei den „Keilwinkel", den eine dritte Ebene, die *senkrecht zur Schnittgeraden ist*, herausschneidet. In Abb. 1.3.–13 ist dieser Sachverhalt dargestellt. Um den Winkel zwischen den Ebenen ε und η zu finden schneidet man sie mit einer Hilfsebene ζ, die zur

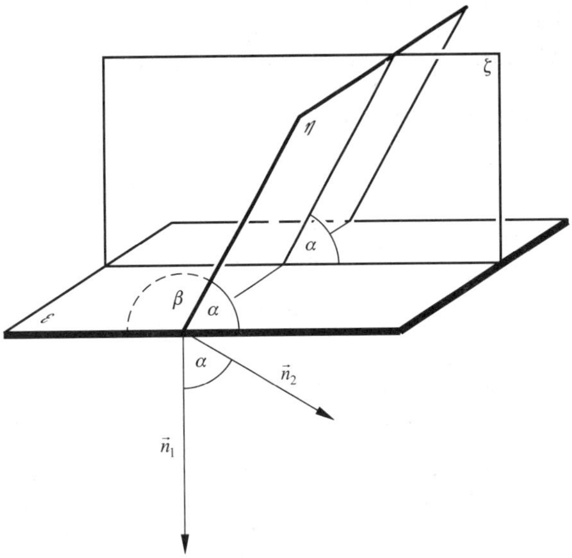

Abb. 1.3.–13

Schnittgeraden senkrecht verläuft. Genau genommen entstehen dabei zwei Keilwinkel α und β. Da sie sich aber zu 180° ergänzen, genügt es, den spitzen Winkel anzugeben, es sei denn dass durch Zusatzbedingungen nur einer von beiden in Frage kommt. Das ist, wie wir noch sehen werden, immer dann der Fall, wenn der *Winkel zwischen zwei Seitenflächen eines Körpers* ermittelt werden soll.

Die Berechnung selbst macht keine Schwierigkeiten. Dazu braucht man sich nur vorzustellen, dass anfangs die Ebene η mit der Ebene ε zusammenfällt und *beide Normalen in die gleiche Richtung zeigen*. Dreht man dann η um die Schnittgerade als „Scharnier" aus der Ebene ε heraus, so ist der Drehwinkel offenbar genauso groß wie der Winkel, der dabei zwischen den Normalen $\vec{n}_1$ und $\vec{n}_2$ entsteht. In unserem Beispiel des Prismatoids errechnen wir daher mit den Vektoren $\overrightarrow{DE}$ und $\overrightarrow{DF}$ als $\vec{v}$ und $\vec{u}$ nach der in 1.3.2 hergeleiteten Formel zunächst $\vec{n}_2 = \begin{pmatrix} 23 \\ -10 \\ 94 \end{pmatrix}$, während wir $\vec{n}_1 = \begin{pmatrix} 0 \\ 0 \\ 1 \end{pmatrix}$ direkt aus der Zeichnung ablesen können.

Für den Winkel zwischen ihnen folgt dann

$$\cos\alpha = \frac{\vec{n}_1 \vec{n}_2}{|\vec{n}_1||\vec{n}_2|}$$

und $\alpha \approx 14{,}94°$. Der zugehörige stumpfe Winkel β beträgt 165,06° und wäre offensichtlich keine sinnvolle Antwort auf die Frage nach dem *Neigungswinkel*.

Wenn der Winkel berechnet werden soll, den zwei Seitenflächen eines Körpers miteinander bilden – in unserem Beispiel etwa $ABED$ und DEF – dann geht man im Prinzip genauso vor wie oben, muss aber zum Schluß entscheiden, welcher der beiden möglichen Winkel der *innen liegende* ist. Sinnvollerweise wählt man die Normalen dabei stets so, dass sie nach *außen* zeigen, weil das leichter vorstellbar ist. Dann macht man sich mit einer Drehbewegung wie oben aber sofort klar, dass nicht der Winkel zwischen den Normalen, sondern der Ergänzungswinkel zu 180° (Nebenwinkel) der gesuchte Winkel ist. So ist im Fall der Fläche $ABED$ $\vec{n}_1 = \begin{pmatrix} 20 \\ 24 \\ 0 \end{pmatrix}$ eine Normale, an deren Komponenten man erkennt, dass sie nach außen zeigt. Das Gleiche gilt für die Normale $\vec{n}_2 = \begin{pmatrix} 23 \\ -10 \\ 94 \end{pmatrix}$ von DEF. Hieraus folgt

$$\cos\alpha = \frac{220}{\sqrt{976}\sqrt{9465}}$$

und $\alpha \approx 85{,}85°$ als Winkel zwischen $\vec{n}_1$ und $\vec{n}_2$. Der Winkel zwischen den beiden Seitenflächen beträgt dann $180° - \alpha \approx 94{,}15°$.

Bemerkung: Wenn ein Körper „einspringende" Kanten hat, also nicht konvex ist, können Innenwinkel auch größer als 180° sein. Eine Entscheidung ist dann nur anhand einer Zeichnung möglich.

Winkel zwischen Gerade und Ebene

Auch der Winkel, unter dem eine Gerade eine Ebene schneidet, wird mittels der Normale berechnet. Zunächst zeigt Abb. 1.3.–14, wie er *definiert* ist. Man fällt von einem beliebigen Punkt P der Geraden g das Lot PP' auf die Ebene ε. Dann nennt man $\alpha = \sphericalangle PSP'$ den Schnittwinkel von g mit ε. Mit anderen Worten:

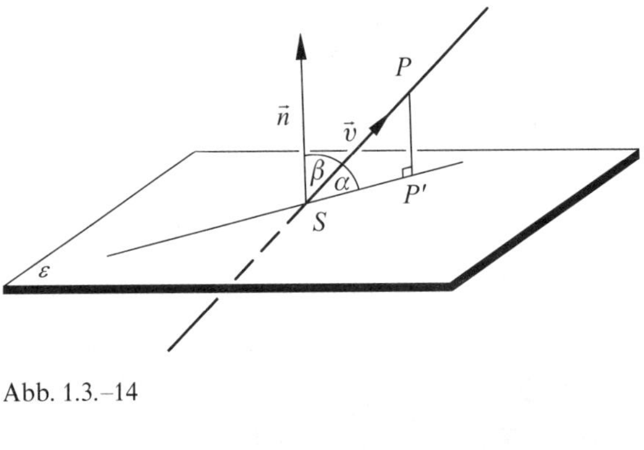

Abb. 1.3.–14

Der Schnittwinkel ist der *kleinste* Winkel, den *irgendeine* Gerade in ε durch S mit g bildet. Nun ist aber $\alpha = 90^\circ - \beta$ und β der Winkel zwischen $\vec{n}$ und einem (geeigneten) Richtungsvektor $\vec{v}$ der Geraden. Also braucht man nur β zu berechnen.

Wir demonstrieren dieses Vorgehen an unserem Prismatoid und wollen wissen, unter welchem Winkel die z-Achse die Fläche DEF schneidet. In diesem Fall ist $\vec{n} = \begin{pmatrix} 23 \\ -10 \\ 94 \end{pmatrix}$ und ein geeignetes $\vec{v} = \begin{pmatrix} 0 \\ 0 \\ 1 \end{pmatrix}$, also

$$\cos\beta = \frac{94}{\sqrt{9465}}$$

und $\beta \approx 14{,}94^\circ$. Somit ist $\alpha = 90^\circ - \beta \approx 75{,}06^\circ$ der gesuchte Schnittwinkel.

Abschließend bemerken wir, dass es auch hier auf die Wahl der Richtungen von $\vec{n}$ und $\vec{v}$ ankommt. Mit $\begin{pmatrix} 0 \\ 0 \\ -1 \end{pmatrix}$ als $\vec{v}$ wäre $\cos\beta$ negativ, also $\beta = 180^\circ - 14{,}94^\circ = 165{,}06^\circ$. Tatsächlich müssen aber, wie wir Abb. 1.3.–14 entnehmen, α und β stets spitz sein. Wenn sich daher $\cos\beta$ zufällig negativ ergeben sollte, nimmt man einfach den Betrag.

Aufgaben

1. Bestimme das Volumen des Tetraeders aus Aufgabe 17 von S. 61 auf vier verschiedene Weisen *exakt*, d. h. ohne Näherungswerte für die Quadratwurzeln zu verwenden.

2. Durch

$$\vec{a} = \begin{pmatrix} a \\ -a \\ 0 \end{pmatrix}, \quad \vec{b} = \begin{pmatrix} a \\ a \\ 0 \end{pmatrix}, \quad \vec{c} = \begin{pmatrix} -a \\ a \\ 0 \end{pmatrix},$$

$$\vec{d} = \begin{pmatrix} -a \\ -a \\ 0 \end{pmatrix}, \quad \vec{e} = \begin{pmatrix} 0 \\ 0 \\ h \end{pmatrix}$$

sind die Ecken einer quadratischen Pyramide $ABCDE$ gegeben. Um den Punkt $M = (0|0|m)$ soll eine Kugel gelegt werden, die die Seitenflächen der Pyramide berührt. Man berechne ihren Radius für

a) $a = 4$, $h = 6$, $m = 3$ ($m = 2$, $m = 4$);

b) $a = 4$, $h = 6$, m beliebig; c*) $h = 2a$, m beliebig

und bestimme jeweils das Verhältnis von Kugel- und Pyramidenvolumen.

3. Von den Vektoren

$$\vec{a} = \begin{pmatrix} 6 \\ -3 \\ 0 \end{pmatrix}, \quad \vec{b} = \begin{pmatrix} 3 \\ 3 \\ 0 \end{pmatrix}, \quad \vec{c} = \begin{pmatrix} 2 \\ 1 \\ 4 \end{pmatrix}$$

wird ein Tetraeder $OABC$ aufgespannt.

a) Berechne die Gemeinlote der Gegenkanten und zeige, dass sie sich im Punkt $(2|1|1)$ schneiden. Welchen Abstand haben die Gegenkanten jeweils voneinander?

b) Man zeige, dass sich auch die vier Raumhöhen des Tetraeders in einem Punkt schneiden.

c) Bestimme die Oberfläche und das Volumen des Tetraeders.

d) Welche (*Innen-*)Winkel bilden die Flächen des Tetraeders miteinander?

4. *(Winkel im Würfel)* Man berechne die Winkel (vgl. Abb. 1.3.–15) mit Hilfe eines geeigneten Koordinatensystems

a) zwischen den Raumdiagonalen AG und BH, zwischen den Flächendiagonalen BG und DG sowie zwischen der Raumdiagonale BH und der Flächendiagonale BG;

b) zwischen der Raumdiagonale EC und der Fläche $DBFH$;

c) zwischen der Raumdiagonale BH und der Fläche des regulären Sechsecks, das von den Mitten der Kanten AB, BF, FG, GH, HD und DA gebildet wird;

d*) zwischen der Geraden MN, die die Mitten der Kanten BC und EH verbindet, und den Flächen des Tetraeders $BGED$, die von ihr geschnitten werden. Diese Schnittpunkte sind ebenfalls zu berechnen.

Warum sind die Ergebnisse unabhängig von der Kantenlänge des Würfels?

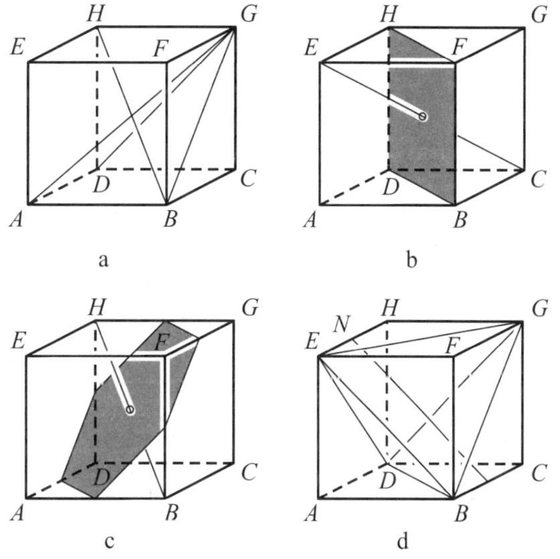

Abb. 1.3.–15

5. Liegt ein Dreieck in einer Koordinatenebene und sind die Koordinaten seiner Ecken ganze Zahlen, so ist sein *verdoppelter* Flächeninhalt ebenfalls eine ganze Zahl.
   a) Man bestätige diese Aussagen am Beispiel des Dreiecks OAB mit $A=(3|-6|0)$, $B=(5|3|0)$.
   b) Man beweise diese Aussage allgemein für alle Dreiecke OAB mit $A=(a_1|a_2|0)$, $B=(b_1|b_2|0)$.
   c*) Wie kann man aus Teil b) folgern, dass die obige Aussage für *beliebige* Dreiecke einer Koordinatenebene gilt?
6. Ein Walmdach (vgl. Abb. 1.3.–16) steht auf einer 20 m langen und 8 m breiten, rechteckigen Grundfläche. Der symmetrisch darüber liegende Dachfirst ist 12 m lang und hat die Höhe von 4 m über der Grundfläche.
   a) Welche Winkel bilden die Dachflächen miteinander und mit der Grundfläche?
   b) Wie groß sind die Dachflächen und wie stark sind ihre Kanten gegenüber der Grundfläche geneigt?
   c*) Wie lang müsste der Dachfirst sein, wenn alle Dachflächen mit der Grundfläche einen Winkel von 60° bilden sollen?

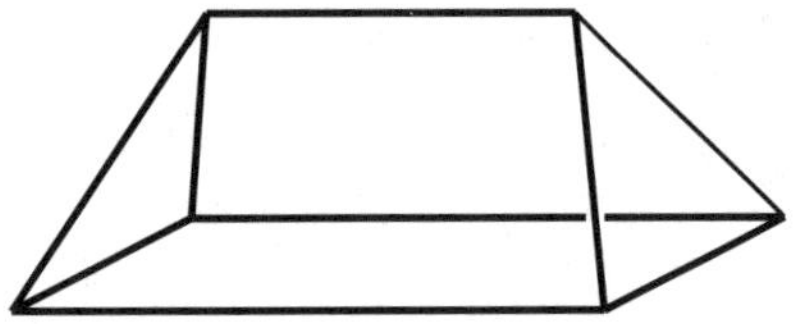

Abb. 1.3.–16

7. Bestimme die Maße eines Walmdaches über einem Quadrat als Grundfläche, bei dem die Firstlänge mit der Länge der schrägen Dachkante übereinstimmt und der Winkel zwischen den schrägen Dachkanten gleich dem Winkel zwischen ihnen und dem First ist. Was fällt an dem Ergebnis besonders auf?
8.* Ein Dreikantstab hat als Querschnitt ein *gleichschenkliges* Dreieck ABC mit $A=(2|3|0)$, $B=(-2|2|0)$, $C=(1|-1|0)$. Seine Kanten sind parallel zur z-Achse und beliebig lang zu denken. Die Frage ist: Gibt es auf der Kante durch A einen Punkt D, auf der Kante durch B einen Punkt E und auf der Kante durch C einen Punkt F so, dass das Dreieck DEF *gleichseitig* ist? (Mit anderen Worten: Kann man den Stab so zerschneiden, dass die Schnittfläche gleichseitig wird?)
   a) Man folgere zunächst, dass wegen der Gleichschenkligkeit von ABC zwei Eckpunkte von DEF die gleiche z-Koordinate haben müssen, d. h., dass eine Seite des Dreiecks parallel zur x-y-Ebene verlaufen muss. Dann erkläre man anschaulich, warum man es *durch Kippen der Schnittebene um diese Seite* stets erreichen kann, dass der gegenüberliegende Winkel 60° und das Dreieck gleichseitig wird.
   b) Man berechne die Punkte D, E, F gemäß Teil a) unter der Annahme, dass die zur x-y-Ebene parallele Seite von ihr den Abstand 5 hat.
9. Die Winkel, die ein (Orts-)Vektor mit den Koordinatenachsen bildet, seien der Reihe nach α, β und γ. Ihre Kosinuswerte heißen die *Richtungskosinusse* des Vektors.
   a) Bestimme die Richtungskosinusse von $\begin{pmatrix}3\\-2\\6\end{pmatrix}$ und zeige, dass die Summe ihrer Quadrate eins ist.
   b) Beweise die Aussage aus Teil a) allgemein für $\vec{a}=\begin{pmatrix}a_1\\a_2\\a_3\end{pmatrix}$.
10.* *(Eine Würfeldrehung)* Der in Abb. 1.3.–15d dargestellte Würfel soll so um die Gerade MN gedreht werden, dass D auf A und F auf G fällt. Das Koordinatensystem sei dabei so gewählt, dass der Nullpunkt in den Würfelmittelpunkt gelegt wird und die Achsen zu den Würfelkanten parallel sind. Als Kantenlänge des Würfels nehmen wir 6.
   a) Man zeige zunächst, dass $\cos\alpha=\frac{1}{3}$ ist, wenn der Drehwinkel mit α bezeichnet wird.
   b) Um die *neue* Lage des Punktes A, die wir A' nennen, zu finden legt man durch A eine Ebene, die zur Drehachse senkrecht ist. Aus ihrer Gleichung folgt, dass der y- und z-Wert von A' gleich sein müssen. Der zugehörige Ortsvektor ist also $\vec{a}'=\begin{pmatrix}x\\y\\y\end{pmatrix}$. Er muss ferner noch die beiden Bedingungen
   $$\text{(i)}\ |\vec{a}'|=|\vec{a}|=\sqrt{27};\quad \text{(ii)}\ \vec{a}\cdot\vec{a}'=27\cos\alpha=9$$
   erfüllen. Man begründe diese Aussagen und zeige, dass sich für $\vec{a}'$ die beiden Lösungen
   $$\vec{a}'=\begin{pmatrix}5\\1\\1\end{pmatrix},\quad \vec{a}'=\begin{pmatrix}-3\\-3\\-3\end{pmatrix}$$
   ergeben. Warum kommt nur die erste Lösung in Frage?
   c) Berechne analog $\vec{b}'$ und $\vec{c}'$ und zeige, dass $\vec{b}'=\begin{pmatrix}1\\5\\-1\end{pmatrix}$, $\vec{c}'=\begin{pmatrix}-1\\1\\-5\end{pmatrix}$ ist. Zeichne mit Hilfe dieser drei Punkte den gedrehten Würfel sowie den Ausgangswürfel in dasselbe Koordinatensystem.
11. Kennt man die Länge und den Winkel, den zwei Vektoren miteinander bilden, so kann man den Betrag des Summenvektors und den Winkel zwischen ihm und den beiden Summanden berechnen. Es gilt nämlich im Fall $\vec{c}=\vec{a}+\vec{b}$ (vgl. Abb. 1.3.–17)
$$|\vec{c}|^2=(\vec{a}+\vec{b})^2=|\vec{a}|^2+2\vec{a}\vec{b}+|\vec{b}|^2$$
$$=|\vec{a}|^2+|\vec{b}|^2+2|\vec{a}||\vec{b}|\cos\alpha$$
sowie
$$\cos\alpha_1=\frac{\vec{a}\vec{c}}{|\vec{a}||\vec{c}|}=\frac{\vec{a}(\vec{a}+\vec{b})}{|\vec{a}||\vec{c}|}=\frac{|\vec{a}|^2+|\vec{a}||\vec{b}|\cos\alpha}{|\vec{a}||\vec{c}|}$$
$$=\frac{|\vec{a}|+|\vec{b}|\cos\alpha}{|\vec{c}|}$$

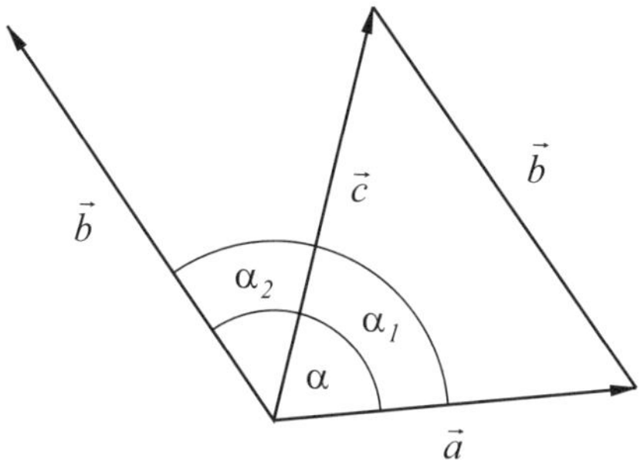

Abb. 1.3.–17

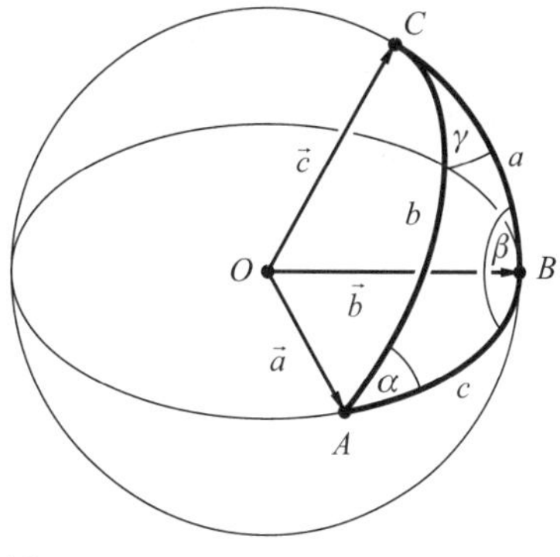

Abb. 1.3.–18

und analog

$$\cos\alpha_2 = \frac{|\vec{a}|\cos\alpha + |\vec{b}|}{|\vec{c}|}.$$

a) Wende diese Formeln für $|\vec{a}| = 7{,}2$ cm, $|\vec{b}| = 5{,}1$ cm und $\alpha = 148°$ an. Überprüfe das Ergebnis durch eine Zeichnung.

b) Berechne im Dreieck ABC mit $|AC| = 6{,}7$ cm, $|BC| = 3{,}4$ cm, $\sphericalangle\, ACB = \gamma = 72°$ die fehlende Seite $|AB|$. Vergleiche mit einer Zeichnung.

c) Bestimme in Teilaufgabe b) auch die Winkel α und β.

12.* a) Entwickle analog Aufgabe 11 eine Formel für den Betrag der Summe von drei (vier, fünf, ...) Vektoren, deren Beträge bekannt sind sowie die Winkel, die sie *paarweise* miteinander bilden.

b) Bestimme gemäß Teil a) den Betrag der Summe von neun Vektoren der Länge 1, die den Einheitskreis in gleich große Sektoren zerlegen. Hätte man das Ergebnis voraussagen können?

13. Die Vektoren

$$\vec{a} = \begin{pmatrix}1\\0\\0\end{pmatrix},\quad \vec{b} = \frac{1}{7}\begin{pmatrix}3\\6\\-2\end{pmatrix},\quad \vec{c} = \frac{1}{7}\begin{pmatrix}-2\\3\\6\end{pmatrix}$$

bestimmen die Ecken A, B, C eines *Kugeldreiecks* auf der Einheitskugel (vgl. Abb. 1.3–18). Als Dreiecks*seiten* a, b, c bezeichnet man die Winkel $\sphericalangle\,(\vec{b}, \vec{c})$, $\sphericalangle\,(\vec{c}, \vec{a})$, $\sphericalangle\,(\vec{a}, \vec{b})$ und als Dreiecks*winkel* α, β, γ die inneren Winkel des Tetraeders, die von den Flächen OAC und OAB, OAB und OBC, OBC und OAC gebildet werden.

Begründe zunächst die Aussage über die Lage der Punkte und berechne dann Seiten und Winkel des Kugeldreiecks ABC.

1.3.3 Das Vektorprodukt

Im Paragraphen 1.3.1 haben wir gesehen, wie man aus zwei Vektoren, die eine Ebene aufspannen, einen dritten ausrechnen kann, der auf beiden senkrecht steht und damit ein Normalenvektor der Ebene ist. Durch die dort angegebenen Formeln wird also zwei gegebenen Vektoren $\vec{a}, \vec{b}$ eindeutig ein dritter Vektor zugeordnet, der das *Vektorprodukt* von $\vec{a}$ und $\vec{b}$ genannt wird. Zur Unterscheidung vom Skalarprodukt schreibt man diese neue multiplikative Verknüpfung mit einem *Malkreuz* und spricht deshalb auch vom *„Kreuzprodukt"*. Diese Bezeichnung ist deshalb berechtigt, weil auch in diesem Fall grundlegende Gesetze der Multiplikation erfüllt sind, was man durch Ausrechnen leicht nachprüft (vgl. Aufgabe 1). Im Gegensatz zum Skalarprodukt gilt das Kommutativgesetz jedoch nicht, denn es ist $\vec{b} \times \vec{a} = -\vec{a} \times \vec{b}$, d.h., bei Vertauschung der Faktoren ändert sich das Vorzeichen. Man spricht daher von einem „*Anti*kommutativgesetz". Schon hieraus folgt, dass das vektorielle Produkt eines Vektors mit sich selbst der Nullvektor $\vec{o}$ sein muss, was wir das „Nullpotenzgesetz" nennen. Es folgt natürlich auch unmittelbar aus der Definition.

Eigenschaften des Vektorprodukts

Definition: $\vec{a} \times \vec{b} = \begin{pmatrix} a_2 b_3 - a_3 b_2 \\ a_3 b_1 - a_1 b_3 \\ a_1 b_2 - a_2 b_1 \end{pmatrix}$

Antikommutativgesetz: $\vec{a} \times \vec{b} = -\vec{b} \times \vec{a}$

Gemischtes Assoziativgesetz:

$$(s\,\vec{a}) \times \vec{b} = s\,(\vec{a} \times \vec{b}) = \vec{a} \times (s\,\vec{b})$$

Distributivgesetz: $\vec{a} \times (\vec{b} + \vec{c}) = \vec{a} \times \vec{b} + \vec{a} \times \vec{c}$

Nullpotenzgesetz: $\vec{a} \times \vec{a} = \vec{o}$

Wie beim Skalarprodukt fragen wir nun nach der geometrischen Bedeutung des vektoriellen Produkts. Dazu knüpfen wir an die Formel vom Flächeninhalt eines Dreiecks an, das von zwei Vektoren $\vec{a}$ und $\vec{b}$ aufgespannt wird (vgl. Seite 62):

$$\begin{aligned} 2A_\triangle &= \sqrt{\vec{a}^2\vec{b}^2 - (\vec{a}\vec{b})^2} \\ &= \sqrt{(a_1^2+a_2^2+a_3^2)(b_1^2+b_2^2+b_3^2) - \cdots} \\ &\quad \overline{\cdots - (a_1 b_1 + a_2 b_2 + a_3 b_3)^2}. \end{aligned}$$

Durch Ausmultiplizieren und Wegheben gleicher Glieder folgt

$$\begin{aligned} 2A_\triangle & \\ &= \sqrt{a_1^2 b_2^2 + a_1^2 b_3^2 + a_2^2 b_1^2 + a_2^2 b_3^2 + a_3^2 b_1^2 + a_3^2 b_2^2 - \cdots} \\ &\quad \overline{\cdots - 2a_1 b_1 a_2 b_2 - 2a_1 b_1 a_3 b_3 - 2a_2 b_2 a_3 b_3} \\ &= \sqrt{(a_1 b_2 - a_2 b_1)^2 + (a_2 b_3 - a_3 b_2)^2 + (a_3 b_1 - a_1 b_3)^2} \\ &= |\vec{a} \times \vec{b}|. \end{aligned}$$

Das Ergebnis ist überraschend. Das Vektorprodukt gibt *dem Betrag nach* den doppelten Flächeninhalt des Dreiecks an, das von beiden Vektoren aufgespannt wird!

Um auch *die Richtung* des Produktvektors zu identifizieren knüpfen wir an dieses Ergebnis an. Danach bleibt $|\vec{a}\times\vec{b}|$ konstant, wenn wir weder die Länge von $\vec{a}$ und $\vec{b}$ noch den Winkel ändern, den die beiden Vektoren miteinander bilden. Unter der Voraussetzung, daß $\vec{a}\times\vec{b}\neq\vec{o}$ ist – andernfalls wäre die Frage nach der Richtung sinnlos –, bestimmen $\vec{a}$ und $\vec{b}$ eine Ebene, die den Raum in zwei *Halbräume* zerlegt und da $\vec{a}\times\vec{b}$ senkrecht auf dieser Ebene steht, gehört das Produkt *einem* dieser beiden Halbräume an. Nun stellen wir uns vor, dass wir diese Ebene bewegen, aber $\vec{a}$ und $\vec{b}$ in ihr *starr liegen bleiben*. Dann ändert $\vec{a}\times\vec{b}$ seine Länge nicht und muss, weil seine Richtung nicht ruckartig in die entgegengesetzte umschlagen kann, stets in den gleichen Halbraum zeigen. (Man beachte bei diesem Argument, dass die Bewegung *ganz langsam* erfolgen könnte, so dass sich die Komponenten von $\vec{a}$ und $\vec{b}$ und mit ihnen auch die von $\vec{a}\times\vec{b}$ *nur wenig ändern* würden!) Somit kann man es stets erreichen, dass schließlich $\vec{a}$ und $\vec{b}$ vom Nullpunkt ausgehend in der x-y-Ebene liegen und $\vec{a}$ in die Richtung der positiven x-Achse weist.

In dieser Situation lässt sich der Halbraum, dem $\vec{a}\times\vec{b}$ angehört, leicht identifizieren (Abb. 1.3.–19). Mit $\vec{a}=\begin{pmatrix}a_1\\0\\0\end{pmatrix}$, $\vec{b}=\begin{pmatrix}b_1\\b_2\\0\end{pmatrix}$ erhalten wir $\vec{a}\times\vec{b}=\begin{pmatrix}0\\0\\a_1 b_2\end{pmatrix}$,

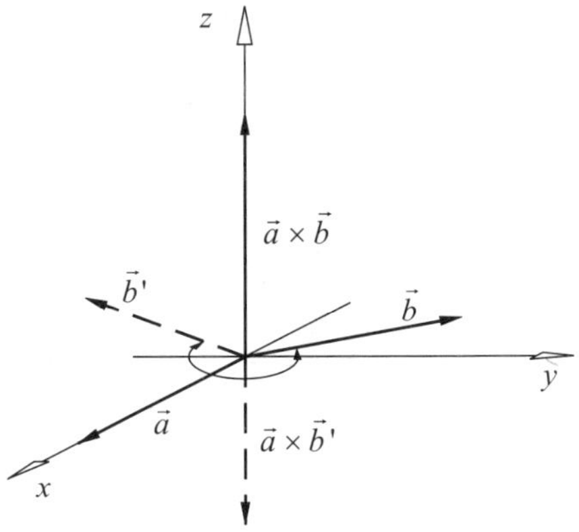

Abb. 1.3.–19

und wegen $a_1 > 0$ folgt, dass $\vec{a}\times\vec{b}$ nach oben oder nach unten weist, je nachdem ob b_2 positiv oder negativ ist. (Der Fall $b_2 = 0$ scheidet aus, da $\vec{a}$ und $\vec{b}$ als linear unabhängig vorausgesetzt wurden.) Hieraus ergibt sich die sogenannte *Rechtsschraubenregel für das Kreuzprodukt*: Dreht man den ersten Faktor des Kreuzproduktes *auf dem kürzesten Weg* in die Richtung des zweiten Faktors, so bewegt sich eine Rechtsschraube in Richtung des Kreuzproduktes. Stattdessen sagt man auch, das Vektorentripel $\vec{a}, \vec{b}, \vec{a}\times\vec{b}$ ist *rechtsorientiert*. Diese Rechtsorientierung beruht letztlich darauf, dass auch unser Koordinatensystem ein „Rechtssystem" ist. Die positive z-Achse ist stets so angelegt, dass eine Rechtsschraube sich in ihre Richtung bewegt, wenn man die positive x-Achse um 90° in die positive y-Achse hineindreht.

Wir ziehen aus der oben hergeleiteten Gleichung für den Betrag $|\vec{a}\times\vec{b}| = \sqrt{\vec{a}^2\vec{b}^2 - (\vec{a}\vec{b})^2}$ noch eine weitere Folgerung. Wegen $\vec{a}\vec{b} = |\vec{a}|\,|\vec{b}|\cos\alpha$ (mit $\alpha = \sphericalangle(\vec{a},\vec{b})$) gilt nämlich

$$\begin{aligned} |\vec{a}\times\vec{b}| &= \sqrt{\vec{a}^2\vec{b}^2 - (|\vec{a}|\,|\vec{b}|\cos\alpha)^2} \\ &= \sqrt{\vec{a}\vec{b}^2 - \vec{a}^2\vec{b}^2\cos^2\alpha} \\ &= \sqrt{\vec{a}^2\vec{b}^2(1-\cos^2\alpha)} \\ &= \sqrt{\vec{a}^2\vec{b}^2\sin^2\alpha} = |\vec{a}|\,|\vec{b}|\sin\alpha. \end{aligned}$$

Für den Betrag des Vektorproduktes gilt also eine ähnliche Formel wie für das Skalarprodukt. Da ferner das von $\vec{a}$ und $\vec{b}$ aufgespannte Parallelogramm doppelt so groß wie das zugehörige Dreieck ist, stimmt der Betrag von $\vec{a}\times\vec{b}$ mit dem Flächeninhalt des von $\vec{a}$ und $\vec{b}$ aufgespannten Parallelogrammes überein.

Geometrische Eigenschaften des Vektorprodukts

(i) Der Vektor $\vec{a} \times \vec{b}$ steht auf $\vec{a}$ und $\vec{b}$ senkrecht, und zwar so, dass das Tripel $\vec{a}, \vec{b}, \vec{a} \times \vec{b}$ *rechtsorientiert ist* (Rechtsschraubenregel).

(ii) Der Betrag von $\vec{a} \times \vec{b}$ ist gleich dem Flächeninhalt $|\vec{a}|\,|\vec{b}|\sin\alpha$ des von $\vec{a}$ und $\vec{b}$ aufgespannten Parallelogramms.

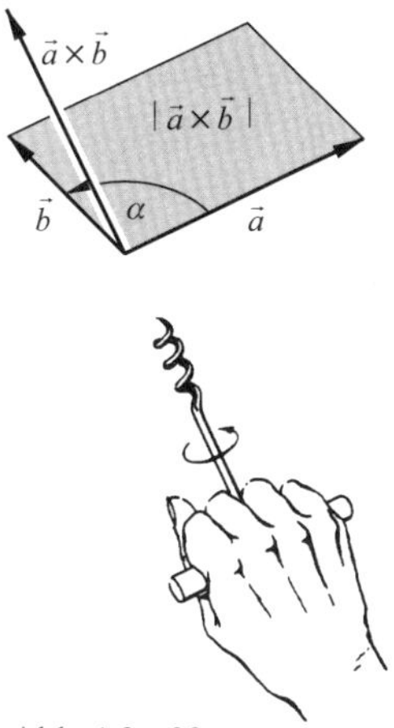

Abb. 1.3.–20

Anwendungen

Volumenformel für das Tetraeder

Ein Tetraeder werde von drei Vektoren $\vec{a}, \vec{b}, \vec{c}$ aufgespannt (Abb. 1.3.–21). Dann gibt $\frac{1}{2}|\vec{a} \times \vec{b}|$ den Inhalt von $A\,B\,C$ an und wir müssen nur noch die Höhe h ermitteln. Diese ist gleich der *senkrechten Projektion* von $\vec{c}$ auf den Vektor $\vec{a} \times \vec{b}$, wobei wir zunächst annehmen wollen, dass $\vec{c}$ im gleichen Halbraum liegt wie $\vec{a} \times \vec{b}$. Dann ist $h = |\vec{c}|\cos\alpha$ mit

$$\cos\alpha = \frac{(\vec{a} \times \vec{b})\,\vec{c}}{|\vec{a} \times \vec{b}|\,|\vec{c}|},$$

also

$$h = \frac{(\vec{a} \times \vec{b})\,\vec{c}}{|\vec{a} \times \vec{b}|}$$

und schließlich

$$V = \tfrac{1}{3} \cdot A_{ABC} \cdot h = \tfrac{1}{3} \cdot \tfrac{1}{2}|\vec{a} \times \vec{b}| \cdot \frac{(\vec{a} \times \vec{b})\,\vec{c}}{|\vec{a} \times \vec{b}|} = \tfrac{1}{6}(\vec{a} \times \vec{b})\,\vec{c}.$$

Liegt aber $\vec{c}$ nicht im gleichen Halbraum wie $\vec{a} \times \vec{b}$, dann müsste man anstelle dessen $\vec{b} \times \vec{a} = -\vec{a} \times \vec{b}$ nehmen. Da sich aber in der obigen Formel dabei nur das Vorzeichen ändern würde und das Volumen positiv sein muss, gilt in beiden Fällen:

Volumen des Tetraeders

Wird ein Tetraeder von drei Vektoren $\vec{a}, \vec{b}, \vec{c}$ aufgespannt, so beträgt sein Volumen

$$V = \tfrac{1}{6}|(\vec{a} \times \vec{b})\,\vec{c}|.$$

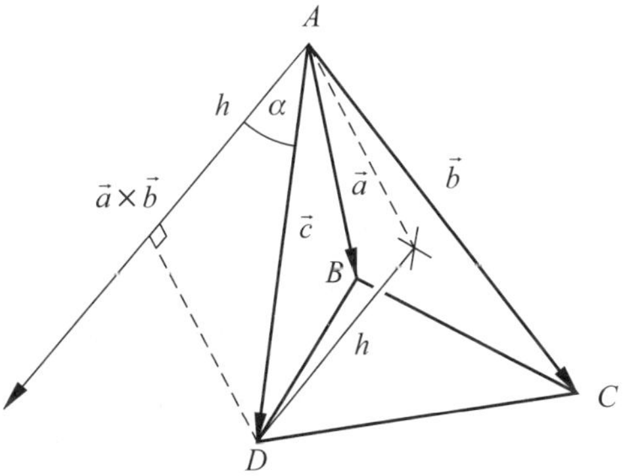

Abb. 1.3.–21

Als Beispiel einer Volumenberechnung greifen wir auf das in Abb. 1.3.–12, Seite 63, dargestellte Prismatoid zurück, verfahren aber etwas anders als dort. Zunächst schneiden wir wieder parallel zur Grundfläche ABC ein Prisma mit der Höhe $|AD|$ ab. Dessen Volumen beträgt $V_1 = A_{\mathrm{ABC}} \cdot |AD| = 47 \cdot 4 = 188$ (Volumeneinheiten), wobei wir auf die Ergebnisse von Seite 63 zurückgreifen. Nun betrachten wir den Restkörper $DB'C'EF$ und zerlegen ihn in zwei Tetraeder: $DB'C'E$ und $DEC'F$. Im ersten Fall nehmen wir

$$\overrightarrow{DB'} = \overrightarrow{AB} = \begin{pmatrix} -6 \\ 5 \\ 0 \end{pmatrix}, \ \overrightarrow{DC'} = \overrightarrow{AC} = \begin{pmatrix} -14 \\ -4 \\ 0 \end{pmatrix},$$

$$\overrightarrow{DE} = \begin{pmatrix} -6 \\ 5 \\ 2 \end{pmatrix}$$

als die drei aufspannenden Vektoren und erhalten

$$V_2 = V_{DB'C'E} = \frac{1}{6}\left|\left(\begin{pmatrix} -6 \\ 5 \\ 0 \end{pmatrix} \times \begin{pmatrix} -14 \\ -4 \\ 0 \end{pmatrix}\right) \cdot \begin{pmatrix} -6 \\ 5 \\ 2 \end{pmatrix}\right|$$

$$= \frac{1}{6}\left|\begin{pmatrix} 0 \\ 0 \\ 94 \end{pmatrix} \cdot \begin{pmatrix} -6 \\ 5 \\ 2 \end{pmatrix}\right| = \frac{1}{6} \cdot 188 = \frac{94}{3};$$

im zweiten Fall verwenden wir neben $\overrightarrow{DE}$ und $\overrightarrow{DC}$ noch $\overrightarrow{DF} = \begin{pmatrix} -14 \\ -4 \\ 3 \end{pmatrix}$ und erhalten

$$V_3 = V_{DEC'F} = \frac{1}{6}\left|\left(\begin{pmatrix} -6 \\ 5 \\ 2 \end{pmatrix} \times \begin{pmatrix} -14 \\ -4 \\ 0 \end{pmatrix}\right) \cdot \begin{pmatrix} -14 \\ -4 \\ 3 \end{pmatrix}\right|$$

$$= \frac{1}{6}\left|\begin{pmatrix} 8 \\ -28 \\ 94 \end{pmatrix} \cdot \begin{pmatrix} -14 \\ -4 \\ 3 \end{pmatrix}\right| = \frac{1}{6} \cdot 282 = 47.$$

Also beträgt das Volumen V des Prismatoids

$$V = V_1 + V_2 + V_3 = 188 + \frac{94}{3} + 47 = \frac{799}{3} = 266\frac{1}{3}.$$

Zwei Abstandsformeln

Mittels des Vektorproduktes kann der Abstand eines Punktes von einer Geraden oder einer Ebene noch einfacher berechnet werden als bisher. Sei etwa die Gerade gegeben durch zwei Punkte A und B und sei C der dritte Punkt, dessen Abstand d von der Geraden AB zu ermitteln ist. Dann lässt sich der Flächeninhalt des Dreiecks ABC einerseits durch $\frac{1}{2}|\overrightarrow{AB} \times \overrightarrow{AC}| = \frac{1}{2}|(\vec{b}-\vec{a}) \times (\vec{c}-\vec{a})|$, andererseits durch $\frac{1}{2}|\overrightarrow{AB}| \cdot d = \frac{1}{2}|\vec{b}-\vec{a}| \cdot d$ ausdrücken. Hieraus folgt durch Gleichsetzen und Auflösen nach d die Abstandsformel

$$d = \frac{|(\vec{b}-\vec{a}) \times (\vec{c}-\vec{a})|}{|\vec{b}-\vec{a}|}.$$

Entsprechend erhält man den Abstand h eines Punktes D von einer Ebene ABC durch Gleichsetzen der beiden Volumendarstellungen

$$V = \tfrac{1}{6}|((\vec{b}-\vec{a}) \times (\vec{c}-\vec{a}))(\vec{d}-\vec{a})|$$
$$= \tfrac{1}{3} \cdot \tfrac{1}{2}|(\vec{b}-\vec{a}) \times (\vec{c}-\vec{a})| \cdot h,$$

also

$$h = \frac{|((\vec{b}-\vec{a}) \times (\vec{c}-\vec{a}))(\vec{d}-\vec{a})|}{|(\vec{b}-\vec{a}) \times (\vec{c}-\vec{a})|}.$$

Exkurs: Drehungen

Mit Hilfe des Kreuzproduktes lassen sich Drehungen im Raum beschreiben. Die Drehachse möge dabei durch den Nullpunkt gehen; denn jede andere Drehung lässt sich durch eine geeignete Verschiebung auf diesen Fall zurückführen. Ferner sei die Richtung der Drehachse durch einen Vektor $\vec{v}$ gegeben, der gleichzeitig die Drehrichtung im Sinne einer Rechtsschraube festlegen soll (vgl. Abb. 1.3.–22). Der Einfachheit halber nehmen wir zusätzlich an, dass $\vec{v}$ ein Einheitsvektor ist, d. h. den Betrag 1 hat. Das ist durch passendes Verkürzen oder Verlängern von $\vec{v}$ stets zu erreichen.

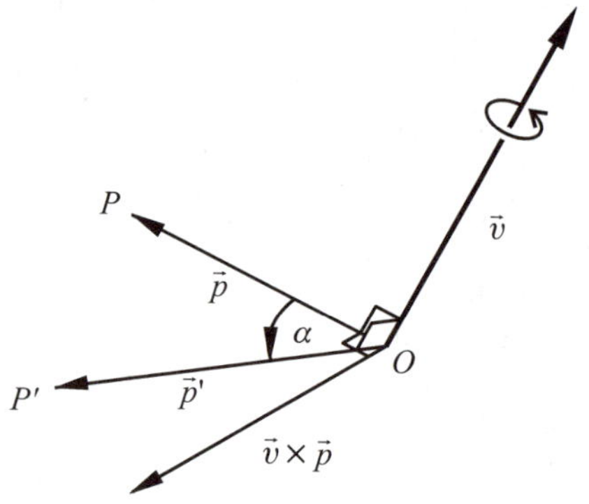

Abb. 1.3.–22

Als Erstes betrachten wir den Fall, dass der Punkt P, der um den Winkel α in die Endlage P' gedreht werden soll, in der zu $\vec{v}$ senkrechten Ebene liegt, die durch O geht, und wollen aus $\vec{p}$ und $\vec{v}$ bei gegebenem Winkel α den zugehörigen Vektor $\vec{p}\,'$ ermitteln. Dazu stellen wir fest, dass $\vec{v} \times \vec{p}$ in der Ebene der Vektoren $\vec{p}$ und $\vec{p}\,'$ liegt und mit $\vec{p}$ einen rechten Winkel bildet. Ferner gilt

$$|\vec{v} \times \vec{p}| = |\vec{v}| \cdot |\vec{p}| \cdot \sin 90^\circ = |\vec{p}|,$$

d. h., $\vec{p}, \vec{p}\,'$ und $\vec{v} \times \vec{p}$ sind gleich lang. Somit liegt die in Abb. 1.3.–23 dargestellte Situation vor, aus der man unmittelbar die Linearkombination

$$\vec{p}\,' = \cos\alpha \cdot \vec{p} + \sin\alpha \cdot (\vec{v} \times \vec{p})$$

abliest.

Den allgemeinen Fall führen wir hierauf leicht zurück. Ist nämlich der Lotfußpunkt von P auf die Drehachse durch $s\vec{v}$ gegeben, so gilt die obige Beziehung offenbar mit $\vec{p} - s\vec{v}$ statt $\vec{p}$ bzw. $\vec{p}\,' - s\vec{v}$ statt $\vec{p}\,'$:

$$\vec{p}\,' - s\vec{v} = \cos\alpha(\vec{p} - s\vec{v}) + \sin\alpha\,\vec{v} \times (\vec{p} - s\vec{v}).$$

Der Skalar s ergibt sich dabei aus der Bedingung $\vec{v}(\vec{p} - s\vec{v}) = 0$ zu $s = \vec{v}\vec{p}$, da $\vec{v}^2 = 1$ ist. Mit dem Distributivgesetz folgt hieraus wegen $\vec{v} \times \vec{v} = \vec{o}$ schließlich die allgemeine

Drehungsgleichung

Wird ein Punkt P mit Ortsvektor $\vec{p}$ so um eine durch den Nullpunkt gehende Achse um den Winkel α gedreht, daß sich eine Rechtsschraube dabei in Richtung des Achsenvektors $\vec{v}$ bewegen würde, so gilt für seine Endlage unter der Voraussetzung $|\vec{v}| = 1$

$$\vec{p}\,' = (\vec{v}\vec{p})(1 - \cos\alpha)\vec{v} + \cos\alpha\,\vec{p} + \sin\alpha\,\vec{v} \times \vec{p}.$$

Als Beispiel betrachten wir einen Würfel mit der Kantenlänge 6, dessen Mittelpunkt im Koordinatenursprung liegt und dessen Seitenflächen zu den Koordinatenebenen parallel sind. Die Ecken sind so bezeichnet wie in Abb. 1.3.–15. Er soll um eine Gerade mit dem Richtungsvektor $\vec{u} = \begin{pmatrix} 1 \\ -1 \\ 2 \end{pmatrix}$ um den Winkel α gedreht werden, der durch $\cos\alpha = \frac{1}{5}$ und $0^\circ < \alpha < 90^\circ$ eindeutig bestimmt ist. Dann ist $\sin\alpha = \sqrt{1 - \cos^2\alpha} = \frac{2}{5}\sqrt{6}$. Diesen Wert sowie den auf eine Einheit verkürzten Vektor $\vec{v} = \frac{1}{\sqrt{6}}\begin{pmatrix} 1 \\ -1 \\ 2 \end{pmatrix} = \frac{1}{\sqrt{6}}\vec{u}$ setzen wir in die Drehungsgleichung ein und erhalten

$$\vec{p}' = \frac{1}{\sqrt{6}}\left(\begin{pmatrix} 1 \\ -1 \\ 2 \end{pmatrix}\vec{p}\right)\cdot\frac{4}{5}\cdot\frac{1}{\sqrt{6}}\begin{pmatrix} 1 \\ -1 \\ 2 \end{pmatrix}$$

$$+\frac{1}{5}\vec{p} + \frac{2}{5}\sqrt{6}\cdot\frac{1}{\sqrt{6}}\begin{pmatrix} 1 \\ -1 \\ 2 \end{pmatrix}\times\vec{p}$$

$$= \frac{2}{15}\left(\begin{pmatrix} 1 \\ -1 \\ 2 \end{pmatrix}\vec{p}\right)\begin{pmatrix} 1 \\ -1 \\ 2 \end{pmatrix} + \frac{1}{5}\vec{p} + \frac{2}{5}\begin{pmatrix} 1 \\ -1 \\ 2 \end{pmatrix}\times\vec{p}.$$

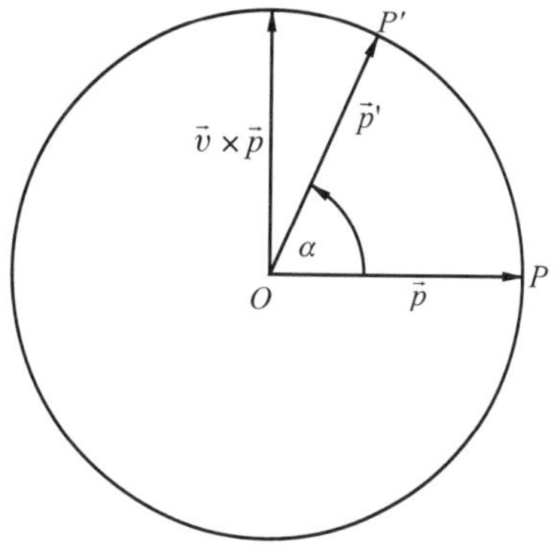

Abb. 1.3.–23

In der folgenden Tabelle berechnen wir mit Hilfe dieser Formel die Bildpunkte A', B', C', F', aus denen sich die übrigen Ecken konstruieren lassen.

	$\vec{p}$	$\begin{pmatrix} 1 \\ -1 \\ 2 \end{pmatrix}\vec{p}$	$\begin{pmatrix} 1 \\ -1 \\ 2 \end{pmatrix}\times\vec{p}$	$\vec{p}'$
A	$\begin{pmatrix} 3 \\ -3 \\ -3 \end{pmatrix}$	0	$\begin{pmatrix} 9 \\ 9 \\ 0 \end{pmatrix}$	$\frac{3}{5}\begin{pmatrix} 7 \\ 5 \\ -1 \end{pmatrix}$
B	$\begin{pmatrix} 3 \\ 3 \\ -3 \end{pmatrix}$	-6	$\begin{pmatrix} -3 \\ 9 \\ 6 \end{pmatrix}$	$\frac{1}{5}\begin{pmatrix} -7 \\ 25 \\ 1 \end{pmatrix}$
C	$\begin{pmatrix} -3 \\ 3 \\ -3 \end{pmatrix}$	-12	$\begin{pmatrix} -3 \\ -3 \\ 0 \end{pmatrix}$	$\frac{1}{5}\begin{pmatrix} -17 \\ 5 \\ -19 \end{pmatrix}$
F	$\begin{pmatrix} 3 \\ 3 \\ 3 \end{pmatrix}$	6	$\begin{pmatrix} -9 \\ 3 \\ 6 \end{pmatrix}$	$\frac{1}{5}\begin{pmatrix} -11 \\ 5 \\ 23 \end{pmatrix}$

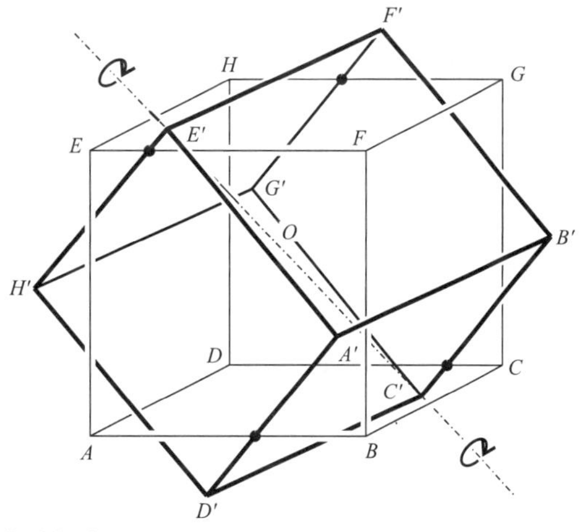

Abb. 1.3.–24

Abb. 1.3.–24 zeigt den gedrehten Würfel zusammen mit dem ursprünglichen. Die beiden Punkte, in denen die Drehachse die Seitenflächen $ABCD$ bzw. $EFGH$ durchstößt, fallen dabei scheinbar mit den Punkten C' und E' zusammen. Die vier Punkte, in denen sich zwei Kanten schneiden, sind dick markiert.

Aufgaben

1. Weise die Eigenschaften des Vektorprodukts (vgl. S. 67) durch Komponentenrechnung nach.

2. Man zeige, dass sich das Antikommutativgesetz mit den *geometrischen* Eigenschaften des Vektorprodukts begründen lässt.

3. Berechne $\vec{a} \times (\vec{b} \times \vec{c})$ und $(\vec{a} \times \vec{b}) \times \vec{c}$ für die angegebenen Vektorentripel und bestätige die sogenannte *Graßmann-Identität* (vgl. S. 25) für beide Dreifachprodukte.

$$\vec{a} \times (\vec{b} \times \vec{c}) = (\vec{a}\vec{b})\vec{c} - (\vec{a}\vec{c})\vec{b}.$$

Wie lautet diese im Falle von $(\vec{a} \times \vec{b}) \times \vec{c}$?

a) $\vec{a} = \begin{pmatrix} 1 \\ 0 \\ 0 \end{pmatrix}, \quad \vec{b} = \begin{pmatrix} 1 \\ 1 \\ 0 \end{pmatrix}, \quad \vec{c} = \begin{pmatrix} 1 \\ 1 \\ 1 \end{pmatrix};$

b) $\vec{a} = \begin{pmatrix} 0 \\ 1 \\ 2 \end{pmatrix}, \quad \vec{b} = \begin{pmatrix} 3 \\ 4 \\ 5 \end{pmatrix}, \quad \vec{c} = \begin{pmatrix} 6 \\ 7 \\ 8 \end{pmatrix};$

c) $\vec{a} = \begin{pmatrix} 2 \\ 3 \\ 6 \end{pmatrix}, \quad \vec{b} = \begin{pmatrix} 6 \\ 2 \\ -3 \end{pmatrix}, \quad \vec{c} = \begin{pmatrix} 3 \\ -6 \\ 2 \end{pmatrix}.$

4. Die *Lagrange-Identität* lautet

$$(\vec{a} \times \vec{b})(\vec{c} \times \vec{d}) = (\vec{a}\vec{c})(\vec{b}\vec{d}) - (\vec{a}\vec{d})(\vec{b}\vec{c}).$$

Bestätige sie für die in Aufgabe 3 angegebenen Vektoren mit dem zusätzlichen Vektor $\vec{d}$.

a) $\vec{d} = \begin{pmatrix} 1 \\ -1 \\ 1 \end{pmatrix}, \quad$ b) $\vec{d} = \begin{pmatrix} 9 \\ 10 \\ 11 \end{pmatrix}; \quad$ c) $\vec{d} = \begin{pmatrix} -2 \\ -3 \\ 6 \end{pmatrix}.$

5.* Beweise die Lagrange-Identität mit Hilfe der Graßmann-Identität (vgl. Aufgabe 3 und 4).

6. Ein *Spat* (vgl. S. 28) wird von drei Vektoren $\vec{a}, \vec{b}, \vec{c}$ aufgespannt.

a) Begründe die Volumenformel $V = |(\vec{a} \times \vec{b})\vec{c}|$.

b) Es sei jetzt $\vec{a} = \begin{pmatrix} 6 \\ 0 \\ 0 \end{pmatrix}, \vec{b} = \begin{pmatrix} -2 \\ -3 \\ 4 \end{pmatrix}, \vec{c} = \begin{pmatrix} -4 \\ 4 \\ 0 \end{pmatrix}.$

Zeichne den Spat mit seinen Raumdiagonalen. Berechne das Volumen des Spates und das Volumen jeder der sechs vierseitigen Pyramiden, in die der Spat durch die Raumdiagonalen zerlegt wird. Was fällt auf?

c*) Man beweise den in b) festgestellten Sachverhalt allgemein für beliebige Vektoren $\vec{a}, \vec{b}, \vec{c}$.

7. Eine quadratische Pyramide hat die Grundkante und die Höhe 6. Ihre Seitenkanten sind gleich lang.

a) Zeichne die Pyramide in ein Koordinatensystem und bestimme die Koordinaten der Ecken A, B, C, D ihrer Grundfläche und ihrer Spitze E.

b) Senkrecht zur Seitenkante EA wird im Punkt F ein ebener Schnitt durch die Pyramide geführt, der sie in zwei Teile zerlegt. Wie verhalten sich die Volumen der beiden Teile, wenn F die Seitenkante EA im Verhältnis 1:2 (1:1, 2:1) teilt? Zeichne jedes Mal die Schnittfläche mit ein.

8. Ein Tetraeder $ABCD$ hat die Ecken $A = (9|-1|0)$, $B = (6|5|0)$, $C = (-1|3|0)$, $D = (8|3|6)$. M sei der Mittelpunkt von AC; E teile die Strecke AB und F die Strecke CD im Verhältnis 2:1.

Berechne die Koordinatengleichung der Ebene ε durch die Punkte M, E, F und die Größe ihrer Schnittfläche mit dem Tetraeder. Zeichne Tetraeder und Schnittfläche und ermittle die Volumen der beiden Teilkörper, in die ε das Tetraeder zerlegt.

9. Im Tetraeder der Aufgabe 8 bilden die sechs Kantenmittelpunkte ein dem Tetraeder einbeschriebenes (unregelmäßiges) Oktaeder. Welchen Bruchteil des Tetraedervolumens umschließt es?

10.* Man zeige, dass das Ergebnis der Aufgabe 9 allgemein für beliebige Tetraeder zutrifft.

11. Über einem rechteckigen Feld $ABCD$ wird ein Erdhügel aufgeschüttet, der oben durch eine quadratische Plattform $EFGH$ abgeschlossen werden soll. Zeichne den Hügel für

$A = (8|0|0)$, $B = (8|12|0)$, $C = (0|12|0)$, $D = (0|0|0)$,
$E = (6|3|5)$, $F = (6|7|5)$, $G = (2|7|5)$, $H = (2|3|5)$,

berechne sein Volumen und die Neigungen der Seitenflächen gegenüber Grundfläche und Plattform. Würde sich das Volumen ändern, wenn die Plattform bei sonst gleichen Abmessungen so angeordnet würde, dass H in der Höhe 5 genau senkrecht über D läge?

12. Abb. 1.3.–25 zeigt ein *Antiprisma* (vgl. S. 9), dessen Grund- und Deckfläche zur x-y-Ebene parallele Quadrate sind. Ihre Mittelpunkte liegen auf der z-Achse.

a) Berechne das Volumen des Antiprismas, wenn $A = (3|-3|-2)$ und $E = (5|0|2)$ ist.

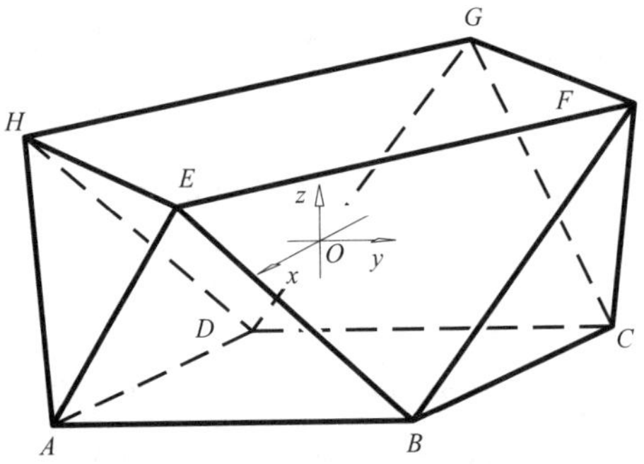

Abb. 1.3.–25

b) Die x-y-Ebene schneidet das Antiprisma in einem Achteck. Sein Inhalt sei p. Nach der *Regel von Simpson* gilt dann für das Volumen des Antiprismas die Formel

$$V = \tfrac{1}{6}(q_1 + 4p + q_2)\,h,$$

wobei q_1 der Inhalt der Grundfläche, q_2 der Inhalt der Deckfläche und h ihr Abstand ist. Bestätige diese Regel für das obige Zahlenbeispiel.

13.* Löse die Aufgabe 12a für das *reguläre* Antiprisma, bei dem alle Seitenkanten die gleiche Länge a haben.

14. Die Vektoren $\vec{a} = \begin{pmatrix} -5 \\ 3 \\ -1 \end{pmatrix}$ und $\vec{b} = \begin{pmatrix} 5 \\ 2 \\ 2 \end{pmatrix}$ bestimmen ein Dreieck.

a) Berechne seine *Höhen* (*Abstände* der Ecken von den gegenüberliegenden Seiten).

b) Auf der Geraden $g\colon \vec{p} = \begin{pmatrix} -5 \\ 6 \\ 20 \end{pmatrix} + s\begin{pmatrix} 2 \\ 1 \\ -6 \end{pmatrix}$ soll ein Punkt C so bestimmt werden, dass das von $\vec{a}, \vec{b}, \vec{c}$ aufgespannte Tetraeder das Volumen 3 hat. (Es gibt *zwei* Lösungen!)

c) Bestimme mindestens noch drei weitere Punkte C mit Ortsvektor $\vec{c}$, die der *Volumen*bedingung der Aufgabe b) genügen. Wo müssen alle solche Punkte C liegen? Begründe.

15. Um das lineare Gleichungssystem

$$\begin{aligned} 3x \qquad - 4z &= 2 \\ -x + 2y + 5z &= -3 \\ -4x - 2y + z &= -1 \end{aligned}$$

zu lösen schreiben wir es als Vektorgleichung

$$x\begin{pmatrix} 3 \\ -1 \\ -4 \end{pmatrix} + y\begin{pmatrix} 0 \\ 2 \\ -2 \end{pmatrix} + z\begin{pmatrix} -4 \\ 5 \\ 1 \end{pmatrix} = \begin{pmatrix} 2 \\ -3 \\ -1 \end{pmatrix}$$

und nennen die auftretenden Vektoren der Reihe nach $\vec{a}, \vec{b}, \vec{c}, \vec{d}$. Dann lautet die obige Gleichung $x\vec{a} + y\vec{b} + z\vec{c} = \vec{d}$. Multipliziert man diese Gleichung *skalar* mit dem Vektor $\vec{b} \times \vec{c}$, so folgt $x\vec{a}(\vec{b} \times \vec{c}) = \vec{d}(\vec{b} \times \vec{c})$.

a) Begründe diese Aussage aus den Eigenschaften des Skalar- und Vektorprodukts. Wie erhält man die entsprechenden Gleichungen für y und z?

b) Berechne im obigen Zahlenbeispiel

$$x = \frac{\vec{d}(\vec{b} \times \vec{c})}{\vec{a}(\vec{b} \times \vec{c})}, \quad y = \frac{\vec{d}(\vec{c} \times \vec{a})}{\vec{b}(\vec{c} \times \vec{a})}, \quad z = \frac{\vec{d}(\vec{a} \times \vec{b})}{\vec{c}(\vec{a} \times \vec{b})}$$

und bestätige durch Einsetzen die Korrektheit der Lösung. Warum darf man hier nicht kürzen?

c*) Warum lassen sich die in b) angegebenen Lösungsformeln nicht auf *jedes* lineare Gleichungssystem von drei Gleichungen mit drei Unbekannten anwenden?

16. Gegeben seien zwei Vektoren $\vec{a}, \vec{b}$ und gesucht alle Vektoren $\vec{p} = \begin{pmatrix} x \\ y \\ z \end{pmatrix}$, die der Bedingung $(\vec{b} - \vec{a}) \times (\vec{p} - \vec{a}) = \vec{o}$ genügen.

a) Begründe, dass $\vec{p}$ der Gleichung $\vec{p} = \vec{a} + s(\vec{b} - \vec{a})$ genügen muss, das heißt, alle zugehörgen Punkte liegen auf der Geraden durch A und B mit den Ortsvektoren $\vec{a}$ und $\vec{b}$.

b) Schreibe für $\vec{a} = \begin{pmatrix} 3 \\ -1 \\ -4 \end{pmatrix}, \vec{b} = \begin{pmatrix} -1 \\ -2 \\ -3 \end{pmatrix}$ die oben angegebene Bedingung in ein Gleichungssystem um. Inwiefern kann man hinter diesem ein *Schnittpunktsproblem* sehen, das von der unter a) angegebenen Geraden gelöst wird?

17. Um die Schnittgerade g zweier Ebenen zu bestimmen, die durch ihre Koordinatengleichungen gegeben sind, kann man folgendermaßen vorgehen. Ein Richtungsvektor $\vec{v}$ von g ist gleich dem Vektorprodukt der Normalen beider Ebenen, da g auf beiden Normalen senkrecht steht. Dann braucht man nur noch einen speziellen Schnittpunkt um die Schnittgerade vollständig zu kennen. Diesen kann man z. B. so bestimmen, indem man eine Koordinate willkürlich wählt und die anderen berechnet.

a) Begründe diese Aussage und bestimme so die Schnittgerade der beiden Ebenen

$$\varepsilon\colon 3x - 5y + z = 1; \quad \eta\colon 5x - 4y - 3z = 7,$$

wobei der spezielle Schnittpunkt den x-Wert -2 haben soll.

b*) Setze in Aufgabe a) $z = -3x$ und berechne dann aus der Gleichung von ε den Wert für y und mit seiner Hilfe aus der Gleichung für η den Wert von x. Zeige, dass sich dieselbe Gerade ergibt, und begründe, warum das so sein muss.

1.3.4* Beweise geometrischer Sätze mit Hilfe von Vektoren

In 1.2.5 haben wir gesehen, wie sich *allgemeingültige Aussagen* durch eine komponentenfreie Vektorrechnung erzielen ließen. Dies setzen wir jetzt fort, jedoch unter einem etwas anderen Akzent. Hier geht es primär um den *Beweis* von Vermutungen, zu denen man auf irgendeine Weise gelangt sein mag. Mit anderen Worten: Man kennt sowohl den Ausgangspunkt – die *Voraussetzungen* – als auch das Ziel – die *Behauptung* – und sucht einen Weg dorthin.

In der Geometrie kann man zwischen einem *synthetischen* und einem *analytischen* Beweis unterscheiden. Im ersten Fall versucht man den vermuteten Sachverhalt aus schon bewiesenen anderen Sätzen oder als Grundtatsachen angenommenen *Axiomen* abzuleiten. Nicht selten bedarf es aber besonderer Ideen um auf diese Weise den Zusammenhang zwischen dem, was man bereits gesichert weiß, und dem, was man neu beweisen will, herzustellen. Im Gegensatz dazu werden bei der analytischen Methode Voraussetzungen und Behauptung algebraisch in Formeln ausgedrückt und der Beweis besteht in der Aufstellung eines Rechenweges, der vom einen zum andern führt.

Beweise solcher Art kennen wir schon von den zurückliegenden Paragraphen, wobei die Behauptung allerdings erst zum Schluss der Rechnung als *Ergebnis* formuliert wurde. Dabei spielte das Distributivgesetz häufig eine wichtige Rolle. Auch im Folgenden wird das der Fall sein. Doch darf man sich die analytischen Beweise nicht zu einfach vorstellen. Insbesondere sollte man den Punkt, von dem die Ortsvektoren ausgehen, mit Bedacht wählen – zum Beispiel nach *Symmetrie*gesichtspunkten –, damit die Rechnungen nicht zu unübersichtlich werden. Im Übrigen läßt sich nicht jeder geometrische Satz ohne weiteres analytisch beweisen und synthetische Beweise können viel einfacher und vor allem *einsichtiger* sein, weil sie einen geometrisch sichtbaren Zusammenhang zwischen Voraussetzung und Behauptung herstellen. Darauf gehen wir im Folgenden jedoch nicht weiter ein, da dies den Rahmen einer „Analytischen Geometrie" sprengen würde.

Die folgenden Beispiele demonstrieren typische Strategien, sind aber darüber hinaus auch inhaltlich interessant.

(1) Ein Satz über Teilverhältnisse bei Vierecken

Voraussetzung: $ABCD$ sei ein (nicht unbedingt ebenes) Viereck, E einPunkt auf AB, F auf BC, G auf CD und H auf DA. Die Punkte E und G teilen die Strecken AB bzw. DC im gleichen Verhältnis; die Punkte H und F teilen die Strecken AD bzw. BC ebenfalls im gleichen Verhältnis, das jedoch mit dem ersteren nicht übereinstimmen muß.

Behauptung: Die Geraden EG und HF schneiden sich in einem Punkt K und dieser teilt EG in demselben Verhältnis wie F die Strecke BC und HF wie E die Strecke AB (vgl. Abb. 1.3.–26, in der das Viereck $ABCD$ zur besseren Vorstellbarkeit in einen Spat eingebettet ist).

Beweis: Hier erscheint keiner der angegebenen Punkte vor dem anderen besonders ausgezeichnet. Wir denken uns daher den Nullpunkt irgendwo im Raum und beschreiben die Lage der Punkte durch ihre Ortsvektoren $\vec{a}$ bis $\vec{h}$. Dabei gilt wegen der Gleichheit der Teilverhältnisse einerseits

$$\vec{e} = \vec{a} + s(\vec{b} - \vec{a}), \quad \vec{g} = \vec{d} + s(\vec{c} - \vec{d})$$

sowie andererseits

$$\vec{h} = \vec{a} + t(\vec{d} - \vec{a}), \quad \vec{f} = \vec{b} + t(\vec{c} - \vec{b}).$$

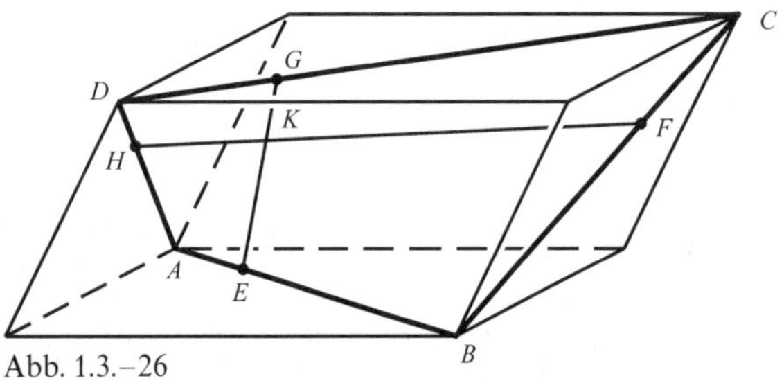

Abb. 1.3.–26

Wir zeigen nun (anders als in 1.2.5), dass die Punkte K_1 und K_2, gegeben durch

$$\vec{k_1} = \vec{e} + t(\vec{g} - \vec{e}), \quad \vec{k_2} = \vec{h} + s(\vec{f} - \vec{h}),$$

dieselben sind, womit bereits alles bewiesen wäre. Dazu setzen wir einfach ein und erhalten

$$\vec{k_1} = \vec{a} + s(\vec{b} - \vec{a}) + t(\vec{d} + s(\vec{c} - \vec{d}) - \vec{a} - s(\vec{b} - \vec{a}))$$
$$= \vec{a} + s(\vec{b} - \vec{a}) + t(\vec{d} - \vec{a}) + st(\vec{c} - \vec{d} - \vec{b} + \vec{a})$$

bzw.

$$\vec{k_2} = \vec{a} + t(\vec{d} - \vec{a}) + s(\vec{b} + t(\vec{c} - \vec{b}) - \vec{a} - t(\vec{d} - \vec{a}))$$
$$= \vec{a} + t(\vec{d} - \vec{a}) + s(\vec{b} - \vec{a}) + st(\vec{c} - \vec{b} - \vec{d} + \vec{a}). \quad \square$$

Bemerkung: Stellt man sich die Geraden HF und EG beweglich vor, so überstreichen sie auch im Falle eines *windschiefen* Vierecks beide dieselbe Fläche, die dann natürlich nicht eben sein kann. Man sagt, sie bilden zwei *Erzeugendenscharen* der Fläche, wobei je zwei Erzeugende derselben Schar zueinander windschief sind, aber je zwei Erzeugende aus den verschiedenen Scharen sich schneiden. Diese Fläche wird uns in 1.3.5 noch näher beschäftigen. An der Darstellung von $\vec{e}$ und $\vec{g}$ erkennt man übrigens noch, dass die Richtungsvektoren der Geraden EG

$$\vec{d} - \vec{a} + s(\vec{c} - \vec{d} - \vec{b} + \vec{a}) = \vec{d} - \vec{a} + s(\vec{c} - \vec{b}) - s(\vec{d} - \vec{a})$$

eine *Linearkombination* der Vektoren $\vec{d} - \vec{a}$ und $\vec{c} - \vec{b}$ sind. Die Geraden verlaufen daher alle parallel zu einer Ebene, die von $\vec{d} - \vec{a}$ und $\vec{c} - \vec{b}$ aufgespannt wird. Dasselbe gilt für die Geraden HF und eine Ebene mit den erzeugenden Vektoren $\vec{b} - \vec{a}$ und $\vec{c} - \vec{d}$.

(2) Ein Lotesatz der ebenen Geometrie

Voraussetzung: P sei ein Punkt, der auf keiner Seite des Dreiecks ABC liegt; PD, PE, PF seien die Lote von P auf die Dreiecksseiten mit D auf BC, E auf CA und F auf AB.

Behauptung: Die Lote von A auf EF, B auf FD, C auf DE schneiden sich in einem Punkt Q (Abb. 1.3.–27).

Beweis: Die Abbildung zeigt bereits, welche Vektoren wir in die Rechnung einführen. Dabei soll Q Schnittpunkt der Lote, die von A und B ausgehen, sein. Dann haben wir die Voraussetzungen

(1) $(\vec{a} - \vec{b})\vec{f} = 0$; (2) $(\vec{b} - \vec{c})\vec{d} = 0$; (3) $(\vec{c} - \vec{a})\vec{e} = 0$;

(4) $\vec{a}(\vec{f} - \vec{e}) = 0$; (5) $\vec{b}(\vec{d} - \vec{f}) = 0$.

Zu zeigen ist: (6) $\vec{c}(\vec{e} - \vec{d}) = 0$.

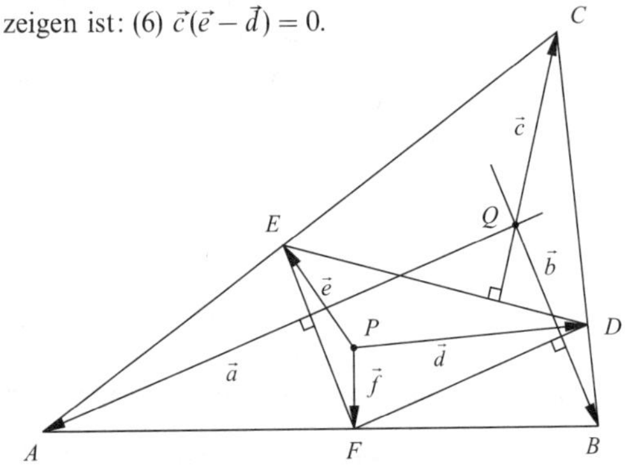

Abb. 1.3.–27

Eine einfache Strategie besteht darin die obigen Klammern aufzulösen und die Gleichungen als Gleichheit von Skalarprodukten zu lesen. Dann folgt mit (3), (4), (1), (5), (2)

$$\vec{c}\vec{e}=\vec{a}\vec{e}=\vec{a}\vec{f}=\vec{b}\vec{f}=\vec{b}\vec{d}=\vec{c}\vec{d},$$

also (6), Wie man sieht, ist (6) nichts anderes als die Summe der Gleichungen (1) bis (5). □

Bemerkung: Bei diesem Beweis spielt die Länge der Vektoren $\vec{d}, \vec{e}, \vec{f}$ offenbar keine Rolle. Das heißt, die Aussage des Satzes bleibt auch dann noch richtig, wenn man die Punkte D, E, F *irgendwo* auf den Loten, aber natürlich verschieden von P, angenommen hätte.

In der Figur der Abb. 1.3.–27 stecken noch viele weitere interessante Eigenschaften. Zum Beispiel liegen die Punkte E, F, G zusammen mit den Fußpunkten der Lote von Q auf die Dreiecksseiten auf einem Kreis um den Mittelpunkt der Strecke PQ. Das beweist man aber am besten mit den Mitteln der Elementargeometrie und nicht analytisch. Die oben benutzte Strategie ist jedoch in vielen Fällen nützlich.

(3) Ein Satz über Pyramidennetze

Voraussetzung: E sei die Spitze einer vierseitigen Pyramide $ABCDE$, EF das Lot auf die Grundfläche $ABCD$; ferner gelte (Abb. 1.3.–28): $FG \perp AB$, $FH \perp BC$, $FK \perp CD$, $FL \perp DA$ und $|AG| = |AL|$, $|BG| = |BH|$, $|CH| = |CK|$.

Behauptung: $|DK| = |DL|$.

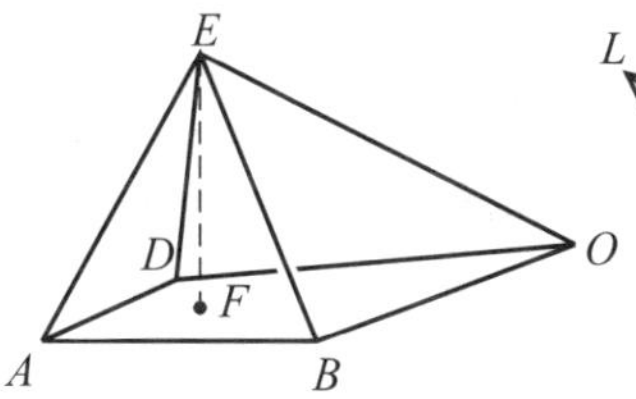

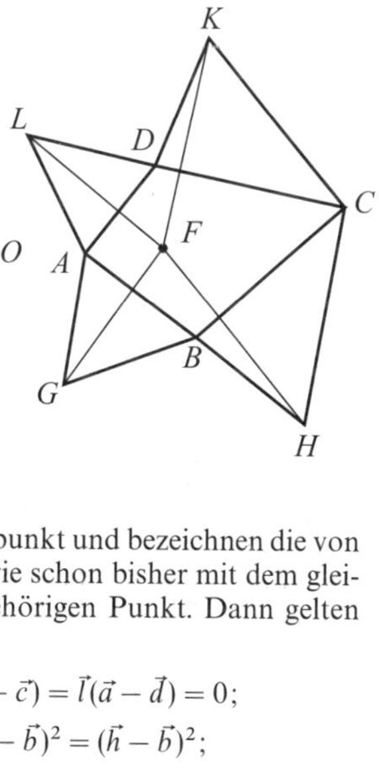

Abb. 1.3.–28

Beweis: Wir nehmen F als Nullpunkt und bezeichnen die von F ausgehenden Ortsvektoren wie schon bisher mit dem gleichen Buchstaben wie den zugehörigen Punkt. Dann gelten die Voraussetzungen

(1) $\vec{g}(\vec{b}-\vec{a})=\vec{h}(\vec{c}-\vec{b})=\vec{k}(\vec{d}-\vec{c})=\vec{l}(\vec{a}-\vec{d})=0$;

(2) $(\vec{g}-\vec{a})^2=(\vec{l}-\vec{a})^2$; (3) $(\vec{g}-\vec{b})^2=(\vec{h}-\vec{b})^2$;

(4) $(\vec{h}-\vec{c})^2=(\vec{k}-\vec{c})^2$

und behauptet wird $(\vec{k}-\vec{d})^2=(\vec{l}-\vec{d})^2$ oder gleichwertig $\vec{k}^2-2\vec{k}\vec{d}=\vec{l}^2-2\vec{l}\vec{d}$. Nun ist nach (1) $\vec{k}\vec{d}=\vec{k}\vec{c}$ und nach (4) $\vec{h}^2-2\vec{h}\vec{c}=\vec{k}^2-2\vec{k}\vec{c}$, also

$$\vec{k}^2-2\vec{k}\vec{d}=\vec{k}^2-2\vec{k}\vec{c}=\vec{h}^2-2\vec{h}\vec{c}.$$

Entsprechend schließt man weiter:

$$\vec{h}^2-2\vec{h}\vec{c}\underset{(1)}{=}\vec{h}^2-2\vec{h}\vec{b}\underset{(3)}{=}\vec{g}^2-2\vec{g}\vec{b}$$
$$\underset{(1)}{=}\vec{g}^2-2\vec{g}\vec{a}\underset{(2)}{=}\vec{l}^2-2\vec{l}\vec{a}\underset{(1)}{=}\vec{l}^2-2\vec{l}\vec{d}. \quad \square$$

(4) Ein Satz über Tetraeder

Wir betrachten die folgenden drei Aussagen (Abb. 1.3.–29):

(a) Die (Raum-)Höhen OE und CF schneiden sich.

(b) Das Gemeinlot der Kanten AB und OC schneidet die Höhe CF.

(c) Die Gegenkanten AB und OC sind orthogonal.

Behauptung: Die Aussagen (a), (b), (c) sind äquivalent.

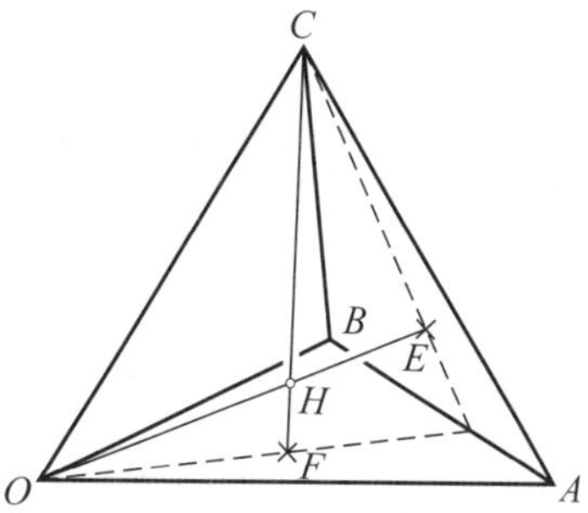

Abb. 1.3.–29

Beweis: Wir stellen zunächst die Voraussetzungen zusammen, die *konstruktiv* gegeben sind und in *jedem Fall* gelten:

(1) $(\vec{f}-\vec{c})\vec{a}=(\vec{f}-\vec{c})\vec{b}=0$, da CF auf OAB senkrecht steht;

(2) $\vec{e}(\vec{b}-\vec{a})=\vec{e}(\vec{c}-\vec{b})=0$, da OE auf ABC senkrecht steht.

Ferner sei OGC die Ebene, die durch OC und CF definiert ist, und H ein Punkt von CF, über den von Fall zu Fall genauere Festsetzungen getroffen werden.

Wir beweisen nun die behauptete Äquivalenz, indem wir die Schlusskette

$$(a) \Rightarrow (b) \Rightarrow (c) \Rightarrow (a)$$

durchführen. Sie besagt offensichtlich, dass man aus jeder der drei Aussagen auf jede der beiden anderen schließen kann.

(a) ⇒ (b): H sei Schnittpunkt der beiden Höhen. Dann liegt OE in der Ebene OGC, also auch E auf GC. Im Dreieck OGC sind also OE und CF zwei Höhen, die sich in H schneiden. Somit geht die dritte Höhe durch G und H, d. h., GH ist orthogonal zu OC. Wir zeigen nun, dass GH auch zu AB senkrecht und infolgedessen das Gemeinlot von AB und OC ist. GH liegt nämlich in der Ebene OGC und lässt sich daher als Linearkombination von $\overrightarrow{OE}=\vec{e}$ und $\overrightarrow{OF}=\vec{f}-\vec{c}$ ausdrücken:

$$\overrightarrow{GH}=s\vec{e}+t(\vec{f}-\vec{c}).$$

Multiplizieren wir diese Gleichung mit $(\vec{b}-\vec{a})$, so folgt mit (1) und (2)

$$\overrightarrow{GH}\cdot(\vec{b}-\vec{a})=0,$$

also (b).

(b) ⇒ (c): Der Punkt H sei jetzt Schnittpunkt des Gemeinlotes mit CF. Da einer der beiden Fußpunkte außerdem auf OC liegt, verläuft es ganz in der Ebene des Dreiecks OCG. Hieraus folgt, dass G der andere Fußpunkt auf AB und infolgedessen

$$(\vec{g}-\vec{h})(\vec{b}-\vec{a})=0$$

ist. Da nun die Vektoren $\vec{g}-\vec{h}$, $\vec{f}-\vec{c}$ und $\vec{c}$ in einer Ebene liegen, ist $\vec{c}$ eine Linearkombination

$$\vec{c}=s(\vec{g}-\vec{h})+t(\vec{f}-\vec{c})$$

der beiden Erstgenannten und Multiplikation mit $\vec{b}-\vec{a}$ gibt in Verbindung mit (1)

$$\vec{c}(\vec{b}-\vec{a})=0,$$

also (c).

(c) ⇒ (a): Mit (1) und (c) folgt zunächst

$$\vec{f}(\vec{b}-\vec{a})=(\vec{f}-\vec{c})(\vec{b}-\vec{a})+\vec{c}(\vec{b}-\vec{a})=0.$$

Da $\vec{g}$ dieselbe Richtung wie $\vec{f}$ hat, gilt dann auch $\vec{g}(\vec{b}-\vec{a})=0$ und mit diesem Ergebnis

$$(\vec{e}-\vec{g})(\vec{b}-\vec{a})=\vec{e}(\vec{b}-\vec{a})-\vec{g}(\vec{b}-\vec{a})=0$$

nach (2) sowie

$$(\vec{c}-\vec{g})(\vec{b}-\vec{a})=\vec{c}(\vec{b}-\vec{a})-\vec{g}(\vec{b}-\vec{a})=0$$

nach (c). Das heißt, EG und CG stehen senkrecht auf AB und E liegt infolgedessen auf CG. Somit gehört die Höhe OE ebenfalls der Ebene OGC an und beide Höhen müssen sich schneiden. □

Bemerkungen: Aus diesem Satz kann man interessante Folgerungen ziehen. Wenn sich zum Beispiel zwei Höhen schneiden, müssen es auch die anderen beiden tun, und die beiden Schnittpunkte liegen auf demselben Gemeinlot, können aber durchaus verschieden sein. (Man finde dazu ein passendes Zahlenbeispiel!) Wenn sie jedoch zusammenfallen, liegt der Sonderfall eines sogenannten *orthozentrischen* Tetraeders vor. Man vergleiche hierzu die Aufgaben 10 bis 12.

(5) Ein Satz über Orthogonalschnitte bei Tetraedern

Voraussetzung: Durch den Mittelpunkt jeder Kante eines Tetraeders wird senkrecht zu ihrer Gegenkante eine Ebene gelegt.

Behauptung: Die sechs Ebenen schneiden sich in einem Punkt.

Beweis: Wir bezeichnen das Tetraeder wie in Abb. 1.3.–29 und stellen zunächst die Gleichungen der sechs Ebenen auf. Die Ebene ε, die senkrecht zu $\vec{a}$ ist, geht durch den Mittelpunkt von BC mit dem Ortsvektor $\vec{m}=\frac{1}{2}(\vec{b}+\vec{c})$. Da dieser die Gleichung erfüllen muss, ergibt sich die Konstante k in $\vec{a}\vec{p}=k$ zu $\frac{1}{2}\vec{a}(\vec{b}+\vec{c})$. Also lautet die Gleichung

$$\varepsilon\colon \vec{a}\vec{p}=\tfrac{1}{2}\vec{a}(\vec{b}+\vec{c})$$

und entsprechend erhält man die übrigen Gleichungen

$$\eta\colon \vec{b}\vec{p}=\tfrac{1}{2}\vec{b}(\vec{c}+\vec{a});\qquad \zeta\colon \vec{c}\vec{p}=\tfrac{1}{2}\vec{c}(\vec{a}+\vec{b});$$
$$\varepsilon'\colon (\vec{b}-\vec{c})\vec{p}=\tfrac{1}{2}(\vec{b}-\vec{c})\vec{a};\quad \eta'\colon(\vec{c}-\vec{a})\vec{p}=\tfrac{1}{2}(\vec{c}-\vec{a})\vec{b};$$
$$\zeta'\colon(\vec{a}-\vec{b})\vec{p}=\tfrac{1}{2}(\vec{a}-\vec{b})\vec{c}.$$

Da die Vektoren $\vec{a},\vec{b},\vec{c}$ ein Tetraeder aufspannen, sind sie linear unabhängig. Die Ebenen ε, η und ζ müssen sich daher in einem Punkt N mit Ortsvektor $\vec{n}$ schneiden. Dieser erfüllt ihre Gleichungen und es ist zu zeigen, dass er auch die Gleichungen von ε', η' und ζ' erfüllt. Das folgt aber unmittelbar durch Subtraktion. Z. B. ergibt sich aus $\vec{b}\vec{n}=\frac{1}{2}\vec{b}(\vec{c}+\vec{a})\,\vec{c}\vec{n}=\frac{1}{2}\vec{c}(\vec{a}+\vec{b})$ die Gleichung

$$(\vec{b}-\vec{c})\vec{n}=\tfrac{1}{2}(\vec{b}\vec{c}+\vec{b}\vec{a}-\vec{c}\vec{a}-\vec{c}\vec{b})=\tfrac{1}{2}(\vec{b}-\vec{c})\vec{a},$$

d. h., wenn N auf η und ζ liegt, dann auch auf ε'. Entsprechend schließt man in den anderen beiden Fällen. □

Bemerkung: Dieser Satz hat eine interessante zweidimensionale Analogie. Da alle Aussagen und Gleichungen mit „Gerade" anstelle von „Ebene" gelten, können wir zwar nicht mehr schließen, dass alle sechs Senkrechten durch den *gleichen* Punkt gehen, wohl aber die *Geraden*tripel $(\varepsilon',\eta,\zeta)$, $(\varepsilon,\eta',\zeta)$, $(\varepsilon,\eta,\zeta')$ sowie $(\varepsilon',\eta',\zeta')$, was man genauso wie oben beweist.

(6) Ein Volumensatz bei Tetraedern

Voraussetzung: $ABCD$ sei ein Tetraeder; A', B' seien Punkte von AB mit $\overrightarrow{A'B'}=\overrightarrow{AB}$; C', D' Punkte auf CD mit $\overrightarrow{C'D'}=\overrightarrow{CD}$.

Behauptung: $ABCD$ und $A'B'C'D'$ haben gleiches Volumen.

Beweis: Die zu den Ecken gehörigen Ortsvektoren seien $\vec{a},\vec{b},\vec{c},\vec{d}$ und $\vec{a}',\vec{b}',\vec{c}',\vec{d}'$. Dann ist nach Voraussetzung $\vec{b}-\vec{a}=\vec{b}'-\vec{a}'$ und $\vec{d}-\vec{c}=\vec{d}'-\vec{c}'$. Der Kürze halber nennen wir beide Vektoren $\vec{v}$ bzw. $\vec{u}$. Als aufspannende Vektoren nehmen wir

$$\vec{c}-\vec{a},\vec{d}-\vec{a}=\vec{c}+\vec{u}-\vec{a},\quad \vec{b}-\vec{a}=\vec{v}$$

bzw.

$$\vec{c}'-\vec{a}',\vec{d}'-\vec{a}'=\vec{c}'+\vec{u}-\vec{a}',\quad \vec{b}'-\vec{a}'=\vec{v}$$

und berechnen das Tetraedervolumen gemäß der Formel von Seite 69

$$\begin{aligned}V&=\tfrac{1}{6}|((\vec{c}-\vec{a})\times(\vec{c}-\vec{a}+\vec{u}))\vec{v}|\\&=\tfrac{1}{6}|((\vec{c}-\vec{a})\times(\vec{c}-\vec{a})+(\vec{c}-\vec{a})\times\vec{u})\vec{v}|\\&=\tfrac{1}{6}|((\vec{c}-\vec{a})\times\vec{u})\vec{v}|=\tfrac{1}{6}|(\vec{v}\times\vec{u})(\vec{c}-\vec{a})|,\end{aligned}$$

Letzteres, da man die Faktoren zyklisch vertauschen darf. Für $A'B'C'D'$ folgt analog

$$V'=\tfrac{1}{6}|(\vec{v}\times\vec{u})(\vec{c}'-\vec{a}')|$$

und, da $\vec{c}'=\vec{c}+t\,\vec{u}$, $\vec{a}'=\vec{a}+s\,\vec{v}$ sein muss,

$$V'=\tfrac{1}{6}|(\vec{v}\times\vec{u})((\vec{c}-\vec{a})+t(\vec{u}-s\vec{v})|.$$

Wir multiplizieren nun die zweite Klammer skalar mit $\vec{v}\times\vec{u}$ und erhalten zunächst

$$V'=\tfrac{1}{6}|(\vec{v}\times\vec{u})(\vec{c}-\vec{a})+t(\vec{v}\times\vec{u})\vec{u}-s(\vec{v}\times\vec{u})\vec{v}|,$$

und wegen $\vec{v}\times\vec{u}\perp\vec{v},\vec{u}$ schließlich

$$V'=\tfrac{1}{6}|(\vec{v}\times\vec{u})(\vec{c}-\vec{a})|=V.\quad\square$$

Aufgaben

Bei der Bearbeitung der Aufgaben sollte man stets nach ähnlichen Sätzen suchen und schauen, ob sich das Beweisprinzip übertragen lässt.

1. $ABCD$ sei ein windschiefes Viereck, dessen Seiten AB, BC, CD und DA in den Punkten E, F, G, H von einer Ebene geschnitten werden. Man beweise: Das Produkt der Teilverhältnisse, in denen E die Strecke AB, F die Strecke BC, G die Strecke CD und H die Strecke DA teilt, ist gleich 1. (Anleitung: Man setze die Gleichung der Ebene in der Form $\vec{n}\vec{p} = k$ an, berechne die Schnittpunkte und aus ihnen die Teilverhältnisse.)

2. Formuliere und beweise die *Umkehrung* des Satzes aus Aufgabe 1.

3. a) Von einer quadratischen Pyramide $ABCDE$ mit gleich langen Kanten wird durch einen ebenen Schnitt die Spitze E abgeschnitten. Man zeige, dass die Kantenlängen $|A'E|$, $|B'E|$, $|C'E|$, $|D'E|$ der abgeschnittenen Spitze die Bedingung
$$\frac{1}{|A'E|} + \frac{1}{|C'E|} = \frac{1}{|B'E|} + \frac{1}{|D'E|}$$
erfüllen.
   b) Gilt die obige Beziehung auch für andere vierseitige Pyramiden?

4. Es sei U der Umkreismittelpunkt des Dreiecks ABC.
   a) Man zeige $\overrightarrow{UA} + \overrightarrow{UB} \perp \overrightarrow{AB}$, $\overrightarrow{UB} + \overrightarrow{UC} \perp \overrightarrow{BC}$, $\overrightarrow{UC} + \overrightarrow{UA} \perp \overrightarrow{CA}$;
   b) Welchen besonderen Punkt des Dreiecks ABC erhält man, wenn man $\overrightarrow{UA} + \overrightarrow{UB} + \overrightarrow{UC}$ an U anträgt? Begründung!

5. Man beweise:
   a) Ist H der Schnittpunkt der Lote von A auf BC und von B auf CA in einem Dreieck ABC, so liegt H auch auf dem Lot von C auf AB.
   b) Fällt man von den Ecken eines Fünfecks $ABCDE$ die Lote auf die gegenüberliegende Seite und schneiden sich vier von ihnen in einem Punkt H, so geht auch das fünfte Lot durch H. Gilt dieser Satz auch für nicht ebene Fünfecke?

6. a) Man beweise den *Thalessatz*: Verbindet man einen Punkt des Umfanges eines Kreises mit den Endpunkten eines Durchmessers, so bilden die Verbindungsstrecken einen rechten Winkel.
   b) Man beweise den *Kathetensatz des Euklid*: Das Quadrat über einer Kathete ist inhaltsgleich dem Rechteck aus Hypotenuse und zugehörigem Hypotenusenabschnitt.

7. a) Formuliere einen zu Beispiel (3) analogen Satz für *dreiseitige* Pyramiden und beweise ihn.
   b) Wie lautet die *Umkehrung* des in a) formulierten Satzes und wie kann man sie beweisen?

8.* ABC sei ein Dreieck; P ein Punkt auf AB, der von A und B verschieden ist; Q ein Punkt auf AC, der von A und C verschieden ist. Ferner möge der Schnittpunkt D von PC und QB existieren. Beweise: Die Mittelpunkte der Strecken AD, BC und PQ liegen auf einer Geraden.

9. Für einen beliebigen Punkt P gilt
$$|AP|^2 + |BP|^2 + |CP|^2 + |DP|^2 = |SA|^2 + |SB|^2 + |SC|^2 + |SD|^2 + 4|SP|^2,$$
wenn S der *Schwerpunkt* von A, B, C, D ist. (Vgl. Aufgabe 2 von Seite 30.) Man beweise und verallgemeinere diesen Satz

10. Beweise: Wenn eine der drei folgenden Aussagen in einem Tetraeder gilt, so auch die beiden anderen. (Tetraeder mit diesen Eigenschaften heißen *orthozentrisch*. Vgl. die Bemerkung S. 76.)
   (i) Drei Höhen schneiden sich in einem Punkt.
   (ii) Zwei Paar Gegenkanten sind orthogonal.
   (iii) Die Summe der Quadrate der Längen gegenüberliegender Kanten sind gleich.

11. Ein Spat mit gleich langen Kanten heißt *Rhomboeder*, weil seine Seitenflächen Rhomben (Rauten) sind. Man zeige: Das Diagonalentetraeder eines Rhomboeders ist orthozentrisch (vgl. Aufgabe 10) und umgekehrt ist der Spat, den man einem orthozentrischen Tetraeder umbeschreiben kann, ein Rhomboeder.

12. Zu jedem beliebigen Dreieck ABC kann man einen Punkt D außerhalb der Dreiecksfläche finden, so dass $|DA| = |DB| = |DC|$ ist und das Dreieck eine Diagonalfläche des von den Vektoren $\overrightarrow{DA}, \overrightarrow{DB}, \overrightarrow{DC}$ aufgespannten Spates darstellt.
   a) Begründe diese Aussage und zeige, dass der Spat ein *Rhomboeder* (vgl. Aufgabe 11) ist.
   b) Die der Ecke D gegenüberliegende Ecke des Rhomboeders heiße E. Zeige: Der Fußpunkt des Lotes von D auf die Fläche des Dreiecks ABC ist der *Umkreismittelpunkt* U des Dreiecks und der Fußpunkt F des Lotes von E auf diese Fläche ist der *Höhenschnittpunkt* des Dreiecks.
   c) Beweise in Verbindung mit dem zu Beginn von 1.2.5 hergeleiteten Satz: In jedem Dreieck ABC liegen der Umkreismittelpunkt U, der Höhenschnittpunkt F und der Schwerpunkt S auf einer Geraden, der sogenannten *eulerschen Geraden*, und S teilt die Strecke UF im Verhältnis 1:2.

13. Als *Mittellinie* im Tetraeder bezeichnen wir die Verbindungsstrecke der Mittelpunkte zweier einander gegenüberliegender Kanten. Man beweise dazu die folgenden Aussagen:
   a) Sind zwei Mittellinien zueinander orthogonal, so sind die beiden Gegenkanten, die *nicht* zu diesen Mittellinien gehören, gleich lang und umgekehrt!
   b) Im unter a) formulierten Satz sind die Begriffe „orthogonal" und „gleich lang" vertauschbar.
   c) Ist eine Mittellinie *Gemeinlot* der zugehörigen Kanten, dann steht sie senkrecht auf den beiden anderen Mittellinien und umgekehrt!
   d) „Erkläre" die Aussagen a) bis c) mit Hilfe des umbeschriebenen Spates.

14. Steht in einem Tetraeder $ABCD$ die Kante AB senkrecht auf der Seitenfläche BCD und ist $\sphericalangle BCD = 90°$, so steht die Gegenkante DC senkrecht auf ABC.

15. Jede Ebene, die eine *Mittellinie* (vgl. hierzu Aufgabe 13) eines Tetraeders enthält, halbiert dessen Volumen. Man beweise diese Aussage mit Hilfe des Satzes aus Aufgabe 1.

16. Zwei windschiefe Geraden g und h haben den Abstand e. Auf g liegt eine Strecke AB mit der Länge a und auf h eine Strecke CD mit der Länge b. Beweise, dass das Volumen des Tetraeders $ABCD$ durch $V = \frac{1}{6} a b e$ gegeben wird. Was ist das Besondere an diesem Ergebnis?

17. Als *Flächenvektor* bezeichnen wir einen Vektor, der senkrecht auf der Fläche steht und dessen Länge gleich der Maßzahl des Flächeninhalts ist.
    a) Beweise den folgenden Satz: Orientiert man die Flächenvektoren der Seitenflächen eines Tetraeders alle nach außen, so ist ihre Summe der Nullvektor, oder kurz: Die Summe der nach außen orientierten Flächenvektoren eines Tetraeders ist $\vec{o}$.
    b) Verallgemeinere den Satz aus Aufgabe a) auf beliebige Pyramiden und dann auf Körper, die sich aus solchen Pyramiden lückenlos zusammensetzen lassen. (Hinweis: Was kann man über die Summe zweier Flächenvektoren sagen, wenn die zugehörigen Flächen identisch sind, aber zu zwei verschiedenen, aneinander stoßenden Pyramiden gehören?)

18. Einem Dreieck ABC werde ein Dreieck DEF einbeschrieben. D' sei der Punkt, der durch Spiegelung von D an der Mitte derjenigen Seite entsteht, auf der D liegt. Entsprechend sind E' und F' definiert.
    a) Beweise: Die Dreiecke DEF und $D'E'F'$ sind inhaltsgleich.
    b) Spiegelt man A an der Mitte der Seite von DEF, deren Endpunkte auf AB bzw. AC liegen, so erhält man einen Punkt A'. Entsprechend werden die Punkte B' und C' definiert. Man vergleiche die beiden Dreiecke $D'E'F'$ und $A'B'C'$.

1.3.5 Definition von Flächen mittels Abstandsbedingungen

Die Kegelschnitte (Abb. 1.3.–30) *Ellipse*, *Hyperbel* und *Parabel* können als ebene Kurven auch mittels Abstandsbedingungen definiert werden.[1] So ist die Ellipse die Menge aller Punkte, die von zwei festen

[1] Vgl. hierzu Dümmlerbuch 4282 Analysis, Band 2, S. 175.

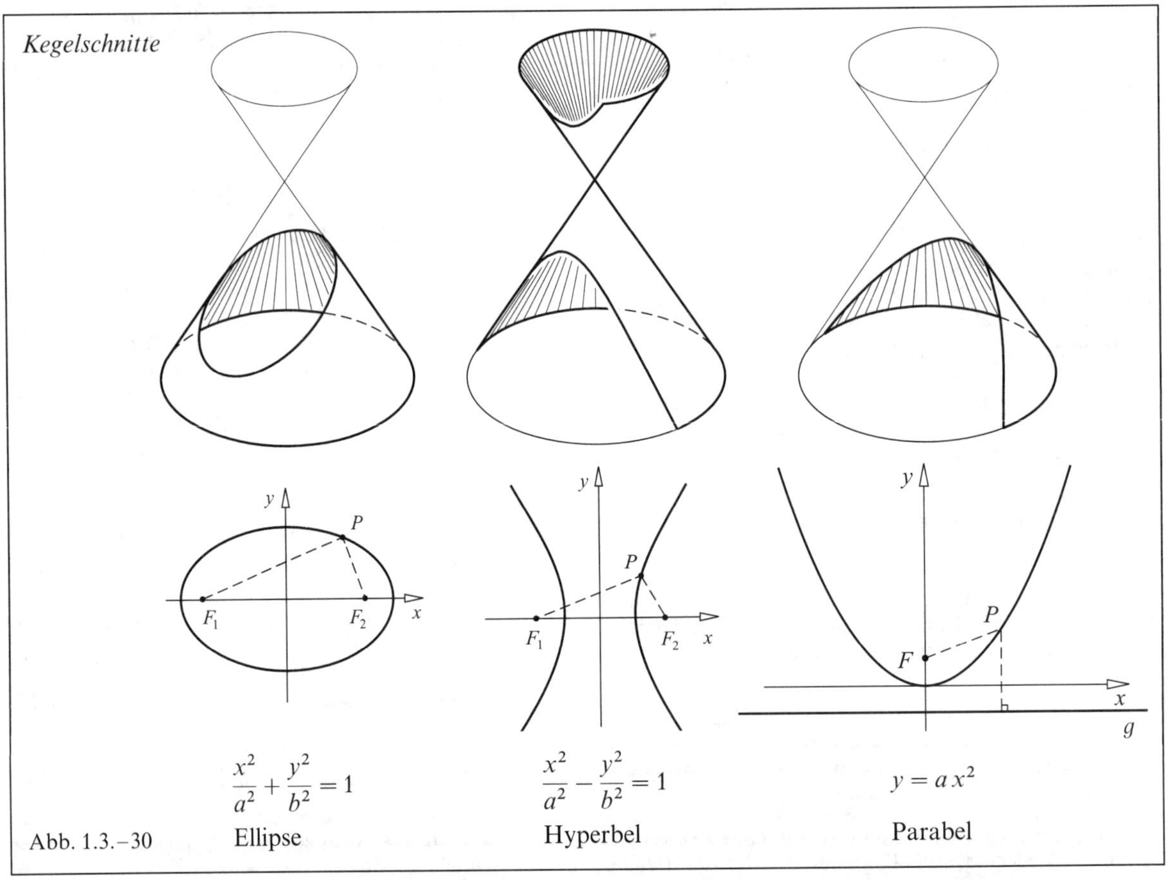

Abb. 1.3.–30

Punkten F_1 und F_2 eine konstante *Abstandssumme* haben; die Hyperbel ist die Menge aller Punkte, bei der die *Abstandsdifferenz* konstant ist; und die Parabel ist die Menge aller Punkte, deren Abstand von einem festen Punkt F gleich dem Abstand von einer festen Geraden g ist. Drückt man diese Bedingungen algebraisch aus, indem man ein Koordinatensystem zu Hilfe nimmt, so erhält man die zugehörige Kurvengleichung. Sie muss in vielen Fällen allerdings noch vereinfacht werden. So folgen die in Abb. 1.3.–30 für die Ellipse und Hyperbel und das dortige Koordinatensystem angegebenen Gleichungen erst durch Beseitigung der beiden Quadratwurzeln, die in $|F_1 P|$ und $|F_2 P|$ auftreten.

Abstandsbedingungen führen im Raum im Allgemeinen auf Flächen. Zum Beispiel ist die Kugel(oberfläche) die Menge aller Punkte, die von einem festen Punkt einen konstanten Abstand haben. Dementsprechend lautet ihre Gleichung

$$(x-x_0)^2+(y-y_0)^2+(z-z_0)^2=r^2,$$

wenn $M=(x_0|y_0|z_0)$ ihr Mittelpunkt und r der Radius ist. Analog führt die Abstandsbedingung $|PA|=|PB|$ für zwei feste Punkte $A=(a_1|a_2|a_3)$, $B=(b_1|b_2|b_3)$ auf die Gleichung

$$(b_1-a_1)x+(b_2-a_2)y+(b_3-a_3)z=\tfrac{1}{2}(\vec{b}^2-\vec{a}^2),$$

der *Mittelsenkrechten der Strecke AB*, die im Raum eine *Ebene* ist (vgl. Aufgabe 1). Im Folgenden lernen wir weitere Beispiele kennen, die zu neuen Anwendungen und interessanten Erkenntnissen führen.

Winkelhalbierende

Wir betrachten zwei Ebenen

$$\varepsilon: \vec{n_1}\,\vec{p}=k_1; \quad \eta: \vec{n_2}\,\vec{p}=k_2,$$

die sich schneiden, und fragen nach der Menge aller Punkte Q, die von beiden Ebenen den gleichen Abstand haben (Abb. 1.3.–31). Nach der in 1.3.1 hergeleiteten Abstandsformel ist dies gleichbedeutend mit

$$\frac{|\vec{n_1}\,\vec{q}-k_1|}{|\vec{n_1}|}=\frac{|\vec{n_2}\,\vec{q}-k_2|}{|\vec{n_2}|}$$

und die dortige Rechnung zeigt, dass das Vorzeichen des Terms zwischen den Betragsstrichen mit dem Vorzeichen des Fußpunktparameters übereinstimmt. Für Punkte Q in dem rechten oberen Gebiet der Abb. 1.3.–31 ist dieser auf Grund der vorgegebenen Richtungen der beiden Normalen positiv; in dem linken oberen Gebiet ändert sich das Vorzeichen von $\vec{n_2}\,\vec{q}-k_2$, in dem rechten unteren Gebiet das Vorzeichen von $\vec{n_1}\,\vec{q}-k_1$ und im linken unteren Gebiet schließlich sind beide negativ. In Kurzform lässt sich daher die obere Gleichung durch

$$\pm\frac{\vec{n_1}\,\vec{q}-k_1}{|\vec{n_1}|}=\pm\frac{\vec{n_2}\,\vec{q}-k_2}{|\vec{n_2}|}$$

wiedergeben, wobei jede Vorzeichenkombination möglich ist. Somit erhalten wir aus der Abstandsbedingung *zwei* Gleichungen

$$\frac{\vec{n_1}\,\vec{q}-k_1}{|\vec{n_1}|}=\frac{\vec{n_2}\,\vec{q}-k_2}{|\vec{n_2}|} \quad \text{bzw.}$$

$$\frac{\vec{n_1}\,\vec{q}-k_1}{|\vec{n_1}|}=-\frac{\vec{n_2}\,\vec{q}+k_2}{|\vec{n_2}|},$$

die sich noch weiter dadurch vereinfachen lassen, dass man die Normalen so wählt, dass sie den Betrag 1 haben. Schreiben wir schließlich wieder $\vec{p}$ statt $\vec{q}$, so lauten die beiden Gleichungen

$$\vec{n_1}\,\vec{p}-k_1=\pm(\vec{n_2}\,\vec{p}-k_2)$$

oder

$$(\vec{n_1}\pm\vec{n_2})\,\vec{p}=k_1\pm k_2.$$

Die Punkte, die von beiden Ebenen den gleichen Abstand haben, liegen also auf zwei Ebenen, die man durch Addition bzw. Subtraktion aus den gegebenen Ebenen erhält, sofern die zugehörigen Normalvektoren den Betrag 1 haben. Dabei handelt es sich offensichtlich um die beiden Winkelhalbierenden, was man auch rechnerisch leicht nachweisen kann (vgl. Aufgabe 2).

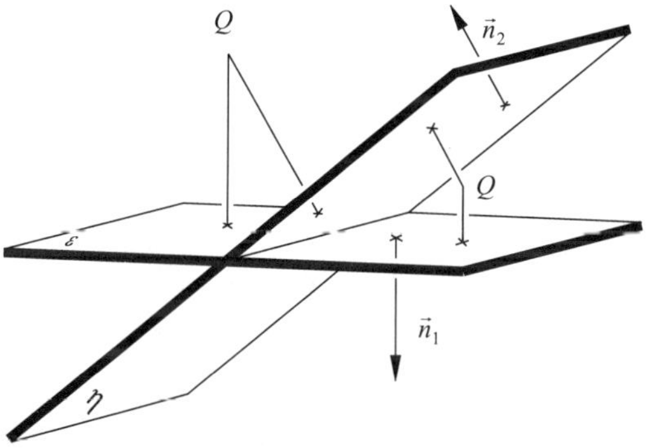

Abb. 1.3.–31

Winkelhalbierende

Sind

$$\varepsilon: \vec{n_1}\,\vec{p}=k_1; \quad \eta: \vec{n_2}\,\vec{p}=k_2$$

zwei sich schneidende Ebenen mit $|\vec{n_1}|=|\vec{n_2}|=1$, so lauten die Gleichungen der beiden Winkelhalbierenden

$$(\vec{n_1}+\vec{n_2})\,\vec{p}=k_1+k_2; \quad (\vec{n_1}-\vec{n_2})\,\vec{p}=k_1-k_2.$$

Mittels der Winkelhalbierenden lässt sich die *Inkugel* eines Tetraeders leicht berechnen. Seine Ecken seien z. B. gegeben durch

$$\vec{a}=\begin{pmatrix}8\\6\\0\end{pmatrix},\quad \vec{b}=\begin{pmatrix}6\\12\\0\end{pmatrix},\quad \vec{c}=\begin{pmatrix}2\\0\\0\end{pmatrix},\quad \vec{d}=\begin{pmatrix}6\\6\\4\end{pmatrix}$$

(Abb. 1.3.–32). Zunächst stellen wir die Gleichungen der Ebenen ε, η, ζ auf, in denen die Seitenflächen ABD, BCD und CAD liegen:

$\varepsilon\colon 6x+2y+3z=60;\quad \eta\colon -6x+2y+3z=-12;$

$\zeta\colon 2x-2y+z=4.$

Zeichnet man die drei Normalen $\begin{pmatrix}6\\2\\3\end{pmatrix}, \begin{pmatrix}-6\\2\\3\end{pmatrix}, \begin{pmatrix}2\\-2\\1\end{pmatrix}$ ein, so erkennt man, dass sie von der jeweiligen Fläche nach außen zeigen. Daher wählen wir als Normale der Grundfläche ABC den Vektor $\begin{pmatrix}0\\0\\-1\end{pmatrix}$ und können dann in jedem Falle sagen, dass die im *Innern* des Tetraeders verlaufenden (Teilstücke der) Winkelhalbierenden gleich der *Differenz* der Ebenengleichungen sind. Zuvor müssen sie aber noch durch den Betrag der jeweiligen Normalen dividiert werden. Dementsprechend lauten die Gleichungen der drei Ebenen, die den Winkel zwischen den Seitenflächen und der Grundfläche halbieren,

$$\omega_1\colon\quad \frac{6}{7}x+\frac{2}{7}y+\frac{3}{7}z+z=\frac{60}{7};$$

$$\omega_2\colon\quad -\frac{6}{7}x+\frac{2}{7}y+\frac{3}{7}z+z=-\frac{12}{7};$$

$$\omega_3\colon\quad \frac{2}{3}x-\frac{2}{3}y+\frac{1}{3}z+z=\frac{4}{3}.$$

Mit ihrer Hilfe berechnet man leicht (Aufgabe!) den Schnittpunkt $Q=(6\,|\,\frac{44}{7}\,|\,\frac{8}{7})$. Er hat von allen vier Begrenzungsflächen des Tetraeders den gleichen Abstand (warum?) und dieser beträgt, wie man am Punkt Q abliest, $\frac{8}{7}$. Somit lautet die Gleichung der Inkugel des Tetraeders:

$$(x-6)^2+\left(y-\frac{44}{7}\right)^2+\left(y-\frac{8}{7}\right)^2=\left(\frac{8}{7}\right)^2.$$

Bemerkung: Ein Tetraeder besitzt neben der Inkugel stets auch vier „Ankugeln“, die jeweils eine der Seitenflächen und die „Verlängerung“ der drei anderen Seitenflächen berühren. Diese lassen sich auf die gleiche Weise wie die Inkugel bestimmen (vgl. Aufgabe 4).

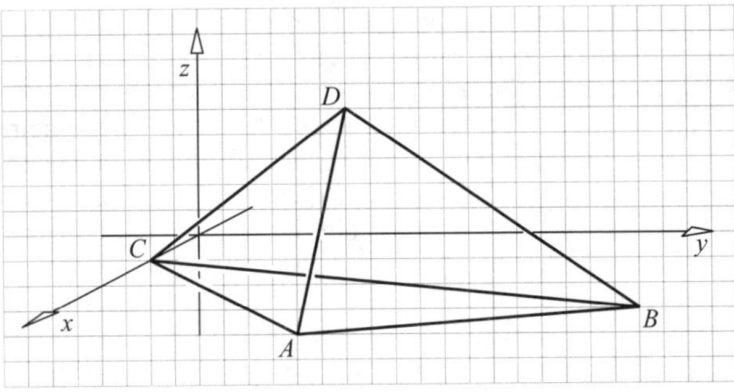

Abb. 1.3.–32

Die Sattelfläche

Die Menge aller Punkte, die von zwei festen Punkten den gleichen Abstand haben, ist die Mittelsenkrechte; die Menge aller Punkte, die von zwei festen Ebenen den gleichen Abstand haben, wird durch die beiden Winkelhalbierenden gegeben. Wir untersuchen nun die gleiche Frage für den Fall zweier Geraden. Sind sie parallel, so ist offenbar die „Mittelebene“ das Ergebnis; schneiden sie sich, so sind es die beiden Winkelhalbierenden, die auf der von beiden Geraden bestimmten Fläche senkrecht stehen. Daher setzen wir sie als *windschief* voraus und nehmen als Beispiel

$$g_1\colon \vec{p}=\begin{pmatrix}0\\0\\-1\end{pmatrix}+s\begin{pmatrix}1\\1\\0\end{pmatrix};\quad g_2\colon \vec{p}=\begin{pmatrix}0\\0\\1\end{pmatrix}+t\begin{pmatrix}1\\-1\\0\end{pmatrix}$$

(Abb. 1.3.–33).

Es sei wieder $Q=(x\,|\,y\,|\,z)$ ein beliebiger Punkt mit der gewünschten Eigenschaft. Dann ergibt die übliche Abstandsberechnung zunächst die beiden Lotfußpunkte

$$\vec{p_1}=\begin{pmatrix}0\\0\\-1\end{pmatrix}+\frac{1}{2}(x+y)\begin{pmatrix}1\\1\\0\end{pmatrix};$$

$$\vec{p_2}=\begin{pmatrix}0\\0\\1\end{pmatrix}+\frac{1}{2}(x-y)\begin{pmatrix}1\\-1\\0\end{pmatrix}$$

und damit die beiden Lotvektoren

$$\overrightarrow{QP_1}=\begin{pmatrix}0\\0\\-1-z\end{pmatrix}+\frac{1}{2}(x-y)\begin{pmatrix}-1\\1\\0\end{pmatrix};$$

$$\overrightarrow{QP_2}=\begin{pmatrix}0\\0\\1-z\end{pmatrix}+\frac{1}{2}(x+y)\begin{pmatrix}1\\1\\0\end{pmatrix}.$$

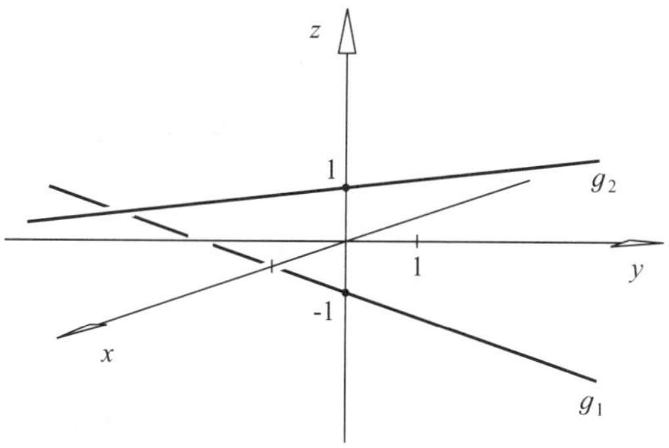

Abb. 1.3.–33

Demnach ist die Bedingung $|\overrightarrow{QP_1}| = |\overrightarrow{QP_2}|$ genau dann erfüllt, wenn

$$\tfrac{1}{4}(x-y)^2 \cdot 2 + (-1-z)^2 = \tfrac{1}{4}(x+y)^2 \cdot 2 + (1-z)^2$$

oder vereinfacht

$$z = \tfrac{1}{2}x\,y$$

gilt. Durch diese Gleichung wird jedem Punkt $(x\,|\,y)$ der x-y-Ebene eindeutig ein z-Wert zugeordnet. Sie beschreibt also eine Fläche im Raum, jedoch offensichtlich keine Ebene. Unser Ziel ist es nun, eine Vorstellung vom Aussehen dieser Fläche zu bekommen.

Eine Methode um dies zu erreichen, besteht darin, die Fläche mit den Ebenen zu schneiden, die parallel zu den Koordinatenebenen verlaufen, und die Schnittkurven zu untersuchen. Es sei daher zunächst $x = \text{const.}$, zum Beispiel $x = 6$. Dann ist $z = 3\,y$ und die Schnittkurve gegeben durch

$$\begin{pmatrix} x \\ y \\ z \end{pmatrix} = \begin{pmatrix} 6 \\ y \\ 3\,y \end{pmatrix} = \begin{pmatrix} 6 \\ 0 \\ 0 \end{pmatrix} + y \begin{pmatrix} 0 \\ 1 \\ 3 \end{pmatrix}.$$

Überraschenderweise handelt es sich dabei um eine Gerade, die die x-Achse an der Stelle 6 schneidet und parallel zur y-z-Ebene mit der Steigung 3 verläuft.

Diese Gerade ist natürlich nicht die einzige, die ganz in der Fläche liegt. Wie die obige Rechnung zeigt, gibt es zu *jedem* x-Wert, den wir festhalten, eine solche Gerade mit der Parameterdarstellung

$$\begin{pmatrix} x \\ y \\ z \end{pmatrix} = \begin{pmatrix} x \\ 0 \\ 0 \end{pmatrix} + y \begin{pmatrix} 0 \\ 1 \\ \tfrac{1}{2}x \end{pmatrix},$$

wobei die Steigungen gegenüber der x-y-Ebene mit wachsendem x zunehmen. Abb. 1.3.–34 zeigt eine Auswahl dieser Geraden für $x = 3; 6; 9; 12; 15$. Sie vermittelt uns einen ersten Eindruck von der Gestalt der Fläche: Man kann sie sich erzeugt denken, indem man eine Gerade parallel zur y-z-Ebene längs der x-Achse

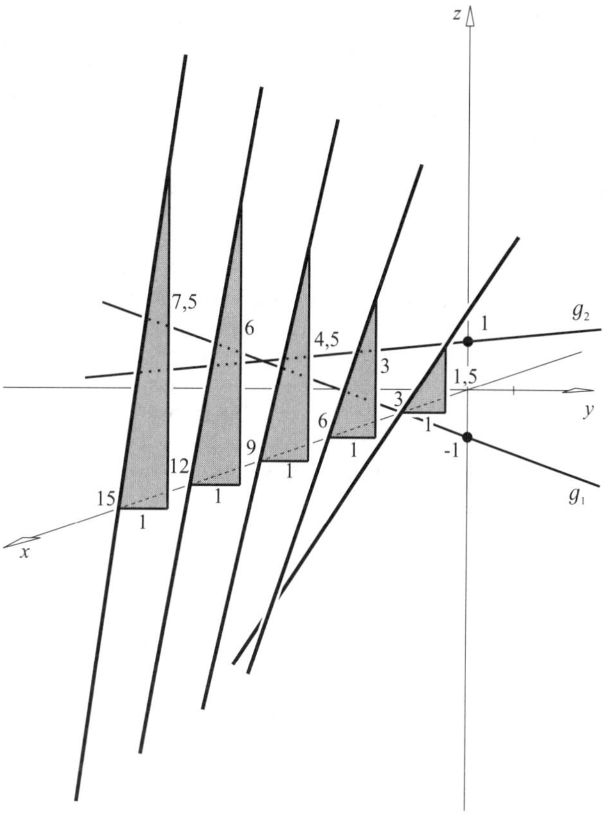

Abb. 1.3.–34

verschiebt und sie dabei *gleichmäßig* steiler werden läßt, wenn die Verschiebung in Richtung der positiven x-Achse erfolgt.

Je zwei Geraden dieser *Erzeugendenschar* sind zueinander windschief. Gleichwohl lassen sie sich durch Geraden miteinander verbinden. So liegen die Spitzen der in Abb. 1.3.–34 eingezeichneten Steigungsdreiecke alle auf einer Geraden, die zur x-z-Ebene parallel ist und von ihr den Abstand 1 hat. Letzteres bedeutet $y = \text{const.}$ und entspricht der Darstellung

$$\begin{pmatrix} x \\ y \\ z \end{pmatrix} = \begin{pmatrix} 0 \\ y \\ 0 \end{pmatrix} + x \begin{pmatrix} 1 \\ 0 \\ \tfrac{1}{2}y \end{pmatrix}$$

für diejenigen Punkte der Fläche, in denen sie von einer Ebene parallel zur x-z-Ebene geschnitten wird. Die Fläche kann somit auch von einer *zweiten Schar* zueinander windschiefer Geraden erzeugt werden, die alle zur x-z-Ebene parallel sind und zugleich jede Gerade der ersten Schar in einem Punkt schneiden.

Mittels dieser Erzeugungsweise gewinnt man nun leicht eine anschauliche Vorstellung von der Fläche.

Dazu betrachten wir den Würfel $ABCDEFGH$, dessen Diagonalen AF, FC, CH und HA auf der Fläche liegen. In diesem Falle ist die Steigung von AF gleich 1, also $x = y = z = 2$, wie es bei einem Würfel sein muss. Wir zeichnen ihn in verdoppeltem Maßstab in unser übliches Koordinatensystem (Abb. 1.3.–35), dazu die Geraden der beiden Erzeugendenscharen, die zu den x- und y-Werten $\pm 0{,}5$; ± 1; $\pm 1{,}5$. Dies geschieht am einfachsten dadurch, dass man jede der Diagonalen in acht gleiche Teile teilt und entsprechende Teilpunkte miteinander verbindet, wie es in Abb. 1.3.–35 geschehen ist. Das Schachbrettmuster hilft, den räumlichen Eindruck zu verstärken. Man erkennt jetzt ohne Schwierigkeiten, dass sich die Fläche wie ein Berg- oder Pferdesattel in zwei entgegengesetzten Richtungen nach oben und den beiden anderen Richtungen nach unten wölbt. Man nennt sie daher eine *Sattelfläche*.

Statt nun noch zu untersuchen, in welchen Kurven andere Ebenen die Fläche schneiden, beschreiten wir einen neuen Weg. Wir drehen die Geraden g_1 und g_2 um die z-Achse nach hinten, bis sie zur y- bzw. x-Achse parallel sind, und berechnen erneut die Fläche gleichen Abstands. In diesem Falle ergeben sich als Fußpunkte der Lote $P_1 = (0|y|-1)$ und $P_2 = (x|0|1)$, was man ganz ohne Rechnung auch direkt aus einer Zeichnung ablesen kann. Damit ist

$$\overrightarrow{QP_1} = \begin{pmatrix} -x \\ 0 \\ -1-z \end{pmatrix}, \quad \overrightarrow{QP_2} = \begin{pmatrix} 0 \\ -y \\ 1-z \end{pmatrix},$$

und Gleichheit der Abstände liegt genau dann vor, wenn die Gleichung

$$(-x)^2 + (-1-z)^2 = (-y)^2 + (1-z)^2$$

bzw.

$$z = \tfrac{1}{4}y^2 - \tfrac{1}{4}x^2$$

erfüllt ist. Wir entnehmen ihr, daß der Schnitt mit den Ebenen $x = \text{const.}$ jetzt quadratische Parabeln ergibt, die alle kongruent, aber in unterschiedlichem Maß $(-\frac{1}{4}x^2)$ nach unten verschoben sind. Analoges gilt für den Schnitt mit den Ebenen $y = \text{const.}$ Demnach ist die Sattelfläche auch eine *Schiebefläche*, die durch Parallelverschiebung einer nach oben geöffneten quadratischen Parabel – $z = \frac{1}{4}y^2$ – längs einer um 90° gedrehten und nach unten geöffneten Parabel – $z = -\frac{1}{4}x^2$ – verschoben ist. Dies läßt sich schon aus Abb. 1.3.–36 ablesen, die genau so konstruiert worden ist wie Abb. 1.3.–35. Noch deutlicher gibt aber Abb. 1.3.–37 diesen Sachverhalt wieder. Man erkennt, daß die Fläche in jedem Punkt zwei verschiedene

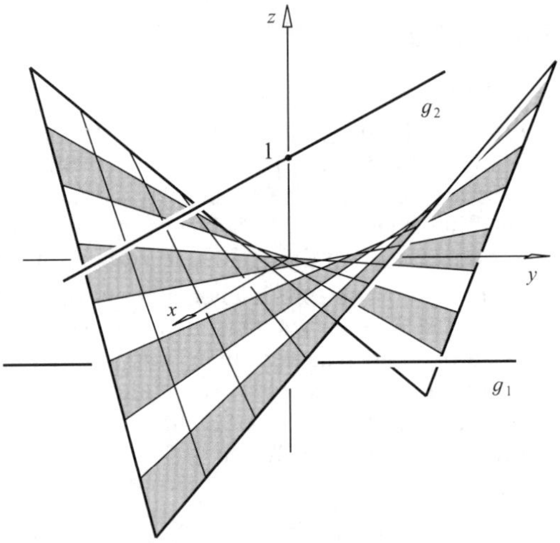

Abb. 1.3.–36

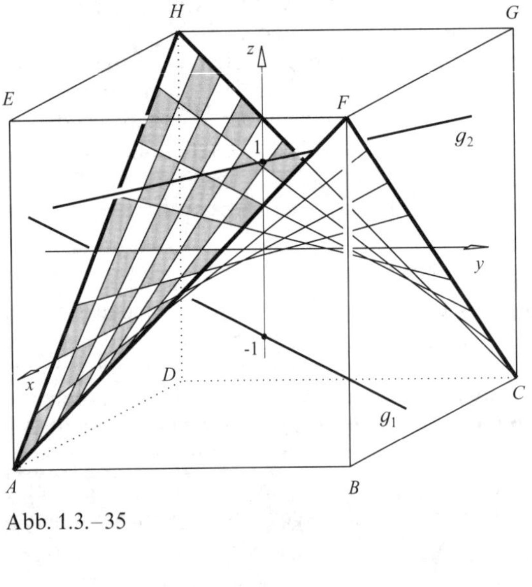

Abb. 1.3.–35

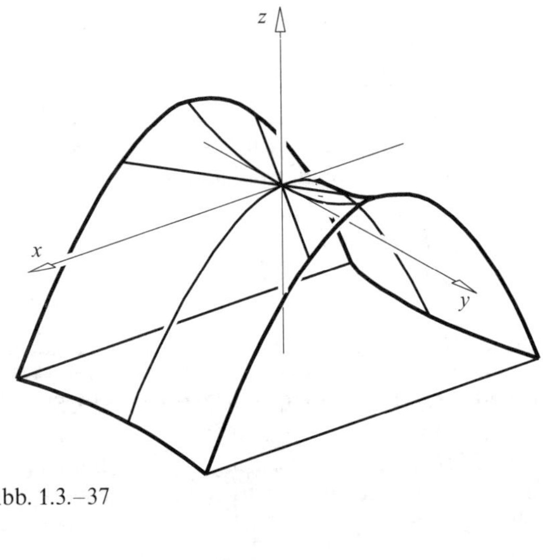

Abb. 1.3.–37

Hauptkrümmungsrichtungen aufweist, eine, die durch die nach oben geöffnete Parabel, und eine, die durch die nach unten geöffnete Parabel bestimmt ist. Zu dieser Zeichnung vergleiche man im übrigen Aufgabe 8 von Seite 18.

Nunmehr lassen sich auch die Schnitte mit den Ebenen $z = \text{const.}$ leicht beschreiben. Aus der Umformung

$$\frac{x^2}{-4z} - \frac{y^2}{-4z} = 1$$

geht hervor, dass *Hyperbeln* entstehen, die bei *negativem* z-Wert die in Abb. 1.3.–30 angegebene Gestalt haben, während für positives z die x- und y-Achse vertauscht werden müssen. Diese Hyperbeln sind auf dem Gipsmodell der Abb. 1.1.–32 gut zu erkennen. Im Rückschluß auf die erste Gleichung $z = \frac{1}{2}xy$ folgt hieraus weiter, dass es sich auch bei den Kurven mit der Gleichung $y = \frac{2z}{x}$ und konstantem z um dieselben, jedoch um 45° gegenüber der neuen Position gedrehten Hyperbeln handelt. Im Gegensatz zu den Parabeln sind sie jedoch nicht kongruent, sondern gehen durch *Streckung* vom Nullpunkt aus auseinander hervor.

Bisher haben wir nur eine spezielle Sattelfläche untersucht. Allgemein definiert man ein *hyperbolisches Paraboloid*, wie der wissenschaftliche Name lautet, allerdings nicht als Fläche gleichen Abstands, sondern geht von zwei *windschiefen* Geraden aus, die in irgendeiner Weise parametrisiert sind. Lässt man nun eine dritte Gerade an diesen beiden so entlanggleiten, dass stets Punkte mit dem *gleichen Parameter* verbunden werden, so erzeugt diese ein hyperbolisches Paraboloid. Abb. 1.3.–38 demonstriert dies an einem Modell, in dem die Verbindungsgeraden durch Gummifäden realisiert sind. Solange die beiden Leisten parallel gehalten werden, bilden sie eine Ebene; wenn man sie aber gegeneinander verdreht, entsteht als „Verwindungsfläche" ein hyperbolisches Paraboloid.

Auf Grund dieser Definition läßt sich die Parameterdarstellung eines hyperbolischen Paraboloides leicht angeben. Seien

$$g_1\colon \vec{p} = \vec{a} + s\vec{v}, \quad g_2\colon \vec{p} = \vec{b} + s\vec{u}$$

die gleich parametrisierten windschiefen Geraden, so ist

$$h\colon \vec{p} = \vec{a} + s\vec{v} + t(\vec{b} - \vec{a} + s(\vec{u} - \vec{v}))$$

zunächst die Gleichung der Verbindungsgeraden zum Parameter $s = \text{const.}$ Lässt man jetzt aber auch s alle möglichen Werte durchlaufen, so erhält man mittels der obigen Darstellung jeden Punkt $\vec{p}$ des hyperbolischen Paraboloids. Auch die folgenden Eigenschaften verstehen sich fast von selbst: Je zwei zu verschiedenen Parametern s gehörende Geraden h sind zueinander windschief, weil sonst nicht g_1 und g_2 windschief sein könnten, und alle Geraden h sind parallel zu der von $\vec{b} - \vec{a}$ und $\vec{u} - \vec{v}$ aufgespannten Ebene, weil ihre Richtungsvektoren die Form $\vec{b} - \vec{a} + s(\vec{u} - \vec{v})$ haben. Hält man aber umgekehrt den Parameter t fest, so zeigt die umgestellte Gleichung

$$\vec{p} = \vec{a} + t(\vec{b} - \vec{a}) + s(\vec{v} + t(\vec{u} - \vec{v})),$$

dass alle Punkte der Fläche bei konstantem t ebenfalls auf einer Geraden g liegen, deren Richtungsvektor $\vec{v} + t(\vec{u} - \vec{v})$ parallel zu der von $\vec{v}$ und $\vec{u} - \vec{v}$ aufgespannten Ebene ist. Somit besitzt ein hyperbolisches Paraboloid stets zwei Erzeugendenscharen von paarweise windschiefen Geraden, wobei durch jeden Punkt der Fläche genau zwei dieser Geraden gehen (die natürlich verschiedenen Scharen angehören müssen). Alle Geraden *einer* Schar sind dabei einer Ebene parallel, der sogenannten *Richtebene*.

Auf Grund dieser Eigenschaften werden „HP-Flächen" gern für besondere Dachkonstruktionen benutzt, da sie einen einfachen Schalenbau ermöglichen. Abb. 1.3.–39 zeigt ein besonders schönes Beispiel: das Dach eines Restaurants, das in Mexiko gebaut worden ist.

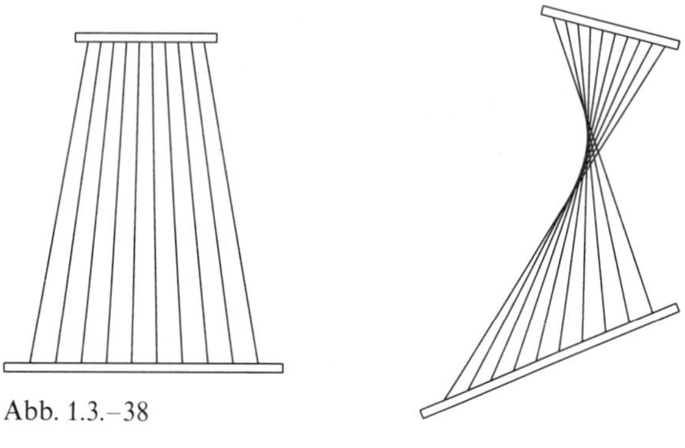

Abb. 1.3.–38

Abb. 1.3.–39

Eine besondere Drehfläche

Windschiefe Geraden spielen auch bei der Definition dieser Fläche eine besondere Rolle. Wir betrachten speziell die zur z-Achse windschiefe Gerade

$$g: \vec{p} = \begin{pmatrix} 0 \\ 1 \\ 0 \end{pmatrix} + s \begin{pmatrix} -1 \\ 0 \\ 1 \end{pmatrix}$$

und zeichnen auch ihr Spiegelbild h bezüglich der y-z-Ebene ein (Abb. 1.3.–40). Dreht man nun die Gerade g um die z-Achse, so „streift" sie gewissermaßen an h entlang, da ein beliebiger Punkt P von g auf seiner Kreisbewegung um die z-Achse stets auf sein Spiegelbild, das von der z-Achse den gleichen Abstand hat, treffen muss. Je mehr sich A' dabei dem gegenüberliegenden Punkt B nähert, umso höher wandert der Schnittpunkt hinaus und gelangt schließlich „ins Unendliche", wenn A' und B zusammen fallen, so dass g' zu h parallel wird. Danach wiederholt sich der Vorgang, indem sich der Schnittpunkt aus dem negativen Unendlichen kommend auf A zubewegt. Hieraus folgt, dass g' zu g stets windschief ist, da andernfalls g' in der von g und h aufgespannten Ebene liegen müsste und wegen der Drehsymmetrie gilt das auch für je zwei verschiedene Positionen von g'. Die Fläche besitzt also eine Erzeugendenschar von paarweise windschiefen Geraden, die (bis auf die erwähnte Ausnahme) die Gerade h in verschiedenen Punkten schneiden. Aber auch die Gerade h liegt ganz in der Fläche, da jeder ihrer Punkte Schnittpunkt mit einer Erzeugenden ist.

Um die Gleichung der Drehfläche zu bestimmen gehen wir von einem beliebigen Punkt $R = (x|y|z)$ der Fläche aus. Die Ebene durch diesen Punkt, die zur x-y-Ebene parallel ist, schneidet die z-Achse in $Q = (0|0|z)$ und die Gerade g in $P = (-z|1|z)$, da $s = z$ sein muss. Somit ist $|PQ| = \sqrt{1+z^2}$ und wegen $|RQ| = |PQ|$ gilt schließlich

$$x^2 + y^2 = z^2 + 1 \quad \text{oder} \quad x^2 + y^2 - z^2 = 1\,.$$

Demnach schneidet die Fläche die y-z-Ebene in der

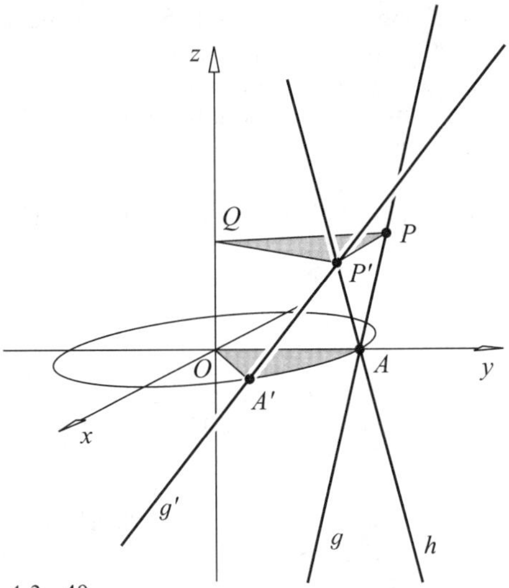

Abb. 1.3.–40

Kurve $y^2 - z^2 = 1$, also einer Hyperbel mit $a = b = 1$ (vgl. S. 78) und da sie drehsymmetrisch ist, gilt dasselbe für jeden Schnitt mit einer Ebene durch die z-Achse. Infolgedessen kann die Fläche auch durch Rotation dieser Hyperbel um die z-Achse erzeugt werden und heißt deshalb *Rotationshyperboloid.*

Wie beim hyperbolischen Paraboloid existiert aber noch eine zweite Erzeugendenschar von Geraden; denn da die Gerade h ganz in der Rotationsfläche liegt, kann sie sie auch nicht verlassen, wenn man sie um die z-Achse dreht. Abb. 1.3.–41 demonstriert die verschiedenen Erzeugungsweisen und wir halten fest: Jede Gerade der ersten Schar schneidet jede Gerade der zweiten Schar außer der gegenüberliegenden, die parallel ist, und kein Geradenpunkt bleibt dabei ausgenommen. Daher kreuzen sich auch hier in jedem Punkt der Drehfläche zwei Geraden. Der Unterschied zum hyperbolischen Paraboloid besteht jedoch darin, dass die Geraden einer Schar nicht alle einer Ebene parallel sind.

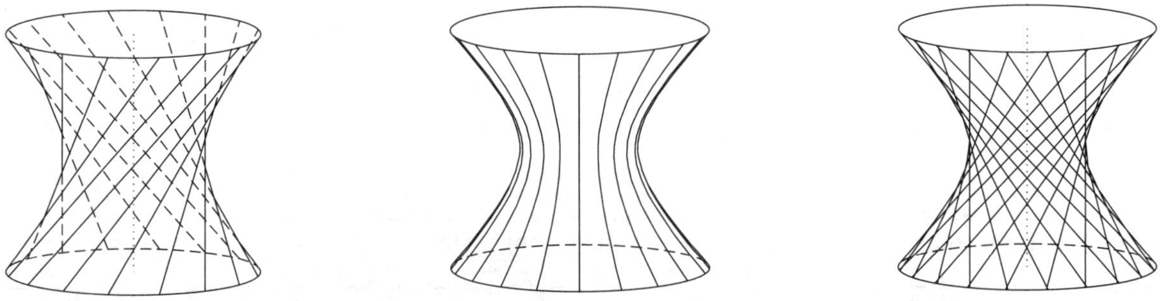

Abb. 1.3.–41

Die fünf möglichen Typen von Rotationsflächen, die von (echten) Kegelschnitten durch Rotation um ihre Symmetrieachsen erzeugt werden können, sind in Abb. 1.3–42 dargestellt.

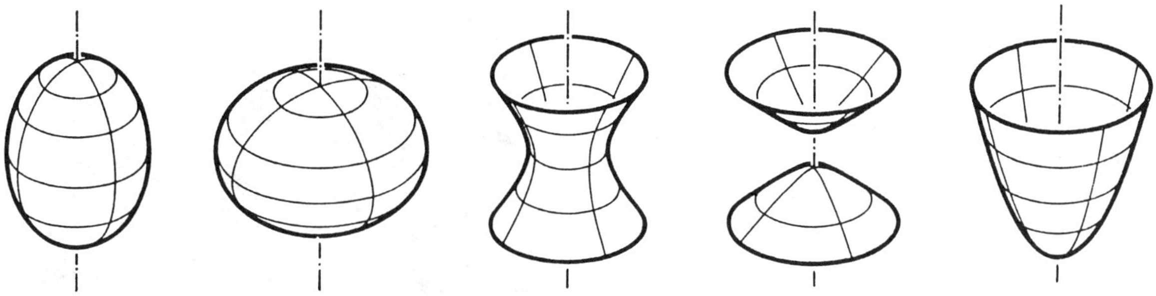

a b c d e

Abb. 1.3.–42

Die beiden verschiedenen Ellipsoide und Hyperboloide haben natürlich auch unterschiedliche Gleichungen, was man ihnen allerdings nicht sofort ansieht. Wir stellen sie im Kasten zusammen.

Normalformen der Drehflächen, die von Kegelschnitten erzeugt werden.

(a) Verlängertes Ellipsoid:

$$\frac{x^2+y^2}{a^2}+\frac{z^2}{b^2}=1, \quad a<b$$

(b) Abgeplattetes Ellipsoid:

$$\frac{x^2+y^2}{a^2}+\frac{z^2}{b^2}=1, \quad a>b$$

(c) Einschaliges Hyperboloid:

$$\frac{x^2+y^2}{a^2}-\frac{z^2}{b^2}=1$$

(d) Zweischaliges Hyperboloid:

$$-\frac{x^2+y^2}{a^2}+\frac{z^2}{b^2}=1$$

(e) Rotationsparaboloid:

$$z=a(x^2+y^2).$$

Man vergleiche hierzu Aufgabe 17.

Statt durch Drehung können einige der oben dargestellten Flächen auch durch Ausdehnung der ebenen Abstandsbedingungen auf den Raum definiert werden. So ist z. B. das verlängerte Rotationsellipsoid die Menge aller Punkte des *Raumes*, deren Abstandssumme bezüglich zweier fester Punkte F_1 und F_2 konstant ist, und das Rotationsparaboloid ist die Menge aller Punkte, die von einem festen Punkt F und einer *Ebene* ε den gleichen Abstand haben. Man vergleiche hierzu die Aufgaben 18 und 19.

Bisher haben wir nur ein ganz spezielles Hyperboloid betrachtet. Es ist aber nicht schwer zu beweisen (vgl. Aufgabe 20), dass *jede* Gerade, die um eine zu ihr *windschiefe* Achse rotiert, ein Rotationshyperboloid erzeugt. Die zweite Erzeugendenschar erhält man dann einfach dadurch, dass man die gegebene Gerade an der Ebene durch Drehachse und Gemeinlot spiegelt und diese mitrotieren lässt. Alle anfangs angestellten Überlegungen über die Schnitteigenschaften lassen sich dann wörtlich übernehmen. Umgekehrt zeigt Aufgabe 17c), wie man bei gegebenem einschaligen Rotationshyperboloid diese Erzeugendenscharen auffinden kann. Die zu Beginn festgestellten Eigenschaften sind daher allgemein gültig.

Die letzte Aussage hat eine merkwürdige Konsequenz im Hinblick auf die schon in 1.1.1, Seite 6, betrachteten Würfeldrehungen. Betrachtet man in Abb. 1.1.–11a beispielsweise die (zur Geraden verlängerte) Kante AB als Erzeugende, so beschreibt sie ein Rotationshyperboloid mit der Drehachse DF. Dabei fällt sie, wie man unmittelbar aus der Zeichnung ablesen kann, nach einer Drehung um 120° mit der Kante EH zusammen und nach einer weiteren Drehung um 120° mit der Kante GC. Diese gehören also zur gleichen Erzeugendenschar. Nun liegen aber AB und BC spiegelbildlich bezüglich der Ebene durch SF und SB und obwohl SB nicht auf AB und BC senkrecht steht, wohl aber auf DF, gilt auch in diesem Falle auf Grund der *gleichen Überlegung* wie am Anfang, dass die *Gerade* AB bei Ausführung der Drehung an der *Geraden* BC entlanggleiten muß. Die Geraden BC, AE und GH gehören also zur zweiten Erzeugendenschar und deshalb müssen die Kanten $A'B'$, $E'H'$ und $G'C'$ *in jedem Moment* gegebenenfalls nach Verlängerung die Kanten AE, HG und BC bzw. deren Verlängerungen schneiden. Dies ist für die 60°-Drehung in Abb. 1.1.–11 b ausgeführt, klärt aber zugleich das in Aufgabe 19 von Seite 61 angesprochene Phänomen, auf das wir jetzt eingehen wollen.

In Abb. 1.3.–10 ist h eine Gerade, die die drei *Geraden* AD, EF und CG schneidet. Diese gehören zur gleichen Erzeugendenschar des Hyperboloids, das bei Drehung des Würfels $ABCDEFGH$ um die Raumdiagonale BH entsteht. Infolgedessen ist auch die Gerade h eine Erzeugende, weil nach Aufgabe 17 c) keine Gerade mehr als zwei Punkte mit einem Hyperboloid gemeinsam haben kann *ohne ganz* mit ihr zusammenzufallen. Alle Geraden h haben daher von der Drehachse BH den gleichen Abstand und entstehen durch Drehung von z. B. AE um BH.

Abb. 1.3.–43

Bemerkung: Es ist nicht schwer zu zeigen, dass drei paarweise windschiefe Geraden auf unendlich viele Weisen durch eine Gerade verbunden werden können (vgl. Aufgabe 22). Die Menge dieser Geraden bildet dann eine Fläche. Je nachdem, ob die drei Geraden *einer Ebene parallel sind oder nicht*, handelt es sich um ein hyperbolisches Paraboloid oder um ein einschaliges Hyperboloid. Das Letztere muss jedoch keine Drehfläche sein, sondern kann auch elliptische Querschnitte haben. Hierbei handelt es sich um den allgemeinsten Fall eines solchen Hyperboloids mit der Normalform

$$\frac{x^2}{a^2}+\frac{y^2}{b^2}-\frac{z^2}{c^2}=1\,.$$

Auch das einschalige Hyperboloid findet in seiner rotationssymmetrischen Form vielfach Anwendung, z. B. als Bespannung von runden Kinderställchen oder als Fuß von geflochtenen Korbtischen. Abb. 1.3.–43 demonstriert das Bauprinzip. In Abb. 1.3.–44 ist dargestellt, wie sich zwei windschiefe Achsen mittels verzahnter Hyperboloide koppeln lassen, und in Abb. 1.3.–45, wie man mit ihrer Hilfe verbogene Rohre gerade zieht. Vasen und andere Gefäße sind häufig in dieser Gestalt zu finden sowie Kühltürme (Abb. 1.3.–46) und andere Turmbauten (Abb. 1.3.–47).

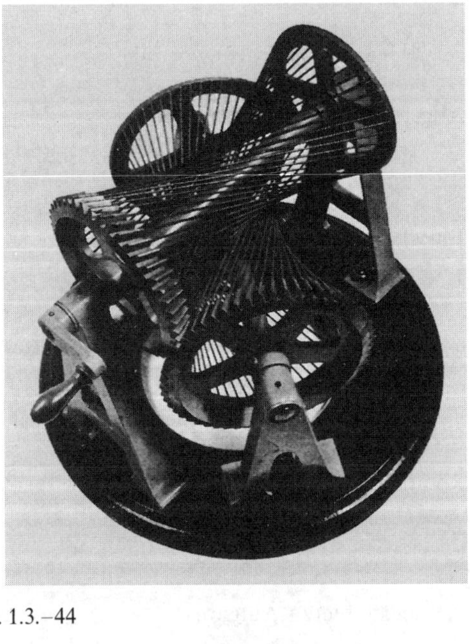

Abb. 1.3.–44

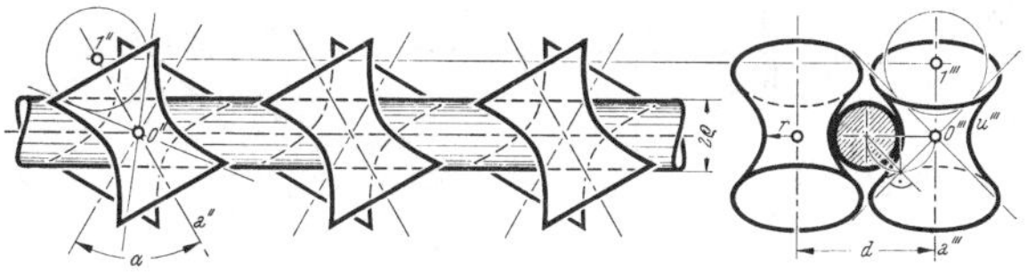

Abb. 1.3.-45

Abb. 1.3.-46

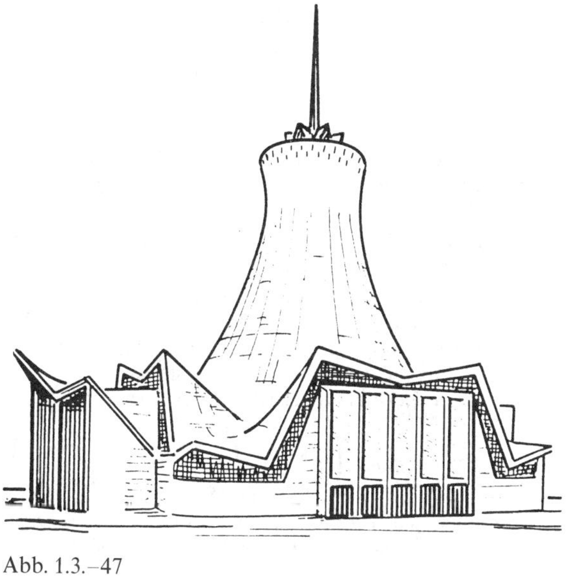

Abb. 1.3.-47

Aufgaben

Ebene Abstandsflächen

1. Leite die im Text S. 79 angegebene Gleichung der *Mittelsenkrechten* her und zeige, dass die Ebene mit dieser Gleichung wirklich im Mittelpunkt von AB auf dieser Strecke senkrecht steht.

2. Die Normalenvektoren $\vec{n_1}, \vec{n_2}$ der Ebenen ε und η seien *Einheitsvektoren.*

   a) Berechne unter dieser Voraussetzung die Winkel zwischen $\vec{n_1} \pm \vec{n_2}$ einerseits sowie $\vec{n_1}$ und $\vec{n_2}$ andererseits und bestätige so die auf S. 79 gemachte Aussage des Textes.

   b) Zeige: Die beiden Winkelhalbierenden der Ebenen ε und η stehen senkrecht aufeinander.

   c*) Der Winkel zwischen $\vec{n_1}$ und $\vec{n_2}$ sei α. Dann ist nach a) der Winkel zwischen $\vec{n_1} + \vec{n_2}$ und $\vec{n_1}$ (bzw. $\vec{n_2}$) gleich $\frac{1}{2}\alpha$. Leite auf Grund dieser Tatsache die „Halbwinkelformel“ des Kosinus

   $$\cos\frac{1}{2}\alpha = \sqrt{\frac{1+\cos\alpha}{2}}$$

   her.

3. Berechne den Abstand des Punktes $Q = (6|\frac{44}{7}|\frac{8}{7})$ von den Seitenflächen ABD, BCD, CAD des im Text S. 80 gegebenen Tetraeders und bestätige so die Abstandsaussage am Schluss der dort durchgeführten Rechnung.

4. a) Berechne die vier Ankugeln des Tetraeders $ABCD$ mit den im Text S. 80 angegebenen Ecken.

   b*) Die vier Ankugelmittelpunkte eines Tetraeders bilden ein neues Tetraeder. Besteht zwischen diesem und $ABCD$ eine analoge Beziehung wie die zwischen einem Dreieck und dessen Ankreismittelpunktdreieck? Überprüfe deine Vermutung am Zahlenbeispiel aus a).

5. Die drei Innenwinkelhalbierenden eines Tetraeders, die durch *dieselbe Ecke* gehen, schneiden sich in einer Geraden.

   a) Beweise diese Behauptung *allgemein* durch eine *geometrische* Argumentation, die auf der Abstandsgleichheit beruht.

   b) Berechne diese vier Geraden für das Tetraeder $ABCD$ des Textes S. 80.

6. Eine quadratische Pyramide $ABCDE$ hat die Grundkante $a = 5\sqrt{2}$ und die Höhe $h = 10$, die ihren Fußpunkt in der Mitte der Grundfläche $ABCD$ hat. Berechne die Lage des Mittelpunktes und den Radius der Inkugel. (Anleitung: Man lege A, B, C, D auf die x- bzw. y-Achse.)

7. Es sei $A = (5|0|0)$, $B = (0|14|0)$, $C = (0|0|35)$. Berechne die Mittelpunkte der beiden Kugeln, die das Dreieck ABC *in seinem Innern* und zugleich die drei Koordinatenebenen berühren.

8. a) Zwei Geraden g und h mögen sich in einem Punkt A schneiden und ihre Richtungsvektoren $\vec{v}$ und $\vec{u}$ den Betrag 1 haben. Man zeige, dass die beiden Geraden w_1 und w_2, die die Winkel zwischen g und h halbieren und in der Ebene von g und h verlaufen (die also die *ebenen* Winkelhalbierenden sind), die Parameterdarstellungen

$$w_1\colon \vec{p} = \vec{a} + s(\vec{v} + \vec{u}); \quad w_2\colon \vec{p} = \vec{a} + s(\vec{v} - \vec{u})$$

haben

b) Berechne gemäß a) die Winkelhalbierenden und den Inkreismittelpunkt des Dreiecks ABC mit $A = (4|4|8)$, $B = (6|7|2)$, $C = (2|5|6)$.

c) Berechne die Winkelhalbierenden und den Inkreismittelpunkt gemäß a) im *ebenen* Dreieck ABC mit $A = (0|0)$, $B = (21|0)$, $C = (6|8)$. Überprüfe das Ergebnis anhand der allgemein für den Ortsvektor $\vec{q}$ des Inkreismittelpunktes geltenden Formel

$$\vec{q} = \frac{1}{a+b+c}(a \cdot \vec{a} + b \cdot \vec{b} + c \cdot \vec{c}),$$

in der a, b, c für die *Längen* der Seiten BC, CA, AB stehen und $\vec{a}, \vec{b}, \vec{c}$ die Ortsvektoren von A, B, C sind. Fertige auch eine maßstabsgerechte Zeichnung an.

9.* Die drei Geraden

$$g_1\colon \vec{p} = s\begin{pmatrix} 2 \\ -1 \\ 2 \end{pmatrix}; \; g_2\colon \vec{p} = s\begin{pmatrix} 5 \\ 2 \\ 14 \end{pmatrix}; \; g_3\colon \vec{p} = s\begin{pmatrix} 2 \\ 1 \\ 2 \end{pmatrix}$$

bilden für $s \geq 0$ ein „Dreibein“, dessen Spitze im Nullpunkt liegt. Man zeige: Die Menge aller Punkte, die von den „Beinen“ des Dreibeins den gleichen Abstand haben, ist ebenfalls eine vom Nullpunkt ausgehende „Halbgerade“, und berechne diese. (Hinweis: Wo liegen alle Punkte, die von zwei der drei Halbgeraden gleichen Abstand haben?)

Sattelflächen

10. Gegeben

$$g_1\colon \vec{p} = \begin{pmatrix} 0 \\ 0 \\ -a \end{pmatrix} + s\begin{pmatrix} 1 \\ 1 \\ 0 \end{pmatrix}, \quad g_2\colon \vec{p} = \begin{pmatrix} 0 \\ 0 \\ a \end{pmatrix} + t\begin{pmatrix} 1 \\ -1 \\ 0 \end{pmatrix}.$$

a) Berechne wie im Text S. 80ff. die Gleichung der Fläche, deren Punkte von g_1 und g_2 den gleichen Abstand haben. Wie muss man a wählen, damit die Gleichung $z = xy$ lautet?

b) Drehe die Geraden um 45° um die z-Achse und bestimme erneut die Fläche gleichen Abstands. Wie muss man jetzt a wählen, damit die Sattelfläche die Gleichung $z = y^2 - x^2$ hat?

c) Wie muss man die Geraden um die z-Achse drehen und welches a muss man wählen, wenn die Gleichung $z = x^2 - y^2$ lauten soll?

11. Abb. 1.3.–48 zeigt einen Quader $ABCDEFGH$ in einer besonderen Projektion. Zeichne diesen mit den Maßen $|AB| = |BF| = 10{,}6$ cm und $|AD| = |CB| = 3$ cm. Tei-

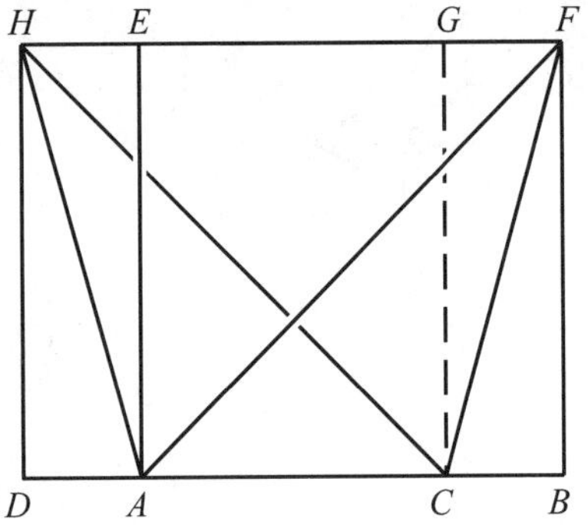

Abb. 1.3.–48

le sodann jede der Diagonalen AF, FC, CH und HA in 20 gleiche Teile und verbinde entsprechende Teilpunkte von $\overrightarrow{AF}$ und $\overrightarrow{HC}$ sowie von $\overrightarrow{AH}$ und $\overrightarrow{FC}$. Verdeutliche die Sattelfläche durch ein Karomuster.

12. In dem Viereck $BCHG$ der Aufgabe 20c) von Seite 38 wird durch die Verbindungsstrecken gleicher Positionen von P und Q eine Sattelfläche erzeugt.

a) Gib die Parameterdarstellung der Fläche an und ermittle die Koordinatengleichungen der beiden Ebenen, zu denen die beiden Erzeugendenscharen jeweils parallel sind.

b) Bestätige, dass die Gleichung der Fläche

$$xz - yz + z^2 - 3x - 3z + 9 = 0$$

lautet.

13. Wir betrachten die Punktmenge, die durch die Parameterdarstellung

$$\vec{p} = \begin{pmatrix} 3 \\ 1 \\ 1 \end{pmatrix} + s\begin{pmatrix} 1 \\ -1 \\ 1 \end{pmatrix} + s^2\begin{pmatrix} 1 \\ 1 \\ 0 \end{pmatrix}$$

gegeben ist.

a) Zeige, dass alle Punkte in einer Ebene liegen und eine Parabel bilden. Ermittle die Koordinatengleichung dieser Ebene.

b) Zeige, dass die Parabel auf der Sattelfläche der Aufgabe 12 liegt.

c*) Beweise: Jede Ebene, die zu der in Aufgabe a) bestimmten Ebene parallel ist, schneidet die Sattelfläche aus Aufgabe 12 ebenfalls in einer Parabel. (Anleitung: Setze die Parameterdarstellung der Fläche in die Koordinatengleichung der Ebene ein.)

14. Gegeben $g\colon \vec{p} = \begin{pmatrix} 3 \\ -3 \\ 0 \end{pmatrix} + s\begin{pmatrix} 0 \\ 0 \\ 3 \end{pmatrix}$; $\quad h\colon \vec{p} = t\begin{pmatrix} -3 \\ -3 \\ 3 \end{pmatrix}$.

Fälle von jedem Punkt von g das Lot auf h und zeige, dass die Menge der Lote eine Sattelfläche bildet.

15. Gegeben $A = (0|0|1)$ und $g\colon \vec{p} = \begin{pmatrix} 0 \\ 0 \\ -1 \end{pmatrix} + s\begin{pmatrix} 1 \\ 1 \\ 0 \end{pmatrix}$. Auf g werde ein beliebiger Punkt B festgelegt und die Mittelsenkrechte von AB mit der Ebene, die senkrecht zur

x-Achse verläuft und durch B geht, zum Schnitt gebracht. Zeige, dass die Menge dieser Schnittgeraden h eine Sattelfläche bildet, wenn B variiert, und bestimme deren Gleichung.

16. Begründe: In jedes windschiefe Viereck lässt sich auf genau eine Weise eine „HP-Fläche" einspannen. (Vgl. hierzu Satz 1 von 1.3.4.)

Drehflächen

17. a) Begründe die im Kasten auf Seite 85 angegebenen Gleichungen durch Ebenenschnitte parallel zu den Koordinatenebenen. Wo liegen jeweils die Punkte F_1, F_2 bzw. F und die Gerade g? Welche Rolle spielen dabei die Größen a und b?
    b) Wie lauten die betreffenden Gleichungen, wenn die x- bzw. die y-Achse Drehachse wäre?
    c) Zeige: Schneidet man die Flächen mit einer Geraden $g: \vec{p} = \vec{a} + s\vec{v}$, so erhält man in allen Fällen zwei, einen oder keinen Schnittpunkt mit Ausnahme des einschaligen Hyperboloids, wo auch unendlich viele Schnittpunkte möglich sind. (Hinweis: Eine konkrete Ausrechnung der Schnittpunkte ist hierfür nicht erforderlich!)

18.* Dehne die auf Seite 79 angegebenen Abstandsbedingungen für die Kegelschnitte auf den Raum aus und erkläre, welche Rotationsflächen dazugehören und welche nicht auf diese Weise erzeugbar sind. Warum muss man beispielsweise im Falle des Rotationsparaboloides eine Ebene ε statt der Leitlinie g nehmen?

19. Gib an, um welche Flächen es sich bei den folgenden Abstandsbedingungen handelt.
    a) Alle Punkte, deren Abstand von einer Geraden bzw. von einer Ebene konstant ist.
    b) Alle Punkte, deren Abstand von zwei parallelen Geraden bzw. parallelen Ebenen konstant ist.
    c) Alle Geraden, deren Abstand von einer Geraden bzw. von einer Ebene konstant ist.

20. a) Berechne die Gleichung des einschaligen Rotationshyperboloids, das durch Rotation der Geraden

$$g: \vec{p} = \begin{pmatrix} 0 \\ c \\ 0 \end{pmatrix} + s \begin{pmatrix} -1 \\ 0 \\ m \end{pmatrix}$$

um die z-Achse erzeugt wird. Bestimme insbesondere die Größen a und b, die in der Normalform der Fläche auftreten.
    b) Begründe: *Jede* zur Drehachse windschiefe Gerade erzeugt bei Rotation ein Hyperboloid. (Anleitung: Lege die Achsen des Koordinatensystems so, dass sie zu a) passen. Eine Rechnung ist dann nicht mehr erforderlich.)

21. Der Würfel $ABCDEFGH$ in Abb. 1.1.–11 b habe die Kantenlänge $2a$. Sein Mittelpunkt liege im Koordinatenursprung und seine Kanten seien parallel zu den Koordinatenachsen.
    a) Zeige rechnerisch: Die Kanten AE und $A'B'$ sind spiegelbildlich zueinander bezüglich einer Ebene, die die Raumdiagonale DF enthält.
    b) Inwiefern ist nach Teil a) die geometrische Situation mit der in Abb. 1.3.–40 dargestellten identisch und wie kann man daraus folgern, dass AB (als Gerade!) bei Drehung des Würfels um DF an AE (als Gerade!) entlanggleiten muss?

22. Gegeben seien drei paarweise windschiefe Geraden g_1, g_2, g_3. P sei ein Punkt von g_1. Man begründe:
    a) Durch P und g_2 ist eindeutig eine Ebene ε bestimmt, die entweder g_3 in genau einem Punkt R schneidet oder zu g_3 parallel ist. Falls R existiert, ist PR eine Gerade, die g_1, g_2 und g_3 trifft. Anderenfalls schneidet die Parallele zu g_3 durch P die Gerade g_2 in einem Punkt Q.
    b) Kann der in a) erwähnte Fall der Parallelität eintreten, wenn g_1, g_2 und g_3 zu einer Ebene ε parallel sind?

1.4 Aufgaben aus größeren Zusammenhängen

1. Wir betrachten das Dreieck EBG im Würfel $ABCDEFGH$ (Abb. 1.4.–1). Senkrecht zur Seitenhalbierenden des Dreiecks durch den Punkt E wird eine Ebene ε gelegt, die durch A geht. ε schneidet die Würfelkante EF in E'. Entsprechend ist β die Ebene, die senkrecht auf der Seitenhalbierenden durch B steht und C enthält, und γ die Ebene, die senkrecht auf der Seitenhalbierenden durch G steht und H enthält. β schneidet BF in B', und γ schneidet GF in G'.
   a) Berechne die Punkte E', B', G', wenn der Würfel der *Einheitswürfel* ist. Zeige, dass ε auch durch H, β auch durch A und γ auch durch C geht, so dass $ACHE'B'G'$ einen Körper bildet. Zeichne den Würfel zusammen mit diesem Körper in ein Koordinatensystem, in dem die Einheiten und die Achsenrichtungen wie in Abb. 1.4.–1 gewählt sind.
   b) Wie schneiden die Ebenen $\varepsilon, \beta, \gamma$ das Dreieck ACH?
   c) Zeige: Das Lot von C auf ε schneidet das Lot von H auf β und das Lot von A auf γ in demselben Punkt P. Wo liegt dieser Punkt P? Inwiefern war das Ergebnis zu erwarten? Liegen die drei Lote in einer Ebene?
   d) Berechne das Volumen des Körpers $ACHE'B'G'$.
   e) Welche Winkel bildet ε mit den Kanten DA, DH, EF und mit den Seitenflächen ACH, $AB'E'$?

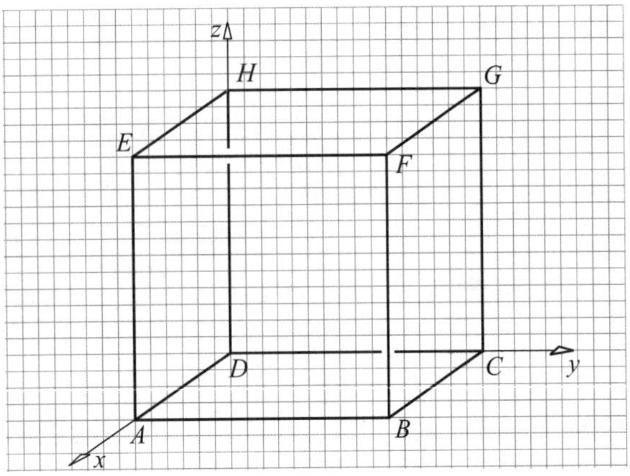

Abb. 1.4.–1

2. Auf den Kanten EF, BF, GF des Einheitswürfels $ABCDEFGH$ in Abb. 1.4.–1 werden im gleichen Abstand a von den Ecken E, B und G die Punkte E', B', G' fixiert.
   a) Berechne die Lote von E auf AHE', von B auf ACB', von G auf CHG' und zeige, dass sie entweder parallel sind oder sich in einem Punkt schneiden. Welche besondere geometrische Situation liegt im Falle der Parallelität vor?
   b) Wann liegen die Lote aus Teil a) in einer Ebene, wann bilden sie ein orthogonales Dreibein? Wie lässt sich das Letztere geometrisch erklären?
   c) Verbindet man die Ecke E mit dem Schwerpunkt von AHE', entsprechend B mit dem Schwerpunkt von ACB' und G mit dem Schwerpunkt von CHG', so erhält man drei Geraden e, b, g, die sich ebenfalls stets in einem Punkt schneiden oder parallel sind. Man zeige dies und analysiere die Situation wie in Aufgabe a).
   d) Das Lot von C auf AHE' und die Gerade e aus Teil c) haben stets (mindestens) einen Punkt gemeinsam. Berechne diesen Punkt, wenn er eindeutig bestimmt ist. Was ist das Besondere an dem Ergebnis?

3. Der Würfel $ABCDEFGH$ in Abb. 1.4.–1 habe die Kantenlänge 6. Das Diagonaldreieck ACF werde an seinem Schwerpunkt gespiegelt und dann so parallel verschoben, dass der Schwerpunkt mit H zusammenfällt. Dadurch erhält man ein Dreieck $A'C'F'$.
   a) Konstruiere A', C', F' im Schrägbild (Begründung!) und zeichne den Körper $ACA'C'FF'$.
   b) Berechne die Punkte A', C', F'. Zeige: Die Vierecke $ACA'C'$, $AFA'F'$, $CFC'F'$ sind Quadrate, die paarweise aufeinander senkrecht stehen. Der Körper $ACA'C'FF'$ ist infolgedessen ein *reguläres Oktaeder.*
   c) Der Würfel $ABCDEFGH$ lässt sich bei festgehaltener Ecke B so strecken, dass die Ecken des Oktaeders aus b) auf den Kanten des vergrößerten Würfels liegen. In welchem Verhältnis teilen sie die neuen Würfelkanten? Zeichne den vergrößerten Würfel.
   d) Wie kann man das Ergebnis der Aufgabe c) nutzen um in einen beliebigen Würfel ein reguläres Oktaeder einzuzeichnen, dessen Ecken alle auf den Kanten des Würfels liegen?

4. Auf den Kanten EH, HG, AB und CB des Einheitswürfels $ABCDEFGH$ (Bezeichnungen wie in Abb. 1.4.–1) sollen in gleichem Abstand a von H bzw. B vier Punkte K, L, M, N so festgelegt werden, dass das Viereck $KLMN$ ein Quadrat ist.
   a) Man zeige, dass das möglich ist, und berechne die Länge der Quadratseite. Inwiefern zeigt das Ergebnis, dass man einen gleich großen Würfel durch den gegebenen „hindurchstecken“ kann, ohne dass er auseinanderfällt? (Natürlich muß man ihn entsprechend durchbohren!)
   b) Die Gerade, die im Mittelpunkt von $KLMN$ senkrecht auf dem Quadrat steht, trifft zwei Würfelkanten in Punkten, die mit dem Quadrat zusammen ein reguläres Oktaeder bilden. Berechne diese Punkte und beweise die Aussage. Zeichnung gemäß Abb. 1.4.–1.
   c) Bestimme die Schnittpunkte der vier Raumdiagonalen des Würfels mit dem Oktaeder der Aufgabe b).
   d) Wie kann man zu einem regulären Oktaeder einen Würfel so konstruieren, dass die Ecken des Oktaeders auf den Kanten des Würfels liegen? (Man beachte hierzu Aufgabe 3.)

5. Auf einem Flachdach $ABCD$, das als Parkdeck dient, mündet ein Fahrstuhl in Form eines Quaders $EFGHIJKL$. Dabei ist

$$|AB| = 12,\ |BC| = 14,\ |EF| = 7,\ |FG| = 6,\ |EI| = 4$$

und $EF \parallel AB$, $FG \parallel BC$. Der Abstand zwischen EF und AB bzw. zwischen FG und BC beträgt 6 bzw. 2. Nun soll durch Verbindung von A mit I, B mit J, C mit K und D mit L über dem Flachdach ein Walmdach errichtet werden.

a) Konstruiere das Walmdach im Schrägbild.

b) Berechne mittels eines geeigneten Koordinatensystems die Lage und Höhe des Firstes sowie die Neigung der Dachflächen und das Volumen des umbauten Raumes.

6. Der Einheitswürfel $ABCDEFGH$ (Bezeichnungen wie in Abb. 1.4.–1) wird zuerst an der Diagonale DG und dann an der Diagonale DE gespiegelt.

a) Leite für einen beliebigen Punkt $P=(x\,|\,y\,|\,z)$ die Koordinaten des Spiegelpunktes P' bezüglich DG bzw. P'' bezüglich DE her:

$$x' = -x, y' = z, z' = y; \quad x'' = z, y'' = -y, z'' = x.$$

b) Berechne nach diesen Formeln die Koordinaten der Ecken A' bis H' des an DG gespiegelten Würfels $ABCDEFGH$ und zeichne ihn in sechsfacher Vergrößerung zusammen mit dem gegebenen Würfel.

c) Durch Spiegelung an DE geht Würfel $A'B'C'D'E'F'G'H'$ in den Würfel $A''B''C''D''E''F''G''H''$ über. Berechne analog die Ecken A'' bis H'' und zeichne den neuen Würfel in sechsfacher Vergrößerung zusammen mit dem *ursprünglichen* Würfel.

d) Beweise: Die Hintereinanderausführung der beiden Spiegelungen hat bezüglich des Würfels denselben Effekt wie eine Drehung um die Gerade $g\colon \vec{p} = s\begin{pmatrix}1\\1\\-1\end{pmatrix}$. (Hinweis: Man braucht nicht alle Punkte zu überprüfen!)

e*) Warum gilt das Ergebnis von *d*) für jeden *beliebigen* Punkt P des Raumes?

7. Ein Spat werde von den Vektoren $\vec{a}, \vec{b}, \vec{c}$ aufgespannt. Eine Ebene ε mit der Parameterdarstellung

$$\varepsilon\colon \vec{p} = \vec{d} + s(\vec{b} - \vec{a}) + t(\vec{c} - \vec{a})$$

schneidet den Spat. Dabei sei $\vec{d} = r(\vec{a} + \vec{b} + \vec{c})$ und $0 < r < 1$.

a) Begründe anschaulich, warum die Schnittfläche für $r \leq \frac{1}{3}$ und für $r \geq \frac{2}{3}$ ein Dreieck, sonst aber ein Sechseck ist. Berechne dessen Ecken für $r = \frac{1}{2}$ bzw. $r = \frac{5}{8}$ und vergleiche den *Umfang* des Sechsecks mit dem Umfang des von $\vec{a}, \vec{b}, \vec{c}$ bestimmten Dreiecks ABC.

b) Führe die Rechnung in a) für beliebiges r zwischen $\frac{1}{3}$ und $\frac{2}{3}$ aus und zeige, dass die Summe der gegenüberliegenden Seitenlängen stets konstant ist.

c) Ermittle den Inhalt des Sechseckes in Abhängigkeit von r für den Fall, dass der Spat ein Würfel ist. Für welche Werte von r ist er extremal?

d*) Zerlegt man das Sechseck vom Punkt mit dem Ortsvektor $\vec{d} = r(\vec{a} + b + \vec{c})$ aus in sechs Dreiecke, so haben die *nicht* nebeneinander liegenden Dreiecke den gleichen Inhalt, und zwar die Beträge von

$$\tfrac{1}{2}(1-r)(3r-1)\vec{i} \quad \text{bzw.} \quad \tfrac{1}{2}r(2-3r)\vec{i},$$

wobei $\vec{i} = \vec{a} \times \vec{b} + \vec{b} \times \vec{c} + \vec{c} \times \vec{a}$ ist.

8. Die Vektoren $\vec{a} = \begin{pmatrix}4\\0\\0\end{pmatrix}$, $\vec{b} = \begin{pmatrix}0\\4\\-4\end{pmatrix}$, $\vec{d} = \begin{pmatrix}-1\\-4\\1\end{pmatrix}$, $\vec{e} = \begin{pmatrix}2\\4\\6\end{pmatrix}$ bestimmen vier Punkte A, B, D, E.

a) Man zeige, dass $\overrightarrow{AB}$, $\overrightarrow{AD}$ und $\overrightarrow{AE}$ ein orthogonales Dreibein bilden und es infolgedessen vier Punkte C, F, G, H so gibt, dass $ABCDEFGH$ ein Quader ist. Berechne diese Punkte.

b) Um festzustellen, ob der Punkt $P = (-8\,|\,-1\,|\,1)$ *innerhalb* des Quaders liegt, drücke man $\overrightarrow{AP}$ als Linearkombination von $\overrightarrow{AB}$, $\overrightarrow{AF}$ und $\overrightarrow{AE}$ aus. Welche Schlussfolgerung ergibt sich?

c) Bestimme die Abstände des Punktes P von den Seitenflächen des oben genannten Quaders.

9. Die Ebene mit der Gleichung $y = 0$ werde um die x-Achse so gedreht, dass sie den Winkel zwischen der positiven y- und der positiven z-Achse halbiert. Wir bezeichnen sie nach der Drehung mit ε. Entsprechend sei η diejenige Ebene, die entsteht, wenn man die Ebene mit der Gleichung $x = 0$ so dreht, dass sie den Winkel zwischen der positiven x- und der positiven z-Achse halbiert.

a) Bestimme die Koordinatengleichungen von ε und η und ihre Schnittgerade g.

b) Die Ebene ε wird um die Schnittgerade g auf kürzestem Wege in die Ebene η geklappt. Wie groß ist der Drehwinkel? Wohin fällt bei dieser Klappung die x-Achse, wenn sie mit der Ebene ε mitgedreht wird?

c) Ein Lichtstrahl geht vom Punkt $L = (4\,|\,2\,|\,-3)$ aus und hat die Richtung $\vec{v} = \begin{pmatrix}-1\\-1\\4\end{pmatrix}$. Wo trifft er auf ε auf und wie verläuft er nach der Spiegelung von ε?

d) Der nach Aufgabe c) reflektierte Strahl wird an η gespiegelt. Zeige, dass er danach auf der Geraden $h\colon \vec{p} = \begin{pmatrix}1\\10\\0\end{pmatrix} + s\begin{pmatrix}0\\3\\-1\end{pmatrix}$ verläuft.

10. Die Punkte $A = (-6\,|\,9\,|\,6)$, $B = (10\,|\,5\,|\,10)$ bilden mit den Nullpunkt ein Dreieck OAB.

a) Berechne die Höhenfußpunkte H_0, H_a, H_b auf AB bzw. OB bzw. OA sowie den Höhenschnittpunkt H.

b) Ermittle mit Hilfe der Ergebnisse von a) die Flächeninhalte i_0, i_a, i_b der Dreiecke ABH bzw. OBH bzw. OAH.

c) Auf der Normalen zur Ebene des Dreiecks OAB, die durch H gelegt wird, ist ein Punkt C so zu bestimmen, dass das Dreieck ABC bei C rechtwinklig ist. Warum muss es zwei Lösungen geben? Zeige, dass für jede Lösung auch die Dreiecke OBC und OAC bei C rechtwinklig sind, so dass bei C eine *rechtwinklige Raumecke* vorliegt.

d) Bestätige, dass für den Abstand h des Punktes C von der Dreiecksfläche OAB die Formel $h^4 = 4\dfrac{i_0\, i_a\, i_b}{i_0 + i_a + i_b}$ gilt.

11. Es sei $\vec{a} = \begin{pmatrix} a \\ 0 \\ 0 \end{pmatrix}$, $\vec{b} = \begin{pmatrix} 0 \\ b \\ 0 \end{pmatrix}$, $\vec{c} = \begin{pmatrix} 0 \\ 0 \\ c \end{pmatrix}$ mit $a, b, c > 0$ und ABC das durch diese Ortsvektoren fesgelegte Dreieck.

a) Beweise: Ist D der Höhenschnittpunkt des Dreiecks ABC, so steht OD senkrecht auf der Ebene von ABC.

b) Leite für den Inhalt i des Dreiecks ABC die Formel $i^2 = i_a^2 + i_b^2 + i_c^2$ her, wobei i_a, i_b, i_c die Inhalte der Dreiecke OBC bzw. OAC bzw. OAB sind. Inwiefern kann man hier von einer *dreidimensionalen Verallgemeinerung des Satzes von Pythagoras* sprechen?

c*) Für die Winkel α, β, γ, die die in b) aufgeführten Dreiecke mit dem Dreieck ABC bilden, gelten die Formeln

$$\cos\alpha = \frac{i_a}{i}, \quad \cos\beta = \frac{i_b}{i}, \quad \cos\gamma = \frac{i_c}{i}.$$

Dies ist zu zeigen. Man erläutere ferner, warum hier eine ähnliche Verallgemeinerung wie in b) vorliegt.

d*) Lassen sich auch der Kathetensatz und der Höhensatz für rechtwinklige Dreiecke in derselben Weise wie oben verallgemeinern? (Hinweis: Im Kathetensatz sind p und q die *senkrechten Projektionen der Katheten auf die Hypotenuse.*)

12. Gegeben seien zwei linear unabhängige Vektoren $\vec{a}, \vec{b}$, die eine Gerade AB mit der Parameterdarstellung $\vec{p} = \vec{a} + s(\vec{b} - \vec{a})$ bestimmen.

a) Bringe die Parameterdarstellung auf die Gestalt $\vec{p} = (1 - s)\vec{a} + s\vec{b}$ und begründe mit ihrer Hilfe die folgende Aussage: Ist $\vec{p}$ eine Linearkombination von $\vec{a}$ und $\vec{b}$ mit $\vec{p} = r\vec{a} + s\vec{b}$ und $r + s = 1$, so liegen die durch $\vec{p}$ bestimmten Punkte P auf der Geraden AB; und zwar zwischen A und B, wenn r und s positiv sind, jedoch *außerhalb* der Strecke, wenn r und s verschiedene Vorzeichen haben. Wo liegt P, wenn r negativ ist, wo, wenn s negativ ist?

b) Multipliziert man einen Vektor $\vec{p}$ aus Aufgabe a) mit einer Zahl $k \neq 0$, so erhält man

$$\vec{q} = k\vec{p} = kr\vec{a} + ks\vec{b} = r'\vec{a} + s'\vec{b} \quad \text{mit} \quad r' + s' = k.$$

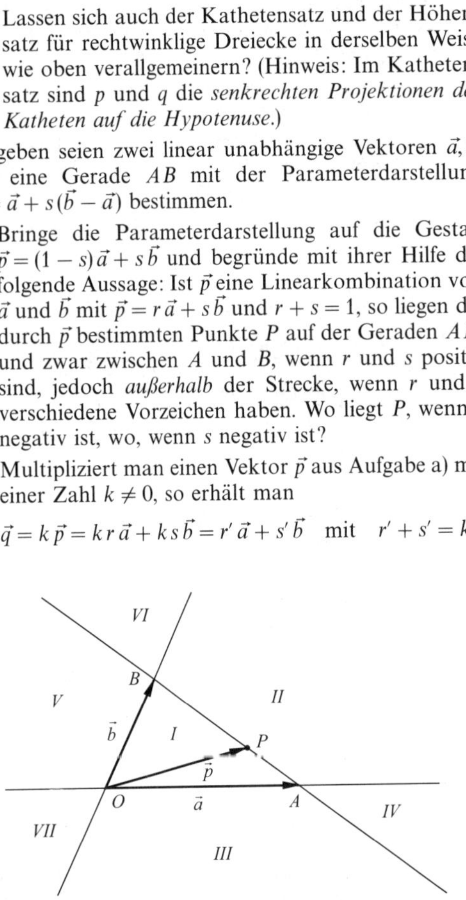

Abb. 1.4.–2

Man begründe mittels dieser Darstellung und Abb. 1.4.–2 die folgende Tabelle über die Lage der zugehörigen Punkte Q:

r'	s'	$r' + s'$	Q liegt im Gebiet
> 0	> 0	< 1	I
> 0	> 0	> 1	II
> 0	< 0	< 1	III
> 0	< 0	> 1	IV
< 0	> 0	< 1	V
< 0	> 0	> 1	VI
< 0	< 0	–	VII

Inwiefern erinnert Abb. 1.4.–2 an ein „normales" kartesisches Koordinatensystem, in dem r' und s' die Rolle der Koordinaten x und y spielen?

13. Das Teilverhältnis, in dem ein Punkt P die Strecke AB *innen oder außen* teilt, wird gemäß der in Aufgabe 12 gegebenen Darstellung definiert als $\frac{s}{r}$ für $r \neq 0$.

a) Man zeige:

$$\frac{s}{r} = \begin{cases} \dfrac{|AP|}{|BP|} & \text{für } P \text{ innerhalb der Strecke } AB \\[2ex] -\dfrac{|AP|}{|BP|} & \text{für } P \text{ außerhalb der Strecke } AB. \end{cases}$$

b) Die Vektoren $\vec{a}, \vec{b}$ und $\vec{c}$ seien linear unabhängig und ABC das durch sie bestimmte Dreieck. Wir betrachten ferner einen Punkt Q mit dem Ortsvektor

$$\vec{q} = r\vec{a} + s\vec{b} + t\vec{c}; \quad 0 < r, s, t; \quad r + s + t = 1.$$

Man zeige: Der Punkt P mit dem Ortsvektor

$$\vec{p} = \frac{r}{r+s}\vec{a} + \frac{s}{r+s}\vec{b}$$

teilt AB *innen* im Verhältnis $\frac{s}{r}$ und Q teilt die Strecke PC im Verhältnis $\dfrac{t}{r+s}$.

c*) Nach Teil b) ist Q ein Punkt des *Innern* des Dreiecks ABC, das wir analog Abb. 1.4.–2 mit I bezeichnen. Das Gebiet II möge außerdem an AB angrenzen, III an AC, V an BC, und IV, VI, VII seien der Reihe nach die äußeren Winkelfelder bei A bzw. B bzw. C. Man stelle nun eine Tabelle wie in Aufgabe 12 für die Lage aller möglichen Punkte Q auf, wobei $r, s, t \neq 0$ und $r + s + t = 1$ ist.

d) Gilt $\vec{q} = r\vec{a} + s\vec{b} + t\vec{c}$ mit $0 < r, s, t$ und $r + s + t < 1$, so liegt Q *im Innern des Tetraeders* $OABC$. Man begründe diese Aussage.

14. Durch die Vektoren $\vec{a} = \begin{pmatrix} 10 \\ 2 \\ 9 \end{pmatrix}$, $\vec{b} = \begin{pmatrix} 9 \\ 8 \\ 11 \end{pmatrix}$, $\vec{c} = \begin{pmatrix} 6 \\ 5 \\ 3 \end{pmatrix}$, $\vec{d} = \begin{pmatrix} 8 \\ 2 \\ 5 \end{pmatrix}$ ist ein Viereck $ABCD$ gegeben.

a) Zeige, dass $ABCD$ ein ebenes, nicht überschlagenes Viereck ist und berechne Umfang, Fläche und Winkel des Vierecks. Man untersuche dabei, ob das Viereck konvex ist, d. h. keine „einspringenden" Ecken besitzt.

b) Berechne den Fußpunkt F des Lotes, das man vom Nullpunkt auf die Ebene des Vierecks $ABCD$ fällen kann. Liegt F im Innern des Vierecks?

c) Berechne den Inhalt der Pyramide $ABCDO$ einerseits mittels a) und b), andrerseits durch Zerlegung in zwei Tetraeder.

d) Stelle fest, ob der Punkt $Q = (7{,}8 \mid 4{,}1 \mid 6)$ in der Pyramide liegt oder auf einer der Begrenzungsflächen. Beachte dazu Aufgabe 13 d).

15. Zu jedem $r \in \mathbb{R}$ gibt es eine Gerade g mit der Parameterdarstellung

$$g\colon \vec{p} = \begin{pmatrix} 6 \\ 5 \\ 8 \end{pmatrix} + s \begin{pmatrix} -4r \\ 1 \\ 3r \end{pmatrix}.$$

a) Zeige, dass alle Geraden in einer Ebene ε liegen und bestimme ihre Koordinatengleichung.

b) Um die Geraden geometrisch zu charakterisieren berechne man zu einem beliebigen Punkt $P = (x \mid y \mid z)$ von ε die zugehörigen Parameter r und s und zeige auf diese Weise, dass alle Punkte einer bestimmten Geraden h bis auf eine Ausnahme zu keiner der Geraden g gehören. Wie kann man sich dieses Ergebnis anhand der obigen Parameterdarstellung erklären?

c) Wie muss eine Gerade verlaufen, wenn durch *jeden* ihrer Punkte eine der Geraden g gehen soll?

d) Ist die Aussage richtig, dass jede beliebige Gerade im Raum von (mindestens) einer der Geraden g getroffen wird?

16.* Ein Tetraeder $ABCD$ habe die Flächenschwerpunkte A', B', C', D', wobei A und A', B und B' usw. einander gegenüberliegen. Durch die vier Schwerpunkte wird das Tetraeder $ABCD$ in vier „Eckentetraeder" (z. B. $AB'C'D'$), sechs „Kantentetraeder" (z. B. $AB'C'D$) und ein inneres Tetraeder $A'B'C'D'$ zerlegt.

Man zeige, dass die Kantentetraeder und die Eckentetraeder jeweils gleiches Volumen haben und sich die Volumina aller drei Typen wie 3:2:1 verhalten.

17.* Man beweise den folgenden *Satz:*

$ABCD$ sei eine dreiseitige Pyramide mit der Spitze D. Der Grundfläche ABC ist ein Dreieck EFG so einbeschrieben, dass E auf BC, F auf CA und G auf AB liegt. M_1, M_2, M_3 seien die Mittelpunkte der Strecken AE, BF, CG und N_1, N_2, N_3 die Mittelpunkte von DE, DF, DG. Dann sind die Inhalte der beiden Dreiecke $\triangle_1 = M_1 M_2 M_3$, $\triangle_2 = N_1 N_2 N_3$ gleich.

Anleitung: Man setze

$$\vec{e} = \vec{b} + s(\vec{c} - \vec{b}),\ \vec{f} = \vec{c} + t(\vec{a} - \vec{c}),\ \vec{g} = a + r(\vec{b} - \vec{a})$$

und berechne

$$(\vec{m_2} - \vec{m_1}) \times (\vec{m_3} - \vec{m_1}), \quad (\vec{n_2} - \vec{n_1}) \times (\vec{n_3} - \vec{n_1}),$$

unter Verwendung von

$$2\vec{i} = (\vec{b} - \vec{a}) \times (\vec{c} - \vec{a}) = (\vec{c} - \vec{b}) \times (\vec{a} - \vec{b})$$
$$= (\vec{a} - \vec{c}) \times (\vec{b} - \vec{c}).$$

18.* Der Satz von Aufgabe 16 gilt auch in der Ebene. Man formuliere ihn und gebe eine Begründung.

19.* Zwei Geraden g und h mögen sich in einem Punkt S schneiden. Ferner seien A und C zwei Punkte von g und B und D zwei Punkte von H, die so gewählt sind, dass S *innerer* Punkt des Vierecks $ABCD$ ist. Man beweise: Der Flächeninhalt des Vierecks $ABCD$ ist (bei *festen* Geraden g und h) nur abhängig von der Länge der Diagonalen AC und BD.

20. Gegeben sind die beiden Geraden

$$g\colon \vec{p} = s \begin{pmatrix} 0 \\ 1 \\ 1 \end{pmatrix}; \quad h\colon \vec{p} = \begin{pmatrix} 6 \\ 0 \\ 0 \end{pmatrix} + t \begin{pmatrix} 0 \\ 0 \\ 1 \end{pmatrix}.$$

In jedem Punkt $P = (0 \mid s \mid s)$ der Geraden g wird eine Senkrechte errichtet. Sie schneidet die Gerade h in einem Punkt Q.

a) Berechne Q und zeige so, dass $Q = (6 \mid 0 \mid 2s)$ ist. Zeichne in einem Koordinatensystem der hier angegebenen Art (Abb. 1.4.–3) die Verbindungsstrecken PQ für $s = 3$ bis $s = -3$ bei einer Schrittweite $\Delta s = \frac{1}{2}$.

b) Wenn P alle Punkte von g durchläuft, dann Q alle Punkte von h. Die Gesamtheit der Geraden PQ bildet dann eine Fläche. Trägt man auf jeder Geraden PQ von P aus ein *konstantes* Vielfaches $r\overrightarrow{PQ}$ ab, so erhält man Punkte R, die ebenfalls auf einer Geraden k liegen. Zeichne diese Gerade für $r = \frac{3}{4}$ ein und beweise die Behauptung allgemein für beliebiges r.

c) Die zu den Parameterwerten $s_1 = 2$ und $s_2 = -1$ gehörigen Punkte P_1, P_2, Q_1, Q_2 bilden ein Tetraeder $P_1 P_2 Q_1 Q_2$. Berechne sein Volumen und die Winkel $\alpha = \measuredangle\, Q_1 P_1 Q_2$, $\beta = \measuredangle\, Q_1 P_2 Q_2$.

d) Man führe die Volumenberechnung der Aufgabe c) allgemein für beliebiges $s_1 \neq s_2$ durch und interpretiere das überraschende Ergebnis.

e) Lassen sich die Parameterwerte s_1, s_2 so wählen, dass die in Aufgabe 1 c) definierten Winkel α und β übereinstimmend 90° betragen?

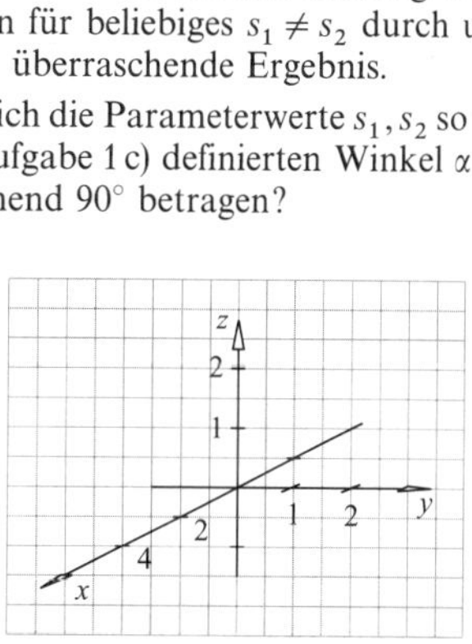

Abb. 1.4.–3

2

Lineare Gleichungssysteme

In vielen, ganz unterschiedlichen Anwendungsbereichen der Mathematik treten Fragestellungen auf, bei denen mehrere Bedingungen gleichzeitig erfüllt sein müssen. Sind diese Bedingungen durch lineare Gleichungen beschrieben, so führt die mathematische Bearbeitung auf lineare Gleichungssysteme (LGS). Diese Situation wird vorab an drei charakteristischen Beispielen verdeutlicht.

Erstes Beispiel: Ströme in Netzen

Die Verteilerstation eines Versorgungsnetzes, etwa für Wasser, besteht aus vier Knotenpunkten, die durch eine Ringleitung miteinander verbunden sind. An den Knotenpunkten treffen von außen Versorgungsleitungen auf die Ringleitung; durch einige fließt Wasser zu, durch andere fließt Wasser ab. Die Abbildung zeigt die Verteilerstation und die als konstant angenommenen Wassermengen in Kubikmeter pro Sekunde, die verteilt werden sollen. Die inneren Pfeile geben die Stromrichtung für positive Werte der Stromstärke wieder.

Bei der Planung dieser Verteilerstation stellen sich unter anderem folgende Fragen:

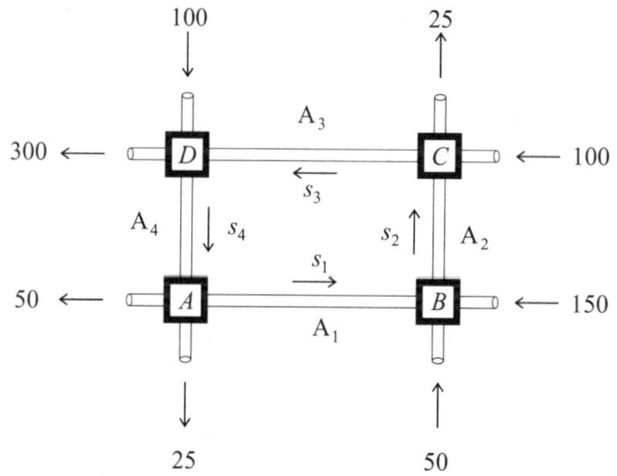

Abb. 2.1.-1

- Welche Kapazitäten sind für die einzelnen Abschnitte der Ringleitung vorzusehen?
  Das heißt, welche Stromstärken s_i liegen in den Abschnitten A_i der Ringleitung vor?
- Welche Abschnitte der Ringleitung können, etwa zu Reparaturzwecken, abgesperrt werden ohne die Funktion der Verteilerstation einzuschränken?

Der Ansatzpunkt für die mathematische Behandlung dieser Frage besteht darin, dass bei normalem Betrieb weder ein Vakuum noch ein Stau entstehen. Infolgedessen sind in jedem Knoten Zufluss und Abfluss gleich groß.

	Zufluss	=	Abfluss
Knoten A	s_4	=	$s_1 + 75$
Knoten B	$s_1 + 200$	=	s_2
Knoten C	$s_2 + 100$	=	$s_3 + 25$
Knoten D	$s_3 + 100$	=	$s_4 + 300$

Diese vier linearen Gleichungen müssen durch die vier Stromstärken s_1 bis s_4 gleichzeitig erfüllt sein. Das mathematische Problem ist somit die Lösung eines linearen Gleichungssystems.

Zweites Beispiel: Das Gleichgewicht unveränderbarer Bestandteile

Schwefeldioxid wird z. B. als Bleichmittel für Wolle oder als Konservierungsmittel für Obst benutzt. Bei der Gewinnung von Schwefeldioxid wird das Erz Schwefelkies (FeS_2) im Sauerstoffstrom (O_2) geröstet. Dabei entstehen Schwefeldioxid (SO_2) und Kiesabbrand (Fe_2O_3), der zu Eisen weiterverhüttet werden kann.

Zur eingehenden Beschreibung dieser Reaktion muss die Frage geklärt werden: Welches sind die genauen Mengenverhältnisse der beteiligten Stoffe bei dieser Reaktion?

$$a\,FeS_2 + b\,O_2 \rightarrow c\,Fe_2O_3 + d\,SO_2 .$$

Bei korrekten Mengenverhältnissen müssen die beteiligten Elemente (Fe, S, O) vor und nach der Reaktion in jeweils gleichen Mengen vorhanden sein und vollständig umgesetzt werden. Daher gelten die folgenden Beziehungen.

	vorher	=	nachher
Fe	a	=	$2c$
S	$2a$	=	d
O	$2b$	=	$3c+2d$

Die Mengen a, b, c und d müssen die drei linearen Gleichungen gleichzeitig erfüllen. Das mathematische Problem ist somit die Lösung eines linearen Gleichungssystems.

Drittes Beispiel: Funktionen aus Bedingungen

Eine Sekunde, zwei Sekunden und drei Sekunden nach der Zündung der 2. Stufe einer Hercules-Turbo-Rakete wird die Höhe der Rakete mittels Radar gemessen um die Flugdaten zu kontrollieren. Dabei ergeben sich die folgenden Höhen in Kilometer:

$$h(1)=9{,}05,\quad h(2)=11{,}2,\quad h(3)=13{,}45.$$

Aus diesen Daten sollen die Flugzustandsgrößen bestimmt werden, die bei der Zündung der zweiten Stufe herrschten. Unter der Annahme einer geradlinigen Bahn und einer konstanten Beschleunigung können mit der allgemeinen Weg-Zeit-Funktion $s(t)=\frac{1}{2}a\cdot t^2+v_0\cdot t+h_0$ die Höhe h_0, die Geschwindigkeit v_0 und die Beschleunigung a berechnet werden, die die Rakete zum Zündzeitpunkt $t=0$ hatte.

Als Ansatz werden die drei Messzeitpunkte in die Weg-Zeit-Funktion eingesetzt und es entstehen drei lineare Gleichungen für die Flugzustandsdaten h_0, v_0 und a.

$$\begin{aligned} a+2\cdot v_0+2\cdot h_0&=18{,}1\\ 2\cdot a+2\cdot v_0+h_0&=11{,}2\\ 9\cdot a+6\cdot v_0+2\cdot h_0&=26{,}9. \end{aligned}$$

Das mathematische Problem ist also die Lösung eines linearen Gleichungssystems mit drei Gleichungen und drei Unbekannten.

Die systematische Lösung linearer Gleichungssysteme steht im Zentrum des Abschnitts 2.1. In den Abschnitten 2.2 und 2.3 bilden Anwendungsaufgaben mit ihrer Ansatz- und Auswertungsproblematik den Schwerpunkt der Überlegungen, in Abschnitt 2.3 beschränkt auf den Bereich der Anwendungen in der analytischen Geometrie. Da Gleichungssysteme in der Praxis häufig von Computern bearbeitet werden, informiert Abschnitt 2.4 über numerische Fragen der maschinellen Lösung. Im letzten Abschnitt geht es um geometrische Deutungsmöglichkeiten linearer Gleichungssysteme.

2.1 Der GAUSS-Algorithmus

Mit dem GAUSS-Algorithmus sind alle Arten von linearen Gleichungssystemen in übersichtlicher Weise und ohne aufwendige theoretische Vorbereitungen einfach zu lösen. Es sind nur wenige Ideen, auf denen dieses Verfahren aufbaut. Sie werden in diesem Abschnitt dargestellt.

Das Verfahren ist nach Carl Friedrich Gauss (1777–1855) benannt, dessen Bild durch den Zehnmarkschein allgemein bekannt ist. Wesentliche Arbeitsgebiete von Gauss, der zu den berühmtesten Mathematikern aller Zeiten zählt, waren in der Mathematik die Zahlentheorie, die Algebra und die komplexen Zahlen. Wie die meisten Wissenschaftler vergangener Jahrhunderte arbeitete er aber auch auf anderen Gebieten. Hier sind Physik, Astronomie und Geodäsie zu nennen. Den GAUSS-Algorithmus hat Gauss allerdings nicht erfunden – die Chinesen kannten ihn schon 2000 Jahre früher –, aber er hat ihn systematisch angewendet.

Ein Vergleich der beiden nachfolgenden Gleichungssysteme zeigt, dass System **(B)** wesentlich einfacher zu lösen ist als System **(A)**. Seine dreiecksähnliche Form gestattet es nämlich von unten nach oben eine Unbekannte nach der anderen zu bestimmen.

(A)

$$\begin{aligned} 3x_2+3x_3+2x_4&=219\\ 2x_1+2x_2+4x_3+4x_4&=326\\ -8x_1-4x_2-4x_3&=-372\\ x_1+2x_2+4x_3+3x_4&=276 \end{aligned}$$

(B)

$$\begin{aligned} x_1+2x_2+4x_3+3x_4&=276\\ x_2+2x_3+x_4&=113\\ x_3+3x_4&=120\\ x_4&=30 \end{aligned}$$

Die *Grundidee des GAUSS-Algorithmus* besteht nun darin, ein gegebenes lineares Gleichungssystem, etwa von der Form **(A)**, so umzuformen, dass es eine dreiecksähnliche Form **(B)** erhält. Natürlich darf sich bei diesen Umformungen die Lösungsmenge nicht ändern. Dazu hilft die konsequente und fortgesetzte Anwendung des aus der Mittelstufe bekannten *Additionsverfahrens.*

2.1.1 Ein einführendes Beispiel

Der Ausgangspunkt unseres Beispiels ist System **(A)** und das Ziel ist ein dreiecksähnliches System wie **(B)**, denn es erlaubt das Ablesen der Lösung in einfacher Weise. Um Schreibarbeit zu sparen und die Übersichtlichkeit zu erhöhen werden auf der linken Seite unterhalb der Unbekannten nur die passenden *Koeffizienten* der Gleichungen als *Koeffizientenmatrix* notiert.

x_1	x_2	x_3	x_4	
0	3	3	2	219
2	2	4	4	326
−8	−4	−4	0	−372
1	2	4	3	276

Vor Beginn der eigentlichen Rechnungen sind zwei einfache Überlegungen angebracht. Da das Ziel eine dreiecksähnliche Form ist, kommen wir ihm schon durch Vertauschen der ersten und der vierten Zeile etwas näher. Damit die Zahlen einfacher werden, dividieren wir die zweite Zeile durch 2 und die dritte Zeile durch − 4. Mit römischen Zahlen, die immer für die Zeilen des vorhergehenden Systemzustandes stehen, protokollieren wir unser Vorgehen für ein – leider oft notwendiges – Nachprüfen.

x_1	x_2	x_3	x_4		
1	2	4	3	276	IV
1	1	2	2	163	II:2
2	1	1	0	93	III:(−4)
0	3	3	2	219	I

Nun folgt der erste wesentliche Umformschritt. Er hat zum Ziel, unter der obersten 1 in der ersten Spalte lauter Nullen zu erzeugen, so dass x_1 nur noch in der ersten Gleichung auftritt und aus allen anderen Gleichungen eliminiert ist. Um dies zu erreichen wird die erste Zeile mit geeigneten Faktoren multipliziert und zu den anderen Zeilen addiert. Die erste Zeile bleibt erhalten und wird weiter „mitgeschleppt".

x_1	x_2	x_3	x_4		
1	2	4	3	276	
0	−1	−2	−1	−113	II + (−1) · I
0	−3	−7	−6	−459	III + (−2) · I
0	3	3	2	219	

Für den zweiten wesentlichen Schritt wird die erste Zeile unverändert übertragen. Um negative Zahlen zu vermeiden multipliziert man die Gleichungen II und III mit (− 1). Dann werden geeignete Vielfache der zweiten Zeile so zu den restlichen beiden Zeilen addiert, dass in der zweiten Spalte unterhalb der zweiten Zeile Nullen entstehen. Damit ist x_2 aus den Gleichungen III und IV eliminiert.

x_1	x_2	x_3	x_4		
1	2	4	3	276	
0	1	2	1	113	(− 1) · II
0	0	1	3	120	(− 1) · III + (− 3) · II
0	0	−3	−1	−120	IV + (− 3) · II

Die dreiecksähnliche Form deutet sich bereits an. Im dritten Umformungsschritt werden die erste, die zweite und die dritte Zeile ungeändert übernommen und nur noch ein geeignetes Vielfaches der dritten Zeile zur vierten Zeile addiert. Dann ist die gewünschte Endform erreicht.

x_1	x_2	x_3	x_4		
1	2	4	3	276	
0	1	2	1	113	
0	0	1	3	120	
0	0	0	8	240	IV + 3 · III

Nun wird der Vorteil des dreiecksähnlichen Systems genutzt: Es wird Gleichung für Gleichung von rückwärts aufgelöst.

Aus IV folgt $x_4 = 30$
Aus III folgt $x_3 = 120 - 3x_4 = 30$
Aus II folgt $x_2 = 113 - 2x_3 - x_4 = 23$
Aus I folgt $x_1 = 276 - 2x_2 - 4x_3 - 3x_4 = 20$

Das lineare Gleichungssystem hat eine Lösung, die aus vier Zahlen besteht. Diese Zahlen werden in ihrer Gesamtheit als *Lösungsvektor $\vec{x}$ des Systems* bezeichnet und meist in Form eines Vektors, nämlich als Zahlenspalte, geschrieben. Die einzelnen Zahlen heißen wie bei den Vektoren der Geometrie *Komponenten des Lösungsvektors.*

$$\vec{x} = \begin{pmatrix} x_1 \\ x_2 \\ x_3 \\ x_4 \end{pmatrix} = \begin{pmatrix} 20 \\ 23 \\ 30 \\ 30 \end{pmatrix}$$

Reflexion des Verfahrens

Das Beispiel hat die Arbeitsweise des GAUSS-Algorithmus gezeigt. Bei der Reflexion des Verfahrens drängen sich hauptsächlich zwei Fragen auf:

- Warum ändern die Schritte der Zeilenvervielfachung und der Zeilenaddition die Lösungsmenge des linearen Gleichungssystems nicht?
- Lassen sich alle linearen Gleichungssysteme auf eine dreiecksähnliche Form bringen?

Mit der ersten Frage werden wir uns gleich, mit der zweiten Frage im nächsten Paragraphen ausführlicher befassen.

Zur ersten Frage

Es ist klar, dass Zeilenvertauschungen die Lösungsmenge des Systems nicht verändern, und auch von der Multiplikation einer Gleichung auf beiden Seiten mit einer von null verschiedenen Zahl ist bereits aus der

Algebra der Mittelstufe bekannt, dass sich die Lösungsmenge dieser Gleichung nicht ändert.

Wenn aber zwei Gleichungen des linearen Gleichungssystems addiert werden und eine davon durch die Summe der beiden ersetzt wird, müssen wir schon genauer hinschauen. Alles Wesentliche wird schon in der Beschränkung auf ein Beispiel mit zwei Gleichungen und zwei Unbekannten klar.

(M)	**(N)**
I $ax + by = c$	**I** $ax + by = c$
II $dx + ey = f$	**II** $(a+d)\cdot x + (b+e)\cdot y = c + f.$

Wenn ein Lösungsvektor $\vec{l} = \begin{pmatrix} x \\ y \end{pmatrix}$ das System **(M)** erfüllt, dann ist sofort einsichtig, dass er auch das zweite System löst. Denn die zweite Gleichung von **(N)** ist nur die Summe der beiden erfüllten Gleichungen aus **(M)**.

Wenn nun umgekehrt ein Lösungsvektor das System **(N)** erfüllt, dann kann man durch Subtraktion von $ax + by$ auf der linken Seite von **II** bzw. von c auf der rechten Seite von **II** die zweite Gleichung von **(M)** gewinnen. Die Gleichung **I** muß aber weiter beibehalten werden, weil sonst Information verloren geht. Dies ist der Grund, warum auch die unveränderten Gleichungen immer noch mitbetrachtet werden müssen.

Alle Schritte des GAUSS-Algorithmus sind Kombinationen der drei untersuchten Umformungen Zeilenvertauschung, Zeilenvervielfachung und Zeilenaddition. Also ändert sich bei seinen Umformungen die Lösungsmenge des linearen Gleichungssystems nicht.

Aufgaben

1. *Diese Aufgabe dient dem Einüben des GAUSS-Algorithmus und der Gewöhnung an seine formale Notation.* Welche Lösungsvektoren haben die linearen Gleichungssysteme?

a) $\begin{aligned} 2x + 3y &= 7 \\ 3x - 2y &= 4 \end{aligned}$

b) $\begin{aligned} -A - 2B &= 0 \\ 2A - B &= -3 \end{aligned}$

c) $\begin{aligned} x + y - z &= 0 \\ x - y + z &= 0 \\ -x + y + z &= 0 \end{aligned}$

d) $\begin{aligned} -3x_1 + 2x_2 + 7x_3 &= 0 \\ 2x_1 - x_2 + 2x_3 &= 4 \\ x_1 + 2x_3 &= 0 \end{aligned}$

e) $\begin{aligned} r + s + t + u &= 10 \\ s + 2r + 3u &= 13 \\ -4t + u + 3r &= 2 \\ 2s + r + u &= 8 \end{aligned}$

f) $\begin{aligned} 2a + 4b + 2c + d &= 1 \\ 3a + b + 5c + d &= 10 \\ a + 3b + 2c + d &= 0 \\ 5a + 6b + 4c + d &= 11 \end{aligned}$

g) $\begin{aligned} 5x_1 + 5x_2 + 5x_3 + 5x_4 &= 10 \\ 3x_1 + 6x_2 - 3x_3 + 15x_4 &= 9 \\ 7x_1 + 7x_2 + 21x_4 &= 7 \\ 9x_1 + 7x_2 + x_3 + 5x_4 &= 8 \end{aligned}$

h) $\begin{aligned} x_1 + 3x_2 - x_3 - 7x_4 + 5x_5 &= 10 \\ x_1 + 4x_2 + 4x_3 + 2x_4 + 7x_5 &= 3 \\ 2x_1 + 6x_2 - x_3 - 15x_4 + 11x_5 &= 17 \\ -x_1 - 4x_2 + 3x_3 - 7x_4 - x_5 &= -24 \\ 4x_1 + 15x_2 + 11x_3 - 3x_4 + 31x_5 &= 27 \end{aligned}$

2. Die Bearbeitung von größeren linearen Gleichungssystemen ist eine rechenaufwendige Sache. Die Rechnungen selbst sind zwar meist einfach, aber nach einiger Zeit lässt doch die Konzentration nach und es schleichen sich Fehler ein. Deshalb ist es sinnvoll am Ende der Bearbeitung eine *Probe* vorzunehmen. Um festzustellen, ob die Lösung richtig ist, müssen die Komponenten des Lösungsvektors in alle Gleichungen des Ausgangssystems eingesetzt werden. Diese Probe schreibt man platzsparend und übersichtlich in der folgenden Form, die sich auf das einführende Beispiel des Paragraphen bezieht. Ohne viele Erläuterungen ist klar, welche Rechnungen ausgeführt werden müssen.

$$\begin{pmatrix} 0 & 3 & 3 & 2 \\ 2 & 2 & 4 & 4 \\ -8 & -4 & -4 & 0 \\ 1 & 2 & 4 & 3 \end{pmatrix} \begin{pmatrix} 20 \\ 23 \\ 30 \\ 30 \end{pmatrix} = \begin{pmatrix} 0\cdot 20 + 3\cdot 23 + 3\cdot 30 + 2\cdot 30 \\ 2\cdot 20 + 2\cdot 23 + 4\cdot 30 + 4\cdot 30 \\ -8\cdot 20 - 4\cdot 23 - 4\cdot 30 + 0\cdot 30 \\ 1\cdot 20 + 2\cdot 23 + 4\cdot 30 + 3\cdot 30 \end{pmatrix} = \begin{pmatrix} 219 \\ 326 \\ -372 \\ 276 \end{pmatrix}.$$

Mache für drei große lineare Gleichungssysteme aus Aufgabe 1 die Probe nach diesem Verfahren.

3. Wenn die Koeffizienten des linearen Gleichungssystems nicht so „glatte" Zahlen wie in Aufgabe 1 sind, erweitert man die Gleichungen – und erhält große Zahlen – oder man benutzt den Taschenrechner – möglichst mit der Bruchzahleingabe. Dabei ist es hilfreich die Speicherfähigkeiten des Rechners zu kennen und zu nutzen. In den M-Speicher gehört sinnvollerweise der Faktor, mit dem die Koeffizienten der Zeile multipliziert werden, die man addiert. Übe beide Verfahren an den folgenden Gleichungssystemen.

a) $\begin{aligned} 0{,}8x - 0{,}6y + 0{,}6z - u &= -0{,}5 \\ -3x + 2y + 2z &= -1{,}7 \\ 20y + 15z + 10u &= 74 \\ 30x - 30y + 50z - 20u &= 40 \end{aligned}$

b) $\begin{aligned} 0{,}6x_1 + 0{,}7x_2 + 1{,}1x_3 + 0{,}1x_4 &= 0{,}4 \\ 1{,}4x_1 + 5x_2 + 4x_3 + x_4 &= 2 \\ 0{,}2x_1 + 0{,}25x_2 + 0{,}25x_3 + 0{,}4x_4 &= 1{,}3 \\ 0{,}5x_1 + x_2 + x_3 + 5{,}5x_4 &= 1 \end{aligned}$

4. Stelle lineare Gleichungssysteme mit genauso vielen Gleichungen wie Unbekannten auf, die nur die folgenden Lösungsvektoren haben. Zur Lösung gehört der Nachweis ihrer Richtigkeit durch ausführliche Lösung mit dem GAUSS-Algorithmus.

a) $\vec{x} = \begin{pmatrix} 3 \\ 2 \\ -1 \end{pmatrix}$, b) $\vec{x} = \begin{pmatrix} -2 \\ 0 \\ 4 \\ 3 \\ 9 \end{pmatrix}$,

c) $\vec{x} = \begin{pmatrix} \frac{1}{2} \\ \frac{3}{4} \\ 3 \\ \frac{7}{4} \end{pmatrix}$, d) $\vec{x} = \begin{pmatrix} -3{,}75 \\ 0{,}25 \\ 17{,}5 \\ -2{,}25 \end{pmatrix}$.

5. Das Gleichungssystem hat bereits eine dreiecksähnliche Form. Verwandle es mit Schritten des GAUSS-Algorithmus so zurück, dass die Lösung nicht mehr direkt ablesbar ist. Mache die Probe durch Einsetzen wie in Aufgabe 2 gezeigt.

a)

x_1	x_2	x_3	x_4	x_5	
1	3	−3	−5	6	12
0	2	4	2	3	−5
0	0	−2	1	0	1
0	0	0	3	5	7
0	0	0	0	6	−18

b)

p	q	r	s	
2	0	0	1	16
0	1	1	0	−15
0	0	3	4	8
0	0	0	5	20

6. Welche Höhe über dem Boden, welche Geschwindigkeit und welche Beschleunigung hat die Hercules-Turbo-Rakete aus dem dritten Beispiel vom Kapitelanfang beim Zünden der zweiten Stufe?

7. Löse das Gleichungssystem mit einem der aus der Mittelstufe bekannten Verfahren wie Gleichsetzungsverfahren oder Einsetzungsverfahren. Wie ist im Vergleich dazu der GAUSS-Algorithmus zu bewerten?

$$\begin{aligned} 3x_1 - x_2 - 6x_3 + 4x_4 &= -1 \\ 4x_1 - 2x_2 + x_3 + 5x_4 &= 23 \\ 2x_1 - x_2 - 3x_3 - x_4 &= -2 \\ -2x_1 + x_2 + 5x_3 + x_4 &= 8. \end{aligned}$$

8. Das Einsetzungsverfahren hat weiterhin seine Bedeutung, allerdings nicht bei linearen, sondern bei *nichtlinearen Gleichungssystemen.* Löse die folgenden nichtlinearen Gleichungssysteme.
   a) In welchen Punkten schneiden sich Kreis k: $(x-2)^2 + (y+4)^2 = 25$ und Gerade g: $3x - 2y = 1$?
   b) Wo schneiden sich die Kreise k: $x^2 + 6x - 12 + y^2 - 4y + 9 = 6$ und l: $(x+2)^2 + (y-6)^2 = 9$?
   c*) Welche Werte für x und y erfüllen beide Bedingungen gleichzeitig?
   $$\sin x + \cos y = 1, \quad x + y = \tfrac{\pi}{3}.$$
   d) Welche Werte für x und y erfüllen beide Bedingungen gleichzeitig?
   $$\sqrt{x} + \sqrt{y} = 17, \quad x - y = 119.$$
   e*) Welche Werte für x und y erfüllen beide Bedingungen gleichzeitig?
   $$x^2 + xy + y^2 = 19, \quad x + xy + y = 11.$$

9. Für den Lösungsvektor $\vec{x}$ des linearen Gleichungssystems mit zwei Gleichungen und zwei Unbekannten
$$\begin{aligned} a_{11}x_1 + a_{12}x_2 &= b_1 \\ a_{21}x_1 + a_{22}x_2 &= b_2 \end{aligned}$$
gibt es unter bestimmten Bedingungen eine geschlossene Formel (*cramersche Regel* für $n = 2$).
$$\vec{x} = \begin{pmatrix} \dfrac{a_{22}b_1 - a_{12}b_2}{a_{22}a_{11} - a_{12}a_{21}} \\[2ex] \dfrac{a_{11}b_2 - a_{21}b_1}{a_{22}a_{11} - a_{12}a_{21}} \end{pmatrix} = \frac{1}{a_{22}a_{11} - a_{12}a_{21}} \begin{pmatrix} a_{22}b_1 - a_{12}b_2 \\ a_{11}b_2 - a_{21}b_1 \end{pmatrix}.$$
   a) Leite die Formel durch Auflösen des Systems mit dem GAUSS-Algorithmus her.
   b) Prüfe die Formel durch Einsetzen in die Ausgangsgleichungen auf ihre Richtigkeit.
   c*) Unter welchen Bedingungen ist die Formel anwendbar? Gib eine geometrische Deutung.

2.1.2 Die verschiedenen Endformen beim GAUSS-Algorithmus

Nun wenden wir uns der Frage zu, inwieweit sich beliebige lineare Gleichungssysteme durch den GAUSS-Algorithmus auf dreiecksähnliche Formen bringen lassen. Schon aus der Mittelstufe ist bekannt, dass es neben den eindeutig lösbaren auch unlösbare und mehrdeutig lösbare Systeme gibt. Deshalb kann man nicht erwarten immer die eindeutig auflösbare Endform des Beispiels aus Paragraph 2.1.1 zu erreichen. Aber welche Formen können auftreten?

Wir betrachten dazu ein Beispiel und bearbeiten es möglichst weit mit dem GAUSS-Algorithmus.

x_1	x_2	x_3	x_4		
1	0	−2	0	0	
2	0	0	−1	0	
0	2	−3	−2	0	
1	0	−2	0	0	
0	0	4	−1	0	II + (−2) · I
0	2	−3	−2	0	
1	0	−2	0	0	
0	2	−3	−2	0	III
0	0	4	−1	0	II

Dies ist bereits eine Endform, da sich die dritte Gleichung nicht weiter vereinfachen lässt. Das System hat in der letzten Zeile noch mehr als einen von null verschiedenen Koeffizienten. Die Gleichung III lautet, ausführlich notiert, $4x_3 - x_4 = 0$. Sie legt keine Zahlenwerte fest, sondern gibt nur eine Beziehung zwischen den x_3- und den x_4-Werten an, d. h., zu jedem Wert für x_4 gibt es einen passenden Wert für x_3, so dass Gleichung III erfüllt ist.

Um trotzdem alle Lösungen zu bestimmen stellt man sich vor, dass z. B. x_4 gegeben, aber zahlenmäßig nicht bekannt ist. Dann werden die anderen Unbekannten beim Rückwärts-Einsetzen mit Hilfe von x_4 ausgedrückt. x_4 bleibt als frei wählbarer *Parameter* erhalten.

Aus III folgt $x_3 = 0{,}25\,x_4$.

Aus II folgt $x_2 = 0{,}5\cdot(3x_3 + 2x_4) = 0{,}5\cdot(0{,}75\,x_4 + 2x_4) = 1{,}375\,x_4$.

Aus I folgt $x_1 = 2x_3 = 0{,}5\,x_4$.

Die Lösungsvektoren dieses linearen Gleichungssystems hängen vom Parameter x_4 ab und für verschiedene Werte von x_4 ergeben sich verschiedene Lösungsvektoren. Die Menge aller Lösungsvektoren ist die *Lösungsmenge dieses mehrdeutig lösbaren linearen Gleichungssystems*. Da es einen frei wählbaren Parameter gibt, spricht man auch von einem *System mit einem Freiheitsgrad.*

$$\vec{x} = \begin{pmatrix} 0{,}5\,x_4 \\ 1{,}375\,x_4 \\ 0{,}25\,x_4 \\ x_4 \end{pmatrix} = \begin{pmatrix} 0{,}5 \\ 1{,}375 \\ 0{,}25 \\ 1 \end{pmatrix}\cdot x_4 \quad \text{bzw.}$$

$$\mathbb{L} = \left\{ \begin{pmatrix} 0{,}5 \\ 1{,}375 \\ 0{,}25 \\ 1 \end{pmatrix}\cdot x_4 \,\middle|\, x_4 \in \mathbb{R} \right\}.$$

Zur Lösungsmenge gehören z. B. $\begin{pmatrix} 2 \\ 5{,}5 \\ 1 \\ 4 \end{pmatrix}$ für $x_4 = 4$, $\begin{pmatrix} 0{,}5 \\ 1{,}375 \\ 0{,}25 \\ 1 \end{pmatrix}$ für $x_4 = 1$ und $\begin{pmatrix} -1 \\ -2{,}75 \\ -0{,}5 \\ -2 \end{pmatrix}$ für $x_4 = -2$.

Natürlich kann beim Rückwärts-Einsetzen in Gleichung III auch x_3 als Parameter gewählt werden:

Aus III folgt dann $x_4 = 4x_3$.

Aus II folgt $x_2 = 0{,}5\cdot(3x_3 + 2x_4) = 0{,}5\cdot(3x_3 + 8x_3) = 1{,}375\,x_3$.

Aus I folgt $x_1 = 2x_3$.

Die Lösungsmenge $\mathbb{L}$ ist dann zwar von anderer Gestalt, besitzt aber die gleichen Elemente, denn aus

$$\vec{x} = \begin{pmatrix} 2 \\ 5{,}5 \\ 1 \\ 4 \end{pmatrix}\cdot x_3 \quad \text{bzw.} \quad \mathbb{L} = \left\{ \begin{pmatrix} 2 \\ 5{,}5 \\ 1 \\ 4 \end{pmatrix}\cdot x_3 \,\middle|\, x_3 \in \mathbb{R} \right\} \text{ ergeben}$$

sich dieselben speziellen Lösungsvektoren, allerdings mit anderen Parameterwerten: $\begin{pmatrix} 2 \\ 5{,}5 \\ 1 \\ 4 \end{pmatrix}$ für $x_3 = 1$, $\begin{pmatrix} 0{,}5 \\ 1{,}375 \\ 0{,}25 \\ 1 \end{pmatrix}$ für $x_3 = \frac{1}{4}$ und $\begin{pmatrix} -1 \\ -2{,}75 \\ -0{,}5 \\ -2 \end{pmatrix}$ für $x_3 = -\frac{1}{2}$.

Weitere Endformen des GAUSS-Algorithmus

In der Verteilerstation des Versorgungsnetzes aus der Einführung in dieses Kapitel können auch andere Zufluss- und Abflussmengen auftreten. Dann ändern sich aber nur die rechten Seiten der entsprechenden linearen Gleichungssysteme, aber nicht deren Koeffizienten. Die Lösung mehrerer solcher Systeme kann mit dem GAUSS-Algorithmus in einem Rechengang geschehen. Dabei werden die rechten Seiten parallel behandelt. Als Beispiel betrachten wir die Systeme (C) und (D), die uns auch noch zwei weitere Endformen des GAUSS-Algorithmus zeigen werden.

(C)	(D)
$3x_1 + 2x_2 - 5x_3 = 0$	$3x_1 + 2x_2 - 5x_3 = 0$
$6x_1 + x_2 - 2x_3 = 5$	$6x_1 + x_2 - 2x_3 = 5$
$9x_1 + 3x_2 - 7x_3 = 1$	$9x_1 + 3x_2 - 7x_3 = 5$

Bei der Umsetzung in die Kurzschreibweise werden die rechten Seiten einfach nebeneinander notiert und bei allen Rechnungen beteiligt.

x_1	x_2	x_3	(C)	(D)	
3	2	−5	0	0	
6	1	−2	5	5	
9	3	−7	1	5	
3	2	−5	0	0	
0	−3	8	5	5	$\text{II} + (-2)\cdot\text{I}$
0	−3	8	1	5	$\text{III} + (-3)\cdot\text{I}$
3	2	−5	0	0	
0	−3	8	5	5	
0	0	0	−4	0	$\text{III} + (-1)\cdot\text{II}$

Bei dieser Endform fällt die letzte Zeile der Koeffizientenmatrix auf, die lauter Nullen enthält. Diese Erscheinung hat für die Systeme (C) und (D) ganz verschiedene Konsequenzen. Bei System (C) lautet die

Gleichung, ausführlich notiert, $0 \cdot x_1 + 0 \cdot x_2 + 0 \cdot x_3 = -4$. Diese Gleichung ist unlösbar, denn auf der linken Seite ergibt sich in jedem Fall null. Damit ist natürlich auch das gesamte System (C) unlösbar. Die Nullzeile der Koeffizientenmatrix mit von null verschiedener rechter Seite ist das Kennzeichen eines *unlösbaren linearen Gleichungssystems.*

Bei System (D) lautet Gleichung III in ausgeschriebener Form $0 \cdot x_1 + 0 \cdot x_2 + 0 \cdot x_3 = 0$. Diese Gleichung ist, unabhängig von den Werten für x_1, x_2 und x_3, stets erfüllt. Sie liefert also keine Informationen zur Lösung des Systems. Deshalb muss mit Gleichung II weitergearbeitet werden. Gleichung II lautet $-3x_2 + 8x_3 = 5$ und zeigt, dass das lineare Gleichungssystem mehrdeutig lösbar ist, denn x_2 oder x_3 können als Parameter frei gewählt werden.

Mit x_3 als Parameter erhalten wir $-3x_2 = 5 - 8x_3$, also $x_2 = -\frac{5}{3} + \frac{8}{3}x_3$ und aus I folgt $3x_1 = -2x_2 + 5x_3 = \frac{10}{3} - \frac{16}{3}x_3 + 5x_3$ bzw. $x_1 = \frac{10}{9} - \frac{1}{9}x_3$. Damit haben wir die Lösungsmenge des Systems (D) gefunden:

$$\vec{x} = \begin{pmatrix} x_1 \\ x_2 \\ x_3 \end{pmatrix} = \begin{pmatrix} \frac{10}{9} - \frac{1}{9}x_3 \\ -\frac{5}{3} + \frac{8}{3}x_3 \\ x_3 \end{pmatrix} = \frac{1}{9} \cdot \begin{pmatrix} 10 \\ -15 \\ 0 \end{pmatrix} + \frac{1}{9} \cdot \begin{pmatrix} -1 \\ 24 \\ 9 \end{pmatrix} \cdot x_3 \quad \text{bzw.}$$

$$\mathbb{L} = \left\{ \frac{1}{9}\begin{pmatrix} 10 \\ -15 \\ 0 \end{pmatrix} + \frac{1}{9}\begin{pmatrix} -1 \\ 24 \\ 9 \end{pmatrix} \cdot x_3 \,\middle|\, x_3 \in \mathbb{R} \right\}.$$

Zusammenfassung: Strategien beim Lösen linearer Gleichungssysteme

In den drei Beispielen dieses Kapitels sind alle wesentlichen Endformen des GAUSS-Algorithmus zusammengestellt. Die Kernpunkte des Lösungsverfahrens für lineare Gleichungssysteme nach diesem Verfahren sollen hier noch einmal herausgestellt werden.

1. Mit den erlaubten Umformungen des GAUSS-Algorithmus (Zeilenvertauschung, Zeilenvervielfachung und Zeilenaddition) wird eine möglichst dreiecksnahe Form des linearen Gleichungssystems erzeugt. Diese Umformungen führen bei allen linearen Gleichungssystemen unabhängig von ihrer Ausgangsform auf eine der drei oben gezeigten Endformen.
2. Nach Erreichen einer Endform wird das lineare Gleichungssystem rückwärts aufgelöst, gleichgültig, ob es mehrdeutig oder eindeutig lösbar ist.

Bemerkung: Wenn unklar ist, wie einzelne Zeilen der Endform zu deuten sind, ist es sinnvoll diese Gleichungen wieder in ausführlicher Schreibweise zu notieren und dann nachzudenken, was daraus folgt. Die Bedeutung dieser Strategie wird im nächsten Beispiel besonders hervortreten.

Ein weiteres Beispiel

Dieses Beispiel ist etwas komplizierter. Das lineare Gleichungssystem mit 6 Gleichungen für 5 Unbekannte wird sofort in der Endform vorgestellt.

x_1	x_2	x_3	x_4	x_5	
2	1	3	4	1	5
0	2	0	0	0	4
0	0	3	2	1	6
0	0	0	0	0	0
0	0	0	0	0	0
0	0	0	0	0	0

Rückwärts betrachtet ist klar, dass die Gleichungen VI, V und IV keine Informationen über die Lösungen liefern. Gleichung III hat, ausführlich notiert, die Form $3x_3 + 2x_4 + x_5 = 6$.

Hier können zwei Variable frei gewählt werden. Es liegt also ein mehrdeutig lösbares System mit dem Freiheitsgrad 2 vor.

Mit beliebigen x_4 und x_5 folgt für x_3 aus Gleichung III $x_3 = 2 - \frac{2}{3}x_4 - \frac{1}{3}x_5$.

Gleichung II hat die Form $2x_2 = 4$, d. h. $x_2 = 2$.

Gleichung I liefert $2x_1 = 5 - 2 - 3x_3 - 4x_4 - x_5$, und somit gilt $x_1 = -\frac{3}{2} - x_4$.

Die Lösungsmenge dieses mehrdeutig lösbaren Systems lautet also

$$\mathbb{L} = \left\{ \begin{pmatrix} -1{,}5 \\ 2 \\ 2 \\ 0 \\ 0 \end{pmatrix} + \frac{1}{3}\begin{pmatrix} -3 \\ 0 \\ -2 \\ 3 \\ 0 \end{pmatrix} \cdot x_4 + \frac{1}{3}\begin{pmatrix} 0 \\ 0 \\ -1 \\ 0 \\ 3 \end{pmatrix} \cdot x_5 \,\middle|\, x_4, x_5 \in \mathbb{R} \right\}.$$

Aufgaben

1. *Diese Aufgabe dient dem schematischen Üben des GAUSS-Algorithmus.*

Gib bei mehrdeutig lösbaren Systemen neben der Lösungsmenge auch fünf konkrete Lösungsvektoren an. Denke daran, dass man durch Erweitern von Gleichungen Brüche vermeiden kann. Mache möglichst die Probe.

a) $$\begin{aligned} x_1 + x_2 + x_3 + x_4 &= 1 \\ 8x_1 + 3x_2 + 12x_3 + 17x_4 &= 6 \\ 3x_1 + x_2 + 3x_3 + 5x_4 &= 2 \end{aligned}$$

b) $$\begin{aligned} x_1 - x_2 - x_3 &= 0 \\ x_1 + 7x_2 \qquad &= 16 \\ x_1 \qquad + 3x_3 &= 16 \\ x_1 - 7x_2 + 3x_3 &= 0 \end{aligned}$$

c) $$\begin{aligned} 2x_1 - 2x_2 + 4x_3 &= 1 \\ 2x_1 \qquad + 7x_3 &= 1 \\ x_1 - x_2 + 6x_3 &= 1{,}5 \\ 2x_2 + 6x_3 &= 2 \\ 4x_1 - 3x_2 + 12x_3 &= 5 \end{aligned}$$

d) $$\begin{aligned} x_1 \qquad + 3x_4 \qquad &= 11 \\ x_1 + x_2 + x_3 + x_4 + x_5 &= 15 \\ 4x_4 \qquad &= 8 \\ 2x_1 - x_2 \qquad + 5x_4 \qquad &= 16 \\ 3x_1 - x_2 \qquad - x_4 - x_5 &= 8 \end{aligned}$$

e) $$\begin{aligned} x_1 + x_2 \qquad + 3x_4 &= 4 \\ x_2 - 2x_3 \qquad &= 0 \\ x_1 + 2x_2 - 2x_3 + 3x_4 &= 0 \end{aligned}$$

f) $$\begin{aligned} 2x_1 + 3x_2 + x_3 &= 3 \\ 4x_1 - 4x_2 + 2x_3 &= 1 \\ 2x_1 - 5x_2 + x_3 &= -1 \end{aligned}$$

g) $$\begin{aligned} x_1 + 2x_2 - 6x_3 - x_4 &= -12 \\ x_1 + 2x_2 + x_3 + x_4 &= 4 \\ 2x_1 + 4x_2 + x_3 + 3x_4 &= 7 \\ 3x_1 - 2x_2 + 2x_3 + x_4 &= 16 \end{aligned}$$

h) $$\begin{aligned} 3x_1 + 5x_2 + 4x_3 &= 1 \\ 9x_1 + 15x_2 + 12x_3 &= 4 \end{aligned}$$

i) (gittigitt)
$$\begin{aligned} x_1 + 2x_2 + 2x_3 + 2x_4 + 2x_5 &= 2 \\ 3x_1 + 5x_2 + 7x_3 + 9x_4 + 11x_5 &= 13 \\ x_1 + 3x_2 + 5x_3 + 7x_4 + 9x_5 &= 11 \\ 2x_1 + 5x_2 + 9x_3 + 13x_4 + 17x_5 &= 21 \\ x_1 + 4x_2 + 6x_3 + 8x_4 + 10x_5 &= 12 \end{aligned}$$

2. Hans und Michel haben das lineare Gleichungssystem gelöst.

$$\begin{aligned} 2x_1 - x_2 + 3x_3 \qquad &= 8 \\ 2x_2 - 3x_3 \qquad &= 6 \\ x_2 - 3x_3 + 6x_4 &= 72 \end{aligned}$$

Hans hat die Lösung $\begin{pmatrix} 7 \\ 0 \\ -2 \\ 11 \end{pmatrix}$ erhalten und Michel hat $\begin{pmatrix} 4 \\ 6 \\ 2 \\ 12 \end{pmatrix}$ erhalten. Nun streiten sie sich, wer die richtige Lösung gefunden hat.

3. Löse die Gleichungssysteme aus den Beispielen am Anfang des Kapitels über „Lineare Gleichungssysteme“.

4. Gib lineare Gleichungssysteme mit gleich vielen Gleichungen wie Unbekannten an, die die folgenden Lösungsmengen haben. Weise nach, dass sie wirklich die verlangte Lösungsmenge haben.

a) $\mathbb{L} = \begin{pmatrix} 1 \\ -2 \\ 3 \\ -4 \end{pmatrix}$, b) $\mathbb{L} = \left\{ \begin{pmatrix} 1 \\ 0 \\ 3 \end{pmatrix} + \begin{pmatrix} -1 \\ 1 \\ 1 \end{pmatrix} \cdot x_2 \,\middle|\, x_2 \in \mathbb{R} \right\}$,

c) $\mathbb{L} = \{\}$.

5. Prüfe den Wahrheitsgehalt der folgenden Aussagen.

a) Wenn ein lineares Gleichungssystem mehr Gleichungen als Unbekannte hat, dann kann es nicht mehrdeutig lösbar sein.

b) Wenn die Anzahl der Gleichungen mit der Anzahl der Unbekannten übereinstimmt, dann ist das lineare Gleichungssystem eindeutig lösbar.

c) Wenn ein lineares Gleichungssystem unlösbar ist, dann muss es mehr Unbekannte als Gleichungen haben.

d) Wenn ein lineares Gleichungssystem eindeutig lösbar ist, dann muss die Anzahl der Gleichungen mit der Anzahl der Unbekannten übereinstimmen.

6. Für welche Werte von r sind die linearen Gleichungssysteme eindeutig, mehrdeutig oder gar nicht lösbar? Wie lautet jeweils die Lösungsmenge?

a) $$\begin{aligned} x_1 + 2x_2 - x_3 &= 1 \\ -2x_1 + x_2 + r x_3 &= -2 \end{aligned}$$

b) $$\begin{aligned} 3x_1 + 2x_2 + 6x_3 &= 2 \\ -2x_1 + 4x_2 + r x_3 &= -4 \\ x_1 \qquad + 2x_3 &= 6 \end{aligned}$$

c) $$\begin{aligned} x_1 - 4x_2 &= 2 \\ 3x_1 + r x_2 &= 1 \\ -2x_1 + r x_2 &= 3 \end{aligned}$$

d) $$\begin{aligned} r x + y + z &= 1 \\ x + r y + z &= 1 \\ x + y + r z &= 1 \end{aligned}$$

7. Von den zum Teil unlesbaren linearen Gleichungssystemen weiß man, dass sie mehrdeutig lösbar sind. Gib die vollständigen Systeme und zu jedem System fünf konkrete Lösungsvektoren an.

a) $$\begin{aligned} x_1 - x_2 \qquad &= 0 \\ -2x_1 + 3x_2 + x_3 &= 2 \\ 3x_1 - x_2 \qquad &= 4 \end{aligned}$$

b) $$\begin{aligned} x_1 + 2x_2 + x_3 &= 3 \\ 2x_1 + 6x_2 + 8x_3 &= 4 \\ x_1 + 3x_2 \qquad & \end{aligned}$$

8* Führe neue Variable ein und löse die Systeme dann mit dem GAUSS-Algorithmus.

a) $$\begin{aligned} \frac{1}{x} + \frac{1}{y} + \frac{1}{z} &= 5 \\ \frac{1}{x} - \frac{1}{y} + \frac{1}{z} &= 1 \\ -\frac{1}{x} + \frac{1}{y} + \frac{1}{z} &= 3 \end{aligned}$$

b) $$\begin{aligned} -\frac{1}{x} + \frac{1}{y} + \frac{1}{z} &= 3 \\ \frac{1}{x} - \frac{1}{y} + \frac{1}{z} &= -3 \\ \frac{1}{x} + \frac{1}{y} - \frac{1}{z} &= 1 \end{aligned}$$

c) $$\begin{aligned} \frac{yx}{x+y} &= \frac{2}{3} \\ \frac{xz}{x+z} &= \frac{3}{4} \\ \frac{yz}{y+z} &= \frac{6}{5} \end{aligned}$$

9.* Unter einem *Magischen Quadrat* versteht man ein Quadrat mit natürlichen Zahlen, in dem die Summe in allen Zeilen, in allen Spalten und in den Diagonalen dieselbe *magische Konstante* ist. Das wohl bekannteste Magische Quadrat vierter Ordnung tritt in DÜRERs Kupferstich *Melencolia I* von 1514 auf. Es hat die magische Konstante 34.

16	3	2	13
5	10	11	8
9	6	7	12
4	15	14	1

Welche Magischen Quadrate der Ordnung 3, also mit drei Zeilen und drei Spalten, gibt es, wenn der magische Wert 15 beträgt und

a) die Zahlen nicht unbedingt verschieden sein müssen?

b) die Zahlen alle untereinander verschieden sein müssen?

c) Warum ergibt sich bei b) gerade dieses Ergebnis?

2.2 Anwendungen linearer Gleichungssysteme

Die Lösung von Sachproblemen unter Anwendung mathematischer Hilfsmittel gliedert sich normalerweise in drei mehr oder minder deutliche Phasen.

- In der ersten Phase wird der mathematisch fassbare Teil der Situation gesucht und es wird ein *mathematisches Modell entwickelt*, das möglichst alle wichtigen Aspekte der Problemstellung erfasst. Auf diese Weise wird die Fragestellung in eine mathematische Aufgabe verwandelt.
- In der zweiten, der *innermathematischen Phase*, erfolgt die Bearbeitung dieser mathematischen Aufgabe mit den üblichen Verfahren und Algorithmen.
- In der dritten Phase wird die *mathematische Lösung auf die Sachsituation übertragen* und auf ihre Brauchbarkeit überprüft. Dabei ergeben sich in der Regel weitere Fragen.

Die Paragraphen von Abschnitt 2.2 zeigen diese Vorgehensweise an exemplarischen Aufgaben.

2.2.1 Ströme in Netzen

Wir nehmen das Beispiel der Verteilerstation vom Beginn des Kapitels wieder auf. Es ist Prototyp einer ganzen Klasse von Problemen, die sich durch lineare Gleichungssysteme lösen lassen.

Der entscheidende Gedanke für den mathematischen Ansatz bestand darin anzunehmen, dass an keinem Knoten des Leitungsnetzes ein Rückstau oder ein Leerlauf auftritt. Diese Annahme ist aus zwei Gründen gerechtfertigt. Erstens sind Zufluss und Abfluss für die gesamte Verteilerstation ausgewogen. Zweitens

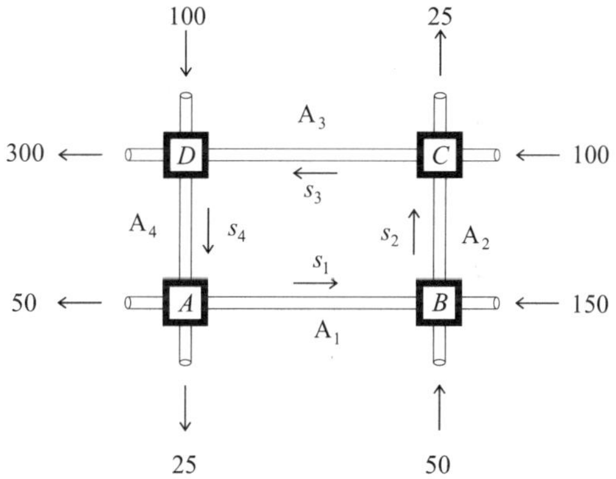

Abb. 2.2.-1

sind die Leitungen so gestaltet, dass sich das System, vielleicht nach Anfangsschwierigkeiten, von selbst in den leerlauf- und rückstaufreien Zustand begibt und diesen beibehält.

Aus diesen Bemerkungen wird klar, dass wir mit unserer Annahme nur den normalen Betrieb der Verteilerstation erfassen können. Das An- und Abschalten einzelner Leitungen oder der gesamten Anlage sowie physikalische Gegebenheiten (z. B. Druckunterschiede oder Strömungsprobleme) berücksichtigt dieser einfache Ansatz nicht. Eine Darstellung der Verteilerstation in einem mathematischen Modell, das auch diese Situationen und Randbedingungen beachtet, ist ungleich komplizierter. In der Praxis werden zur Bearbeitung von Fragen über das Verhalten solcher Anlagen Simulationen am Computer durchgeführt.

Mit Hilfe der *Gleichgewichtsannahme von Input und Output* für jeden Knoten der Verteilerstation ergab sich ein lineares Gleichungssystem für die Ströme in den vier Abschnitten der Ringleitung und deren Stromstärken. Dieses Gleichungssystem hat die Lösungsmenge

$$\mathbb{L} = \left\{ \begin{pmatrix} -75 \\ 125 \\ 200 \\ 0 \end{pmatrix} + \begin{pmatrix} 1 \\ 1 \\ 1 \\ 1 \end{pmatrix} \cdot s_4 \,\middle|\, s_4 \in \mathbb{R} \right\}.$$

Wie bei allen rechenintensiven Aufgaben ist die Kontrolle der Lösung auf Richtigkeit wichtig. Bei den Proben zu Anwendungsaufgaben muss man sich bemühen möglichst auch den Ansatz zur mathematischen Lösung mit zu überprüfen. Dazu ist eine *Probe am Text* das geeignete Mittel. Bei der vorliegenden Aufgabe ist dazu eine Skizze mit den eingetragenen Ergebnissen sehr geeignet. Natürlich muss dann an jedem Abschnitt der Leitung entlang gerechnet werden und jeder einzelne Knoten ist zu kontrollieren.

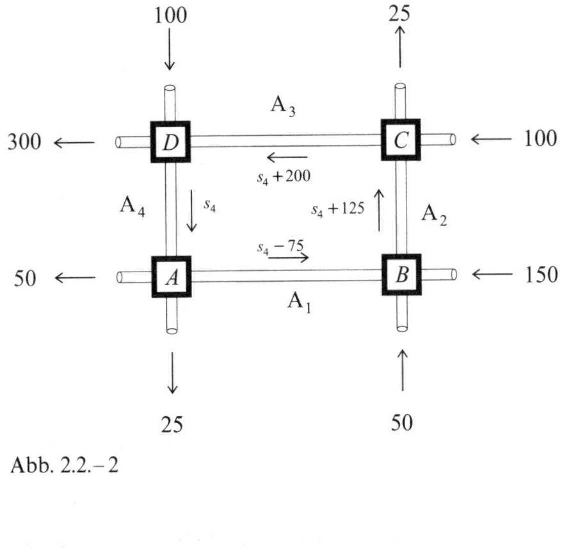

Abb. 2.2.–2

Überlegungen zu den Baukosten der Verteileranlage

Richtung und Stärke der einzelnen Ströme sind durch die Gleichgewichtsannahme von Input und Output an jedem Knoten nicht eindeutig festgelegt. Die Lösungsmenge enthält entsprechend dem einen frei wählbaren Parameter noch einen *Freiheitsgrad.* Diese Freiheit kann genutzt werden um zusätzliche Anforderungen an die Verteilerstation in das Modell einzuarbeiten.

Nehmen wir in Erweiterung der Aufgabenstellung einmal an, dass die Kapazität der Ringleitungsröhren zwar ausreichend, aber aus Kostengründen nicht überdimensioniert sein soll. Und nehmen wir weiter an, dass die Ringleitung in allen Abschnitten gleiche Kapazität haben soll. Dann müssen die einzelnen Stromstärken so eingerichtet werden, dass ihr Maximum möglichst klein ist.

Die vorliegende Form der Lösungsmenge legt es nahe, s_4 als Steuergröße für den Systemzustand zu wählen. Die Stromstärke im am stärksten auszulegenden Abschnitt A_3 ist durch $200 + s_4$ gegeben. Für positive Werte von s_4 wächst der Wert weiter. Zur Verminderung der Belastung von Abschnitt A_3 muss also mit negativen s_4-Werten operiert werden. Dann ist aber auf den Abschnitt A_1 zu achten, denn der Betrag von $-75 + s_4$ wächst für negative s_4-Werte. Die Stromstärken in den beiden anderen Abschnitten liegen dazwischen und brauchen nicht besonders beachtet zu werden.

An den drei verschiedenen Lagen von s_4 auf der Zahlengeraden (Abb. 2.2–3) erkennt man, dass das Optimum für die zur null symmetrische Lage $|200 + s_4| = |-75 + s_4|$ erreicht wird. Daraus ergibt sich $200 + s_4 = 75 - s_4$ mit $-62{,}5$ als günstigstem s_4-Wert und dem Systemzustand $\begin{pmatrix} -137{,}5 \\ 62{,}5 \\ 137{,}5 \\ -62{,}5 \end{pmatrix}$. Die gemeinsame Kapazität aller Ringleitungen ist dann 137,5. Dieser Wert lässt sich etwa durch einen Schieber im Abschnitt A_4 und durch ein geschicktes Anströmen der Anlage realisieren.

Ausgangspunkt für diese Lösung war der Wunsch nach einer möglichst kleinen, aber gleichen Kapazität aller Ringleitungsabschnitte. Wenn man aber die Bedingung gleicher Kapazität fallen lässt und sich noch stärker an Kostengesichtspunkten orientieren will, müsste die Kostenbasis genauer geklärt werden. Ohne sie ist eine sinnvolle Weiterarbeit nicht möglich.

Überlegungen zur Reparaturfreundlichkeit der Anlage

Versorgungsleitungen müssen gewartet werden und manchmal werden sie auch durch Beschädigungen

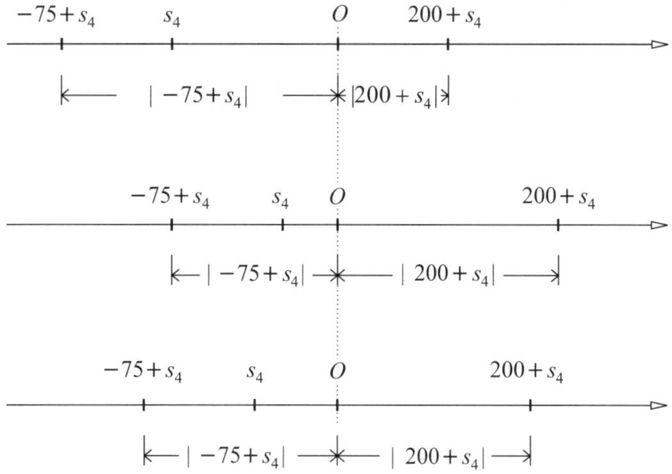

Abb. 2.2.-3

unterbrochen. Wurde die Verteilerstation nach der oben berechneten, „billigsten" Lösung gebaut ($s_4 = -62{,}5$), dann kann sie in keinem Wartungs- oder Störungsfall ihre Aufgabe weiter erfüllen, da jeder Abschnitt der Ringleitung zum korrekten Betrieb benötigt wird.

Unter diesem Aspekt ist aber die Lösung für $s_4 = 0$ wichtig. Sie bedeutet ja, dass auf einen ganzen Abschnitt der Ringleitung verzichtet werden kann, ohne dass die Funktion der Anlage beeinträchtigt wird. Der Zustand der Anlage ist dann $\begin{pmatrix} -75 \\ 125 \\ 200 \\ 0 \end{pmatrix}$. Wir haben damit eine Auslegung der Anlage kennen gelernt, die die uneingeschränkte Funktion erlaubt, obwohl Abschnitt A_4 nicht benutzt wird.

Damit drängt sich die Frage auf, welche Auslegung der Abschnitte es ermöglichen würde, jeweils einen Abschnitt abzuschalten und die Anlage trotzdem funktionsfähig zu halten. Eine Unterbrechung in A_1 bedeutet $s_1 = 0$. Der Lösungsmenge entnimmt man, dass dann $s_4 = 75$ gelten muss. Eine Unterbrechung in A_2 bedeutet analog $s_2 = 0$ und eine Unterbrechung in A_3 bedeutet $s_3 = 0$. Dazu gehören die Zustände

$$\begin{pmatrix} 0 \\ 200 \\ 275 \\ 75 \end{pmatrix} \text{ bzw. } \begin{pmatrix} -200 \\ 0 \\ 75 \\ -125 \end{pmatrix} \text{ bzw. } \begin{pmatrix} -275 \\ -75 \\ 0 \\ 200 \end{pmatrix}.$$

Ein Vergleich der Zustände mit je einem „gestörten" Abschnitt zeigt die jeweils notwendigen Mindestkapazitäten.

$$\begin{pmatrix} 0 \\ 200 \\ 275 \\ 75 \end{pmatrix} \begin{pmatrix} -200 \\ 0 \\ 75 \\ -125 \end{pmatrix} \begin{pmatrix} -275 \\ -75 \\ 0 \\ 200 \end{pmatrix} \begin{pmatrix} -75 \\ 125 \\ 200 \\ 0 \end{pmatrix}.$$

Bei einer Auslegung der Abschnitte A_1 bis A_4 mit den Kapazitäten 275, 200, 275 und 200 ist der korrekte Betrieb der Anlage auch bei einer Unterbrechung der Ringleitung an einer beliebigen Stelle gesichert.

Zusammenfassung: Ströme in Netzen

Der Ansatz des *Gleichgewichts zwischen Input und Output an den Knotenpunkten* führte zu einem mehrdeutig lösbaren linearen Gleichungssystem. Dadurch entstand die im Vergleich zu einer eindeutigen Lösung vorteilhafte Situation, dass weitere Aspekte bei der Planung der Verteileranlage berücksichtigt werden konnten.

Die Untersuchung der Wasserverteilungsstation ist nur ein Beispiel für die Bearbeitung von Fragestellungen zu Strömen in Netzen. Andere Beispiele sind Ströme von Materialien wie Gas, Öl, Abwasser etc. in anders strukturierten Pipeline-Netzen. Autos und Flugzeuge auf Straßen oder Luftwegen, elektrische Ladungen in Leiternetzen und Geld- oder Warenbewegungen in Geschäfts- oder Produktionszusammenhängen verdeutlichen die Reichweite der Denkweise im Bild der *Ströme in Netzen*.

Aufgaben

1. Eine Verteileranlage für Bierflaschen verbindet die drei Abfüllstationen (I, III, V) mit den beiden Verpackungsstationen (II, IV). Der Verteiler hat Ringform und in seinen Abschnitten dürfen sich die Flaschen nur in einer Richtung bewegen. Die von der Abfüllung zufließenden und die zur Verpackung abfließenden Flaschenanzahlen pro Zeiteinheit sind schichtabhängig.

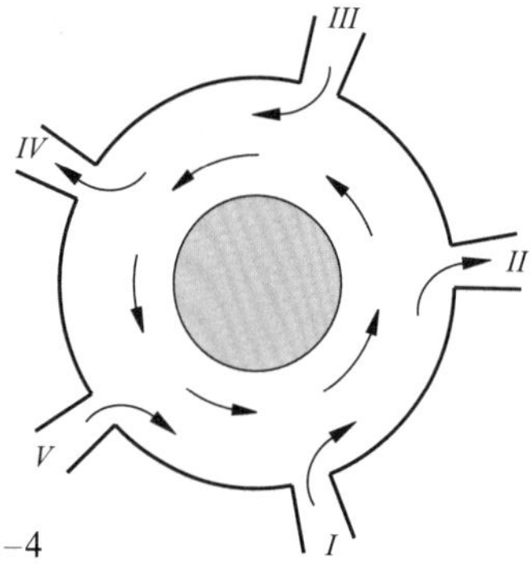

Abb. 2.2.-4

Zeitraum	I	II	III	IV	V
6–14 Uhr	100	80	60	120	40
14–22 Uhr	120	80	50	100	30
22– 6 Uhr	50	40	30	60	20

a) Zu welchen Tageszeiten arbeitet der Verteiler reibungslos? Wie groß sind dabei die Belastungen der einzelnen Abschnitte?

b) Wegen Reparaturarbeiten muss im Abschnitt zwischen II und III die maximale Flaschenanzahl auf 55 Flaschen pro Zeiteinheit beschränkt werden. In welchen Zeiträumen ist mit Behinderungen zu rechnen?

2. Für den Bau einer Umgehungsstraße richtet ein Bauunternehmen drei selbständige Zweigbetriebe ein und zwar einen Steinbruch, eine Mischanlage und einen LKW-Stützpunkt.

Jeder Zweigbetrieb versorgt die Umgehungsstraßenbaustelle mit Dienstleistungen und Gütern. So liefert der Steinbruch 10 000 t Splitt, die Mischanlage liefert 15 000 m^3 Teer und der LKW-Stützpunkt leistet 500 LKW-Tage.

Die Zweigbetriebe beliefern sich aber auch untereinander. Der LKW-Stützpunkt fährt 60 LKW-Tage im Auftrag des Steinbruchs und 100 LKW-Tage für die Mischanlage. Ebenso liefert der Steinbruch 20 000 t Splitt an die Mischanlage und 2000 t Splitt für den LKW-Stützpunkt. Die Mischanlage liefert außerdem noch 100 m^3 Teer an den Steinbruch.

Für Einrichtung, Kapitaldienst, Lohnkosten, Energie usw. wurden während der gesamten Bauzeit der Umgehungsstraße für den Steinbruch 67 500 DM, für die Mischanlage 125 000 DM und für den LKW-Stützpunkt 230 000 DM aufgewendet.

Zur Abrechnung mit dem Auftraggeber der Umgehungsstraße muss nun ermittelt werden, wie hoch die realen Kosten für einen Kubikmeter Teer, für eine Tonne Splitt und für einen LKW-Tag sind.

Stelle die Zusammenhänge zunächst übersichtlich dar. Lasse dann Warenmengen bzw. Geldmengen durch das Netz fließen, dessen Knoten die Zweigbetriebe sind. Zur Probe lassen sich diese Ströme leicht nachvollziehen.

3.* Typische Beispiele für Ströme in Netzen sind die elektrischen Stromkreise. Dabei müssen die kirchhoffschen Gesetze erfüllt sein. Außerdem muss noch das ohmsche Gesetz herangezogen werden, das die Beziehung zwischen Strom und Spannung herstellt.

Das 1. kirchhoffsche Gesetz besagt, dass an jedem Knoten die zufließenden und die abfließenden Ströme im Gleichgewicht sein müssen.

Das 2. kirchhoffsche Gesetz verlangt, dass bei jedem geschlossenen Weg durch den Stromkreis die Summe der Spannungen an den einzelnen Wegabschnitten null ist.

a) Welche Beziehungen gelten zwischen den Stromstärken aufgrund des 1. kirchhoffschen Gesetzes?

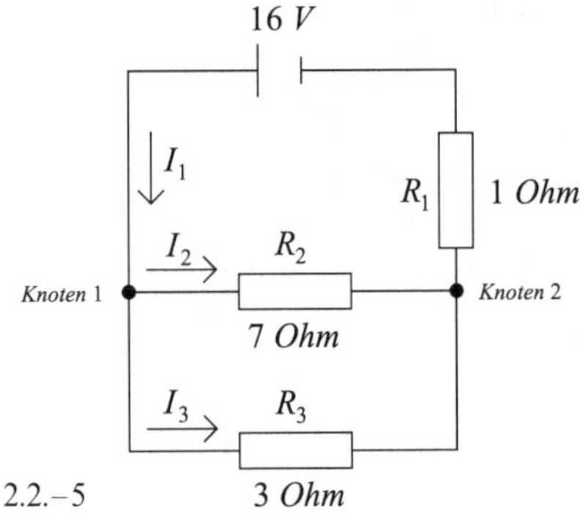

Abb. 2.2.-5

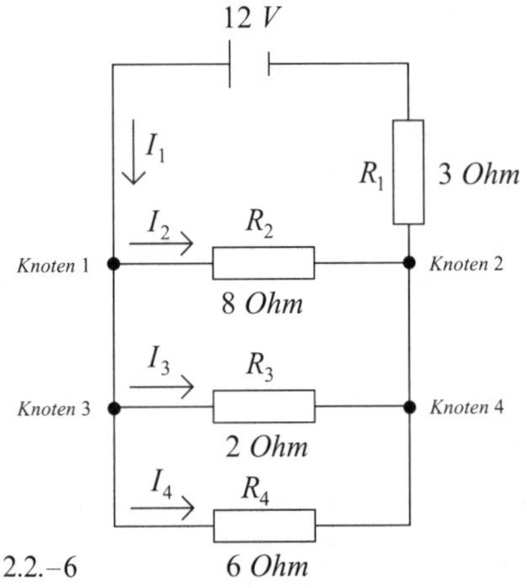

Abb. 2.2.-6

b) Welche Stromstärken herrschen in den einzelnen Leiterstücken der Netze tatsächlich?

c) Berechne die Gesamtstromstärken mit den Regeln für den Widerstand bei Parallel- und Reihenschaltung.

4. Die Skizze zeigt einen Stadtplanausschnitt mit vier Einbahnstraßen, die das Karree Q einschließen. Bei einer Verkehrszählung wurde an acht Stellen die durchschnittliche Fahrzeuganzahl pro Minute ermittelt. Zur Berechnung der Verkehrsdichte in den an das Karree angrenzenden Straßenabschnitten wird angenommen, dass das Halteverbot an allen Straßenrändern eingehalten wird und aus jeder Kreuzung so viele Autos ausfahren wie einfahren.

a) Welche Verkehrsdichten ergeben sich aufgrund der Verkehrszählungsdaten in den Straßen des Karrees?

b) Da es sich um Einbahnstraßen handelt, dürfen die Ströme nicht negativ sein. Welcher Mimimalwert ergibt sich daraus für u?

c) Welche Bedingungen müssen die Verkehrszählungswerte bei reibungslos fließendem Verkehr erfüllen?

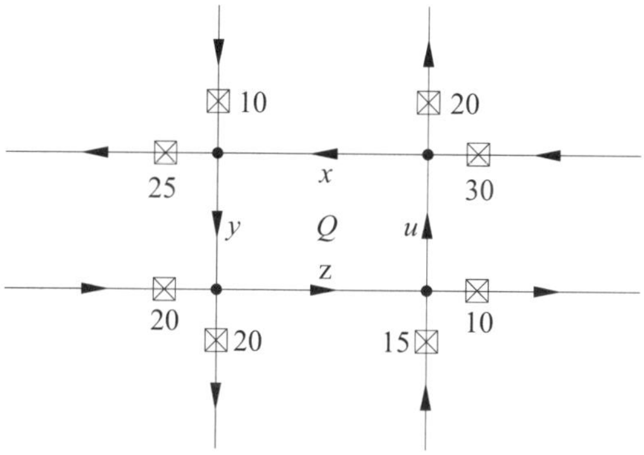

Abb. 2.2.–7

2.2.2 Das Gleichgewicht unveränderbarer Bestandteile

Zu Beginn von Kapitel 2 haben wir die chemische Reaktion zur Schwefeldioxidgewinnung betrachtet und nach den richtigen Mengenverhältnissen der beteiligten Stoffe gefragt.

$$a\,FeS_2 + b\,O_2 \rightarrow c\,Fe_2O_3 + d\,SO_2.$$

Beim mathematischen Ansatz zur Beantwortung dieser Frage wird angenommen, dass sich die Elemente Eisen (Fe), Schwefel (S) und Sauerstoff (O) im Verlauf der Reaktion nicht verändern. Die Frage nach den richtigen Mengenverhältnissen impliziert außerdem, dass eine vollständige Umsetzung der Ausgangsstoffe in die Endprodukte stattfindet, d. h., *der Bestand jedes Elementes ist vor und nach der Reaktion gleich.*

So entstand das lineare Gleichungssystem aus einer Eisengleichung, einer Schwefelgleichung und einer Sauerstoffgleichung. In jeder Gleichung wurden die Mengen des betreffenden Elements vor und nach der Reaktion gleichgesetzt.

	vorher	=	nachher
Fe	a	=	$2c$
S	$2a$	=	d
O	$2b$	=	$3c$

Die Lösungsvektoren des linearen Gleichungssystems sind $\frac{1}{8}\cdot\begin{pmatrix}4\\11\\2\\8\end{pmatrix}\cdot d,\ d\in\mathbb{R}$. Durch jeden der unendlich vielen Lösungsvektoren ist ein korrektes Mengenverhältnis der beteiligten Verbindungen gegeben. In der Chemie ist es aber üblich, die Verhältnisse durch möglichst kleine, natürliche Zahlen auszudrücken. Die kleinste natürliche Zahl für d, die alle Komponenten des Lösungsvektors zu natürlichen Zahlen macht, ist 8. Die Reaktionsgleichung lautet also

$$4\,FeS_2 + 11\,O_2 \rightarrow 2\,Fe_2O_3 + 8\,SO_2.$$

Zur Probe können zum Beispiel die Teilchenanzahlen betrachtet werden. Auf der linken Seite der Reaktionsgleichung finden sich vier Fe-Teilchen (4 Fe) und auf der rechten Seite ebenso ($2\,Fe_2$). Auch bei den 22 Sauerstoffteilchen ($11\,O_2$ links, $2\,O_3 + 8\,O_2$ rechts) und bei den 8 Schwefelteilchen ($4\,S_2$ links, 8 S rechts) stimmt die Bilanz.

Ein weiteres Beispiel

Nahrungsmittel und Speisen enthalten die Grundelemente Eiweiß, Fett und Kohlehydrate in verschiedenem Umfang. So besteht Hühnerfrikassee zu 20% aus Eiweiß, zu 4% aus Fett und zu 10% aus Kohlehydraten. Bei Reis sind die Anteile 10% Eiweiß, 2% Fett und 70% Kohlehydrate und bei Broccoligemüse sind es 3% Eiweiß und 5% Kohlehydrate.

Für einen Diätpatienten soll aus Hühnerfrikassee, Reis und Broccoligemüse eine Mahlzeit zusammengestellt werden, die Eiweiß, Fett und Kohlehydrate im Verhältnis 13:2:10 enthält. Bezeichnet x_H die Menge des Hühnerfrikassee in Gramm, x_R das Gewicht der Reismenge und x_B das Gewicht des Broccoligemüses in der gewünschten Mahlzeit, so muss zur Erfüllung des Verhältnisses von Eiweiß zu Fett gelten:

$$\text{Eiweiß} : \text{Fett} = 13:2$$

führt zur Gleichung

$$13\cdot(0{,}04\,x_H + 0{,}02\,x_R) = 2\cdot(0{,}2\,x_H + 0{,}1\,x_R + 0{,}03\,x_B)$$

Bei den beiden anderen gewünschten Verhältnissen geht man analog vor.

$$\text{Fett} : \text{Kohlehydrat} = 2:10$$

führt zur Gleichung

$$2 \cdot (0{,}1\,x_H + 0{,}7\,x_R + 0{,}05\,x_B) = 10 \cdot (0{,}04\,x_H + 0{,}03\,x_R$$

$$\text{Eiweiß} : \text{Kohlehydrat} = 13:10$$

$$13 \cdot (0{,}1\,x_H + 0{,}7\,x_R + 0{,}05\,x_B) = 10 \cdot (0{,}2\,x_H + 0{,}1\,x_R + 0{,}03\,x_B).$$

Eine Mahlzeit, die in den Diätplan passt, muss mit den Gewichten x_H, x_R und x_B ihrer Bestandteile alle drei linearen Gleichungen erfüllen. Das mathematische Problem besteht nun in der Lösung eines linearen Gleichungssystems.

Die Lösungen sind $\begin{pmatrix} x_H \\ x_R \\ x_B \end{pmatrix} = \begin{pmatrix} 0{,}5 \\ 0 \\ 1 \end{pmatrix} \cdot x_B$. Aus der Lösungsmenge ist sofort abzulesen, dass die gesuchte Mahlzeit nur aus Broccoligemüse und aus Hühnerfrikassee besteht, und zwar im Gewichtsverhältnis 2:1; Reis gehört nicht dazu.

Eine natürliche, zusätzliche Bedingung könnte nun darin bestehen, dass die Mahlzeit insgesamt 300 Gramm wiegen soll. Dann gäbe es 200 Gramm Broccoligemüse und 100 Gramm Hühnerfrikassee. Wir haben diese Bedingung erst nachträglich eingeführt, sie hätte aber bereits mit dem linearen Gleichungssystem formuliert werden können. Sie lautet $x_H + x_R + x_B = 300$. Das lineare Gleichungssystem hätte dann vier Gleichungen gehabt und wäre nicht mehrdeutig, sondern eindeutig lösbar gewesen.

Zur Probe der Lösung können die Eiweißmenge, die Fettmenge und die Kohlenhydratmenge in Gramm berechnet und dann die vorgegebenen Verhältnisse kontrolliert werden.

Zusammenfassung: Die Denkweise der unveränderbaren Bestandteile

Die *Denkweise der unveränderbaren Bestandteile* ist die entscheidende Grundlage für die Behandlung der großen Klasse von Aufgaben, bei denen es im weitesten Sinne um Mischungen geht. Jeder unveränderbare Bestandteil liefert Anlass zur Formulierung einer Gleichung und oft tritt dann noch eine Mengenbedingung hinzu.

Aufgaben

1. Bei der chemischen Reaktion von Calcium (Ca) mit Phosphorsäure (H_3PO_4) bilden sich Calciumphosphat (CaP_2O_8) und Wasserstoff (H_2). Wie lautet die chemische Reaktionsgleichung?

2. Aus zwanzigprozentigem, vierzigprozentigem und sechzigprozentigem Rum sollen zehn Liter fünfzigprozentiger Rum gemischt werden.
   a) Gib unter deutlicher Darstellung der Ansätze und Überlegungen an, welche Mischungsmöglichkeiten bestehen.
   b) Welche der gewünschten Mischungen können mittels eines Einliterschöpfgefäßes ausgeführt werden?
   c) Die Literpreise der Rumsorten betragen 10 DM, 18 DM bzw. 28 DM. Welche Mischung ist die billigste?

3. In einer Versuchsreihe werden verschiedene Platinlegierungen auf ihre Eignung als chemische Katalysatoren getestet. Dazu wurden die Platinlegierungen A(lpha), B(eta) und G(amma) in verschiedenen Mengen angeschafft. Die Legierungen unterscheiden sich in den Anteilen der Fremdmetalle Rhodium (Rh), Iridium (Ir) und Ruthenium (Ru). Die folgende Tabelle stellt die Anteile in Gewichtsprozent und die vorhandenen Mengen übersichtlich dar.

	A	B	G
Rhodium in %	10	4	–
Iridium in %	–	2	5
Ruthenium in %	–	–	6
Gesamtmenge in g	2000	3500	1200

   a) Für die Versuche wird eine Platinlegierung D(elta) mit 5% Rhodium, 2% Iridium und weniger als 2% Ruthenium benötigt. Zu ihrer Herstellung werden 900 g von Legierung A, 1500 g von B und 600 g von G in eine gemeinsame Schmelze gegeben. Liefert die Schmelze die gewünschte Legierung?
   b) Wie muss man die Ausgangslegierungen mischen um genau 2000 g der Legierung D(elta) zu gewinnen?
   c) Verlangt wird eine Platinlegierung E(psilon), bei der es nur auf den Ruthenium-Anteil ankommt. Er soll genau 2% betragen. Welche Mengen der Legierungen A, B und G muss man wählen um aus den anfangs gegebenen Mengen möglichst viel von der gesuchten Legierung E(psilon) herzustellen?
   d) Am Ende der Versuchsserie besteht die Vermutung, dass eine Platinlegierung O(mega) mit genau 5% Rhodium, 2% Iridium und 2% Ruthenium optimale Eigenschaften hat. Wie lässt sich diese Legierung aus A, B und G herstellen?

4. Ein Hobbygärtner hat drei Sorten Dünger (I, II, III) vorrätig, die die Wirkstoffe A, B und C in verschiedenen Verhältnissen enthalten.

	Dünger I	Dünger II	Dünger III
Wirkstoff A	10	30	20
Wirkstoff B	20	40	10
Wirkstoff C	10	20	10

Für eine neue Asternsorte benötigt er Dünger mit einem Wirkstoffverhältnis von

$$A:B:C = 8:11:6.$$

Wie kann er 10 kg einer solchen Mischung aus den Düngern I, II und III zusammenstellen?

2.2.3 Funktionen aus Bedingungen

Die Gesamtkosten einer Produktion, etwa von Bleistiften, hängen nicht allein von der Zahl der produzierten Stifte ab. Auch produktionsmengenunabhängige Kosten wie Kapitalkosten, Mieten und anderes fallen an. Die produktionsabhängigen Kosten wiederum sind nicht proportional zur Produktionsmenge, denn Überstunden und erhöhter Maschinenverschleiß verursachen bei ansteigender Produktion überproportionale Kosten. Die Erhaltung von Arbeitsplätzen, unveränderter Energieeinsatz und die Aufwendungen für verstärkte Werbung halten die Kosten auch bei absinkender Produktion hoch. Das bedeutet, dass ein typischer Produktionskostenfunktionsgraph die Form der Abb. 2.2.-8 hat und die einfachste *Produktionskostenfunktion* ist eine Parabel dritten Grades.

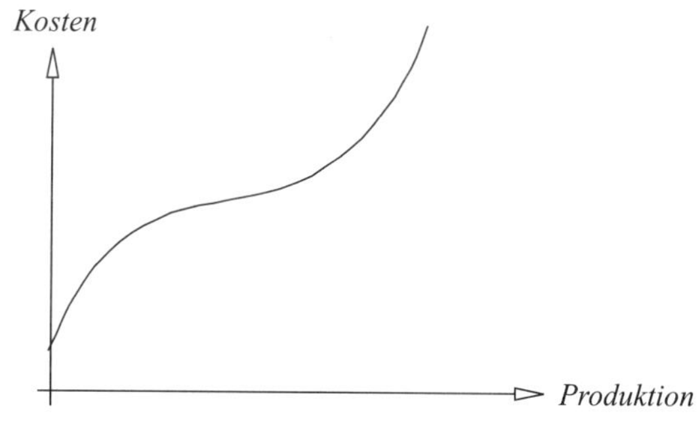

Abb. 2.2.-8

Als Beispiel sind für unsere Bleistiftproduktion die folgenden Werte ermittelt worden. Welches ist die zugehörige Produktionskostenfunktion?

Produktionszahl in Mio.	1	3	5	10
Produktionskosten in TDM	27,2	38,4	40	65

Nach den obigen Bemerkungen setzen wir die Funktion als Polynom dritten Grades an:

$$p(z) = a z^3 + b z^2 + c z + d.$$

Für die Koeffizienten a, b, c und d können wir aus den ermittelten Daten Gleichungen aufstellen. Auf diese Art und Weise entsteht ein lineares Gleichungssystem mit vier Gleichungen für die vier Koeffizienten der ganzrationalen Funktion.

$$\begin{aligned} a + b + c + d &= 27{,}2 \\ 27a + 9b + 3c + d &= 38{,}4 \\ 125a + 25b + 5c + d &= 40{,}0 \\ 1000a + 100b + 10c + d &= 65{,}0. \end{aligned}$$

Der Lösungsvektor dieses eindeutig lösbaren Gleichungssystems lautet $\vec{p} = \begin{pmatrix} 0{,}2 \\ -3 \\ 15 \\ 15 \end{pmatrix}$ und für die gesuchte Produktionskostenfunktion ergibt sich

$$p(z) = 0{,}2 z^3 - 3z^2 + 15z + 15.$$

Ein anderer Ansatz für dieselbe Fragestellung

Wir gehen wieder von der oben angegebenen Wertetabelle aus. Für das Polynom dritten Grades wählen wir einen anderen, aber trotzdem völlig allgemeinen Ansatz. Dabei nutzen wir die „Stützstellen", d. h. die z-Werte der Tabelle, geschickt aus.

$$\begin{aligned} p(z) = A + B\cdot(z-1) + C\cdot(z-1)\cdot(z-3) \\ + D\cdot(z-1)\cdot(z-3)\cdot(z-5). \end{aligned}$$

Aus diesem Ansatz folgt zuerst $p(1) = A = 27{,}2$, da durch den Linearfaktor $(z-1)$ in allen anderen Summanden der Faktor null auftritt.

Für $z = 3$ ist $p(3) = 27{,}2 + B\cdot(3-1) = 38{,}4$, da der Linearfaktor $(z-3)$ bei beiden anderen Summanden für Nullen sorgt. Die Gleichung löst man leicht nach B auf: $B = 5{,}6$.

In analoger Weise berechnet man für $z = 5$ aus $p(5) = 40$ den Wert $C = -1{,}2$. Und für $z = 10$ ergibt sich aus $p(10) = 65$ der Wert $D = 0{,}2$.

Das Verfahren liefert also eine lineare Gleichung nach der anderen. Damit ist das aufwendige 4×4-Gleichungssystem umgangen, denn der Ansatz liefert sofort ein dreiecksähnliches, lineares Gleichungssystem, das nicht erst mit dem GAUSS-Algorithmus umgeformt werden muss. Allerdings hat unser Polynom die ungewöhnliche Form

$$\begin{aligned} p(z) = 27{,}2 + 5{,}6\cdot(z-1) - 1{,}2\cdot(z-1)\cdot(z-3) \\ + 0{,}2\cdot(z-1)\cdot(z-3)\cdot(z-5) \end{aligned}$$

und muss noch ausmultipliziert werden, um die übliche Darstellungsform von Polynomen zu erreichen. Dabei gibt es noch einiges zu rechnen.

Bemerkung: Dieses Verfahren heißt *newtonsches Interpolationsverfahren* und wird auch in Dümmlerbuch 4281 Analysis, Bd. 1: Differentialrechnung 1, Abschnitt 6.1 erläutert.

Exkurs: Lineare Gleichungssysteme und Differentialgleichungen

Bei vielen technischen Fragestellungen, so z. B. in der Strömungsmechanik, in der Aerodynamik und in der Thermodynamik, treten komplizierte Differentialgleichungen auf, deren Lösungsfunktionen häufig nicht durch Terme angegeben werden können. Dabei versteht man unter Differentialgleichungen Gleichungen wie etwa $3 \cdot f''(x) - 5 \cdot f'(x) = x^2 \cdot f(x)$, die außer der gesuchten Funktion f auch noch deren Ableitungsfunktionen enthalten. Zur Lösung benutzt man vielfach Ansätze, in denen für einzelne, aber sehr viele Stützstellen, Näherungswerte ermittelt werden. Diese Vorgehensweise wird *Diskretisierung der Differentialgleichung* genannt und führt auf sehr große lineare Gleichungssysteme. Hier liegt der technisch wichtigste Anwendungsbereich linearer Gleichungssysteme vor und die intensiven Bemühungen der numerischen Mathematik zur maschinellen Lösung großer Systeme haben hier ihren Ursprung.

Wir wollen jetzt das Prinzip dieses Vorgehens deutlich machen und betrachten dazu ein einfaches Beispiel aus der Wärmetechnik. Rechteckige Stahlplatten großer Länge mit der Breite 1 LE bilden das Dach einer Feuerkammer. Sie sind an ihren Längsseiten eingespannt und werden an den Einspannungen durch Kühlrippen auf niedriger Temperatur (der Einfachheit halber auf 0° C) gehalten. Aus der Feuerkammer wirken auf die Platten sowohl starke Wärmestrahlung als auch hohe Konvektion ein. Zu beantworten ist die Frage, welche Temperaturverteilung sich in den Platten ausbilden wird.

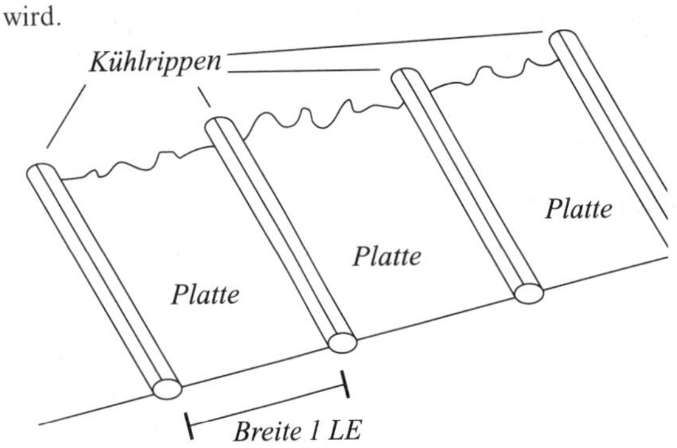

Abb. 2.2.-9

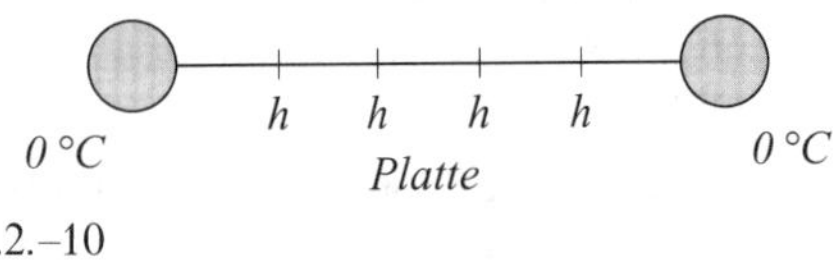

Abb. 2.2.-10

Wir greifen eine Platte heraus, betrachten das Problem nur in Richtung ihrer Breite und gehen davon aus, dass die Werte des Wärmeeinfalls auf die Platte an einigen Stützstellen bekannt sind. Als x-Richtung wählen wir die Breite der Platte, legen den Ursprung in das linke Plattenende und geben der Platte die Länge 1. Insgesamt gibt es 4 äquidistante Stützstellen im Abstand h mit den Wärmeeinfallswerten $H(h) = 1$, $H(2h) = 4$, $H(3h) = 6$ und $H(4h) = 8$ als „Heizfunktion" $H(x)$. Gesucht ist die Temperaturverteilung $T(x)$, die sich im stationären Fall quer über die Platte einstellt. Dabei bedeutet „stationärer Fall", dass genauso viel Wärme über die Kühlung abgeführt wird wie auf die Platte einströmt. Dann ist die Temperaturverteilung $T(x)$ zeitlich konstant.

Aus der Physik ergibt sich für diesen Sonderfall die Differentialgleichung $-T''(x) = H(x)$, deren Herleitung hier nicht interessiert und bei deren Bearbeitung wir Einheiten und Materialkonstanten nicht beachten. Statt der Ableitungswerte werden die Differenzenquotienten betrachtet. Dazu ist natürlich in der Praxis eine viel größere Stützstellendichte erforderlich, als wir sie hier haben, aber es geht ja um das Prinzip.

Setzen wir

$$T'(x_0) \approx \frac{T\left(x_0 + \frac{h}{2}\right) - T\left(x_0 - \frac{h}{2}\right)}{h}$$

und

$$T'\left(x_0 + \frac{h}{2}\right) \approx \frac{T(x_0 + h) - T(x_0)}{h},$$

so ergibt sich durch Einsetzen in den Differenzenquotienten für die zweite Ableitung die Näherung

$$T''(x_0) \approx \frac{T'\left(x_0 + \frac{h}{2}\right) - T'\left(x_0 - \frac{h}{2}\right)}{h} = \frac{1}{h^2} \cdot (T(x_0 + h) - 2\,T(x_0) + T(x_0 - h)).$$

Aus der Differentialgleichung und den Näherungsüberlegungen für die Differentialquotienten entsteht so die folgende Beziehung, die an jeder Stützstelle gelten soll.

$$h^2 H(x_0) = -T(x_0 + h) + 2\,T(x_0) - T(x_0 - h).$$

Die Unbekannten sind die T-Werte an den Stützstellen und für jede Stützstelle gibt es eine lineare Gleichung, so dass insgesamt folgendes lineare Gleichungssystem entsteht:

$$\begin{aligned}
h^2 H(h) &= -T(2h) + 2\,T(h) - T(0).\\
h^2 H(2h) &= -T(3h) + 2\,T(2h) - T(h).\\
h^2 H(3h) &= -T(4h) + 2\,T(3h) - T(2h).\\
h^2 H(4h) &= -T(1) + 2\,T(4h) - T(3h).
\end{aligned}$$

Mit $h = \frac{1}{5}$ und den bekannten Werten der „Heizfunktion" H hat das System die konkrete Form der ersten Tabelle und lässt sich mit dem GAUSS-Algorithmus einfach lösen (zweite Tabelle).

$T(h)$	$T(2h)$	$T(3h)$	$T(4h)$	
−2	1	0	0	−0,04
1	−2	1	0	−0,16
0	1	−2	1	−0,24
0	0	1	−2	−0,32

⇒

$T(h)$	$T(2h)$	$T(3h)$	$T(4h)$	
1	−2	1	0	−0,16
0	1	−2	1	−0,24
0	0	1	−2	−0,32
0	0	0	−5	−2,36

Rückwärts einsetzen liefert die gesuchten Werte der stationären Temperaturverteilung an den inneren Stellen, die T-Werte für $x = 0$ und $x = 1$ ergeben sich aus den Randbedingungen.

x	0	h	$2h$	$3h$	$4h$	1
$T(x)$	0	0,288	0,536	0,624	0,432	0

Es lohnt sich in diesem Beispiel, während der rechnerischen Lösung des Systems mit dem GAUSS-Algorithmus auf die Symmetrien und die weiteren Besonderheiten des Systems zu achten. Solche Besonderheiten treten bei den linearen Gleichungssystemen des technischen Anwendungsbereichs häufig auf und führen zur Entwicklung jeweils besonders angepasster numerischer Lösungsverfahren für Gleichungssysteme.

Aufgaben

1. Welche ganzrationalen Funktionen 3. Grades haben die folgenden Wertetabellen?

a)

x	2	−1	1	3
$f(x)$	2	−10	−2	14

b)

x	−3	2	5	7
$f(x)$	−17	3	3	−2

2. a) Gesucht sind ganzrationale Funktionen von höchstens sechstem Grade, die beide Eigenschaften erfüllen.

1. Die Funktion hat sowohl bei $x = -2$ als auch bei $x = 2$ einen Wendepunkt.
2. Bei $x = 0$ und bei $x = 2$ und bei $x = -2$ liegen waagerechte Tangenten vor.

b) Welche der Funktionen aus a) hat außerdem bei $x = 2$ und bei $x = -2$ Nullstellen?

3. Die geradlinige Bewegung eines Körpers wird untersucht, indem man sie in einem dunklen Raum vor einem Fotoapparat mit geöffnetem Verschluss ablaufen lässt und in Abständen von je einer Sekunde ein Blitzlicht betätigt. Aus der entstandenen (stroboskopischen) Aufnahme lassen sich dann die Orte und Strecken entnehmen.

Zeitpunkt t in sec	0	1	2	3	4	5
Wegstrecke s in m	0	$2\frac{1}{3}$	$2\frac{2}{3}$	3	$5\frac{1}{3}$	$11\frac{2}{3}$

a) Bestimme die Weg-Zeit-Funktion dieser Bewegung als ganzrationale Funktion.

b) Beschreibe den Ablauf der Bewegung unter Verwendung der Geschwindigkeits-Zeit-Funktion und der Beschleunigungs-Zeit-Funktion möglichst präzise.

4. Von der Summe der ersten n Kubikzahlen $1^3 + 2^3 + 3^3 + \ldots + n^3$ ist bekannt, dass sie sich für beliebige natürliche Zahlen n als Polynom vierten Grades mit festen Koeffizienten a_4 bis a_0 schreiben lässt.

Bestimme die Koeffizienten in $\sum_{1}^{n} k^3 = a_4 n^4 + a_3 n^3 + a_2 n^2 + a_1 n + a_0$.

5.* Warum ist der Ansatz nach dem newtonschen Interpolationsverfahren allgemein gültig?

Eine Begründung kann auf den Beziehungen zwischen den Koeffizienten a_i des üblichen Polynomansatzes und den Koeffizienten A_i des newtonschen Ansatzes aufbauen. Stelle die Beziehungen erst für Polynome dritten und vierten Grades auf und verallgemeinere dann.

2.2.4 Das Anpassen der Lösungen

Eine Firma stellt drei Arten von Regalen her, die alle aus Brettern, Leisten und Schrauben gefertigt werden. Die Bretterstapel, Leistenpackungen und Schraubensätze der verschiedenen Regaltypen sind untereinander austauschbar, der Zusammenhang zwischen Regaltypen und Bauteilen wird durch die Tabelle angegeben.

	Bretterstapel	Leistenpackungen	Schraubensätze
Regaltyp 1	1	2	1
Regaltyp 2	2	1	2
Regaltyp 3	4	1	1
Lagerbestand	382	231	170

Am Lager sind 382 Bretterstapel, 231 Packungen Leisten und 170 Sätze Schrauben. Die Produktion soll vor den Betriebsferien das Lager für Renovierungsarbeiten räumen. Ist das möglich und wenn ja, mit welchen Produktionszahlen für die verschiedenen Regaltypen?

Zuerst geht es darum, für die rechnerische Behandlung der Fragen einen Ansatz zu entwickeln. Gesucht sind die Produktionszahlen der einzelnen Regaltypen bei vollkommener oder weitestgehender Lagerräumung. Deshalb ist es sinnvoll diese Zahlen als Variable anzusetzen. Wir bezeichnen die Anzahl der vom Typ 1 produzierten Regale mit R_1 und erklären R_2 und R_3 entsprechend. Die genaue Festlegung der Variablenbedeutung, die Wahl einer sinnvollen Bezeichnung, die auch während der Rechnung die Variablenbedeutung wiedergibt, und die genaue Angabe der Einheit sind Hilfen beim Aufstellen von Ansätzen und auch bei der Rückinterpretation der Rechnungsergebnisse.

Aus der Zahl der vorhandenen Bretterstapel ergibt sich eine Bedingung für die Produktionszahlen. Bei der Brettergleichung wird auf beiden Seiten die Zahl der Bretterstapel notiert, einmal ausgehend vom Lagerbestand, einmal ausgehend von den bei der Produktion benötigten Brettern.

$$\text{Brettergleichung} \quad R_1 + 2R_2 + 4R_3 = 382.$$

Auf diese oder ähnliche Weise entstehen bei allen Ansätzen die Gleichungen aus den gegebenen Zusammenhängen. Auch als Probe für eine gefundene Gleichung eignet sich die Überlegung, was rechts und was links notiert ist.

Analog zur Brettergleichung legen auch die vorhandenen Leistenpackungen und die Schraubensätze Bedingungen fest, die zur Verdeutlichung Leistengleichung und Schraubengleichung genannt werden können.

Brettergleichung	$R_1 + 2R_2 + 4R_3 = 382$
Leistengleichung	$2R_1 + R_2 + R_3 = 231$
Schraubengleichung	$R_1 + 2R_2 + R_3 = 170.$

Damit ist ein lineares Gleichungssystem mit drei Gleichungen und drei Unbekannten zur Bestimmung der Produktionszahlen aufgestellt. Die Lösung dieses eindeutig lösbaren Systems liefert den Produktionsvektor

$$\vec{p} = \begin{pmatrix} 73\frac{7}{9} \\ 12\frac{7}{9} \\ 70\frac{2}{3} \end{pmatrix} = \begin{pmatrix} 73 \\ 12 \\ 70 \end{pmatrix} + \frac{1}{9}\begin{pmatrix} 7 \\ 7 \\ 6 \end{pmatrix}.$$

Welche Bedeutung hat nun diese mathematische Lösung für das Sachproblem? Zuerst einmal ist klar, dass die vollständige Räumung des Lagers nicht möglich ist, denn dazu dürfte der Produktionsvektor keine Brüche enthalten. Das Ergebnis ist trotzdem für eine sachbezogene Lösung zu gebrauchen, denn bei den Produktionszahlen $R_1 = 73$, $R_2 = 12$ und $R_3 = 70$ bleiben zwar fünf Bretterstapel, drei Leistenpackungen und drei Schraubensätze übrig, aber der Lagerbestand wird doch weitgehend aufgebraucht.

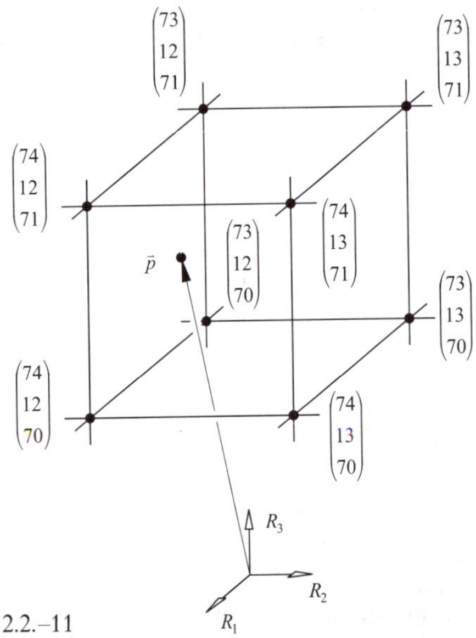

Abb. 2.2.–11

Allerdings könnten andere Produktionsvektoren mit ganzzahligen Komponenten „in der Nähe" des mathematischen Lösungsvektors $\vec{p}$ eine noch bessere Nutzung der Reste liefern. Aus diesem Grund betrachten wir alle 2^3 Vektoren mit Kombinationen der ganzzahligen Werte 73 und 74 für R_1, 12 und 13 für R_2 sowie 70 und 71 für R_3. Geometrisch interpretiert, untersuchen wir die Ecken des Würfels mit Kantenlänge 1 (Abb. 2.2.–11), in dessen Innerem der mathematische Lösungsvektor $\vec{p}$ liegt.

Die folgende Aufstellung gibt zu den Produktionen die notwendigen Materialien und die daraus berechneten Reste wieder.

Produktion	Materialverbrauch	Reste
$R_1 = 73, R_2 = 12, R_3 = 70$	$B = 377, L = 228, S = 167$	$B = 5, L = 3, S = 3$
$R_1 = 74, R_2 = 12, R_3 = 70$	$B = 378, L = 230, S = 168$	$B = 4, L = 1, S = 2$
$R_1 = 74, R_2 = 13, R_3 = 70$	$B = 380, L = 231, S = 170$	$B = 2$
$R_1 = 73, R_2 = 13, R_3 = 70$	$B = 379, L = 229, S = 168$	$B = 3, L = 2, S = 1$
$R_1 = 73, R_2 = 12, R_3 = 71$	$B = 381, L = 229, S = 168$	$B = 1, L = 2, S = 2$
$R_1 = 74, R_2 = 12, R_3 = 71$	$B = 382, L = 231, S = 169$	$S = 1$
$R_1 = 74, R_2 = 13, R_3 = 71$	$B = 384, L = 232, S = 171$	Produktion unmöglich
$R_1 = 73, R_2 = 13, R_3 = 71$	$B = 383, L = 230, S = 170$	Produktion unmöglich

Die Lösung des Lagerräumungsproblems erfolgt am besten durch die Produktion von 74 Regalen vom Typ 1, 12 Regalen vom Typ 2 und 71 Regalen vom Typ 3. Dann bleibt insgesamt nur ein einziger Schraubensatz übrig.

Die *Entscheidungshilfe durch die Mathematik* ist damit beendet. Weitere Folgerungen und Entscheidungen müssen vom betriebswirtschaftlichen oder vom produktionstechnischen Standpunkt aus erfolgen. Eventuell sind bei unserem Problem zwei restliche Bretterstapel besser zu verwenden als ein restlicher Schraubensatz, so dass eine Produktion von 74 Regalen vom Typ 1, 13 Regalen vom Typ 2 und 70 Regalen vom Typ 3 sinnvoller wäre.

Aufgaben

1. Aus Kaffeesorten zu Einkaufspreisen von 8,30 DM, 12,— DM und 9,80 DM pro Kilogramm sollen 10 kg einer Mischung hergestellt werden, die einen Kilogrammpreis von 10,– DM als Einkaufspreis hat.
   a) Welche Mischung ergibt sich mit 5 kg des Kaffees zu 9,80 DM je Kilogramm?
   b) Welche Mischungen lassen sich durch Zusammenschütten kompletter Kilogrammpakete erreichen?
   c) Welche Mischungen kommen mit zwei Sorten aus?
   d) Welche Mischung ist von den Zutaten her gesehen die billigste?

2. Welche ganzrationalen Funktionen 3. Grades erfüllen die Bedingungen

$$f(-1) = -4 \text{ und } f(1) = 0 \text{ und } f(2) = -1?$$

a) Welche dieser Funktionen schneiden die y-Achse im rechten Winkel?

b) Welche dieser Funktionen erfüllen die Bedingung $\int_0^1 f(x) = 1$?

3. Welche Verhältniszahlen erfüllen die Reaktionsgleichung?

$$x_1\,KMnO_4 + x_2\,KBr + x_3\,H_2SO_4 \rightarrow x_4\,K_2SO_4 + x_5\,MnSO_4 + x_6\,Br_2 + x_7\,H_2O$$

4. In einem arabischen Mathematikbuch des ABU KAMIL vom Ende des ersten Jahrtausends finden sich folgende Aufgaben:

a) Ein Mensch befahl seinem Diener, mit zwölf Dirham aus seinem Vermögen Almosen an zwölf Personen zu geben, und zwar an die Männer je zwei Dirham, an die Frauen je einen halben Dirham und an die Kinder je einen viertel Dirham. Wie macht der Diener das?

b) Ein Mensch hat seinem Geschäftsführer hundert Dinar ausgehändigt und sagt ihm: „Nimm mir hundert Stück Rindvieh, die Stiere zu je zehn Dinar, die Kühe zu je fünf Dinar, die Kälber zu je einem halben Dinar." Wie muss der Geschäftsführer einkaufen?

2.2.5 Vermischte Aufgaben

1. Welche Lösungsmengen haben die folgenden linearen Gleichungssysteme?

a)
$$\begin{aligned} 2x + 5y \phantom{{}+9z} &= 1 \\ x + 9y + 9z &= 2 \\ 5x + 6y - 9z &= 1 \end{aligned}$$

b)
$$\begin{aligned} x_1 + 2x_2 + x_3 - x_4 &= 1 \\ -2x_1 - 3x_2 + 2x_3 - 3x_4 &= -2 \\ 3x_1 - x_2 - 2x_3 + 3x_4 &= 4 \\ 2x_1 - 2x_2 + x_3 - x_4 &= 1 \end{aligned}$$

c)
$$\begin{aligned} -2a + 3b - c + 3d &= 1 \\ a - 2b + c - d &= 2 \\ a - b \phantom{{}+c} - 2d &= -3 \end{aligned}$$

d)
$$\begin{aligned} 2x - 2y - 2z + 8w &= 3 \\ -x + y - 5z - 4w &= 1 \\ x - y + 2z + 4w &= 1 \end{aligned}$$

e)
$$\begin{aligned} 2x_1 + x_2 + 3x_3 &= 1 \\ -x_1 + 3x_2 + x_3 &= 2 \\ x_1 - 2x_2 - 3x_3 &= 4 \end{aligned}$$

f)
$$\begin{aligned} x_1 + x_2 + x_3 \phantom{{}+x_4} &= 1 \\ x_3 + x_4 &= 2 \end{aligned}$$

g)
$$\begin{aligned} x_1 - 2x_2 - x_3 &= 0 \\ 3x_1 + 2x_2 + x_3 &= -46 \\ 2x_1 - 3x_2 - 2x_3 &= -6 \\ 3x_1 + 3x_2 - x_3 &= -54 \end{aligned}$$

2. Stelle ein lineares Gleichungssystem mit der Lösungsmenge $\mathbb{L} = \left\{ \begin{pmatrix} 1 \\ 2 \\ 3 \end{pmatrix} + t \cdot \begin{pmatrix} 3 \\ 2 \\ 1 \end{pmatrix} \middle| t \in \mathbb{R} \right\}$ auf und zeige mit dem gaußschen Algorithmus, dass es genau diese Lösungsmenge hat.

3. Wie hängt die Lösbarkeit der linearen Gleichungssysteme von den Parameterwerten ab? Wie lauten jeweils die Lösungsmengen?

a)
$$\begin{aligned} 2x_1 + 3x_2 &= 1 \\ 4x_1 + px_2 &= 2 \end{aligned}$$

b)
$$\begin{aligned} x \phantom{{}+my} + z &= 0 \\ y + mz &= 1 \\ x + my + 2z &= 1 \end{aligned}$$

c)
$$\begin{aligned} x + y + az &= 1 \\ x + ay + z &= a \\ ax + y + z &= a^2 \end{aligned}$$

d)
$$\begin{aligned} x + 2y + 3z &= 1 \\ 2x + y + 3z &= 2 \\ 3x + 2y + 5z &= a \end{aligned}$$

e)
$$\begin{aligned} 3x_1 + 2x_2 + 6x_3 &= 3 \\ -2x_1 + 4x_2 + ax_3 &= -5 \\ x_1 \phantom{{}+4x_2} + 2x_3 &= 9 \end{aligned}$$

f)
$$\begin{aligned} x + y - z &= 0 \\ 2x + 3y + 4z &= 0 \\ x + ry + sz &= 0 \end{aligned}$$

4. Herr Petry korrigiert die 1. Klausur seines Mathematikgrundkurses der Jahrgangsstufe 13.1. Zum nebenstehenden Gleichungssystem findet er bei der Korrektur folgende Lösungsangaben. Bewerte sie.

$$\begin{aligned} x_1 - 3x_2 + x_3 \phantom{{}+6x_4} - x_5 &= 0 \\ -x_1 - x_2 + x_3 + 2x_4 \phantom{{}-4x_5} &= 0 \\ -2x_1 + 3x_2 + 4x_3 + 6x_4 - 4x_5 &= 0 \\ 4x_1 + 4x_2 + 2x_3 - 2x_4 - 7x_5 &= 0 \end{aligned}$$

Karl-Otto: $\begin{pmatrix} 6 \\ 2 \\ 6 \\ 1 \\ 6 \end{pmatrix}$; Theresia: $\begin{pmatrix} 7 \\ 2 \\ 5 \\ 2 \\ 6 \end{pmatrix} + t \cdot \begin{pmatrix} 6 \\ 2 \\ 6 \\ 1 \\ 6 \end{pmatrix} \Big| t \in \mathbb{R}$;

Wilma: $\begin{pmatrix} 17 \\ 6 \\ 19 \\ 2 \\ 18 \end{pmatrix} + w_1 \cdot \begin{pmatrix} 6 \\ 2 \\ 6 \\ 1 \\ 6 \end{pmatrix} + w_2 \cdot \begin{pmatrix} 4 \\ 2 \\ 8 \\ -1 \\ 6 \end{pmatrix} \Big| w_i \in \mathbb{R}$;

Peter: $\begin{pmatrix} 6 \\ 3 \\ 6 \\ 2 \\ 6 \end{pmatrix} + p \cdot \begin{pmatrix} 1 \\ 0 \\ -1 \\ 1 \\ 0 \end{pmatrix} + q \cdot \begin{pmatrix} 5 \\ 2 \\ 7 \\ 0 \\ 6 \end{pmatrix} \Big| p, q \in \mathbb{R}$;

Hiltrud: $h \cdot \begin{pmatrix} 5 \\ 2 \\ 7 \\ 0 \\ 0 \end{pmatrix} + j \cdot \begin{pmatrix} 1 \\ 0 \\ -1 \\ 1 \\ 0 \end{pmatrix} \Big| h \text{ und } j \in \mathbb{R}$;

Marco: $\begin{pmatrix} 0 \\ 0 \\ 0 \\ 0 \\ 0 \end{pmatrix}$.

5. Schon vor über 2000 Jahren war das Lösen linearer Gleichungssysteme in China bekannt. Dort war es eine Fertigkeit, die Beamtenanwärter in ihrer Aufnahmeprüfung nachweisen mussten.

   5 Schafe, 4 Hunde, 3 Hühner und 2 Hasen kosten 1496 Geldstücke,
   4 Schafe, 2 Hunde, 6 Hühner und 3 Hasen kosten 1175 Geldstücke,
   3 Schafe, 1 Hund, 7 Hühner und 5 Hasen kosten 958 Geldstücke und
   2 Schafe, 3 Hunde, 5 Hühner und 1 Hase kosten 861 Geldstücke.

   Was kostet jeweils ein Tier?
6. Welche ganzrationalen Funktionen dritten Grades erfüllen $f(-2)=1$, $f(2)=13$ und $f(4)=118$?

   Welche dieser Funktionen schneiden die y-Achse unter einem Winkel von 45°?
7. Eine Aufgabe aus der mündlichen Abiturprüfung.

> Aufgabe
> a) Skizzieren Sie den Graphen der Funktion $f(x)=x^4-10\cdot x^2+9$.
> b) Erläutern Sie dabei die wesentlichen Eigenschaften der Funktion und tragen Sie markante Punkte ein.
> c) Skizzieren Sie das Gebiet, das für $x\geq 0$ vom Graphen und der Tangente im Hochpunkt eingeschlossen wird. Berechnen Sie seinen Inhalt.
> d) Untersuchen Sie, ob f die einzige ganzrationale Funktion vierten Grades ist, deren Graph symmetrisch zur y-Achse ist, die bei $x=1$ und bei $x=3$ Nullstellen hat und die bei $x=\sqrt{5}$ einen Tiefpunkt hat.
> e) An welcher Stelle im Intervall [0; 3] hat der Graph die kleinste Steigung und an welcher Stelle des Intervalls hat der Graph die größte Steigung?
>
> Hilfsmittel: Taschenrechner, Formelsammlung
> Vorbereitungszeit: 30 Minuten

8. Gegeben ist die Funktion $f(x)=\dfrac{2}{x^2+2}$ mit $f(0)=1$, $f(1)=\dfrac{2}{3}$ und $f(2)=\dfrac{1}{3}$. Gibt es weitere Funktionen mit dem Term $\dfrac{a}{bx^2+c}$, die ebenfalls diesen drei Bedingungen genügen?
9. Die Verhältniszahlen in den folgenden chemischen Reaktionsgleichungen sollen bestimmt werden.
   a) (Traubenzuckerverbrennung)
   $x_1\,C_6H_{12}O_6+x_2\,O_2\rightarrow x_3\,H_2O+x_4\,CO_2$
   b) (Nitroglyzerinzerlegung)
   $x_1\,C_3H_5N_3O_9\rightarrow x_2\,O_2+x_3\,H_2O+x_4\,CO_2+x_5\,N_2$
   c) (Salpetersäuregewinnung)
   $x_1\,NH_3+x_2\,O_2\rightarrow x_3\,NO_2+x_4\,H_2O.$
10. a) Welches Dreieck erfüllt beide Bedingungen?
   (i) Der Winkel α und das Doppelte der Summe von β und γ ergänzen sich zu 300°.
   (ii) Ebenfalls 300° erhält man, wenn zur Summe von β und γ das Doppelte von α addiert wird.
   b) In einem Viereck sind die Winkel α und β zusammen 100°, die Winkel β und γ zusammen 100° und der Winkel δ ist doppelt so groß wie β. Wie groß sind die einzelnen Winkel?
   c) In einem Viereck sind die Winkel β und δ gleich groß, der Winkel γ ist dreimal so groß α und die Summe von α und δ ist genauso groß wie γ. Wie groß sind die einzelnen Winkel?
   d) Sind die Formen der Figuren durch die Vorgaben eindeutig bestimmt? Zeichne Beispielfiguren.
11. Die Brückenschaltung aus fünf Widerständen hängt an einer 5-V-Spannungsquelle. Wie groß sind die Stromstärken in den Zweigen? Wie groß ist der Gesamtwiderstand?

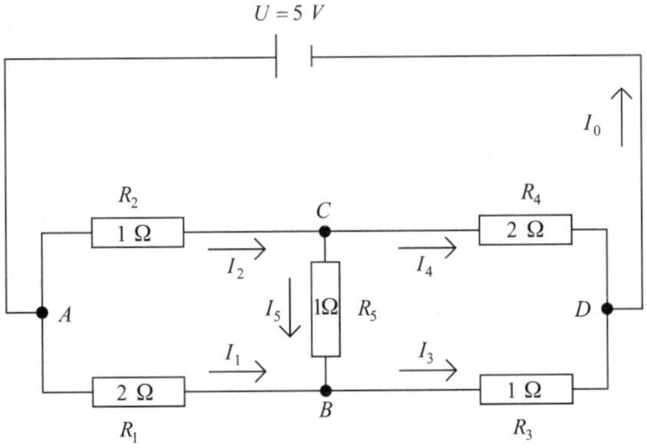

Abb. 2.2.–12

12. Drei Sorten Milch, die 3% bzw. 4% bzw. 6% Fett enthalten, stehen zur Verfügung um 10 Liter Milch mit 5% Fettgehalt zu mischen.
   a) Welche Mischungsmöglichkeiten bestehen?
   b) Welche Mischungen lassen sich allein mit einem 500-ml-Schöpflöffel herstellen?
   c) Die Literpreise der Milchsorten sind 0,50 DM, 0,80 DM und 1,– DM. Welche Mischung ist die billigste, welche ist die teuerste?
13. Drei Banken, Allbank, Bauboden und Cleverforever, finanzieren gemeinsam drei Projekte, wollen aber die Höhen der einzelnen Investitionen nicht bekannt geben. Aus den Bilanzen kann man allerdings ablesen, dass Bank A insgesamt 50 Millionen DM investiert hat, bei Bank B sind es 115 Millionen DM und bei Bank C sind es 65 Millionen DM. Die Finanzierungsanteile der Banken an den einzelnen Projekten entsprechen nach Aussagen der Bauherren der folgenden Tabelle:

	Bank A	Bank B	Bank C
Projekt 1	20%	50%	30%
Projekt 2	10%	70%	20%
Projekt 3	80%	10%	10%

Wie teuer sind die Projekte und wie viel investieren die einzelnen Banken bei den einzelnen Projekten?

14. Vater, Mutter, Ulf und Henriette sind zusammen 96 Jahre alt. Henriette und Vater sind heute zusammen genau so alt wie Mutter und Ulf zusammen. Vor drei Jahren waren Vater und Ulf zusammen ebenso alt wie heute Mutter und Henriette zusammen und vor zwei Jahren waren die Eltern zusammen dreimal so alt wie die Kinder zusammen heute sind. In welchem Jahr wurde das jüngste Kind geboren?

15. Auf dem Metallmarkt sind vier verschiedene Aluminiumlegierungen zu kaufen. Ihr Preis pro Tonne sowie ihr Gehalt an Magnesium bzw. Zink sind aus der Tabelle zu entnehmen.

Legierung	A	B	C	D
Magnesiumgehalt in %	6	10	8	4
Zinkgehalt in %	7	3	13	1
Preis pro t in DM	1000	1500	2000	500

a) Wie lässt sich hieraus eine neue Legierung mit 8% Magnesium und 6% Zink herstellen?

b) Es sollen 32 Tonnen der neuen Legierung hergestellt werden. Im Lager befinden sich ausreichende Mengen, aber nur noch 14 Tonnen der Legierung B. Wie lässt sich der Auftrag aus Lagerbeständen ausführen?

c) Wieder werden 32 Tonnen der neuen Legierung gebraucht. Es soll aber von Legierung A ein Rest von genau 8 Tonnen verwendet werden. Wie viele Tonnen der anderen Legierungen werden gebraucht?

d) Welche Mischungen liefern jeweils die preisgünstigste Lösung?

16. Bestimme dreistellige natürliche Zahlen, die mindestens zwei der drei Bedingungen erfüllen.

(i) Die Quersumme der Zahl ist 12.

(ii) Subtrahiert man die Zahl von der durch Umkehr der Ziffernfolge entstehenden Zahl, so erhält man die Differenz 297.

(iii) Addiert man die Zahl zu der durch Umkehrung der Ziffernfolge entstehenden Zahl, so erhält man die Summe 1131.

Gibt es eine dreistellige Zahl, die alle drei Eigenschaften hat? Gibt es eine entsprechende vierstellige Zahl?

17. Um 1740 stellte der Schweizer Mathematiker LEONHARD EULER in einem Schulbuch folgende Aufgabe:

Drei Männer wollen ein Haus kaufen, das 100 Taler kosten soll.

Der erste verlangt vom zweiten Mann die Hälfte seines Geldes, damit er das Haus allein kaufen kann.

Der zweite verlangt vom dritten Mann ein Drittel seines Geldes, damit er das Haus allein kaufen kann.

Der dritte verlangt vom ersten Mann ein Viertel seines Geldes, damit er das Haus allein kaufen kann.

Wie viele Taler besitzt jeder der drei?

18. Eine Abteilung eines Betriebes fertigt vier verschiedene Produkte P_1 bis P_4 aus vier verschiedenen Ausgangsstoffen A_1 bis A_4. Die Tabelle zeigt, wie viele Mengeneinheiten (ME) der Ausgangsstoffe für die Produktion einer Mengeneinheit der Endprodukte notwendig sind. So sind etwa für eine Mengeneinheit des Produktes P_2 4 ME von A_1, 2 ME von A_2 und 4 ME von A_4 notwendig.

	Produkt P_1	Produkt P_2	Produkt P_3	Produkt P_4
Ausgangsmaterial A_1	2	4	3	1
Ausgangsmaterial A_2	0	2	1	3
Ausgangsmaterial A_3	6	0	5	2
Ausgangsmaterial A_4	8	4	3	1

a) Ein Kunde erteilt einen Auftrag über 10 ME P_1, 5 ME P_2, 4 ME P_3 und 8 ME P_4. Wie hoch ist der Bedarf an Rohstoffen für die Bearbeitung dieses Auftrages?

b) In der Auftragsabteilung hat es gebrannt. Von drei Kunden sind die Aufträge mit den Produktdaten verloren. Nur die firmeninternen Bestellungen an Ausgangsmaterial zur Bearbeitung der Aufträge sind noch zu finden.

	A_1	A_2	A_3	A_4
Bestellung zu Auftrag 1	79	41	88	127
Bestellung zu Auftrag 2	244	166	298	352
Bestellung zu Auftrag 3	165	125	210	225

Wie könnten die Aufträge gelautet haben?

19. Zu den besonderen Vorbereitungen der Studienfahrt gehört bei den Damen der Einkauf von Strickzeug. Ada hat zwei Nadelspiele und 6 Knäuel Wolle zu insgesamt 22 DM gekauft. Barbi besorgt im selben Laden 3 Nadelspiele und 8 Knäuel Wolle derselben Preisgruppe für insgesamt 30 DM und Clara gibt für ein Nadelspiel, 11 Knäuel dieser Wolle und 3 Musterbögen 50 DM aus.

Wie teuer war ein Knäuel Wolle, wie teuer ein Nadelspiel und wie teuer ein Musterbogen?

20. Bei einer Produktion werden aus drei Rohstoffen R, S und T drei Arten von Produkten M, N und P erzeugt. Die Tabelle gibt an, wie viele Einheiten der Rohstoffe jeweils in ein Produkt eines bestimmten Typs eingehen.

	Rohstoff R	Rohstoff S	Rohstoff T
Produkt M	1	2	1
Produkt N	2	1	2
Produkt P	4	1	1

a) Durch welche Produktionszahlen der einzelnen Produkte lässt sich ein Lagerbestand von 189 Einheiten R, 207 Einheiten S und 171 Einheiten T am besten aufbrauchen?

b) Bestimme fünf Lagerbestände an Rohstoffen R, S und T, die sich unter dieser Produktionsmatrix vollständig aufbrauchen lassen.

c) Im Lager ist ein Rohstoffbestand von 20 Einheiten R, 20 Einheiten S und 20 Einheiten T. Durch welche Produktionszahlen der einzelnen Produkte – sie müssen ganzzahlig sein – lässt sich der Lagerbestand so weit wie möglich aufbrauchen?

21. Der Pipeline-Knotenpunkt ist der Abbildung entsprechend aufgebaut. Seine Einzelleitungen sind durch Rückschlagventile als Einbahnstraßen ausgelegt, damit die ebenfalls eingebauten Kontrollzähler richtig funktionieren können.

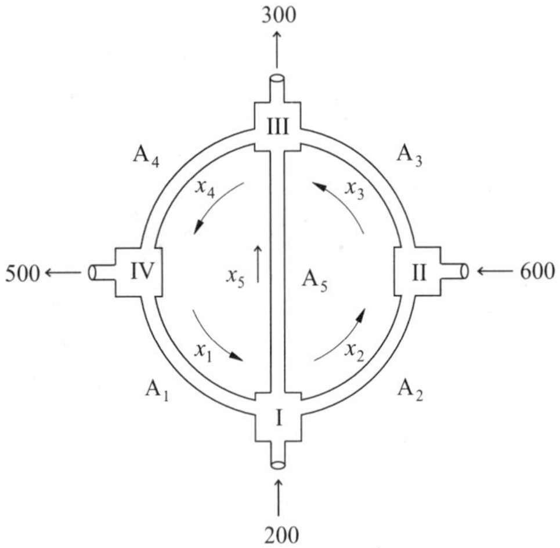

Abb. 2.2.–13

a) Ist bei den gegebenen Daten ein stationärer Betrieb, d. h. ein Betrieb im Gleichgewicht, möglich? Wenn ja, welche Kapazität muß A_5 mindestens haben?

b) Ist ein stationärer Betrieb bei Abschaltung von A_4 möglich? Wenn ja, wie sind die anderen Abschnitte belastet?

c) Gibt es einen Gleichgewichtsbetrieb mit nur drei Abschnitten? Wie könnte das gehen?

22. Aus Müsli-Sorten mit Kilogrammpreisen von 5 DM, 8 DM und 11 DM soll eine Mischung mit dem Kilogrammpreis 9 DM hergestellt werden.

a) Welche Mischungsmöglichkeiten gibt es insgesamt?

b) Welche Mischungen sind mit 5 kg der 8-DM-Sorte möglich?

c) Welche Mischungen sind mit 1-kg-Paketen der Einzelsorten möglich?

d) Welche Mischungen kommen mit zwei Sorten aus?

23. Eine Produktionslinie für drei Produkte A, B und C besteht aus drei Maschinen M_1, M_2 und M_3. Die Produkte benötigen alle drei Maschinen jeweils für eine unterschiedliche Anzahl von Zeittakten. Die Tabelle gibt die Zeittaktzahlen wieder.

	Produkt A	Produkt B	Produkt C
Maschine 1	3	5	1
Maschine 2	2	4	3
Maschine 3	4	3	2

a) Die Zahl der Maschinen jeden Typs und die geltenden Arbeitszeitbedingungen erlauben täglich eine bestimmte Anzahl von Zeittakten, die die maximal mögliche Produktionsmenge der Produkte A, B und C begrenzen. Zur Zeit stehen täglich 159 Takte von M_1, 139 Takte von M_2 und 152 Takte von M_3 bereit. Welche Produktionsmengen sind möglich?

b) Durch Aufstockung der Maschinenzahl sind Zeittakte gewonnen worden. Es stehen jetzt täglich 274 Takte von M_1, 255 Takte von M_2 und 278 Takte von M_3 bereit. Welche Produktion ist nun möglich?

c) Durch einen Streik sinkt die verfügbare Taktzahl auf die Werte 123 Takte von M_1, 132 Takte von M_2 und 132 Takte von M_3. Wie wirkt sich dies zahlenmäßig auf die Produktion aus?

24. In einer Gießerei werden 10 kg einer Schmelze aus 80% Blei, 15% Zinn und 5% Antimon benötigt. Auf Lager sind noch 15 kg Hartblei (91% Blei, 9% Antimon) und 20 kg Lötzinn (97% Zinn, 3% Antimon). Wie kann der Gießer die gewünschte Schmelze herstellen?

25. Jeder Buchstabe im folgenden Rätsel steht für eine feste Ziffer. Bestimme die Zuordnung systematisch.

A	+	B	=	C
–		+		–
D	–	B	=	E
=		=		=
F	+	E	=	G

26. a) Welches ist die kleinste natürliche Zahl, die bei Division durch 4 den Rest 3, bei Division durch 3 den Rest 2 und bei Division durch 2 den Rest 1 lässt?

b*) Bei dem Computerprogramm NICOMA denkt man sich eine Zahl zwischen 1 und 100, teilt dem Computer aber nur den Dreierrest, den Fünferrest und den Siebenerrest der Zahl mit. Daraufhin bestimmt der Computer die gedachte Zahl richtig. Wie geht das?

27. a) Welche ganzen Zahlen lösen dieses lineare Gleichungssystem aus vier Gleichungen?

$e+i+n+s=1$ und $z+w+e+i=2$ und
$d+r+e+i=3$ und $v+i+e+r=4$.

b*) Untersuche größere Zahl-Wort-Gleichungssysteme.

c*) Auch in anderen Sprachen kann man solche Zahl-Wort-Gleichungssysteme aufstellen.

2.3 Lineare Gleichungssysteme in der Geometrie

Lineare Gleichungssysteme sind häufig benötigte Berechnungshilfsmittel bei der Lösung geometrischer Aufgaben. Für ihre Anwendung auf die Geometrie kommen insbesondere die Schnittprobleme in Frage, wie sie aus Kapitel 1 bekannt sind. Aber auch bei anderen Berechnungsaufgaben, wie etwa dem Umrechnen zwischen verschiedenen Darstellungsformen geometrischer Objekte oder bei der Untersuchung der linearen Abhängigkeit und Unabhängigkeit von Vektoren, sind Gleichungssysteme zu lösen. Die Paragraphen von Abschnitt 2.3 zeigen, wie der Einsatz linearer Gleichungssysteme diese geometrischen Fragestellungen auf einfache Schemata zurückführt.

2.3.1 Schnittprobleme

Bereits Paragraph 1.2.4 hatte diese Überschrift. Dort wurden Schnittprobleme mit Geraden und Ebenen behandelt, aber es wurde im Wesentlichen geometrisch-inhaltlich gearbeitet und die Lösung erfolgte mit anschaulichen Argumentationen.

In diesem Paragraphen wird nun die schematische Lösung linearer Gleichungssysteme zur Lösung von Schnittproblemen eingesetzt. Dabei ist die Parameterform der geometrischen Objekte besonders geeignet, denn sie ermöglicht in vielen verschiedenen Situationen einen standardmäßigen Lösungsansatz. Mit dem GAUSS-Algorithmus lassen sich die entstandenen Systeme dann ohne zusätzliche Überlegungen gleichsam mechanisch lösen. Erst bei der Interpretation der Lösungen treten wieder geometrische Überlegungen auf.

Der Schnitt von Geraden und Ebenen

Die Gerade $g\colon \vec{p}=\begin{pmatrix}2\\-3\\1\end{pmatrix}+s\begin{pmatrix}3\\-2\\0\end{pmatrix}$ und die Ebene $\varepsilon\colon\ \vec{p}=\begin{pmatrix}1\\3\\2\end{pmatrix}+t_1\begin{pmatrix}1\\3\\4\end{pmatrix}+t_2\begin{pmatrix}2\\1\\-1\end{pmatrix}$ sollen auf gemeinsame Punkte untersucht werden. Dazu denken wir die beiden Objekte zuerst als Mengen von Punkten des Raumes, die durch ihre charakterisierenden Gleichungen festgelegt sind. Um die gemeinsamen Punkte zu finden setzen wir die beiden definierenden Terme gleich. Die entstehende Vektorgleichung muss in jeder der drei Komponenten erfüllt sein. Deshalb entsteht ein lineares Gleichungssystem mit drei Komponentengleichungen und, im Fall Ebene – Gerade, mit drei unbekannten Parametern s, t_1 und t_2:

$$\begin{pmatrix}2\\-3\\1\end{pmatrix}+s\begin{pmatrix}3\\-2\\0\end{pmatrix}=\begin{pmatrix}1\\3\\2\end{pmatrix}+t_1\begin{pmatrix}1\\3\\4\end{pmatrix}+t_2\begin{pmatrix}2\\1\\-1\end{pmatrix}.$$

Wir notieren das lineare Gleichungssystem in Kurzform und erhalten mit dem GAUSS-Algorithmus:

s	t_1	t_2	
3	−1	−2	−1
−2	−3	−1	6
0	−4	1	1

Ausgangsform

s	t_1	t_2	
3	−1	−2	−1
0	11	7	−16
0	0	39	−53

Endform

Als einziger Lösungsvektor ergibt sich $\begin{pmatrix}s\\t_1\\t_2\end{pmatrix}=-\frac{1}{39}\begin{pmatrix}56\\23\\53\end{pmatrix}$. Der Lösungsvektor selbst hat keine unmittelbar anschauliche Bedeutung, obwohl er bereits die Aussage zulässt, dass die Gerade g und die Ebene ε genau einen Punkt gemeinsam haben. Die Koordinaten des Durchstoßpunktes bzw. die Komponenten seines Ortsvektors müssen erst noch aus den gefundenen Parameterwerten berechnet werden. Dies kann auf zwei Arten geschehen. Zum einen wird der s-Wert in die Geradengleichung eingesetzt, zum anderen der t_1-Wert und der t_2-Wert in die Ebenengleichung. Dass auf beiden Wegen derselbe Punkt erhalten wird, ist zugleich eine Probe für die korrekte Lösung. Wie die folgende Rechnung zeigt, erhalten wir in beiden Fällen denselben Punkt.

$$\vec{p}=\begin{pmatrix}2\\-3\\1\end{pmatrix}+s\begin{pmatrix}3\\-2\\0\end{pmatrix}=\begin{pmatrix}2\\-3\\1\end{pmatrix}-\frac{56}{39}\begin{pmatrix}3\\-2\\0\end{pmatrix}=\begin{pmatrix}-2\frac{4}{13}\\-\frac{5}{39}\\1\end{pmatrix}$$

folgt aus der Geradengleichung.

$$\vec{p}=\begin{pmatrix}1\\3\\2\end{pmatrix}+t_1\begin{pmatrix}1\\3\\4\end{pmatrix}+t_2\begin{pmatrix}2\\1\\-1\end{pmatrix}=\begin{pmatrix}1\\3\\2\end{pmatrix}-\frac{23}{39}\begin{pmatrix}1\\3\\4\end{pmatrix}-\frac{53}{39}\begin{pmatrix}2\\1\\-1\end{pmatrix}=\begin{pmatrix}-2\frac{4}{13}\\-\frac{5}{39}\\1\end{pmatrix}$$

folgt aus der Ebenengleichung.

Geraden und Ebenen können im Raum auch anders liegen. Die Gerade könnte zum Beispiel ganz in der Ebene enthalten sein. Dann wäre das lineare Gleichungssystem mehrdeutig lösbar. Die Gerade könnte aber auch parallel zur Ebene verlaufen. Dann wäre das System unlösbar.

Der Schnitt zweier Ebenen

Im zweiten Beispiel soll der Schnitt der Ebenen ε und δ berechnet werden. Die Parameterformen der Ebenen sind

$$\varepsilon\colon \vec{p} = \begin{pmatrix}3\\0\\1\end{pmatrix} + s_1\begin{pmatrix}2\\2\\1\end{pmatrix} + s_2\begin{pmatrix}1\\2\\3\end{pmatrix} \quad \text{und}$$

$$\delta\colon \vec{p} = \begin{pmatrix}2\\1\\4\end{pmatrix} + t_1\begin{pmatrix}2\\0\\1\end{pmatrix} + t_2\begin{pmatrix}2\\-1\\3\end{pmatrix}.$$

Zur Bestimmung der gemeinsamen Punkte beider Ebenen werden wieder die Parameterformen gleichgesetzt. Wir erhalten ein lineares Gleichungssystem aus den drei Komponentengleichungen und den vier unbekannten Ebenenparametern.

$$\begin{pmatrix}3\\0\\1\end{pmatrix} + s_1\begin{pmatrix}2\\2\\1\end{pmatrix} + s_2\begin{pmatrix}1\\2\\3\end{pmatrix} = \begin{pmatrix}2\\1\\4\end{pmatrix} + t_1\begin{pmatrix}2\\0\\1\end{pmatrix} + t_2\begin{pmatrix}2\\-1\\3\end{pmatrix}$$

bzw.

$$s_1\begin{pmatrix}2\\2\\1\end{pmatrix} + s_2\begin{pmatrix}1\\2\\3\end{pmatrix} - t_1\begin{pmatrix}2\\0\\1\end{pmatrix} - t_2\begin{pmatrix}2\\-1\\3\end{pmatrix} = \begin{pmatrix}2\\1\\4\end{pmatrix} - \begin{pmatrix}3\\0\\1\end{pmatrix}$$

s_1	s_2	t_1	t_2	
2	1	−2	−2	−1
2	2	0	1	1
1	3	−1	−3	3

Die geometrische Aufgabe ist nun auf die Lösung eines Gleichungssystems reduziert, das mit dem GAUSS-Algorithmus bearbeitet werden kann. Die Lösungsmenge des Systems ist

$$\mathbb{L} = \left\{ \begin{pmatrix}s_1\\s_2\\t_1\\t_2\end{pmatrix} = \begin{pmatrix}-0{,}9\\1{,}4\\0{,}3\\0\end{pmatrix} + t_2\begin{pmatrix}-1{,}3\\0{,}8\\-1{,}9\\1\end{pmatrix} \,\middle|\, t_2 \in \mathbb{R} \right\}.$$

Sie hat den freien Parameter t_2 und besteht deshalb aus unendlich vielen Elementen. Dies bedeutet geometrisch, dass die beiden Ebenen unendlich viele Punkte gemeinsam haben. Aber da die Lösungsvektoren als Komponenten nur die Parameter enthalten und im Übrigen auch vier Komponenten haben, kommt der Lösungsmenge $\mathbb{L}$ keine unmittelbar anschauliche Bedeutung zu. Die gemeinsamen Punkte beider Ebenen erhält man erst durch Einsetzen in die Ebenengleichungen von ε bzw. δ.

Aus ε entsteht die Gerade

$$\vec{p} = \begin{pmatrix}3\\0\\1\end{pmatrix} + (-0{,}9 - 1{,}3\,t_2)\begin{pmatrix}2\\2\\1\end{pmatrix} + (1{,}4 + 0{,}8\,t_2)\begin{pmatrix}1\\2\\3\end{pmatrix}$$

$$= \begin{pmatrix}2{,}6\\1\\4{,}3\end{pmatrix} + t_2\begin{pmatrix}-1{,}8\\-1\\1{,}1\end{pmatrix}.$$

Aus δ entsteht dieselbe Gerade

$$\vec{p} = \begin{pmatrix}2\\1\\4\end{pmatrix} + (0{,}3 - 1{,}9\,t_2)\begin{pmatrix}2\\0\\1\end{pmatrix} + t_2\begin{pmatrix}2\\-1\\3\end{pmatrix}$$

$$= \begin{pmatrix}2{,}6\\1\\4{,}3\end{pmatrix} + t_2\begin{pmatrix}-1{,}8\\-1\\1{,}1\end{pmatrix}.$$

In dieser Geraden schneiden sich die beiden Ebenen. Hätte $\mathbb{L}$ statt eines Freiheitsgrades zwei Freiheitsgrade gehabt, so wäre nach Einsetzen der Parameterwerte in die beiden Ebenengleichungen herausgekommen, dass die Ebenen identisch sind. Wäre das lineare Gleichungssystem unlösbar gewesen, so wären die beiden Ebenen parallel.

Zusammenfassung: Schnittprobleme

Das Durchstoßproblem von Gerade und Ebene und die Schnittbestimmung zweier Ebenen stehen hier nur exemplarisch für die Fülle von Aufgaben, die sich mit der relativen Lage von Punkten, Geraden und Ebenen im Raum beschäftigen. Zur Lösung all dieser Grundaufgaben ist nur das passende lineare Gleichungssystem aufzustellen und zu lösen und die Lösungsmenge ist geometrisch richtig zu interpretieren. Der generelle Lösungsweg für diese Aufgabenklasse umfasst alle denkbaren Fälle und macht sie fast maschinell bearbeitbar. Er besteht aus den drei Schritten:

1. Parameterformen (die ggf. erst aufzustellen sind) gleichsetzen;
2. lineares Gleichungssystem mit GAUSS-Algorithmus lösen;
3. Lösungsmenge geometrisch interpretieren.

Aufgaben

1. Welche Punkte liegen auf welchen Geraden?

$$A:\vec a=\begin{pmatrix}1\\2\\0\end{pmatrix}\quad B:\vec b=\begin{pmatrix}-2\\1\\3\end{pmatrix}\quad C:\vec c=\begin{pmatrix}3\\6\\0\end{pmatrix}$$

$$D:\vec d=\begin{pmatrix}-4\\3\\2\end{pmatrix}\quad E:\vec e=\begin{pmatrix}7\\0\\3\end{pmatrix}\quad g:\vec p=r\begin{pmatrix}-3\\-6\\0\end{pmatrix}$$

$$h:\vec p=\begin{pmatrix}6\\1\\4\end{pmatrix}+s\begin{pmatrix}-5\\1\\-1\end{pmatrix}\quad j:\vec p=\begin{pmatrix}0\\-5\\-8\end{pmatrix}+t\begin{pmatrix}-2\\4\\5\end{pmatrix}$$

2. Wie liegen die Geraden g und h zueinander?

a) $g:\vec p=\begin{pmatrix}2\\3\\1\end{pmatrix}+r\begin{pmatrix}2\\-1\\3\end{pmatrix}\quad h:\vec p=\begin{pmatrix}-2\\-3\\1\end{pmatrix}+r\begin{pmatrix}-4\\2\\-6\end{pmatrix}$

b) $g:\vec p=\begin{pmatrix}3\\1\\-2\end{pmatrix}+r\begin{pmatrix}1\\-3\\5\end{pmatrix}\quad h:\vec p=\begin{pmatrix}2\\4\\-1\end{pmatrix}+r\begin{pmatrix}3\\-9\\9\end{pmatrix}$

c) $g:\vec p=\begin{pmatrix}0\\7\\9\end{pmatrix}+r\begin{pmatrix}3\\-12\\-9\end{pmatrix}\quad h:\vec p=\begin{pmatrix}2\\-1\\3\end{pmatrix}+r\begin{pmatrix}-1\\4\\3\end{pmatrix}$

d) $g:\vec p=\begin{pmatrix}0\\0\\0\end{pmatrix}+r\begin{pmatrix}2\\1\\3\end{pmatrix}\quad h:\vec p=\begin{pmatrix}2\\0\\1\end{pmatrix}+r\begin{pmatrix}1\\2\\3\end{pmatrix}$

3. Welche Punkte liegen auf welchen Ebenen?

$$A:\vec a=\begin{pmatrix}1\\2\\3\end{pmatrix}\quad B:\vec b=\begin{pmatrix}2\\-1\\4\end{pmatrix}\quad C:\vec c=\begin{pmatrix}-6\\5\\-5\end{pmatrix}$$

$$D:\vec d=\begin{pmatrix}-4\\3\\2\end{pmatrix}\quad E:\vec e=\begin{pmatrix}-3\\12\\9\end{pmatrix}$$

$$\varepsilon:\vec p=r\begin{pmatrix}3\\1\\7\end{pmatrix}+s\begin{pmatrix}1\\-3\\1\end{pmatrix}$$

$$\delta:\vec p=\begin{pmatrix}6\\1\\4\end{pmatrix}+s\begin{pmatrix}-5\\1\\-1\end{pmatrix}+t\begin{pmatrix}3\\0\\-3\end{pmatrix}$$

$$\eta:\vec p=\begin{pmatrix}2\\4\\-1\end{pmatrix}+s\begin{pmatrix}0\\-5\\-8\end{pmatrix}+t\begin{pmatrix}-2\\4\\5\end{pmatrix}$$

$$\chi:\vec p=\begin{pmatrix}1\\4\\-7\end{pmatrix}+s\begin{pmatrix}2\\-4\\-8\end{pmatrix}+t\begin{pmatrix}-2\\4\\8\end{pmatrix}$$

4. Wie liegen die Geraden g, h und j zur Ebene

$$\delta:\vec p=\begin{pmatrix}-2\\1\\-1\end{pmatrix}+s\begin{pmatrix}2\\4\\1\end{pmatrix}+t\begin{pmatrix}1\\-3\\5\end{pmatrix}?$$

$$g:\vec p=\begin{pmatrix}0\\5\\0\end{pmatrix}+r\begin{pmatrix}1\\7\\-4\end{pmatrix}\quad h:\vec p=\begin{pmatrix}1\\2\\5\end{pmatrix}+s\begin{pmatrix}2\\0\\4\end{pmatrix}$$

$$j:\vec p=\begin{pmatrix}2\\2\\5\end{pmatrix}+t\begin{pmatrix}5\\5\\7\end{pmatrix}$$

5. Welche Lage haben je zwei der folgenden Ebenen zueinander?

$$\varepsilon:\vec p=\begin{pmatrix}4\\2\\0\end{pmatrix}+s\begin{pmatrix}1\\1\\1\end{pmatrix}+t\begin{pmatrix}-1\\0\\2\end{pmatrix}$$

$$\delta:\vec p=\begin{pmatrix}5\\3\\1\end{pmatrix}+s\begin{pmatrix}1\\1\\1\end{pmatrix}+t\begin{pmatrix}-1\\0\\2\end{pmatrix}$$

$$\eta:\vec p=\begin{pmatrix}2\\2\\2\end{pmatrix}+s\begin{pmatrix}1\\1\\1\end{pmatrix}+t\begin{pmatrix}0\\1\\3\end{pmatrix}$$

$$\chi:\vec p=\begin{pmatrix}2\\2\\2\end{pmatrix}+s\begin{pmatrix}0\\1\\3\end{pmatrix}+t\begin{pmatrix}2\\4\\-1\end{pmatrix}$$

6. Berechne die gegenseitige Lage von je zwei der im Folgenden gegebenen vier Ebenen.
Die Punkte $A=(2|0|3)$, $B=(4|3|2)$ und $C=(3|3|1)$ liegen auf ε. Der Punkt $D=(1|-1|3)$ und die Gerade

$g:\vec p=\begin{pmatrix}1\\0\\2\end{pmatrix}+r\begin{pmatrix}1\\1\\0\end{pmatrix}$ liegen auf δ.

Die Gerade $h:\vec p=\begin{pmatrix}2\\0\\4\end{pmatrix}+s\begin{pmatrix}3\\6\\-3\end{pmatrix}$ und die Gerade

$g:\vec p=\begin{pmatrix}4\\3\\3\end{pmatrix}+t\begin{pmatrix}1\\3\\-2\end{pmatrix}$ liegen auf φ.

η hat die Koordinatengleichung $x+y+z=1$.

7. Löse Aufgabe 7 aus Paragraph 1.2.4 mit Hilfe von Parameterform und GAUSS-Algorithmus.

8. Löse Aufgabe 12 aus Paragraph 1.2.4 mit Hilfe von Parameterform und GAUSS-Algorithmus.

9.* Erstelle eine tabellarische Übersicht über alle auftretenden Typen von Schnittproblemen zwischen je zwei Objekten der Typen Punkte, Geraden, Ebenen. Gib zu jedem Schnittproblem die Zeilenzahl und die Spaltenzahl des zugehörigen linearen Gleichungssystems an. Unterscheide alle auftretenden Lösungsmengentypen und deute die Resultate geometrisch. Skizziere auch.

10. Erstelle eine Übersicht, welche Lagebeziehungen zwischen drei Ebenen im Raum auftreten können. Stelle die Beziehungen zu den linearen Gleichungssystemen der Parameterformen und ihren Lösungsmengen her. Gib zu jedem Fall ein Beispiel mit konkreten Ebenen an. Skizziere die Situation auch.
Vergleiche mit Aufgabe 17 aus dem Paragraphen 1.2.4.

2.3.2 Darstellungsformen von Ebenen

Schnelle und bequeme Verfahren zum Umrechnen zwischen den Darstellungsformen von Ebenen sind hilfreich und nützlich. In Paragraph 1.1.4 wurde gezeigt, wie zu drei Punkten die Koordinatengleichung und die Achsenabschnittsform der zugehörigen Ebene gefunden werden. Paragraph 1.2.3 erläuterte die Umrechnungen zwischen der Parameterform und der Koordinatengleichung, wobei der Übergang von der Parameterform zur Koordinatengleichung recht mühsam war. Hier wird dieser Übergang nun nochmals untersucht und zu einem einfach handhabbaren, schematischen Verfahren erweitert.

Die geometrische Idee ist die Durchstoßpunkte der Koordinatenachsen durch die Ebene zu berechnen und von dort zur Koordinatengleichung zu kommen. Zum leichteren Verständnis betrachten wir ein Beispiel.

Zur Ebene $\varepsilon: \vec{p} = \begin{pmatrix} 16 \\ -5 \\ 4 \end{pmatrix} + s_1 \begin{pmatrix} -25 \\ 20 \\ -6 \end{pmatrix} + s_2 \begin{pmatrix} 3 \\ 15 \\ 10 \end{pmatrix}$ ist die Koordinatenform gesucht. Die x-Achse, die y-Achse und die z-Achse beschreiben wir durch die Vektoren $x\begin{pmatrix} 1 \\ 0 \\ 0 \end{pmatrix}$, $y\begin{pmatrix} 0 \\ 1 \\ 0 \end{pmatrix}$ bzw. $z\begin{pmatrix} 0 \\ 0 \\ 1 \end{pmatrix}$.

Zur Durchstoßpunktbestimmung wird je eine Achse mit der Ebene zum Schnitt gebracht. Die drei Gleichungssysteme haben übereinstimmende rechte Seiten und unterscheiden sich jeweils nur im dritten Spaltenvektor der linken Seite. Wir bearbeiten die drei Systeme *simultan*, das heißt, wir fassen sie zu einem System mit 5 Spaltenvektoren zusammen und bearbeiten alle Spalten gleichzeitig mit dem GAUSS-Algorithmus.

s_1	s_2	x	y	z	
−25	3	−1	0	0	−16
20	15	0	−1	0	5
6	10	0	0	−1	−4

Ausgangsform

s_1	s_2	x	y	z	
25	−3	1	0	0	16
0	−87	4	5	0	39
0	0	−50	−40	75	−300

Endform

Die gesuchte Koordinatengleichung der Ebene ist direkt aus den hervorgehobenen Werten in der letzten Zeile ablesbar und auch die Durchstoßpunkte der Ebene mit den Koordinatenachsen lassen sich der dritten Systemzeile entnehmen. Sie lautet

$$-50x - 40y + 75z = -300$$

bzw. nach Vereinfachung

$$10x + 8y - 15z = 60.$$

Um diesen Sachverhalt zu verstehen muss an die drei Einzelsysteme gedacht werden. Für die Durchstoßpunktberechnung mit der x-Achse gehört die x-Spalte des großen Systems zum passenden 3×3-System. In der letzten Zeile steht dann $-50x = -300$. Der Wert für x ist also 6. Demnach durchstößt die x-Achse die Ebene ε im Punkt $(6|0|0)$. Das Ergebnis für die y-Achse ist analog $y = 7{,}5$ und für die z-Achse $z = -4$.

Die Koordinatengleichung ist durch die drei Durchstoßpunkte eindeutig festgelegt. Am Durchstoßpunkt der x-Achse gilt $y = 0$ und $z = 0$. Daher muss die gesuchte Koordinatengleichung die Bedingung $-50x = -300$ erfüllen. Am Durchstoßpunkt mit der y-Achse muss wegen $x = z = 0$ die Gleichung $-40y = -300$ Teil der gesuchten Koordinatengleichung sein. Und am Durchstoßpunkt der z-Achse mit $x = y = 0$ gilt $75z = -300$. Die gesuchte Koordinatengleichung muss alle drei Teile enthalten, sie lautet $-50x - 40y + 75z = -300$ bzw. $10x + 8y - 15z = 6$.

Bemerkung: Wenn die umzuwandelnde Ebene zu einer oder zu zwei Achsen parallel verläuft – was an der Parameterform nicht so einfach abzulesen ist –, ergeben sich in der letzten Zeile des simultan bearbeiteten Systems besondere Formen. So hat etwa die Endform des Simultansystems zur Ebene

$\alpha: \vec{p} = \begin{pmatrix} 2 \\ 3 \\ 4 \end{pmatrix} + s_1 \begin{pmatrix} 3 \\ 2 \\ 0 \end{pmatrix} + s_2 \begin{pmatrix} -1 \\ 3 \\ 0 \end{pmatrix}$ folgendes Aussehen:

s_1	s_2	x	y	z	
3	−1	−1	0	0	−2
2	3	0	−1	0	−3
0	0	0	0	−1	−4

Da die Teilsysteme für den Schnitt mit der x-Achse und mit der y-Achse wegen der Gleichungen $0x = -4$ bzw. $0y = -4$ unlösbar sind, hat α weder mit der x-Achse noch mit der y-Achse einen Durchstoßpunkt. Die Ebene α liegt also parallel zur x-y-Ebene und hat die einfache Koordinatengleichung $z = 4$.

Es gibt noch andere Sonderfälle, die bei der Anwendung dieses Umwandlungsverfahrens von der Parameterform zur Koordinatengleichung zu beachten sind. Sie werden in den Aufgaben 3 und 4 genauer untersucht.

Aufgaben

1. Welche Koordinatengleichungen gehören zu den Ebenen? Zur Lösung gehört auch eine Probe an drei geeignet gewählten Punkten.

$$\varepsilon: \vec{p} = \begin{pmatrix} 7 \\ -3 \\ 4 \end{pmatrix} + s_1 \begin{pmatrix} -5 \\ 9 \\ -8 \end{pmatrix} + s_2 \begin{pmatrix} -10 \\ 6 \\ -2 \end{pmatrix}$$

$$\varphi: \vec{p} = \begin{pmatrix} 3 \\ 1 \\ 5 \end{pmatrix} + s_1 \begin{pmatrix} -2 \\ 1 \\ 3 \end{pmatrix} + s_2 \begin{pmatrix} 1 \\ 3 \\ -4 \end{pmatrix}$$

$$\mu: \vec{p} = \begin{pmatrix} 4 \\ 1 \\ 3 \end{pmatrix} + s_1 \begin{pmatrix} -3 \\ 1 \\ -1 \end{pmatrix} + s_2 \begin{pmatrix} 2 \\ 2 \\ 2 \end{pmatrix}$$

$$\delta: \vec{p} = s_1 \begin{pmatrix} 4 \\ 2 \\ -1 \end{pmatrix} + s_2 \begin{pmatrix} 5 \\ 1 \\ 4 \end{pmatrix}$$

2. Wandele jede der Ebenen in alle anderen Darstellungsformen für Ebenen um.

$$\varepsilon: \frac{x}{2} + \frac{y}{3} - \frac{z}{4} = 1 \qquad \delta: \vec{p} = \begin{pmatrix} 7 \\ 3 \\ 4 \end{pmatrix} + s_1 \begin{pmatrix} 5 \\ -9 \\ 8 \end{pmatrix} + s_2 \begin{pmatrix} 5 \\ 7 \\ 9 \end{pmatrix}$$

$$\phi: \begin{pmatrix} 2 \\ 3 \\ 1 \end{pmatrix} \vec{x} = 7 \qquad \chi: z + 2y = 3$$

$$\varphi: \vec{p} = t_1 \begin{pmatrix} 2 \\ 1 \\ 4 \end{pmatrix} + t_2 \begin{pmatrix} -1 \\ 3 \\ 1 \end{pmatrix} \qquad \mu: \begin{pmatrix} -1 \\ 2 \\ 1 \end{pmatrix} \vec{x} = 0$$

$$\beta: z = 2x + 3y - 4$$

3. Die vorgelegten Ebenen zeigen bei der Anwendung des Umwandlungsverfahrens besondere Reaktionen. Führe die Umwandlung durch, beschreibe die Besonderheiten, ordne sie geometrischen Sachverhalten zu.

$$\varepsilon: \vec{p} = \begin{pmatrix} 2 \\ 1 \\ 3 \end{pmatrix} + s_1 \begin{pmatrix} 1 \\ 2 \\ 1 \end{pmatrix} + s_2 \begin{pmatrix} 2 \\ 4 \\ 1 \end{pmatrix}$$

$$\alpha: \vec{p} = \begin{pmatrix} 1 \\ 1 \\ 4 \end{pmatrix} + s_1 \begin{pmatrix} 2 \\ 0 \\ 1 \end{pmatrix} + s_2 \begin{pmatrix} -1 \\ 0 \\ 3 \end{pmatrix}$$

$$\beta: \vec{p} = \begin{pmatrix} -2 \\ 3 \\ 1 \end{pmatrix} + s_1 \begin{pmatrix} 2 \\ -1 \\ 3 \end{pmatrix} + s_2 \begin{pmatrix} 2 \\ 0 \\ 5 \end{pmatrix}$$

$$\delta: \vec{p} = \begin{pmatrix} -2 \\ 3 \\ 3 \end{pmatrix} + s_1 \begin{pmatrix} 2 \\ -1 \\ -3 \end{pmatrix} + s_2 \begin{pmatrix} -2 \\ 3 \\ 3 \end{pmatrix}$$

4.* Wende das Umwandlungsverfahren auf die „verkappten" Geraden ε und δ an. Stelle fest, woran man im Ablauf des Verfahrens „verkappte" Geraden erkennen kann.

$$\varepsilon: \vec{p} = \begin{pmatrix} 4 \\ 1 \\ 3 \end{pmatrix} + s_1 \begin{pmatrix} -3 \\ 1 \\ -1 \end{pmatrix} + s_2 \begin{pmatrix} 6 \\ -2 \\ 2 \end{pmatrix}$$

$$\delta: \vec{p} = \begin{pmatrix} 1 \\ 0 \\ 0 \end{pmatrix} + s_1 \begin{pmatrix} 1 \\ 1 \\ 1 \end{pmatrix} + s_2 \begin{pmatrix} -2 \\ -2 \\ -2 \end{pmatrix}$$

5.* Die Vektoren $\vec{a} = \begin{pmatrix} 5 \\ -1 \\ 5 \end{pmatrix}$, $\vec{b} = \begin{pmatrix} -2 \\ 6 \\ 4 \end{pmatrix}$ und $\vec{c} = \begin{pmatrix} -4 \\ -4 \\ 4 \end{pmatrix}$ spannen einen Spat im Raum auf. Dieser Spat wird von der Ebene $\varepsilon: \vec{p} = \begin{pmatrix} 0 \\ 2 \\ 0 \end{pmatrix} + s_1 \begin{pmatrix} 1 \\ 0 \\ -1 \end{pmatrix} + s_2 \begin{pmatrix} 2 \\ -1 \\ 0 \end{pmatrix}$ geschnitten und der Schnitt von Spat und Ebene mit allen seinen Teilen soll berechnet werden.

Anleitung: Der Spat hat 12 Kanten und 6 Flächen. Von allen ist der Schnitt mit der Ebene zu berechnen. Die dazu notwendigen 18 linearen Gleichungssysteme sollen simultan mit dem GAUSS-Algorithmus bearbeitet werden. Bei der Interpretation der Lösungen muss darauf geachtet werden, dass die Parameterwerte der Schnittpunkte und Schnittgeraden auch zum Kantenbereich des Spats gehören. Abschließend ist der Spat mit dem Schnitt zu zeichnen.

2.3.3 Linearkombinationen und lineare Unabhängigkeit

Die Begriffe der Überschrift sind bereits im Paragraphen 1.2.5 aufgetreten. Sie waren dort die Grundlage einer komponentenfreien Vektorgeometrie, die allgemeingültige geometrische Aussagen und Beweise möglich machte. Viele Aussagen und Sätze dort setzen die lineare Unabhängigkeit der beteiligten Vektoren voraus. Die Anwendung dieser allgemeinen Sätze zur Lösung konkreter Probleme ist also erst möglich, wenn die vorliegenden Vektoren auf ihre lineare Abhängigkeit oder Unabhängigkeit geprüft sind. Die Begriffe Linearkombination, linear abhängig und linear unabhängig sind auch für das Verständnis der allgemeinen Eigenschaften von linearen Gleichungssystemen in Abschnitt 2.5 und zum Verständnis der Matrizen in Abschnitt 3.1 grundlegend.

Wir beginnen mit einem Beispiel, das die notwendigen neuen Begriffe erläutert und gleichzeitig demonstriert, wie mit dem GAUSS-Algorithmus lineare Unabhängigkeit überprüft werden kann.

$\vec{a}_1 = \begin{pmatrix} 1 \\ 2 \\ 3 \end{pmatrix}$, $\vec{a}_2 = \begin{pmatrix} 3 \\ -1 \\ 2 \end{pmatrix}$, $\vec{a}_3 = \begin{pmatrix} 2 \\ 1 \\ 3 \end{pmatrix}$ und $\vec{a}_4 = \begin{pmatrix} 1 \\ 3 \\ 2 \end{pmatrix}$ sind vier Vektoren des Raumes. Eine Vektorsumme von der Art wie zum Beispiel $5{,}3 \cdot \vec{a}_1 + \frac{3}{7} \cdot \vec{a}_2 - 4 \cdot \vec{a}_3 + \vec{a}_4$, in der die vier Vektoren zuerst mit irgendwelchen skalaren Faktoren multipliziert und dann addiert werden, ist wieder ein Vektor. Eine solche Summe von Vektoren nennt man eine *Linearkombination* dieser Vektoren.

In vielen Fällen ist es interessant zu wissen, ob sich einer der Vektoren $\vec{a}_1, \vec{a}_2, \vec{a}_3$ und $\vec{a}_4$ als Linearkombination der restlichen darstellen lässt – dann heißen die Vektoren *linear abhängig* – oder ob sich keiner der Vektoren als Linearkombination der restlichen darstellen lässt – dann heißen die Vektoren *linear unabhängig*.

Wir wollen nun untersuchen, ob die Vektoren $\vec{a}_1$, $\vec{a}_2$, $\vec{a}_3$ und $\vec{a}_4$ linear abhängig oder linear unabhängig sind. Dazu müssen wir klären, ob es Lösungen für Gleichungen der Gestalt $\vec{a}_4 = x_1 \vec{a}_1 + x_2 \vec{a}_2 + x_3 \vec{a}_3$ oder $\vec{a}_3 = x_1 \vec{a}_1 + x_2 \vec{a}_2 + x_4 \vec{a}_4$ gibt.

Alle diese Fragen sind in einer einzigen Frage enthalten, nämlich in der, ob die Gleichung

$$x_1 \vec{a}_1 + x_2 \vec{a}_2 + x_3 \vec{a}_3 + x_4 \vec{a}_4 = \vec{0}$$

eine Lösung hat, deren Unbekannte x_1, x_2, x_3 und x_4 nicht alle gleichzeitig null sind. Denn wenn es beispielsweise eine Lösung mit $x_1 \neq 0$ gibt, dann lässt sich die Gleichung nach $\vec{a}_1$ auflösen und damit ist $\vec{a}_1$ als Linearkombination von $\vec{a}_2$, $\vec{a}_3$ und $\vec{a}_4$ darstellbar.

Der Vektorgleichung $x_1 \vec{a}_1 + x_2 \vec{a}_2 + x_3 \vec{a}_3 + x_4 \vec{a}_4 = \vec{0}$ entspricht ein 3×4-Gleichungssystem, das sich einfach und elegant mit dem GAUSS-Algorithmus bearbeiten läßt. Für die konkret gegebenen Vektoren unseres Beispiels sieht das so aus:

x_1	x_2	x_3	x_4	
1	3	2	1	0
2	−1	1	3	0
3	2	3	2	0

Ausgangsform

x_1	x_2	x_3	x_4	
1	3	2	1	0
0	−7	−3	1	0
0	0	0	−2	0

Endform

Durch Rückwärts-Einsetzen ergibt sich $x_4 = 0$, x_3 ist frei wählbar und die Werte von $x_1 = -\frac{5}{7}x_3$ und $x_2 = -\frac{3}{7}x_3$ hängen von x_3 ab. Für $x_3 = 1$ gilt deshalb $\vec{a}_3 = \frac{5}{7}\vec{a}_1 + \frac{3}{7}\vec{a}_2$; die Vektoren $\vec{a}_1$, $\vec{a}_2$ und $\vec{a}_3$ sind also linear abhängig und damit sind nach Definition auch die Vektoren $\vec{a}_1$, $\vec{a}_2$, $\vec{a}_3$ und $\vec{a}_4$ linear abhängig.

Fragt man weiter nach der linearen Abhängigkeit oder Unabhängigkeit der restlichen drei Vektoren $\vec{a}_1, \vec{a}_3$ und $\vec{a}_4$, so ist das Gleichungssystem $x_1 \vec{a}_1 + x_3 \vec{a}_3 + x_4 \vec{a}_4 = \vec{0}$ zu untersuchen. Die Endform unseres Systems gibt auch hier die Anwort. Ohne die zweite Spalte für $\vec{a}_2$ ist das reduzierte System eindeutig, also nur durch $x_1 = x_3 = x_4 = 0$ lösbar. Deshalb sind die Vektoren $\vec{a}_1$, $\vec{a}_3$ und $\vec{a}_4$ linear unabhängig.

Für die Vektoren $\vec{a}_1, \vec{a}_2$ und $\vec{a}_3$ lässt sich aus der Endform des Systems sofort ihre lineare Abhängigkeit ablesen. Das bedeutet geometrisch, dass die Menge aller möglichen Linearkombinationen von $\vec{a}_1$, $\vec{a}_2$ und $\vec{a}_3$ nur eine Ebene durch den Ursprung darstellt, denn jedes Vielfache von $\vec{a}_3$ liegt ja schon in der von $\vec{a}_1$ und $\vec{a}_2$ aufgespannten Ebene.

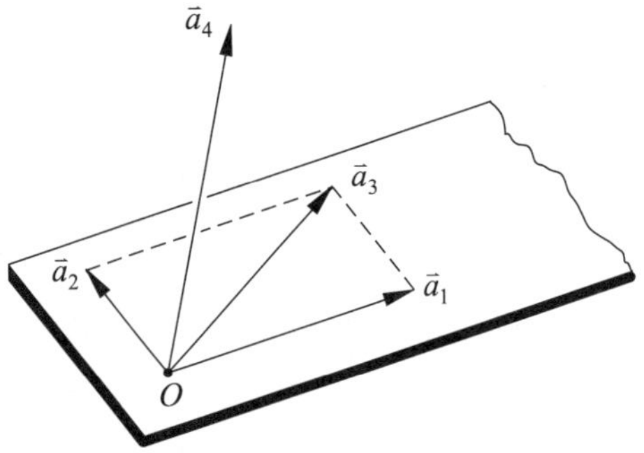

Abb. 2.3.–1

Dagegen spannen die linear unabhängigen Vektoren $\vec{a}_1$, $\vec{a}_3$ und $\vec{a}_4$ den gesamten Raum auf. Ihre Linearkombinationen erreichen jeden Punkt des Raumes und tun dies sogar in eindeutiger Weise.

Die geometrisch orientierte Definition der linearen Unabhängigkeit von Vektoren wurde bereits am Ende des Paragraphen 1.2.5 gegeben. Die algebraisch orientierte Definition lässt sich mit dem Begriff der Linearkombination wie folgt fassen.

Definition: Lineare Unabhängigkeit

Vektoren heißen linear unabhängig, wenn ihre Linearkombinationen nur unter der Bedingung den Nullvektor darstellen, dass alle skalaren Faktoren null sind.

Das Beispiel hat gezeigt, wie die Vektorgleichung $x_1 \vec{a}_1 + x_2 \vec{a}_2 + x_3 \vec{a}_3 + x_4 \vec{a}_4 = \vec{0}$ zur Untersuchung von Vektoren auf lineare Unabhängigkeit dienen kann. Wir halten fest, dass sich mit dem GAUSS-Algorithmus in einfacher Weise feststellen lässt, ob ein System von Vektoren linear abhängig oder linear unabhängig ist. Und wir halten weiter fest, dass man mit dem GAUSS-Algorithmus auch die skalaren Faktoren bestimmen kann, mit denen sich Vektoren als linear abhängig zeigen. Die Vektoren in den Spalten der Endform des GAUSS-Algorithmus haben in diesem Zusammenhang allerdings keine unmittelbar anschauliche Bedeutung.

Der Begriff der Basis

Die eindeutige Darstellung aller Vektoren $\vec{p}$ des Raumes als Kombination bestimmter, linear unabhängiger Vektoren $\vec{a}_1$, $\vec{a}_2$ und $\vec{a}_3$ in der Form $\vec{p} = p_1\vec{a}_1 + p_2\vec{a}_2 + p_3\vec{a}_3$ ist so wichtig, dass für ein System linear unabhängiger Vektoren wie $\vec{a}_1$, $\vec{a}_2$ und $\vec{a}_3$ der Begriff *Basis* eingeführt wurde.

So bilden je zwei linear unabhängige, also nicht in einer Geraden liegende, Vektoren einer Ebene eine Basis dieser Ebene; und drei linear unabhängige Vektoren des dreidimensionalen Raumes bilden eine Basis dieses Raumes. Die wichtigste und am häufigsten benutzte Basis des Anschauungsraumes besteht aus den

Einheitsvektoren $\vec{e}_1 = \begin{pmatrix}1\\0\\0\end{pmatrix}$, $\vec{e}_2 = \begin{pmatrix}0\\1\\0\end{pmatrix}$ und $\vec{e}_3 = \begin{pmatrix}0\\0\\1\end{pmatrix}$,

die die Achsen des natürlichen Koordinatensystems bilden.

Aufgaben

1. Untersuche, ob die Vektoren linear unabhängig sind. Bestimme anderenfalls eine möglichst große Teilmenge linear unabhängiger Vektoren und stelle die restlichen Vektoren als Linearkombination dar.

a) $\begin{pmatrix}3\\7\end{pmatrix}, \begin{pmatrix}2\\-9\end{pmatrix}$ b) $\begin{pmatrix}3\\-9\end{pmatrix}, \begin{pmatrix}-1\\3\end{pmatrix}$ c) $\begin{pmatrix}1\\3\end{pmatrix}, \begin{pmatrix}3\\1\end{pmatrix}, \begin{pmatrix}5\\8\end{pmatrix}$

d) $\begin{pmatrix}2\\-1\\2\end{pmatrix}, \begin{pmatrix}4\\-2\\1\end{pmatrix}$ e) $\begin{pmatrix}-2\\1\\3\end{pmatrix}, \begin{pmatrix}-6\\3\\9\end{pmatrix}$

f) $\begin{pmatrix}2\\1\\-1\end{pmatrix}, \begin{pmatrix}-2\\1\\1\end{pmatrix}, \begin{pmatrix}4\\-2\\2\end{pmatrix}$ g) $\begin{pmatrix}3\\2\\-1\\4\end{pmatrix}, \begin{pmatrix}2\\1\\3\\5\end{pmatrix}, \begin{pmatrix}3\\1\\12\\2\end{pmatrix}$

h) $\begin{pmatrix}2\\3\\1\\5\end{pmatrix}, \begin{pmatrix}1\\0\\0\\3\end{pmatrix}, \begin{pmatrix}1\\3\\1\\8\end{pmatrix}, \begin{pmatrix}3\\6\\2\\13\end{pmatrix}$ i) $\begin{pmatrix}1\\0\\1\\0\end{pmatrix}, \begin{pmatrix}0\\1\\1\\0\end{pmatrix}, \begin{pmatrix}0\\1\\0\\1\end{pmatrix}, \begin{pmatrix}0\\0\\1\\1\end{pmatrix}$

j) die Vektoren aus Aufgabe 1 von Paragraph 1.2.5.

2. Welche der Vektoren $\vec{x}$, $\vec{y}$ und $\vec{z}$ lassen sich als Linearkombination von $\vec{a}$, $\vec{b}$ und $\vec{c}$ darstellen? Wie lautet die Linearkombination?

$\vec{x} = \begin{pmatrix}11\\6\\7\end{pmatrix}$ $\vec{y} = \begin{pmatrix}12\\5\\8\end{pmatrix}$ $\vec{z} = \begin{pmatrix}13\\2\\9\end{pmatrix}$

a) $\vec{a} = \begin{pmatrix}3\\1\\2\end{pmatrix}$ $\vec{b} = \begin{pmatrix}4\\-1\\3\end{pmatrix}$ $\vec{c} = \begin{pmatrix}10\\1\\7\end{pmatrix}$

b) $\vec{a} = \begin{pmatrix}-1\\1\\-1\end{pmatrix}$ $\vec{b} = \begin{pmatrix}-2\\4\\-2\end{pmatrix}$ $\vec{c} = \begin{pmatrix}14\\-1\\10\end{pmatrix}$

c) Wie lassen sich die Unterschiede zwischen den Ergebnissen in a) und b) geometrisch erklären?

3. Zeige, dass sich jeder Vektor des dreidimensionalen Raumes eindeutig als Linearkombination der Vektoren $\begin{pmatrix}2\\4\\2\end{pmatrix}, \begin{pmatrix}-3\\-5\\-1\end{pmatrix}$ und $\begin{pmatrix}0\\1\\3\end{pmatrix}$ darstellen lässt.

4. a) Stelle den Vektor $\vec{d}$ als Linearkombination aller drei Vektoren $\vec{a}$, $\vec{b}$ und $\vec{c}$ dar.
 b) Wie kann $\vec{d}$ auch mit zwei der drei Vektoren dargestellt werden?
 c) Gib den Teil des Raumes an, den die Linearkombinationen von $\vec{a}$, $\vec{b}$, $\vec{c}$ und $\vec{d}$ erreichen.

$\vec{a} = \begin{pmatrix}1\\2\\3\end{pmatrix}$ $\vec{b} = \begin{pmatrix}1\\0\\1\end{pmatrix}$ $\vec{c} = \begin{pmatrix}2\\1\\3\end{pmatrix}$ $\vec{d} = \begin{pmatrix}9\\4\\13\end{pmatrix}$

5. a) Für welche Werte von s ($s \neq 0$) sind die Vektoren $\vec{a}$, $\vec{b}$, $\vec{c}$ und $\vec{d}$ linear abhängig? Gib die Linearkombinationen an.
 b) Für welche Werte von s sind $\vec{a}$, $\vec{b}$ und $\vec{c}$ linear unabhängig?

$\vec{a} = \begin{pmatrix}1\\3\\0\\s\end{pmatrix}$ $\vec{b} = \begin{pmatrix}1\\2s\\1\\0\end{pmatrix}$ $\vec{c} = \begin{pmatrix}1\\-s\\1\\1\end{pmatrix}$ $\vec{d} = \begin{pmatrix}0\\-2s\\s\\-3\end{pmatrix}$

6.* Welche allgemein gültigen Aussagen über lineare Abhängigkeit und lineare Unabhängigkeit kann man bei m Vektoren mit n Komponenten machen?

7. Prüfe, ob die Vektoren einen Spat aufspannen.

a) $\vec{a} = \begin{pmatrix}2\\-1\\7\end{pmatrix}$ $\vec{b} = \begin{pmatrix}-4\\3\\2\end{pmatrix}$ $\vec{c} = \begin{pmatrix}1\\0\\5\end{pmatrix}$

b) $\vec{a} = \begin{pmatrix}2\\4\\6\end{pmatrix}$ $\vec{b} = \begin{pmatrix}-4\\3\\2\end{pmatrix}$ $\vec{c} = \begin{pmatrix}1\\0\\5\end{pmatrix}$

c) $\vec{a} = \begin{pmatrix}2\\1\\4\end{pmatrix}$ $\vec{b} = \begin{pmatrix}3\\2\\1\end{pmatrix}$ $\vec{c} = \begin{pmatrix}1\\1\\1\end{pmatrix}$

d) Untersuche in jeder Teilaufgabe, ob der Punkt $(3|2|3)$ im Inneren des Spats liegt.

8. Erreichen die Linearkombinationen der Vektoren $\vec{a}$, $\vec{b}$ und $\vec{c}$ den gesamten Raum, alle Punkte einer Ebene oder nur die Punkte einer Geraden?

a) $\vec{a}=\begin{pmatrix}2\\-3\\5\end{pmatrix}$ $\vec{b}=\begin{pmatrix}29\\-5\\6\end{pmatrix}$ $\vec{c}=\begin{pmatrix}5\\-1\\3\end{pmatrix}$

b) $\vec{a}=\begin{pmatrix}2\\3\\-5\end{pmatrix}$ $\vec{b}=\begin{pmatrix}5\\-9\\6\end{pmatrix}$ $\vec{c}=\begin{pmatrix}-13\\3\\8\end{pmatrix}$

9. Zeige, dass die Vektoren eine Basis des zugehörigen Raumes bilden und sich jeder Punkt des Raumes eindeutig als Linearkombination dieser Vektoren darstellen lässt.

a) $\vec{a}=\begin{pmatrix}0\\3\\1\end{pmatrix}$ $\vec{b}=\begin{pmatrix}1\\1\\0\end{pmatrix}$ $\vec{c}=\begin{pmatrix}1\\1\\3\end{pmatrix}$

b) $\vec{a}=\begin{pmatrix}3\\0\\1\\2\end{pmatrix}$ $\vec{b}=\begin{pmatrix}3\\1\\1\\2\end{pmatrix}$ $\vec{c}=\begin{pmatrix}4\\1\\2\\3\end{pmatrix}$ $\vec{d}=\begin{pmatrix}5\\1\\2\\4\end{pmatrix}$

c) $\vec{a}=\begin{pmatrix}3\\7\end{pmatrix}$ $\vec{b}=\begin{pmatrix}2\\-9\end{pmatrix}$

10. Löse das homogene Gleichungssystem. Gib für die Lösungsmenge drei verschiedene Basen an.

$$\begin{aligned} 2x_1 + 3x_2 + x_3 - 2x_4 &= 0 \\ 2x_1 + 5x_2 + 2x_3 + 2x_4 &= 0 \\ 4x_1 + 4x_2 + x_3 - 8x_4 &= 0 \\ 2x_1 + 7x_2 + 3x_3 + 6x_4 &= 0 \end{aligned}$$

11. Begründe rechnerisch die Aussagen in Aufgabe 4 aus Paragraph 1.2.5.

12.* Zeige: Wenn die vier Vektoren $\vec{b}_1, \vec{b}_2, \vec{b}_3$ und $\vec{b}_4$ linear unabhängig sind, dann sind auch die vier Vektoren $\vec{b}_1, \vec{b}_1+\vec{b}_2, \vec{b}_1+\vec{b}_2+\vec{b}_3$ und $\vec{b}_1+\vec{b}_2+\vec{b}_3+\vec{b}_4$ linear unabhängig.

2.4 Algorithmische und numerische Aspekte

Viele technische Fragestellungen führen zu riesigen linearen Gleichungssystemen, die nur noch mit Computern bearbeitet werden können. Dies wurde in Paragraph 2.2.3 am Beispiel der Lösung der Wärmedifferentialgleichung verdeutlicht. Auch in anderen Anwendungsfeldern, etwa bei wirtschaftlichen Verflechtungen und bei Optimierungsproblemen, treten sehr viele Gleichungen mit sehr vielen Unbekannten auf, die simultan erfüllt sein müssen.

Die maschinelle Lösung von Gleichungssystemen *mit direkten Verfahren* wie dem GAUSS-Algorithmus bringt Schwierigkeiten mit sich. Einerseits haben bestimmte lineare Gleichungssysteme die Eigenschaft, auf kleine Änderungen der Ausgangsdaten mit enormen Änderungen der Lösungen zu reagieren. Andererseits entstehen Probleme aus der prinzipiellen, wenn auch geringen Rechenungenauigkeit der Computer, die sich jedoch durch die sehr hohe Anzahl von Rechenschritten auf die Ergebnisse deutlich auswirken. Paragraph 2.4.1 verdeutlicht beide Probleme an kleinen Beispielen und stellt mathematische Ansätze zur Verbesserung vor. Die Anzahl der notwendigen Rechenschritte, die auch für die Rechenzeit und damit für die Rechenkosten entscheidend ist, wird in einem Exkurs abgeschätzt.

Die maschinelle Lösung linearer Gleichungssysteme *mit Näherungsverfahren* hat dagegen den Vorteil, dass Rundungsfehler nicht wesentlich stören. Außerdem wurden für häufig auftretende Typen von Gleichungssystemen besonders angepasste Näherungsverfahren entwickelt, die mit verhältnismäßig wenigen Rechenschritten auskommen. Allerdings weiß man bei diesen Verfahren oft nicht, ob sie sich einer Lösung nähern. Zwei einfache, mit Iteration arbeitende Verfahren werden in Paragraph 2.4.2 vorgestellt.

2.4.1 Maschinelle Bearbeitung mit dem GAUSS-Algorithmus

In Paragraph 2.1.1 hatten wir unsere Arbeitsweise bei der Lösung linearer Gleichungssysteme an der Grundidee des GAUSS-Algorithmus orientiert, sie aber nicht so streng in Regeln gefasst, wie es zur maschinellen Bearbeitung nötig ist. Dies holen wir nun nach und werden im folgenden Beispiel vorgehen, wie es ein Computer tun muss, der nicht auf geschickte Rechenwege oder bruchzahlfreie Darstellungen ausweichen kann, sondern den GAUSS-Algorithmus völlig schematisch abspulen muss.

Der GAUSS-Algorithmus für den Computer

Der zentrale Umformungsschritt zur Herstellung der dreiecksähnlichen Form ist natürlich auch hier die systematische Addition bzw. Subtraktion passend erweiterter Zeilen. Dabei spielt der erste Koeffizient der jeweils obersten interessierenden Zeile eine entscheidende Rolle. Er geht nämlich in die Berechnung aller Erweiterungsfaktoren dieser Zeile ein, die man zur Erzeugung der Nullen in der zugehörigen Spalte benötigt. Dieser „Dreh- und Angelpunkt" (französisch pivot) heißt *Pivot-Element*, die zugehörige Zeile und die zugehörige Spalte werden *Pivot-Zeile* bzw. *Pivot-Spalte* genannt. Im Beispiel ist der Pivot für die Bearbeitung der ersten Spalte die „2".

x_1	x_2	x_3		
2 (1. Pivot)	2	1	3	
9	6	2	5	
1	2	2	1	
2	2	1	3	
0	− 3 (2. Pivot)	−2,5	−8,5	II − (9:2) · I
0	1	1,5	−0,5	III − (1:2) · I
2	2	1	3	
0	−3	−2,5	−8,5	
0	0	0,667	−3,333	III − (1:(−3)3) · I

Zuerst sollen die führenden Koeffizienten (9 bzw. 1) der zweiten und der dritten Zeile eliminiert werden, damit unterhalb des Pivot-Elements nur Nullen stehen. Zur Berechnung der Erweiterungsfaktoren wird jeweils der führende Koeffizient durch das Pivot-Element dividiert. Dann entstehen durch Subtraktion der jeweils passend erweiterten Pivot-Zelle von den darunter stehenden Zeilen die gewünschten Nullen in der Pivot-Spalte.

Die erste Zeile des Systems bleibt nun unverändert. Der Computer sucht sich in der nächsten Zeile und der nächsten Spalte den nächsten, von null verschiedenen Pivot, damit sich im Restsystem derselbe Vorgang noch mal abspielen kann. Im Beispiel ist das nächste Pivot-Element „− 3", die Pivot-Zeile und die Pivot-Spalte sind nun die zweite Zeile und die zweite Spalte. In dieser Weise läuft das Verfahren schematisch weiter, bis der Computer kein weiteres Pivot-Element mehr findet. Dann ist mit Sicherheit eine Endform des Systems erreicht. Zur endgültigen Berechnung der Lösung wird schematisch rückwärts eingesetzt, wie wir es bereits kennen. Die Lösung unseres Beispielsystems ist $x_1 = -5$, $x_2 = 7$ und $x_3 = -3$.

Bei den Umformungen des linearen Gleichungssystems kann man aber auch sofort auf eine Diagonalform als Endform statt auf eine dreiecksähnliche Form hinarbeiten. Dazu muss nur jede Spalte, bis auf das Pivot-Element, mit Nullen gefüllt werden. Dieses Verfahren heißt *GAUSS-JORDAN-Algorithmus*. Es erspart die gesonderte Arbeitsphase des Rückwärts-Einsetzens.

Bei der Umsetzung des GAUSS-Algorithmus oder des GAUSS-JORDAN-Algorithmus in ein Computerprogramm, die nicht schwierig ist, muss man allerdings beachten, dass das Pivot-Element nicht null sein darf. Deshalb sind Zeilenvertauschungen einzuplanen (um in der neuen Pivot-Spalte einen von null verschiedenen Koeffizienten an die Pivot-Position tauschen zu können) und auch ein Vorrücken in die nächste Spalte ohne vorherige Pivot-Operationen (wenn in der neuen Pivot-Spalte kein von null verschiedener Koeffizient mehr ist) muss vorgesehen werden.

Mit einem Computerprogramm des GAUSS-Algorithmus oder des GAUSS-JORDAN-Algorithmus, das korrekt arbeitet, wird man trotzdem Überraschungen erleben. Die Gründe liegen in den grundsätzlichen Genauigkeitsproblemen maschineller Berechnungen und in den besonderen Eigenschaften einer Reihe linearer Gleichungssysteme, mit denen wir uns nun beschäftigen werden.

Schlecht konditionierte Gleichungssysteme

Es gibt lineare Gleichungssysteme, die, unabhängig von der Lösungsmethode, auf kleine Änderungen der Koeffizienten mit großen Änderungen der Lösungen reagieren. Um diese Eigenschaft zu verstehen betrachten wir die beiden folgenden Gleichungssysteme mit rundungsfehlerfreier Lösung.

$x_1 + x_2 = 2$	$x_1 + x_2 = 2$
$x_1 + 1{,}1\,x_2 = 5$	$x_1 + 1{,}01\,x_2 = 5$
hat als Lösung	hat als Lösung
$x_1 = -28$	$x_1 = -298$
$x_2 = 30$	$x_2 = 300.$

Die Lösungen des zweiten Gleichungssystems sind um den Faktor zehn größer als die Lösungen des ersten, obwohl sich nur an einer Stelle zwei Koeffizienten um 0,09 unterscheiden.

Zur Klärung dieser mathematischen Instabilität durch Eingangsfehler hilft die geometrische Veranschaulichung. Jede Gleichung der Systeme lässt sich als Gerade in der Ebene deuten. Wir haben es hier mit drei Geraden zu tun:

$$g_1\colon y = -x + 2, \quad g_2\colon y = -\frac{10}{11}x + \frac{50}{11} \quad \text{und}$$

$$g_3\colon y = -\frac{100}{101}x + \frac{500}{101}.$$

Da die Steigungen der Geraden fast gleich sind, führen schon kleine Änderungen an Steigung und y-Achsenabschnitten zu großen Verschiebungen des Schnittpunktes. Dieses „schleifende Schneiden“ (Abb. 2.4.–1) ist aus der Mittelstufengeometrie bekannt. Dort behindert es das Ablesen von Schnittpunkten beim Messen und beim Konstruieren.

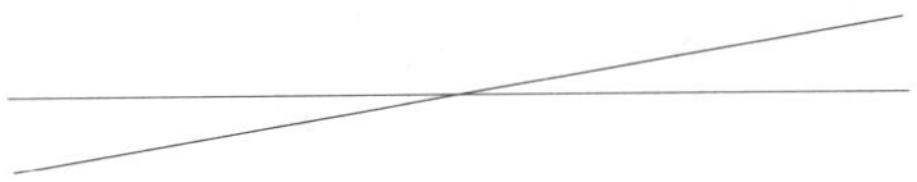

Abb. 2.4.–1

Gleichungssysteme, die auf kleine Änderungen der Eingangsdaten mit großen Änderungen der Lösungen reagieren, werden *schlecht konditioniert* genannt. Diese Eigenschaft ist unabhängig von etwaigen Rundungsfehlern, aber es ist klar, dass solche Systeme besonders empfindlich auf Rundungsfehler reagieren.

Soll vor der Lösung eines Systems festgestellt werden, ob ein schlecht konditioniertes System vorliegt, vergleicht man bei Systemen mit zwei Unbekannten die Steigungen der zu den Zeilen gehörigen Geraden.

Bei Systemen mit drei Unbekannten kann jede Gleichung als Koordinatengleichung einer Ebene im Raum verstanden werden. Auch diese Ebenen können sich unter sehr kleinen Winkeln schneiden und damit tritt dasselbe Phänomen auf (Abb. 2.4.–2). Die Koeffizienten in den Zeilen sind die Komponenten der Normalenvektoren der Ebenen. Deshalb kann man die Winkel zwischen den Ebenen als Winkel zwischen den Normalenvektoren mit Hilfe des Skalarproduktes berechnen. Auch für höher-dimensionale Fälle gibt es Kenngrößen zur Abschätzung der „Kondition“ von linearen Gleichungssystemen.

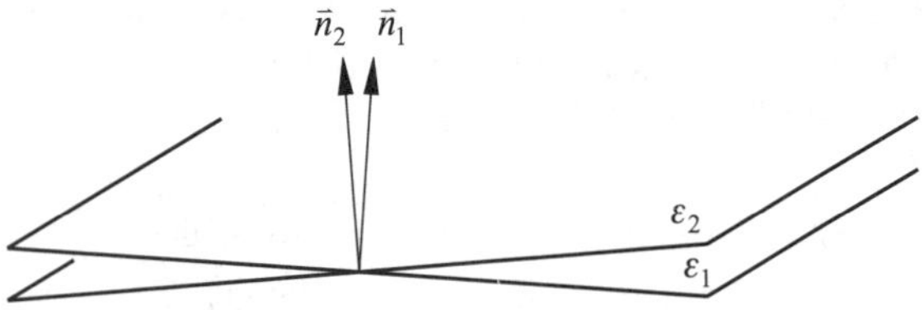

Abb. 2.4.–2

Rundungsfehler und ihre Auswirkungen

Ein weiteres Problem beim maschinellen Lösen linearer Gleichungssysteme hat seine Ursache in der internen Zahldarstellung des Rechners mit nur endlich vielen Stellen und den dadurch zwangsläufig entstehenden Rundungsfehlern. In der meistverwendeten Zahldarstellung, sie heißt normalisierte Gleitpunktdarstellung, werden die Zahlen in *Vorzeichen*, *Mantisse* und *Zehnerpotenz* zerlegt, wie es die Tabelle zeigt.

Übliche Zahldarstellung	normalisierte Gleitpunktdarstellung (3 Stellen)
0,001234	$0{,}123 \cdot 10^{-2}$
3247	$0{,}325 \cdot 10^{4}$
−123,75	$-0{,}124 \cdot 10^{3}$
−0,5796	$-0{,}580 \cdot 10^{0}$

Die Mantisse bei der normalisierten Darstellung ist eine Zahl aus dem Intervall von 0,1 bis unter 1 mit einer begrenzten Nachkommastellenanzahl. Die maximal mögliche Länge der Mantisse ist für die Genauigkeit der Rechenergebnisse verantwortlich. In den folgenden Beispielen werden wir von einer höchstens dreistelligen Mantisse ausgehen (so sind auch die Werte in der Tabelle gerundet). Natürlich können Computer mit höheren Genauigkeiten rechnen, als wir es hier zur Demonstration tun, aber im Prinzip tritt derselbe Effekt am Rande ihrer Genauigkeit genauso auf.

Stellt der auf dreistellige Mantissen beschränkte Rechner die Rechnung $0{,}123 \cdot 10^3 + 0{,}456 \cdot 10^0$ an, so lautet das Rechenergebnis $0{,}123 \cdot 10^3$. Der zweite Summand hat auf das Ergebnis keinerlei Auswirkung. Bei Zahlen deutlich unterschiedlicher Größenordnung können also betragsmäßig kleine Zahlen bei Addition und Subtraktion weitgehend unterdrückt werden.

Nun lösen wir ein lineares Gleichungssystem (die exakten Lösungen sind $x_1 = 2$ und $x_2 = -3$) mit dem GAUSS-Algorithmus in der vereinbarten Zahldarstellung. Vor der Rechnung überzeugen wir uns noch davon, dass das System nicht schlecht konditioniert ist. In der Tat: Die Steigungen der Geraden sind ungefähr 0 und 7,5.

x_1	x_2		
0,7	−31	94,4	
113	15	181	
0,7	−31	94,4	
0	$0{,}501 \cdot 10^4$	$-0{,}150 \cdot 10^5$	$\mathrm{II} - 0{,}161 \cdot 10^3 \cdot \mathrm{I}$

Für x_2 ergibt sich aus der letzten Zeile die Lösung $x_2 = -0{,}299 \cdot 10^1 = -2{,}99$ und damit bis auf ein Hundertstel der exakte Wert. Zur Berechnung von x_1 wird in die erste Gleichung eingesetzt, unter Beachtung der Zahldarstellung entsteht $x_1 = 0{,}244 \cdot 10^1 = -2{,}44$ und dieser Wert ist sehr schlecht. Obwohl das System gut konditioniert ist, können also Rundungsfehler zu deutlich falschen Lösungen führen.

Computer rechnen mit wesentlich größeren Genauigkeiten, als wir es im Beispiel taten, aber auch bei ihnen treten Rundungsfehler an den Enden der Mantisse auf. Bei großen linearen Gleichungssystemen mit sehr vielen Rechenschritten können sich diese Rundungsfehler bis in die vorderen Stellen der Mantisse „aufschaukeln". Diese numerische Instabilität durch die prinzipiell begrenzte Rechengenauigkeit der Computer wirkt sich natürlich umso stärker aus, je größer die Gleichungssysteme sind. Wenn das lineare Gleichungssystem dann auch noch schlecht konditioniert ist, kann man mit der Computerlösung nichts mehr anfangen.

Ein neuer Aspekt

An dem eben betrachteten Beispiel kann man noch einen weiteren, für lineare Gleichungssysteme wichtigen Aspekt der numerischen Problematik studieren. Dazu lösen wir dasselbe System, vertauschen aber vorher die beiden Zeilen. Das heißt, der Pivot ist nicht 0,7 sondern 113.

x_1	x_2		
113	15	181	
0,7	−31	94,4	
113	15	181	
0	$-0{,}311 \cdot 10^2$	$0{,}933 \cdot 10^2$	$\text{II} - 0{,}619 \cdot 10^{-2} \cdot \text{I}$

Aus der letzten Zeile ergibt sich die exakte Lösung $x_2 = -3$ und nach Einsetzen in die erste Gleichung entsteht mit $x_1 = 2$ auch für x_1 der exakte Wert. Allein die Vertauschung der Zeilen hat also das numerische Verhalten des Systems deutlich verbessert.

Den Grund für dieses erstaunliche Verhalten macht ein extrem gewähltes Beispiel deutlich. Wir rechnen wieder mit dreistelliger Mantisse und vergleichen die Lösungen des Systems mit den Lösungen des Systems mit vertauschten Zeilen.

x_1	x_2		
$1 \cdot 10^{-4}$	1	1	
1	1	2	
$1 \cdot 10^{-4}$	1	1	
0	$-0{,}999 \cdot 10^4$	$-0{,}999 \cdot 10^4$	$\text{II} - 0{,}1 \cdot 10^4 \cdot \text{I}$

Der Erweiterungsfaktor beim Subtrahieren der ersten von der zweiten Zeile ist hier mit $0{,}1 \cdot 10^4$ sehr groß. Die Ausgangswerte der zweiten Zeile werden von den Vielfachen der Pivot-Zeile vollständig aus dem Bereich der rechnergespeicherten Stellen verdrängt, ihre Information ist damit vernichtet. Die so berechnete Lösung $x_1 = 0$ und $x_2 = 1$ ist unsinnig.

Im zweiten Fall mit vertauschten Zeilen ist der Erweiterungsfaktor klein, die Information der zweiten Zeile bleibt erhalten und der Rundungsfehler hält sich so in Grenzen, dass mit $x_1 = 1$ und $x_2 = 1$ die auf drei Dezimalen richtig gerundete Lösung erreicht wird.

x_1	x_2		
1	1	2	
$1 \cdot 10^{-4}$	1	1	
1	1	2	
0	$-0{,}999 \cdot 10^{-4}$	$-0{,}999 \cdot 10^{-4}$	$\text{II} - 0{,}1 \cdot 10^{-4} \cdot \text{I}$

Variationen der Pivotsuche

Durch die Verwendung einer sehr langen internen Darstellung der Mantisse lassen sich die Rundungsfehler natürlich zurückdrängen, allerdings geht dies zu Lasten der Rechenzeit und damit der Rechenkosten. Aber auch durch mathematische Verfahren kann etwas gegen Rundungsfehler getan werden.

Eine wesentliche Strategie ist die geschickte Wahl der Pivot-Elemente. Das letzte Beispiel hat gezeigt, dass die Beträge der Erweiterungsfaktoren nicht zu groß werden dürfen, damit die Informationen aller Gleichungen erhalten bleiben. Deshalb wird man möglichst solche Koeffizienten als Pivots wählen, die betragsmäßig groß sind. Darauf kann man durch das Vertauschen von Zeilen hinwirken. Bei der Wahl des Pivots in der neuen Pivot-Spalte wird zuerst die Zeile mit dem betragsmäßig größten Koeffizienten, die noch nicht Pivot-Zeile war, als Pivot-Zeile ausgewählt und „nach oben" getauscht. Der Erweiterungsfaktor ist dann mit Sicherheit vom Betrag her höchstens eins. Dieses Verfahren nennt man *Spaltenpivotisierung*, weil jeweils in der aktuellen Spalte der größte Pivot gesucht wird.

Dieses Pivot-Wahlverfahren kann noch weiter verbessert werden, wenn man alle Koeffizienten durchmustert, die noch nicht in Pivot-Zeilen aufgetreten sind. In diesem Rest der Koeffizientenmatrix wird das betragsmäßig größte Element zum Pivot bestimmt und dann durch Zeilen- und auch durch Spaltentausch an die Pivot-Stelle gebracht. Dieses Verfahren heißt *Restmatrixpivotisierung*. Allerdings macht die Spaltenvertauschung eine Änderung der Variablenreihenfolge erforderlich. Dazu muss das übliche Aufschreibschema deutlich geändert werden und das Programmieren des GAUSS-Algorithmus mit Restmatrixpivotisierung ist deutlich schwieriger als das Programmieren der anderen Formen.

Exkurs: Die Komplexität des GAUSS-Algorithmus

Die Entscheidung der Frage, ob ein Algorithmus als Lösungsverfahren für den Computer geeignet ist, bzw. welches von mehreren Verfahren besonders vorteilhaft ist, hängt wesentlich vom Rechenaufwand ab. Wir wollen uns klarmachen, wie die Zahl der Rechenoperationen beim GAUSS-Algorithmus mit der Größe des Systems zusammenhängt. In der Informatik nennt man diesen Zusammenhang die *Komplexität des Algorithmus* und ist besonders an Aussagen darüber interessiert, ob der Rechenaufwand mit der Zahl der Unbekannten linear, quadratisch, exponentiell oder in anderer Weise wächst.

Über den Computer muss man dazu wissen, dass für ihn Divisionen aufwendig sind, und zwar so aufwendig wie eine Multiplikation und eine Addition oder Subtraktion zusammen. Dieser „Aufwand" für eine Division ist in der folgenden Betrachtung das Maß, in dem wir die Anzahl der Rechenschritte abschätzen wollen.

Das betrachtete lineare Gleichungssystem hat n Zeilen und n Spalten. Zur Erzeugung der Null in der zweiten Zeile der ersten Spalte muss zuerst der Quotient aus den Koeffizienten der ersten beiden Zeilen der ersten Spalte gebildet werden. Dann wird jeder Koeffizient der ersten Zeile mit diesem Quotienten multipliziert und vom entsprechenden Koeffizienten der zweiten Zeile subtrahiert. Also muss eine Division ausgeführt werden, unter den Pivot wird eine Null gesetzt und mit Berücksichtigung der rechten Seite waren dann noch n Multiplikations-Subtraktionsschritte notwendig. Diese $n+1$ Schritte sind auch zur Erzeugung der restlichen $n-2$ Nullen der ersten Spalte erforderlich. Die Bearbeitung der ersten Pivot-Spalte erfordert also einen Aufwand von $(n+1)(n-1)$ Operationen.

Bei der Bearbeitung der zweiten Spalte sind beide Faktoren um eins kleiner, also $n(n-2)$ und mit jeder weiteren Spalte nimmt die Größe der beiden Faktoren in Einerschritten ab. Das bedeutet für den Aufwand zur Herstellung der dreiecksähnlichen Form

$$(n+1)(n-1)+n(n-2)+(n-1)(n-3)+\ldots+3\cdot 1$$
$$=\sum_{j=1}^{n-1}(n+2-j)\cdot(n-j)=\ldots=\frac{1}{3}n^3+n^2-\frac{1}{3}n.$$

Beim Rückwärts-Einsetzen muss in jeder Zeile eine Division vorgenommen werden und die entsprechend multiplizierten Summanden sind auf der rechten Seite zu subtrahieren. Von Zeile zu Zeile wächst die Zahl der Summanden an und damit wächst der Aufwand von einer Operation am Beginn des Rückwärts-Einsetzens bis zu n Operationen im letzten Schritt. Das ergibt für diesen Lösungsteil insgesamt $\frac{1}{2}n^2+\frac{1}{2}n$ Operationen.

Die Komplexität des vollständigen GAUSS-Algorithmus für die Lösung eines $n\times n$-Systems ist die Summe, also $\frac{1}{3}n^3+\frac{3}{2}n^2+\frac{1}{6}n$. Der Rechenaufwand wächst also im Wesentlichen proportional zur dritten Potenz der Unbekanntenzahl. Das Ergebnis unserer Überlegungen ist zwar nur eine Überschlagsrechnung, sie zeigt aber deutlich, dass der Rechenaufwand mit größer werdender Variablenzahl so stark wächst, dass es sich lohnt für sehr große Systeme über schnellere Verfahren nachzudenken.

Aufgaben

1. Vergleiche die Lösungsmengen der Systeme. Deute die Ergebnisse geometrisch. Zeichne auch.

a) $\begin{aligned}2x_1+3x_2&=5\\2x_1+6x_2&=3\end{aligned}$ $\qquad$ $\begin{aligned}2x_1+3\,x_2&=5\\2x_1+6{,}001\,x_2&=3\end{aligned}$

b) $\begin{aligned}x_1+x_2&=3\\x_1+x_2&=3\end{aligned}$ $\qquad$ $\begin{aligned}x_1+x_2&=3\\x_1+x_2&=3{,}0001\end{aligned}$

$\begin{aligned}x_1+\phantom{1{,}0001}\,x_2&=3\\x_1+1{,}0001\,x_2&=3{,}0001\end{aligned}$ $\qquad$ $\begin{aligned}x_1+\phantom{1{,}0001}\,x_2&=3\\x_1+1{,}0001\,x_2&=3{,}0003\end{aligned}$

c) $\begin{aligned}x_1+0{,}9\,x_2&=1\\0{,}9\,x_1+x_2&=0\end{aligned}$ $\qquad$ $\begin{aligned}x_1+0{,}9\,x_2&=1\\0{,}91\,x_1+x_2&=0\end{aligned}$

$\begin{aligned}x_1+0{,}91\,x_2&=1\\0{,}91\,x_1+x_2&=0\end{aligned}$ $\qquad$ $\begin{aligned}x_1+0{,}91\,x_2&=1\\0{,}9\,x_1+x_2&=0\end{aligned}$

2. Untersuche mit geometrischen Mitteln, ob das lineare Gleichungssystem schlecht konditioniert ist. Prüfe das Ergebnis durch Vergleich der Lösungen mit leicht veränderter, rechter Seite.

$$\begin{aligned}1{,}05\,x_1-0{,}51\,x_2+1{,}52\,x_3&=1\\2{,}03\,x_1-1{,}01\,x_2+3{,}00\,x_3&=1\\-4{,}00\,x_1+2{,}10\,x_2-5{,}90\,x_3&=1\end{aligned}$$

$$\begin{aligned}1{,}05\,x_1-0{,}51\,x_2+1{,}52\,x_3&=0{,}99\\2{,}03\,x_1-1{,}01\,x_2+3{,}00\,x_3&=1{,}01\\-4{,}00\,x_1+2{,}10\,x_2-5{,}90\,x_3&=1{,}01\end{aligned}$$

3. Benutze die linearen Gleichungssysteme zur Übung des Computer-GAUSS-Algorithmus mit den verschiedenen Pivotwahlstrategien.

a) $\begin{aligned}x_1+2x_2+2x_3&=2\\3x_1-2x_2-x_3&=5\\2x_1-5x_2+3x_3&=-4\\x_1+4x_2+6x_3&=0\end{aligned}$

b) $\begin{aligned}x_1+5x_2+4x_3-13x_4&=4\\3x_1-x_2+2x_3+5x_4&=4\\2x_1+2x_2+3x_3+4x_4&=0\end{aligned}$

c) $\begin{aligned}x_3+3x_4+3x_5&=2\\x_1+2x_2+x_3+4x_4+3x_5&=3\\x_1+2x_2+2x_3+7x_4+6x_5&=5\\2x_1+4x_2+x_3+5x_4+3x_5&=4\end{aligned}$

4. Berechne die Lösungen der Gleichungssysteme mit konsequenter Anwendung des GAUSS-JORDAN-Algorithmus, d. h., rechne direkt auf die Diagonalform des linearen Gleichungssystems als Endform hin.

a) $\begin{aligned}2x_1+2x_2+x_3&=3\\9x_1+6x_2+2x_3&=5\\x_1+2x_2+26x_3&=1\end{aligned}$

b) $\begin{aligned}3x_1+4x_2+10x_3&=12\\x_1-x_2+x_3&=5\\2x_1+3x_2+7x_3&=8\end{aligned}$

c) $\begin{aligned}x_1+2x_2+x_3+3x_4&=3\\3x_2+3x_3+6x_4&=9\\x_2+x_3+2x_4&=3\\3x_1+5x_2+8x_3+13x_4&=6\end{aligned}$

d*) Bestimme, ähnlich wie im Exkurs für den GAUSS-Algorithmus, auch für den GAUSS-JORDAN-Algorithmus die Komplexität.

5. Löse das lineare Gleichungssystem

$$\begin{aligned} 0{,}01\,x_1 + \quad x_2 \quad &= 1 \\ x_1 + 0{,}01\,x_2 \quad &= 1 \\ x_3 &= 0{,}01 \end{aligned}$$

a) exakt ohne Pivotstrategie,
b) exakt mit Spaltenpivotisierung,
c) exakt mit Restmatrixpivotisierung,
d) stets auf zwei Nachkommastellen gerundet ohne Pivotstrategie,
e) stets auf zwei Nachkommastellen gerundet mit Spaltenpivotisierung,
f) stets auf zwei Nachkommastellen gerundet mit Restmatrixpivotisierung.

6. Löse das lineare Gleichungssystem unter ausschließlicher Verwendung der normalisierten Gleitkommadarstellung mit einer Mantissenlänge von zwei Stellen. Verwende unterschiedliche Pivotisierungen und studiere ihre Auswirkungen.

$$\begin{aligned} 0{,}01\,x_1 + x_2 + \quad x_3 &= 2 \\ x_1 + x_2 + \quad x_3 &= 3 \\ 2 \quad x_1 + x_2 + 2\,x_3 &= 4 \end{aligned}$$

7.* Die verschiedenen Algorithmen zur direkten Lösung linearer Gleichungssysteme bieten viele Anregungen zur Entwicklung von entsprechenden Computerprogrammen. Am einfachsten ist der GAUSS-JORDAN-Algorithmus ohne Pivotstrategie zu realisieren, die komplexeste Aufgabenstellung ist der GAUSS-Algorithmus mit Restmatrixpivotisierung. Schreibe ein gut strukturiertes Programm mit Struktogramm und Unterprogrammbaum zu einem der Algorithmen dieses Paragraphen.

8.* Im Exkurs wird die Summe $\sum_{j=1}^{n-1} (n+2-j)\cdot(n-j) = \frac{1}{3}n^3 + n^2 - \frac{1}{3}n$ angegeben. Prüfe ihre Richtigkeit nach.

2.4.2 Iterative Lösungsverfahren

Zur Lösung linearer Gleichungssysteme sind viele Näherungsverfahren entwickelt worden. Sie haben aber im Gegensatz zum universell einsetzbaren GAUSS-Algorithmus meist nur einen beschränkten Anwendungsbereich und sind teilweise nur auf spezielle Systemtypen anwendbar. Sie sind aber für den Einsatz auf Computern besser geeignet und führen dort schneller und sicherer zur Lösung als der GAUSS-Algorithmus.

Das Intervallhalbierungsverfahren, die Regula Falsi und das newtonsche Näherungsverfahren sind Beispiele iterativer Verfahren zur näherungsweisen Lösung von Gleichungen und aus der Analysis (Band 1: Differentialrechnung, S. 19 ff., S. 75 ff.) bekannt. Das Kennzeichen von Iterationsverfahren ist, dass durch wiederholte Anwendung bestimmter Rechenschritte eine Folge von Näherungslösungen entsteht, die sich der tatsächlichen Lösung immer mehr annähert.

Das JACOBI-Verfahren

Das folgende Gleichungssystem erfüllt die Voraussetzungen für die Anwendung des Iterationsverfahrens nach JACOBI, denn es ist eindeutig lösbar und hat eine quadratische Koeffizientenmatrix, in der auf der Hauptdiagonalen keine Nullen auftreten.

$$\begin{aligned} 20\,x_1 - \quad x_2 \qquad\quad &= \quad 65 \\ 3\,x_1 + 15\,x_2 + \ 2\,x_3 &= -\,64 \\ -\,2\,x_1 + \ 3\,x_2 + 30\,x_3 &= \quad 9\,. \end{aligned}$$

Zu Beginn des Verfahrens wird das lineare Gleichungssystem so umgestellt, dass die Diagonalanteile auf der linken Seite isoliert sind. Anschließend wird jede Gleichung durch ihren Diagonalkoeffizienten dividiert, damit auf der linken Seite die Variablen allein stehen:

$$\begin{aligned} x_1 &= (\ 65 \qquad\quad + \ x_2 \qquad\quad):20 \\ x_2 &= (-\,64 - 3\,x_1 \qquad\quad - 2\,x_3):15 \\ x_3 &= (\quad 9 + 2\,x_1 - 3\,x_2 \qquad):30\,. \end{aligned}$$

Die Durchführung eines Iterationsschrittes verläuft so: Auf der rechten Seite wird der Näherungsvektor nach dem n-ten Schritt, $\vec{x}_n = \begin{pmatrix} x_1^{(n)} \\ x_2^{(n)} \\ x_3^{(n)} \end{pmatrix}$, eingesetzt (die eingeklammerten Hochzahlen geben die Näherungsschrittzahl an). Auf der linken Seite entsteht dann durch Ausrechnen der nächste Näherungsvektor $\vec{x}_{n+1} = \begin{pmatrix} x_1^{(n+1)} \\ x_2^{(n+1)} \\ x_3^{(n+1)} \end{pmatrix}$.

Für unser Beispiel lautet demnach die *Iterationsvorschrift:*

$$\begin{aligned} x_1^{(n+1)} &= (\ 65 \qquad\qquad + \ x_2^{(n)} \qquad\quad):20 \\ x_2^{(n+1)} &= (-\,64 - 3\,x_1^{(n)} \qquad\quad - 2\,x_3^{(n)}):15 \\ x_3^{(n+1)} &= (\quad 9 + 2\,x_1^{(n)} - 3\,x_2^{(n)} \qquad):30\,. \end{aligned}$$

Die Iteration beginnt durch Einsetzen des Nullvektors als *Startvektor* und es entsteht als erster Näherungsvektor $\vec{x}_1 = \begin{pmatrix} x_1^{(1)} \\ x_2^{(1)} \\ x_3^{(1)} \end{pmatrix} = \begin{pmatrix} 3{,}25 \\ -4{,}266667 \\ 0{,}3 \end{pmatrix}$. Seine Komponenten werden wieder in die Iterationsvorschrift eingesetzt. Auf diese Weise ergibt sich der zweite Näherungsvektor und durch wiederholte Anwendung entsteht die Folge der weiteren Näherungen.

$$\begin{aligned} x_1^{(2)} &= (\ 65 - 4{,}266667):20 &&= \ 3{,}037 \\ x_2^{(2)} &= (-64 - 3\cdot 3{,}25 - 2\cdot 0{,}3):15 &&= -4{,}957 \\ x_3^{(2)} &= (\ 9 + 2\cdot 3{,}25 - 3\cdot(-4{,}266667)):30 &&= \ 0{,}943 \end{aligned}$$

$$\vec{x}_2 = \begin{pmatrix} 3{,}036667 \\ -4{,}956667 \\ 0{,}943333 \end{pmatrix}, \quad \vec{x}_3 = \begin{pmatrix} 3{,}002167 \\ -4{,}999780 \\ 0{,}998111 \end{pmatrix},$$

$$\vec{x}_4 = \begin{pmatrix} 3{,}000011 \\ -5{,}000181 \\ 1{,}000122 \end{pmatrix}, \quad \vec{x}_5 = \begin{pmatrix} 2{,}999991 \\ -5{,}000019 \\ 1{,}000019 \end{pmatrix},$$

$$\vec{x}_6 = \begin{pmatrix} 2{,}999999 \\ -5{,}000001 \\ 1{,}000001 \end{pmatrix}.$$

Im 7. Iterationsschritt liefert die sechsstellige Rechnung den Lösungsvektor.

Die Folge unserer Näherungsvektoren konvergiert also gegen den Lösungsvektor. Das funktioniert aber nicht bei jedem linearen Gleichungssystem. Eine der hinreichenden Konvergenzbedingungen für das JACOBI-Verfahren ist, dass die Koeffizienten auf der Hauptdiagonalen der Koeffizientenmatrix des Ausgangssystems die anderen Koeffizienten der Zeile betragsmäßig übersteigen. Solche Matrizen werden *diagonaldominant* genannt und für diagonaldominante lineare Gleichungssysteme kann man die Konvergenz des Verfahrens allgemein beweisen. Dies geschieht im anschließenden Exkurs.

Exkurs: Konvergenzüberlegungen zum JACOBI-Verfahren

Die Grundidee des Konvergenzbeweises ist recht einfach und wird am Beispiel eines 2×2-Systems demonstriert.

$$\begin{aligned} 10x_1 + 2x_2 &= 14 \quad \text{liefert} \quad & x_1 &= 1{,}4 - 0{,}2\,x_2 \\ 3x_1 - 8x_2 &= 30 \quad \text{umgestellt} \quad & x_2 &= -3{,}75 + 0{,}375\,x_1 . \end{aligned}$$

Das System ist nach Voraussetzung eindeutig lösbar mit dem Lösungsvektor $\vec{x}^* = \begin{pmatrix} x_1^* \\ x_2^* \end{pmatrix}$. Setzt man diesen Lösungsvektor $\vec{x}^*$ in die Iterationsvorschrift ein, so ergibt sich natürlich wieder $\vec{x}^*$ selbst.

Sei nun $\vec{x}_n$ ein beliebiger n-ter Näherungsvektor, dann bilden wir den Differenzvektor $\vec{d}_n = \begin{pmatrix} d_1^{(n)} \\ d_2^{(n)} \end{pmatrix} = \vec{x}^* - \vec{x}_n$. Wir zeigen, dass die analog gebildeten Differenzvektoren $\vec{d}_{n+1}, \vec{d}_{n+2}, \ldots$ im Verlauf des Verfahrens gegen den Nullvektor konvergieren. In unserem Beispiel sieht man das an den Faktoren $-0{,}2$ und $0{,}375$.

$$\begin{aligned} d_1^{(n+1)} &= x_1^* - x_1^{(n+1)} = 1{,}4 - 0{,}2\,x_2^* - (1{,}4 - 0{,}2\,x_2^{(n+1)}) \\ &= -0{,}2\,d_1^{(n)} \\ d_2^{(n+1)} &= x_2^* - x_2^{(n+1)} = -3{,}75 + 0{,}375\,x_1^* \\ &\quad - (-3{,}75 + 0{,}375\,x_1^{n+1}) = 0{,}375\,d_2^{(n)}. \end{aligned}$$

Die einzelnen Komponenten der Differenzvektoren $\vec{d}_n$ streben im weiteren Verlauf der Iteration betragsmäßig gegen null. Damit konvergiert die Folge der Näherungsvektoren $\vec{x}_n$ gegen den Lösungsvektor $\vec{x}^*$.

Das KACZMARZ-Verfahren

Das Verfahren stammt aus den dreißiger Jahren des 20. Jahrhunderts, ist also noch verhältnismäßig jung. Es eignet sich für alle Typen von lösbaren Gleichungssystemen und findet immer eine Lösung. Dem KACZMARZ-Verfahren liegt eine einfache geometrische Überlegung zu Grunde, die zuerst im dreidimensionalen Raum an einem Beispiel erläutert wird. Anschließend wird der allgemeine Lösungsalgorithmus notiert.

Jede Zeile eines Gleichungssystems mit drei Unbekannten kann als Koordinatengleichung einer Ebene aufgefasst werden, deren Normalenvektor aus den Koeffizienten dieser Zeile besteht. Die Lösungen sind die Punkte des Raumes, die auf allen Ebenen gemeinsam liegen (vgl. Paragraph 2.5.2*).

Das Verfahren startet mit irgendeinem Punkt des Raumes, wobei ein Startpunkt auf einer Systemebene besonders geeignet ist. Zuerst wird berechnet, von welcher anderen Systemebene dieser Punkt den größten Abstand hat. Dann wird der Ausgangspunkt senkrecht auf diese Ebene projiziert (Abb. 2.4.–3). Mit dem Bildpunkt der Projektion, der gleichbedeutend mit dem Fußpunkt des Lotes auf diese Ebene ist, beginnt dann dasselbe Verfahren erneut. Zuerst wird wieder die am weitesten entfernte Systemebene bestimmt, dann wird senkrecht auf sie projiziert und der Bildpunkt zum Ausgangspunkt für den nächsten Durchlauf gemacht. Es lässt sich beweisen, dass sich die entstehende Punktfolge immer mehr einer Lösung des linearen Gleichungssystems nähert.

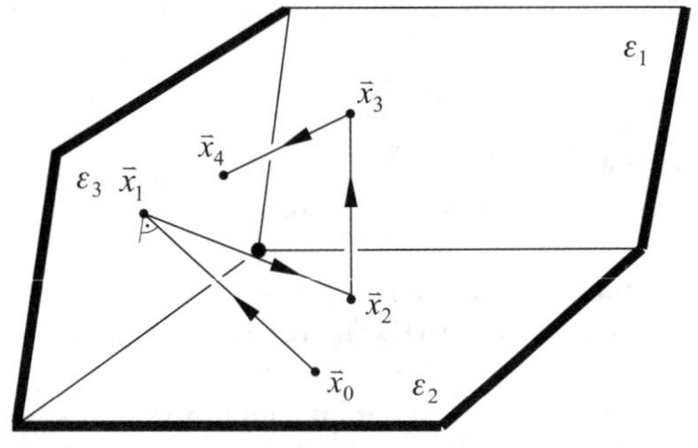

Abb. 2.4.–3

Die beiden Teile des Verfahrens, die Suche nach der entferntesten Ebene und die senkrechte Projektion bzw. die Bestimmung des Lotfußpunktes, wurden bereits in Paragraph 1.3.1 behandelt. Deshalb steigen wir sofort in ein Beispiel ein, dessen Koeffizienten besonders einfach gewählt sind.

$$\begin{aligned} x_1 + x_2 \phantom{{}+x_3} &= 3 \\ x_1 \phantom{{}+x_2} + x_3 &= 4 \\ x_2 + x_3 &= 5 . \end{aligned}$$

Für die Zeilenvektoren benutzen wir im Folgenden die Bezeichnungen $\vec{n}_1, \vec{n}_2$ und $\vec{n}_3$ und für die Zahlen auf den rechten Seiten b_1, b_2 und b_3. Die Zeilen des linearen Gleichungssystems bzw. die zugehörigen Ebenen haben dann die Form $\vec{n}_1\,\vec{x} = b_1, \vec{n}_2\,\vec{x} = b_2$ und $\vec{n}_3\,\vec{x} = b_3$.

Als Startpunkt wählen wir $\vec{x}_0 = \begin{pmatrix} 2 \\ 0 \\ 2 \end{pmatrix}$, denn diese Wahl erfüllt die zweite Gleichung schon. Mit der Formel $d_k = \frac{1}{|\vec{n}_k|}(b_k - \vec{x}_0\,\vec{n}_k)$ werden für $k = 1$ und $k = 3$ Werte berechnet, deren Betrag den Abstand des Punktes von der Systemebene ε_k angibt und deren Vorzeichen die richtige Projektionsrichtung enthalten (Abb. 2.4.–4).

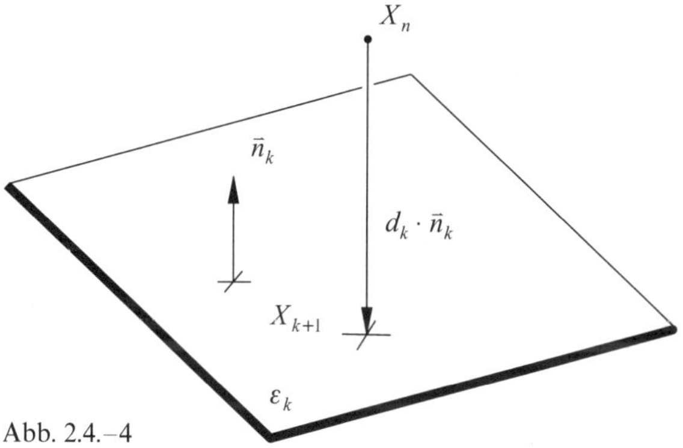

Abb. 2.4.–4

So ergeben sich die Werte $d_1 = \frac{1}{\sqrt{2}}\left(3 - \begin{pmatrix} 2 \\ 0 \\ 2 \end{pmatrix}\begin{pmatrix} 1 \\ 1 \\ 0 \end{pmatrix}\right) = \frac{1}{\sqrt{2}}$ und $d_3 = \frac{1}{\sqrt{2}}\left(5 - \begin{pmatrix} 2 \\ 0 \\ 2 \end{pmatrix}\begin{pmatrix} 0 \\ 1 \\ 1 \end{pmatrix}\right) = \frac{3}{\sqrt{2}}$. Also muss $\vec{x}_0$ auf die weiter entfernte Ebene ε_3: $\begin{pmatrix} 0 \\ 1 \\ 1 \end{pmatrix}\vec{x} = 5$ projiziert werden.

Mit der Formel $\vec{x}_1 = \vec{x}_0 + \frac{1}{|\vec{n}_3|^2}(b_3 - \vec{x}_0\,\vec{n}_3)\,\vec{n}_3$ für den Fußpunkt des Lotes berechnen wir die erste Näherungslösung $\vec{x}_1 = \begin{pmatrix} 2 \\ 0 \\ 2 \end{pmatrix} + \frac{1}{2}\left(5 - \begin{pmatrix} 2 \\ 0 \\ 2 \end{pmatrix}\begin{pmatrix} 0 \\ 1 \\ 1 \end{pmatrix}\right)\begin{pmatrix} 0 \\ 1 \\ 1 \end{pmatrix} = \begin{pmatrix} 2 \\ 0 \\ 2 \end{pmatrix} + \frac{1}{2}(5-2)\begin{pmatrix} 0 \\ 1 \\ 1 \end{pmatrix} = \begin{pmatrix} 2 \\ 1{,}5 \\ 3{,}5 \end{pmatrix}$. Sinnvollerweise prüft man durch Einsetzen in die dritte Gleichung, ob $\vec{x}_1$ wirklich auf der Ebene ε_3 liegt. Zur weiteren Iteration wird nun berechnet, von welcher der Ebenen ε_1 oder ε_2 die erste Näherungslösung $\vec{x}_1$ weiter entfernt ist. Für ε_1 ergibt sich $d_1 = \frac{1}{\sqrt{2}}\left(3 - \begin{pmatrix} 2 \\ 1{,}5 \\ 3{,}5 \end{pmatrix}\begin{pmatrix} 1 \\ 1 \\ 0 \end{pmatrix}\right) = -\frac{1}{2\sqrt{2}}$

und für ε_2 der Wert $d_2 = -\frac{3}{2\sqrt{2}}$. Deshalb ist die nächste Projektionsebene ε_2 (Abb. 2.4.–3).

Verbindet man die Formeln für den Abstand und den Fußpunkt, so kann der Abstand d_2 direkt in die Fußpunktformel eingesetzt werden und vereinfacht die nächste Berechnung zu

$$\vec{x}_2 = \vec{x}_1 + \frac{1}{|\vec{n}_2|}d_2\,\vec{n}_2 = \begin{pmatrix} 2 \\ 1{,}5 \\ 3{,}5 \end{pmatrix} + \frac{1}{\sqrt{2}}\left(-\frac{3}{2\sqrt{2}}\right)\begin{pmatrix} 1 \\ 0 \\ 1 \end{pmatrix}$$

$$= \begin{pmatrix} 2 \\ 1{,}5 \\ 3{,}5 \end{pmatrix} - \frac{3}{4}\begin{pmatrix} 1 \\ 0 \\ 1 \end{pmatrix} = \begin{pmatrix} 1{,}25 \\ 1{,}5 \\ 2{,}75 \end{pmatrix}.$$

Beim weiteren Ausrechnen entsteht in unserem Beispiel die Näherungsfolge

$$\vec{x}_0 = \begin{pmatrix} 2 \\ 0 \\ 2 \end{pmatrix}, \quad \vec{x}_1 = \begin{pmatrix} 2 \\ 1{,}5 \\ 3{,}5 \end{pmatrix}, \quad \vec{x}_2 = \begin{pmatrix} 1{,}25 \\ 1{,}5 \\ 2{,}75 \end{pmatrix},$$

$$\vec{x}_3 = \begin{pmatrix} 1{,}25 \\ 1{,}875 \\ 3{,}125 \end{pmatrix}, \quad \vec{x}_4 = \begin{pmatrix} 1{,}0625 \\ 1{,}875 \\ 2{,}9375 \end{pmatrix},$$

$$\vec{x}_5 = \begin{pmatrix} 1{,}0625 \\ 1{,}96875 \\ 3{,}03125 \end{pmatrix}, \quad \vec{x}_6 = \begin{pmatrix} 1{,}01563 \\ 1{,}96875 \\ 2{,}98438 \end{pmatrix},$$

$$\vec{x}_7 = \begin{pmatrix} 1{,}01563 \\ 1{,}99219 \\ 3{,}00781 \end{pmatrix}, \quad \vec{x}_8 = \begin{pmatrix} 1{,}00391 \\ 1{,}99219 \\ 2{,}99609 \end{pmatrix},$$

$$\vec{x}_9 = \begin{pmatrix} 1{,}00391 \\ 1{,}99805 \\ 3{,}00195 \end{pmatrix}, \quad \vec{x}_{10} = \begin{pmatrix} 1{,}00098 \\ 1{,}99805 \\ 2{,}99902 \end{pmatrix}.$$

Diese Folge von Näherungsvektoren scheint sich dem Vektor $\begin{pmatrix} 1 \\ 2 \\ 3 \end{pmatrix}$ immer mehr zu nähern. Wie man die Güte einer Näherungslösung abschätzt, werden wir weiter unten untersuchen. Vorher soll nach den geometrisch orientierten Überlegungen die rechnerisch orientierte Darstellung der Iterationsvorschrift für das KACZMARZ-Verfahren aufgeschrieben werden. Sie beschränkt sich nicht auf drei Unbekannte, denn die geometrisch motivierte Vorgehensweise lässt sich mit Punkten und Hyperebenen in höher-dimensionalen Räumen auch auf größere Gleichungssysteme übertragen.

Iterationsvorgehen beim KACZMARZ-Verfahren

Mit der Bezeichnung $\vec{n}_k$ für die Zeilenvektoren und mit b_k für die Werte auf der rechten Seite eines linearen Gleichungssystems werden für alle Systemgleichungen zum Näherungsvektor $\vec{x}_n$ die Werte $d_k = \frac{1}{|\vec{n}_k|}(b_k - \vec{x}_n \vec{n}_k)$ berechnet. Die Gleichung mit dem betragsmäßig größten d_k-Wert liefert den Index k für die Berechnung des nächsten Näherungsvektors:

$$\vec{x}_{n+1} = \vec{x}_n + \frac{1}{|\vec{n}_k|^2}(b_k - \vec{x}_n \vec{n}_k)\,\vec{n}_k = \vec{x}_n + \frac{1}{|\vec{n}_k|} d_k \vec{n}_k.$$

Als Startvektor wählt man einen Vektor, der wenigstens eine Gleichung des Systems erfüllt.

Die Konvergenzgeschwindigkeit des KACZMARZ-Verfahrens ist ziemlich gering, so dass man in der Praxis selten damit arbeitet. Aber die Wahl des Startvektors wirkt sich nur auf die Schnelligkeit des Verfahrens und, bei unterbestimmten Systemen, auf den Wert der gefundenen Lösung aus. Ein ungeschickt gewählter Startvektor verhindert aber die prinzipielle Konvergenz des Verfahrens nicht. Dadurch wird es *selbstkorrigierend*, das heißt, dass es trotz aufgetretener Rechen- und Rundungsfehler zum guten Ende kommt.

Die Güte der Näherungslösungen

Bei allen numerischen Verfahren tritt die Frage auf, wann eine Näherung gut genug ist, denn im Praxisfall ist die exakte Lösung natürlich nicht bekannt. Im letzten Beispiel sahen wir, dass sich die Näherungslösungen immer weniger voneinander unterscheiden. Aufgrund dieser Beobachtung könnte als *Abbruchbedingung der Iteration* festgelegt werden, dass die maximale Komponentenänderung von $\vec{x}_{n-1}$ auf $\vec{x}_n$ eine bestimmte Schranke nicht übersteigen darf. Nehmen wir in unserem Beispiel 0,01 als Grenze, dann wäre $\vec{x}_9$ der letzte notwendige Näherungsvektor. Es könnte aber auch eine Obergrenze für die Summe aller Komponentenänderungen oder etwas Ähnliches vereinbart werden.

Ein weiterer typischer Ansatz zur Abschätzung der Güte der erreichten Näherungslösung prüft durch Einsetzen in das lineare Gleichungssystem. Dann wird zum Beispiel verlangt, dass alle Gleichungen höchstens um absolut 0,01 oder relativ um ein Promille der rechten Seite abweichen dürfen. In unserem Beispiel wäre bei der Forderung nach einer relativen Abweichung von unter einem Promille die erste erfüllende Näherungslösung $\vec{x}_{10}$.

Aufgaben

1. Löse das lineare Gleichungssystem mit dem JACOBI-Verfahren.

a) $$\begin{aligned} 10x_1 + 2x_2 + x_3 &= 13 \\ x_1 + 10x_2 + 2x_3 &= 13 \\ 2x_1 + x_2 + 10x_3 &= 13 \end{aligned}$$

b) $$\begin{aligned} x_1 + 80x_2 + 2x_3 &= 404 \\ 100x_1 + 3x_2 + 5x_3 &= 200 \\ 2x_1 + 4x_2 + 200x_3 &= 224 \end{aligned}$$

c) $$\begin{aligned} 5x_1 + x_2 + x_3 &= 4 \\ x_1 + 5x_2 - x_3 &= 2 \\ x_1 - x_2 + 5x_3 &= -4. \end{aligned}$$

2. Zeichne die Geraden zu den beiden Systemzeilen in ein Koordinatensystem.

$$\begin{aligned} -3x_1 + 2x_2 &= -5 \\ -x_1 + 2x_2 &= 1 \end{aligned}$$

a) Trage anschließend die Punktfolge ein, die sich aus den Näherungslösungen beim JACOBI-Verfahren mit dem Startpunkt (− 5 | − 7) ergibt. Experimentiere auch mit anderen Startpunkten.

b) Trage anschließend die Punktfolge ein, die sich aus den Näherungslösungen beim KACZMARZ-Verfahren mit dem Startpunkt (− 5 | − 7) ergibt. Experimentiere auch hier mit anderen Startpunkten.

3.* Beweise allgemein für 2 × 2-Gleichungssysteme, dass aus der Diagonaldominanz der Koeffizientenmatrix die Konvergenz des JACOBI-Verfahrens folgt. Die Grundidee des Beweises wurde im Exkurs demonstriert.

4. Löse das lineare Gleichungssystem aus dem Beispiel des Textes zum KACZMARZ-Verfahren mit den Startvektor $\vec{x}_0 = \begin{pmatrix} 1 \\ 1 \\ 3 \end{pmatrix}$.

5. Das KACZMARZ-Verfahren ist auch auf unterbestimmte Systeme anwendbar. Bearbeite die folgenden linearen Gleichungssysteme mit dem Nullvektor als Startvektor. Versuche auch andere Startvektoren.

a) $$\begin{aligned} x_1 + x_2 + x_3 &= 3 \\ 2x_1 - 2x_2 + x_3 &= 0 \end{aligned}$$

b) $$\begin{aligned} x_1 + x_2 &= 3 \\ -x_1 + 2x_2 &= 3 \\ x_1 &= 1 \\ -x_1 + 3x_2 &= 5. \end{aligned}$$

6. Leite die beiden Formeln für Abstand und Fußpunkt her, die für das KACZMARZ-Verfahren benötigt werden.

7. Die Frage nach der Güte der Näherungslösungen stellt sich auch bei den Iterationsverfahren von Gleichungen. Vergleiche die Situation beim Intervallhalbierungsverfahren zur Lösung einer Gleichung mit der Situation bei der näherungsweisen Lösung von linearen Gleichungssystemen.

8.* Die verschiedenen Algorithmen zur iterativen Lösung linearer Gleichungssysteme bieten viele Anregungen zur Entwicklung von entsprechenden Computerprogrammen. Schreibe ein gut strukturiertes Programm mit Struktogramm und Unterprogrammbaum zu einem der Algorithmen dieses Paragraphen.

2.5* Geometrische Deutungen linearer Gleichungssysteme

Zwischen der Geometrie und den linearen Gleichungssystemen bestehen wichtige Wechselbeziehungen. Lineare Gleichungssysteme sind häufig benötigte Berechnungshilfsmittel zur Lösung geometrischer Aufgaben, wie sie in Kapitel 1 auftraten und wie wir sie in Abschnitt 2.3 genauer untersucht haben. Andererseits helfen geometrische Begriffe zum Verständnis der Eigenschaften linearer Gleichungssysteme.

In vielen Bereichen der Mathematik führt erst eine geometrische Interpretation der Objekte und die damit verbundene Veranschaulichung ihrer Beziehungen zum Entdecken der wesentlichen Zusammenhänge. Lineare Gleichungssysteme lassen sich sogar auf mehrere Arten anschaulich deuten. Jede dieser Deutungen zeigt bestimmte Eigenschaften auf besonders einfache Weise. In diesem Abschnitt stellen wir drei verschiedene geometrische Betrachtungsweisen vor und veranschaulichen Aussagen über die Lösbarkeit linearer Gleichungssysteme.

An einigen Stellen verlassen diese anschaulichen Vorstellungen aber den gewohnten Rahmen. Lineare Gleichungssysteme können mehr als drei Gleichungen oder mehr als drei Variable haben, während geometrisch-anschauliche Interpretationen an den dreidimensionalen Raum gebunden sind. Es hat sich jedoch bei der Entwicklung der „Linearen Algebra“ als sehr hilfreich erwiesen, die aus dem Anschauungsraum vertrauten *Sprech- und Denkweisen* auf „Räume“ höherer Dimension zu übertragen.

Mit dem GAUSS-Algorithmus haben wir ein Werkzeug, das uns zwar zu jedem einzelnen linearen Gleichungssystem sofort alle Informationen vollständig und abschließend liefert, aber in der Mathematik interessieren auch allgemeine Aussagen über lineare Gleichungssysteme und ihre Eigenschaften. Deshalb wollen wir im Folgenden theoretischen Fragen nachgehen wie z. B.

- Unter welchen Voraussetzungen ist ein lineares Gleichungssystem überhaupt lösbar?
- Unter welchen Voraussetzungen ist die Lösung eines Systems eindeutig?
- Welche allgemeinen Aussagen lassen sich über die Art der Lösungsmenge machen?

2.5.1* Im Raum der Spaltenvektoren

Einführendes Beispiel

Die linke Seite des linearen Gleichungssystems lässt sich auch als *Linearkombination der Spaltenvektoren* $\vec{s}_1$, $\vec{s}_2$ und $\vec{s}_3$ mit den Faktoren x_1, x_2, x_3 auffassen und entsprechend notieren:

$$\begin{aligned} x_1 + 2x_2 + \ \ 3x_3 &= \ \ 2 \\ 2x_1 + 5x_2 + 10x_3 &= \ \ 2 \\ x_1 + 2x_2 + \ \ 7x_3 &= -2 \end{aligned}$$

$$x_1 \cdot \begin{pmatrix} 1 \\ 2 \\ 1 \end{pmatrix} + x_2 \cdot \begin{pmatrix} 2 \\ 5 \\ 2 \end{pmatrix} + x_3 \cdot \begin{pmatrix} 3 \\ 10 \\ 7 \end{pmatrix} = \begin{pmatrix} 2 \\ 2 \\ -2 \end{pmatrix}.$$

Gesucht sind dann die passenden Faktoren x_1, x_2 und x_3, mit denen die Linearkombinationen der Spaltenvektoren $\vec{s}_1$, $\vec{s}_2$ und $\vec{s}_3$ den Rechte-Seite-Vektor $\vec{b}$ des Gleichungssystems liefern.

Bei einem System mit drei Gleichungen können wir die Spaltenvektoren, ihre Linearkombinationen und den Rechte-Seite-Vektor als Vektoren im dreidimensionalen Raum deuten, denn jeder der Vektoren hat so viele Komponenten wie das lineare Gleichungssystem Zeilen hat. Nach unseren Erfahrungen aus der Geometrie ist die Menge aller möglichen Linearkombinationen der Spaltenvektoren unseres Gleichungssystems entweder der ganze Raum oder eine Ebene durch den Ursprung oder auch nur eine Ursprungsgerade, je nachdem, wie groß die maximale Zahl linear unabhängiger Spaltenvektoren ist.

Der GAUSS-Algorithmus liefert für unser lineares Gleichungssystem die folgende Endform:

x_1	x_2	x_3	
1	2	3	2
0	1	4	−2
0	0	4	−4

Daraus entnimmt man als Lösung $x_1 = 1$, $x_2 = 2$ und $x_3 = -1$ und erhält so die folgende Darstellung des Rechte-Seite-Vektors als Linearkombination der Spaltenvektoren:

$$1 \cdot \begin{pmatrix} 1 \\ 2 \\ 1 \end{pmatrix} + 2 \cdot \begin{pmatrix} 2 \\ 5 \\ 2 \end{pmatrix} + (-1) \cdot \begin{pmatrix} 3 \\ 10 \\ 7 \end{pmatrix} = \begin{pmatrix} 2 \\ 2 \\ -2 \end{pmatrix}.$$

Die Endform der Koeffizientenmatrix ist unabhängig davon, welcher Vektor auf der rechten Seite des Ausgangssystems steht. Daher beantwortet der GAUSS-Algorithmus gleichzeitig auch die Frage nach der linearen Unabhängigkeit der Spaltenvektoren, und für unser System lässt sich ablesen, dass die Spaltenvektoren linear unabhängig sind. Die Vektoren $\vec{s}_1$, $\vec{s}_2$ und $\vec{s}_3$ spannen daher den gesamten Spaltenvektoren-Raum auf, sie bilden eine Basis dieses Raumes und jeder beliebige Rechte-Seite-Vektor lässt sich in eindeutiger Weise als Summe unserer Spaltenvektoren erreichen. Ein lineares Gleichungssystem mit der Koeffizientenmatrix unseres Beispiels ist somit für beliebige rechte Seiten stets eindeutig lösbar.

Zur Lösbarkeit linearer Gleichungssysteme

Wir übertragen die Gedanken aus der Behandlung des Beispiels nun auf Gleichungssysteme mit m Zeilen und überschreiten damit die Beschränkungen der Dimension drei. Die Spaltenvektoren und der Rechte-Seite-Vektor haben m Komponenten und können als Vektoren in einem m-dimensionalen Raum gedeutet werden.

Die Frage nach der Lösbarkeit eines linearen Gleichungssystems ist in der geometrischen Deutung gleichbedeutend mit der Frage, ob der Rechte-Seite-Vektor zu dem Teil des Raumes gehört, der von den Spaltenvektoren des linearen Gleichungssystems aufgespannt wird oder nicht. Sind die Spaltenvektoren des Gleichungssystems außerdem noch linear unabhängig, dann ist diese Darstellung sogar eindeutig und das System eindeutig lösbar.

> Ein lineares Gleichungssystem ist genau dann lösbar, wenn der Rechte-Seite-Vektor in dem Teil des Raumes liegt, der von den Spaltenvektoren des Gleichungssystems aufgespannt wird.
>
> Ein lösbares lineares Gleichungssystem ist genau dann eindeutig lösbar, wenn seine Spaltenvektoren linear unabhängig sind.

Weitere Beispiele

Nun betrachten wird die Gleichungssysteme (A), (B) und (C), die sich nur in den rechten Seiten unterscheiden und die in Kurzform angegeben sind.

x_1	x_2	x_3	(A)	(B)	(C)
1	2	3	0	2	2
−1	−1	1	0	−4	−4
2	6	14	0	1	0

Ausgangsform

x_1	x_2	x_3	(A)	(B)	(C)
1	2	3	0	2	2
0	1	4	0	−2	−2
0	0	0	0	1	0

Endform

Aus System (A) lesen wir ab, dass die zu x_1, x_2 und x_3 gehörenden Spaltenvektoren $\vec{s}_1$, $\vec{s}_2$ und $\vec{s}_3$ linear abhängig, aber je zwei der Spaltenvektoren linear unabhängig sind. Demnach ist die Menge aller Linearkombinationen von $\vec{s}_1$, $\vec{s}_2$ und $\vec{s}_3$ nur die Ebene ε: $\vec{p} = x_1 \cdot \begin{pmatrix} 1 \\ -1 \\ 2 \end{pmatrix} + x_2 \cdot \begin{pmatrix} 2 \\ -1 \\ 6 \end{pmatrix}$ durch den Ursprung und nicht der ganze Raum der Spaltenvektoren.

Die Lösbarkeitsfrage der Systeme (B) und (C) entscheidet sich daran, ob ihre Rechte-Seite-Vektoren zur Ebene ε gehören oder nicht. Die Endform von System (B) zeigt, dass es keine Faktoren x_1, x_2 und x_3 gibt, die die Bedingung $x_1 \cdot \begin{pmatrix} 1 \\ -1 \\ 2 \end{pmatrix} + x_2 \cdot \begin{pmatrix} 2 \\ -1 \\ 6 \end{pmatrix} + x_3 \cdot \begin{pmatrix} 3 \\ 1 \\ 14 \end{pmatrix} = \begin{pmatrix} 2 \\ -4 \\ 1 \end{pmatrix}$ erfüllen. Also gehört der Rechte-Seite-Vektor von (B) nicht zu ε und System (B) ist daher unlösbar.

Dagegen lässt sich der Rechte-Seite-Vektor von Gleichungssystem (C) durch $6\vec{s}_1 - 2\vec{s}_2 = \vec{b}$ (die Werte 6 und -2 erhält man aus der Endform des Systems für $x_3 = 0$) ausdrücken und damit ist System (C) lösbar. Abbildung 2.5.–1 veranschaulicht die Situation.

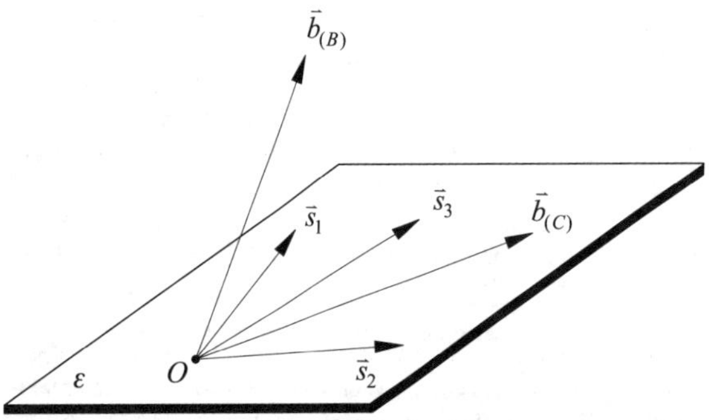

Abb. 2.5.–1

Fortführung des Beispiels

Wir haben gesehen, dass das System (C) lösbar ist. Es ist jedoch nicht eindeutig, sondern mehrdeutig lösbar und wir untersuchen nun, wie sich diese Tatsache geometrisch verstehen lässt. Zuerst wird an den Zahlenwerten des Systems (C) der für das geometrische Verständnis der Existenz vieler Lösungen eines Gleichungssystems entscheidende Gedanke erläutert.

Die Spaltenvektoren des Systems spannen die schon erwähnte Ebene ε auf. Eine mögliche Basis von ε besteht aus $\vec{s}_1$ und $\vec{s}_2$. Der Spaltenvektor $\vec{s}_3$ lässt sich als $(-5) \cdot \begin{pmatrix} 1 \\ -1 \\ 2 \end{pmatrix} + 4 \cdot \begin{pmatrix} 2 \\ -1 \\ 6 \end{pmatrix} = \begin{pmatrix} 3 \\ 1 \\ 14 \end{pmatrix}$ darstellen, wobei man die Faktoren -5 und 4 aus der Endform des Systems erhält, wenn man zu $x_3 = -1$ die Werte für x_2 und x_1 ausrechnet. Im Beispiel gelten somit für die Spaltenvektoren und den Rechte-Seite-Vektor die beiden Beziehungen

$$-5\vec{s}_1 + 4\vec{s}_2 = \vec{s}_3 \quad \text{und} \quad 6\vec{s}_1 - 2\vec{s}_2 = \vec{b}.$$

Beide Vektoren, $\vec{s}_3$ und $\vec{b}$, sind Linearkombinationen von $\vec{s}_1$ und $\vec{s}_2$ und liegen daher in der von $\vec{s}_1$ und $\vec{s}_2$ aufgespannten Ebene ε. Mit $\vec{s}_3$ und $\vec{b}$ liegen aber auch alle Vielfachen von $\vec{s}_3$ $(-5k\vec{s}_1 + 4k\vec{s}_2 = k\vec{s}_3)$ und auch deren Differenzvektoren $\vec{d}$ zu $\vec{b}$ in der Ebene ε. Deshalb lässt sich der Rechte-Seite-Vektor $\vec{b}$ auf vielfältige Weise als Linearkombination aller *drei* Spaltenvektoren darstellen, wie Abb. 2.5.–2 zeigt.

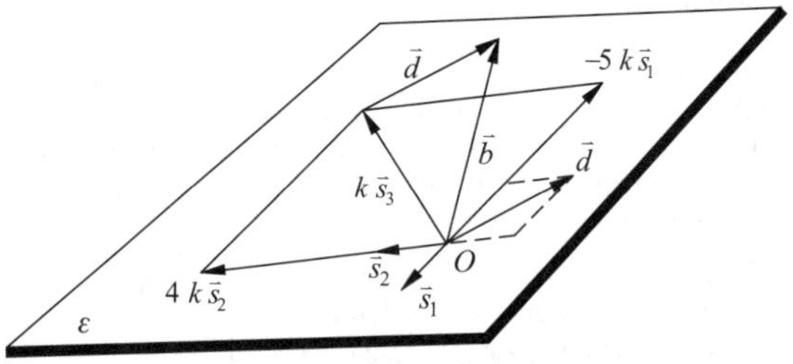

Abb. 2.5.–2

Für die Differenzvektoren gilt: $\vec{d} = \vec{b} - k\vec{s}_3 = 6\vec{s}_1 - 2\vec{s}_2 - (-5k\vec{s}_1 + 4k\vec{s}_2) = (6 + 5k)\vec{s}_1 + (-2 - 4k)\vec{s}_2$. Daher erlaubt $\vec{b}$ für beliebige Zahlen k die Darstellung $\vec{b} = \vec{d} + k\vec{s}_3 = (6 + 5k)\vec{s}_1 - (2 + 4k)\vec{s}_2 + k\vec{s}_3$. Die Lösungen des Systems (C) sind also $x_1 = 6 + 5k$, $x_2 = -2 - 4k$ und $x_3 = k$. In Abschnitt 2.1 hatten wir in diesem Zusammenhang von einer Lösungsmenge mit einem Freiheitsgrad gesprochen.

Unterbestimmte Systeme

Aus der eingehenden Betrachtung dieses Beispiels lässt sich nun der folgende Zusammenhang verstehen, der auch für größere lineare Gleichungssysteme gilt. Wir überschreiten dabei die Beschränkung auf drei Dimensionen. Der Anschluss an das Beispiel ist durch $n = 3$ und $r = 2$ gegeben.

Wenn von den n Spaltenvektoren eines linearen Gleichungssystems maximal r linear unabhängig sind, dann kann man eine Basis aus r Vektoren für den von allen n Vektoren zusammen aufgespannten Teil des Spaltenvektoren-Raumes wählen. Die restlichen $n-r$ Vektoren liegen ebenfalls in diesem Teilraum und sie selbst, aber auch alle ihre Linearkombinationen, lassen sich durch die Basisvektoren beschreiben. Für die Kombinationen der linear abhängigen Vektoren gibt es insgesamt $n-r$ Freiheitsgrade, denn zu jedem dieser Vektoren lässt sich der Streckungsfaktor frei wählen.

Liegt nun der Rechte-Seite-Vektor in dem von allen Spaltenvektoren aufgespannten Teilraum – ist das lineare Gleichungssystem also lösbar –, so liegt jeder Differenzvektor zwischen dem Vektor der rechten Seite und einer beliebigen Linearkombination der linear abhängigen Vektoren auch in diesem Teil des Raumes. Dieser Differenzvektor lässt sich dann durch die Basisvektoren darstellen. Deshalb kann zu jeder Kombination der $n-r$ linear abhängigen Vektoren eine Kombination der r Basisvektoren so addiert werden, dass sich der Rechte-Seite-Vektor des Gleichungssystems ergibt. Das lineare Gleichungssystem hat also eine Lösungsmenge mit $n-r$ Freiheitsgraden.

Durch diese Überlegungen, die sich auf eine geometrische Veranschaulichung stützten, haben wir eine Aussage über beliebige lineare Gleichungssysteme begründet, die eine allgemeine Antwort auf die Frage nach der Anzahl der Freiheitsgrade der Lösungsmenge liefert. Damit ist für $n=r$ erneut geklärt, unter welchen Bedingungen ein lineares Gleichungssystem eindeutig lösbar ist.

> Ein lösbares lineares Gleichungssystem mit n Spalten, von denen maximal r linear unabhängig sind, hat eine Lösungsmenge mit $n-r$ Freiheitsgraden.

Als Anwendung dieses Satzes und zur Vertiefung der Einsicht betrachten wir abschließend noch ein lineares Gleichungssystem mit vier Zeilen und fünf Spalten und geben die Endform des GAUSS-Algorithmus mit an.

$$x_1\begin{pmatrix}1\\1\\2\\1\end{pmatrix}+x_2\begin{pmatrix}3\\4\\6\\3\end{pmatrix}+x_3\begin{pmatrix}2\\5\\5\\2\end{pmatrix}+x_4\begin{pmatrix}4\\6\\10\\5\end{pmatrix}+x_5\begin{pmatrix}1\\2\\5\\3\end{pmatrix}=\begin{pmatrix}2\\0\\1\\3\end{pmatrix}$$

x_1	x_2	x_3	x_4	x_5	
1	3	2	4	1	2
0	1	3	2	1	−2
0	0	1	2	3	3
0	0	0	1	2	1

Endform

Der Raum der Spaltenvektoren ist in diesem Beispiel vierdimensional, denn alle Spaltenvektoren und auch der Vektor der rechten Seite haben vier Komponenten. Mit dem GAUSS-Algorithmus stellt man fest, dass vier der fünf Spaltenvektoren linear unabhängig sind. Die Spaltenvektoren spannen daher den gesamten Spaltenvektoren-Raum auf und der Vektor der rechten Seite ist mit Sicherheit aus den Spaltenvektoren linear kombinierbar und damit ist das lineare Gleichungssystem lösbar.

Da die Basis des Spaltenvektoren-Raumes nur vier Vektoren enthält, können der übrige Spaltenvektor, seine Vielfachen und auch alle Differenzvektoren zwischen dem Rechte-Seite-Vektor und beliebigen Vielfachen dieses Spaltenvektors durch die Basisvektoren eindeutig beschrieben werden. Der Freiheitsgrad der Lösungsmenge ist also $n-r=5-4=1$.

Aufgaben

1. Zum folgenden linearen Gleichungssystem gehört ein zweidimensionaler Spaltenvektoren-Raum.

$$\begin{aligned}3x_1 - x_2 &= 7\\ 2x_1 + 4x_2 &= 0.\end{aligned}$$

a) Zeichne die Spaltenvektoren und den Rechte-Seite-Vektor $\vec{b}$. Stelle $\vec{b}$ als Linearkombination der Spaltenvektoren dar. Lies daraus die Lösungsmenge des linearen Gleichungssystems ab.

b) Das lineare Gleichungssystem wird um eine dritte Spalte erweitert.

$$\begin{aligned}3x_1 - x_2 - 2x_3 &= 7\\ 2x_1 + 4x_2 - 6x_3 &= 0.\end{aligned}$$

Erweitere die Zeichnung zu a) entsprechend. Erläutere mit Hilfe der Differenzvektoren $\vec{d}=\vec{b}-k\vec{s}_3$ anschaulich, warum das neue System unterbestimmt sein muss. Welche Lösungsmenge ergibt sich?

c) Das System aus a) soll um eine Zeile erweitert werden. Was ändert sich?

2. Gib je zwei Rechte-Seite-Vektoren an, so dass das lineare Gleichungssystem

$$\begin{aligned}x_1 + 3x_2 &= b_1\\ x_1 + 4x_2 &= b_2\\ 2x_1 + 6x_2 &= b_3\end{aligned}$$

a) lösbar, b) unlösbar wird.

Begründe die Lösung anschaulich. Warum sind die Systeme zu a) sogar stets eindeutig lösbar?

c) Übertrage die Denkweise auf das lineare Gleichungssystem

$$\begin{aligned}x_1 + 3x_2 + x_3 &= b_1\\ x_1 + 4x_2 + 2x_3 &= b_2\\ 2x_1 + 6x_2 + 5x_3 &= b_3\\ x_1 + 3x_2 + 3x_3 &= b_4.\end{aligned}$$

3. Überprüfe die Richtigkeit der Aussage über die Anzahl der Freiheitsgrade aus dem Text dieses Paragraphen an den linearen Gleichungssystemen, die als Beispiele in Abschnitt 2.1 behandelt wurden.

4.* In Aufgabe 15 aus Paragraph 1.3.3 wird ein Verfahren zur Lösung von 3×3-Gleichungssystemen vorgestellt. Beschreibe dieses Lösungsverfahren geometrisch im Raum der Spaltenvektoren.

Beim folgenden Gleichungssystem lässt sich der Vorgang zur x_1-Bestimmung gut zeichnerisch darstellen.

$$\begin{aligned}3x_1 &= 2\\ 3x_2 - x_3 &= 2\\ x_2 + 4x_3 &= 5.\end{aligned}$$

5.* Begründe die folgende Aussage:
Ein lineares Gleichungssystem ist genau dann lösbar, wenn seine Spaltenvektoren zusammen mit dem Rechte-Seite-Vektor eine linear abhängige Menge von Vektoren bildet.

2.5.2* Im Raum der Zeilenvektoren

Die Koordinatengleichung der Ebene wurde in Kapitel 1 oft benutzt. Sie ermöglicht es jede Zeile eines linearen Gleichungssystems mit drei Unbekannten als Ebene im dreidimensionalen Raum zu deuten. Darauf baut eine weitere geometrische Veranschaulichung der Gleichungssysteme auf. Die geometrische Denkweise hier ist jedoch deutlich anders und erfordert ein erhebliches Umdenken.

Einführendes Beispiel

Betrachten wir wieder das lineare Gleichungssystem, das wir in Paragraph 2.5.1 bereits untersucht und im Raum der Spaltenvektoren veranschaulicht haben:

$$\begin{aligned} x_1 + 2x_2 + 3x_3 &= 2 \\ 2x_1 + 5x_2 + 10x_3 &= 2 \\ x_1 + 2x_2 + 7x_3 &= -2. \end{aligned}$$

Bei der Veranschaulichung der einzelnen Gleichungen durch Ebenen ist jeder Zeilenvektor der Normalenvektor seiner Ebene und die Zeilenvektoren $\vec{z}_1 = \begin{pmatrix} 1 \\ 2 \\ 3 \end{pmatrix}$, $\vec{z}_2 = \begin{pmatrix} 2 \\ 5 \\ 10 \end{pmatrix}$ und $\vec{z}_3 = \begin{pmatrix} 1 \\ 2 \\ 7 \end{pmatrix}$ haben, wie die Lösungen $\vec{x} = \begin{pmatrix} x_1 \\ x_2 \\ x_3 \end{pmatrix}$ des linearen Gleichungssystems, so viele Komponenten wie das System Spalten hat. Für die Ebene ε_2 zur zweiten Gleichung heißt das, dass der Zeilenvektor $\vec{z}_2 = \begin{pmatrix} 2 \\ 5 \\ 10 \end{pmatrix}$ auf ihr senkrecht steht und alle Punkte $\vec{x}$ des Raumes der Zeilenvektoren, die auf ε_2 liegen, erfüllen die Bedingung $\begin{pmatrix} 2 \\ 5 \\ 10 \end{pmatrix} \begin{pmatrix} x_1 \\ x_2 \\ x_3 \end{pmatrix} = 2x_1 + 5x_2 + 10x_3 = 2$.

Die geometrische Bedeutung der Zahlen auf der rechten Seite klärt sich wie folgt. Verändert man in einer Gleichung den Wert auf der rechten Seite, dann bedeutet dies eine Parallelverschiebung der zugehörigen Ebene in Richtung ihres Normalenvektors, denn der Normalenvektor bleibt unverändert.

Bei der weiteren Untersuchung des Beispiels werden anstelle der gesamten Ebenen nur noch ihre Normalenvektoren betrachtet. Mit dem GAUSS-Algorithmus prüft man leicht nach, dass die drei Zeilenvektoren linear unabhängig sind. Dann sind aber keine zwei der drei Ebenen zueinander parallel, denn sonst wären deren Normalenvektoren parallel. Die Ebenen schneiden sich zu je zweien in einer Geraden und zu dritt im Punkt $(1|2|-1)$ des Zeilenvektoren-Raumes, der zum Lösungsvektor $\vec{x}$ gehört.

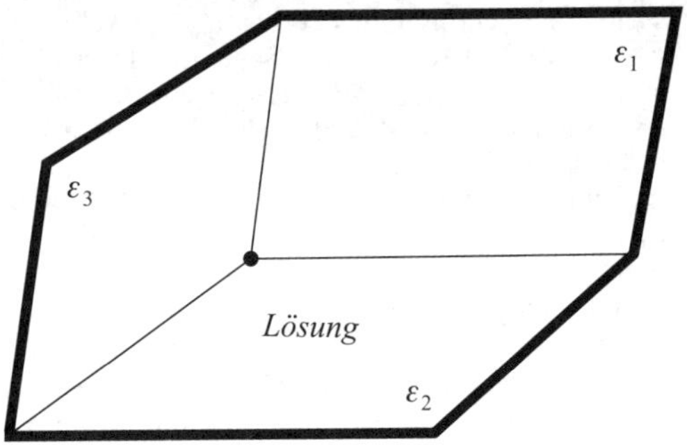

Abb. 2.5.–3

Zur Lösbarkeit linearer Gleichungssysteme

Die Lösungen eines linearen Gleichungssystems sind in der hier vorgestellten Veranschaulichung die Punkte $\vec{x}$ des Raumes der Zeilenvektoren, die auf allen durch die Systemgleichungen als Koordinatengleichung gegebenen Ebenen bzw. Hyperebenen liegen. Damit ist klar, wann bei dieser Betrachtungsweise ein lineares Gleichungssystem lösbar ist: Es muss Punkte des Zeilenvektoren-Raumes geben, die zu allen Ebenen gehören. Die Schnittmenge aller Ebenen darf nicht leer sein.

> Ein lineares Gleichungssystem ist genau dann lösbar, wenn es Punkte gibt, die im Schnitt aller durch die Gleichung definierten Ebenen liegen.

Ein Beispiel zu unterbestimmten und unlösbaren Systemen

Bei dem vorliegenden Gleichungssystem,

$$\begin{aligned} x_1 + 2x_2 + 3x_3 &= 2 \\ -x_1 - x_2 + x_3 &= -4 \\ 2x_1 + 6x_2 + 14x_3 &= 0, \end{aligned}$$

das schon in Paragraph 2.5.1 behandelt wurde, sind die Zeilenvektoren $\vec{z}_1 = \begin{pmatrix} 1 \\ 2 \\ 3 \end{pmatrix}$, $\vec{z}_2 = \begin{pmatrix} -1 \\ -1 \\ 1 \end{pmatrix}$ und $\vec{z}_3 = \begin{pmatrix} 2 \\ 6 \\ 14 \end{pmatrix}$ linear abhängig, wie die folgende Untersuchung seiner Zeilenvektoren auf ihre lineare Unabhängigkeit mit dem GAUSS-Algorithmus zeigt. Weiterhin gilt $\vec{z}_3 = 4\vec{z}_1 + \vec{z}_2$, wobei sich die Faktoren aus der Endform ergeben, wenn $z_3 = 1$ gesetzt wird.

1	−1	2	0
2	−1	6	0
3	1	14	0

Ausgangsform

1	−1	2	0
0	1	2	0
0	0	0	0

Endform

Die Normalenvektoren aller drei Systemebenen liegen in einer gemeinsamen, von $\vec{z}_1$ und $\vec{z}_2$ aufgespannten Ebene η. Die Schnittgeraden von je zwei der drei Systemebenen verlaufen also orthogonal zur Ebene η und sind demnach alle untereinander parallel. Die Lage der Ebenen des linearen Gleichungssystems im Zeilenvektoren-Raum entspricht einer der beiden Situationen:

Das lineare Gleichungssystem ist entweder unlösbar (Abb. 2.5.–4), oder seine Lösungen bilden im Zeilenvektoren-Raum eine ganze Gerade (Abb. 2.5.–5). Welche der beiden Konfigurationen vorliegt, hängt von den Werten auf der rechten Seite des Gleichungssystems ab.

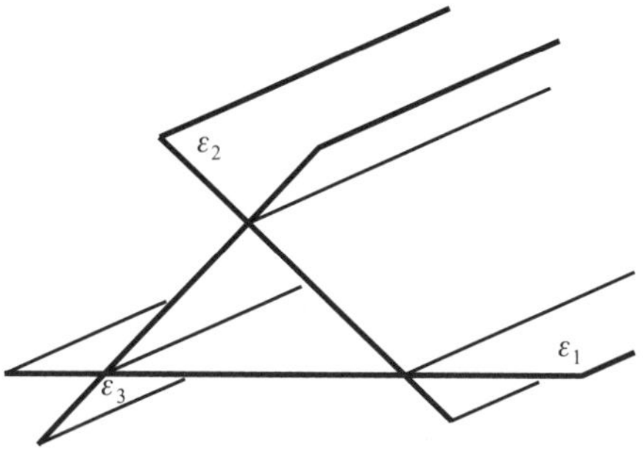

Abb. 2.5.–4

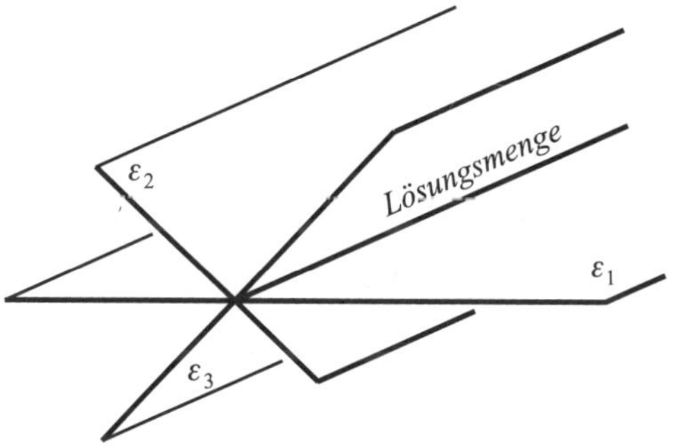

Abb. 2.5.–5

Unser Gleichungssystem ist lösbar und hat, wie wir aus Paragraph 2.5.1 wissen, als Lösungen die Vektoren $\vec{x} = \begin{pmatrix} 1 \\ 2 \\ -1 \end{pmatrix} + k \cdot \begin{pmatrix} 5 \\ -4 \\ 1 \end{pmatrix}$. Damit entspricht es dem Fall der Abbildung 2.5.–5.

Die Lösungen bilden eine Lösungs-„Gerade" im Zeilenvektoren-Raum, die nach unseren Überlegungen orthogonal zu allen Zeilenvektoren des Gleichungssystems sein müsste. Mit dem Skalarprodukt prüft man dies leicht nach.

Die Lösungsmengen, interpretiert im Zeilenvektoren-Raum, entstehen immer als Schnittmengen von Systemebenen. So erklärt sich die Beobachtung, dass die Lösungsmengen unterbestimmter Gleichungssysteme immer als Parameterformen von Geraden oder Ebenen erscheinen.

Bei linearen Gleichungssystemen mit m Gleichungen und n Unbekannten bewegen wir uns mit dieser Veranschaulichung im Zeilenvektoren-Raum der Dimension n. Die Zeilenvektoren und die Lösungsvektoren haben n Komponenten und entsprechen den Punkten des Raumes und die Rolle der Ebenen übernehmen die $(n-1)$-dimensionalen Hyperebenen. Obwohl man in diesen Räumen für $n > 3$ keine konkreten geometrischen Vorstellungen mehr entwickeln kann, ist es üblich, die Sprechweisen aus dem Dreidimensionalen zu übertragen.

Aufgaben

1. Zu dem linearen Gleichungssystem in Aufgabe 1 aus Paragraph 2.5.1 gehört ein zweidimensionaler Zeilenvektoren-Raum.
   a) Stelle das Gleichungssystem im Zeilenvektoren-Raum zeichnerisch dar. Bestimme so die Lösung des Systems.
   b) Das lineare Gleichungssystem aus a) soll um eine Zeile erweitert werden. Begründe geometrisch, unter welchen Bedingungen das neue System ebenfalls lösbar ist.
   c) Das lineare Gleichungssystem aus a) wird, wie in Aufgabe 1 b) aus Paragraph 2.5.1, um eine Spalte erweitert. Erweitere die Zeichnung zu a) und erkläre anschaulich, warum das neue System unterbestimmt ist. Welcher Zusammenhang besteht zwischen dem Vektorprodukt der Zeilenvektoren des erweiterten Systems und seiner Lösungsmenge?

2. Untersuche die Zeilenvektoren auf lineare Unabhängigkeit und löse das lineare Gleichungssystem. Skizziere dann die Situation im Zeilenvektoren-Raum ähnlich wie in Abb. 2.5.–4 und Abb. 2.5.–5.

   a) $\begin{aligned} 2x_1 + 5x_2 &= 1 \\ x_1 + 9x_2 + 9x_3 &= 2 \\ 5x_1 + 6x_2 - 9x_3 &= 1 \end{aligned}$ b) $\begin{aligned} 2x_1 + x_2 + 3x_3 &= 1 \\ -x_1 + 3x_2 + x_3 &= 2 \\ x_1 - 2x_2 - 3x_3 &= 4 \end{aligned}$

   c) $\begin{aligned} x_1 + 2x_2 + 3x_3 &= 1 \\ 2x_1 + x_2 + 3x_3 &= 2 \\ 3x_1 + 2x_2 + 5x_3 &= 1 \end{aligned}$

   d) Welche weiteren Situationen sind noch denkbar?

3* In Paragraph 2.5.2 wurde das lineare Gleichungssystem

$$\begin{aligned} x_1 + 2x_2 + 3x_3 &= 2 \\ -x_1 - x_2 + x_3 &= -4 \\ 2x_1 + 6x_2 + 14x_3 &= 0 \end{aligned}$$

im dreidimensionalen Zeilenvektoren-Raum untersucht.

Unter dem *zugehörigen homogenen Gleichungssystem* versteht man ein System mit gleicher Koeffizientenmatrix, aber mit dem Nullvektor als rechter Seite.

Bestimme die Lösungsmenge des homogenen Gleichungssystems und vergleiche sie mit der Lösungsmenge des Ausgangssystems. Welche geometrische Beziehung besteht zwischen den Lösungsmengen?

Stelle die Situation, beschränkt auf die im Text des Paragraphen 2.5.2 erwähnte Ebene η, skizzenhaft zeichnerisch dar.

2.5.3* Die Abbildung zwischen den Räumen

Eine weitere geometrische Betrachtungsweise linearer Gleichungssysteme fußt nicht auf der geometrischen Deutung der Spaltenvektoren oder der Zeilenvektoren allein. Ihr Ausgangspunkt ist die Überlegung, dass zwischen dem Raum der Zeilenvektoren und dem Raum der Spaltenvektoren, die ja bei beliebigen $m \times n$-Gleichungssystemen sogar verschiedene Dimensionen haben können, eine Verbindung bestehen muss. Es geht also um die Untersuchung der Abbildung, die die beiden Räume miteinander verknüpft.

Wir beschreiben die Situation wieder am Beispielsystem aus Paragraph 2.5.1.

$$\begin{aligned} x_1 + 2x_2 + 3x_3 &= 2 \\ 2x_1 + 5x_2 + 10x_3 &= 2 \\ x_1 + 2x_2 + 7x_3 &= -2. \end{aligned}$$

Für die Vermittlung zwischen den Vektoren $\vec{x}$, die im Zeilenvektoren-Raum liegen, und der rechten Seite $\vec{b}$, die zum Spaltenvektoren-Raum gehört, sorgt die Koeffizientenmatrix des linearen Gleichungssystems. Die Koeffizientenmatrix $A = \begin{pmatrix} 1 & 2 & 3 \\ 2 & 5 & 10 \\ 1 & 2 & 7 \end{pmatrix}$ ist ein Beispiel für die zweidimensionalen Zahlenschemata, die man allgemein Matrizen nennt und deren Untersuchung den zentralen Inhalt des dritten Kapitels bildet.

Setzt man anstelle des Unbekanntenvektors in das Gleichungssystem die Komponenten irgendeines Vektors, z. B. $\vec{x} = \begin{pmatrix} 3 \\ 2 \\ -3 \end{pmatrix}$ ein, so vollzieht sich eine Operation, die aus Aufgabe 2 von Paragraph 1.1.2 bekannt ist:
$\begin{pmatrix} 1\cdot 3 + 2\cdot 2 + 3\cdot(-3) \\ 2\cdot 3 + 5\cdot 2 + 10\cdot(-3) \\ 1\cdot 3 + 2\cdot 2 + 7\cdot(-3) \end{pmatrix} = \begin{pmatrix} -2 \\ -14 \\ -14 \end{pmatrix}$. Dafür schreibt man kurz: $\vec{y} = A \cdot \vec{x}$ und meint damit, dass ähnlich wie bei einer Funktion jedem möglichen Vektor $\vec{x}$ (des Zeilenvektoren-Raumes als Definitionsbereich) durch das Verknüpfen mit der Koeffizientenmatrix ein Vektor $\vec{y}$ (des Spaltenvektoren-Raumes als Wertebereich) zugeordnet wird. Es liegt also eine Abbildung vom Zeilenvektoren-Raum in den Spaltenvektoren-Raum vor, die jedem Vektor $\vec{x}$ in eindeutiger Weise einen Bildvektor $\vec{y} = A \cdot \vec{x}$ zuordnet.

Zur Lösbarkeit linearer Gleichungssysteme

Bleiben wir bei unserem Beispiel, das sich nun kurz in der Form $A \cdot \vec{x} = \vec{b}$ schreiben lässt. In der Sprache der Abbildungen suchen wir alle Vektoren $\vec{x} = \begin{pmatrix} x_1 \\ x_2 \\ x_3 \end{pmatrix}$, deren Bildvektor bezüglich der Koeffizientenmatrix $A = \begin{pmatrix} 1 & 2 & 3 \\ 2 & 5 & 10 \\ 1 & 2 & 7 \end{pmatrix}$ der Vektor $\vec{b} = \begin{pmatrix} 2 \\ 2 \\ -2 \end{pmatrix}$ ist. Dies entspricht der Aufgabe in der Analysis, bei einer Funktion zu einem vorgegebenen Funktionswert y den passenden x-Wert zu suchen. Daraus ergibt sich eine anschauliche Formulierung der Lösbarkeitsbedingung für lineare Gleichungssysteme.

> Das lineare Gleichungssystem $A \cdot \vec{x} = \vec{b}$ ist genau dann lösbar, wenn sich der Rechte-Seite-Vektor $\vec{b}$ als Bild eines Vektors $\vec{x}$ bei Verknüpfung mit der Matrix A ergibt.

Unterbestimmte Systeme

Wir behandeln die Zusammenhänge wieder am Beispiel des Systems

$$\begin{aligned} x_1 + 2x_2 + 3x_3 &= 2 \\ -x_1 - x_2 + x_3 &= -4 \\ 2x_1 + 6x_2 + 14x_3 &= 0. \end{aligned}$$

Die Koeffizientenmatrix ist hier $A = \begin{pmatrix} 1 & 2 & 3 \\ -1 & -1 & 6 \\ 2 & 6 & 14 \end{pmatrix}$ und der gewünschte Bildvektor ist $\vec{b} = \begin{pmatrix} 2 \\ -4 \\ 0 \end{pmatrix}$. Man rechnet leicht nach, dass der Vektor $\begin{pmatrix} 1 \\ 2 \\ -1 \end{pmatrix}$ durch die Matrix A auf diesen Rechte-Seite-Vektor abgebildet wird. Da wir die vollständige Lösungsmenge $\begin{pmatrix} 1 \\ 2 \\ -1 \end{pmatrix} + \begin{pmatrix} 5 \\ -4 \\ 1 \end{pmatrix} \cdot k = \begin{pmatrix} 1+5k \\ 2-4k \\ -1+k \end{pmatrix}$ bereits kennen, rechnen wir nur noch nach, dass für alle Lösungsvektoren der Bildvektor $\begin{pmatrix} 2 \\ -4 \\ 0 \end{pmatrix}$ entsteht.

Zur Klärung dieses Sachverhalts muss die Abbildung der Vektoren $\begin{pmatrix} 5 \\ -4 \\ 1 \end{pmatrix} \cdot k$ aus dem Zeilenvektoren-Raum untersucht werden. Es zeigt sich, dass sie alle den Nullvektor des Spaltenvektoren-Raumes als Bildvektor haben.

Das macht das obige Ergebnis verständlich: Alle Vektoren, die auf den Nullvektor abgebildet werden, können zu Lösungsvektoren addiert werden, ohne dass sich der Bildvektor der Lösung ändert. Die Lösungsmenge des Systems besteht also aus Kombinationen von solchen Vektoren, die als Bild den Nullvektor haben und solchen, die als Bild den Rechte-Seite-Vektor des Systems haben.

Aufgaben

1. Das lineare Gleichungssystem in Aufgabe 1 aus Paragraph 2.5.1 hat die Koeffizientenmatrix $A = \begin{pmatrix} 3 & -1 \\ 4 & 4 \end{pmatrix}$ und den Rechte-Seite-Vektor $\vec{b} = \begin{pmatrix} 7 \\ 0 \end{pmatrix}$.

   a) Suche durch Probieren Vektoren $\vec{x} = \begin{pmatrix} x_1 \\ x_2 \end{pmatrix}$, die durch Anwendung der Koeffizientenmatrix A auf den Rechte-Seite-Vektor $\vec{b}$ geworfen werden. Skizziere dazu den Zeilenvektoren-Raum und den Spaltenvektoren-Raum nebeneinander und färbe zusammengehörige Punkt-Bildpunkt-Paare passend.

   b) Das lineare Gleichungssystem wird, wie in Aufgabe 1 b von Paragraph 2.5.1, um eine dritte Spalte erweitert. Wie ändern sich Matrix, Definitionsbereich und Wertebereich? Was bedeutet die Unterbestimmtheit des Systems in dieser Veranschaulichung?

   c) Das lineare Gleichungssystem aus a) soll um eine Zeile erweitert werden. Wie werden sich Matrix, Zeilenvektoren-Raum und Spaltenvektoren-Raum ändern?

2. Gegeben ist die Matrix $A = \begin{pmatrix} 1 & 1 & -2 \\ 3 & 2 & -2 \\ 3 & -1 & 1 \end{pmatrix}$.

   a) Gesucht sind die Bildvektoren $\vec{y} = A \cdot \vec{x}$ für $\vec{x} = \begin{pmatrix} -2 \\ 1 \\ 3 \end{pmatrix}$ und $\vec{x} = \begin{pmatrix} 0 \\ 1 \\ 0 \end{pmatrix}$ und $\vec{x} = \begin{pmatrix} 1 \\ 1 \\ 1 \end{pmatrix}$.

   b) Gesucht sind jeweils die Vektoren $\vec{x}$, für die $\vec{y} = A \cdot \vec{x}$ gilt:
   $\vec{y} = \begin{pmatrix} 1 \\ 2 \\ -1 \end{pmatrix}$ bzw. $\vec{y} = \begin{pmatrix} 0 \\ 3 \\ 3 \end{pmatrix}$ bzw. $\vec{y} = \begin{pmatrix} 3 \\ 2 \\ -6 \end{pmatrix}$.

   Suche die richtigen Vektoren durch Probieren mit Hilfe einer $\vec{x}$-$\vec{y}$-Wertetabelle. Löse dann das Problem auch geschlossen mit dem GAUSS-Algorithmus.

3.* Sind die Aussagen wahr oder falsch? Argumentiere für niedrige Dimensionen geometrisch, wenn möglich in allen drei Veranschaulichungsformen.

   a) Jedes lineare Gleichungssystem mit dem Nullvektor als rechter Seite hat den Nullvektor auch als Lösungsvektor.

   b) Zu jedem linearen Gleichungssystem, dessen Spaltenanzahl kleiner als seine Zeilenanzahl ist, gibt es einen Rechte-Seite-Vektor, für den das System unlösbar ist.

   c) Wenn ein lineares Gleichungssystem, dessen Spaltenanzahl größer als seine Zeilenanzahl ist, lösbar ist, dann ist es unterbestimmt.

   d) Bearbeite die Aussagen von Aufgabe 5 in Paragraph 2.1.2 in gleicher Weise.

3

Lineare Abbildungen

In diesem Kapitel werden geometrische *Abbildungen* in der Ebene und im Raum wie zum Beispiel Spiegelungen, Drehungen, Streckungen und Projektionen rechnerisch (analytisch) untersucht. Dabei geht es unter anderem um die Frage, wie solche Abbildungen Lage, Form und Eigenschaften von ebenen und räumlichen Figuren und Objekten verändern. Grundlage für die analytische Behandlung ist die Möglichkeit viele der geometrisch interessanten Abbildungen durch geeignete Zahlenschemata, so genannte *Matrizen*, zu erfassen und mit diesen Matrizen nach bestimmten Regeln zu rechnen.

Aufgrund der immer leistungsfähiger werdenden Computer ist in den letzten Jahren ein neues Anwendungsfeld der Abbildungsgeometrie in den Vordergrund gerückt: die *Computergrafik*. Hier geht es einerseits um die grafische Darstellung dreidimensionaler Objekte auf dem Bildschirm mit Hilfe von Projektionsabbildungen und andererseits um die optische Veranschaulichung von Bewegungen dieser Objekte. Es stellt sich heraus, dass Matrizen hierbei ein wesentliches Hilfsmittel darstellen.

Als Rechenobjekte sind die Matrizen auch außerhalb der Geometrie von Bedeutung, zum Beispiel bei der mathematischen Beschreibung von Übergängen in bestimmten „dynamischen Systemen". Fasst man diese so genannten *Übergangsmatrizen* als geometrische Abbildungen auf, so kann man die Entwicklung solcher Systeme geometrisch interpretieren und damit der Anschauung zugänglich machen.

3.1 Lineare Abbildungen und Matrizen

3.1.1 Projektionen

Wie bereits in Paragraph 1.1.1 (Seite 3 ff.) dargelegt, muss man mathematisch gesehen eine Abbildung durchführen um die Bilder von räumlichen Objekten auf einem zweidimensionalen Zeichenblatt oder einem Bildschirm zu erhalten. Die üblichen Abbildungen beim Zeichnen sogenannter 3 D-Bilder sind *Projektionen*. Bei einer Projektion werden Geraden durch die abzubildenden Raumpunkte gezogen (Projektionsstrahlen) und man findet die zugehörigen Bildpunkte als Schnittpunkte der Projektionsstrahlen mit der Zeichenebene.

Die wichtigsten Projektionsarten sind die *Parallelprojektion* und die *Zentralprojektion* (siehe dazu auch Seite 3 ff.). Ihre Bilder heißen *Parallel-* bzw. *Zentralrisse*.

- Bei der Parallelprojektion verlaufen die Projektionsstrahlen parallel zueinander. Die Parallelrisse kann man sich auch als Schattenbilder im parallelen Sonnenlicht vorstellen (*Schrägbilder*, Abb. 3.1.–1 a).
- Bei der Zentralprojektion hingegen verlaufen alle Projektionsstrahlen durch ein festes *Projektionszentrum*. Die Zentralrisse entstehen auch als Schattenbilder bei einer durch eine punktförmige Lichtquelle erzeugten Beleuchtung (Abb. 3.1.–1 b).

Wir untersuchen nun die Frage, wie man die Bilder von Projektionen berechnen kann.

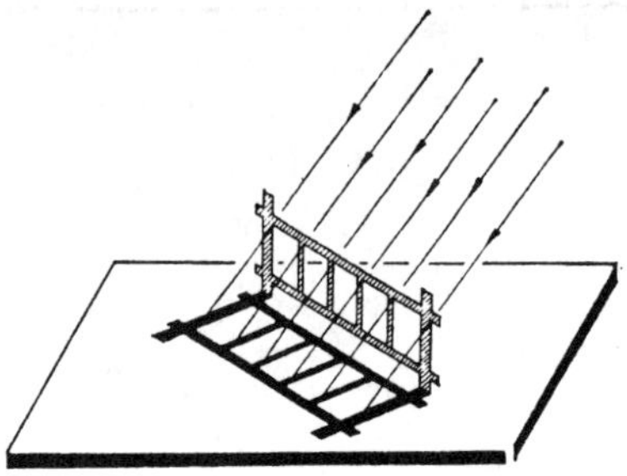

Abb. 3.1.–1 a

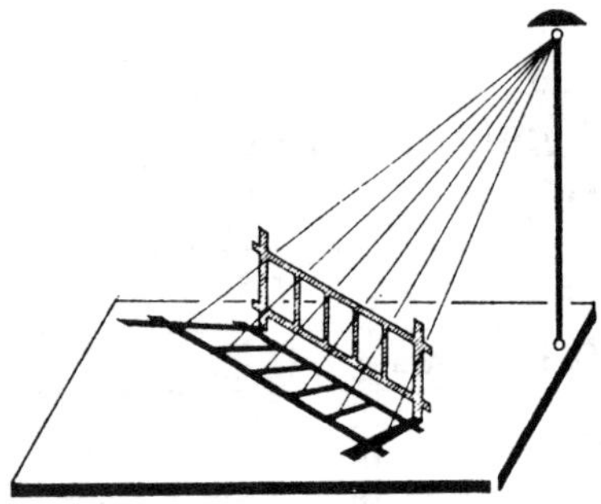

Abb. 3.1.–1 b

Erstes Beispiel: Die Kavalierprojektion

Für die Berechnung von Parallelrissen wählen wir als Zeichenebene die y-z-Ebene des in Standardprojektion dargestellten dreidimensionalen Koordinatensystems (vgl. dazu Seite 4). Die Projektionsrichtung wird durch die Vorgabe eines einzigen Raumpunktes und seines Bildpunktes festgelegt. Nehmen wir etwa als Ausgangspunkt $(1|0|0)$ und als (in der y-z-Ebene liegenden!) Bildpunkt den Punkt $(0|b|c)$, so bestimmt der Vektor

$$\vec{v} = \begin{pmatrix} 0 \\ b \\ c \end{pmatrix} - \begin{pmatrix} 1 \\ 0 \\ 0 \end{pmatrix} = \begin{pmatrix} -1 \\ b \\ c \end{pmatrix}$$

die Projektionsrichtung. Da nun ein beliebiger Raumpunkt $P = (x|y|z)$ in Richtung von $\vec{v}$ auf die y-z-Ebene zu projizieren ist, ergibt sich sein Bild P' als Schnittpunkt des durch P gehenden Projektionsstrahls mit der Gleichung

$$\vec{u} = \vec{p} + k\,\vec{v} = \begin{pmatrix} x \\ y \\ z \end{pmatrix} + k \begin{pmatrix} -1 \\ b \\ c \end{pmatrix}$$

mit dieser Bildebene. Da die x-Koordinate von P' gleich null ist, gilt $k = x$. Durch Einsetzen dieses Parameterwertes in die Geradengleichung erhalten wir die Koordinaten $u_1 = 0$, $u_2 = y + b\,x$ und $u_3 = z + c\,x$ für diesen Schnittpunkt. Indem wir ihn als einen Punkt der zweidimensionalen x'-y'-Ebene, die mit der y-z-Ebene des Raumes identisch ist, auffassen, ergeben sich die *Abbildungsgleichungen*

$$x' = y + b\,x$$
$$y' = z + c\,x$$

bzw. die Zuordnungsvorschrift

$$\boxed{P = (x|y|z) \mapsto P' = (y + b\,x|z + c\,x)} \, .$$

Bemerkung: In der darstellenden Geometrie nennt man die auf diese Weise definierten Parallelprojektionen des Raumes auf die x'-y'-Ebene auch *Kavalierprojektionen*. Der Begriff stammt ursprünglich aus dem mittelalterlichen Militärwesen. Die Kavaliere (Reiter) waren Teile der Festungsaufbauten, die bei dieser Projektionsart unverzerrt erscheinen. Die Kavalierprojektion lässt den sog. Aufriss bzw. Seitenriss unverzerrt und stellt die jeweils fehlende Achse geneigt in der Projektionsebene dar.

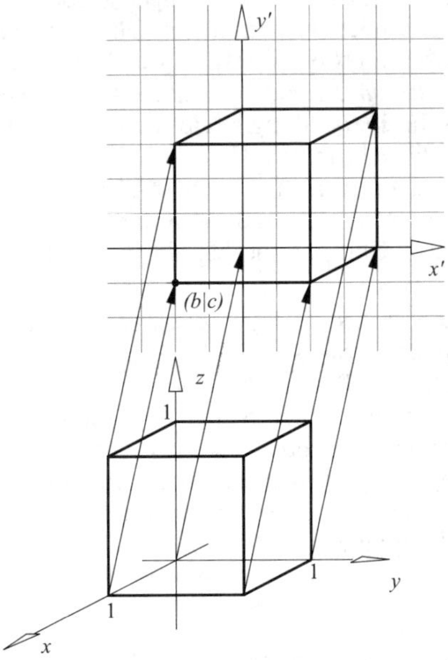

Abb. 3.1.–2

Wählt man für die Abbildungsparameter die Werte $b = -\frac{1}{2}$ und $c = -\frac{1}{4}$, so erhält man die auf Seite 4 erklärte Standardprojektion für die Darstellung von Schrägbildern. Als Beispiel nehmen wir den Würfel mit den Eckpunkten $A = (0|3|0)$, $B = (4|0|0)$, $C = (7|4|0)$, $D = (3|7|0)$, $E = (0|3|5)$, $F = (4|0|5)$, $G = (7|4|5)$ und $H = (3|7|5)$. Die Bildpunkte können mit Hilfe der Abbildungsgleichungen leicht berechnet werden und man erhält $A' = (3|0)$, $B' = (-2|-1)$, $C' = (0{,}5|-1{,}75)$, $D' = (5{,}5|-0{,}75)$, $E' = (3|5)$, $F' = (-2|4)$, $G' = (0{,}5|3{,}25)$ und $H' = (5{,}5|4{,}25)$. Abb. 3.1.–3 zeigt den Parallelriss des Würfels.

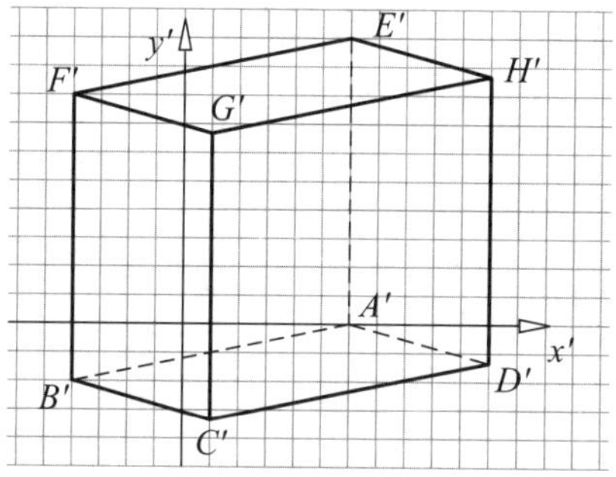

Abb. 3.1.–3

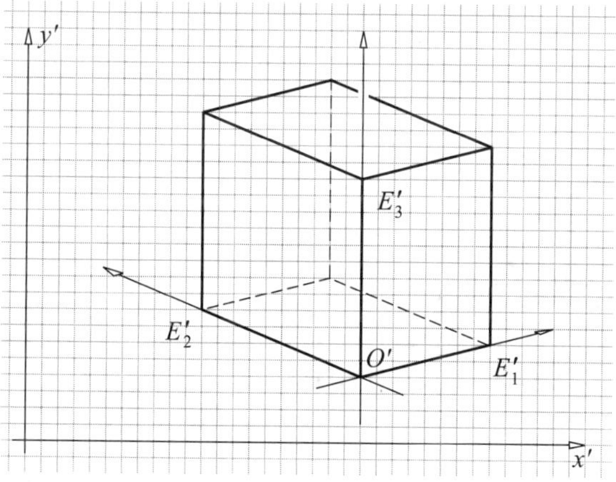

Abb. 3.1.–4

Zweites Beispiel: Axonometrische Abbildungen

Eine andere Methode um Schrägbilder von räumlichen Körpern zu entwerfen und dabei in der Ebene zu zeichnen, aber räumlich zu denken, ist die folgende:

- Man gibt in der Zeichenebene ein Schrägbild des räumlichen Koordinatensystems an, indem man einen Ursprung O', drei durch O' gehende Achsen mit unterschiedlichen Richtungen und auf diesen dann die Einheitspunkte E'_1, E'_2 und E'_3 (beliebig!) auswählt; diese vier Punkte dürfen nicht auf einer Geraden liegen. In Abb. 3.1.–4 ist dies durchgeführt mit $O' = (10|2)$, $E'_1 = (14|3)$, $E'_2 = (5|4)$ und $E'_3 = (10|8)$.
- Um den Bildpunkt $P' = (x'|y')$ eines Raumpunktes $P = (x|y|z)$ zu konstruieren geht man von O' aus um x Einheiten in Richtung von E'_1, dann um y Einheiten in Richtung von E'_2 und schließlich um z Einheiten in Richtung von E'_3, und zwar jeweils unter Beachtung der Vorzeichen und der unterschiedlichen Einheiten auf den drei Achsen.

Die durch dieses Konstruktionsverfahren definierte Abbildung des Raumes in die Zeichenebene heißt eine *axonometrische Abbildung*. Jede Parallelprojektion des Raumes auf eine Ebene ist eine axonometrische Abbildung. Die Begründung für diese Behauptung ist nicht schwer (vgl. Seite 152). Infolgedessen kann man Schrägbilder auch so zeichnen, dass man mit Hilfe der Bildpunkte von $(1|0|0)$, $(0|1|0)$ und $(0|0|1)$ zunächst ein Schrägbild des räumlichen Koordinatensystems herstellt und anschließend die Bilder von vorgegebenen Raumpunkten $(x|y|z)$ nach dem oben beschriebenen Verfahren konstruiert.

Umgekehrt kann man sich auch ein beliebiges axonometrisches Bild eines Objekts durch eine passende Parallelprojektion aus einer ähnlichen Vergrößerung oder Verkleinerung des Objekts in die Zeichenebene erzeugt denken. Das ist die Aussage eines Satzes von POHLKE (1810–1876), der hier allerdings nicht bewiesen werden soll (vgl. dazu auch Aufgabe 2).

Für das Zahlenbeispiel aus Abb. 3.1.–4 sollen nun exemplarisch mit Hilfe der angegebenen Konstruktionsvorschrift die Abbildungsgleichungen einer axonometrischen Abbildung aufgestellt werden. Dazu bezeichnen wir den Ortsvektor des in der Zeichenebene verschobenen Ursprungs mit $\vec{w} = \begin{pmatrix} 10 \\ 2 \end{pmatrix}$ und die von O' zu den drei Einheitspunkten weisenden Vektoren mit $\vec{e}'_1 = \begin{pmatrix} 4 \\ 1 \end{pmatrix}$, $\vec{e}'_2 = \begin{pmatrix} -5 \\ 2 \end{pmatrix}$ und $\vec{e}'_3 = \begin{pmatrix} 0 \\ 6 \end{pmatrix}$. Dann gilt für den Ortsvektor des Bildpunktes P'

$$\begin{pmatrix} x' \\ y' \end{pmatrix} = \vec{w} + x\,\vec{e}'_1 + y\,\vec{e}'_2 + z\,\vec{e}'_3 = \begin{pmatrix} 10 \\ 2 \end{pmatrix} + x\begin{pmatrix} 4 \\ 1 \end{pmatrix} + y\begin{pmatrix} -5 \\ 2 \end{pmatrix} + z\begin{pmatrix} 0 \\ 6 \end{pmatrix},$$

und damit ergeben sich die folgenden Abbildungsgleichungen:

$$x' = 4x - 5y \qquad + 10$$
$$y' = x + 2y + 6z + 2.$$

Drittes Beispiel: Zentralprojektionen

Auf die gleiche Weise wie im ersten Beispiel lässt sich eine Formel für die Berechnung des Bildpunktes P' eines beliebigen Raumpunktes $P = (x|y|z)$ bei der Zentralprojektion herleiten. Wählen wir $Z = (a|b|c)$ mit $a \neq 0$ als *Projektionszentrum* und die y-z-Ebene als Zeichenebene, so müssen wir diese mit der Geraden PZ zum Schnitt bringen. Die Geradengleichung lautet

$$\vec{u} = \begin{pmatrix} x \\ y \\ z \end{pmatrix} + k \cdot \begin{pmatrix} x-a \\ y-b \\ z-c \end{pmatrix}$$

und die Schnittpunktsbedingung $u_1 = 0$ führt zu $k = \frac{x}{a-x}$. Einsetzen in die Geradengleichung liefert unter Beachtung von $x' = u_2$ und $y' = u_3$ die Abbildungsgleichungen

$$x' = \frac{ay - bx}{a - x}$$

$$y' = \frac{az - cx}{a - x}.$$

Mit Hilfe dieser Gleichungen können wir zum Beispiel perspektivische Bilder des Würfels aus Beispiel 1 berechnen. Nehmen wir als Projektionszentrum (auch *Augpunkt* genannt) etwa $Z = (12|3|3)$, so ergeben sich als Bilder der Würfelecken die folgenden Punkte:

$A' = (3|0)$ $\quad E' = (3|5)$

$B' = (-1{,}5|-1{,}5)$ $\quad F' = (-1{,}5|6)$

$C' = (5{,}4|-4{,}2)$ $\quad G' = (5{,}4|7{,}8)$

$D' = \left(\frac{25}{3}\middle|-1\right)$ $\quad H' = \left(\frac{25}{3}\middle|\frac{17}{3}\right)$.

Abb. 3.1.–5 zeigt den Zentralriss des Würfels und verdeutlicht darüber hinaus eine besondere Eigenschaft der Zentralprojektionen: Eine parallele Geradenschar wird in eine Schar von Geraden abgebildet, die entweder ebenfalls zueinander parallel sind oder sich in einem Punkt der Zeichenebene, dem *Fluchtpunkt* der gegebenen Geradenschar, schneiden (Aufgabe 10).

Aufgaben zu 3.1.1

1. Die Richtung einer Kavalierprojektion sei durch den Vektor $\vec{v} = \begin{pmatrix} -1 \\ -0{,}6 \\ -0{,}6 \end{pmatrix}$ gegeben.
   a) Gib an, wie zu einem beliebigen Raumpunkt P der Bildpunkt P' berechnet wird. Berechne und zeichne das Bild des Einheitswürfels.
   b) Der Einheitsoktaeder hat die Eckpunkte $A = (1|0|0)$, $B = (0|1|0)$, $C = (-1|0|0)$, $D = (0|-1|0)$, $E = (0|0|1)$ und $F = (0|0|-1)$. Berechne und zeichne seinen Parallelriss.

2. Abb. 3.1.–6 zeigt das Bild des dreidimensionalen x-y-z-Koordinatensystems. Zeige, dass es sich hier um eine Parallelprojektion mit der x-z-Ebene als Zeichenebene handelt und löse Aufgabe 1 analog.

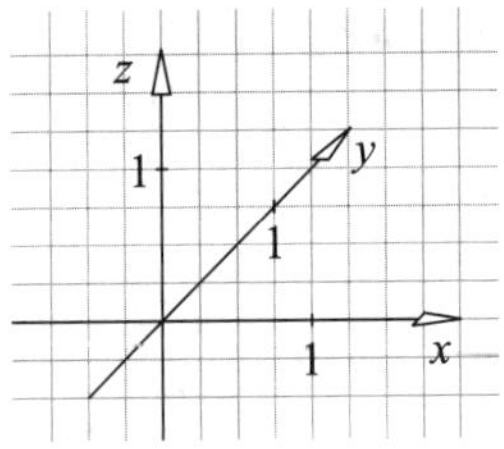

Abb. 3.1.–6

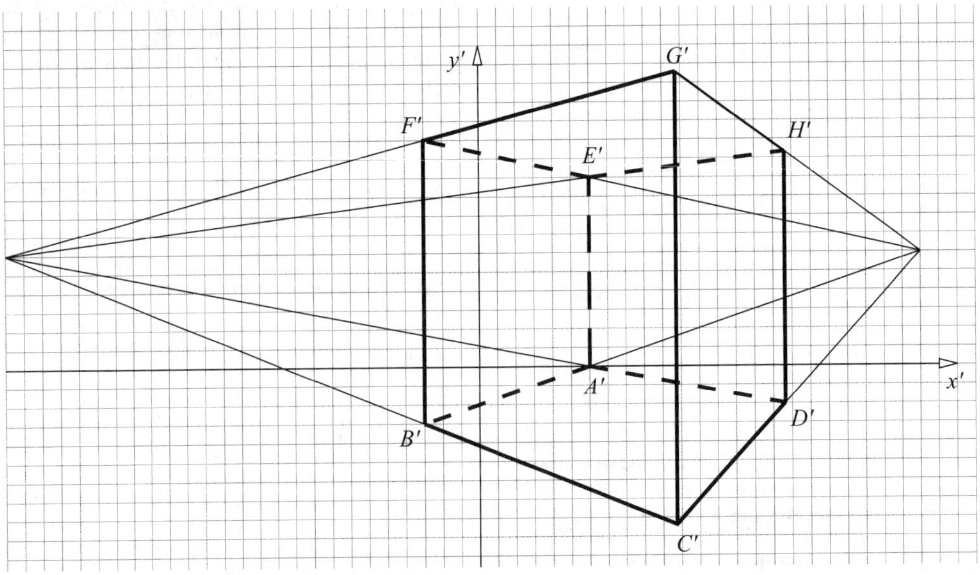

Abb. 3.1.–5

3. Wir haben stillschweigend vorausgesetzt, dass bei einer Kavalierprojektion Geraden im Raum auf Geraden (oder Punkte) in der Zeichenebene abgebildet werden.
   a) Zeige am Beispiel der Kavalierprojektion mit $b = -\frac{1}{2}$ und $c = -\frac{1}{4}$, dass dies tatsächlich der Fall ist. Welche Raumgeraden werden in Punkte abgebildet?
   (*Anleitung:* Gehe von der Parameterdarstellung $\vec{p} = \vec{a} + s\vec{u}$ aus und berechne den Bildpunkt $\vec{p}'$.)
   b) Verallgemeinere a) auf eine Kavalierprojektion mit beliebigen Parametern b, c.

4. Für die folgenden axonometrischen Abbildungen sollen jeweils die Abbildungsgleichungen angegeben werden.
   a) Die Strecken $O'E_1'$ und $O'E_3'$ sind gleich lang, $O'E_2'$ ist halb so lang wie diese.
   b) Die Strecken $O'E_1'$, $O'E_2'$ und $O'E_3'$ sind gleich lang (*Militärprojektion*).
   c) Die Strecken $O'E_1'$ und $O'E_2'$ sind genauso lang, die Länge von $O'E_3'$ ist $\frac{2}{5}\cdot\sqrt{2}$-mal so groß. Dieser Faktor ist gerade so gewählt, dass E_3' bzgl. des x-y-Systems die Koordinaten $(0{,}4\,|\,0{,}4)$ hat (ebenfalls eine sog. *Militärprojektion*).

zu a)

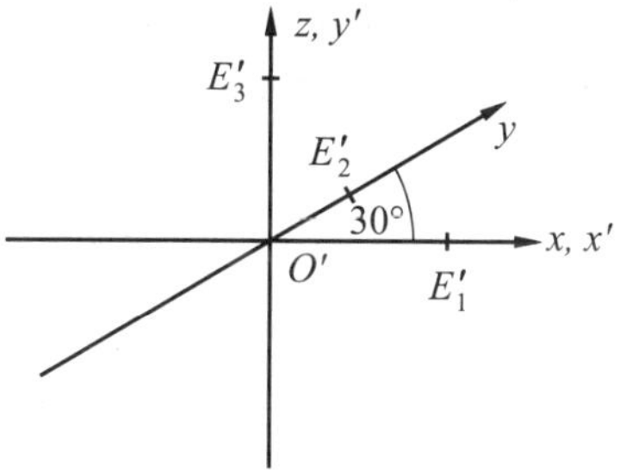

zu b)

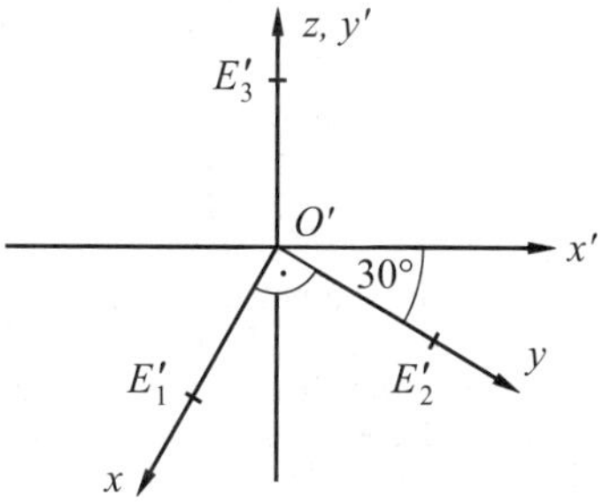

zu c)

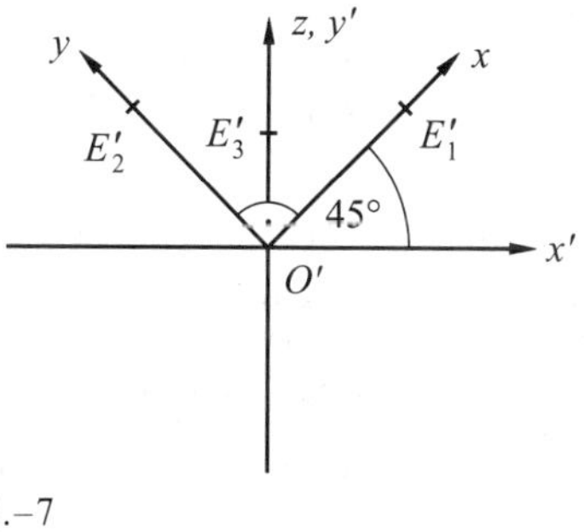

Abb. 3.1.–7

5. Zeichne für jede der drei in Aufgabe 4 angegebenen axonometrischen Abbildungen das Bild des Einheitswürfels und des Einheitsoktaeders (vgl. Aufgabe 1 b).

6. Ein quaderförmiges Haus mit Walmdach hat eine Dachfirsthöhe über Grund von 10 m. Die Länge des symmetrisch verlaufenden Firstes sei 6 m. Der quaderförmige Hauskörper ist 10 m lang, 6 m breit und 6 m hoch. Das Koordinatensystem sei so gelegt, dass die Ecken der Grundfläche die Koordinaten $(0\,|\,0)$, $(10\,|\,0)$, $(10\,|\,6)$ und $(0\,|\,6)$ haben (Angaben in m).
   a) Zeichne das Schrägbild des Hauses bzgl. der Standardprojektion.
   b) Zeichne das Schrägbild bzgl. der drei in Aufgabe 4 angegebenen axonometrischen Abbildungen.

7. Ein Würfel hat die Eckpunkte $A = (0\,|\,4\,|\,0)$, $B = (3\,|\,0\,|\,0)$, $D = (4\,|\,7\,|\,0)$, $E = (0\,|\,4\,|\,5)$. Bestimme die restlichen Würfelecken und zeichne den Zentralriss des Würfels. Dabei seien $Z = (12\,|\,2\,|\,3)$ und die y-z-Ebene die Bildebene.

8. Zeichne für die Abbildung aus Aufgabe 7 den Zentralriss des Hauses aus Aufgabe 6.

9. Zeige, dass bei einer Zentralprojektion eine nicht durch Z verlaufende Raumgerade g auf eine Gerade g' in der Zeichenebene abgebildet wird. (Hinweis: Die Menge aller zu den Punkten von g gehörenden Projektionsstrahlen bildet eine Ebene, warum?)

10.* Wir betrachten die Zentralprojektion mit $Z = (a\,|\,b\,|\,c)$ und der y-z-Ebene als Zeichenebene ($a \neq 0$).
   a) Zeige, dass sich die Zentralrisse aller Raumgeraden mit dem Richtungsvektor $\vec{u} = \begin{pmatrix} 1 \\ p \\ q \end{pmatrix}$ in einem Punkt U der Zeichenebene schneiden. U heißt der *Fluchtpunkt* der durch $\vec{u}$ gegebenen parallelen Geradenschar. Was passiert bei der Zentralprojektion mit einer parallelen Geradenschar, die zur y-z-Ebene parallel ist ($u_1 = 0$)? (Beachte den Hinweis zu Aufgabe 9.)
   b) Bestimme die Fluchtpunkte der Würfelkanten von Beispiel 3 des Textes (bzw. von Aufgabe 7).

3.1.2 Abbildungsmatrizen

Wir beginnen mit dem folgenden Beispiel. Es soll eine Formel für die Berechnung der Bilder von beliebigen Raumpunkten $P = (x\,|\,y\,|\,z)$ bei der Parallelprojektion in Richtung des Vektors $\vec{v} = \begin{pmatrix} 5 \\ 4 \\ 3 \end{pmatrix}$ auf die Bildebene ε: $2x - 3y + z = 0$ aufgestellt werden. Dazu bestimmen wir den Bildpunkt $P' = (x'\,|\,y'\,|\,z')$ als Schnittpunkt der Ebene ε mit der Geraden

$$g\colon \vec{r} = \vec{p} + k\vec{v} = \begin{pmatrix} x \\ y \\ z \end{pmatrix} + k \cdot \begin{pmatrix} 5 \\ 4 \\ 3 \end{pmatrix}$$

und erhalten als Ergebnis (Herleitung als Aufgabe)

$$(*)\quad \begin{aligned} x' &= -9x + 15y - 5z \\ y' &= -8x + 13y - 4z \\ z' &= -6x + 9y - 2z. \end{aligned}$$

Diese Abbildungsgleichungen sind linear und aus diesem Grund heißt die zugehörige Abbildung auch eine *lineare Abbildung* oder *lineare Transformation*. Das aus den 9 Koeffizienten bestehende rechteckige Koeffizientenschema

$$A = \begin{pmatrix} -9 & 15 & -5 \\ -8 & 13 & -4 \\ -6 & 9 & -2 \end{pmatrix}$$

enthält alle notwendigen Informationen um zu einem beliebig vorgegebenen Raumpunkt P den zugehörigen Bildpunkt P' zu berechnen. Man nennt ein solches rechteckiges Zahlenschema allgemein eine *Matrix* und in der hier vorliegenden Situation spricht man speziell auch von der *Abbildungsmatrix* der linearen Abbildung. Das aus dem Lateinischen kommende Wort „Matrix" bedeutete ursprünglich „Mutterleib" oder „Uterus", also abstrahiert etwas, worin oder woraus sich etwas entwickelt.

Um die Wirkung der Matrix A auf einen beliebigen Punkt $P = (x|y|z)$ zu erfassen, greifen wir auf die Abbildungsgleichungen (*) zurück. Nehmen wir als konkretes Beispiel den Punkt $P = (2|1|-3)$, so gilt für die Koordinaten von P'

$$\begin{aligned} x' &= (-9)\cdot 2 + 15\cdot 1 + (-5)(-3) = 12 \\ y' &= (-8)\cdot 2 + 13\cdot 1 + (-4)(-3) = 9 \\ z' &= (-6)\cdot 2 + 9\cdot 1 + (-2)(-3) = 3, \end{aligned}$$

d. h., es ist $P' = (12|9|3)$. In Analogie zu den linearen Funktionen der Form $y = a\cdot x$ schreiben wir dafür auch

$$\vec{p}\,' = A\cdot\vec{p},$$

wobei $\vec{p}$ und $\vec{p}\,'$ die Ortsvektoren des Punktes P und seines Bildpunktes P' bedeuten. Durch diese Schreibweise haben wir auf die folgende Weise das Produkt einer Matrix mit einem Vektor festgelegt:

$$\vec{p}\,' = A\cdot\vec{p} = \begin{pmatrix} -9 & 15 & -5 \\ -8 & 13 & -4 \\ -6 & 9 & -2 \end{pmatrix}\cdot\begin{pmatrix} 2 \\ 1 \\ -3 \end{pmatrix}$$

$$= \begin{pmatrix} (-9)\cdot 2 + 15\cdot 1 + (-5)(-3) \\ (-8)\cdot 2 + 13\cdot 1 + (-4)(-3) \\ (-6)\cdot 2 + 9\cdot 1 + (-2)(-3) \end{pmatrix} = \begin{pmatrix} 12 \\ 9 \\ 3 \end{pmatrix}$$

oder allgemeiner

$$\begin{pmatrix} a_{11} & a_{12} & a_{13} \\ a_{21} & a_{22} & a_{23} \\ a_{31} & a_{32} & a_{33} \end{pmatrix}\cdot\begin{pmatrix} p_1 \\ p_2 \\ p_3 \end{pmatrix} = \begin{pmatrix} a_{11}p_1 + a_{12}p_2 + a_{13}p_3 \\ a_{21}p_1 + a_{22}p_2 + a_{23}p_3 \\ a_{31}p_1 + a_{32}p_2 + a_{33}p_3 \end{pmatrix}.$$

Wir fassen zusammen und verallgemeinern dabei auf beliebig viele Zeilen und Spalten.

Begriff der Matrix und die Matrix-Vektor-Multiplikation

Unter einer (m, n)-*Matrix* verstehen wir ein rechteckiges Zahlenschema mit m Zeilen und n Spalten. Eine (m, n)-Matrix A kann mit einem Vektor $\vec{p}$ des $\mathbb{R}^n$ multipliziert werden [1] und das Ergebnis ist ein Vektor $\vec{p}\,'$ des $\mathbb{R}^m$. Dabei ist die j-te Komponente des Produkt-Vektors $\vec{p}\,' = A\cdot\vec{p}$ das Skalarprodukt der j-ten Zeile von A mit dem Vektor $\vec{p}$.

Bemerkung: Entspricht die Spaltenzahl der Matrix A nicht der Anzahl der Komponenten von $\vec{p}$, so ist das Produkt $A\cdot\vec{p}$ nicht definiert.

Beispiele:

a) $\begin{pmatrix} 2 & 0 & -1 \\ 0 & -3 & 5 \end{pmatrix}\cdot\begin{pmatrix} 3 \\ -2 \\ 5 \end{pmatrix} = \begin{pmatrix} 2\cdot 3 - 0\cdot 2 - 1\cdot 5 \\ 0\cdot 3 + 3\cdot 2 + 5\cdot 5 \end{pmatrix} = \begin{pmatrix} 1 \\ 31 \end{pmatrix}.$

b) $\begin{pmatrix} -1 & 3 \\ 2 & 0 \\ 5 & -4 \end{pmatrix}\cdot\begin{pmatrix} 4 \\ 1 \end{pmatrix} = \begin{pmatrix} -4+3 \\ 8+0 \\ 20-4 \end{pmatrix} = \begin{pmatrix} -1 \\ 8 \\ 16 \end{pmatrix}.$

c) Das Produkt $\begin{pmatrix} 3 & 1 \\ 2 & -4 \\ 0 & 5 \end{pmatrix}\cdot\begin{pmatrix} 2 \\ 1 \\ 3 \end{pmatrix}$ ist nicht definiert.

d) Multipliziert man eine beliebige (m, n)-Matrix mit dem k-ten Einheitsvektor $\vec{e}_k$ des $\mathbb{R}^n$ (das ist der Vektor, dessen k-te Komponente gleich 1 ist und dessen übrige Komponenten alle null sind), dann erhält man gerade die k-te Spalte der Matrix. Zahlenbeispiel:

$$\begin{pmatrix} 2 & -3 & 1 \\ 4 & 2 & 5 \\ 0 & 4 & -3 \\ 3 & -1 & 6 \end{pmatrix}\cdot\begin{pmatrix} 0 \\ 1 \\ 0 \end{pmatrix} = \begin{pmatrix} -3 \\ 2 \\ 4 \\ -1 \end{pmatrix}.$$

Wir kommen nun zu den linearen Abbildungen zurück, die jedem Punkt P des dreidimensionalen Raumes $\mathbb{R}^3$ oder der zweidimensionalen Ebene $\mathbb{R}^2$ einen Bildpunkt P' des Raumes oder der Ebene zuordnen.

[1] Das Symbol $\mathbb{R}^n$ bedeutet die Menge aller n-Tupel mit reellwertigen Komponenten.

Um unnötige Fallunterscheidungen zu vermeiden bezeichnen wir den Ausgangsraum mit $\mathbb{R}^n$ und den Bildraum mit $\mathbb{R}^m$, wobei die Dimensionen n, m in den meisten geometrischen Anwendungen gleich 2 oder 3 sind. Wir wollen jedoch andere Werte für n und m grundsätzlich zulassen. Dabei können n und m übereinstimmen (zum Beispiel bei einer Drehung oder einer Spiegelung) oder auch unterschiedliche Werte haben (zum Beispiel bei einer Projektion des Raumes auf eine Ebene, bei der $n=3$ und $m=2$ ist).

Im Sonderfall $n=m=1$ sind alle linearen Abbildungen gegeben durch Zuordnungsvorschriften der Form $x \mapsto a\,x$ mit $a \in \mathbb{R}$. Es handelt sich also lediglich um die reellen Funktionen, deren Graphen Ursprungsgeraden sind. Aber bereits der Fall $n=m=2$ beinhaltet viele unterschiedliche, geometrisch interessante Beispiele. Dies zeigt die folgende, nur die einfachsten Abbildungen enthaltende Tabelle.

Matrix	Abbildungsgleichungen	Beschreibung der geometrischen Wirkung der Matrix
$\begin{pmatrix} 1 & 0 \\ 0 & -1 \end{pmatrix}$	$x' = x$, $y' = -y$	Spiegelung an der x-Achse
$\begin{pmatrix} -1 & 0 \\ 0 & 1 \end{pmatrix}$	$x' = -x$, $y' = y$	Spiegelung an der y-Achse
$\begin{pmatrix} 0 & 1 \\ 1 & 0 \end{pmatrix}$	$x' = y$, $y' = x$	Spiegelung an der Geraden $y=x$
$\begin{pmatrix} -1 & 0 \\ 0 & -1 \end{pmatrix}$	$x' = -x$, $y' = -y$	Punktspiegelung am Ursprung
$\begin{pmatrix} 0 & -1 \\ 1 & 0 \end{pmatrix}$	$x' = -y$, $y' = x$	90°-Drehung um den Ursprung
$\begin{pmatrix} 1 & 0 \\ 0 & 0 \end{pmatrix}$	$x' = x$, $y' = 0$	Orthogonale Projektion auf die x-Achse
$\begin{pmatrix} 0 & 0 \\ 0 & 1 \end{pmatrix}$	$x' = 0$, $y' = y$	Orthogonale Projektion auf die y-Achse
$\begin{pmatrix} 1 & 0 \\ 0 & 1 \end{pmatrix}$	$x' = x$, $y' = y$	Identische Abbildung (Einheitsmatrix)
$\begin{pmatrix} d & 0 \\ 0 & d \end{pmatrix}$	$x' = d\,x$, $y' = d\,y$	Zentrische Streckung mit dem Faktor d
$\begin{pmatrix} a & 0 \\ 0 & b \end{pmatrix}$	$x' = a\,x$, $y' = b\,y$	Neue Skalierung der Achsen: Einheit in x-Richtung mit dem Faktor a und in y-Richtung mit dem Faktor b vervielfacht ($a, b \neq 0$)

Abschließend formulieren wir die endgültige Definition des Begriffes „lineare Abbildung“:

Begriff der linearen Abbildung

Eine Zuordnung, die jedem Punkt P des $\mathbb{R}^n$ einen Bildpunkt P' des $\mathbb{R}^m$ zuordnet, heißt *lineare Abbildung* (oder lineare Transformation), wenn es eine (m, n)-Matrix A gibt, so dass für die Ortsvektoren $\vec{p}$ und $\vec{p}\,'$ die Beziehung

$$\vec{p}\,' = A \cdot \vec{p}$$

gilt. Die Matrix A heißt die *Abbildungsmatrix* der linearen Abbildung. Ihre Elemente sind die Koeffizienten der Abbildungsgleichungen.

Beispiele:

a) Die Abbildungsgleichungen der *Kavalierprojektion* (Seite 142) zeigen, dass es sich hier um eine lineare Abbildung von $\mathbb{R}^3$ nach $\mathbb{R}^2$ mit der Abbildungsmatrix

$$\begin{pmatrix} b & 1 & 0 \\ c & 0 & 1 \end{pmatrix}$$

handelt.

b) Eine *axonometrische Abbildung* (Seite 143) ist genau dann linear, wenn $O' = (0|0)$ ist und in diesem Fall sind die Ortsvektoren der drei Einheitspunkte die Spalten der (2,3)-Abbildungsmatrix (warum?).

c) Die auf Seite 144 betrachtete *Zentralprojektion* ist keine lineare Abbildung, weil die Abbildungsgleichungen nicht linear sind.

Aufgaben zu 3.1.2

Ebene Abbildungen

1. Beschreibe die folgenden ebenen Abbildungen durch eine Matrix.

a) Spiegelung an der Geraden $y = -x$;

b) Spiegelung an der Geraden $y = 2x$;

c) 270°-Drehung um den Ursprung;

d) Projektion in Richtung des Vektors $\begin{pmatrix} -1 \\ 1 \end{pmatrix}$ auf die x-Achse;

e) Projektion parallel zur y-Achse auf die Gerade $y = x$.

2. Berechne die Bildpunkte zu $A = (2|5)$, $B = (-1|3)$ und $C = (x|y)$, wenn die lineare Abbildung durch die folgende Matrix gegeben ist.

a) $\begin{pmatrix} 1 & 2 \\ -1 & 1 \end{pmatrix}$; b) $\begin{pmatrix} 2 & 3 \\ 1 & -2 \end{pmatrix}$;

c) $\begin{pmatrix} 4 & -2 \\ -2 & 3 \end{pmatrix}$; d) $\begin{pmatrix} 1 & -2 \\ 0 & 2 \end{pmatrix}$.

3. Durch eine lineare Abbildung werden die Punkte $P = (2|-3)$ und $Q = (5|1)$ in die Punkte $P' = (9|-8)$ und $Q' = (14|14)$ abgebildet. Wie lautet die Abbildungsmatrix?

4. Unter einer *affinen Abbildung* in der x-y-Ebene versteht man eine Zuordnung, deren Abbildungsgleichungen die Form

$$x' = a_1 x + b_1 y + c_1$$
$$y' = a_2 x + b_2 y + c_2$$

haben.

a) Wodurch unterscheidet sich hinsichtlich der geometrischen Wirkung i. Allg. eine affine Abbildung von einer linearen Abbildung?

b) Begründe: Die linearen Abbildungen sind genau diejenigen affinen Abbildungen, die den Nullpunkt fest lassen.

c) Zeige, dass die durch die Abbildungsmatrix $\begin{pmatrix} a_1 & b_1 & c_1 \\ a_2 & b_2 & c_2 \\ 0 & 0 & 1 \end{pmatrix}$ bestimmte räumliche lineare Abbildung die Ebene $z = 1$ in sich abbildet und dass man dort die oben angegebene ebene affine Abbildung wiederfindet.

Räumliche Abbildungen

5. Beschreibe die folgenden räumlichen Abbildungen durch eine Matrix.

a) Orthogonalspiegelung an der Ebene $\varepsilon: x + y = 0$ (bzw. $\eta: 2x - y = 0$);

b) Schrägspiegelung an der Ebene $\varepsilon: y + z = 0$ in Richtung der z-Achse (Hinweis: Um von einem Ausgangspunkt P zum Bildpunkt P' zu gelangen geht man von P aus in der angegebenen Richtung – hier: Richtung der z-Achse – bis zum Durchstoßpunkt S mit der Ebene und verdoppelt dann die Strecke PS über S hinaus.)

c) Orthogonalprojektion auf die Ebene $\varepsilon: x - y = 0$;

d) Projektion auf die Ebene $\varepsilon: 2x - y = 0$ längs der y-Achse;

e) Projektion längs der y-z-Ebene auf die x-Achse;

f) 90°-Drehung um die z-Achse (bzw. x-Achse; y-Achse).

6. Bestimme wie im Text die Abbildungsmatrix der Parallelprojektion in Richtung des Vektors $\begin{pmatrix} 5 \\ 4 \\ 3 \end{pmatrix}$ auf die Ebene $\varepsilon: 2x - 3y + z = 0$ und wende sie auf die Punkte $(2|-1|0)$, $(4|3|-1)$ und $(a|-2a|1-a)$ an.

7. Es sei $\vec{n}$ ein beliebiger Vektor mit der Länge 1. Zeige anhand von Abb. 3.1.–8, dass der Ortsvektor des Bildpunktes P' bei der *Orthogonalspiegelung* eines beliebigen Raumpunktes P an der Ebene $\varepsilon: \vec{n} \cdot \vec{x} = 0$ die Darstellung

$$\vec{p}' = \vec{p} - 2(\vec{p} \cdot \vec{n})\vec{n}$$

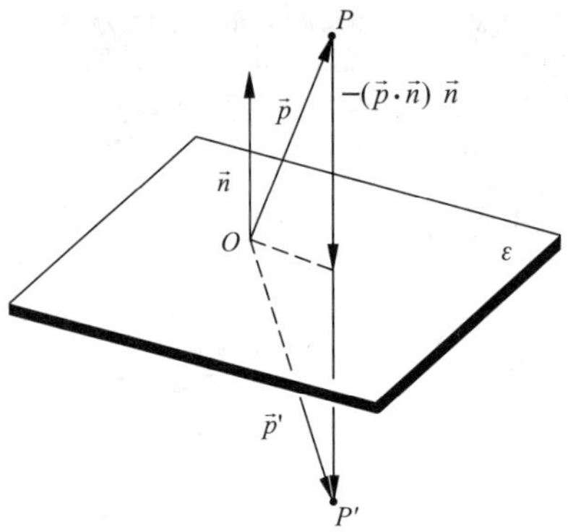

Abb. 3.1.–8

hat. Bestimme damit die Abbildungsmatrix für die Orthogonalspiegelung an der Ebene $\varepsilon: 2x - z = 0$.

8. Übertrage Aufgabe 7 auf den Fall einer *orthogonalen Projektion* auf die Ebene $\varepsilon: \vec{n} \cdot \vec{x} = 0$ und bestimme ebenfalls für die Ebene $\varepsilon: 2x - z = 0$ die Projektionsmatrix.

9. Die Matrix $A = \begin{pmatrix} 2 & -3 \\ 1 & -2 \end{pmatrix}$ beschreibt eine *Schrägspiegelung* in der Ebene.

a) Bestimme die Spiegelachse als die Menge aller *„Fixpunkte"* von A (d. h. als die Lösungsmenge des LGS $A \cdot \vec{p} = \vec{p}$).

b) Bestimme die Spiegelrichtung.

c) Beschreibe die geometrische Wirkung der Matrix $\begin{pmatrix} 2 & -3 & 0 \\ 1 & -2 & 0 \\ 0 & 0 & 1 \end{pmatrix}$ auf die Punkte des dreidimensionalen Raumes.

10.* a) Ausgehend von der im Text (Seite 146) entwickelten Projektionsmatrix

$$\begin{pmatrix} -9 & 15 & -5 \\ -8 & 13 & -4 \\ -6 & 9 & -2 \end{pmatrix}$$

soll die geometrische Wirkung der folgenden (4,4)-Matrizen auf die Punkte der „Hyperebene" $x_4 = 1$ des vierdimensionalen Raumes $\mathbb{R}^4$ untersucht werden:

$$\begin{pmatrix} -9 & 15 & -5 & 0 \\ -8 & 13 & -4 & 0 \\ -6 & 9 & -2 & 0 \\ 0 & 0 & 0 & 1 \end{pmatrix}; \quad \begin{pmatrix} -9 & 15 & -5 & 3 \\ -8 & 13 & -4 & 2 \\ -6 & 9 & -2 & 5 \\ 0 & 0 & 0 & 1 \end{pmatrix}.$$

b) Es seien A eine beliebige (3,3)-Matrix und $\vec{c}$ ein beliebiger Vektor des $\mathbb{R}^3$. Dann ist durch $\vec{p}' = A \cdot \vec{p} + \vec{c}$ eine *räumliche affine Abbildung* gegeben. Welche (4,4)-Matrix beschreibt eine lineare Abbildung, deren Beschränkung auf die Hyperebene $x_4 = 1$ gerade die affine Abbildung wiedergibt? (Vgl. Aufgabe 4.)

11.* (*Darstellung eines 4 D-Würfels*)
Durch die Bedingungen $-1 \leq x_1, x_2, x_3 \leq 1$ und $0 \leq x_4 \leq 2$ wird ein Würfel im vierdimensionalen Raum $\mathbb{R}^4$, ein sogenannter 4 D-Würfel, festgelegt (vergleiche dazu auch die Ausführungen in Paragraph 1.1.5). Dieser Würfel soll zunächst in Richtung des Vektors

$$\vec{u} = \begin{pmatrix} 1 \\ 1 \\ 1 \\ -2 \end{pmatrix}$$

in den dreidimensionalen Teilraum $x_4 = 0$ und anschließend parallel zu

$$\vec{v} = \begin{pmatrix} 2 \\ 1 \\ -4 \\ 0 \end{pmatrix}$$

in die zweidimensionale Ebene $x_3 = x_4 = 0$ projiziert werden. Bestimme die Abbildungsmatrix der gesamten Abbildung und zeichne das Bild aller Würfelkanten.

3.1.3 Eigenschaften linearer Abbildungen

Gesetze der Matrix-Vektor-Multiplikation

Wir untersuchen nun, ob die grundlegenden Gesetzmäßigkeiten, die für die Multiplikation von Zahlen gelten, auch für die Matrix-Vektor-Multiplikation erfüllt sind, und rechtfertigen damit die Bezeichnung „Produkt“ für das Ergebnis dieser Verknüpfung.

Da es sich hierbei um eine Verknüpfung von unterschiedlichen Objekten, nämlich Matrizen und Vektoren, handelt, hat es keinen Sinn, nach der Gültigkeit des Kommutativ- bzw. Assoziativgesetzes zu fragen. Für die Verbindung der Matrix-Vektor-Multiplikation und der s-Multiplikation gilt jedoch das so genannte *gemischte Assoziativgesetz*

$$A \cdot (s\vec{p}) = s \cdot (A \cdot \vec{p}).$$

Da jede Komponente eines Matrix-Vektor-Produkts gleich dem Skalarprodukt aus der entsprechenden Zeile der Matrix mit dem zu multiplizierenden Vektor ist, ergibt sich dieses Gesetz aus der entsprechenden Regel für das Skalarprodukt (vgl. Seite 56). Für die zu Grunde liegende lineare Abbildung bedeutet dies, dass das Bild des Vektors $s\vec{p}$ gleich dem s-fachen des Bildes von $\vec{p}$ ist, d. h., aus $\vec{p} \mapsto \vec{p}'$ folgt stets $s\vec{p} \mapsto s\vec{p}'$. Abbildungen mit dieser Eigenschaft nennt man *homogen.*

Ausschlaggebend für die Verwendung des Wortes Produkt ist aber letztlich die Gültigkeit des *Distributivgesetzes*, welches die Beziehung zwischen der Vektoraddition und der Matrix-Vektor-Multiplikation regelt. Es lautet

$$A \cdot (\vec{p} + \vec{q}) = A \cdot \vec{p} + A \cdot \vec{q}$$

und ergibt sich ebenfalls komponentenweise aus dem Distributivgesetz für Skalarprodukte (vgl. Seite 56). Für die zu Grunde liegende lineare Abbildung bedeutet dies, dass das Bild einer Vektorsumme gleich der Vektorsumme der Bilder ist. Das heißt: Aus $\vec{p} \mapsto \vec{p}'$ und $\vec{q} \mapsto \vec{q}'$ folgt stets $\vec{p} + \vec{q} \mapsto \vec{p}' + \vec{q}'$. Infolgedessen bleibt die geometrische Eigenschaft des Vektors $\vec{p} + \vec{q}$, die Diagonale in dem von $\vec{p}$ und $\vec{q}$ aufgespannten Parallelogramm zu bestimmen, nach Anwendung der durch A definierten linearen Abbildung erhalten (Abb. 3.1.–9). Abbildungen mit dieser Eigenschaft heißen auch *additiv*.

Lineare Abbildungen sind also homogen und additiv. Diese beiden Eigenschaften lassen sich zusammenfassen:

$$(s\vec{p} + t\vec{q})' = s\vec{p}' + t\vec{q}'.$$

In Worten: *Das Bild jeder beliebigen Linearkombination zweier Vektoren ist gleich der entsprechenden Linearkombination der Bilder dieser Vektoren.*

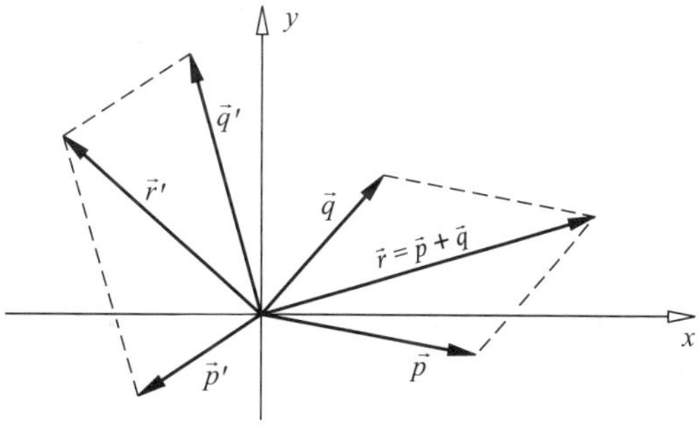

Abb. 3.1.–9

Das Bild einer Geraden

Bei der Konstruktion von Schrägbildern sind wir ganz selbstverständlich davon ausgegangen, dass durch eine Projektionsabbildung eine Gerade wieder in eine Gerade übergeführt wird (falls die Richtung der abzubildenden Geraden nicht mit der Projektionsrichtung übereinstimmt, vgl. Aufgabe 3 von 3.1.1). Man nennt diese Eigenschaft einer Abbildung *Geradentreue.* Wir zeigen nun, daß im Wesentlichen alle linearen Abbildungen geradentreu sind. Dazu gehen wir exemplarisch von der Abbildungsmatrix

$$A=\begin{pmatrix}2 & -1 & 3\\ 1 & -2 & 0\\ 5 & 2 & 1\end{pmatrix}$$

und der Geraden g mit der Parameterdarstellung $\vec{p}=\begin{pmatrix}-1\\ 2\\ 3\end{pmatrix}+s\cdot\begin{pmatrix}1\\ 4\\ -2\end{pmatrix}$ aus, bilden jeden ihrer Punkte ab und zeigen, dass die Menge der Bildpunkte wieder eine Gerade ergibt. Für die Komponenten des Bildes von $P=(-1+s\,|\,2+4s\,|\,3-2s)$ ergibt sich

$$\begin{aligned} x' &= 2(-1+s)-(2+4s)+3(3-2s) = 5-8s\\ y' &= (-1+s)-2(2+4s) = -5-7s\\ z' &= 5(-1+s)+2(2+4s)+(3-2s) = 2+11s \end{aligned}$$

und damit hat der Bildvektor $\vec{p}\,'$ die Darstellung

$$\vec{p}\,'=\begin{pmatrix}5-8s\\ -5-7s\\ 2+11s\end{pmatrix}=\begin{pmatrix}5\\ -5\\ 2\end{pmatrix}+s\cdot\begin{pmatrix}-8\\ -7\\ 11\end{pmatrix}.$$

Infolgedessen ist das Bild g' der Geraden g wieder eine Gerade. Sie hat den Aufpunktvektor $\begin{pmatrix}5\\ -5\\ 2\end{pmatrix}$ und den Richtungsvektor $\begin{pmatrix}-8\\ -7\\ 11\end{pmatrix}$.

Die Überlegungen lassen sich verallgemeinern:

Es seien A eine beliebige (3,3)-Matrix und $g\colon \vec{p}=\vec{a}+s\vec{u}$ irgendeine Gerade im Raum. Dann ergibt sich wegen der Additivität und der Homogenität der Abbildung für das Bild $\vec{p}\,'$ eines beliebigen Geradenpunktes $\vec{p}$ die Darstellung

$$\vec{p}\,'=(\vec{a}+s\vec{u})'=\vec{a}\,'+s\vec{u}\,'.$$

Demzufolge ist g' im Falle $\vec{u}\,'\neq\vec{0}$ wieder eine Gerade; sie hat den Aufpunktvektor $\vec{a}\,'$ und den Richtungsvektor $\vec{u}\,'$. Falls $\vec{u}\,'$ der Nullvektor ist, besteht das Bild g' der Geraden g nur aus dem einen Punkt $\vec{a}\,'$.

Satz von der Geradentreue

Eine lineare Abbildung führt jede Gerade wieder in eine Gerade oder in einen einzelnen Punkt über, je nachdem, ob das Bild ihres Richtungsvektors vom Nullvektor verschieden ist oder nicht.

Aufgaben zu 3.1.3

1. Welche der folgenden Abbildungen sind additiv, welche homogen und welche linear? Gib ggf. auch die Abbildungsmatrix an.

a) $x'=2x-z$, $y'=3y$, $z'=-x$ b) $x'=x^2$, $y'=2y$

c) $x'=x+1$, $y'=y+1$ d) $x'=x-y$, $y'=0$, $z'=x+y$

e) $x'=e^{x+y}$, $y'=\sin x$ f) $x'=3x-y$, $y'=0$

g) $x'=0$, $y'=0$, $z'=0$ h) $x'=1$, $y'=1$, $z'=1$.

2. Gegeben ist die Abbildungsmatrix $A=\begin{pmatrix}2 & 0 & 3\\ 1 & -2 & 0\\ 5 & 1 & -4\end{pmatrix}$.

Bestimme die Parameterdarstellung für

a) das Bild der Geraden durch die Punkte $(1\,|\,0\,|\,3)$ und $(1\,|\,1\,|\,7)$;

b) das Bild der durch die Punkte $(3\,|\,2\,|\,0)$, $(5\,|-1\,|\,1)$ und $(4\,|\,2\,|\,2)$ bestimmten Ebene.

3. Löse Aufgabe 2 analog für die Abbildungsmatrix $\begin{pmatrix}-1 & 1 & -2\\ 3 & 1 & 2\\ 3 & -1 & 4\end{pmatrix}$ und

a) die Gerade $g\colon \vec{p}=\begin{pmatrix}3\\ 2\\ 1\end{pmatrix}+s\begin{pmatrix}5\\ 2\\ 2\end{pmatrix}$;

b) die Ebene $\varepsilon\colon \vec{p}=\begin{pmatrix}2\\ 1\\ 3\end{pmatrix}+s\begin{pmatrix}1\\ 0\\ 2\end{pmatrix}+t\begin{pmatrix}4\\ 1\\ 3\end{pmatrix}$.

4. Gib eine (3,3)-Matrix A und eine Gerade g des $\mathbb{R}^3$ an, die durch A auf einen einzelnen Punkt abgebildet wird.

5. Es seien A eine (3,3)-Matrix und ε eine Ebene im Raum. Zeige, dass das Bild von ε entweder eine Ebene oder eine Gerade oder ein einzelner Punkt im $\mathbb{R}^3$ ist. Gib für jeden dieser drei Fälle jeweils ein Beispiel an.

6. Durch die Matrix A ist eine lineare Abbildung in der Ebene gegeben. Zeichne jeweils das Einheitsquadrat des $\mathbb{R}^2$ und sein Bild. Versuche auch die geometrische Wirkung der Abbildung mit Worten zu beschreiben.

a) $A=\begin{pmatrix}-1 & 0\\ 0 & 1\end{pmatrix}$; b) $A=\begin{pmatrix}1 & 0\\ 0 & -1\end{pmatrix}$;

c) $A=\begin{pmatrix}-2 & 0\\ 0 & -2\end{pmatrix}$; d) $A=\begin{pmatrix}3 & 0\\ 0 & 1\end{pmatrix}$; e) $A=\begin{pmatrix}1 & 3\\ 0 & 1\end{pmatrix}$.

7. Zeichne den Würfel mit den Eckpunkten $A=(1\,|\,1\,|\,1)$, $B=(1\,|\,2\,|\,1)$, $C=(0\,|\,2\,|\,1)$, $D=(0\,|\,1\,|\,1)$, $E=(1\,|\,1\,|\,2)$, $F=(1\,|\,2\,|\,2)$, $G=(0\,|\,2\,|\,2)$, $H=(0\,|\,1\,|\,2)$ und sein Bild unter der durch die folgende Matrix definierten linearen Abbildung im Schrägbild.

a) $\frac{1}{2}\begin{pmatrix} 2 & 0 & 0 \\ 0 & 2 & 1 \\ 0 & 0 & 0 \end{pmatrix}$; b) $\frac{1}{2}\begin{pmatrix} 4 & 0 & 0 \\ -2 & 4 & 1 \\ 4 & 2 & 6 \end{pmatrix}$;

c) $\begin{pmatrix} 1 & 0 & 0 \\ 0 & 1 & 0 \\ -2 & 0 & -1 \end{pmatrix}$; d) $\begin{pmatrix} 1 & 2 & 3 \\ 0 & 1 & 1 \\ 1 & 3 & 4 \end{pmatrix}$.

8. Gegeben sind die Abbildungsmatrix $\begin{pmatrix} 2 & 1 & 0 \\ 1 & 3 & -2 \\ 3 & 0 & 4 \end{pmatrix}$ und die Punkte $P = (2|-3|5)$ und $Q = (7|7|0)$.
Bestätige, dass der Punkt $T = (4|1|3)$ die Strecke PQ im Verhältnis 2:3 teilt, und untersuche die Frage, ob auch der Bildpunkt T' die Bildstrecke $P'Q'$ im Verhältnis 2:3 teilt.

9.* Zeige allgemein, dass eine lineare Abbildung (welche eine Strecke PQ auf eine Strecke $P'Q'$ abbildet) Teilverhältnisse unverändert lässt. (Vgl. Aufgabe 8.)

Rechnerische Untersuchung von linearen Abbildungen

10. (*Eine Projektion*)
Gegeben ist die Abbildungsmatrix $A = \begin{pmatrix} 0{,}75 & 0{,}75 \\ 0{,}25 & 0{,}25 \end{pmatrix}$.
a) Bestimme die Menge aller Punkte, die in den Nullpunkt abgebildet werden. Bestätige, dass es sich bei dieser Punktmenge um eine Ursprungsgerade g_1 handelt, und untersuche die Frage, wie die Abbildung auf die zu g_1 parallelen Geraden wirkt. (Die Punktmenge g_1 heißt der *Kern* der Matrix A.)
b) Bestimme die Menge aller Punkte, die durch die Abbildung nicht verändert werden (*Fixpunktmenge*), und bestätige, dass diese Punktmenge eine Ursprungsgerade g_2 ist.
c) Begründe, dass es sich bei der gegebenen Abbildung um die *Projektion* in Richtung von g_1 auf die Gerade g_2 handelt. (Hinweis: Stelle dazu den Ortsvektor $\vec{p}$ eines beliebigen Punktes als Linearkombination von Richtungsvektoren $\vec{v}_1, \vec{v}_2$ der beiden Geraden g_1, g_2 dar.)

11. (*Eine Schrägspiegelung*)
Gegeben ist die Abbildungsmatrix $A = \begin{pmatrix} 2 & -3 \\ 1 & -2 \end{pmatrix}$.
a) Bestimme die Menge aller Punkte, die durch die Abbildung nicht verändert werden (*Fixpunktmenge*), und bestätige, dass es sich bei dieser Punktmenge um eine Ursprungsgerade g_1 handelt.
b) Zeige, dass die Menge aller Punkte P mit der Eigenschaft $A \cdot \vec{p} = -\vec{p}$ eine Ursprungsgerade g_2 ist, und untersuche die Frage, wie die Abbildung auf die zu g_2 parallelen Geraden wirkt.
c) Bei der gegebenen Abbildung handelt es sich um eine *Schrägspiegelung*. Begründe diese Behauptung und gib die Spiegelachse und die Spiegelrichtung an.

12. Gegeben ist die Abbildungsmatrix $A = \begin{pmatrix} 1 & 0 & 0 \\ -1 & -1 & 1 \\ -1 & -2 & 2 \end{pmatrix}$.
a) Bestimme die Menge aller Punkte, die in den Nullpunkt abgebildet werden (der *Kern* von A) und bestätige, dass es sich bei dieser Punktmenge um eine Ursprungsgerade handelt. Untersuche, wie die Abbildung auf die zu dieser Ursprungsgeraden parallelen Geraden wirkt.
b) Bestimme die Menge aller *Fixpunkte* von A und zeige, dass diese Fixpunktmenge eine Ebene durch den Nullpunkt ist.
c) Gib eine geometrische Interpretation der gegebenen Abbildung.

13. Untersuche wie in Aufgabe 12 die folgenden *Projektionsmatrizen*.

a) $\frac{1}{5}\begin{pmatrix} 5 & 0 & 0 \\ 0 & 1 & 2 \\ 0 & 2 & 4 \end{pmatrix}$; b) $\frac{1}{5}\begin{pmatrix} 1 & 0 & 2 \\ 0 & 5 & 0 \\ 2 & 0 & 4 \end{pmatrix}$;

c) $\frac{1}{2}\begin{pmatrix} -1 & 1 & -2 \\ 3 & 1 & 2 \\ 3 & -1 & 4 \end{pmatrix}$.

14. Untersuche analog zu den Aufgaben 12 und 13 die folgenden Abbildungsmatrizen.

a) $\begin{pmatrix} 0 & 2 & 0 \\ 0 & 1 & 0 \\ 0 & 3 & 0 \end{pmatrix}$; b) $\begin{pmatrix} 0 & 0 & 0 \\ 2 & 1 & 3 \\ 0 & 0 & 0 \end{pmatrix}$; c) $\begin{pmatrix} 1 & 0 & 1 \\ 0 & 1 & 0 \\ 1 & 0 & 1 \end{pmatrix}$.

15. Die beiden folgenden Abbildungsmatrizen bestimmen jeweils eine *Spiegelung*. Bestimme Spiegelebene und Spiegelrichtung. (Vgl. Aufgabe 11.)

a) $\begin{pmatrix} 1 & 0 & 0 \\ 0 & 1 & 0 \\ -2 & 0 & -1 \end{pmatrix}$; b) $\begin{pmatrix} 2 & -3 & 0 \\ 1 & -2 & 0 \\ 0 & 0 & 1 \end{pmatrix}$

16. (*Das Bild einer linearen Abbildung*)
Die Menge aller Bildpunkte einer linearen Abbildung heißt ihr *Bild* (oder *Bildraum*). Das Bild der durch die Matrix

$$\begin{pmatrix} 1 & 1 & 0 \\ 0 & 1 & 2 \\ -2 & 0 & 4 \end{pmatrix}$$

definierten linearen Abbildung besteht also aus genau den Punkten $P' = (a|b|c)$, für die das lineare Gleichungssystem

$$\begin{aligned} x + y &= a \\ y + 2z &= b \\ -2x + 4z &= c \end{aligned}$$

lösbar ist, und kann infolgedessen mit dem GAUSS-Algorithmus berechnet werden. Begründe diese Berechnungsmethode und leite eine Gleichung für die Koordinaten a, b, c her. Inwiefern handelt es sich hier bei dem Bildraum um eine Ebene durch den Ursprung?

3.1.4 Die Bedeutung der Einheitsvektoren

Wir beginnen mit dem folgenden

Beispiel 1: Drehungen in der Ebene

Es soll die Abbildungsmatrix für die *Drehung* um einen beliebigen Winkel φ in der Ebene $\mathbb{R}^2$ aufgestellt werden, wobei wir den Nullpunkt als Drehzentrum nehmen. Es ist grundsätzlich möglich, mit Hilfe der Additionstheoreme von Sinus und Kosinus eine Formel zu entwickeln die es erlaubt zu einem beliebigen Vektor $\vec{p}$ den gedrehten Vektor $\vec{p}'$ zu berechnen. Man vergleiche hierzu die Ausführungen auf Seite 70 und in Dümmlerbuch 4282, Analysis, Bd. 2, Seite 110. Einfacher jedoch und im Prinzip auch weiterführend ist die folgende Überlegung:

Bei der Drehung um den Nullpunkt handelt es sich zunächst um eine *homogene* Abbildung (warum?). Da nun das von zwei beliebigen Vektoren $\vec{p}$ und $\vec{q}$ aufgespannte Parallelogramm gewissermaßen wie ein starrer Körper gedreht wird, geht bei einer Drehung um den Nullpunkt die Summe $\vec{p}+\vec{q}$ in die Summe der Bilder $\vec{p}' + \vec{q}'$ über (man mache sich das anhand einer Skizze klar!). Infolgedessen ist die Drehung auch *additiv*.

Da sich jeder Vektor $\vec{p}=\begin{pmatrix} x \\ y \end{pmatrix}$ in der Form

$$\vec{p}=x\,\vec{e}_1 + y\,\vec{e}_2$$

als Linearkombination der beiden *Einheitsvektoren* $\vec{e}_1 = \begin{pmatrix} 1 \\ 0 \end{pmatrix}$ und $\vec{e}_2 = \begin{pmatrix} 0 \\ 1 \end{pmatrix}$ darstellen lässt, gilt wegen der Additivität und der Homogenität der Abbildung für sein Bild $\vec{p}'$ die Beziehung

$$\vec{p}' = x\,\vec{e}_1' + y\,\vec{e}_2'.$$

Damit ist die Bestimmung des Vektors $\vec{p}'$ auf die Ermittlung der beiden *speziellen* Bildvektoren $\vec{e}_1'$ und $\vec{e}_2'$ zurückgeführt. Diese können in Abb. 3.1.–10 direkt abgelesen werden:

$$\vec{e}_1' = \begin{pmatrix} \cos\varphi \\ \sin\varphi \end{pmatrix} \quad \text{und} \quad \vec{e}_2' = \begin{pmatrix} -\sin\varphi \\ \cos\varphi \end{pmatrix}.$$

Infolgedessen ergeben sich aus der obigen Beziehung für $\vec{p}'$ die Abbildungsgleichungen für die Drehung

$$x' = x\cos\varphi - y\sin\varphi$$
$$y' = x\sin\varphi + y\cos\varphi$$

und damit schließlich die *Drehmatrix*

$$A = \begin{pmatrix} \cos\varphi & -\sin\varphi \\ \sin\varphi & \cos\varphi \end{pmatrix}.$$

Die bei der Ermittlung der allgemeinen Drehmatrix verwendete Methode für das Aufstellen von Abbildungsmatrizen ist immer dann anwendbar, wenn die

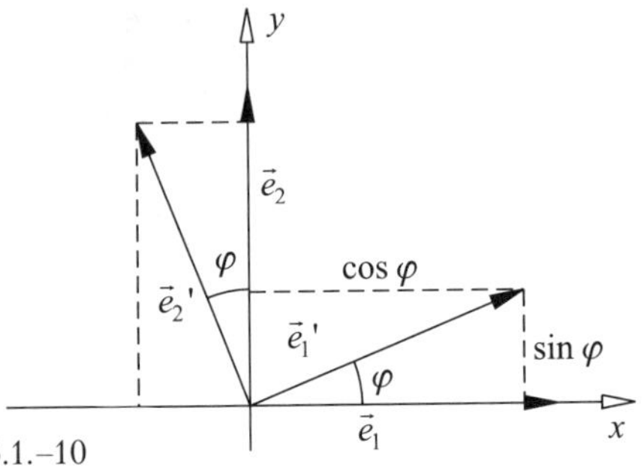

Abb. 3.1.–10

Abbildung additiv und homogen ist. Ausgehend von der Darstellung eines beliebigen Vektors $\vec{p}$ als Linearkombination der Einheitsvektoren erhalten wir sein Bild $\vec{p}'$ als die entsprechende Linearkombination der Bilder der Einheitsvektoren. So folgt zum Beispiel für $n = m = 3$ aus der Gleichung

$$\vec{p} = x\,\vec{e}_1 + y\,\vec{e}_2 + z\,\vec{e}_3$$

für den Bildvektor $\vec{p}'$ die Darstellung

$$\vec{p}' = x\,\vec{e}_1' + y\,\vec{e}_2' + z\,\vec{e}_3'.$$

Das heißt: Die Wirkung einer additiven und homogenen Abbildung auf sämtliche Vektoren des Ausgangsraumes wird durch ihre Wirkung auf die Einheitsvektoren festgelegt.

> Jede additive und homogene Abbildung von $\mathbb{R}^n$ nach $\mathbb{R}^m$ ist eine lineare Abbildung. Die Bilder der Einheitsvektoren sind dabei die Spalten der Abbildungsmatrix.

Bemerkung: In Beispiel 2 auf Seite 143 wurde behauptet, dass eine beliebige *Parallelprojektion* des Raumes auf eine zweidimensionale Zeichenebene eine *axonometrische Abbildung* ist. Das heißt: Die Bildpunkte P' von beliebigen Raumpunkten $P = (x|y|z)$ können nach dem dort beschriebenen Verfahren konstruiert werden. Wir sind jetzt in der Lage diese Behauptung zu begründen. Dazu stellen wir zunächst fest, dass eine Parallelprojektion eine lineare Abbildung ist (dies wurde auf Seite 145 f. exemplarisch gezeigt). Infolgedessen gilt für den Ortsvektor des Bildpunktes P' von $P = (x|y|z)$ die Darstellung

$$\vec{p}' = x\,\vec{e}_1' + y\,\vec{e}_2' + z\,\vec{e}_3'$$

und daraus folgt die aufgestellte Behauptung.

Zweites Beispiel: Aufstellen von Abbildungsmatrizen

Der Satz „*Die Bilder der Einheitsvektoren sind die Spalten der Abbildungsmatrix*" lässt sich vorteilhaft für das Aufstellen von Matrizen verwenden. Man muss sich dazu lediglich klarmachen, dass die Abbildung homogen und additiv ist. Für die beiden folgenden Beispiele überlassen wir diese Überlegungen als Aufgabe.

a) Die Drehung mit dem Drehwinkel φ um die z-Achse des $\mathbb{R}^3$ führt die drei Einheitsvektoren über in $\begin{pmatrix}\cos\varphi\\ \sin\varphi\\ 0\end{pmatrix}$, $\begin{pmatrix}-\sin\varphi\\ \cos\varphi\\ 0\end{pmatrix}$ und $\begin{pmatrix}0\\ 0\\ 1\end{pmatrix}$. Die Drehmatrix lautet also

$$A=\begin{pmatrix}\cos\varphi & -\sin\varphi & 0\\ \sin\varphi & \cos\varphi & 0\\ 0 & 0 & 1\end{pmatrix}.$$

b) Bei der Orthogonalspiegelung an der Ebene mit der Gleichung $x+y=0$ ergeben sich die Bilder der Einheitsvektoren gemäß Abb. 3.1.–11 zu $\begin{pmatrix}0\\ -1\\ 0\end{pmatrix}$, $\begin{pmatrix}-1\\ 0\\ 0\end{pmatrix}$ und $\begin{pmatrix}0\\ 0\\ 1\end{pmatrix}$. Die Abbildungsmatrix ist also gegeben durch

$$A=\begin{pmatrix}0 & -1 & 0\\ -1 & 0 & 0\\ 0 & 0 & 1\end{pmatrix}.$$

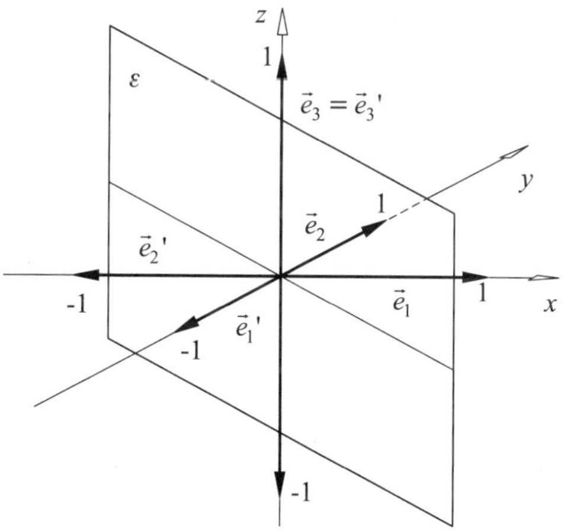

Abb. 3.1.–11

Aufgaben zu 3.1.4

1. Durch die Matrix A ist eine lineare Abbildung in der x-y-Ebene gegeben. Zeichne das *Einheitsquadrat* und sein Bild und versuche die geometrische Wirkung in Worten zu beschreiben.

   a) $A=\begin{pmatrix}0 & 2\\ 2 & 0\end{pmatrix}$; b) $A=\begin{pmatrix}-3 & 0\\ 0 & -3\end{pmatrix}$;

   c) $A=\begin{pmatrix}3 & 0\\ 0 & 2\end{pmatrix}$; d) $A=\begin{pmatrix}-2 & 0\\ 0 & 2\end{pmatrix}$.

2. Löse Aufgabe 1 analog für die folgenden Matrizen ($a, b > 0$).

   a) $\begin{pmatrix}a & -b\\ b & a\end{pmatrix}$; b) $\begin{pmatrix}1 & a\\ 0 & 1\end{pmatrix}$; c) $\begin{pmatrix}1 & 0\\ b & 1\end{pmatrix}$.

3. Die Geraden mit den Gleichungen $x=s$, $y=t$ (s,t ganzzahlig) bestimmen ein *Quadratraster* in der x-y-Ebene. Zeichne das Bild dieses Quadratrasters bzgl. der durch die folgende Matrix gegebenen linearen Abbildung.

   a) $\begin{pmatrix}2 & 0\\ 0 & 2\end{pmatrix}$; b) $\begin{pmatrix}1 & 0\\ 0 & 2\end{pmatrix}$; c) $\begin{pmatrix}1 & 3\\ 0 & 1\end{pmatrix}$;

   d) $\begin{pmatrix}2 & -3\\ 3 & 2\end{pmatrix}$; e) $\begin{pmatrix}4 & -1\\ 2 & 1\end{pmatrix}$.

4. Die Spalten der Abbildungsmatrix sind die Bilder der Einheitsvektoren. Bestimme mit Hilfe dieser Eigenschaft die Abbildungsmatrizen der folgenden linearen Abbildungen der x-y-Ebene.
   a) Orthogonalspiegelung an der Geraden $y=x$;
   b) Schrägspiegelung an der Geraden $y=2x$ in Richtung der y-Achse;
   c) Projektion auf die x-Achse in Richtung der Geraden $y=-2x$.

5. Bestimme wie in Aufgabe 4 die Abbildungsmatrizen der folgenden linearen Abbildungen im Raum.
   a) Orthogonalspiegelung an der Ebene $\varepsilon\colon x+y=0$ (bzw. $\eta\colon x-2y=0$);
   b) Schrägspiegelung an der Ebene $\varepsilon\colon y+z=0$ in Richtung der z-Achse (bzw. an der Ebene $\eta\colon y-2z=0$ in Richtung der y-Achse);
   c) Orthogonalprojektion auf die Ebene $\varepsilon\colon x+y=0$ (bzw. $\eta\colon 2x-y=0$);
   d) Parallelprojektion auf die Ebene $\varepsilon\colon x+y=0$ (bzw. $\eta\colon x-2y=0$) in Richtung der x-Achse (bzw. y-Achse).

6. Bestimme die Abbildungsmatrix für die Drehung mit dem Drehwinkel φ um die
   a) x-Achse des $\mathbb{R}^3$; b) y-Achse des $\mathbb{R}^3$.

7. Der *Einheitswürfel* soll mit dem Drehwinkel 60°
   a) um die z-Achse; b) um die x-Achse
   gedreht werden. Berechne die Koordinaten der Eckpunkte des gedrehten Würfels und zeichne den gedrehten Würfel im Schrägbild.

8. Beschreibe in Worten die geometrische Wirkung der Matrix $\begin{pmatrix} 1 & 0 & 0 \\ 0 & 0 & 1 \\ 0 & 1 & 0 \end{pmatrix}$.

Inverse Matrizen

9. Die zu der Matrix $A = \begin{pmatrix} 2 & 1 \\ 5 & 3 \end{pmatrix}$ gehörende lineare Abbildung ordnet den beiden Einheitsvektoren $\begin{pmatrix} 1 \\ 0 \end{pmatrix}$ und $\begin{pmatrix} 0 \\ 1 \end{pmatrix}$ die Bildvektoren $\begin{pmatrix} 2 \\ 5 \end{pmatrix}$ bzw. $\begin{pmatrix} 1 \\ 3 \end{pmatrix}$ zu.
   a) Da die Bildvektoren $\begin{pmatrix} 2 \\ 5 \end{pmatrix}$ und $\begin{pmatrix} 1 \\ 3 \end{pmatrix}$ *linear unabhängig* sind, lässt sich jeder Vektor $\vec{p}'$ des $\mathbb{R}^2$ *eindeutig* als Linearkombination dieser Bildvektoren darstellen. Inwiefern folgt aus dieser Tatsache, dass die gegebene lineare Abbildung eine Umkehrabbildung besitzt und dass diese ebenfalls linear ist?
   b) Die zu der Umkehrabbildung gehörende Matrix bildet die Vektoren $\begin{pmatrix} 2 \\ 5 \end{pmatrix}$ und $\begin{pmatrix} 1 \\ 3 \end{pmatrix}$ in die Vektoren $\begin{pmatrix} 1 \\ 0 \end{pmatrix}$ bzw. $\begin{pmatrix} 0 \\ 1 \end{pmatrix}$ ab. Bestimme diese Matrix. Woran liegt es, dass es genau eine Matrix mit diesen Eigenschaften gibt? (Hinweis: Bei der Bestimmung der zu *A inversen Matrix* geht es im Wesentlichen um die *simultane* Lösung zweier LGS.)

10. Berechne wie in Aufgabe 9 die inverse Matrix zu
   a) $A = \begin{pmatrix} 2 & 1 & -3 \\ 5 & 3 & -8 \\ 3 & 2 & -4 \end{pmatrix}$; b) $A = \begin{pmatrix} 4 & -4 & 1 \\ -2 & 1 & -1 \\ 1 & 1 & 1 \end{pmatrix}$;
   c) $A = \begin{pmatrix} 1 & -1 & 2 \\ 3 & -3 & 1 \\ -1 & 1 & 3 \end{pmatrix}$.

3.1.5 Abbildungsverkettung und Matrizenmultiplikation

Die Computergrafik beschäftigt sich u. a. mit der Darstellung von räumlichen Objekten und ihren Bewegungen auf einem zweidimensionalen Bildschirm. Wir können uns zum Beispiel die Aufgabe vorstellen, einen (als Punktmenge) gegebenen Körper um eine bestimmte Achse zu drehen und den gedrehten Körper bzw. sogar die gesamte Drehbewegung auf den Bildschirm zu projizieren (Abb. 3.1.–12). Damit ist auf das Ausgangsobjekt die *Verkettung* zweier linearer Abbildungen, nämlich einer Drehung im Raum und einer Projektion auf den Bildschirm, anzuwenden. Das folgende Beispiel zeigt für den Fall einer 120°-Drehung um die z-Achse, wie man die Matrix für diese Abbildungsverkettung bestimmen kann.

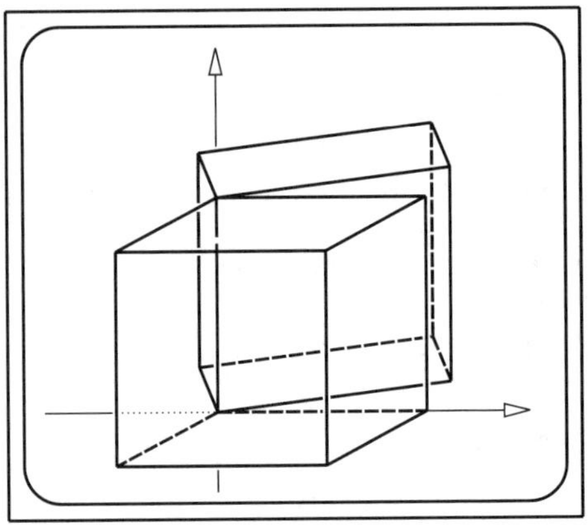

Abb. 3.1.–12

Zunächst ergibt sich das räumliche Bild $P' = (x' \mid y' \mid z')$ eines beliebigen Punktes $P = (x \mid y \mid z)$ durch Anwendung der Drehmatrix

$$B = \begin{pmatrix} \cos 120^\circ & -\sin 120^\circ & 0 \\ \sin 120^\circ & \cos 120^\circ & 0 \\ 0 & 0 & 1 \end{pmatrix}$$

in der folgenden Form:

$$x' = x \cdot \cos 120^\circ - y \cdot \sin 120^\circ$$
$$y' = x \cdot \sin 120^\circ + y \cdot \cos 120^\circ$$
$$z' = z.$$

Der Bildpunkt P' muss jetzt noch auf den Bildschirm projiziert werden. Dazu verwenden wir die Abbildungsmatrix

$$A = \begin{pmatrix} b & 1 & 0 \\ c & 0 & 1 \end{pmatrix}$$

für die Kavalierprojektion mit den Parameterwerten $b = -\frac{1}{2}$ und $c = -\frac{1}{4}$ (Standardprojektion).
Wenden wir diese Matrix A auf den Punkt P' an, so erhalten wir den Bildpunkt P'' mit den Koordinaten

$$x'' = b\,x' + y'$$
$$y'' = c\,x' + z'$$

und damit durch Einsetzen der Ausdrücke für x' und y'

$$x'' = x(b \cos 120^\circ + \sin 120^\circ) + y(-b \sin 120^\circ + \cos 120^\circ)$$
$$y'' = x\,c \cos 120^\circ - y\,c \sin 120^\circ + z.$$

Setzen wir schließlich die Werte $\cos 120^\circ = -0{,}5$, $\sin 120^\circ = 0{,}866$, $b = -0{,}5$ und $c = -0{,}25$ ein, so ergeben sich für die Verkettung von Drehung und Projektion die folgenden Abbildungsgleichungen:

$$x'' = 1{,}116\,x - 0{,}067\,y$$
$$y'' = 0{,}125\,x + 0{,}217\,y + z\,.$$

Infolgedessen sorgt die Abbildungsmatrix

$$C = \begin{pmatrix} 1{,}116 & -0{,}067 & 0 \\ 0{,}125 & 0{,}217 & 1 \end{pmatrix}$$

dafür, dass ein beliebiger Punkt zunächst um 120° um die z-Achse gedreht und anschließend auf den Bildschirm projiziert wird.

Führt man dieselbe Rechnung mit einem beliebigen Drehwinkel φ und mit beliebigen Projektionsparametern b, c durch, so erhält man für die Abbildungsverkettung die Matrix

$$C = \begin{pmatrix} b\cos\varphi + \sin\varphi & -b\sin\varphi + \cos\varphi & 0 \\ c\cos\varphi & -c\sin\varphi & 1 \end{pmatrix}.$$

Diese allgemeine Form hat zwei Vorteile:

- Durch Veränderung der Parameter b, c lassen sich verschiedene Projektionsrichtungen und die damit verbundenen unterschiedlichen optischen Eindrücke der Projektionen erfassen.
- Man kann die 120°-Drehung von räumlichen Objekten als Bewegung auf dem Bildschirm darstellen, indem man bei der Erstellung des Computerprogramms darauf achtet, dass für φ der Reihe nach, d. h in festen zeitlichen Abständen nacheinander die Werte $1^\circ, 2^\circ, 3^\circ, \ldots, 120^\circ$ eingesetzt werden und die zugehörigen Bildpunkte jeweils auf dem Bildschirm erscheinen.

Die Rechnung zeigt, dass die *Verkettung* zweier durch die Abbildungsmatrizen B und A gegebenen linearen Abbildungen wieder eine lineare Abbildung ist (inwiefern?). Diese Verkettung kann infolgedessen durch eine einzige Matrix C beschrieben werden. Die Matrix C heißt das *Produkt der Matrizen A und B* und wir schreiben dafür

$$C = A \cdot B,$$

wobei zu beachten ist, dass der zweite Faktor B der zuerst ausgeführten Abbildung entspricht, d. h., zuerst wirkt die Matrix B und dann A. Für die Wirkung von C auf einen Vektor $\vec{p}$ des Ausgangsraumes gilt dann nämlich

$$C \cdot \vec{p} = (A \cdot B) \cdot \vec{p} = A \cdot (B \cdot \vec{p})\,.$$

Bei der Matrizenmultiplikation ist zu beachten, dass die beiden Faktoren i. Allg. *nicht vertauscht* werden dürfen (Aufgabe 2).

Um nun das Produkt zweier Matrizen A und B zu berechnen kann man wie in dem obigen Beispiel vorgehen. Man kann aber auch von den Einheitsvektoren des Ausgangsraumes ausgehen und die Frage nach den Bildvektoren stellen, welche sich ergeben, wenn zunächst die Matrix B und dann die Matrix A auf die Einheitsvektoren wirken. Diese Bildvektoren sind dann die Spalten der Produktmatrix $C = A \cdot B$ (warum?). Das Bild des k-ten Einheitsvektors $\vec{e}_k$ bzgl. der durch B gegebenen linearen Abbildung ist die k-te Spalte von B. Bezeichnen wir diese mit $\vec{b}_k$, so ergibt sich das Bild $C \cdot \vec{e}_k = (A \cdot B) \cdot \vec{e}_k = A \cdot (B \cdot \vec{e}_k) = A \cdot \vec{b}_k$, indem man die Matrix A mit diesem Vektor $\vec{b}_k$ multipliziert. Das folgende Schema stellt diese Überlegung noch einmal zusammenfassend dar:

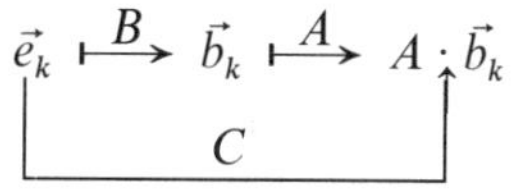

Es gilt demnach: Die k-te Spalte des Matrizenprodukts $C = A \cdot B$ ist gleich dem Produkt von A mit der k-ten Spalte von B.

> *Matrizenmultiplikation*
>
> Das Matrizenprodukt $C = A \cdot B$ ist die Abbildungsmatrix für die *Verkettung* der durch die Matrix B und A definierten linearen Abbildungen (zuerst B, dann A). Die j-te Spalte von C ist das Produkt der Matrix A mit der j-ten Spalte von B. Oder: Das Element c_{ij} in der i-ten Zeile und j-ten Spalte von C ist gleich dem Skalarprodukt der i-ten Zeile von A und der j-ten Spalte von B.

Bemerkung: Das Matrizenprodukt $A \cdot B$ ist nur dann definiert, wenn die Anzahl der Spalten von A mit der Anzahl der Zeilen von B übereinstimmt.

Das folgende Schema zeigt noch einmal, wie aus den Matrizen A und B das Produkt $C = A \cdot B$ bestimmt wird.

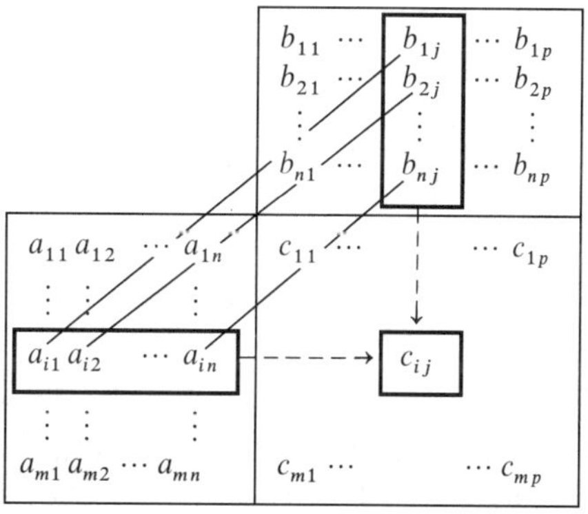

Bei der konkreten Berechnung zum Beispiel von

$$\begin{pmatrix} 1 & 3 & 5 \\ -2 & 5 & -3 \\ -1 & 4 & -2 \end{pmatrix} \cdot \begin{pmatrix} 2 & -3 \\ -5 & 2 \\ 4 & 1 \end{pmatrix} = \begin{pmatrix} 7 & 8 \\ -41 & 13 \\ -30 & 9 \end{pmatrix}$$

kann man entsprechend das so genannte FALK-*Schema* anwenden:

$$\begin{array}{rrr|rr} & & & 2 & -3 \\ & & & -5 & 2 \\ & & & 4 & 1 \\ \hline 1 & 3 & 5 & 7 & 8 \\ -2 & 5 & -3 & -41 & 13 \\ -1 & 4 & -2 & -30 & 9 \end{array}$$

In diesem Schema befindet sich die Matrix A (erster Faktor) links unten, die Matrix B (zweiter Faktor) rechts oben und das Produkt C rechts unten. Das Element $c_{22} = 13$ etwa ergibt sich durch die Bildung des Skalarprodukts

$$c_{22} = (-2)(-3) + 5 \cdot 2 + (-3) \cdot 1 = 13\,.$$

Aufgaben zu 3.1.5

1. Der Einheitswürfel soll mit dem Drehwinkel 60° um die y-Achse gedreht und anschließend auf den Bildschirm projiziert werden (Standardprojektion). Bestimme die Abbildungsmatrix und zeichne das Bild des gedrehten Würfels.

2. Gegeben sind die beiden Matrizen $A = \begin{pmatrix} 3 & 1 & 2 \\ 0 & -1 & 3 \\ 2 & 0 & 1 \end{pmatrix}$ und $B = \begin{pmatrix} 2 & 1 & 4 \\ 3 & 0 & 1 \\ 0 & 1 & 1 \end{pmatrix}$.

   Berechne die beiden Matrizenprodukte $A \cdot B$ und $B \cdot A$ und zeige damit, dass die Matrizenmultiplikation i. Allg. *nicht kommutativ ist.* Was bedeutet diese Tatsache geometrisch?

3. Untersuche, ob die folgenden Matrizenprodukte definiert sind und berechne sie gegebenenfalls.

   a) $\begin{pmatrix} 3 & -1 \\ 2 & 0 \\ 1 & -4 \end{pmatrix} \cdot \begin{pmatrix} 2 & -3 & 6 & 1 \\ 1 & 2 & 0 & -3 \end{pmatrix}$;

   b) $\begin{pmatrix} 2 & -1 & 0 \\ 0 & 3 & -2 \\ 1 & 0 & -1 \end{pmatrix} \cdot \begin{pmatrix} 2 & -3 & 4 \\ 1 & 0 & 3 \end{pmatrix}$.

4. Es gibt genau eine (n, n)-Matrix E, so dass für jede (n, n)-Matrix A die Beziehung $E \cdot A = A \cdot E = A$ gilt; E heißt die (n, n)-*Einheitsmatrix.* Wie lauten die Elemente von E?

5. Die beiden Matrizen $P = \begin{pmatrix} 1 & 2 \\ 0 & 0 \end{pmatrix}$ und $Q = \begin{pmatrix} 1 & -3 \\ 0 & 0 \end{pmatrix}$ beschreiben *Projektionen* in der Ebene. Begründe dies und bestimme die Projektionsrichtungen. Berechne ferner die Matrizenprodukte $P \cdot Q$ und $Q \cdot P$ und beschreibe ihre geometrischen Wirkungen.

6. Bestimme zwei (2,2)-Matrizen $A \neq 0$ und $B \neq 0$ mit $A \cdot B = 0$. (Solche Matrizen sind leicht zu finden, wenn man sich ihre geometrischen Wirkungen vorstellt.)

7. Berechne die Matrizenprodukte $A \cdot B$ und $B \cdot A$ für die folgenden Matrizen:

   $$A = \begin{pmatrix} 25 & 35 & 45 \\ 15 & 21 & 27 \\ 35 & 49 & 63 \end{pmatrix}, \quad B = \begin{pmatrix} -7 & 0 & -7 \\ 5 & -9 & -4 \\ 0 & 7 & 7 \end{pmatrix}.$$

8. Matrizen der speziellen Form $D = \begin{pmatrix} a & 0 & 0 \\ 0 & b & 0 \\ 0 & 0 & c \end{pmatrix}$ heißen (3,3)-*Diagonalmatrizen.* Bestimme die *Matrizenpotenzen* $D^2, D^3, \ldots, D^n$.

9. Bestimme die Matrizenpotenzen $A^2, A^3, \ldots, A^n$ für die folgenden Matrizen:

   a) $A = \begin{pmatrix} 0 & -1 & 0 \\ 1 & 0 & 0 \\ 0 & 0 & 1 \end{pmatrix}$; b) $A = \begin{pmatrix} 1 & 0 & a \\ 0 & 1 & 0 \\ 0 & 0 & 1 \end{pmatrix}$.

10. Welche Aussage lässt sich über die Potenzen einer Projektionsmatrix (bzw. der Abbildungsmatrix einer Spiegelung) machen?

11. Beschreibe die geometrischen Wirkungen der Matrizen

    $$A = \begin{pmatrix} -1 & 0 & 0 \\ 0 & 1 & 0 \\ 0 & 0 & 1 \end{pmatrix}, \; B = \begin{pmatrix} 1 & 0 & 0 \\ 0 & -1 & 0 \\ 0 & 0 & 1 \end{pmatrix}, \; C = \begin{pmatrix} 1 & 0 & 0 \\ 0 & 1 & 0 \\ 0 & 0 & -1 \end{pmatrix}$$

    und aller möglichen Hintereinanderausführungen der entsprechenden Abbildungen. Was fällt auf? (*Rückstrahlerprinzip*; vgl. S. 33, Beispiel 4.)

12. Bestimme zu jeder der folgenden Matrizen A eine Matrix B mit der Eigenschaft $A \cdot B = E$, wobei E die *Einheitsmatrix* bedeutet (Aufgabe 4). Vergleiche auch mit den Resultaten von Aufgabe 9, 10 von Paragraph 3.1.4 (Seite 154) und erkläre die Ergebnisse dieses Vergleichs.

    a) $A = \begin{pmatrix} 2 & 1 \\ 5 & 3 \end{pmatrix}$; b) $A = \begin{pmatrix} 2 & 1 & -3 \\ 5 & 3 & -8 \\ 3 & 2 & -4 \end{pmatrix}$;

    c) $A = \begin{pmatrix} 4 & -4 & 1 \\ -2 & 1 & -1 \\ 1 & 1 & 1 \end{pmatrix}$; d) $A = \begin{pmatrix} 1 & -1 & 2 \\ 3 & -3 & 1 \\ -1 & 1 & 3 \end{pmatrix}$.

13.* Unter den *komplexen Zahlen* versteht man Ausdrücke der Form $a + b\,i$ mit $a, b \in \mathbb{R}$, mit denen man unter Beachtung der Festlegung $i^2 = -1$ wie mit reellen Zahlen rechnet. Man erhält so ein sog. *Verknüpfungsgebilde* $(\mathbb{C}, +, \cdot)$. Zeige, dass in diesem die gleichen Rechengesetze gelten wie in der Menge der (2,2)-Matrizen der Gestalt $\begin{pmatrix} a & -b \\ b & a \end{pmatrix}$ mit $a, b \in \mathbb{R}$.

Hinweis: Es gilt $\begin{pmatrix} a & -b \\ b & a \end{pmatrix} = a\,E + b\,I$ mit $E = \begin{pmatrix} 1 & 0 \\ 0 & 1 \end{pmatrix}$ und $I = \begin{pmatrix} 0 & -1 \\ 1 & 0 \end{pmatrix}$.

3.1.6 Anwendungen der Matrizenmultiplikation in der Geometrie

Um die Abbildungsmatrix einer „komplizierten" linearen Abbildung zu ermitteln ist es häufig von Vorteil sich diese als Verkettung „einfacher" Abbildungen zu erzeugen. Die gesuchte Abbildungsmatrix ist dann das Produkt von „einfachen" Matrizen. Wir erläutern dieses Prinzip an zwei Beispielen.

Erstes Beispiel: Spiegelungen in der Ebene

Es sei g eine Ursprungsgerade des $\mathbb{R}^2$. Mit φ bezeichnen wir den Winkel, den g mit der positiven x-Achse einschließt. Die Geradengleichung lautet also

$$y = m\,x \quad \text{mit} \quad m = \tan\varphi\,.$$

Gesucht ist die Abbildungsmatrix für die Orthogonalspiegelung an der Geraden g. Für die Orthogonalspiegelung an der x-Achse ist die Abbildungsmatrix

$$S_x = \begin{pmatrix} 1 & 0 \\ 0 & -1 \end{pmatrix}$$

bekannt. Es liegt also nahe die vorgelegte Aufgabe auf diese spezielle Spiegelung zurückzuführen. Dies gelingt, indem wir zunächst die Spiegelachse g mit dem Winkel $-\varphi$ um den Nullpunkt drehen (so dass diese dann mit der x-Achse zusammenfällt), dann die durch S_x definierte Spiegelung durchführen und schließlich die Drehung wieder rückgängig machen. Die beiden Drehmatrizen sind gegeben durch

$$D_{-\varphi} = \begin{pmatrix} \cos(-\varphi) & -\sin(-\varphi) \\ \sin(-\varphi) & \cos(-\varphi) \end{pmatrix} = \begin{pmatrix} \cos\varphi & \sin\varphi \\ -\sin\varphi & \cos\varphi \end{pmatrix}$$

und

$$D_{\varphi} = \begin{pmatrix} \cos\varphi & -\sin\varphi \\ \sin\varphi & \cos\varphi \end{pmatrix}.$$

Infolgedessen gilt für die gesuchte Abbildungsmatrix

$$\begin{aligned} S_g &= D_{\varphi} \cdot S_x \cdot D_{-\varphi} \\ &= \begin{pmatrix} \cos\varphi & -\sin\varphi \\ \sin\varphi & \cos\varphi \end{pmatrix} \cdot \begin{pmatrix} 1 & 0 \\ 0 & -1 \end{pmatrix} \cdot \begin{pmatrix} \cos\varphi & \sin\varphi \\ -\sin\varphi & \cos\varphi \end{pmatrix} \\ &= \begin{pmatrix} \cos^2\varphi - \sin^2\varphi & 2\cdot\sin\varphi\cdot\cos\varphi \\ 2\sin\varphi\cdot\cos\varphi & \sin^2\varphi - \cos^2\varphi \end{pmatrix}. \end{aligned}$$

Mit Hilfe dieser Darstellung lässt sich rechnerisch beweisen, dass die Verkettung zweier Geradenspiegelungen an sich schneidenden Geraden einer Drehung um den Schnittpunkt entspricht (Aufgabe 3).

Zweites Beispiel: Drehungen im Raum*

Auf Seite 70 ff. wurden unter Verwendung des Kreuzproduktes die Abbildungsgleichungen einer Drehung um eine beliebige Achse durch den Nullpunkt aufgestellt. Unabhängig von diesem Zugang soll jetzt dieselbe Aufgabe noch einmal behandelt werden. Für die Herleitung der Abbildungsmatrix benutzen wir dabei das in Beispiel 1 erläuterte Prinzip.

Wir bezeichnen den auf die Länge 1 normierten Richtungsvektor der Drehachse mit $\vec{v} = \begin{pmatrix} a \\ b \\ c \end{pmatrix}$, setzen zur Abkürzung $a^* = \sqrt{1 \quad a^2}$ und führen drei Teilabbildungen nach einander aus. Im ersten Schritt drehen wir die durch $\vec{v}$ bestimmte Achse so, dass sie mit der z-Achse des Koordinatensystems zur Deckung kommt (der Vektor $\vec{v}$ wird dabei in Richtung der positiven z-Achse „ausgerichtet"), dann führen wir die eigentliche Drehung mit dem Winkel φ um die z-Achse durch und in einem dritten Schritt schließlich machen wir die „Ausrichtung" der Drehachse wieder rückgängig.

1. Schritt:

Um den Vektor $\vec{v}$ in Richtung der positiven z-Achse auszurichten drehen wir ihn zunächst mit dem Winkel α um die x-Achse, so dass er in die obere Hälfte der x-z-Ebene fällt, und danach drehen wir ihn mit dem Winkel $-\beta$ um die y-Achse, so dass er dann auf der positiven z-Achse liegt (Abb. 3.1.–13). Dabei geht $\vec{v}$ in die Vektoren $\vec{v}' = \begin{pmatrix} a \\ 0 \\ a^* \end{pmatrix}$ und $\vec{v}'' = \begin{pmatrix} 0 \\ 0 \\ 1 \end{pmatrix}$ über und die Drehwinkel ergeben sich aus Abb. 3.1.–13 zu

$$\sin\alpha = \frac{b}{a^*}, \quad \cos\alpha = \frac{c}{a^*}, \quad \sin(-\beta) = -\sin\beta = -a,$$

$$\cos(-\beta) = \cos\beta = a^*.$$

Damit folgt für die beiden Drehmatrizen

$$D_{x,\alpha} = \begin{pmatrix} 1 & 0 & 0 \\ 0 & \cos\alpha & -\sin\alpha \\ 0 & \sin\alpha & \cos\alpha \end{pmatrix} = \frac{1}{a^*} \cdot \begin{pmatrix} a^* & 0 & 0 \\ 0 & c & -b \\ 0 & b & c \end{pmatrix}$$

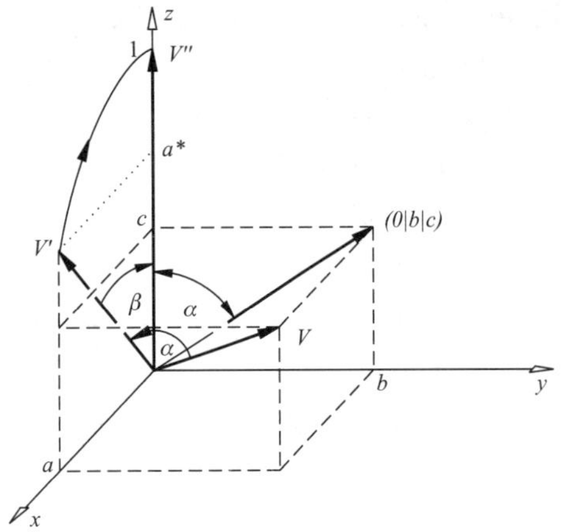

Abb. 3.1.–13

und

$$D_{y,-\beta} = \begin{pmatrix} \cos(-\beta) & 0 & \sin(-\beta) \\ 0 & 1 & 0 \\ -\sin(-\beta) & 0 & \cos(-\beta) \end{pmatrix} = \begin{pmatrix} a^* & 0 & -a \\ 0 & 1 & 0 \\ a & 0 & a^* \end{pmatrix}.$$

Infolgedessen hat die Matrix T, die den Vektor $\vec{v}$ in Richtung der positiven z-Achse ausrichtet, die Darstellung

$$T = D_{y,-\beta} \cdot D_{x,\alpha} = \frac{1}{a^*} \cdot \begin{pmatrix} a^* & 0 & -a \\ 0 & 1 & 0 \\ a & 0 & a^* \end{pmatrix} \cdot \begin{pmatrix} a^* & 0 & 0 \\ 0 & c & -b \\ 0 & b & c \end{pmatrix}.$$

2. Schritt:

Nun kann die eigentliche Drehung mit dem vorgegebenen Drehwinkel φ ausgeführt werden, und zwar um die z-Achse. Die zugehörige Drehmatrix lautet

$$D_\varphi = \begin{pmatrix} \cos\varphi & -\sin\varphi & 0 \\ \sin\varphi & \cos\varphi & 0 \\ 0 & 0 & 1 \end{pmatrix}.$$

3. Schritt:

Nach der Durchführung der Drehung D_φ ist die Ausrichtungstransformation T wieder rückgängig zu machen. Das geschieht durch das Matrizenprodukt

$$T' = D_{x,-\alpha} \cdot D_{y,\beta} = \frac{1}{a^*} \cdot \begin{pmatrix} a^* & 0 & 0 \\ 0 & c & b \\ 0 & -b & c \end{pmatrix} \cdot \begin{pmatrix} a^* & 0 & a \\ 0 & 1 & 0 \\ -a & 0 & a^* \end{pmatrix}$$

(warum?).

Zusammenfassend ergibt sich nun die Abbildungsmatrix für die Drehung mit dem Drehwinkel φ um die durch den Richtungsvektor $\vec{v}$ bestimmte Drehachse als das Matrizenprodukt

$$D(\varphi, \vec{v}) = T' \cdot D_\varphi \cdot T.$$

Damit ist die Aufgabe gelöst, denn die Matrizen T, T' und D_φ enthalten neben a^* lediglich die gegebenen Komponenten von $\vec{v}$ und den Sinus- bzw. Kosinuswert des Drehwinkels.

Aufgaben zu 3.1.6

1. In der Ebene gilt der folgende Satz: Eine Dreifachspiegelung an drei sich in einem Punkt P schneidenden Geraden kann durch eine Achsenspiegelung ersetzt werden, wobei die Spiegelachse durch P verläuft.

   Bestätige diese Aussage mit Hilfe der Matrizenrechnung für den Spezialfall, dass g_1 die y-Achse, g_2 die Gerade $y = x$ und g_3 die Gerade $y = -x$ ist.

2. Mit D_α und D_β werden die Abbildungsmatrizen der Drehungen um den Nullpunkt der x-y-Ebene mit den Drehwinkeln α bzw. β bezeichnet.

   a) Begründe die Beziehung $D_\beta \cdot D_\alpha = D_{\alpha+\beta}$.

   b) Berechne das Produkt $D_\beta \cdot D_\alpha$ mit dem FALK-Schema.

   c) Leite durch einen Vergleich der Ergebnisse aus a) und b) die Additionstheoreme von Sinus und Kosinus her.

3. Es sei S_g die Abbildungsmatrix aus Beispiel 1 (Geradenspiegelung).

   a) Leite die Darstellung $S_g = \begin{pmatrix} \cos 2\varphi & \sin 2\varphi \\ \sin 2\varphi & -\cos 2\varphi \end{pmatrix}$ her.

   (Hinweis: Vergleiche Aufgabe 2c mit $\alpha = \beta$.)

   b) Zeige, dass mit $\alpha = 2 \cdot (\varphi_2 - \varphi_1)$ die Beziehung

   $S_{g_2} \cdot S_{g_1} = \begin{pmatrix} \cos\alpha & -\sin\alpha \\ \sin\alpha & \cos\alpha \end{pmatrix} = D_\alpha$ gilt.

   Welcher geometrische Satz ist damit bewiesen?

4.* Stelle die (ebene) Orthogonalspiegelung an der Geraden $y = 2x + 5$ durch eine (3,3)-Matrix dar (vgl. Aufgabe 4 aus 3.1.2, Seite 148).

5.* Der Einheitswürfel soll mit dem Drehwinkel 60° um die durch den Nullpunkt und den Punkt $(2|1|2)$ verlaufende Achse gedreht werden. Bestimme die Abbildungsmatrix und die Koordinaten der Ecken des gedrehten Würfels. Zeichne den gedrehten Würfel.

6.* Stelle die 60°-Drehung um die Achse durch die Punkte $(-1|-1|1)$ und $(1|0|3)$ durch eine (4,4)-Matrix dar (vgl. Aufgabe 10 aus 3.1.2, Seite 148) und beachte, dass die Drehachse zu der aus Aufgabe 5 parallel ist.

7.* Bestimme mit der Methode des zweiten Beispiels die Abbildungsmatrizen für die Orthogonalspiegelungen an den folgenden Ebenen:

   a) $2x + y + 2z = 0$ (vgl. Aufgabe 5);

   b) $x - 4y + 8z = 0$.

8.* Als *Drehspiegelung* bezeichnet man im $\mathbb{R}^3$ eine Drehung um eine durch den Ursprung gehende Achse mit dem Richtungsvektor $\vec{v}$ mit anschließender Spiegelung an der Ebene mit der Gleichung $\vec{p} \cdot \vec{v} = 0$. Bestimme für den Drehwinkel 60° und den Richtungsvektor

   $\vec{v} = \begin{pmatrix} 2 \\ 1 \\ 2 \end{pmatrix}$ die zugehörige Abbildungsmatrix.

9. Das Tetraeder mit den Eckpunkten $A = (3|-4|5)$, $B = (7|-1|0)$, $C = (4|3|5)$ und $E = (0|0|0)$ soll zunächst um die z-Achse und anschließend um die x-Achse gedreht werden; bei der ersten Drehung geht A in

$A' = (5|0|5)$ und bei der zweiten Drehung geht A' in $A'' = (5|-5|0)$ über.

a) Bestimme die Abbildungsmatrix D für die Hintereinanderausführung der beiden Drehungen.

b) Die Matrix D beschreibt eine Drehung um eine bestimmte Achse durch den Ursprung. Berechne diese Achse und den Drehwinkel; zeichne das gedrehte Tetraeder. (Hinweis: Die Drehachse besteht aus allen Punkten, die bei der Anwendung der Matrix D fest bleiben.)

10.* Für räumliche Drehungen gilt der folgende Satz: Die Hintereinanderausführung einer Drehung um die z-Achse, einer Drehung um die x-Achse und einer erneuten Drehung um die z-Achse ergibt eine Drehung um eine Ursprungsgerade und umgekehrt lässt sich jede Drehung um eine durch den Ursprung verlaufende Drehachse in der Form $D = D_{z,\varphi} \cdot D_{x,\vartheta} \cdot D_{z,\psi}$ darstellen; die drei Drehwinkel ψ, ϑ und φ heißen die *eulerschen Winkel* der Drehung.

Bestimme die Achsenrichtung und den Drehwinkel der Drehung mit den eulerschen Winkeln $\psi = \vartheta = 45°$ und $\varphi = 90°$.

3.2 Matrizen ohne Geometrie

Wir werden uns in diesem Abschnitt von der speziellen geometrischen Auffassung des Vektor- und Matrizenbegriffs lösen. Unter einem *Vektor* verstehen wir nichts anderes als ein beliebiges Zahlentupel und eine *Matrix* ist einfach nur ein rechteckiges Zahlenschema. So gesehen sind Vektoren und Matrizen lediglich Rechenobjekte, mit denen man nach ganz bestimmten Regeln rechnen kann und die ganz unterschiedliche inhaltliche Interpretationen zulassen. Eine dieser Deutungen ist die geometrische Auffassung eines Vektors als Punkt oder Richtung im Raum und einer Matrix als lineare Abbildung.

Das folgende Beispiel verdeutlicht die Interpretation von Vektoren und Matrizen als „verallgemeinerte Zahlen“. Ersetzt man in der linearen Gleichung $a \cdot x = b$ $(a, b, x \in \mathbb{R})$ den Koeffizienten a durch eine (m, n)-Matrix A, die Unbekannte x durch ein n-Tupel und die rechte Seite b durch ein m-Tupel, so entsteht die Matrix-Vektor-Gleichung $A \cdot \vec{x} = \vec{b}$ und diese beschreibt ein System von m linearen Gleichungen mit n Unbekannten.

Wir werden in diesem Abschnitt an verschiedenen Beispielen zeigen, wie man Matrizen verwenden kann um

- komplizierte *Verflechtungen*, wie sie etwa bei der modellhaften Erfassung bestimmter ökonomischer Zusammenhänge auftreten, zu analysieren;
- *Übergänge* zwischen den verschiedenen Zuständen von Systemen, die man durch Zahlentupel (Vektoren) beschreiben kann, zu untersuchen.

3.2.1 Materialverflechtung – Matrizenmultiplikation

Die Produktionsplanung eines Unternehmens etwa des Fahrzeugbaus oder der chemischen Industrie ist ein äußerst komplexer Vorgang, in dem viele unterschiedliche Rohstoffe zunächst zu Zwischenprodukten (deren Zahl oft in die Hunderte oder Tausende geht) und diese dann schließlich zu den herzustellenden Endprodukten verarbeitet werden. Eine der dabei auftretenden betriebswirtschaftlichen Fragen ist die nach dem für einen vorgegebenen *Output* an Produkten erforderlichen *Input* an Rohstoffen.

Wir betrachten als Beispiel ein sehr stark vereinfachtes Modell. In einem Unternehmen werden zwei Typen von Endprodukten E_1, E_2 aus drei verschiedenen Typen von Zwischenprodukten Z_1, Z_2, Z_3 gefertigt, die jeweils wiederum aus vier verschiedenen Rohstofftypen R_1, R_2, R_3, R_4 hergestellt werden. Es ist nütz-

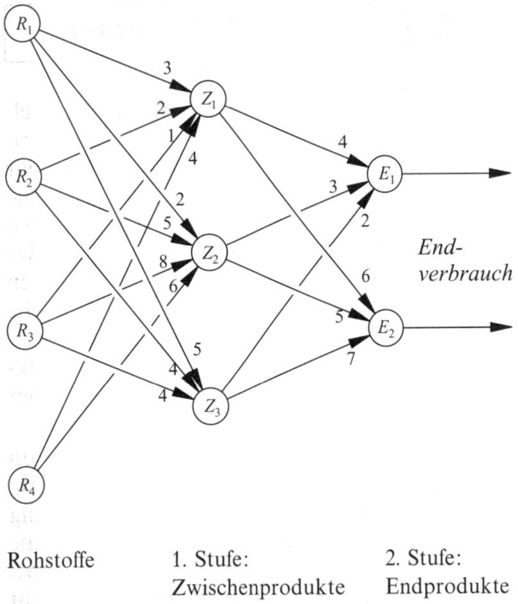

Abb. 3.2.–1

lich, sich die Zusammenhänge anhand eines Graphen zu veranschaulichen (Abb. 3.2.–1). Die Zahlen an den Pfeilen geben an, wie viele Einheiten der verschiedenen Rohstoffe (bzw. Zwischenprodukte) jeweils für eine Zwischenprodukteinheit (bzw. Endprodukteinheit) benötigt werden.

Wir stellen zunächst die Mengenangaben in Form von Tabellen dar. Rechteckige Zahlenschemata dieser Form nennt man in der Mathematik *Matrizen* und in der hier vorliegenden speziellen Situation spricht man auch von *Verflechtungsmatrizen*.

Rohstoff	pro Z-Einheit erforderlich Z_1	Z_2	Z_3
R_1	3	2	5
R_2	2	5	4
R_3	1	8	4
R_4	4	6	0

Matrix A

Zwischenprodukt	pro E-Einheit erforderlich E_1	E_2
Z_1	4	6
Z_2	3	5
Z_3	2	7

Matrix B

Wir fragen nun nach den verschiedenen Rohstoffmengen, die für die Herstellung von je einer Einheit der Endprodukte E_1, E_2 erforderlich sind, d. h., wir suchen eine Tabelle (Matrix C) des folgenden Typs:

Rohstoff	pro E-Einheit erforderlich E_1	E_2
R_1	c_{11}	c_{12}
R_2	c_{21}	c_{22}
R_3	c_{31}	c_{32}
R_4	c_{41}	c_{42}

Matrix C

Um beispielsweise den Wert c_{32} zu ermitteln, der angibt, wie viele Rohstoffeinheiten des Typs R_3 pro Endprodukteinheit E_2 gebraucht werden, benötigt man die Anzahl der für eine Mengeneinheit von E_2 erforderlichen Zwischenprodukteinheiten (= 2. Spalte der Matrix B) sowie die in jeder Zwischenprodukteinheit enthaltenen Rohstoffmengen von R_3 (= 3. Zeile der Matrix A). Es gilt demnach

$$c_{32} = 1 \cdot 6 + 8 \cdot 5 + 4 \cdot 7 = 74 .$$

Diesen Zusammenhang können wir allgemein so formulieren:

Das Element c_{ij} in der i-ten Zeile und j-ten Spalte der gesuchten Matrix C ist das Skalarprodukt aus der i-ten Zeile von A und der j-ten Spalte von B (vergleiche dazu auch das folgende Schema).

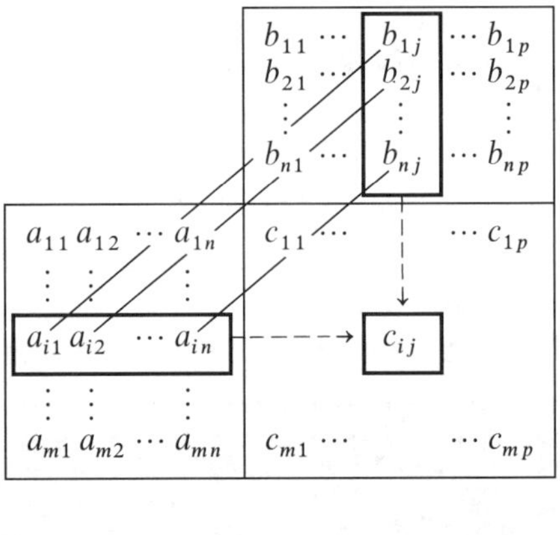

Die auf diese Weise definierte Verknüpfung, durch die zwei Matrizen A, B (für welche die Spaltenzahl von A und die Zeilenzahl von B übereinstimmen) als Ergebnis eine Matrix C zugeordnet wird, heißt *Matrizenmultiplikation.* Wir schreiben

$$C = A \cdot B$$

und nennen C das *Produkt* der Matrizen A und B (vgl. Paragraph 3.1.5). Die Multiplikation von Matrizen besitzt eine Reihe von Eigenschaften, die auch für die Multiplikation reeller Zahlen erfüllt sind. So gelten zum Beispiel das *Assoziativgesetz*

$$A \cdot (B \cdot C) = (A \cdot B) \cdot C$$

und das *Distributivgesetz*

$$A \cdot (B + C) = A \cdot B + A \cdot C,$$

wobei die Addition zweier gleichartiger Matrizen elementeweise definiert ist (Aufgabe 4 und Aufgabe 5).

In unserem Beispiel ist also die Verflechtungsmatrix C das Produkt der beiden Verflechtungsmatrizen A, B. Die Berechnung ergibt

$$C = A \cdot B = \begin{pmatrix} 3 & 2 & 5 \\ 2 & 5 & 4 \\ 1 & 8 & 4 \\ 4 & 6 & 0 \end{pmatrix} \cdot \begin{pmatrix} 4 & 6 \\ 3 & 5 \\ 2 & 7 \end{pmatrix} = \begin{pmatrix} 28 & 63 \\ 31 & 65 \\ 36 & 74 \\ 34 & 54 \end{pmatrix}.$$

Es möge nun eine Bestellung von 4 Einheiten des Endprodukts E_1 und 6 Einheiten von E_2 vorliegen. Dann berechnet sich der erforderliche *Rohstoffinput* zu

$$R_1\colon 28 \cdot 4 + 63 \cdot 6 = 490$$
$$R_2\colon 31 \cdot 4 + 65 \cdot 6 = 514$$
$$R_3\colon 36 \cdot 4 + 74 \cdot 6 = 588$$
$$R_4\colon 34 \cdot 4 + 54 \cdot 6 = 460.$$

Fassen wir die vorliegende Bestellung zu einem so genannten *Outputvektor* $\vec{y} = \begin{pmatrix} 4 \\ 6 \end{pmatrix}$ zusammen, so ergibt sich der zugehörige *Inputvektor* als das Produkt

$$\vec{x} = C \cdot \vec{y} = (A \cdot B) \cdot \vec{y} = \begin{pmatrix} 490 \\ 514 \\ 588 \\ 460 \end{pmatrix}.$$

Dabei ist das *Matrix-Vektor-Produkt* $C \cdot \vec{y}$ ein spezielles Matrizenprodukt, in dem der zweite Faktor $\vec{y}$ als (2,1)-Matrix interpretiert wird.

Begriff der Matrix und die Matrizenmultiplikation

Unter einer *Matrix* versteht man ein rechteckiges Zahlenschema. Eine (m, n)-Matrix ist eine Matrix mit m Zeilen und n Spalten.

Eine (m, n)-Matrix A kann mit einer (n, p)-Matrix B multipliziert werden. Das *Matrizenprodukt* $C = A \cdot B$ ist eine (m, p)-Matrix; das Element c_{ij} in der i-ten Zeile und j-ten Spalte von C ist das Skalarprodukt aus der i-ten Zeile von A und der j-ten Spalte von B.

Die Spaltenvektoren $\vec{p}$ des $\mathbb{R}^n$ können als $(n, 1)$-Matrizen aufgefasst werden. Das *Matrix-Vektor-Produkt* $A \cdot \vec{p}$ ist dann ein spezielles Matrizenprodukt. Die i-te Komponente des Vektors $\vec{p}' = A \cdot \vec{p}$ ist das Skalarprodukt der i-ten Zeile von A mit dem Vektor $\vec{p}$.

Bemerkung: Durch Matrizen lassen sich zum Beispiel betriebswirtschaftliche Verflechtungen beschreiben und die Matrizenmultiplikation dient dann zur Zusammenfassung der Verflechtungsmatrizen für mehrere Stufen zu einer einzigen Verflechtungsmatrix. Ist C das in der richtigen Reihenfolge gebildete Produkt der Verflechtungsmatrizen für alle Stufen und $\vec{y}$ der gegebene Outputvektor, so ist der zugehörige Inputvektor gleich dem Matrix-Vektor-Produkt $C \cdot \vec{y}$. Indem wir die Matrix-Vektor-Multiplikation als eine Zuordnung auffassen, durch die jedem Vektor y der Vektor $\vec{x} = C \cdot \vec{y}$ zugeordnet wird, können wir die Zusammenhänge folgendermaßen schematisch zusammenfassen:

$$\vec{y} \overset{C}{\longmapsto} \vec{x}$$

Outputvektor *Inputvektor*

Aufgaben zu 3.2.1

1. Für einen Betrieb gelten die folgenden Verflechtungsmatrizen:

$$\begin{array}{c} \\ R_1 \\ R_2 \\ R_3 \end{array} \begin{array}{c} \begin{matrix} Z_1 & Z_2 & Z_3 & Z_4 & Z_5 \end{matrix} \\ \begin{pmatrix} 10 & 12 & 20 & 15 & 4 \\ 20 & 5 & 8 & 25 & 6 \\ 8 & 5 & 25 & 20 & 5 \end{pmatrix} \end{array}, \quad \begin{array}{c} \\ Z_1 \\ Z_2 \\ Z_3 \\ Z_4 \\ Z_5 \end{array} \begin{array}{c} \begin{matrix} E_1 & E_2 & E_3 \end{matrix} \\ \begin{pmatrix} 10 & 12 & 8 \\ 5 & 0 & 6 \\ 15 & 10 & 12 \\ 0 & 8 & 5 \\ 12 & 20 & 15 \end{pmatrix} \end{array}.$$

a) Veranschauliche die Verflechtungszusammenhänge durch einen Graphen.

b) Wie viele Einheiten der Rohstoffe werden für je eine Einheit der Endprodukte und wie viele Einheiten werden für die durch den Outputvektor $\vec{y} = \begin{pmatrix} 80 \\ 60 \\ 50 \end{pmatrix}$ gegebene Bestellung benötigt?

2. Vorgelegt sind die vier Matrizen A_1 bis A_4. Untersuche, welche der Matrizenprodukte $A_j \cdot A_k$ definiert sind, und berechne diese Produkte.

$$A_1 = \begin{pmatrix} 2 & 5 & 1 \\ 1 & 0 & 4 \\ 0 & -2 & 3 \end{pmatrix}, \quad A_2 = \begin{pmatrix} 3 & 5 & 2 & 1 \\ 0 & -1 & 5 & -2 \\ -3 & 2 & 4 & 5 \end{pmatrix},$$

$$A_3 = \begin{pmatrix} 4 & 0 & 2 \\ 3 & -2 & 0 \\ 0 & 2 & 5 \\ 3 & -4 & 2 \\ 1 & 0 & -1 \end{pmatrix}, \quad A_4 = \begin{pmatrix} 1 \\ 4 \\ 2 \end{pmatrix}.$$

3. Für zwei Matrizen A, B sind genau dann sowohl das Produkt $A \cdot B$ als auch das Produkt $B \cdot A$ definiert, wenn es sich bei A und B um zwei gleich große quadratische Matrizen handelt. Begründe diese Aussage und zeige anhand eines Beispiels, dass es derartige Matrizen gibt, für die $A \cdot B \neq B \cdot A$ gilt. Für die Matrizenmultiplikation gilt demnach das *Kommutativgesetz* nicht.
4. Es seien A eine (m, n)-Matrix und B, C zwei (n, p)-Matrizen. Die Addition zweier gleichartiger Matrizen wird elementweise definiert. Begründe die Gültigkeit des *Distributivgesetzes* $A \cdot (B + C) = A \cdot B + A \cdot C$.
5. Es seien A, B, C drei Matrizen, für die das Produkt $A \cdot (B \cdot C)$ definiert ist. Zeige, dass dann auch das Produkt $(A \cdot B) \cdot C$ definiert ist, und bestätige anhand eines selbst gewählten Beispiels, dass die beiden Matrizenprodukte übereinstimmen (*Assoziativgesetz* für die Matrizenmultiplikation).
6. Wir betrachten einen *dreistufigen Produktionsprozess*. In der ersten Stufe werden aus drei Teilen T_1, T_2, T_3 vier Baugruppen B_1, B_2, B_3, B_4, in der zweiten Stufe aus den vier Baugruppen drei Schaltkreise S_1, S_2, S_3 und in der dritten Stufe aus den drei Schaltkreisen zwei Geräte G_1, G_2 hergestellt (Abb. 3.2.–2).

   Die Verflechtungsmatrizen A, B, C sind gegeben durch

$$A:\ \begin{array}{c} \\ T_1 \\ T_2 \\ T_3 \end{array} \begin{array}{c} \begin{matrix} B_1 & B_2 & B_3 & B_4 \end{matrix} \\ \begin{pmatrix} 2 & 3 & 0 & 1 \\ 0 & 1 & 5 & 3 \\ 3 & 6 & 4 & 5 \end{pmatrix} \end{array}; \quad B:\ \begin{array}{c} \\ B_1 \\ B_2 \\ B_3 \\ B_4 \end{array} \begin{array}{c} \begin{matrix} S_1 & S_2 & S_3 \end{matrix} \\ \begin{pmatrix} 2 & 1 & 5 \\ 3 & 0 & 1 \\ 1 & 4 & 2 \\ 5 & 4 & 0 \end{pmatrix} \end{array};$$

$$C:\ \begin{array}{c} \\ S_1 \\ S_2 \\ S_3 \end{array} \begin{array}{c} \begin{matrix} G_1 & G_2 \end{matrix} \\ \begin{pmatrix} 3 & 2 \\ 1 & 5 \\ 6 & 6 \end{pmatrix} \end{array}.$$

   a) Welche Matrix beschreibt den Zusammenhang zwischen den Teilen T_1, T_2, T_3 und den Geräten G_1, G_2? Zeige, dass es zwei Arten gibt diese Matrix zu ermitteln (vgl. Aufgabe 5).
   b) Es sollen 2000 Geräte G_1 und 3500 Geräte G_2 hergestellt werden. Wie viele Teile T_1, T_2, T_3 werden benötigt?

3.2.2 Das Stücklistenproblem

Das im letzten Paragraphen behandelte betriebswirtschaftliche Modell stellt noch eine starke Vereinfachung der tatsächlich vorliegenden Gegebenheiten dar. So kann es zum Beispiel vorkommen, dass Rohstoffe auch direkt in die Endprodukte eingehen oder dass eine externe Nachfrage nicht nur nach den Endprodukten, sondern auch nach bestimmten Zwischenprodukten besteht. Man denke etwa an die Automobilindustrie, die sowohl die fertigen Autos (Endprodukte) als auch die verschiedenen Ersatzteile (Zwischenprodukte) herstellt und ausliefert.

Das im folgenden Beispiel betrachtete Verflechtungsmodell berücksichtigt diese zusätzlichen Bedingungen, wenn es auch – gemessen an der Realität – immer noch stark vereinfacht ist. Abb. 3.2.–3 stellt die vorliegenden Zusammenhänge in einem so genannten *Gozintographen* dar; die Zahlen an den Pfeilen geben dabei die zur Herstellung von je einer Einheit erforderlichen Mengen in Einheiten an. Der Begriff des Gozintographen geht auf A. VAZSONYI zurück, der ihn „dem selbst erfundenen ‚ital. Mathematiker Zeparzat Gozinto' zuschrieb. Spricht man diesen Namen aus wie ‚the part that goes into', so erkennt man den beabsichtigten Zusammenhang". (Zitat nach J. TIETZE, *Einführung in die angewandte Wirtschaftsmathematik*, Braunschweig 1990, Seite 445.)

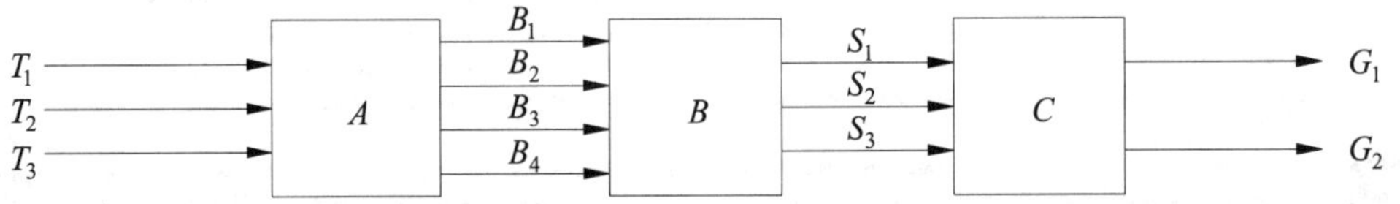

Abb. 3.2.–2

Abb. 3.2.–3 zeigt, dass eine externe Nachfrage nach 100 ME des Endprodukts E_1, 120 ME des Endprodukts E_2 und nach je 80 ME der Zwischenprodukte Z_1 und Z_3 vorliegt (ME = Mengeneinheiten). Die Frage lautet, nach welcher „Stückliste" produziert werden muss. Da die einzelnen Fertigungsstufen nicht klar voneinander getrennt werden können, notieren wir hier eine Verflechtungsmatrix für den gesamten Graphen. Dazu ist es zweckmäßig die einzelnen Produkte (R_1 bis E_2) in einer technologisch sinnvollen Reihenfolge aufzuschreiben. Diese Reihenfolge wählen wir so, dass ein bestimmtes Produkt erst dann notiert wird, wenn bereits alle Produkte, welche es enthält, in der Liste stehen. So ist zum Beispiel $R_1, R_2, Z_1, Z_2, Z_3, E_1, E_2$ eine mögliche *technologische Reihenfolge* und die zugehörige Verflechtungsmatrix T ist gegeben durch

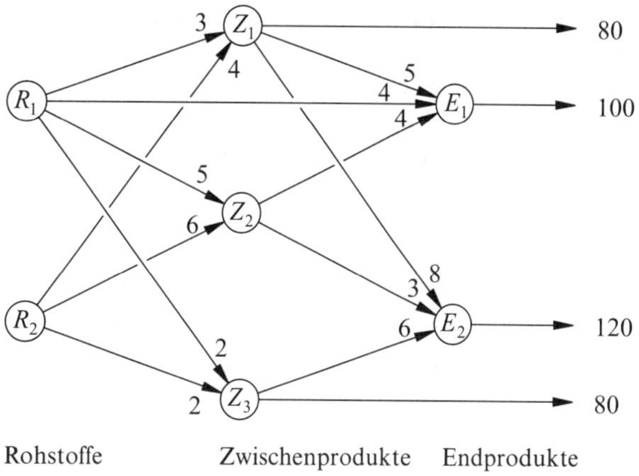

Abb. 3.2.–3

pro Einheit erforderlich

	R_1	R_2	Z_1	Z_2	Z_3	E_1	E_2
R_1	0	0	3	5	2	4	0
R_2	0	0	4	6	2	0	0
Z_1	0	0	0	0	0	5	8
Z_2	0	0	0	0	0	4	3
Z_3	0	0	0	0	0	0	6
E_1	0	0	0	0	0	0	0
E_2	0	0	0	0	0	0	0

oder

$$T = \begin{pmatrix} 0 & 0 & 3 & 5 & 2 & 4 & 0 \\ 0 & 0 & 4 & 6 & 2 & 0 & 0 \\ 0 & 0 & 0 & 0 & 0 & 5 & 8 \\ 0 & 0 & 0 & 0 & 0 & 4 & 3 \\ 0 & 0 & 0 & 0 & 0 & 0 & 6 \\ 0 & 0 & 0 & 0 & 0 & 0 & 0 \\ 0 & 0 & 0 & 0 & 0 & 0 & 0 \end{pmatrix}.$$

(*Bemerkung:* Bei einer Anordnung in technologischer Reihenfolge gilt grundsätzlich $t_{ij} = 0$ für $i \leq j$.)

Bezeichnen wir mit x_1 bis x_7 die Anzahlen der Mengeneinheiten, so ergeben sich aus Abb. 3.2.–3 die folgenden linearen Gleichungen:

$$\begin{aligned}
x_1 &= 3x_3 + 5x_4 + 2x_5 + 4x_6 \\
x_2 &= 4x_3 + 6x_4 + 2x_5 \\
x_3 &= 5x_6 + 8x_7 + 80 \\
x_4 &= 4x_6 + 3x_7 \\
x_5 &= 6x_7 + 80 \\
x_6 &= 100 \\
x_7 & \quad 120
\end{aligned}$$

oder

(*) $(E - T) \cdot \vec{x} = \vec{y}$,

wobei E die (7,7)-*Einheitsmatrix*, d. h. die Matrix mit $e_{ij} = 0$ für $i \neq j$ und $e_{ii} = 1$, ist und

$$\vec{y} = \begin{pmatrix} 0 \\ 0 \\ 80 \\ 0 \\ 80 \\ 100 \\ 120 \end{pmatrix}$$

den Vektor der externen Nachfrage bedeutet. Dieser Vektor wird auch *Bestellvektor* oder *Outputvektor* genannt. Dabei ist die Differenz der beiden gleichartigen Matrizen E und T elementweise zu verstehen.

Die Beziehung (*) besagt, dass man den Outputvektor $\vec{y}$ erhält, indem man von dem so genannten *Produktionsvektor* $\vec{x}$ noch den durch $T \cdot \vec{x}$ bestimmten Vektor des *internen Bedarfs* subtrahiert:

$\vec{x}$	$- \; T \cdot \vec{x}$	$= \; \vec{y}$
Produktions-vektor	*interner Bedarf*	*Output-vektor*

Da das LGS (*) Dreiecksgestalt besitzt, ist der zu dem vorgegebenen Outputvektor $\vec{y}$ gehörende Produktionsvektor $\vec{x}$ eindeutig bestimmt. Die Rechnung ergibt

$$\vec{x} = \begin{pmatrix} 10420 \\ 12320 \\ 1540 \\ 760 \\ 800 \\ 100 \\ 120 \end{pmatrix}.$$

Um die vorgegebene externe Nachfrage zu befriedigen werden also von den Rohstoffen 10420 bzw. 12320 ME benötigt, von den drei Zwischenprodukten fallen dann 1540 bzw. 760 bzw. 800 ME an und von den beiden Endprodukten ergeben sich wie gefordert 100 bzw. 120 Mengeneinheiten.

Aufgaben zu 3.2.2

1. Ein Halbaddierer besteht aus einem NOR-Gatter, zwei UND-Gattern und einem ODER-Gatter. Ein UND-Gatter lässt sich aus drei NOR-Gattern, ein ODER-Gatter aus zwei NOR-Gattern aufbauen und für ein NOR-Gatter benötigt man drei Widerstände und zwei Transistoren. (Vgl. JEHLE, *Boolesche Algebra*, München 1978, Seite 88 ff. und Seite 125 ff.)
   a) Es liegt eine Bestellung von 2000 UND-Gattern, 1500 ODER-Gattern und 4000 Halbaddierern vor. Bestimme den Produktionsvektor.
   b) Aus zwei Halbaddierern und einem ODER-Gatter lässt sich ein Volladdierer aufbauen. Ein für die Addition von zwei n-stelligen Dualzahlen verwendbares Addierwerk besteht aus einem Halbaddierer und $n-1$ Volladdierern. Bestimme den Produktionsvektor für eine Nachfrage nach 3000 Addierwerken für die Addition von 16-stelligen Dualzahlen, 5000 Volladdierern und 2500 Halbaddierern.

2.* Bei einer Anordnung in technologischer Reihenfolge besitzt die (n,n)-Verflechtungsmatrix T nur oberhalb der sog. *Hauptdiagonalen* von null verschiedene Elemente (d. h. $t_{ij} = 0$ für $i \leq j$).
   a) Es soll gezeigt werden, dass die n-te Potenz T^n einer solchen Matrix nur aus Nullen besteht *(Nullmatrix)*. Hinweis: Betrachte zunächst die Elemente von T^2 an den Stellen $(1|2), (2|3), \ldots, (n-1|n)$ und zeige, dass sie alle gleich null sind; schließe entsprechend für $T^3, T^4, \ldots, T^n$.
   b) Folgere aus a) die Beziehung
   $$(E + T + T^2 + T^3 + \ldots + T^{n-1}) \cdot (E - T) = E$$
   und leite daraus für den Produktionsvektor $\vec{x}$ die Darstellung
   $$\vec{x} = \vec{y} + T\vec{y} + T^2\vec{y} + \ldots + T^{n-1}\vec{y}$$
   her.

3. Der Gozintograph in Abb. 3.2.-4 zeigt die Fertigungsstruktur in einer chemischen Fabrik. Er weist *Schleifen* auf, weil hier höherwertige Produkte für die Produktion von Produkten vorgelagerter Fertigungsstufen verwendet werden. Infolgedessen hat das entsprechende lineare Gleichungssystem keine Dreiecksgestalt. Stelle dieses LGS auf und bestimme den Produktionsvektor.

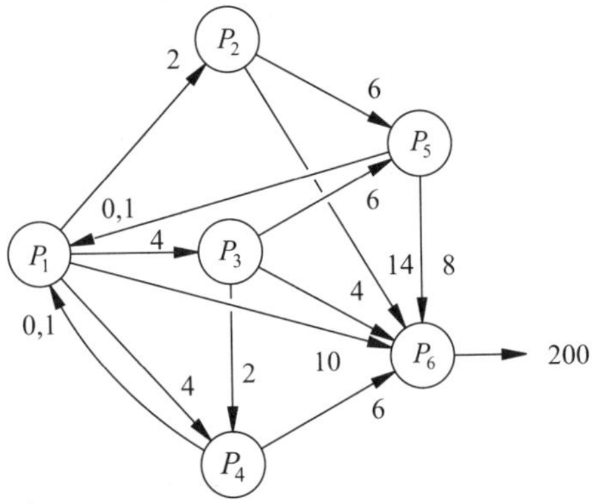

Abb. 3.2.-4

3.2.3 Codierung und Decodierung – Inverse Matrizen

Es gibt sehr viele verschiedene Möglichkeiten eine vor Missbrauch durch Unbefugte zu schützende Nachricht so zu verschlüsseln (codieren), dass sie von Unbefugten nicht ohne Weiteres verstanden und dennoch vom Empfänger eindeutig entschlüsselt (decodiert) werden kann. Eine einfache Codierung ist die folgende.

Als Nachricht nehmen wir der Einfachheit halber den nur aus zwei Wörtern bestehenden Text „LINEARE ALGEBRA“. Wir ordnen ihn zunächst in einer dreispaltigen Matrix an, wobei wir den Wortzwischenraum durch einen Stern (*) kennzeichnen und freie Plätze ggf. durch Sterne auffüllen. Die Matrix lautet demnach

$$\begin{pmatrix} L & I & N \\ E & A & R \\ E & * & A \\ L & G & E \\ B & R & A \end{pmatrix}.$$

Nun ordnen wir einem Stern die Zahl 0 und den Buchstaben A bis Z des Alphabets der Reihe nach die natürlichen Zahlen 1 bis 26 zu. Damit erhalten wir für unsere Nachricht die Matrix

$$A = \begin{pmatrix} 12 & 9 & 14 \\ 5 & 1 & 18 \\ 5 & 0 & 1 \\ 12 & 7 & 5 \\ 2 & 18 & 1 \end{pmatrix}.$$

Im nächsten Schritt erfolgt die eigentliche Codierung, indem wir die Matrix A von rechts mit einer geeigneten (3,3)-Matrix C multiplizieren. C heißt die *Codiermatrix* und ist dem Empfänger bekannt. Wählen wir zum Beispiel ziemlich willkürlich die Codiermatrix

$$C = \begin{pmatrix} 2 & 1 & 1 \\ 5 & 3 & 4 \\ 4 & 2 & 3 \end{pmatrix},$$

so erhalten wir die codierte Nachricht

$$B = A \cdot C = \begin{pmatrix} 12 & 9 & 14 \\ 5 & 1 & 18 \\ 5 & 0 & 1 \\ 12 & 7 & 5 \\ 2 & 18 & 1 \end{pmatrix} \cdot \begin{pmatrix} 2 & 1 & 1 \\ 5 & 3 & 4 \\ 4 & 2 & 3 \end{pmatrix}$$

$$= \begin{pmatrix} 125 & 67 & 90 \\ 87 & 44 & 63 \\ 14 & 7 & 8 \\ 79 & 43 & 55 \\ 98 & 58 & 77 \end{pmatrix}.$$

Um die erhaltene Nachricht B zu decodieren muss der Empfänger mit Hilfe der ihm bekannten Codiermatrix C aus B die ursprüngliche Matrix A rekonstruieren. Er kann zum Beispiel versuchen eine *Decodiermatrix* D so zu finden, dass das Produkt $C \cdot D$ gleich der (3,3)-Einheitsmatrix E ist, denn aus der Gleichung $B = A \cdot C$ ergibt sich durch Multiplikation mit einer solchen Matrix D die Beziehung

$$B \cdot D = A \cdot C \cdot D = A \cdot E = A$$

und damit lässt sich die Matrix A mit Hilfe von D aus B rekonstruieren. Zur Bestimmung der Decodiermatrix D gehen wir aus von der Bedingung $C \cdot D = E$ oder

$$\begin{pmatrix} 2 & 1 & 1 \\ 5 & 3 & 4 \\ 4 & 2 & 3 \end{pmatrix} \begin{pmatrix} u_1 & v_1 & w_1 \\ u_2 & v_2 & w_2 \\ u_3 & v_3 & w_3 \end{pmatrix} = \begin{pmatrix} 1 & 0 & 0 \\ 0 & 1 & 0 \\ 0 & 0 & 1 \end{pmatrix}.$$

Die drei Spalten von D genügen infolgedessen den linearen Gleichungssystemen

$$C \cdot \vec{u} = \begin{pmatrix} 1 \\ 0 \\ 0 \end{pmatrix}, \quad C \cdot \vec{v} = \begin{pmatrix} 0 \\ 1 \\ 0 \end{pmatrix}, \quad C \cdot \vec{w} = \begin{pmatrix} 0 \\ 0 \\ 1 \end{pmatrix}.$$

Diese drei LGS lassen sich mit Hilfe des GAUSS-Algorithmus *simultan* lösen. Wir notieren die einzelnen Schritte in Kurzform (vgl. S. 97):

$$\begin{array}{ccc|c:c:c} 2 & 1 & 1 & 1 & 0 & 0 \\ 5 & 3 & 4 & 0 & 1 & 0 \\ 4 & 2 & 3 & 0 & 0 & 1 \\ \hline 2 & 1 & 1 & 1 & 0 & 0 \\ 0 & 1 & 3 & -5 & 2 & 0 \\ 0 & 0 & 1 & -2 & 0 & 1 \end{array}$$

Obwohl die Lösungen jetzt durch Rückeinsetzen bestimmt werden könnten, setzen wir die Zeilenumformungen so lange fort, bis links die Einheitsmatrix steht, denn dann können wir die drei Lösungsvektoren $\vec{u}, \vec{v}, \vec{w}$ auf der rechten Seite direkt ablesen. Zunächst subtrahieren wir von der ersten Zeile die zweite und addieren das Doppelte der dritten Zeile:

$$\begin{array}{ccc|c:c:c} 2 & 0 & 0 & 2 & -2 & 2 \\ 0 & 1 & 3 & -5 & 2 & 0 \\ 0 & 0 & 1 & -2 & 0 & 1 \\ \hline 1 & 0 & 0 & 1 & -1 & 1 \\ 0 & 1 & 0 & 1 & 2 & -3 \\ 0 & 0 & 1 & -2 & 0 & 1 \end{array}$$

Die jeweils eindeutig bestimmten Lösungsvektoren lauten also

$$\vec{u} = \begin{pmatrix} 1 \\ 1 \\ -2 \end{pmatrix}, \quad \vec{v} = \begin{pmatrix} -1 \\ 2 \\ 0 \end{pmatrix}, \quad \vec{w} = \begin{pmatrix} 1 \\ -3 \\ 1 \end{pmatrix}$$

und damit ergibt sich die gesuchte Decodiermatrix zu

$$D = \begin{pmatrix} 1 & -1 & 1 \\ 1 & 2 & -3 \\ -2 & 0 & 1 \end{pmatrix}.$$

Zur Kontrolle berechnen wir die Matrix $A = B \cdot D$:

$$A = B \cdot D = \begin{pmatrix} 125 & 67 & 90 \\ 87 & 44 & 63 \\ 14 & 7 & 8 \\ 79 & 43 & 55 \\ 98 & 58 & 77 \end{pmatrix} \cdot \begin{pmatrix} 1 & -1 & 1 \\ 1 & 2 & -3 \\ -2 & 0 & 1 \end{pmatrix}$$

$$= \begin{pmatrix} 12 & 9 & 14 \\ 5 & 1 & 18 \\ 5 & 0 & 1 \\ 12 & 7 & 5 \\ 2 & 18 & 1 \end{pmatrix}.$$

Der Empfänger hat die Nachricht decodiert, denn aus der Matrix A kann er auf den Text „LINEARE ALGEBRA“ schließen.

Der Schlüssel für die Decodierung der codierten Nachricht ist die Matrix D. Diese konnte aus der Bedingung $C \cdot D = E$ eindeutig ermittelt werden. Sie macht die Wirkung der Codiermatrix C gewissermaßen wieder rückgängig und heißt aus diesem Grund auch die zu C *inverse Matrix*. Wir bezeichnen sie mit $D = C^{-1}$. Das Berechnungsverfahren zeigt, dass die Inverse zu einer beliebigen quadratischen Matrix C immer dann existiert und eindeutig bestimmt ist, wenn das LGS $C \cdot \vec{x} = \vec{b}$ bei beliebigem Rechte-Seite-Vektor $\vec{b}$ stets eindeutig lösbar ist. Dies ist gleichbedeutend damit, daß sich jeder Vektor $\vec{b}$ *eindeutig* als Linearkombination der Spalten von C darstellen lässt bzw. dass die Spaltenvektoren der Matrix C linear unabhängig sind (vergleiche hierzu die Ausführungen auf Seite 121 ff. bzw. 133 f.). Man kann darüber hinaus zeigen (wir werden das hier nicht tun!), dass in diesem Fall die zu C inverse Matrix C^{-1} nicht nur die Eigenschaft $C \cdot C^{-1} = E$ hat, sondern auch die Matrizengleichung $C^{-1} \cdot C = E$ erfüllt.

Die Inverse einer Matrix

Zu einer quadratischen Matrix C existiert genau dann eine Matrix C^{-1} mit der Eigenschaft

$$C^{-1} \cdot C = C \cdot C^{-1} = E,$$

wenn die Spaltenvektoren von C linear unabhängig sind. C^{-1} ist in diesem Fall eindeutig bestimmt und heißt die zu C *inverse Matrix*. Zur Berechnung der inversen Matrix geht man von dem Ausgangsschema

C	E

aus und formt es mit Hilfe von zulässigen Zeilenoperationen (GAUSS-Algorithmus) so lange um, bis es die Endform

E	D

erreicht hat; es gilt dann $D = C^{-1}$.

Anwendungen der inversen Matrix:

1. Zum Codieren einer Nachricht lässt sich jede quadratische Matrix C mit linear unabhängigen Spaltenvektoren verwenden. Die Inverse C^{-1} ist dann die zugehörige Decodiermatrix.
2. Beschreibt die quadratische Matrix A eine lineare Abbildung, so ist A^{-1} die Abbildungsmatrix der *Umkehrabbildung*.
3. Ist $A \cdot \vec{x} = \vec{b}$ ein lineares Gleichungssystem mit einer quadratischen Koeffizientenmatrix und existiert die Inverse A^{-1}, so ergibt sich durch Multiplikation dieses LGS mit A^{-1} die eindeutige Lösung $\vec{x} = A^{-1} \cdot \vec{b}$.

Aufgaben zu 3.2.3

1. Die Codiermatrix lautet wie im Text $C = \begin{pmatrix} 2 & 1 & 1 \\ 5 & 3 & 4 \\ 4 & 2 & 3 \end{pmatrix}$.
   a) Codiere den Text „WILHELM BUSCH“.
   b) Der Empfänger sendet den folgenden codierten Text zurück:
   127 – 64 – 89 – 161 – 92 – 126 – 60 – 30 – 43 – 156 – 87 – 114 – 170 – 98 – 124.
   Ordne die Zahlen zunächst in einer (5,3)-Matrix an und decodiere dann die Nachricht.
2. Die Codiermatrix lautet $C = \begin{pmatrix} 5 & 3 \\ 2 & 1 \end{pmatrix}$. Die zu übermittelnden Nachrichten sind dann in $(m, 2)$-Matrizen A überzuführen und anschließend mit Hilfe der Matrix C zu codieren.
   a) Codiere den Text „LINEARE ABBILDUNG“.
   b) Der Empfänger sendet den codierten Text $\begin{pmatrix} 67 & 40 \\ 136 & 78 \\ 93 & 51 \end{pmatrix}$ zurück. Decodiere die Nachricht.
3. Bestimme zu den folgenden Codiermatrizen jeweils die Decodiermatrix.
   a) $C = \begin{pmatrix} 1 & 2 \\ 3 & 5 \end{pmatrix}$; b) $C = \begin{pmatrix} 2 & 1 & -3 \\ 5 & 3 & -8 \\ 3 & 2 & -4 \end{pmatrix}$.
4. Untersuche, ob die Matrix A eine Inverse besitzt, und bestimme diese gegebenenfalls.
   a) $A = \begin{pmatrix} -4 & -3 \\ 5 & 4 \end{pmatrix}$; b) $A = \begin{pmatrix} -1 & 3 \\ -1 & -5 \end{pmatrix}$;
   c) $A = \begin{pmatrix} 1 & 1 & 1 \\ 2 & 1 & 2 \\ 3 & 2 & 4 \end{pmatrix}$; d) $A = \begin{pmatrix} 2 & 1 & 1 \\ 5 & 3 & 2 \\ 3 & 0 & 3 \end{pmatrix}$;
   e) $A = \begin{pmatrix} 3 & 1 & 4 \\ 1 & 2 & 3 \\ 4 & 3 & 6 \end{pmatrix}$; f) $A = \begin{pmatrix} 1 & 0 & 5 \\ 0 & 2 & 3 \\ 1 & 2 & 8 \end{pmatrix}$.

5. Für welche Werte von k besitzt die Matrix $\begin{pmatrix} k & 1 & 1 \\ 1 & k & 1 \\ 1 & 1 & k \end{pmatrix}$ eine Inverse?
6. Welche Bedingung müssen die Elemente der (2,2)-Matrix $A = \begin{pmatrix} a & c \\ b & d \end{pmatrix}$ erfüllen, damit die Inverse A^{-1} existiert?
7. Es sei D eine Diagonalmatrix (das ist eine quadratische Matrix mit $d_{ij} = 0$ für $i \neq j$, d. h., nur auf der *Hauptdiagonalen* befinden sich von null verschiedene Elemente). Untersuche die Frage, unter welchen Bedingungen die inverse Matrix D^{-1} existiert, und gib diese ggf. an.
8. Es sei T eine quadratische Matrix mit der Eigenschaft, dass eine Potenz T^p nur aus Nullen besteht (*Nullmatrix*: $T^p = 0$). Zeige, dass die Matrix $E - T$ eine Inverse besitzt und dass für diese die Darstellung
$$(E - T)^{-1} = E + T + T^2 + \ldots + T^{p-1}$$
gilt (vgl. Seite 164, Aufgabe 2).

3.2.4 Input-Output-Analyse

Die Analyse von Verflechtungen zwischen Wirtschaftssektoren einer Volkswirtschaft oder von verschiedenen Produktionssektoren innerhalb eines Betriebs bezeichnet man als *Input-Output-Analyse*. Die entsprechende Theorie der Verflechtungen zwischen diesen Sektoren wurde von dem amerikanischen Wirtschaftswissenschaftler W. LEONTIEF entwickelt, der dafür den Nobelpreis für Wirtschaftswissenschaften erhielt. LEONTIEF gelangte durch eine Analyse der Beziehungen zwischen *Input* (= Einsatz von Leistungen) und *Output* (= Produktionsergebnis) zu Aussagen über die Auswirkungen von Änderungen in der Endnachfrage (Markt) auf die Produktionen einzelner Wirtschaftszweige. Dabei ist ähnlich wie bei dem in Paragraph 3.2.2 behandelten Stücklistenproblem zu berücksichtigen, dass eine externe Nachfrage nach Produkten einen internen Bedarf zur Folge hat, weil die an der Herstellung beteiligten Produktionsbereiche auch noch untereinander durch gegenseitige Lieferungen verflochten sind. Grundlage für die Analyse ist die *Input-Output-Tabelle*:

		empfangender Sektor 1 2 ⋯ j ⋯ n	Endnachfrage	Gesamtproduktion
liefernder Sektor	1	$a_{11}\, a_{12} \cdots a_{1j} \cdots a_{1n}$	y_1	x_1
	2	$a_{21}\, a_{22} \cdots a_{2j} \cdots a_{2n}$	y_2	x_2
	⋮	⋮	⋮	⋮
	i	$a_{i1}\, a_{i2} \cdots a_{ij} \cdots a_{in}$	y_i	x_i
	⋮	⋮	⋮	⋮
	n	$a_{n1}\, a_{n2} \cdots a_{nj} \cdots a_{nn}$	y_n	x_n
		Der *Produktionskoeffizient* a_{ij} gibt an, wie viele Einheiten des i-ten Produktes zur Produktion einer Einheit des j-ten Produktes vom Sektor i an den Sektor j geliefert werden müssen.	y_i ist die Abgabe des Sektors i für den Markt.	x_i ist die gesamte Produktion des Sektors i.

Als Beispiel betrachten wir das sehr stark vereinfachte Modell einer Volkswirtschaft, die nur aus den drei Sektoren Dienstleistungen, Landwirtschaft, Industrie besteht und deren Input-Output-Tabelle folgendermaßen aussieht:

liefernde Sektoren	empfangende Sektoren: Dienstleistungen	Landwirtschaft	Industrie	Endnachfrage	Gesamtproduktion
Dienstleistungen	0,1	0,1	0,2	y_D	x_D
Landwirtschaft	0,3	0,2	0,1	y_L	x_L
Industrie	0,4	0,1	0,3	y_I	x_I

Dabei haben zum Beispiel die Einträge in der ersten Zeile die folgenden Bedeutungen:

Die Gesamtproduktion des Dienstleistungssektors hat einen Wert von x_D Währungseinheiten (WE) und es besteht eine externe Nachfrage nach Dienstleistungen in einem Umfang von y_D WE. Ferner benötigen die drei Wirtschaftssektoren Dienstleistungen für die Erfüllung ihrer Aufgaben (interner Bedarf). Der Dienstleistungssektor selbst hat einen internen Bedarf an Dienstleistungen in einem Umfang von $0{,}1\ x_D$ WE (d. h. 0,1 WE pro vom Dienstleistungssektor produzierter WE), der interne Bedarf des Landwirtschaftssektors beträgt $0{,}1\ x_L$ WE und der des Industriesektors $0{,}2\ x_I$ WE.

Folglich stehen von der Gesamtproduktion x_D an Dienstleistungen für den externen Bedarf nur Dienstleistungen im Wert von

$$y_D = x_D - (0{,}1\,x_D + 0{,}1\,x_L + 0{,}2\,x_I)$$

Währungseinheiten zur Verfügung. Analog ergeben sich die beiden Gleichungen

$$y_L = x_L - (0{,}3\,x_D + 0{,}2\,x_L + 0{,}1\,x_I)$$
$$y_I = x_I - (0{,}4\,x_D + 0{,}1\,x_L + 0{,}3\,x_I).$$

Wir fassen diese drei Gleichungen zu einer Matrix-Vektor-Gleichung zusammen:

$$\vec{y} = \vec{x} - \begin{pmatrix} 0{,}1 & 0{,}1 & 0{,}2 \\ 0{,}3 & 0{,}2 & 0{,}1 \\ 0{,}4 & 0{,}1 & 0{,}3 \end{pmatrix} \cdot \vec{x}$$
$$= \begin{pmatrix} 0{,}9 & -0{,}1 & -0{,}2 \\ -0{,}3 & 0{,}8 & -0{,}1 \\ -0{,}4 & -0{,}1 & 0{,}7 \end{pmatrix} \cdot \vec{x}.$$

Ist nun etwa der Produktionsvektor durch $\vec{x} = \begin{pmatrix} 200 \\ 150 \\ 550 \end{pmatrix}$ gegeben, so lautet aufgrund dieser Beziehung der Vektor für den Netto-Output $\vec{y} = \begin{pmatrix} 55 \\ 5 \\ 290 \end{pmatrix}$. Angenommen, der Industriesektor würde bei unveränderten Produktionen der beiden anderen Sektoren seine Gesamtproduktion von 550 WE auf 650 WE steigern wollen, so würde sich aus dem neuen Produktionsvektor $\vec{x} = \begin{pmatrix} 200 \\ 150 \\ 650 \end{pmatrix}$ rein rechnerisch der Netto-Output $\vec{y} = \begin{pmatrix} 35 \\ -5 \\ 360 \end{pmatrix}$ ergeben. Der landwirtschaftliche Sektor würde also in diesem Falle noch nicht einmal genug produzieren um den internen Bedarf der drei Sektoren zu befriedigen. Eine Erhöhung von x_L wiederum führt automatisch zu einem vermehrten internen Bedarf des Landwirtschaftssektors an Dienstleistungen und Industrieprodukten und so weiter. Man erkennt, dass die drei Sektoren auf komplexe Weise miteinander verflochten sind!

Bei der realen Anwendung der Input-Output-Analyse werden im gesamtwirtschaftlichen Zusammenhang mehrere Sektoren unter sachlichen und räumlichen Gesichtspunkten zusammengefasst. Dennoch sind die dabei entstehenden Tabellen wesentlich umfangreicher als im obigen Beispiel. (Bei einer Analyse der amerikanischen Volkswirtschaft im Jahre 1958 berücksichtigte LEONTIEF insgesamt 83 Wirtschaftszweige.) Sinnvoll gegliederte, jährlich erstellte Input-Output-Tabellen können eine wichtige Planungshilfe sein. Für die Volkswirtschaft der Bundesrepublik Deutschland werden solche Tabellen seit 1970 jährlich vom Bundeswirtschaftsministerium veröffentlicht. Sie können im Statistischen Jahrbuch der BRD nachgelesen werden.

Die Auswertung der Input-Output-Tabelle ergibt, dass sich die Gesamtproduktion x_i des i-ten Sektors aus den an die n Sektoren abgegebenen Inputmengen und der Endnachfrage y_i zusammensetzt, d. h.

$$x_i = a_{i1}\,x_1 + a_{i2}\,x_2 + \ldots + a_{in}\,x_n + y_i \quad (i = 1, 2, \ldots, n)$$

(dabei ist der auf der rechten Seite vorkommende Summand $a_{ii}\,x_i$ gleich dem Eigenverbrauch des i-ten Sektors). Bezeichnen wir mit A die aus den Produktionskoeffizienten a_{ij} bestehende Matrix (*Produktionsmatrix*), mit $\vec{y}$ den *Netto-Output* (Nachfragevektor) und mit $\vec{x}$ den *Produktionsvektor*, so lassen sich diese Beziehungen simultan in der Form

$$\vec{x} = A\,\vec{x} + \vec{y} \quad \text{oder} \quad \vec{y} = \vec{x} - A\,\vec{x} = (E - A)\,\vec{x}$$

darstellen (vergleiche das entsprechende Schema beim Stücklistenproblem auf Seite 163).

Mit Hilfe dieses LGS lassen sich nun die beiden folgenden Problemstellungen untersuchen:

(1) Der Produktionsvektor $\vec{x}$ sei fest vorgegeben. Dann ergibt sich als Netto-Output der Vektor $\vec{y} = (E - A)\,\vec{x}$. Die durch den Vektor $\vec{x}$ festgelegte Gesamtproduktion ist nur dann möglich, wenn $\vec{y}$ keine negativen Komponenten hat, weil in einem solchen Fall der interne Bedarf für die Produkte eines Sektors die durch diesen Sektor insgesamt produzierte Menge übersteigt.

(2) Eine vorgegebene Endnachfrage soll befriedigt werden. Der dazu erforderliche Produktionsvektor $\vec{x}$ ist ein Lösungsvektor des LGS $(E - A)\,\vec{x} = \vec{y}$. Falls die sogenannte LEONTIEF-*Inverse* $(E - A)^{-1}$ existiert, ergibt sich durch Multiplikation von links mit dieser Inversen die Beziehung

$$\vec{x} = (E - A)^{-1}\,\vec{y}.$$

Man erkennt, dass nur dann *jede* vorgegebene Nachfrage $\vec{y}$ befriedigt werden kann, wenn die LEONTIEF-Inverse existiert und keine negativen Elemente enthält.

In dem oben ausgeführten Beispiel ist

$$A = \begin{pmatrix} 0{,}1 & 0{,}1 & 0{,}2 \\ 0{,}3 & 0{,}2 & 0{,}1 \\ 0{,}4 & 0{,}1 & 0{,}3 \end{pmatrix}.$$

Die LEONTIEF-Inverse $(E - A)^{-1}$ existiert und hat die Gestalt

$$(E - A)^{-1} = \begin{pmatrix} 1{,}375 & 0{,}225 & 0{,}425 \\ 0{,}625 & 1{,}375 & 0{,}375 \\ 0{,}875 & 0{,}325 & 1{,}725 \end{pmatrix}$$

(Aufgabe 1). Da diese Matrix keine negativen Elemente hat, gibt es theoretisch zu jeder beliebig vorgegebenen Endnachfrage $\vec{y}$ einen Produktionsvektor $\vec{x}$. So gehört zum Beispiel zu $\vec{y} = \begin{pmatrix} 200 \\ 300 \\ 500 \end{pmatrix}$ der Vektor $\vec{x} = (E - A)^{-1} \cdot \vec{y}$ $= \begin{pmatrix} 555 \\ 725 \\ 1135 \end{pmatrix}$ (bitte nachrechnen!).

In der Theorie über die Input-Output-Analyse werden Bedingungen diskutiert, bei deren Vorliegen eine verflochtene Unternehmung (insbesondere eine sektoral gegliederte Volkswirtschaft)

- jede Nachfrage befriedigen kann;
- jede beliebige Produktion realisieren kann;
- zu jeder Rohstoffvorgabe zulässige Produktionspläne realisieren kann (Aufgabe 3).

Dabei ist hinsichtlich der Anwendungen des Input-Output-Modells zu bedenken, dass

a) die Annahme einer Proportionalität zwischen Input und Output eine starke Vereinfachung darstellt;
b) zwischen Input, Produktion und Output z. T. in Wirklichkeit erhebliche Zeitunterschiede bestehen, die in unserem Modell unberücksichtigt bleiben;
c) die Produktionskoeffizienten sich im Laufe der Zeit ändern, da der technische Fortschritt, die Beachtung ökologischer Aspekte und andere Faktoren veränderte Produktionsverfahren oder eine Umstellung der Produktion auf andere Waren bewirken können.

Aufgaben zu 3.2.4

Die Aufgaben 1 bis 3 beziehen sich auf das im Text behandelte Beispiel.

1. Bestätige, dass die für $(E - A)^{-1}$ angegebene Matrix tatsächlich die Inverse von $E - A$ ist.

2. Berechne für die folgenden Produktionsvektoren jeweils den Netto-Output $\vec{y}$.
a) $\vec{x} = \begin{pmatrix} 1600 \\ 1000 \\ 2000 \end{pmatrix}$; b) $\vec{x} = \begin{pmatrix} 4500 \\ 2000 \\ 9500 \end{pmatrix}$ (Kommentar!).

3. Wir gehen davon aus, dass die n Sektoren für ihre Produktionen m Rohstoffe verbrauchen. Der *Rohstoffverbrauchskoeffizient* r_{jk} gibt an, wie viele Einheiten des j-ten Rohstoffes für eine Outputeinheit des k-ten Sektors benötigt werden; dadurch wird die (m, n)-*Rohstoffmatrix* R festgelegt.
a) Zeige, dass der gesamte Rohstoffverbrauch aller Sektoren durch den Vektor $\vec{r} = R\vec{x}$ beschrieben werden kann.
b) Es sei $R = \begin{pmatrix} 1 & 0{,}375 & 0{,}5 \\ 1 & 0{,}5 & 1 \\ 2{,}5 & 1 & 0{,}5 \end{pmatrix}$.
b1) Bestimme den Rohstoffverbrauch $\vec{r}$ für den Produktionsvektor $\vec{x} = \begin{pmatrix} 1600 \\ 1000 \\ 2000 \end{pmatrix}$.
b2) Bestimme den Rohstoffverbrauch $\vec{r}$ für den Netto-Output $\vec{y} = \begin{pmatrix} 2000 \\ 3000 \\ 5000 \end{pmatrix}$.
b3) Der Rohstoffinput sei durch $\vec{r} = \begin{pmatrix} 1000 \\ 1500 \\ 1900 \end{pmatrix}$ vorgegeben. Bestimme den Produktionsvektor $\vec{x}$ und untersuche, welcher Endverbrauch $\vec{y}$ möglich ist.
b4) Wie b3) mit $\vec{r} = \begin{pmatrix} 1000 \\ 2000 \\ 3000 \end{pmatrix}$. Kommentiere das Ergebnis.

4. Ein Unternehmen besteht aus vier Betrieben B_1 bis B_4. In B_1 wird das Produkt P_1, in B_2 das Produkt P_2, in B_3 das Produkt P_3 und in B_4 das Produkt P_4 hergestellt. Jeder Betrieb benötigt aber zu seiner Produktion auch die Produkte der anderen Betriebe. Die Inputmatrix lautet
$$A = \begin{pmatrix} 0{,}4 & 0{,}2 & 0{,}5 & 0{,}1 \\ 0{,}4 & 0{,}0 & 0{,}3 & 0{,}0 \\ 0{,}5 & 0{,}8 & 0{,}1 & 0{,}7 \\ 0{,}4 & 0{,}2 & 0{,}5 & 0{,}0 \end{pmatrix}.$$
a) Das Unternehmen plant für die kommende Wirtschaftsperiode das folgende Absatzprogramm: P_1: 3000, P_2: 4000, P_3: 5000, P_4: 2000.
Wie groß muss die Gesamtproduktion der einzelnen Betriebe sein, damit das Absatzprogramm wie geplant durchgeführt werden kann, und wie groß sind die Lieferungen innerhalb des Unternehmens?
b) Wie a) mit $\vec{y} = \begin{pmatrix} 3000 \\ 4000 \\ 0 \\ 2000 \end{pmatrix}$ bzw. $\vec{y} = \begin{pmatrix} 0 \\ 0 \\ 8000 \\ 2000 \end{pmatrix}$.

5. Zwischen drei Sektoren einer Volkswirtschaft bestehen folgende Austauschbeziehungen:

	S_1	S_2	S_3	Gesamtoutput
S_1	120	150	36	6000
S_2	72	0	135	3600
S_3	36	30	15	4650

a) Wie lautet die Inputmatrix?
b) Welche Mengen können an den Markt geliefert werden?
c) Wie ändert sich der Gesamtoutput, wenn der Markt mit $\vec{y} = \begin{pmatrix} 4500 \\ 3000 \\ 12000 \end{pmatrix}$ (Mengeneinheiten) beliefert wird?

3.2.5 Populationsentwicklung – Zyklische Matrizen

Das folgende Pfeildiagramm beschreibt in modellhafter Vereinfachung die Entwicklung einer aus Käfern, ihren Eiern und deren Larven bestehenden Population:

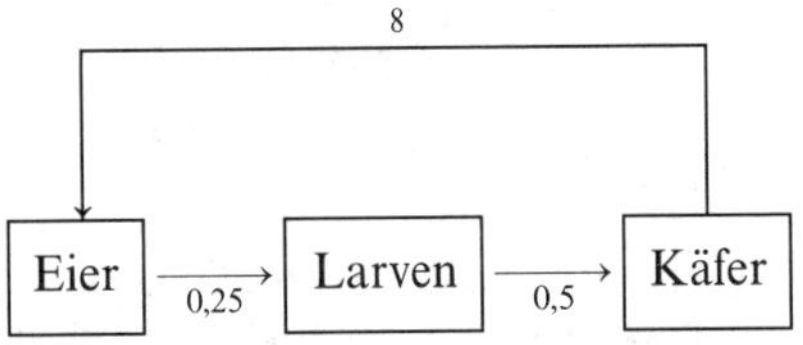

Das heißt:

Aus den Eiern schlüpfen nach einem Monat Larven und nach einem weiteren Monat werden diese zu Käfern, die dann wieder Eier legen und anschließend sterben. Dabei nehmen wir an, dass aus 25% der Eier Larven werden (die anderen 75% werden von Tieren gefressen oder verenden), dass von den Larven die eine Hälfte sich zu Käfern entwickelt (und die andere Hälfte stirbt) und dass jeder Käfer 8 Eier legt.

Um nun die Entwicklung einer anfänglich aus $x = 40$ Eiern, $y = 20$ Larven und $z = 12$ Käfern bestehenden Population zu untersuchen fassen wir diese Anfangsverteilung zu dem *Zustandsvektor*

$$\vec{v}_0 = \begin{pmatrix} x \\ y \\ z \end{pmatrix} = \begin{pmatrix} 40 \\ 20 \\ 12 \end{pmatrix}$$

zusammen. Dieser gibt gewissermaßen den Zustand des Systems zum Zeitpunkt null an. Der Zustand der Population einen Monat später (zum Zeitpunkt $t = 1$) wird dann durch den Zustandsvektor

$$\vec{v}_1 = \begin{pmatrix} x' \\ y' \\ z' \end{pmatrix} = \begin{pmatrix} 8\,z \\ 0{,}25\,x \\ 0{,}5\,y \end{pmatrix} = \begin{pmatrix} 96 \\ 10 \\ 10 \end{pmatrix}$$

und nach einem weiteren Monat durch $\vec{v}_2 = \begin{pmatrix} 8\,z' \\ 0{,}25\,x' \\ 0{,}5\,y' \end{pmatrix} = \begin{pmatrix} 80 \\ 24 \\ 5 \end{pmatrix}$ beschrieben usw. Dabei lässt sich der Übergang von einem Zustandsvektor $\vec{v}_n$ zu seinem Nachfolger $\vec{v}_{n+1}$ durch die Abbildungsgleichungen

$$\begin{aligned} x' &= 8\,z \\ y' &= 0{,}25\,x \\ z' &= 0{,}5\,y \end{aligned}$$

oder – dazu äquivalent – durch die sogenannte *Übergangsmatrix*

$$A = \begin{pmatrix} 0 & 0 & 8 \\ 0{,}25 & 0 & 0 \\ 0 & 0{,}5 & 0 \end{pmatrix}$$

erfassen. Ausgehend von dem *Startvektor* (Ausgangszustand) $\vec{v}_0 = \begin{pmatrix} 40 \\ 20 \\ 12 \end{pmatrix}$ erhalten wir damit der Reihe nach

$$\vec{v}_1 = A \cdot \vec{v}_0 = \begin{pmatrix} 96 \\ 10 \\ 10 \end{pmatrix}, \quad \vec{v}_2 = A \cdot \vec{v}_1 = \begin{pmatrix} 80 \\ 24 \\ 5 \end{pmatrix},$$

$$\vec{v}_3 = A \cdot \vec{v}_2 = \begin{pmatrix} 40 \\ 20 \\ 12 \end{pmatrix}, \quad \vec{v}_4 = A \cdot \vec{v}_3 = \begin{pmatrix} 96 \\ 10 \\ 10 \end{pmatrix},$$

und so weiter. Die Zahlen zeigen, dass sich der Ausgangszustand nach drei Monaten wiederholt ($\vec{v}_3 = \vec{v}_0$). Infolgedessen reproduziert sich jeder irgendwann vorliegende Zustand nach drei Monaten ($\vec{v}_4 = \vec{v}_1$, $\vec{v}_5 = \vec{v}_2$, $\vec{v}_6 = \vec{v}_3, \ldots$).

Die Ursache für dieses *zyklische* Verhalten liegt in der besonderen Struktur der Übergangsmatrix A. Definieren wir für quadratische Matrizen den Begriff der *Matrixpotenz* A^n analog zum Potenzbegriff für reelle Zahlen, nämlich rekursiv durch

$$A^0 = E, \quad A^1 = A, \quad A^2 = A \cdot A,$$
$$A^3 = A \cdot A^2, \ldots, A^n = A \cdot A^{n-1}, \ldots,$$

so ergibt sich für die Folge der Zustandsvektoren

$$\begin{aligned} \vec{v}_1 &= A \cdot \vec{v}_0 \\ \vec{v}_2 &= A \cdot \vec{v}_1 = A^2 \cdot \vec{v}_0 \\ \vec{v}_3 &= A \cdot \vec{v}_2 = A^3 \cdot \vec{v}_0 \end{aligned}$$

und allgemein

$$\vec{v}_n = A \cdot \vec{v}_{n-1} = A^n \cdot \vec{v}_0 .$$

Im hier vorliegenden Fall hat die Übergangsmatrix die spezielle Form

$$A = \begin{pmatrix} 0 & 0 & c \\ a & 0 & 0 \\ 0 & b & 0 \end{pmatrix}$$

mit $a = 0{,}25$, $b = 0{,}5$ und $c = 8$. Die Potenzen von A berechnen sich zu

$$A^2 = \begin{pmatrix} 0 & b\,c & 0 \\ 0 & 0 & a\,c \\ a\,b & 0 & 0 \end{pmatrix},$$

$$A^3 = \begin{pmatrix} abc & 0 & 0 \\ 0 & abc & 0 \\ 0 & 0 & abc \end{pmatrix} = (abc) \cdot E$$

(E = Einheitsmatrix). Wegen $abc = 1$ haben wir $A^3 = E$ und damit $A^4 = A \cdot E = A$, $A^5 = A \cdot A = A^2$, $A^6 = A \cdot A^2 = A^3 = E$ und so weiter. Die Eigenschaft $A^3 = E$ ist also die Ursache dafür, dass sich bei der Populationsentwicklung unabhängig vom Ausgangszustand stets ein *dreimonatiger Zyklus* einstellt (Abb. 3.2.–5).

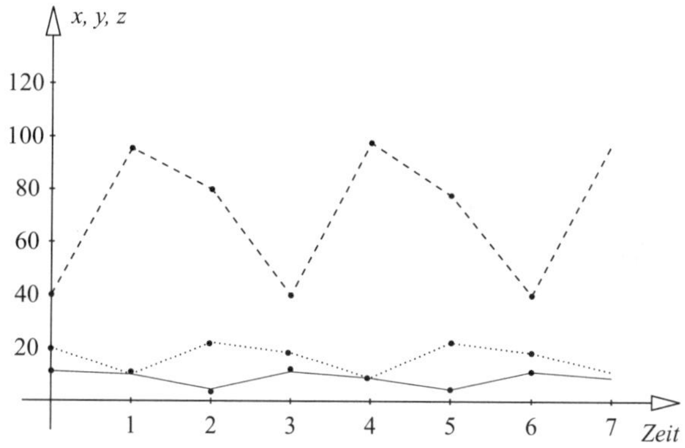

Abb. 3.2.–5

Allgemein nennen wir eine quadratische Matrix A, bei der eine Potenz A^p gleich der Einheitsmatrix ist, eine *zyklische Matrix*. Ist A eine zyklische Übergangsmatrix, so ergibt sich für die zeitliche Entwicklung des zu Grunde liegenden Systems ein zyklisches Verhalten, d. h., ein jeweils vorliegender Zustand reproduziert sich innerhalb einer bestimmten Zeitspanne.

Bemerkung: Ändert man bei gleich bleibenden Werten $a = 0{,}25$ und $b = 0{,}5$ den Parameter c so ab, dass jeder Käfer nicht 8, sondern 6 bzw. 12 Eier legt, so gilt nicht mehr $abc = 1$, sondern $abc = 0{,}75$ bzw. $abc = 1{,}5$ und damit

$$A^3 = 0{,}75 \cdot E \quad \text{bzw.} \quad A^3 = 1{,}5 \cdot E\,.$$

Für die langfristige Populationsentwicklung bedeutet das, dass die Population im ersten Fall wegen

$$A^{3k} = (\tfrac{3}{4})^k \cdot E$$

aussterben wird, während sich im zweiten Fall aufgrund der Beziehung

$$A^{3k} = (\tfrac{3}{2})^k \cdot E$$

eine Art von exponentiellem Wachstum einstellt.

Aufgaben zu 3.2.5

1. Aus Kälbern entwickeln sich im Laufe von zwei Jahren Kühe, die dann wieder Kälber bekommen und anschließend geschlachtet werden. Aus 25% der Kälber werden Kühe (die restlichen 75% werden schon vorher geschlachtet) und jede Kuh bekommt durchschnittlich vier Kälber, bevor sie geschlachtet wird. Ein Bauer hat einen Bestand von 20 Jungtieren und 20 Kühen. Wie groß muß der Stall mindestens sein, wenn der Bestand der beschriebenen Entwicklung überlassen wird, ohne dass Tiere zugekauft, zusätzlich geschlachtet oder verkauft werden?

2. Die Entwicklung einer Population, die jährlich die Stadien G_1, G_2, G_3, G_4 durchläuft, wird durch die Übergangsmatrix

$$A = \begin{pmatrix} 0 & 0 & 6 & 5 \\ 0{,}7 & 0 & 0 & 0 \\ 0 & 0{,}9 & 0 & 0 \\ 0 & 0 & 0{,}8 & 0 \end{pmatrix}$$

beschrieben.

a) Stelle die Entwicklung durch ein Pfeildiagramm dar.

b) Die Anfangsverteilung sei $\vec{v}_0 = \begin{pmatrix} 20 \\ 10 \\ 10 \\ 10 \end{pmatrix}$. Berechne die nächsten 5 Verteilungen.

c) Für einen *stationären Verteilungsvektor* $\vec{v}$ (keine Änderung mehr!) muss $A \cdot \vec{v} = \vec{v}$ gelten; ferner muss die Summe der Anzahlen der Individuen konstant gleich 50 sein. Untersuche, ob es eine solche stationäre Verteilung gibt.

3.* Ein in der Populationsdynamik gängiges Modell lässt sich allgemein (hier für den Fall von 4 Generationen) durch das folgende Pfeildiagramm darstellen. Dabei sind p_1, p_2, p_3 die Überlebensraten und q_2, q_3, q_4 die Geburtenraten:

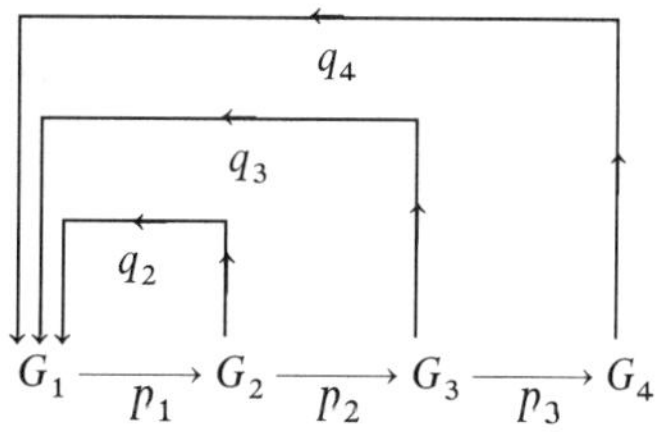

Der Einfachheit halber setzen wir im Folgenden voraus, dass $q_2 = q_3 = 0$ gilt, d. h., nur die Individuen der Generation G_4 können für Nachwuchs sorgen.

a) Gib die Übergangsmatrix A an.

b) Berechne die Matrixpotenz A^4 und begründe, warum sich die langfristige Populationsentwicklung besonders gut an dieser Matrix ablesen lässt. Diskutiere für einen beliebigen Ausgangszustand $\vec{v}_0$ die Populationsentwicklung in Abhängigkeit von den vier Parametern p_1, p_2, p_3 und q_4.

Es gelte nun speziell $p_1 = 0{,}25$, $p_2 = 0{,}5$, $p_3 = 0{,}4$ und $q_4 = 20$.

c) Am Anfang seien insgesamt 570 Individuen vorhanden, die sich wie folgt auf die vier Generationen verteilen:

G_1: 150, G_2: 200, G_3: 110, G_4: 110.

Bestimme die nächsten fünf Zustandsvektoren.

d) Gibt es eine Verteilung von insgesamt 570 Individuen auf die einzelnen Generationen, welche sich nach jedem Schritt reproduziert (stationärer Zustandsvektor; vgl. Aufgabe 2c)?

3.2.6 Ein Diffusionsmodell – Stochastische Matrizen

Unter einer *Diffusion* versteht man in der Physik einen Vorgang, bei dem ein Stoff aufgrund molekularer Bewegung in einen anderen eindringt oder ihn ganz durchdringt. Wir betrachten als Beispiel für einen solchen Vorgang das folgende vereinfachte Modell einer Diffusion (Abb. 3.2.–6):

Ein mit 12 000 Teilchen gefüllter Kasten ist durch eine durchlässige Wand in zwei Hälften A, B geteilt. Die Verteilung der Teilchen auf die beiden Hälften ändert sich jeweils nach Ablauf einer festen Zeiteinheit: 10% der sich in A befindenden Teilchen gelangen nach B (die restlichen 90% bleiben in A) und 20% der sich in B befindenden Teilchen gelangen nach A (die restlichen 80% bleiben in B). Am Anfang sind 3000 Teilchen in A und 9000 in B. Es soll untersucht werden, wie sich die Verteilung der 12 000 Teilchen auf die beiden Hälften entwickelt.

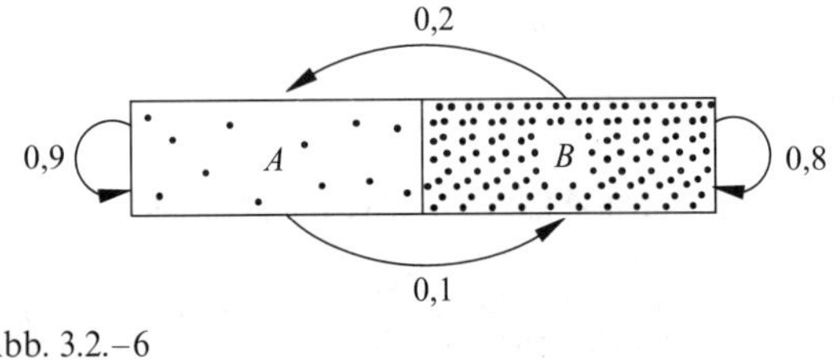

Abb. 3.2.–6

Wir drücken die Verteilung der Teilchen auf die beiden Hälften durch einen so genannten *Zustandsvektor* $\vec{v} = \begin{pmatrix} x \\ y \end{pmatrix}$ aus, wobei x die Anzahl der Teilchen in A und y die der Teilchen in B bedeuten. Dann ergibt sich aus dem Anfangszustand (Anfangsverteilung)

$$\vec{v}_0 = \begin{pmatrix} 3000 \\ 9000 \end{pmatrix}$$

der Reihe nach

$$\vec{v}_1 = \begin{pmatrix} 0{,}9 \cdot 3000 + 0{,}2 \cdot 9000 \\ 0{,}1 \cdot 3000 + 0{,}8 \cdot 9000 \end{pmatrix} = \begin{pmatrix} 4500 \\ 7500 \end{pmatrix}$$

$$\vec{v}_2 = \begin{pmatrix} 0{,}9 \cdot 4500 + 0{,}2 \cdot 7500 \\ 0{,}1 \cdot 4500 + 0{,}8 \cdot 7500 \end{pmatrix} = \begin{pmatrix} 5550 \\ 6450 \end{pmatrix}$$

$$\vec{v}_3 = \begin{pmatrix} 0{,}9 \cdot 5550 + 0{,}2 \cdot 6450 \\ 0{,}1 \cdot 5550 + 0{,}8 \cdot 6450 \end{pmatrix} = \begin{pmatrix} 6285 \\ 5715 \end{pmatrix}$$

und so weiter. Allgemein gilt: Hat sich nach n Zeiteinheiten der durch den Zustandsvektor

$$\vec{v}_n = \begin{pmatrix} x_n \\ y_n \end{pmatrix}$$

definierte Zustand eingestellt, so ändert sich dieser innerhalb der nächsten Zeiteinheit zu

$$\vec{v}_{n+1} = \begin{pmatrix} 0{,}9\, x_n + 0{,}2\, y_n \\ 0{,}1\, x_n + 0{,}8\, y_n \end{pmatrix} = \begin{pmatrix} 0{,}9 & 0{,}2 \\ 0{,}1 & 0{,}8 \end{pmatrix} \cdot \begin{pmatrix} x_n \\ y_n \end{pmatrix}.$$

Der Übergang von $\vec{v}_n$ zu $\vec{v}_{n+1}$ lässt sich infolgedessen mit Hilfe der *Übergangsmatrix*

$$A = \begin{pmatrix} 0{,}9 & 0{,}2 \\ 0{,}1 & 0{,}8 \end{pmatrix}$$

durch die folgende *Rekursionsformel* beschreiben:

(*) $\vec{v}_{n+1} = A \cdot \vec{v}_n$.

Aus dieser Rekursionsformel ergeben sich die einzelnen Zustandsvektoren $\vec{v}_1 . \vec{v}_2, \vec{v}_3, \ldots, \vec{v}_n, \ldots$:

$$\vec{v}_1 = A \cdot \vec{v}_0$$
$$\vec{v}_2 = A \cdot \vec{v}_1 = A^2 \cdot \vec{v}_0$$
$$\vec{v}_3 = A \cdot \vec{v}_2 = A^3 \cdot \vec{v}_0$$
$$\vdots$$

und allgemein $\vec{v}_n = A \cdot \vec{v}_{n-1} = A^n \cdot \vec{v}_0$.

Um nun festzustellen, wie sich die Verteilung auf die beiden Hälften *langfristig* entwickelt, wäre es nützlich zu wissen, wie sich die Vektorfolge $\vec{v}_n = A^n \cdot \vec{v}_0$ für $n \to \infty$ verhält. Wir werden in Abschnitt 3.3 Methoden kennen lernen derartige Fragen systematisch zu untersuchen und beschränken uns an dieser Stelle auf eine Plausibilitätsbetrachtung. Dazu berechnen wir mit Hilfe der Rekursionsformel (*) einige weitere Zustandsvektoren und stellen die zugehörigen Punkte in einem x-y-Koordinatensystem dar (Abb. 3.2.–7).

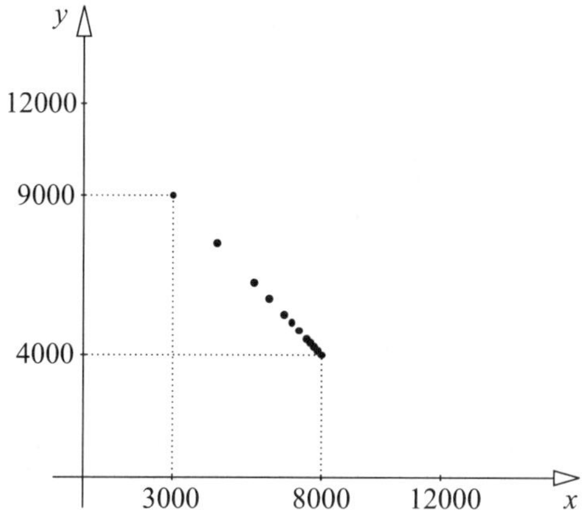

Abb. 3.2.–7

Die graphische Darstellung der Punktfolge legt die Vermutung nahe, dass sich die Folge $\vec{v}_n$ der Zustandsvektoren für $n \to \infty$ einem bestimmten *Grenzvektor* $\vec{v}_\infty$ beliebig genau annähert. Die folgende Überlegung zeigt, wie man unter der Annahme der Konvergenz der Folge $\vec{v}_n$ diesen Grenzvektor ermitteln kann. Zunächst ergibt sich aus der Rekursionsformel (*) die Beziehung $A \cdot \vec{v}_\infty = \vec{v}_\infty$ (inwiefern?). Der gesuchte Grenzvektor $\vec{v}_\infty = \begin{pmatrix} x \\ y \end{pmatrix}$ muss demnach ein Lösungsvektor des LGS

$$\begin{pmatrix} 0{,}9 & 0{,}2 \\ 0{,}1 & 0{,}8 \end{pmatrix} \cdot \begin{pmatrix} x \\ y \end{pmatrix} = \begin{pmatrix} x \\ y \end{pmatrix}$$

oder $\begin{pmatrix} -0{,}1 & 0{,}2 \\ 0{,}1 & -0{,}2 \end{pmatrix} \cdot \begin{pmatrix} x \\ y \end{pmatrix} = \begin{pmatrix} 0 \\ 0 \end{pmatrix}$

sein. Die einfache Rechnung liefert als allgemeinen Lösungsvektor

$$\begin{pmatrix} x \\ y \end{pmatrix} = s \begin{pmatrix} 2 \\ 1 \end{pmatrix}$$

und da in unserem Fall die Summe der Komponenten gleich 12000 sein muss (warum?), erhalten wir

$$\vec{v}_\infty = \begin{pmatrix} x \\ y \end{pmatrix} = \begin{pmatrix} 8000 \\ 4000 \end{pmatrix}.$$

Verallgemeinernd lässt sich also Folgendes feststellen: Wenn eine durch die Beziehung $\vec{v}_{n+1} = A\,\vec{v}_n$ rekursiv definierte Folge von Vektoren für $n \to \infty$ gegen einen Grenzvektor $\vec{v}_\infty$ konvergiert, dann erfüllt dieser Grenzvektor das LGS

$$\vec{v}_\infty = A \cdot \vec{v}_\infty.$$

Der Vektor $\vec{v}_\infty$ bestimmt infolgedessen eine sog. *stabile Grenzverteilung*. Dabei bedeutet „stabil“, dass $\vec{v}_\infty$ durch die Wirkung der Übergangsmatrix A nicht mehr verändert wird. Die stabile Grenzverteilung ist stets eine spezielle Lösung des homogenen LGS $(A - E)\,\vec{v} = 0$.

Für das oben behandelte Beispiel bedeutet das Resultat $\vec{v}_\infty = \begin{pmatrix} 8000 \\ 4000 \end{pmatrix}$, dass sich auf lange Sicht gesehen eine stabile Grenzverteilung einstellen wird, bei der sich von den 12 000 Teilchen 8000 in der Hälfte A und 4000 in der Hälfte B befinden.

Zum Schluss ist noch eine wichtige Bemerkung zur Interpretation der Zahlen angebracht. Starten wir etwa mit dem Zustandsvektor $\vec{v}_0 = \begin{pmatrix} 0 \\ 1 \end{pmatrix}$ – d. h., ein Teilchen befindet sich in der Hälfte B und keines in A – dann führen die analogen Rechnungen zu der stabilen Grenzverteilung $\vec{v}_\infty = \frac{1}{3} \cdot \begin{pmatrix} 2 \\ 1 \end{pmatrix}$. Dies kann man so deuten, dass sich ein Teilchen nach sehr langer Zeit mit der *Wahrscheinlichkeit* $\frac{2}{3}$ in der Hälfte A und mit der Wahrscheinlichkeit $\frac{1}{3}$ in B befinden wird.

Bei dem Diffusionsmodell handelt es sich um ein Beispiel für einen sog. *stochastischen Prozess*. Ein solcher Prozess wird durch bestimmte mögliche *Zustände* $Z_1, Z_2, Z_3, \ldots$ und entsprechende *Übergangswahrscheinlichkeiten* festgelegt. Fassen wir diese Übergangswahrscheinlichkeiten in einer *Übergangsmatrix* A zusammen, so enthält diese keine negativen Elemente und sämtliche Spaltensummen ergeben 1 (warum?). Man nennt quadratische Matrizen mit diesen Eigenschaften auch *stochastische Matrizen*. Für das Beispiel des Diffusionsmodells gibt es nur die zwei Zustände $Z_1 = (1\,|\,0)$ (das Teilchen ist in A) und $Z_2 = (0\,|\,1)$ (das Teilchen ist in B) und die stochastische Übergangsmatrix lautet

$$A = \begin{pmatrix} 0{,}9 & 0{,}2 \\ 0{,}1 & 0{,}8 \end{pmatrix}.$$

Der *Startvektor* $\vec{v}_0$ gibt an, mit welchen Wahrscheinlichkeiten der stochastische Prozess in den einzelnen Zuständen startet, der *Zustandsvektor* $\vec{v}_n$ gibt die Wahrscheinlichkeiten für die einzelnen Zustände nach n Schritten an. Da die Folge der Zustandsvektoren durch die Rekursion $\vec{v}_{n+1} = A \cdot \vec{v}_n$ festgelegt ist, bestimmen der Startvektor und die Übergangsmatrix den stochastischen Prozess eindeutig. Insbesondere gilt, dass die Folge $\vec{v}_n$ im Falle ihrer Konvergenz gegen einen *stationären Zustandsvektor* konvergiert; dieser gibt an, wohin sich der Prozess langfristig entwickelt.

Aufgaben zu 3.2.6

1. Ein Marktforschungsinstitut hat das Kaufverhalten sechzehnjähriger Schüler getestet, die regelmäßig eine von zwei Elektronikzeitschriften Z_1, Z_2 kaufen. Anfangs kauften alle 1000 Testpersonen die Zeitschrift Z_1. Danach regelte sich der Kauf der Hefte nach der Übergangsmatrix

$$A = \begin{pmatrix} 0{,}4 & 0{,}5 \\ 0{,}6 & 0{,}5 \end{pmatrix}.$$

a) Wie viele Testpersonen entschieden sich beim 10. Kauf für Z_1 bzw. Z_2? Wie ist diese Frage zu beantworten, wenn am Anfang der Untersuchung sich 300 Personen für Z_1 und 700 für Z_2 entschieden?

b) Berechne den stationären Zustandsvektor mit der Komponentensumme 1000.

2. In einem Tümpel leben Insekten, die sich entweder im Tümpel (Zustand A) oder am Ufer (Zustand B) aufhalten können. Das Verhalten der Insekten wird über eine gewisse Zeit beobachtet. Aufgrund dieser Beobachtungen ergibt sich die Übergangsmatrix

$$A = \frac{1}{12} \cdot \begin{pmatrix} 7 & 9 \\ 5 & 3 \end{pmatrix}.$$

Dabei wird das Einzeltier als repräsentativ für alle anderen Insekten dieser Art in dem Tümpel angenommen und die Tiere verhalten sich unabhängig voneinander.

Der Anfangszustand sei durch den Vektor $\vec{v}_0 = \begin{pmatrix} 0{,}5 \\ 0{,}5 \end{pmatrix}$ gegeben.

a) Berechne die Zustandsvektoren $\vec{v}_1$ bis $\vec{v}_{10}$ und stelle die zugehörigen Punkte in einem Koordinatensystem graphisch dar.

b) Wir setzen voraus, dass die Folge der Zustandsvektoren gegen einen Grenzvektor $\vec{v}_\infty$ konvergiert. Berechne die Komponenten von $\vec{v}_\infty$ und interpretiere sie als Wahrscheinlichkeiten.

3. Wir betrachten ein Genpaar, das ein gewisses Merkmal bestimmt und dessen Einzelgene G (dominant) und g (rezessiv) in den Kombinationen GG (reinerbig dominant), Gg (mischerbig) und gg (reinerbig rezessiv) vorkommen können. Kreuzt man ein Individuum fortgesetzt mit einem mischerbigen Individuum, so lässt sich der nachfolgende Genotyp nach den Gesetzen MENDELS durch die folgende stochastische Matrix beschreiben:

$$\begin{array}{cccc} \text{GG} & \text{Gg} & \text{gg} & \\ \end{array}$$
$$A = \begin{pmatrix} 0{,}5 & 0{,}25 & 0 \\ 0{,}5 & 0{,}5 & 0{,}5 \\ 0 & 0{,}25 & 0{,}5 \end{pmatrix} \begin{matrix} \text{GG} \\ \text{Gg} \\ \text{gg} \end{matrix}.$$

a) Eine Population hat am Anfang die folgende Zusammensetzung:

GG: 10%, Gg: 70%, gg: 20%.

Berechne ausgehend vom Startvektor $\vec{v}_0 = \begin{pmatrix} 0{,}1 \\ 0{,}7 \\ 0{,}2 \end{pmatrix}$ die Zustandsvektoren $\vec{v}_1$ bis $\vec{v}_{20}$.

b) Bestimme den stationären Zustandsvektor mit der Komponentensumme 1 und interpretiere das Ergebnis.

c) Wie wird sich für den Startvektor $\vec{v}_0 = \begin{pmatrix} 0{,}3 \\ 0{,}2 \\ 0{,}5 \end{pmatrix}$ die Populationsverteilung langfristig entwickeln?

3.2.7* Matrizen in der Wahrscheinlichkeitsrechnung

Die im letzten Paragraphen durchgeführte Behandlung des Diffusionsmodells hat deutlich gemacht, wie man Vektoren und Matrizen zweckmäßig verwenden kann um die Zustände, Übergänge und die langfristige Entwicklung von stochastischen Prozessen rechnerisch zu erfassen. Das folgende Beispiel dient demselben Lernziel. Das ihm zu Grunde liegende Problem stammt aus der Wahrscheinlichkeitsrechnung:

Ein Spieler besitzt 100 DM und benötigt einen Betrag von 300 DM. Er kann einen beliebigen Einsatz verdoppeln, indem er bei einem Münzwurf „Kopf" erhält. Wenn jedoch „Zahl" fällt, dann ist der Einsatz verloren. Der Spieler entscheidet sich für die folgende Strategie: Er setzt zunächst seinen gesamten Besitz von 100 DM ein. Bei „Zahl" ist er ruiniert und bei „Kopf" verfügt er anschließend über 200 DM, von denen er wieder 100 DM einsetzt. Fällt wieder „Kopf", so ist das Ziel erreicht und das Spiel wird abgebrochen. Andernfalls ist die Ausgangssituation (100 DM) wieder hergestellt und das Spiel beginnt wieder von vorn. Wie groß ist dic Wahrschcinlichkeit, das Ziel zu erreichen bzw. in den Ruin getrieben zu werden?

Zunächst stellen wir der Übersicht halber die möglichen *Zustände* Z_1 bis Z_4 und die *Übergangswahrscheinlichkeiten* zwischen diesen Zuständen in einem Diagramm dar:

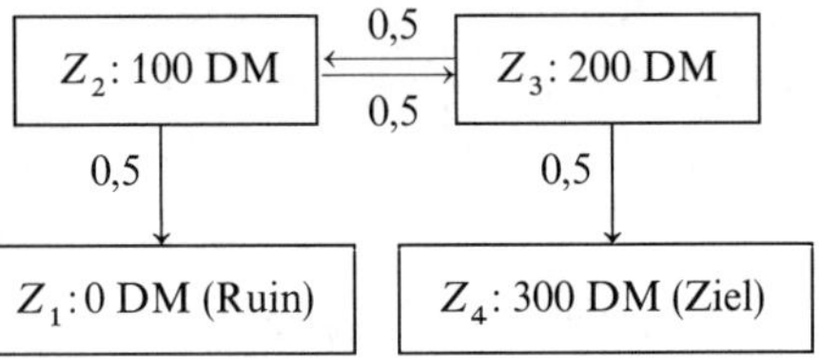

Zu Beginn des Spiels liegen der Zustand Z_2 mit der Wahrscheinlichkeit 1 und die drei anderen Zustände jeweils mit der Wahrscheinlichkeit 0 vor. Die folgende Tabelle zeigt, wie sich die Verteilungen der Wahrscheinlichkeiten auf die einzelnen Zustände von Schritt zu Schritt ändern:

Schritt	0	1	2	3	4	5	6	7	8
$P(Z_1)$	0,000	0,500	0,500	0,625	0,625	0,656	0,656	0,664	0,664
$P(Z_2)$	1,000	0,000	0,250	0,000	0,063	0,000	0,016	0,000	0,004
$P(Z_3)$	0,000	0,500	0,000	0,125	0,000	0,031	0,000	0,008	0,000
$P(Z_4)$	0,000	0,000	0,250	0,250	0,313	0,313	0,328	0,328	0,332

Wir fassen die Wahrscheinlichkeiten w, x, y, z für die Zustände Z_1 bis Z_4 zu dem Zustandsvektor

$$\vec{v} = \begin{pmatrix} w \\ x \\ y \\ z \end{pmatrix}$$

zusammen. Das folgende Baumdiagramm zeigt, wie sich dieser Zustandsvektor von Schritt zu Schritt verändert:

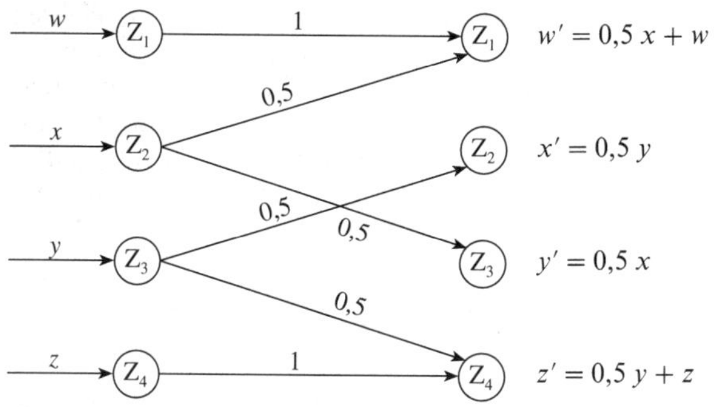

Die Zuordnung $\vec{v} \mapsto \vec{v}'$ lässt sich infolgedessen durch die Gleichung

$$\vec{v}' = \begin{pmatrix} w' \\ x' \\ y' \\ z' \end{pmatrix} = \begin{pmatrix} w + 0{,}5\,x \\ 0{,}5\,y \\ 0{,}5\,x \\ z + 0{,}5\,y \end{pmatrix}$$

oder auch in der Form

$$(*) \quad \vec{v}' = \begin{pmatrix} 1 & 0{,}5 & 0 & 0 \\ 0 & 0 & 0{,}5 & 0 \\ 0 & 0{,}5 & 0 & 0 \\ 0 & 0 & 0{,}5 & 1 \end{pmatrix} \cdot \vec{v} = A \cdot \vec{v}$$

mit A als *Übergangsmatrix* darstellen. Die Elemente von A sind dabei die Übergangswahrscheinlichkeiten zwischen den einzelnen Zuständen, genauer: Das Element a_{ij} in der i-ten Zeile und j-ten Spalte ist die Wahrscheinlichkeit für den Übergang vom Zustand Z_j in den Zustand Z_i. Infolgedessen sind alle Spaltensummen von A gleich 1, d. h., A ist eine *stochastische Matrix*. Ausgehend vom Startvektor

$$\vec{v}_0 = \begin{pmatrix} 0 \\ 1 \\ 0 \\ 0 \end{pmatrix}$$

ergeben sich gemäß der Gleichung (*) die Zustandsvektoren $\vec{v}_1, \vec{v}_2, \vec{v}_3, \ldots$ aus der Rekursionsformel

$$\vec{v}_{n+1} = A \cdot \vec{v}_n \,.$$

Unter der Annahme, dass die Folge der Zustandsvektoren für $n \to \infty$ gegen einen Grenzzustand $\vec{v}_\infty$ konvergiert, folgt aus dieser Rekursionsformel die Gleichung

$$(**) \quad \vec{v}_\infty = A \cdot \vec{v}_\infty$$

(inwiefern?). Der Vektor $\vec{v}_\infty$ wird demnach durch die Übergangsmatrix A nicht mehr verändert und man spricht aus diesem Grunde auch von einem *stabilen Grenzzustand.* Die Zahlen in der Tabelle deuten darauf hin, dass in unserem Fall

$$\vec{v}_\infty = \frac{1}{3} \cdot \begin{pmatrix} 2 \\ 0 \\ 0 \\ 1 \end{pmatrix}$$

gilt. Durch Nachrechnen erkennt man, dass dieser Vektor tatsächlich die Eigenschaft (**) hat. (Hinsichtlich einer geometrischen Begründung für die Konvergenz der Folge $\vec{v}_n$ und die Bestimmung von $\vec{v}_\infty$ vgl. Aufgabe 9 in Paragraph 3.3.5, Seite 192.) Die Komponenten von $\vec{v}_\infty$ lassen sich so deuten, dass der Spielvorgang mit den Wahrscheinlichkeiten $\frac{2}{3}$ bzw. $\frac{1}{3}$ in den Zuständen Z_1 (Ruin!) bzw. Z_4 (Ziel erreicht!) endet.

Aufgaben zu 3.2.7

1. Ein aus zwei Urnen mit jeweils drei Kugeln, von denen jeweils drei schwarz bzw. rot gefärbt sind, bestehendes System befinde sich im Zustand Z_k, wenn die erste Urne genau k schwarze Kugeln enthält $(0 \le k \le 3)$. Der Zustand des Systems kann durch das folgende Zufallsexperiment verändert werden: Aus jeder Urne wird zufällig je eine Kugel gezogen und in die jeweils andere Urne gelegt; die gezogenen Kugeln werden also ausgetauscht.
   a) Zeige, dass die Übergangsmatrix durch
   $$A = \frac{1}{9} \cdot \begin{pmatrix} 0 & 1 & 0 & 0 \\ 9 & 4 & 4 & 0 \\ 0 & 4 & 4 & 9 \\ 0 & 0 & 1 & 0 \end{pmatrix}$$
   gegeben ist.
   b) Das System werde im Zustand Z_0 gestartet. Bestimme den Zustandsvektor nach 8 Schritten. Mit welcher Wahrscheinlichkeit befindet sich das System dann nicht mehr im Zustand Z_0?
   c) Zeige, dass $\vec{v} = \frac{1}{20} \cdot \begin{pmatrix} 1 \\ 9 \\ 9 \\ 1 \end{pmatrix}$ ein stationärer Zustandsvektor ist.

   (*Bemerkung:* Das System ist also genau dann stationär, wenn die einzelnen Zustände nach der *hypergeometrischen Verteilung* besetzt sind; dies gilt nicht nur für $n = 3$, sondern für alle natürlichen Zahlen n.)

2. Wir betrachten ein System, das aus zwei Urnen und vier darin befindlichen Kugeln besteht. Die Verteilung der vier Kugeln auf die beiden Urnen wird jeweils nach Ablauf einer festen Zeiteinheit geändert: Es wird zufällig eine Kugel ausgewählt und in die andere Urne hinübergelegt. Das System kann sich also in 5 Zuständen befinden, wobei die erste Urne im Zustand Z_k genau k Kugeln enthält ($0 \leq k \leq 4$).

   a) Zeige, dass die Übergangsmatrix durch

$$A = \frac{1}{4} \cdot \begin{pmatrix} 0 & 1 & 0 & 0 & 0 \\ 4 & 0 & 2 & 0 & 0 \\ 0 & 3 & 0 & 3 & 0 \\ 0 & 0 & 2 & 0 & 4 \\ 0 & 0 & 0 & 1 & 0 \end{pmatrix}$$

   gegeben ist.

   b) Das System werde im Zustand Z_0 gestartet. Mit welchen Wahrscheinlichkeiten sind die einzelnen Zustände nach 8 Schritten besetzt?

   c) Zeige, dass $\vec{v} = \frac{1}{16} \cdot \begin{pmatrix} 1 \\ 4 \\ 6 \\ 4 \\ 1 \end{pmatrix}$ ein stationärer Zustandsvektor ist.

3.3 Geometrie der Matrizen

In Abschnitt 3.1 haben wir uns mit der Aufgabe beschäftigt, zu einer vorgegebenen linearen Abbildung die Abbildungsmatrix zu bestimmen. Damit konnten wir dann geometrische Abbildungen, wie zum Beispiel Projektionen, Spiegelungen, Drehungen oder Kombinationen solcher Abbildungen rechnerisch behandeln. In diesem Abschnitt wird nun die umgekehrte Fragestellung im Vordergrund stehen, nämlich: Wie kann man die geometrische Wirkung einer vorgelegten (2,2)- oder (3,3)-Matrix ermitteln? Dadurch werden wir in die Lage versetzt, eine Reihe von nicht-geometrischen Problemstellungen (insbesondere im Zusammenhang mit stochastischen Übergängen, vgl. die Paragraphen 3.2.6 und 3.2.7) erst richtig durchschaubar und einer Lösung zugänglich zu machen.

3.3.1 Fixgeraden von (2,2)-Matrizen

Wir greifen das in Paragraph 3.2.6 behandelte Beispiel eines *Diffusionsmodells* noch einmal auf:

Ein mit 12 000 Teilchen gefüllter Kasten ist durch eine durchlässige Wand in zwei Hälften A, B geteilt. Die Verteilung der Teilchen auf die beiden Hälften ändert sich jeweils nach Ablauf einer festen Zeiteinheit: 10% der sich in A befindenden Teilchen gelangen nach B (die restlichen 90% bleiben in A) und 20% der sich in B befindenden Teilchen gelangen nach A (die restlichen 80% bleiben in B). Am Anfang sind 3000 Teilchen in A und 9000 in B. Es soll untersucht werden, wie sich die Verteilung der 12 000 Teilchen auf die beiden Hälften entwickelt.

Um das Problem zu lösen drücken wir zunächst die Verteilung der Teilchen auf die beiden Hälften durch einen so genannten *Zustandsvektor*

$$\vec{v} = \begin{pmatrix} x \\ y \end{pmatrix}$$

aus, wobei x bzw. y die Anzahl der Teilchen in A bzw. B bedeuten. Demnach beschreibt der Vektor

$$\vec{v}_0 = \begin{pmatrix} 3000 \\ 9000 \end{pmatrix}$$

den „Anfangszustand" des Systems. Ist nun durch $\vec{v} = \begin{pmatrix} x \\ y \end{pmatrix}$ irgendein Zustandsvektor gegeben, so gilt für den Vektor $\vec{v}'$, welcher den sich eine Zeiteinheit später einstellenden Zustand beschreibt, die Beziehung

$$\vec{v}' = \begin{pmatrix} x' \\ y' \end{pmatrix} = \begin{pmatrix} 0{,}9\,x + 0{,}2\,y \\ 0{,}1\,x + 0{,}8\,y \end{pmatrix} = \begin{pmatrix} 0{,}9 & 0{,}2 \\ 0{,}1 & 0{,}8 \end{pmatrix} \cdot \vec{v}.$$

Der Übergang von $\vec{v}$ zu $\vec{v}'$ wird infolgedessen durch die *Übergangsmatrix*

$$A = \begin{pmatrix} 0{,}9 & 0{,}2 \\ 0{,}1 & 0{,}8 \end{pmatrix}$$

bestimmt und man erfasst die Entwicklung des Systems, indem man ausgehend vom Startvektor $\vec{v}_0$ diese Matrix immer wieder auf den jeweiligen Zustandsvektor anwendet. Das heißt: Die Folge der Zustandsvektoren wird durch die Rekursionsformel

$$(*) \quad \vec{v}_{n+1} = A \cdot \vec{v}_n$$

festgelegt. Um eine erste Vorstellung von der Entwicklung zu bekommen berechnen wir mit Hilfe dieser Rekursion einige Zustandsvektoren und übertragen die zugehörigen Punkte in ein x-y-Koordinatensystem. Abb. 3.3.–1 zeigt das Ergebnis. Da es sich hier um ein *abgeschlossenes System* handelt, in dem weder Teilchen verloren gehen noch von außen hinzukommen, liegen alle diese Punkte auf der Geraden mit der Gleichung $x + y = 12000$. Ferner erkennt man, dass die Punktfolge $P_0, P_1, P_2, \ldots$ offensichtlich gegen einen bestimmten *Grenzpunkt* P_∞ konvergiert.

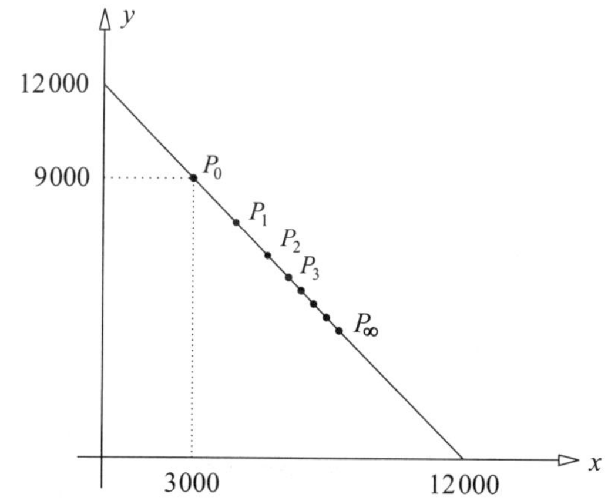

Abb. 3.3.–1

Nach diesen Vorüberlegungen werden wir nun die genaue Lage des Grenzpunktes ermitteln und anschließend das Konvergenzverhalten der Vektorfolge $\vec{v}_n$ näher untersuchen.

1. Schritt: Bestimmung des Grenzvektors $\vec{v}_\infty$

Führt man in der Rekursionsformel (*) auf beiden Seiten des Gleichheitszeichens den Grenzübergang $n \to \infty$ durch, so ergibt sich für den Fall der Konvergenz der Folge $\vec{v}_n$ für den Grenzvektor $\vec{v}_\infty$ die Beziehung

$$\vec{v}_\infty = A \cdot \vec{v}_\infty .$$

Diese Gleichung besagt, dass die Übergangsmatrix A den Grenzvektor unverändert lässt. Man spricht deshalb auch von einem *stabilen Grenzzustand.* Um $\vec{v}_\infty$ zu bestimmen ist von den Lösungsvektoren des LGS $\vec{u} = A \cdot \vec{u}$ derjenige zu ermitteln, für den die Komponentensumme mit der vorgegebenen Gesamtzahl $c = 12\,000$ übereinstimmt. Das LGS lautet ausführlich

$$\begin{matrix} 0{,}9\,x + 0{,}2\,y = x \\ 0{,}1\,x + 0{,}8\,y = y \end{matrix} \quad \text{oder} \quad \begin{matrix} -0{,}1\,x + 0{,}2\,y = 0 \\ 0{,}1\,x - 0{,}2\,y = 0 \end{matrix}$$

und hat den allgemeinen Lösungsvektor $\vec{u} = s\begin{pmatrix} 2 \\ 1 \end{pmatrix}$ mit $s \in \mathbb{R}$. Die Komponentensumme beträgt $3s$ und für den Fall $c = 12\,000$ ergibt sich $s = 4000$ und damit

$$\vec{v}_\infty = \begin{pmatrix} 8000 \\ 4000 \end{pmatrix}.$$

Im stabilen Grenzzustand befinden sich also 8000 Teilchen in der Hälfte A und 4000 in B.

Ganz entsprechend ergibt sich zu jedem (positiven) c-Wert ein stabiler Grenzzustand. Der Vektor $\vec{v}_\infty$ liegt stets auf der Ursprungsgeraden g_1 mit dem Richtungsvektor $\vec{u}_1 = \begin{pmatrix} 2 \\ 1 \end{pmatrix}$, denn es gilt $\vec{v}_\infty = \frac{c}{3}\vec{u}_1$. Die Gerade g_1 besteht genau aus den Punkten, die durch die Matrix A nicht verändert werden. Diese Punkte heißen die *Fixpunkte* von A und die Gerade g_1 wird dementsprechend *Fixpunktgerade* genannt.

2. Schritt: Das Konvergenzverhalten der Folge $\vec{v}_n$

Um die Wirkung der Übergangsmatrix A auf einen beliebigen Zustandsvektor $\vec{v}$ zu untersuchen stellen wir diesen in der Form

$$(**) \quad \vec{v} = \begin{pmatrix} 8000 \\ 4000 \end{pmatrix} + t\,\vec{u}_2$$

mit $\vec{u}_2 = \begin{pmatrix} -1 \\ 1 \end{pmatrix}$ dar; dabei ist $\vec{u}_2$ ein Richtungsvektor der Geraden mit der Gleichung $x + y = 12\,000$, auf der sich die zu den Zustandsvektoren gehörenden Punkte befinden (Abb. 3.3.–2).

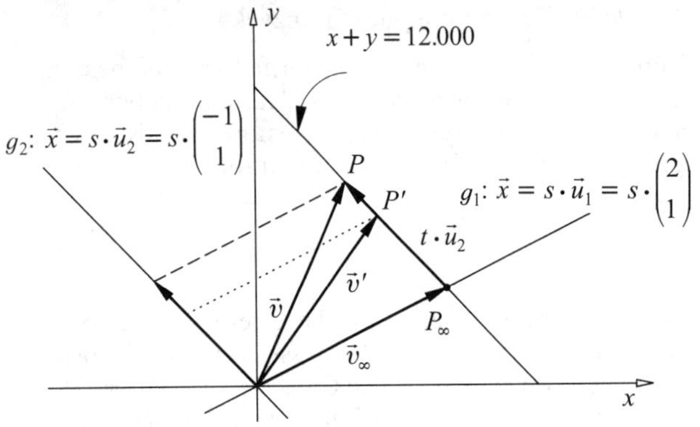

Abb. 3.3.–2

Wenn wir die Matrix A auf die Darstellung (**) anwenden, so bleibt der erste Summand unverändert, da der Punkt $(8000|4000)$ auf der Fixpunktgeraden g_1 liegt. Für das Bild des zweiten Summanden gilt dagegen

$$A \cdot (t\vec{u}_2) = t \cdot A \cdot \vec{u}_2 = t \cdot \begin{pmatrix} 0{,}9 & 0{,}2 \\ 0{,}1 & 0{,}8 \end{pmatrix} \cdot \begin{pmatrix} -1 \\ 1 \end{pmatrix}$$

$$= t \cdot \begin{pmatrix} -0{,}7 \\ 0{,}7 \end{pmatrix} = 0{,}7 \cdot (t\vec{u}_2).$$

Die Wirkung von A auf den Summanden $t\vec{u}_2$ besteht also darin, dass dieser mit dem Faktor 0,7 multipliziert wird. Damit geht der Vektor $\vec{v}$ über in

$$\vec{v}' = \begin{pmatrix} 8000 \\ 4000 \end{pmatrix} + 0{,}7 \cdot t\vec{u}_2 .$$

Damit ist das in Abb. 3.3.–1 dargestellte Verfahren der Punktfolge P_n erklärt: Bei jeder Zustandsänderung wird der Abstand von P zum Punkt $(8000|4000)$ mit dem Faktor 0,7 multipliziert, d. h., der Abstand verringert sich bei jedem Schritt um 30%. Es handelt sich also um eine Punktfolge, die wie eine geometrische Folge gegen den Grenzpunkt $P_\infty = (8000|4000)$ konvergiert.

Dieses Konvergenzverhalten hat seine Ursache in der speziellen Wirkung der Matrix A auf die Punkte der Ursprungsgeraden g_2 mit der Parameterdarstellung

$$g_2 \colon \vec{u} = s\vec{u}_2 .$$

Für alle Vektoren $\vec{u}$ von g_2 gilt nämlich die Beziehung

$$A \cdot \vec{u} = 0{,}7 \cdot \vec{u},$$

d. h., A wirkt speziell auf der Geraden g_2 wie eine zentrische Streckung mit dem Streckfaktor 0,7. Obwohl durch die Wirkung von A jeder Punkt von g_2 (mit Ausnahme des Nullpunktes) verändert wird, wird diese Gerade als Ganzes auf sich selbst abgebildet. Aus diesem Grund nennt man die Ursprungsgerade g_2 auch eine *Fixgerade* von A.

Verallgemeinerung

Die Überlegungen hinsichtlich der Bedeutung der Fixgeraden für ein geometrisches Verständnis von der Wirkung einer Matrix lässt sich verallgemeinern. Ist A eine beliebige (2,2)-Matrix und g eine Fixgerade durch den Ursprung, so wird ein beliebiger Richtungsvektor $\vec{u}$ von g in einem Vektor $\vec{u}'$ abgebildet, der die gleiche oder die zu $\vec{u}$ entgegengesetzte Richtung hat. Mit anderen Worten: Es muss dann eine reelle Zahl k geben, so dass die Beziehung

$$A \cdot \vec{u} = k \cdot \vec{u}$$

erfüllt ist. Diese Gleichung ist für eine *Fixgerade* durch den Ursprung charakteristisch, denn wenn man $\vec{u}$ durch irgendeinen anderen Richtungsvektor ersetzt, so bleibt sie mit unverändertem k-Wert bestehen (warum?). Sie besagt geometrisch, dass die Matrix A auf die Punkte der Fixgeraden g wie eine zentrische Streckung mit dem Streckfaktor k und dem Ursprung als Streckzentrum wirkt. Zu jeder Fixgeraden durch den Ursprung gehört also ein bestimmter Streckfaktor.

Auf der anderen Seite wird die Wirkung einer (2,2)-Matrix auf beliebige Vektoren $\vec{p}$ des $\mathbb{R}^2$ bereits durch zwei verschiedene Fixgeraden durch den Ursprung bestimmt. Sind nämlich g_1, g_2 zwei solche Fixgeraden mit den Richtungsvektoren $\vec{u}_1, \vec{u}_2$ und den Streckfaktoren k_1, k_2, so lässt sich $\vec{p}$ eindeutig in der Form

$$\vec{p} = s\vec{u}_1 + t\vec{u}_2$$

als Linearkombination der beiden Richtungsvektoren darstellen. Die Anwendung von A auf diese Darstellung ergibt dann für $\vec{p}'$ die Beziehung

$$\vec{p}' = s\vec{u}_1' + t\vec{u}_2' = s k_1 \cdot \vec{u}_1 + t k_2 \cdot \vec{u}_2$$

(vgl. Abb. 3.3.–3).

Beispiel: $A = \frac{1}{2} \cdot \begin{pmatrix} 1 & 3 \\ 1 & -1 \end{pmatrix}$

Die Matrix A hat die beiden Fixgeraden $g_1 \colon \vec{p} = s\begin{pmatrix} 3 \\ 1 \end{pmatrix}$ und $g_2 \colon \vec{p} = s\begin{pmatrix} -1 \\ 1 \end{pmatrix}$. Um dies zu überprüfen bildet man die Produkte $A \cdot \vec{u}_1$ und $A \cdot \vec{u}_2$, wobei $\vec{u}_1$ und $\vec{u}_2$ die Richtungsvektoren von g_1 und g_2 sind:

$$A \cdot \vec{u}_1 = \frac{1}{2} \cdot \begin{pmatrix} 1 & 3 \\ 1 & -1 \end{pmatrix} \cdot \begin{pmatrix} 3 \\ 1 \end{pmatrix} = \begin{pmatrix} 3 \\ 1 \end{pmatrix} = \vec{u}_1,$$

$$A \cdot \vec{u}_2 = \frac{1}{2} \cdot \begin{pmatrix} 1 & 3 \\ 1 & -1 \end{pmatrix} \cdot \begin{pmatrix} -1 \\ 1 \end{pmatrix} = \begin{pmatrix} 1 \\ -1 \end{pmatrix} = -\vec{u}_2 .$$

Aus diesen Rechnungen ergeben sich die beiden Streckfaktoren zu $k_1 = 1$ und $k_2 = -1$. Die Gerade g_1 ist also sogar eine Fixpunktgerade. Die Matrix A bewirkt damit eine *Schrägspiegelung* an der Geraden g_1 in Richtung der Geraden g_2 (Abb. 3.3.–3).

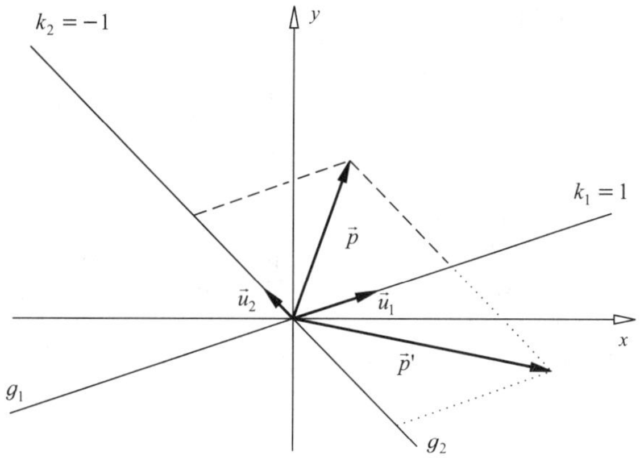

Abb. 3.3.-3

3. Gegeben ist die Matrix $A = \frac{1}{6} \cdot \begin{pmatrix} -1 & -2 \\ -6 & 3 \end{pmatrix}$.

   a) Bestätige, dass die Ursprungsgeraden $g_1: y = -3x$ und $g_2: y = x$ Fixgeraden von A sind. Wie lauten die zugehörigen Streckfaktoren?

   b) Indem die Matrix A wiederholt auf den Punkt $P = (2|8)$ wirkt, ergibt sich eine Punktfolge P_n. Untersuche, wie sich diese Punktfolge für $n \to \infty$ verhält. (Stelle zunächst den Ortsvektor von P als Linearkombination je eines Richtungsvektors der beiden Fixgeraden dar.)

4. Die Matrix $A = \begin{pmatrix} -1 & 1 \\ -2 & 2 \end{pmatrix}$ besitzt zwei Fixgeraden durch den Ursprung mit den Streckfaktoren 0 und 1. Bestätige dies und bestimme die Richtungsvektoren der beiden Fixgeraden. Beschreibe auch die geometrische Wirkung von A auf beliebige Punkte der x-y-Ebene.

Aufgaben zu 3.3.1

1. Ein Marktforschungsinstitut hat das Kaufverhalten vierzehnjähriger Schüler untersucht, die regelmäßig eine von zwei Computerzeitschriften Z_1 und Z_2 kaufen. Anfangs kauften 120 Testpersonen die Zeitschrift Z_1 und 480 die Zeitschrift Z_2. Danach regelte sich der Kauf der Hefte nach dem folgenden Schema:

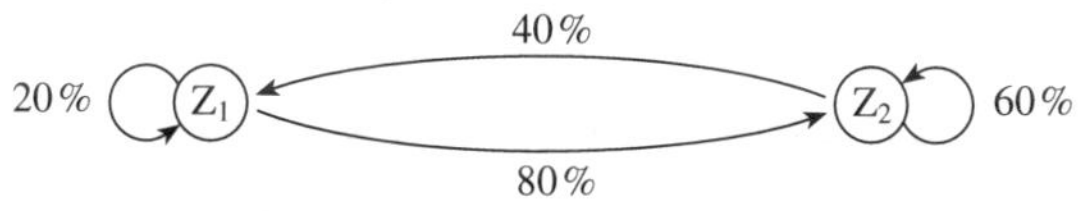

Die Übergangsmatrix lautet demnach $A = \begin{pmatrix} 0{,}2 & 0{,}4 \\ 0{,}8 & 0{,}6 \end{pmatrix}$.

   a) Zeige, dass die beiden Ursprungsgeraden g_1: $y = 2x$ und g_2: $y = -x$ Fixgeraden von A sind und bestimme die zugehörigen Streckfaktoren.

   b) Die Anfangsverteilung wird durch den Zustandsvektor $\vec{v}_0 = \begin{pmatrix} 120 \\ 480 \end{pmatrix}$ festgelegt. Beschreibe die langfristige Entwicklung der Verteilung und veranschauliche diese in einem x-y-Koordinatensystem. Wie lautet der Vektor für den stabilen Grenzzustand?

2. Die folgenden (2,2)-Matrizen besitzen jeweils zwei durch den Ursprung verlaufende Fixgeraden. Bestätige, dass diese die angegebenen Richtungsvektoren haben, und bestimme die zugehörigen Streckfaktoren.

   a) $A = \begin{pmatrix} -1 & 1 \\ 2 & 0 \end{pmatrix}$; $\vec{u}_1 = \begin{pmatrix} 1 \\ 2 \end{pmatrix}$, $\vec{u}_2 = \begin{pmatrix} -1 \\ 1 \end{pmatrix}$;

   b) $A = \begin{pmatrix} 1 & 2 \\ -1 & 4 \end{pmatrix}$; $\vec{u}_1 = \begin{pmatrix} 2 \\ 1 \end{pmatrix}$, $\vec{u}_2 = \begin{pmatrix} 1 \\ 1 \end{pmatrix}$;

   c) $A = \begin{pmatrix} 4 & 16 \\ -3 & -4 \end{pmatrix}$; $\vec{u}_1 = \begin{pmatrix} 4 \\ 1 \end{pmatrix}$, $\vec{u}_2 = \begin{pmatrix} -4 \\ 3 \end{pmatrix}$.

3.3.2 Eigenwerte und Eigenvektoren von (2,2)-Matrizen

Die Beispiele im letzten Paragraphen haben deutlich gemacht, daß es für die Erschließung der geometrischen Wirkung einer vorgelegten Matrix hilfreich sein kann mit *Fixgeraden* zu arbeiten. Dabei sind wir jedoch noch nicht auf die Frage eingegangen, wie man solche Fixgeraden wirklich berechnen kann. Um dies nachzuholen betrachten wir ein neues Beispiel.

Beispiel: Berechnungsverfahren für Fixgeraden

Wir gehen von der Matrix $A = \begin{pmatrix} 1 & \frac{4}{3} \\ 3 & 1 \end{pmatrix}$ aus und stellen die Frage, welche Eigenschaften ein Vektor $\vec{u}$ haben muss, damit die Ursprungsgerade $g: \vec{p} = s\,\vec{u}$ eine Fixgerade von A ist. Zunächst muß das Bild $\vec{u}\,' = A \cdot \vec{u}$ ebenfalls auf g liegen und das bedeutet, dass $A \cdot \vec{u}$ ein Vielfaches von $\vec{u}$ sein muss, d. h., es gibt eine relle Zahl k mit der Eigenschaft

(∗) $A \cdot \vec{u} = k \cdot \vec{u}$.

Ein Lösungsvektor des LGS (∗) ist sicherlich der Nullvektor. Als Richtungsvektor von g muss $\vec{u}$ jedoch vom Nullvektor verschieden sein oder – wie man auch sagt – ein „nicht-trivialer" Lösungsvektor des LGS (∗) sein. Unsere Aufgabe besteht also darin nicht-triviale Lösungen des LGS $A \cdot \vec{u} = k \cdot \vec{u}$ zu finden, wobei k ein zunächst noch freier Parameter ist. Um diese Aufgabe zu lösen verwenden wir den GAUSS-Algorithmus und schreiben dazu das LGS in der Form

$$\begin{aligned} x + \tfrac{4}{3}y &= ky \\ 3x + y &= ky \end{aligned} \quad \text{oder} \quad \begin{aligned} (3-3k)x + 4y &= 0 \\ 3x + (1-k)y &= 0 \end{aligned}$$

und subtrahieren dann die erste Gleichung vom $(1-k)$-fachen der zweiten. (Dazu müssen wir natürlich die Voraussetzung $k \neq 1$ machen, aber man kann leicht nachrechnen, dass das LGS im Falle $k=1$ nur den Nullvektor als Lösung hat.) Das Ergebnis dieser Umformung lautet

$$\begin{aligned} (3-3k)x + \quad & 4y = 0 \\ ((1-k)^2 - 4)\,y &= 0 \end{aligned}$$

und man erkennt, dass dieses LGS sicher dann einen nicht-trivialen Lösungsvektor besitzt, wenn der Faktor von y in der zweiten Gleichung gleich null ist (dann entsteht nämlich eine Nullzeile!). Es ergibt sich demnach eine Bedingung für den Parameter k, nämlich $(1-k)^2 = 4$. Diese Gleichung hat die beiden Lösungen $k_1 = -1$ und $k_2 = 3$, so dass wir uns darauf beschränken können, das LGS (∗) für diese beiden k-Werte zu untersuchen.

1. Fall: $k = -1$

Setzen wir in der Endform des LGS für k den Wert -1 ein, so ergibt sich neben der Nullzeile noch die Gleichung $6x + 4y = 0$. Die Lösungsmenge ist die Ursprungsgerade g_1 mit dem Richtungsvektor $\vec{u}_1 = \begin{pmatrix} 2 \\ -3 \end{pmatrix}$. Diese Gerade ist infolgedessen eine Fixgerade von A, und wegen $k_1 = -1$ wird jeder ihrer Punkte durch die Anwendung von A am Ursprung gespiegelt.

2. Fall: $k = 3$

Entsprechend erhalten wir für den k-Wert 3 in der Endform neben der Nullzeile die Gleichung $-6x + 4y = 0$. Ihre Lösungsmenge ist die Ursprungsgerade g_2 mit dem Richtungsvektor $\vec{u}_2 = \begin{pmatrix} 2 \\ 3 \end{pmatrix}$.

Diese Gerade ist eine Fixgerade der Matrix A, zu der der Streckfaktor $k_2 = 3$ gehört, d. h., jeder Punkt von g_2 erfährt durch die Anwendung von A eine zentrische Streckung am Ursprung mit dem Streckfaktor 3.

Abb. 3.3.–4 zeigt, wie sich aus diesen beiden Fixgeraden und ihren Streckfaktoren die geometrische Wirkung der Matrix A auf beliebige Vektoren $\vec{p}$ des $\mathbb{R}^2$ eindeutig ergibt. Der Konstruktion liegt rechnerisch die Zerlegung des gegebenen Vektors $\vec{p}$ als Linearkombination der beiden Richtungsvektoren in der Form

$$\vec{p} = s \cdot \begin{pmatrix} 2 \\ -3 \end{pmatrix} + t \cdot \begin{pmatrix} 2 \\ 3 \end{pmatrix}$$

zu Grunde. Durch Anwendung der Matrix A wird der erste Richtungsvektor mit dem Faktor -1 und der zweite mit 3 multipliziert, d. h., man erhält als Bild von $\vec{p}$ den Vektor

$$\vec{p}\,' = -s \cdot \begin{pmatrix} 2 \\ -3 \end{pmatrix} + 3t \cdot \begin{pmatrix} 2 \\ 3 \end{pmatrix} = s \cdot \begin{pmatrix} -2 \\ 3 \end{pmatrix} + t \cdot \begin{pmatrix} 6 \\ 9 \end{pmatrix}.$$

Der Vektor $\vec{p}$ ist also in Richtung der Geraden g_1 mit dem Faktor -1 und in Richtung von g_2 mit dem Faktor 3 zu strecken.

Aus diesen Überlegungen ergibt sich übrigens auch die Erkenntnis, dass eine (2,2)-Matrix nicht mehr als zwei durch den Ursprung verlaufende Fixgeraden mit verschiedenen Streckfaktoren haben kann (vgl. Aufgabe 4 und Aufgabe 5).

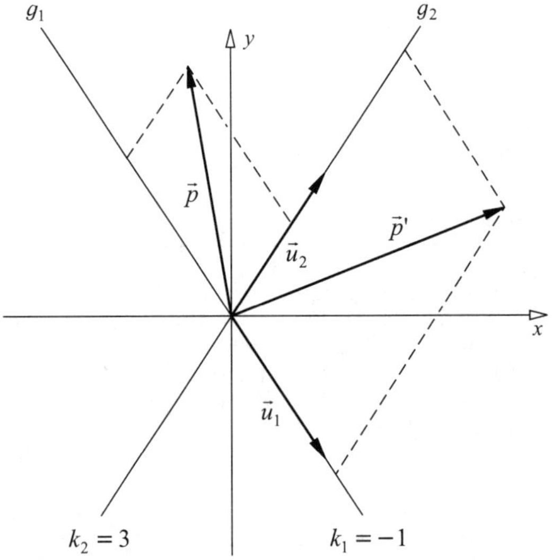

Abb. 3.3.–4

Wir fassen abschließend die wesentlichen Gesichtspunkte noch einmal zusammen und führen dabei für die Richtungsvektoren der Fixgeraden und die zugehörigen Streckfaktoren zwei neue Begriffe ein.

Fixgeraden von (2,2)-Matrizen

Eine Ursprungsgerade $g\colon \vec{p} = s\vec{u}$ ist genau dann eine *Fixgerade* der (2,2)-Matrix A, wenn es eine reelle Zahl k gibt, so dass für den Richtungsvektor $\vec{u}$

(∗) $A \cdot \vec{u} = k \cdot \vec{u}$

gilt. Mit Hilfe des GAUSS-Algorithmus lässt sich feststellen, für welche reellen k-Werte das LGS (∗) nicht-triviale (d. h. vom Nullvektor verschiedene) Lösungen besitzt. Jeder solche k-Wert heißt *Eigenwert* und jeder nicht-triviale Lösungsvektor $\vec{u}$ heißt *Eigenvektor* von A.

Die Wirkung der Matrix A auf beliebige Punkte des $\mathbb{R}^2$ wird bereits durch zwei *linear unabhängige* Eigenvektoren und ihre Eigenwerte festgelegt.

Bemerkung: Führt man die gleiche Rechnung wie im Beispiel mit der allgemeinen (2,2)-Matrix $A=\begin{pmatrix} a & c \\ b & d \end{pmatrix}$ durch, so erhält man als *Eigenwertbedingung* die quadratische Gleichung $k^2-(a+d)k+(ad-bc)=0$. Infolgedessen hat eine (2,2)-Matrix maximal zwei reelle Eigenwerte. Es können die folgenden Fälle eintreten:

a) Die Matrix A hat zwei verschiedene reelle Eigenwerte mit zwei linear unabhängigen Eigenvektoren.
b) Die Matrix A hat nur einen reellen Eigenwert. Die Beispiele der Scherung $\begin{pmatrix} 1 & 1 \\ 0 & 1 \end{pmatrix}$ bzw. der zentrischen Streckung $\begin{pmatrix} 2 & 0 \\ 0 & 2 \end{pmatrix}$ zeigen, dass es entweder genau eine Fixgerade durch den Ursprung gibt oder dass jede Ursprungsgerade eine Fixgerade von A ist. Andere Fälle können nicht auftreten (Aufgabe 5).
c) Die Matrix A hat keinen reellen Eigenwert und damit auch keine Fixgerade durch den Ursprung. Ein Beispiel für diese Situation bildet jede Drehmatrix, bei der der Drehwinkel kein Vielfaches von 180° ist.

Aufgaben zu 3.3.2

1. Berechne die Eigenwerte und Eigenvektoren der folgenden (2,2)-Matrizen.

 a) $A=\begin{pmatrix} 1 & -1 \\ 0 & 2 \end{pmatrix}$; b) $A=\begin{pmatrix} 2 & -3 \\ 1 & -2 \end{pmatrix}$;
 c) $A=\begin{pmatrix} 4 & 2 \\ -3 & -1 \end{pmatrix}$; d) $A=\begin{pmatrix} 7 & -6 \\ -2 & 3 \end{pmatrix}$;
 e) $A=\begin{pmatrix} 6 & 2 \\ 2 & 3 \end{pmatrix}$.

2. Nicht jede (2,2)-Matrix besitzt zwei verschiedene Eigenwerte. Berechne die Eigenwerte und Eigenvektoren der folgenden Matrizen.

 a) $A=\begin{pmatrix} 2 & 1 \\ -1 & 4 \end{pmatrix}$; b) $A=\begin{pmatrix} 2 & -4 \\ 3 & 2 \end{pmatrix}$;
 c) $A=\begin{pmatrix} 5 & 0 \\ 0 & 5 \end{pmatrix}$; d) $A=\begin{pmatrix} 3 & 9 \\ -2 & -5 \end{pmatrix}$;
 e) $A=\begin{pmatrix} 8 & -3 \\ 3 & 2 \end{pmatrix}$.

3. Es seien $\vec{u}_1$ und $\vec{u}_2$ zwei linear unabhängige Eigenvektoren einer (2,2)-Matrix mit den Eigenwerten k_1 und k_2. Zeige: Ein Vektor $\vec{u}=s\vec{u}_1+t\vec{u}_2$ $(s,t\neq 0)$ ist genau dann ein Eigenvektor dieser Matrix, wenn $k_1=k_2$ gilt.

4. Folgere aus Aufgabe 3, dass eine (2,2)-Matrix mit zwei verschiedenen reellen Eigenwerten genau zwei Fixgeraden durch den Ursprung besitzt.

5. Folgere aus Aufgabe 3, dass bei einer (2,2)-Matrix mit nur einem reellen Eigenwert entweder genau eine Fixgerade durch den Ursprung existiert oder jede Ursprungsgerade eine Fixgerade ist.

6. Eine (2,2)-Matrix mit den Eigenwerten 0 und 1 beschreibt eine *Projektion*, eine (2,2)-Matrix mit den Eigenwerten 1 und -1 eine *Spiegelung* (warum?).

 a) Untersuche die geometrische Wirkung der folgenden Matrizen:

 (1) $A=\begin{pmatrix} 2 & -3 \\ 1 & -2 \end{pmatrix}$; (2) $A=\begin{pmatrix} -1 & 1 \\ -2 & 2 \end{pmatrix}$;
 (3) $A=\frac{1}{2}\cdot\begin{pmatrix} 1 & 3 \\ 1 & -1 \end{pmatrix}$.

 b) Für welchen reellen t-Wert stellt die Matrix $\frac{1}{2}\cdot\begin{pmatrix} t+1 & -1 \\ t-1 & 1 \end{pmatrix}$ eine Projektion dar, für welchen eine Spiegelung?

7. Gegeben ist die Matrix $A=\begin{pmatrix} a & b \\ b & -a \end{pmatrix}$ mit $a^2+b^2=1$. Zeige, dass A eine *Orthogonalspiegelung* an der Ursprungsgeraden mit dem Richtungsvektor $\vec{u}=\begin{pmatrix} a+1 \\ b \end{pmatrix}$ festlegt.

8. Gegeben ist die Matrix $A=\frac{1}{6}\cdot\begin{pmatrix} 7 & 2 \\ -2 & 2 \end{pmatrix}$.

 a) Zeichne das Quadrat $PQRS$ mit den Eckpunkten $P=(0|0)$, $Q=(6|0)$, $R=(6|6)$, $S=(0|6)$, das Bild dieses Quadrats, das Bild dieses Bildes und schließlich von diesem Bild wieder das Bild (eine Einheit = 1 cm). Welche Besonderheit fällt auf?
 b) Berechne die Eigenwerte und Eigenvektoren von A, und erkläre damit die in a) auftretende Besonderheit.
 c) Die Potenz A^n ist das Matrizenprodukt mit n-mal dem Faktor A. Beschreibe die geometrische Wirkung von A^n und untersuche die Frage, wie sich A^n für $n\to\infty$ verhält. Bestimme auch diese „Grenzmatrix“.

9. Für welche reellen t-Werte besitzt die Matrix $\begin{pmatrix} 1 & t \\ 2 & 5 \end{pmatrix}$ zwei bzw. genau einen bzw. keinen reellen Eigenwert?

10. Eine lineare Abbildung in der x-y-Ebene heißt eine *eulersche Affinität*, wenn ihre Abbildungsmatrix zwei zueinander orthogonale Eigenvektoren mit von null verschiedenen Eigenwerten besitzt. Zeige, dass die Matrix A eine eulersche Affinität definiert, skizziere den Einheitskreis und sein Bild.

 a) $A=\begin{pmatrix} 3 & 1 \\ 1 & 3 \end{pmatrix}$; b) $A=\begin{pmatrix} -1 & 2 \\ 2 & -1 \end{pmatrix}$;
 c) $A=\frac{1}{2}\cdot\begin{pmatrix} -1 & 2 \\ 2 & 2 \end{pmatrix}$; d) $A=\begin{pmatrix} 6 & 2 \\ 2 & 3 \end{pmatrix}$;
 e) $A=\frac{1}{5}\cdot\begin{pmatrix} 3 & 4 \\ 4 & -3 \end{pmatrix}$.

11.* In dieser Aufgabe soll gezeigt werden, dass jede (2,2)-Matrix der Form $A=\begin{pmatrix} a & b \\ b & d \end{pmatrix}$ mit $ad\neq 0$ oder $b\neq 0$ eine eulersche Affinität definiert.

 a) Wir setzen zunächst voraus, dass $b=0$ ist; dann handelt es sich um eine Diagonalmatrix (Seite 156, Aufgabe 8).

Zeige: Die Diagonalmatrix A hat die Eigenvektoren $\begin{pmatrix}1\\0\end{pmatrix}$ und $\begin{pmatrix}0\\1\end{pmatrix}$ mit den Eigenwerten a bzw. d.

b) Es sei nun $b \neq 0$.
Zeige, dass dann A zwei verschiedene reelle Eigenwerte k_1 und k_2 besitzt und dass die zugehörigen Fixgeraden durch den Ursprung die Steigungen

$$m_1 = \frac{k_1 - a}{b} \quad \text{bzw.} \quad m_2 = \frac{k_2 - a}{b}$$

haben. Bestätige ferner mit Hilfe des Satzes von VIETA, dass das Produkt dieser Steigungen gleich -1 ist, d. h., die beiden Eigenvektoren sind zueinander orthogonal.

12.* (*Matrixpotenzen*) Es sei A eine (2,2)-Matrix mit zwei linear unabhängigen Eigenvektoren $\vec{u}_1, \vec{u}_2$ und den Eigenwerten k_1, k_2. Dann lässt sich jeder Vektor $\vec{p}$ des $\mathbb{R}^2$ eindeutig als Linearkombination $\vec{p} = s\vec{u}_1 + t\vec{u}_2$ darstellen und indem man die Matrix A n-mal auf diese Darstellung anwendet, erhält man

$$A^n\vec{p} = s \cdot k_1^n \vec{u}_1 + t \cdot k_2^n \vec{u}_2 .$$

Nimmt man für $\vec{p}$ die beiden Einheitsvektoren oder den allgemeinen Vektor $\begin{pmatrix}x\\y\end{pmatrix}$, so lässt sich auf diese Weise die Matrixpotenz A^n explizit bestimmen.
Berechne die explizite Darstellung von A^n für die folgenden Matrizen:

a) $A = \begin{pmatrix}2 & 1\\-1 & 4\end{pmatrix}$; b) $A = \begin{pmatrix}4 & -3\\1 & 0\end{pmatrix}$.

13.* (*Inverse Matrizen*) Es sei A eine (2,2)-Matrix, die nicht den Eigenwert null hat. Zeige:

a) Dann existiert die zu A inverse Matrix (vgl. Seite 154, Aufgabe 9 oder Paragraph 3.2.3).

b) Ist $\vec{u}$ ein Eigenvektor von A mit dem Eigenwert $k \neq 0$, so ist $\vec{u}$ auch ein Eigenvektor der inversen Matrix $B = A^{-1}$ und der zugehörige Eigenwert ist gleich $\frac{1}{k}$.

14.* Es sei A eine (2,2)-Matrix mit zwei linear unabhängigen Eigenvektoren, die nicht den Eigenwert null hat. Entwickle analog zu Aufgabe 12 eine Berechnungsmethode für die zu A inverse Matrix und wende diese auf die folgende Matrix an:

a) $A = \begin{pmatrix}-1 & 1\\2 & 0\end{pmatrix}$; b) $A = \begin{pmatrix}4 & 2\\-3 & -1\end{pmatrix}$.

15.* Die FIBONACCI*zahlen* $1, 1, 2, 3, 5, 8, \ldots$ sind durch die Rekursion $x_{n+2} = x_{n+1} + x_n$ mit $x_0 = x_1 = 1$ definiert. Setzt man

$$\vec{v}_n = \begin{pmatrix}x_n\\x_{n+1}\end{pmatrix},$$

so gilt $\vec{v}_{n+1} = A \cdot \vec{v}_n$ mit $A = \begin{pmatrix}0 & 1\\1 & 1\end{pmatrix}$ und infolgedessen gilt $\vec{v}_n = A^n \cdot \begin{pmatrix}1\\1\end{pmatrix}$.

a) Zeige, dass die Eigenwerte $k_1 = a$ und $k_2 = b$ von A die Lösungen der Gleichung $k^2 = k + 1$ sind und dass die zugehörigen Eigenvektoren sich in der Form

$$\vec{u}_1 = \begin{pmatrix}1\\a\end{pmatrix} \quad \text{und} \quad \vec{u}_2 = \begin{pmatrix}1\\b\end{pmatrix}$$

darstellen lassen.

b) Bestimme die explizite Darstellung der Matrixpotenz A^n und leite daraus die Darstellung

$$x_n = \frac{1}{\sqrt{5}} \cdot (a^{n+1} - b^{n+1})$$

für die FIBONACCIzahlen her.

16.* (*Aus der Physik*)
Zwei Linearschwinger mit der gleichen Masse m und der gleichen Federkonstanten C sind über eine dritte Feder mit der Federkonstanten D gekoppelt (Abb. 3.3.–5). Das hookesche Gesetz liefert für die Auslenkungen $x(t)$ und $y(t)$ die Bewegungsgleichungen

$$\begin{pmatrix}x''(t)\\y''(t)\end{pmatrix} = -\frac{1}{m} \cdot \begin{pmatrix}C+D & -D\\-D & C+D\end{pmatrix} \cdot \begin{pmatrix}x(t)\\y(t)\end{pmatrix}.$$

Setzt man $A = \frac{1}{m} \cdot \begin{pmatrix}C+D & -D\\-D & C+D\end{pmatrix}$, so führt der Ansatz $\begin{pmatrix}x(t)\\y(t)\end{pmatrix} = (\cos\omega t) \cdot \vec{v}$ auf das Eigenwertproblem

$$A \cdot \vec{v} = \omega^2 \cdot \vec{v}.$$

a) Zeige, dass die Matrix A die beiden positiven Eigenwerte $k_1 = \frac{C}{m}$ und $k_2 = \frac{C+2D}{m}$ mit den Eigenvektoren $\vec{v}_1 = \begin{pmatrix}1\\1\end{pmatrix}$ und $\vec{v}_2 = \begin{pmatrix}1\\-1\end{pmatrix}$ besitzt. Die Quadratwurzeln der Eigenwerte sind demnach die Frequenzen der beiden sog. *Eigenschwingungen* und jede Lösung der Bewegungsgleichungen kann als Überlagerung dieser Eigenschwingungen geschrieben werden. Bei der ersten Eigenschwingung handelt es sich um eine gleichphasige, bei der zweiten um eine gegenphasige Schwingung der beiden Linearschwinger.

b) Zeige, dass auch für den Fall zweier unterschiedlicher Massen das entsprechende Eigenwertproblem auf zwei positive Eigenwerte führt, so dass es auch hier zwei verschiedene Eigenschwingungen gibt.

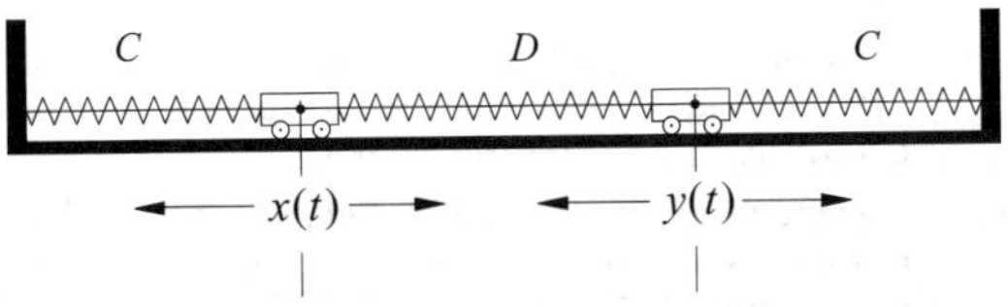

Abb. 3.3.–5

3.3.3* Geometrie der (2,2)-Matrizen

Um die geometrische Wirkung einer (2,2)-Matrix A mit zwei linear unabhängigen Eigenvektoren auf einen beliebigen Vektor $\vec{p}$ des $\mathbb{R}^2$ zu erschließen stellt man diesen als Linearkombination der beiden Eigenvektoren dar und lässt dann die Matrix A auf diese Darstellung wirken. Diese Methode versagt jedoch, wenn A nur einen oder überhaupt keinen Eigenvektor besitzt. Wir werden in diesem Paragraphen nachweisen, dass sich jede (2,2)-Matrix mit linear unabhängigen Spalten („*reguläre*" Matrix) aus einer Drehung und einer linearen Abbildung mit zwei orthogonalen Eigenvektoren zusammensetzt. Genauer gilt der folgende Satz:

> Jede reguläre (2,2)-Matrix A lässt sich in der Form $A = T \cdot D$ darstellen, wobei D eine Drehmatrix ist und T eine Matrix mit zwei orthogonalen Eigenvektoren.

Beweis: Wir führen den Beweis in zwei Schritten. Zunächst werden wir zeigen, dass es stets ein Paar (g, h) *orthogonaler* Geraden durch den Nullpunkt gibt, die durch die Matrix A in ein ebenfalls orthogonales Geradenpaar (g', h') abgebildet werden (*Satz vom invarianten rechten Winkel*).

Bezeichnen wir mit $\vec{a}$ und $\vec{b}$ die beiden Spaltenvektoren von A, so gilt für jeden Vektor $\vec{p} = \begin{pmatrix} x \\ y \end{pmatrix}$:

$$\vec{p}' = A \cdot \vec{p} = x\vec{a} + y\vec{b}.$$

Es seien nun $\vec{v} = \begin{pmatrix} 1 \\ m \end{pmatrix}$ und $\vec{w} = \begin{pmatrix} -m \\ 1 \end{pmatrix}$ zwei orthogonale Vektoren. Dann folgt aus dieser Beziehung für die Bildvektoren $\vec{v}'$ und $\vec{w}'$:

$$\vec{v}' = \vec{a} + m\vec{b} \quad \text{und} \quad \vec{w}' = \vec{b} - m\vec{a},$$

und infolgedessen gilt für ihr Skalarprodukt

$$\vec{v}' \cdot \vec{w}' = -m|\vec{a}|^2 + (1 - m^2)\vec{a} \cdot \vec{b} + m|\vec{b}|^2.$$

Die Bilder der beiden orthogonalen Vektoren $\vec{v}, \vec{w}$ sind also genau dann ebenfalls zueinander orthogonal, wenn

$$(*) \quad (\vec{a} \cdot \vec{b})m^2 + (|\vec{a}|^2 - |\vec{b}|^2)m - \vec{a} \cdot \vec{b} = 0$$

gilt. Wir zeigen nun, dass diese Bedingung für m stets erfüllbar ist.

1. Fall: Ist $\vec{a} \cdot \vec{b} \neq 0$, so handelt es sich bei $(*)$ um eine quadratische Gleichung mit den beiden Lösungen

$$m_{12} = \frac{|\vec{b}|^2 - |\vec{a}|^2}{2\vec{a} \cdot \vec{b}} \pm \sqrt{\left(\frac{|\vec{b}|^2 - |\vec{a}|^2}{2\vec{a} \cdot \vec{b}}\right)^2 + 1}.$$

Nach dem Satz von VIETA gilt $m_1 \cdot m_2 = -1$, d.h., gehört m_1 zu $\vec{v}$, so gehört m_2 zu $\vec{w}$.

2. Fall: Ist $\vec{a} \cdot \vec{b} = 0$, so gilt $(|\vec{a}|^2 - |\vec{b}|^2)m = 0$. Die beiden orthogonalen Vektoren $\vec{v} = \begin{pmatrix} 1 \\ 0 \end{pmatrix}$ und $\vec{w} = \begin{pmatrix} 0 \\ 1 \end{pmatrix}$ haben dann stets zueinander orthogonale Bildvektoren. Haben $\vec{a}$ und $\vec{b}$ sogar den gleichen Betrag, so kann m beliebig gewählt werden; A ist dann die Matrix einer Drehung um den Nullpunkt.

Da A regulär ist, sind $\vec{v}'$ und $\vec{w}$ vom Nullvektor verschieden (inwiefern?). Es gibt also zwei orthogonale Ursprungsgeraden g und h, deren Bilder g' und h' ebenfalls zueinander orthogonal sind. Es sei nun $P \neq O$ ein beliebiger Punkt auf g und $Q \neq O$ ein beliebiger Punkt auf h. Die Bildpunkte von P und Q sind P' und Q' und liegen auf den Geraden g' bzw. h'. Um von P nach P' zu gelangen, wird zunächst um den Winkel φ zwischen g und g' gedreht und anschließend auf g' um einen gewissen Faktor k_1 gestreckt. Entsprechend muß auch Q, um zu Q' zu gelangen, um *denselben* Winkel φ gedreht und danach auf h' um einen Faktor k_2 gestreckt werden (Abb. 3.3.–6). Da die Gesamtwirkung der Matrix A durch ihre Wirkungen auf die beiden Punkte P, Q eindeutig festgelegt ist (inwiefern?), ist A das Ergebnis der Verknüpfung der Drehung $D = D_\varphi$ mit derjenigen Matrix T, die die Richtungsvektoren von g' und h' als Eigenvektoren und die Streckfaktoren k_1 und k_2 als Eigenwerte hat. Es gilt also $A = T \cdot D$.

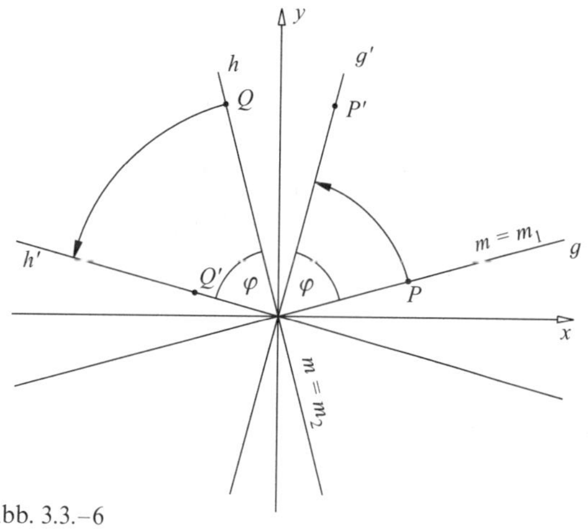

Abb. 3.3.–6

Beispiel: $A = \begin{pmatrix} 1 & -2 \\ 2 & 2 \end{pmatrix}$

(1) Die Eigenwerte von A erfüllen die quadratische Gleichung $k^2 - 3k + 6 = 0$ (vgl. die Bemerkung am Ende des letzten Paragraphen). Da diese Gleichung keine reellen Lösungen besitzt, hat A keine reellen Eigenwerte und damit auch keine Fixgeraden durch den Ursprung.

(2) Um den Drehwinkel φ zu ermitteln berechnen wir zunächst das orthogonale Geradenpaar (g, h) und sein Bild (g', h'). Dazu verwenden wir die Gleichung $(*)$, die wegen $\vec{a} = \begin{pmatrix} 1 \\ 2 \end{pmatrix}$ und $\vec{b} = \begin{pmatrix} -2 \\ 2 \end{pmatrix}$ in unserem Falle lautet:

$$2m^2 - 3m - 2 = 0.$$

Ihre Lösungen sind $m_1 = 2$ und $m_2 = -\frac{1}{2}$. Damit ist $\vec{v} = \begin{pmatrix} 1 \\ 2 \end{pmatrix}$ und $\vec{w} = \begin{pmatrix} -2 \\ 1 \end{pmatrix}$, wobei wir der Geraden g den Wert $m = 2$

zuordnen. (Was wäre, wenn wir umgekehrt der Geraden g den m-Wert $-\frac{1}{2}$ zugeordnet hätten?) Zu den Bildgeraden g' und h' gehören dann die Richtungsvektoren $\vec{v}'$ und $\vec{w}'$, die wir mit Hilfe der Matrix A bestimmen können:

$$\vec{v}' = A \cdot \vec{v} = \begin{pmatrix} 1 & -2 \\ 2 & 2 \end{pmatrix} \cdot \begin{pmatrix} 1 \\ 2 \end{pmatrix} = \begin{pmatrix} -3 \\ 6 \end{pmatrix},$$

$$\vec{w}' = A \cdot \vec{w} = \begin{pmatrix} 1 & -2 \\ 2 & 2 \end{pmatrix} \cdot \begin{pmatrix} -2 \\ 1 \end{pmatrix} = \begin{pmatrix} -4 \\ -2 \end{pmatrix}.$$

Der Drehwinkel φ lässt sich nun folgendermaßen berechnen:

$$\cos\varphi = \frac{\vec{v} \cdot \vec{v}'}{|\vec{v}| \cdot |\vec{v}'|} = \frac{3}{5} \quad \text{(vgl. S. 57).}$$

Wegen $\sin\varphi = \frac{4}{5}$ ergibt sich daraus die Drehmatrix zu $D = \frac{1}{5} \cdot \begin{pmatrix} 3 & -4 \\ 4 & 3 \end{pmatrix}$.

(3) Die Transformationsmatrix T erhalten wir wegen $A = T \cdot D_\varphi$ am einfachsten auf die folgende Weise:

$$T = A \cdot D_{-\varphi} = \begin{pmatrix} 1 & -2 \\ 2 & 2 \end{pmatrix} \cdot \frac{1}{5} \cdot \begin{pmatrix} 3 & 4 \\ -4 & 3 \end{pmatrix} = \frac{1}{5} \cdot \begin{pmatrix} 11 & -2 \\ -2 & 14 \end{pmatrix}.$$

Um nun schließlich die Streckfaktoren zu ermitteln brauchen wir nur noch diese Matrix T auf die beiden Richtungsvektoren $\vec{v}'$ und $\vec{w}'$ anzuwenden. Die Rechnungen ergeben:

$$T\vec{v}' = \frac{1}{5} \cdot \begin{pmatrix} 11 & -2 \\ -2 & 14 \end{pmatrix} \cdot \begin{pmatrix} -3 \\ 6 \end{pmatrix} = \begin{pmatrix} -9 \\ 18 \end{pmatrix} = 3\vec{v}',$$

$$T\vec{w}' = \frac{1}{5} \cdot \begin{pmatrix} 11 & -2 \\ -2 & 14 \end{pmatrix} \cdot \begin{pmatrix} -4 \\ -2 \end{pmatrix} = \begin{pmatrix} -8 \\ -4 \end{pmatrix} = 2\vec{w}'.$$

Die beiden Streckfaktoren sind also $k_1 = 3$ und $k_2 = 2$. Abb. 3.3.–7 zeigt, wie die Matrix A aus dem Einheitskreis zunächst durch die Drehung D und anschließend durch die Wirkung von T eine *Ellipse* mit den *Halbachsen* 3 und 2 macht. (Vergleiche dazu auch Aufgabe 1, in der gezeigt werden soll, dass das Bild des Einheitskreises bzgl. einer linearen Abbildung mit zwei orthogonalen Eigenvektoren stets dann eine Ellipse ist, wenn keiner der Eigenwerte gleich null ist.)

(4) Zum Schluss soll noch gezeigt werden, wie man die *Gleichung der Ellipse*, die sich als Bild des Einheitskreises bzgl. der Matrix A ergibt, herleiten kann. Dazu gehen wir von den durch A bestimmten *Abbildungsgleichungen*

$$\begin{aligned} x' &= x - 2y \\ y' &= 2x + 2y \end{aligned}$$

aus. Weil wir eine Bedingung für die Variablen x', y' brauchen, lösen wir diese Abbildungsgleichungen nach x, y auf und setzen die Ergebnisse in die Gleichung $x^2 + y^2 = 1$ des Einheitskreises ein. Die Auflösung der Abbildungsgleichungen ergibt

$$\begin{aligned} x &= \tfrac{1}{6}(2x' + 2y') \\ y &= \tfrac{1}{6}(-2x' + y') \end{aligned}$$

und damit ergibt sich als Gleichung für die gedrehte Ellipse

$$\begin{aligned} 1 = x^2 + y^2 &= \frac{1}{36}(2x' + 2y')^2 + \frac{1}{36}(-2x' + y')^2 \\ &= \frac{1}{36}(8x'^2 + 4x'y' + 5y'^2) \end{aligned}$$

oder, indem wir zum Schluss die Koordinaten wieder mit x, y bezeichnen:

$$\boxed{8x^2 + 4xy + 5y^2 - 36 = 0}$$

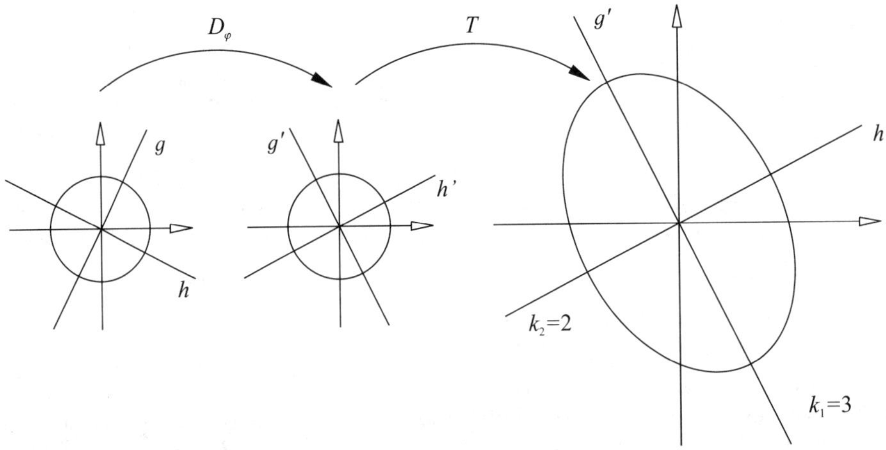

Abb. 3.3.–7

Aufgaben zu 3.3.3

1. Eine *Ellipse* kann als die Menge aller Punkte P der x-y-Ebene definiert werden, für die die Summe der Abstände zu zwei festen Punkten F_1, F_2 (den sog. *Brennpunkten*) konstant ist (vgl. S. 78).
   a) Zeige: Beträgt die konstante Entfernungssumme $2a$ und legt man das Koordinatensystem so, dass die Brennpunkte die Koordinaten $F_1 = (-e\,|\,0)$, $F_2 = (e\,|\,0)$ haben, so hat die Ellipse die Gleichung
   $$(*) \quad \frac{x^2}{a^2} + \frac{y^2}{b^2} = 1 \quad (\text{mit } b^2 = a^2 - e^2).$$
   b) Zeige: Wenn man die Matrix $D = \begin{pmatrix} a & 0 \\ 0 & b \end{pmatrix}$ auf den Einheitskreis anwendet, so erhält man ebenfalls die Ellipse mit der Gleichung (*).
   c) Inwiefern folgt aus b), dass das Bild eines Kreises bzgl. einer beliebigen *eulerschen Affinität* (Seite 181, Aufgabe 10) stets eine Ellipse ist?
2. Die durch die Matrix A definierte lineare Abbildung wirkt auf den Einheitskreis. Zeige, dass dabei eine Ellipse entsteht, skizziere die Ellipse und bestimme ihre Gleichung.
   a) $A = \begin{pmatrix} -1 & 2 \\ 2 & 2 \end{pmatrix}$; b) $A = \begin{pmatrix} 1 & 2 \\ 2 & -2 \end{pmatrix}$.
3. Gegeben ist die Matrix $A = \begin{pmatrix} 4 & -3 \\ 3 & 4 \end{pmatrix}$.
   a) Stelle A in der Form $A = T \cdot D$ mit einer Drehmatrix D und einer eulerschen Affinität T dar.
   b) Skizziere das Bild des Einheitskreises unter A. Schraffiere auch die Punktmenge, die entsteht, wenn man den im ersten Quadranten liegenden Viertelkreis der Abbildung mit der Matrix A unterwirft.
   c) Wie lautet die Gleichung für die in b) skizzierte Ellipse?
4. Wie Aufgabe 3 mit $A = \frac{1}{2} \cdot \begin{pmatrix} 2 & 3 \\ 0 & 2 \end{pmatrix}$.
5. Gegeben ist die Punktmenge mit der Gleichung $M\colon 8x^2 + 4xy + 5y^2 = 36$.
   a) Zeige durch Rechnung, dass die Matrix $A = \frac{1}{30} \cdot \begin{pmatrix} 14 & 2 \\ 2 & 11 \end{pmatrix}$ diese Punktmenge in einen Kreis überführt.
   b) Inwiefern ergibt sich aus a), dass die Punktmenge M eine Ellipse darstellt? Skizziere diese Ellipse und ihre Achsen. (Dazu ist zunächst die geometrische Wirkung der Matrix A zu untersuchen.)
   c) Welche Drehmatrix führt M in eine Ellipse über, deren Achsen mit den Koordinatenachsen zusammenfallen?
6. Die durch die Gleichung $M\colon 2x^2 - 2xy + 2y^2 = 1$ definierte Punktmenge soll um 45° im Uhrzeigersinn gedreht werden. Wie lautet die Gleichung der gedrehten Punktmenge M'? Inwiefern ergibt sich aus dieser Gleichung, dass es sich bei M um eine Ellipse handelt? Skizziere diese Ellipse und ihre Achsen.

3.3.4 Eigenwerte und Eigenvektoren von (3,3)-Matrizen

Im Zusammenhang mit der Untersuchung der geometrischen Wirkungen von (2,2)-Matrizen haben wir gesehen, dass die Idee mit *Fixgeraden* zu arbeiten weiterhilft. Wir werden nun diese Methoden auf (3,3)-Matrizen und damit auf lineare Abbildungen im Raum übertragen.

Erstes Beispiel: $A = \begin{pmatrix} 1{,}5 & 1{,}5 & 0 \\ 2{,}5 & 0{,}5 & 0 \\ 0 & 2 & 4 \end{pmatrix}$

Wie bei den (2,2)-Matrizen bestimmen wir zunächst die Fixgeraden durch den Ursprung, d. h., wir fragen nach den Vektoren $\vec{u} \neq \vec{0}$ mit der Eigenschaft

$$(*) \quad A \cdot \vec{u} = k\vec{u} \quad \text{für ein } k \in \mathbb{R}.$$

Solche Vektoren heißen wie in 3.3.2 *Eigenvektoren* von A und die zugehörigen k-Werte werden wieder *Eigenwerte* genannt. Die *Eigenwertgleichung* (*) ist zu dem folgenden homogenen LGS äquivalent:

$$\begin{aligned} (1{,}5-k)x + 1{,}5y &= 0 \\ 2{,}5x + (0{,}5-k)y &= 0 \\ 2y + (4-k)z &= 0. \end{aligned}$$

Wir verwenden wieder den GAUSS-Algorithmus um festzustellen, für welche k-Werte überhaupt nicht-triviale Lösungen existieren. Im ersten Schritt subtrahieren wir vom $(1{,}5-k)$-fachen der zweiten Gleichung das 2,5-fache der ersten Gleichung, wobei wir $k \neq 1{,}5$ voraussetzen müssen. Das Zwischenergebnis lautet

$$(**) \quad \begin{aligned} (1{,}5-k)x + 1{,}5y &= 0 \\ (k^2-2k-3)y &= 0 \\ 2y + (4-k)z &= 0. \end{aligned}$$

Obwohl (**) noch nicht die Endform des GAUSS-Algorithmus darstellt, können wir bereits jetzt die k-Werte erschließen, für die nicht-triviale Lösungsvektoren existieren. Ist nämlich der Koeffizient $k^2 - 2k - 3$ in der zweiten Gleichung gleich null, so ergibt sich eine Nullzeile und man kann eine Variable frei wählen. Ist andererseits $k = 4$, so kommt die Variable z in keiner der drei Gleichungen vor und kann ebenfalls frei gewählt werden. Insgesamt erhält man also nicht-triviale Lösungsvektoren, falls k der Bedingung

$$(k^2 - 2k - 3)(4 - k) = 0$$

genügt. Die Eigenwerte von A erhalten wir nun als die Lösungen dieser Gleichung zu $k_1 = 4$, $k_2 = 3$ und $k_3 = -1$. Ferner prüft man ohne Schwierigkeiten direkt nach, dass für den in der Rechnung ausgeschlossenen k-Wert 1,5 nur der Nullvektor als Lösung von

(*) auftritt. Die zu den drei Eigenwerten gehörenden Eigenvektoren ergeben sich als die Lösungsvektoren des LGS (**), wobei dort für k jeweils der entsprechende Eigenwert eingesetzt werden muss. Die Ergebnisse lauten:

$$k_1 = 4: \quad \vec{u}_1 = \begin{pmatrix} 0 \\ 0 \\ 1 \end{pmatrix}$$

$$k_2 = 3: \quad \vec{u}_2 = \begin{pmatrix} 1 \\ 1 \\ -2 \end{pmatrix}$$

$$k_3 = -1: \vec{u}_3 = \begin{pmatrix} 3 \\ -5 \\ 2 \end{pmatrix}.$$

Abb. 3.3.–8 zeigt die Wirkung der Matrix A auf den von den drei Eigenvektoren $\vec{u}_1, \vec{u}_2$ und $\vec{u}_3$ aufgespannten *Spat*.

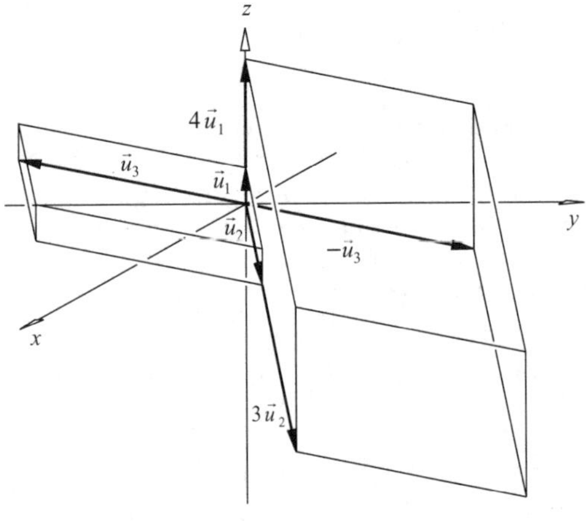

Abb. 3.3.–8

Zweites Beispiel: $A = \begin{pmatrix} -0{,}5 & 0{,}5 & -1 \\ 1{,}5 & 0{,}5 & 1 \\ 1{,}5 & -0{,}5 & 2 \end{pmatrix}$

In diesem Beispiel werden wir eine neue, vom GAUSS-Algorithmus unabhängige Methode zur Eigenwertberechnung kennen lernen. Dazu schreiben wir zunächst die Eigenwertgleichung $A \cdot \vec{u} = k \cdot \vec{u}$ in der Form

$$(A - kE) \cdot \vec{u} = 0,$$

wobei E die (3,3)-Einheitsmatrix bedeutet. Dieses homogene LGS besitzt genau dann vom Nullvektor verschiedene Lösungsvektoren, wenn die Spaltenvektoren der Koeffizientenmatrix $A - kE$ linear abhängig sind, und dies ist genau dann der Fall, wenn der von den drei Spaltenvektoren aufgespannte Spat das Volumen null hat (warum?). Die drei Spaltenvektoren lauten

$$\vec{a}_k = \begin{pmatrix} -0{,}5 - k \\ 1{,}5 \\ 1{,}5 \end{pmatrix}, \quad \vec{b}_k = \begin{pmatrix} 0{,}5 \\ 0{,}5 - k \\ -0{,}5 \end{pmatrix},$$

$$\vec{c}_k = \begin{pmatrix} -1 \\ 1 \\ 2 - k \end{pmatrix}$$

und nach Paragraph 1.3.3 kann man die Bedingung für die lineare Abhängigkeit auch folgendermaßen formulieren:

$$(\vec{a}_k \times \vec{b}_k) \cdot \vec{c}_k = 0.$$

Setzt man in diese Gleichung für $\vec{a}_k, \vec{b}_k, \vec{c}_k$ die oben angegebenen Vektoren ein, so erkennt man, dass die linke Seite ein Polynom $P(k)$ dritten Grades ergibt. Man bezeichnet es als das zu der Matrix A gehörige *charakteristische Polynom* und wir können die Überlegungen dahingehend zusammenfassen, dass die Eigenwerte von A genau die Nullstellen des charakteristischen Polynoms sind. Die Berechnung von $P(k)$ führt hier zu dem Ergebnis

$$P(k) = -k^3 + 2k^2 - k = -k \cdot (k-1)^2 = 0$$

mit den beiden Lösungen $k_1 = 0$ und $k_2 = 1$. Zur Bestimmung der zugehörigen Eigenvektoren ermitteln wir zu diesen beiden k-Werten jeweils die Lösungsmenge des LGS $A \cdot \vec{u} = k \cdot \vec{u}$ und erhalten

$$k_1 = 0: \vec{u}_1 = r \cdot \begin{pmatrix} -1 \\ 1 \\ 1 \end{pmatrix}$$

$$k_2 = 1: \vec{u}_2 = s \cdot \begin{pmatrix} 1 \\ 3 \\ 0 \end{pmatrix} + t \cdot \begin{pmatrix} 0 \\ 2 \\ 1 \end{pmatrix}.$$

Während also zum Eigenwert $k_1 = 0$ wieder eine bestimmte Fixgerade durch den Ursprung gehört, bilden die Eigenvektoren zum Eigenwert $k = 1$ eine Ebene.

Man spricht in diesem Fall auch von einem zweidimensionalen *Eigenraum*. Wegen $k_2 = 1$ ist jeder Punkt dieses Eigenraums sogar ein Fixpunkt. Abb. 3.3.–9 fasst die Informationen über die Eigenwerte und -vektoren von A zusammen und macht deutlich, dass es sich um die *Projektion* in Richtung der von $\vec{u}_1$ erzeugten Geraden auf den zu $k_2 = 1$ gehörenden zweidimensionalen Eigenraum (= Fixpunktebene) handelt.

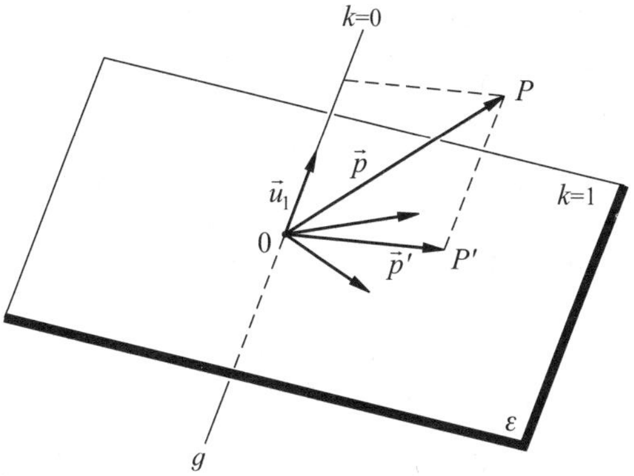

Abb. 3.3.–9

Bemerkungen und Ergänzungen:

1. Ist A eine (3,3)-Matrix mit den Spaltenvektoren $\vec{a}, \vec{b}, \vec{c}$ und setzt man für beliebige reelle Zahlen k

$$\vec{a}_k = \vec{a} - k \cdot \vec{e}_1, \quad \vec{b}_k = \vec{b} - k \cdot \vec{e}_2, \quad \vec{c}_k = \vec{c} - k \cdot \vec{e}_3,$$

wobei $\vec{e}_1, \vec{e}_2, \vec{e}_3$ die Einheitsvektoren des $\mathbb{R}^3$ sind, so ergeben sich die Eigenwerte von A als die Nullstellen des *charakteristischen Polynoms*

$$P(k) = (\vec{a}_k \times \vec{b}_k) \cdot \vec{c}_k = -k^3 + \ldots.$$

Infolgedessen hat eine (3,3)-Matrix maximal drei reelle Eigenwerte. Da das charakteristische Polynom einer (3,3)-Matrix stets den Grad 3 hat, gibt es im Gegensatz zu den (2,2)-Matrizen immer mindestens einen reellen Eigenwert und damit mindestens eine Fixgerade durch den Ursprung.

2. Die Existenz von mindestens einer Fixgeraden einer (3,3)-Matrix hat zur Folge, dass es im Raum keine Drehungen um einen Punkt, sondern nur Drehungen um eine Achse (nämlich die Fixgerade zum Eigenwert 1, d. h., die Fixpunktgerade) geben kann.

Da die Spalten einer Abbildungsmatrix stets die Bilder der Einheitsvektoren sind und da durch eine beliebige Drehung im Raum weder die Längen noch Winkel noch die gegenseitige Orientierung (sog. Rechtssystem; vgl. Seite 68) der Einheitsvektoren verändert werden, gilt für die Spaltenvektoren $\vec{a}, \vec{b}, \vec{c}$ einer beliebigen Drehmatrix:

(1) $|\vec{a}| = |\vec{b}| = |\vec{c}| = 1$

(2) $\vec{a} \cdot \vec{b} = 0$

(3) $\vec{c} = \vec{a} \times \vec{b}$.

Es gilt nun der folgende *Satz*, auf dessen Beweis wir hier verzichten: Jede (3,3)-Matrix, deren Spalten die Bedingungen (1) bis (3) erfüllen, stellt eine Drehung um ihre Fixpunktgerade dar.

Aufgaben zu 3.3.4

1. Die Bestimmung von Eigenwerten ist ganz einfach, wenn die zugehörigen Eigenvektoren bereits bekannt sind. Gegeben sei die Matrix

$$A = \begin{pmatrix} 2 & 3 & 3 \\ 1 & 4 & 3 \\ 3 & 6 & 11 \end{pmatrix}.$$

a) Zeige, dass $\begin{pmatrix} 1 \\ 1 \\ 3 \end{pmatrix}$ ein Eigenvektor von A ist, und bestimme den zugehörigen Eigenwert.

Untersuche, ob auch $\begin{pmatrix} 1 \\ 0 \\ 1 \end{pmatrix}$ bzw. $\begin{pmatrix} 1 \\ 1 \\ -1 \end{pmatrix}$ Eigenvektoren sind, und ermittle ggf. die zugehörigen Eigenwerte.

b) Untersuche, ob $k_1 = 1$ (bzw. $k_2 = -2$) ein Eigenwert von A ist, und bestimme ggf. einen zugehörigen Eigenvektor.

2. Gegeben ist die Matrix $A = \begin{pmatrix} 6 & -8 & 9 \\ 4 & 3 & 3 \\ 4 & 2 & 4 \end{pmatrix}$.

a) Bestätige, dass A die drei Eigenwerte 1, 4 und 8 besitzt, und bestimme zugehörige Eigenvektoren.

b) Kann es noch weitere Eigenwerte bzw. Eigenvektoren geben?

3. Zeige, dass $k = a + b + c$ ein Eigenwert der Matrix $\begin{pmatrix} a & b & c \\ b & c & a \\ c & a & b \end{pmatrix}$ ist $(a, b, c \in \mathbb{R})$.

4. Bestimme die Eigenwerte und Eigenvektoren der folgenden Matrizen.

a) $\begin{pmatrix} 3 & 2 & 2 \\ 1 & 4 & 1 \\ -2 & -4 & -1 \end{pmatrix}$; b) $\begin{pmatrix} 7 & 3 & -3 \\ -2 & 0 & 1 \\ 4 & 0 & -1 \end{pmatrix}$;

c) $\begin{pmatrix} -3 & 1 & -1 \\ -7 & 5 & -1 \\ -6 & 6 & -2 \end{pmatrix}$; d) $\begin{pmatrix} a & b & b \\ b & a & b \\ b & b & a \end{pmatrix}$.

5. Zeige, dass die Matrix $A = \begin{pmatrix} 1 & 3 & 3 \\ 3 & -5 & 3 \\ 6 & -6 & 4 \end{pmatrix}$ die Eigenwerte $k_1 = 4$ und $k_2 = -2$ besitzt, und berechne die zugehörigen Eigenvektoren. Warum spricht man für den Fall $k_2 = -2$ von einem *Eigenraum* und wie wirkt die Matrix A innerhalb dieses Eigenraumes? Kann es noch einen dritten Eigenwert von A geben?

6. Zeige durch die Bestimmung der Eigenwerte und Eigenvektoren, dass die Matrix $A = \frac{1}{5} \cdot \begin{pmatrix} 1 & 0 & 2 \\ 0 & 5 & 0 \\ 2 & 0 & 4 \end{pmatrix}$ eine *orthogonale Projektion* beschreibt, und bestimme die Projektionsrichtung und die Ebene, auf die projiziert wird.

7. Was kann man über die geometrische Wirkung einer (3,3)-Matrix sagen, die nur die Eigenwerte 1 und 0 (bzw. 1 und -1) besitzt und bei der jeweils ein Eigenraum eine zweidimensionale Ebene darstellt? (Fallunterscheidung!)

8. Berechne die Eigenwerte der folgenden Matrizen und untersuche die Frage, ob es sich um *Projektionsmatrizen* handelt.

a) $\begin{pmatrix} 1 & 0 & 0 \\ -1 & -1 & 1 \\ -1 & -2 & 2 \end{pmatrix}$; b) $\begin{pmatrix} -1 & 2 & -3 \\ 0 & 1 & -1 \\ 1 & -1 & 2 \end{pmatrix}$;

c) $\frac{1}{3} \cdot \begin{pmatrix} 1 & 1 & 0 \\ 0 & 1 & 2 \\ -2 & 0 & 4 \end{pmatrix}$.

9. Gegeben ist die Matrix $A = \begin{pmatrix} -2 & 2 & -3 \\ 2 & 1 & -6 \\ -1 & -2 & 0 \end{pmatrix}$.

a) Untersuche mit Hilfe der Eigenwerte und Eigenvektoren die geometrische Wirkung von A.

b) Wir betrachten einen beliebigen Spat, dessen Kantenrichtungen durch drei linear unabhängige Eigenvektoren bestimmt werden. Begründe, warum dieses Spat durch die Wirkung der Matrix A in ein Spat übergeführt wird, das dieselben Kantenrichtungen, aber ein 45-mal so großes Volumen besitzt.

c) Begründe anschaulich: Ist A eine beliebige (3,3)-Matrix mit drei linear unabhängigen Eigenvektoren, so gibt der Betrag aus dem Produkt der Eigenwerte den Faktor der Volumenänderung der durch A bestimmten linearen Abbildung an.

10. Beweise oder widerlege die folgenden Aussagen über (3,3)-Matrizen.

a) Hat A drei paarweise verschiedene Eigenwerte, so gibt es genau drei Fixgeraden durch den Ursprung und diese liegen nicht in einer Ebene.

b) Die Summe zweier Eigenvektoren ist stets auch ein Eigenvektor.

c) Jede vom Nullvektor verschiedene Linearkombination von zwei zu *einem* Eigenwert gehörenden Eigenvektoren ist ebenfalls ein Eigenvektor zu diesem Eigenwert.

d) A hat stets mindestens einen, aber höchstens drei reelle Eigenwerte.

e) Hat A genau zwei reelle Eigenwerte, so gehört zu einem dieser beiden Eigenwerte ein zweidimensionaler Eigenraum.

11. Eine (3,3)-Matrix A hat den Eigenwert k mit dem Eigenvektor $\vec{u}$. Zeige, dass $\vec{u}$ auch ein Eigenvektor der Matrix $B = A^2 + 3A - E$ ist. Wie lautet der zugehörige Eigenwert?

12.* Gegeben ist die Matrix $A = \frac{1}{4} \cdot \begin{pmatrix} 2 & 1 & 1 \\ 1 & 3 & 0 \\ 1 & 0 & 3 \end{pmatrix}$.

a) Berechne die Eigenwerte und Eigenvektoren von A.

b) Stelle $\vec{p} = \begin{pmatrix} x \\ y \\ z \end{pmatrix}$ als Linearkombination der drei Eigenvektoren dar und bestimme auf diese Weise den Vektor $\vec{p}_n = A^n \cdot \vec{p}$, welcher durch n-malige Wirkung der Matrix A auf den Vektor $\vec{p}$ entsteht. Wie lautet demzufolge die explizite Darstellung der Matrixpotenz A^n?

c) Zeige, dass A^n für $n \to \infty$ gegen die Grenzmatrix $\frac{1}{3} \cdot \begin{pmatrix} 1 & 1 & 1 \\ 1 & 1 & 1 \\ 1 & 1 & 1 \end{pmatrix}$ strebt.

3.3.5 Zur Geometrie der stochastischen Matrizen

Eine quadratische Matrix, deren Elemente sämtlich im Intervall [0; 1] liegen und bei der alle Spaltensummen den Wert 1 haben, heißt *stochastische Matrix*. Solche Matrizen spielen eine wichtige Rolle bei stochastischen Übergängen (vgl. dazu die Paragraphen 3.2.6, 3.2.7 und 3.3.1). Ihre Elemente können dabei als *Übergangswahrscheinlichkeiten* aufgefasst werden.

Im einfachsten Fall hat man es mit einem System mit zwei möglichen Zuständen A, B und den Übergangswahrscheinlichkeiten p, $1-p$, q, $1-q$ zu tun.

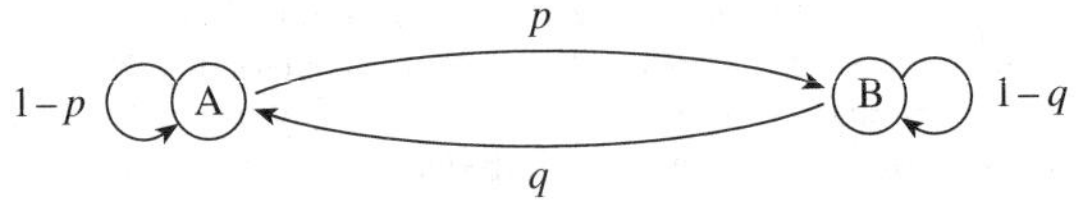

Fasst man die Wahrscheinlichkeiten für die beiden möglichen Zustände A, B in dem *Zustandsvektor* $\vec{v} = \begin{pmatrix} x \\ y \end{pmatrix}$ zusammen, so ergibt sich nach einem Übergang der neue Zustandsvektor $\vec{v}' = \begin{pmatrix} x' \\ y' \end{pmatrix}$ mit

$$\vec{v}' = \begin{pmatrix} 1-p & q \\ p & 1-q \end{pmatrix} \cdot \vec{v} = A \cdot \vec{v}$$

und die langfristige Entwicklung des Systems ergibt sich, indem man ausgehend von einem *Startvektor* $\vec{v}_0$ diese Übergangsmatrix immer wieder auf den jeweiligen Zustandsvektor anwendet.

Das Konvergenzverhalten der auf diese Weise entstehenden Vektorfolge $\vec{v}_n$ wird im Wesentlichen durch die Eigenwerte und Eigenvektoren der stochastischen Übergangsmatrix A bestimmt. Für $0 < p, q < 1$ gilt nun (Aufgabe 4):

(1) Der Vektor $\vec{u}_1 = \begin{pmatrix} -1 \\ 1 \end{pmatrix}$ ist stets ein Eigenvektor von A und der zugehörige Eigenwert lautet $k_1 = 1 - p - q$.

(2) A hat stets den Eigenwert $k_2 = 1$ mit dem Eigenvektor $\vec{u}_2 = \begin{pmatrix} q \\ p \end{pmatrix}$.

Wegen $|k_1| < 1$ konvergiert die Folge $\vec{v}_n$ der Zustandsvektoren stets gegen einen *stabilen Grenzzustand.* Dieser ergibt sich geometrisch als der Schnittpunkt der „Zustandsgeraden" mit der Parameterdarstellung $\vec{p} = \vec{v}_0 + s \cdot u_1$ (d. h. $x + y = 1$) und der Fixpunktgeraden g_2: $\vec{p} = t \cdot \vec{u}_2$ (Abb. 3.3.–10). Der in Paragraph 3.3.1 exemplarische dargestellte Fall (Diffusionsmodell) repräsentiert also die allgemeine Situation bei stochastischen (2,2)-Matrizen.

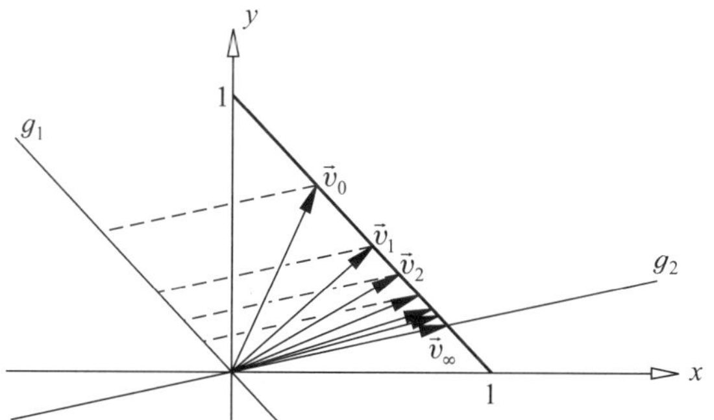

Abb. 3.3.–10

Das folgende Beispiel zeigt, dass man auch stochastische Übergänge zwischen drei möglichen Zustandsformen geometrisch mit Hilfe der Eigenwerte und Eigenvektoren veranschaulichen und verstehen kann. Allerdings sind hier die Zusammenhänge etwas komplizierter als bei den stochastischen (2,2)-Matrizen.

Beispiel: Wir betrachten eine gewisse Sorte von Teilchen, die in drei verschiedenen Zustandsformen A, B, C existieren können und die innerhalb einer festen Zeiteinheit ihre Zustandsformen mit bestimmten Übergangswahrscheinlichkeiten verändern. Diese Übergangswahrscheinlichkeiten sind durch das folgende Diagramm gegeben.

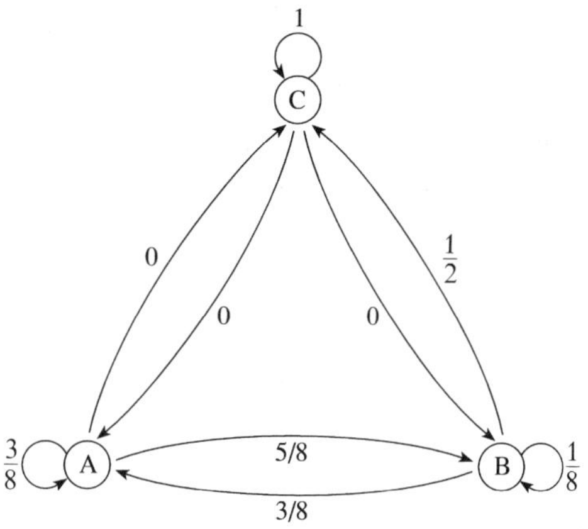

Ist $\vec{v} = \begin{pmatrix} x \\ y \\ z \end{pmatrix}$ irgendein Zustandsvektor, so ergibt sich eine Zeiteinheit später der Zustandsvektor $\vec{v}' = \begin{pmatrix} x' \\ y' \\ z' \end{pmatrix}$ mit

$$\begin{aligned} x' &= \frac{3}{8}x + \frac{3}{8}y \\ y' &= \frac{5}{8}x + \frac{1}{8}y, \qquad \text{das heißt } \vec{v}' = \frac{1}{8} \cdot \begin{pmatrix} 3 & 3 & 0 \\ 5 & 1 & 0 \\ 0 & 4 & 8 \end{pmatrix} \cdot \vec{v}. \\ z' &= \qquad\ \frac{1}{2}y + z \end{aligned}$$

Die Übergangsmatrix ist also die durch $A = \frac{1}{8} \cdot \begin{pmatrix} 3 & 3 & 0 \\ 5 & 1 & 0 \\ 0 & 4 & 8 \end{pmatrix}$ gegebene stochastische Matrix.

Wir stellen zunächst fest, dass A die Komponentensumme der Vektoren $\vec{v}$ unverändert lässt, d. h., alle Zustandsvektoren liegen in der Ebene mit der Gleichung

$$\varepsilon: x + y + z = c,$$

wobei die Konstante c gleich der Komponentensumme des Startvektors $\vec{v}_0$ ist, also $c = x_0 + y_0 + z_0$. Diese Eigenschaft ergibt sich aus der Tatsache, dass es sich hier um ein abgeschlossenes System handelt, in dem Teilchen weder verloren gehen noch von außen hinzukommen. Um nun die Rolle der Fixgeraden zu klären gehen wir von dieser Eigenschaft der Übergangsmatrix aus. Es sei $\vec{u}$ ein Eigenvektor mit dem Eigenwert k. Dann gilt $A \cdot \vec{u} = k \cdot \vec{u}$ und da $\vec{u}$ dieselbe Komponentensumme hat wie $A \cdot \vec{u}$ stimmen auch die Komponentensummen von $\vec{u}$ und $k \cdot \vec{u}$ überein. Dies ist jedoch nur möglich, wenn entweder $u_1 + u_2 + u_3 = 0$ oder $u_1 + u_2 + u_3 \neq 0$ und $k = 1$ ist. Mit anderen Worten: Mit Ausnahme der Fixpunktgeraden sind alle Fixgeraden der Matrix A zu der Ebene ε: $x + y + z = c$ parallel.

Um nun die Eigenwerte und Eigenvektoren von A konkret zu bestimmen bemerken wir, dass A bis auf den Faktor $\frac{1}{4}$ mit der im ersten Beispiel von Paragraph 3.3.4 (Seite 185 f.) untersuchten Matrix übereinstimmt. Das bedeutet, dass wir die dort berechneten Eigenwerte ebenfalls mit $\frac{1}{4}$ multiplizieren müssen, während die Eigenvektoren ungeändert übernommen werden können (warum?). Infolgedessen besitzt die stochastische Übergangsmatrix A

– den Eigenwert $k_1 = 1$ mit dem Eigenvektor $\vec{u}_1 = \begin{pmatrix} 0 \\ 0 \\ 1 \end{pmatrix}$;

– die Eigenwerte $k_2 = \frac{3}{4}$ und $k_3 = -\frac{1}{4}$ mit den Eigenvektoren $\vec{u}_2 = \begin{pmatrix} 1 \\ 1 \\ -2 \end{pmatrix}$ und $\vec{u}_3 = \begin{pmatrix} 3 \\ -5 \\ 2 \end{pmatrix}$.

Wie auf Grund der Vorüberlegungen zu erwarten, haben die zu den beiden von 1 verschiedenen Eigenwerten gehörenden Eigenvektoren die Komponentensumme null. Die von den Richtungsvektoren $\vec{u}_2$ und $\vec{u}_3$ aufgespannte Ebene mit dem Startvektor $\vec{v}_0$ als Aufpunktvektor ist demzufolge mit der Ebene ε: $x + y + z = x_0 + y_0 + z_0$ identisch und wir verwenden nun diese Ebene um die geometrische Wirkung der Übergangsmatrix A zu beschreiben. Abb. 3.3.–11 zeigt, wie sich die zur Folge $\vec{v}_0, \vec{v}_1, \vec{v}_2, \ldots$ der Zustandsvektoren gehörende Punktfolge $P_0, P_1, P_2, \ldots$ innerhalb der Ebene ε dem Grenzpunkt P_∞ annähert. Dieser Grenzpunkt ist der Schnittpunkt der z-Achse (= Fixpunktgerade) mit der Ebene und hat die Koordinaten $P_\infty = (0|0|c)$, wobei $c = x_0 + y_0 + z_0$. Infolgedessen bestimmt der Zustandsvektor

$$\vec{v}_\infty = \begin{pmatrix} 0 \\ 0 \\ x_0 + y_0 + z_0 \end{pmatrix}$$

den stabilen Grenzzustand. In der stabilen Grenzverteilung befinden sich also alle Teilchen in der Zustandsform C.

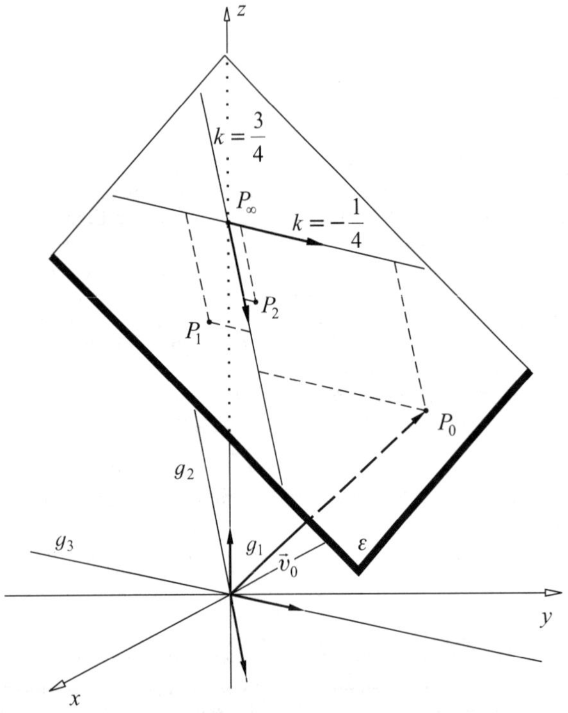

Abb. 3.3.–11

Bemerkung: Die Tatsache, dass eine stochastische Matrix die Komponentensumme der Vektoren unverändert lässt, kann auch ohne Rückgriff auf die inhaltliche Bedeutung der Zustandsvektoren formal begründet werden. Bezeichnet man die Zeilen von A mit $\vec{z}_1, \vec{z}_2$ und $\vec{z}_3$, so gilt

$$\vec{z}_1 + \vec{z}_2 + \vec{z}_3 = \begin{pmatrix} 1 \\ 1 \\ 1 \end{pmatrix}$$

und damit folgt aus der Gleichung $\vec{v}' = A \cdot \vec{v}$ die Beziehung

$$x' + y' + z' = (\vec{z}_1 + \vec{z}_2 + \vec{z}_3) \cdot \vec{v} = \begin{pmatrix} 1 \\ 1 \\ 1 \end{pmatrix} \cdot \begin{pmatrix} x \\ y \\ z \end{pmatrix} = x + y + z.$$

Aufgaben zu 3.3.5

Aufgaben mit (2,2)-Matrizen

1. Das folgende Diagramm zeigt die Bevölkerungsbewegungen innerhalb einer Stadt pro Jahr. Die Einwohnerzahl wird über einen längeren Zeitraum hinweg als konstant angenommen.

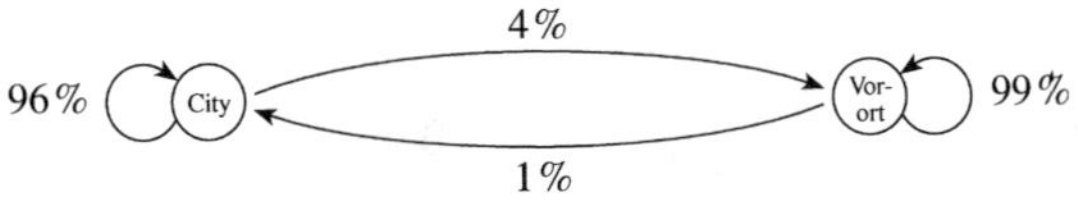

Die stochastische Übergangsmatrix lautet demnach $A = \begin{pmatrix} 0{,}96 & 0{,}01 \\ 0{,}04 & 0{,}99 \end{pmatrix}$.

a) Berechne die Eigenwerte und Eigenvektoren von A.

b) Die Anfangsverteilung sei gegeben durch $\vec{v}_0 = \begin{pmatrix} 0{,}4 \\ 0{,}6 \end{pmatrix}$, d. h., zu Beginn der Untersuchungen leben 40% der Einwohner in der City und 60% in den Vororten. Veranschauliche die langfristige Entwicklung der Verteilung geometrisch und ermittle aus der Zeichnung die stabile Grenzverteilung.

c) Zeige, dass sich die Verteilung für jeden Ausgangszustand $\vec{v}_0 = \begin{pmatrix} x \\ y \end{pmatrix}$ stabilisiert und bestimme die stabile Grenzverteilung in Abhängigkeit von x und y.

2. Untersuche die Wirkung der folgenden stochastischen Matrizen wie in Aufgabe 1. Für die geometrische Veranschaulichung der langfristigen Entwicklung soll der jeweils angegebene Startvektor verwendet werden (geeigneter Maßstab).

a) $A = \begin{pmatrix} 0{,}8 & 0{,}5 \\ 0{,}2 & 0{,}5 \end{pmatrix}$, $\vec{v}_0 = \begin{pmatrix} 50 \\ 90 \end{pmatrix}$;

b) $A = \frac{1}{8} \cdot \begin{pmatrix} 5 & 1 \\ 3 & 7 \end{pmatrix}$, $\vec{v}_0 = \begin{pmatrix} 160 \\ 80 \end{pmatrix}$;

c) $A = \begin{pmatrix} 0{,}3 & 0{,}8 \\ 0{,}7 & 0{,}2 \end{pmatrix}$, $\vec{v}_0 = \begin{pmatrix} 30 \\ 120 \end{pmatrix}$.

3. Eine Stadt hatte im Jahre 1980 die Großstadt-Marke von 100 000 Einwohnern erreicht, danach stagnierte die Zahl der Bürger. Im Jahre 1980 lebten 80 000 Einwohner im Stadtkern (K) und 20 000 in den Randbezirken (R). Fünf Jahre später hatte sich $K = 76\,000$ und $R = 24\,000$ ergeben und bei der letzten Erhebung 1990 wurden schließlich die Daten $K = 73\,200$ und $R = 26\,800$ ermittelt. Unter der Annahme eines gleichbleibenden Umzugtrends sollen die K-R-Verteilungen für die Jahre 1995, 2000, 2005 und die stationäre Grenzverteilung bestimmt werden. (Dazu ist zunächst die zu Grunde liegende stochastische Matrix zu ermitteln.)

4. Gegeben sei die stochastische Matrix $A = \begin{pmatrix} 1-p & q \\ p & 1-q \end{pmatrix}$ mit $0 < p, q < 1$. Zeige:

   a) Der Vektor $\vec{u}_1 = \begin{pmatrix} -1 \\ 1 \end{pmatrix}$ ist ein Eigenvektor von A zum Eigenwert $k_1 = 1 - p - q$.

   b) Der Vektor $\vec{u}_2 = \begin{pmatrix} q \\ p \end{pmatrix}$ ist ein Eigenvektor von A zum Eigenwert $k_2 = 1$.

   c) Zu jedem Startvektor $\vec{v}_0 = \begin{pmatrix} x \\ y \end{pmatrix}$ mit $x + y = c$ konvergiert die durch $\vec{v}_{n+1} = A \cdot \vec{v}_n$ rekursiv definierte Folge von Zustandsvektoren gegen den stabilen Grenzzustand

$$\vec{v}_\infty = \frac{c}{p+q} \cdot \begin{pmatrix} q \\ p \end{pmatrix}.$$

Die in Abb. 3.3.–9 dargestellte Situation ist also charakteristisch für die stochastischen (2,2)-Matrizen.

5. Das folgende Diagramm veranschaulicht die Entwicklung in dem kurzen Leben einer aus zwei Generationen G_1, G_2 bestehenden Insektenart. Die Hälfte aller Individuen der Generation G_1 erreicht das Stadium G_2, die andere Hälfte stirbt; jedes Individuum der Generation G_1 bzw. G_2 erzeugt im Mittel 0,75 bzw. 0,5 Nachkommen.

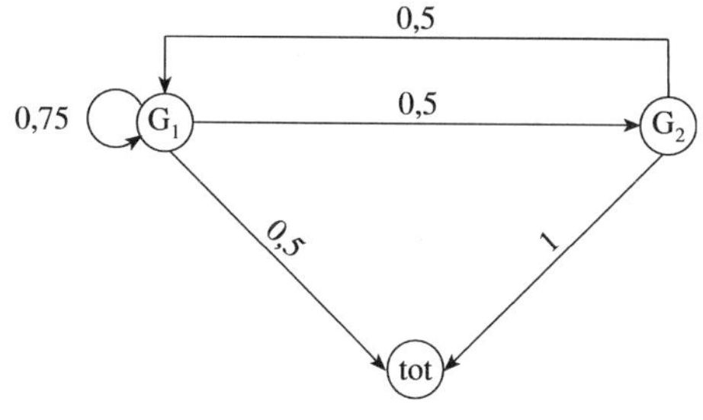

Bei der Übergangsmatrix $A = \begin{pmatrix} 0{,}75 & 0{,}5 \\ 0{,}5 & 0 \end{pmatrix}$ zwischen den beiden Generationen handelt es sich also nicht um eine stochastische Matrix.

   a) Verfolge mit geometrischen Mitteln (Anzahl 100 entspricht 0,5 cm in der Zeichnung) die langfristige Entwicklung einer Population, die am Anfang aus 500 Tieren der ersten Generation und 1000 Tieren der zweiten Generation besteht. Wie viele Tiere der ersten bzw. der zweiten Generation gibt es in der stabilen Grenzverteilung?

   b) Wie müsste man 1500 Tiere auf die beiden Generationen verteilen, damit in der stabilen Grenzverteilung die Gesamtzahl der Tiere möglichst groß (bzw. möglichst klein) ist? (Es genügt, anhand der Zeichnung zu argumentieren.)

6. Bei einer anderen Insektenart (vgl. Aufgabe 5) lautet die (nicht-stochastische!) Übergangsmatrix zwischen den beiden Generationen $A = \begin{pmatrix} 0{,}8 & 0{,}5 \\ 0{,}96 & 0 \end{pmatrix}$. Die Population bestehe am Anfang aus 100 Insekten der ersten Generation, d. h., es sei $\vec{v}_0 = \begin{pmatrix} 100 \\ 0 \end{pmatrix}$. Zeige, dass für große n die Näherung

$$\vec{v}_n \approx 1{,}2^n \cdot \begin{pmatrix} 75 \\ 60 \end{pmatrix}$$

gilt. Wir haben es also langfristig mit einem (fast) exponentiellen Wachstum zu tun, wobei der Wachstumsfaktor gleich 1,2 ist und die sich langfristig einstellende Verteilung auf die beiden Generationen durch das Verhältnis 5:4 bestimmt wird.

(Hinweis: Berechne zunächst die Eigenwerte und Eigenvektoren von A.)

Aufgaben mit (3,3)-Matrizen

7. Man betrachte ein Genpaar, das ein gewisses Merkmal eines Tieres bestimmt, und dessen Einzelgene G (dominant) und g (rezessiv) in den Kombinationen GG (reinerbig dominant), Gg (mischerbig) und gg (reinerbig rezessiv) vorkommen können. Kreuzt man nun ein Individuum fortgesetzt mit einem mischerbigen Individuum, so lässt sich der nachfolgende Genotyp nach den Gesetzen MENDELS durch die folgende stochastische (3,3)-Matrix A beschreiben.

$$A = \begin{array}{c} \begin{matrix} \text{GG} & \text{Gg} & \text{gg} \end{matrix} \\ \begin{pmatrix} 0{,}5 & 0{,}25 & 0 \\ 0{,}5 & 0{,}5 & 0{,}5 \\ 0 & 0{,}25 & 0{,}5 \end{pmatrix} \end{array} \begin{matrix} \text{GG} \\ \text{Gg} \\ \text{gg} \end{matrix}.$$

   a) Interpretiere die Matrix A.

   b) Berechne die Eigenwerte und Eigenvektoren von A.

   c) Beschreibe, wie sich ein beliebiger Startvektor $\vec{v}_0$ im Laufe der Zeit entwickelt. Wie lautet der stabile Grenzzustand für den speziellen Startvektor $\vec{v}_0 = \begin{pmatrix} 1 \\ 0 \\ 0 \end{pmatrix}$?

8. Untersuche wie in Aufgabe 7, wie sich der Anfangszustand $\vec{v}_0 = \begin{pmatrix} 1 \\ 0 \\ 0 \end{pmatrix}$ bei den folgenden stochastischen Matrizen langfristig entwickelt.

a) $A = \frac{1}{2} \cdot \begin{pmatrix} 2 & 1 & 0 \\ 0 & 1 & 2 \\ 0 & 0 & 0 \end{pmatrix}$; b) $A = \frac{1}{4} \cdot \begin{pmatrix} 3 & 1 & 0 \\ 1 & 3 & 0 \\ 0 & 0 & 4 \end{pmatrix}$;

c) $A = \frac{1}{4} \cdot \begin{pmatrix} 2 & 1 & 1 \\ 1 & 3 & 0 \\ 1 & 0 & 3 \end{pmatrix}$.

Weitere Aufgaben

9.* Bei dem in 3.2.7 (Seite 174 f.) untersuchten Beispiel aus der Wahrscheinlichkeitsrechnung lautete die stochastische Übergangsmatrix

$$A = \frac{1}{2} \cdot \begin{pmatrix} 2 & 1 & 0 & 0 \\ 0 & 0 & 1 & 0 \\ 0 & 1 & 0 & 0 \\ 0 & 0 & 1 & 2 \end{pmatrix}.$$

a) Bestätige, dass A die Eigenwerte $1, \frac{1}{2}$ und $-\frac{1}{2}$ besitzt und bestimme die zugehörigen Eigenräume. (Die Begriffe *Eigenwert* und *Eigenraum* sind bei (4,4)-Matrizen genauso definiert wie bei den (3,3)-Matrizen.)

b) Wir gehen vom Anfangszustand $\vec{v}_0 = \begin{pmatrix} 0 \\ 1 \\ 0 \\ 0 \end{pmatrix}$ aus. Zeige, dass die durch $\vec{v}_{n+1} = A \cdot \vec{v}_n$ rekursiv definierte Folge von Zustandsvektoren innerhalb der „Ebene" mit der Parametergleichung

$$\varepsilon_1\colon \vec{p} = q \cdot \begin{pmatrix} 1 \\ -1 \\ -1 \\ 1 \end{pmatrix} + r \cdot \begin{pmatrix} -1 \\ 3 \\ -3 \\ 1 \end{pmatrix} + \begin{pmatrix} 0 \\ 1 \\ 0 \\ 0 \end{pmatrix}$$

gegen einen stabilen Grenzzustand $\vec{v}_\infty$ konvergiert, welcher in der „Ebene"

$$\varepsilon_2\colon \vec{p} = s \cdot \begin{pmatrix} 1 \\ 0 \\ 0 \\ 0 \end{pmatrix} + t \cdot \begin{pmatrix} 0 \\ 0 \\ 0 \\ 1 \end{pmatrix}$$

liegt. Der Vektor $\vec{v}_\infty$ ergibt sich demnach als Schnittpunkt dieser beiden „Ebenen" zu

$$\vec{v}_\infty = \frac{1}{3} \cdot \begin{pmatrix} 2 \\ 0 \\ 0 \\ 1 \end{pmatrix}$$

(vgl. Seite 175).

c) Zeige wie in b), dass dem Anfangszustand $\vec{v}_0 = \begin{pmatrix} w \\ x \\ y \\ z \end{pmatrix}$ der stabile Grenzzustand

$$\vec{v}_\infty = \frac{1}{3} \cdot \begin{pmatrix} 3w + 2x + y \\ 0 \\ 0 \\ x + 2y + 3z \end{pmatrix}$$

entspricht.

10.* Im Bereich der Weiterbildung wird von einer Schule ein viersemestriger Kurs zur Erlangung eines Schulabschlusses angeboten. Das folgende Diagramm gibt prozentual den Semesterdurchlauf der Teilnehmer an. Halbjährlich werden 80 Teilnehmer in den Studiengang aufgenommen

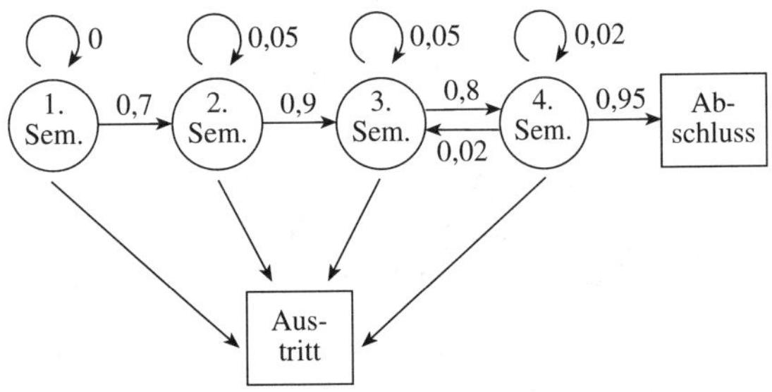

a) Zeige: Die Zustandsvektoren, welche die Verteilungen der Teilnehmer auf die vier Semester beschreiben, werden durch die Rekursionsformel

$$\vec{v}_{n+1} = A \cdot \vec{v}_n + \vec{b}$$

festgelegt, wobei

$$A = \frac{1}{100} \cdot \begin{pmatrix} 0 & 0 & 0 & 0 \\ 70 & 5 & 0 & 0 \\ 0 & 90 & 5 & 2 \\ 0 & 0 & 80 & 2 \end{pmatrix}, \quad \vec{b} = \begin{pmatrix} 80 \\ 0 \\ 0 \\ 0 \end{pmatrix} \text{ und}$$

$$\vec{v}_0 = \begin{pmatrix} 0 \\ 0 \\ 0 \\ 0 \end{pmatrix} \text{ gilt.}$$

b) Leite aus der Rekursionsformel die Beziehung

$$\vec{v}_n = A^n \cdot \vec{v}_0 + (E + A + A^2 + \ldots + A^{n-1}) \cdot \vec{b}$$
$$= A^n \vec{v}_0 + (E - A^n) \cdot (E - A)^{-1} \cdot \vec{b}$$

her (*geometrische Reihe*).

c) Obwohl A keine stochastische Matrix ist, konvergiert die Vektorfolge $\vec{v}_n$ gegen einen stabilen Grenzzustand. Dies folgt aus der Tatsache, dass die Matrixfolge A^n für $n \to \infty$ gegen die Nullmatrix konvergiert.

Leite diese Aussage aus der Information her, dass die Matrix A vier verschiedene Eigenwerte besitzt, die sämtlich betragsmäßig kleiner als 1 sind, und berechne den stabilen Grenzzustand $\vec{v}_\infty = (E - A)^{-1} \cdot \vec{b}$.

Stichwortverzeichnis

Die Zahlen geben die Seiten an. Ein zusätzliches A. mit einer Zahl verweist auf eine Aufgabe. So ist 5 A.9 ein Verweis auf Seite 5, Aufgabe 9.